希望在金特钢铁升腾

①②
③④

①金特钢铁公司生产厂区
②先进的轧钢高速线材生产线
③螺纹钢、直材生产线
④炼钢连铸

厂区道路

厂区绿化

文艺演出

和静年鉴2010

HEJING NIANJIAN

中共和静县委员会
和静县人民政府 主办
和静县档案史志局 编辑

新疆人民出版社

图书在版编目（CIP）数据

和静年鉴．2010 / 和静县档案史志局编．— 乌鲁木齐 ：新疆人民出版社，2010
ISBN 978-7-228-14085-5
Ⅰ．①和… Ⅱ．①和… Ⅲ．①和静县－2010－年鉴Ⅳ．①Z524.54
中国版本图书馆CIP数据核字(2010)第256611号

主　办　中共和静县委员会
　　　　和静县人民政府
编　辑　和静县档案史志局

出　版　新疆人民出版社
地　址　乌鲁木齐市解放南路348号
邮　编　830001
印　刷　新疆巴音郭楞日报社印刷厂
开　本　787mm×1092mm　1/16
印　张　30.5
插　页　84
字　数　520千字
版　次　2010年12月第1版
印　次　2011年1月第1次印刷
印　数　1—500册
定　价　220.00元

《和静年鉴》（2010）编纂委员会

《和静年鉴》（2010）编辑人员

《和静年鉴》（2010）特邀编委

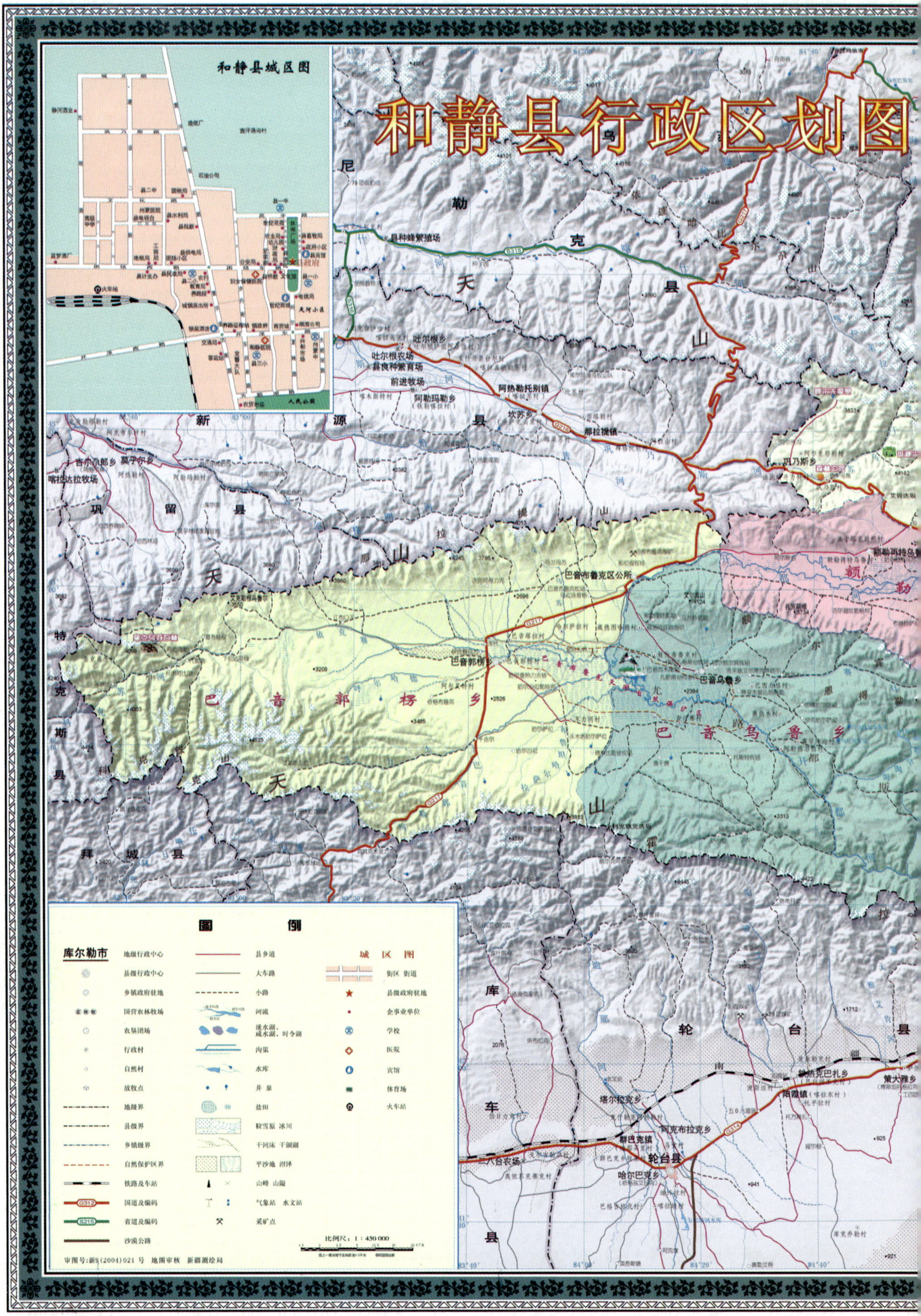
和静县行政区划图
和静县城区图
人民公园
图例
库尔勒市 地级行政中心
县级行政中心
乡镇政府驻地
国营农林牧场
农垦团场
行政村
自然村
放牧点
地级界
县级界
乡镇级界
自然保护区界
铁路及车站
国道及编码
省道及编码
沙漠公路
县乡道
大车路
小路
河流
淡水湖、咸水湖、时令湖
沟渠
水库
井 泉
盐田
粒雪原 冰川
干河床 干涸湖
平沙地 沼泽
山峰 山隘
气象站 水文站
采矿点
城区图
街区 街道
县级政府驻地
企事业单位
学校
医院
宾馆
体育场
火车站
比例尺：1：450 000
审图号：新S(2004)021号 地图审核 新疆测绘局
尼勒克县
新源县
巩留县
特克斯县
拜城县
库车县
轮台县
天山
吐尔根乡
阿热勒托别镇
巩乃斯乡
巴音郭楞乡
巴音乌鲁乡
巴音布鲁克区公所
塔尔拉克乡
群巴克镇
轮台县
哈尔巴克乡
阿克布拉克乡
阳霞镇
策大雅乡

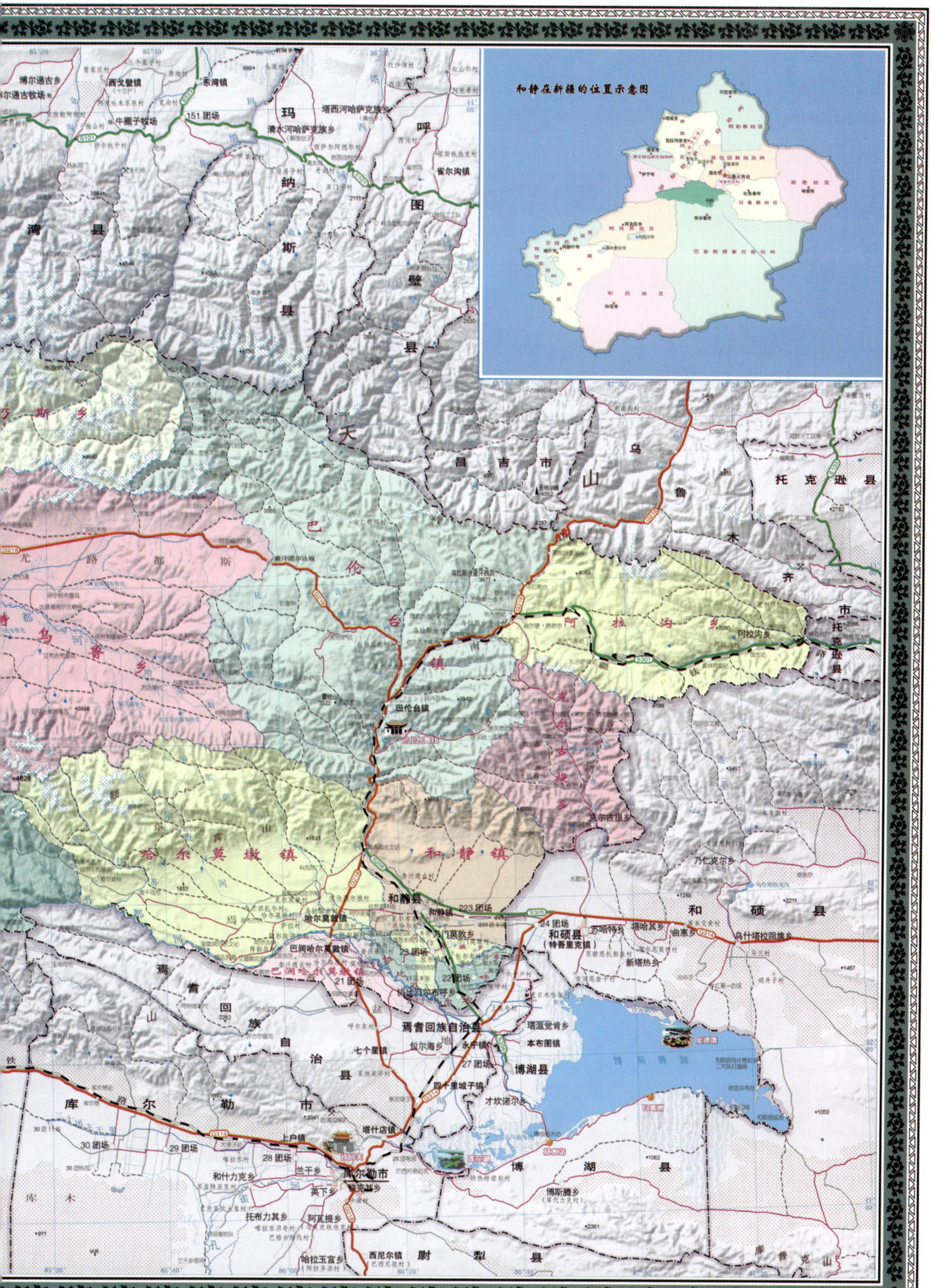
和静在新疆的位置示意图
博尔通古乡
151团场
牛圈子牧场
清水河哈萨克族乡
塔西河哈萨克族乡
雀尔沟镇
东湾镇
湾县
玛纳斯县
呼图壁县
天山
昌吉市
乌鲁木齐市
托克逊县
巴伦台镇
巴伦台镇
阿拉沟乡
阿拉沟乡
乌鲁乡
克尔古提乡
哈尔莫墩镇
和静镇
和静县
和静镇
223团场
乃仁克尔乡
和硕县
24团场
和硕县
(特吾里克镇)
苏哈特乡
塔哈其乡
曲惠乡
乌什塔拉回族乡
新塔热乡
哈尔莫墩镇
巴润哈尔莫墩镇
巴润哈尔莫墩镇
23团场
22团场
21团场
乃门莫敦乡
焉耆回族自治县
焉耆回族自治县
塔温觉肯乡
本布图镇
七个星镇
包尔海乡
永宁镇
博湖县
27团场
四十里城子镇
才坎诺尔乡
库尔勒市
塔什店镇
上户镇
30团场
29团场
28团场
兰干乡
和什力克乡
库尔勒市
英下乡
托布力其乡
阿瓦提乡
哈拉玉宫乡
西尼尔镇
尉犁县
博湖县
博斯腾乡
库鲁克山
库木

序一

中共和静县委书记　汪江华

《和静年鉴》（2010）已经完成总纂，即将付梓，这是和静县政治经济、社会生活中的一件大事，是文化建设的重要组成部分。作为一部信息密集、资料权威的工具书和史料性参考书，《和静年鉴》（2010）体现了时代特征、地方特色和年度特点，全面记载了2009年和静县经济和社会发展基本情况，客观反映了和静经济建设、政治建设、文化建设、社会建设的成就，为认识、研究、开发、建设和静提供了翔实资料和历史借鉴，为科学决策、指导工作提供了可靠依据，为编史修志积累了宝贵资料，具有宣传和静、服务社会、存史资政的重要作用。

编辑出版地方综合年鉴，不仅仅是编辑出版了一本书，而是一项具有承上启下、继往开来、服务当代、有益后代的千秋大业。通过编纂年鉴，记载当前，总结历史，能够帮助我们更好地、科学地规划未来。年鉴编纂是一项庞大的社会系统工程，各部门、各单位、社会各界要继续关心支持参与年鉴的编纂工作，广大年鉴工作者要牢固树立科学发展观，围绕建设富裕文明平安和谐的“东归名城”的宏伟目标，实事求是，解放思想，开拓创新，扎实工作，再创年鉴事业的新辉煌。

中共十七届五中全会描绘了在新形势下夺取全面建设小康社会新胜利、加快推进中国特色社会主义现代化建设和科学发展的宏伟蓝图。当前，随着中央新疆工作座谈会的召开，我县迎来了新一轮“大建设、大开放、大发展”的历史性机遇。面对加快发展的重要战略机遇期，我们要全面贯彻落实党的十七届五中全会精神，紧紧围绕“三个走在前列”和“六个方面工作”的要求，着力把握发展规律，创新发展理念，转变发展方式，破解发展难题，坚持以现代文化为引领，以教育、科技为支撑，加速推进新型工业化、农牧业现代化、新型城镇化建设进程，力争到“十二五”末，全县生产总值达到110亿元（现价），年均增长19%左右；累计完成固定资产投资136亿元；完成地方财政收入10亿元，年均增长27%左右；农牧民人均纯收入年均增长7.6%；城镇居民人均可支配收入年均增长10%以上，城镇化率达到53%，把和静建设成为新疆的经济大县、文化大县、旅游名县。

鉴往知今。站在新的起点上，和静各族人民将以饱满的热情，坚定的决心，创新的精神和辛勤的汗水，努力实现县域经济社会跨越发展和长治久安，以实际行动书写和静今天的历史，创造和静更加美好的明天。

序二

和静县委副书记、县长　才仁拉吉甫

正值全县上下深入贯彻落实中央新疆工作座谈会精神，认真编制“十二五”规划之时，《和静年鉴》（2010）业已脱稿，即将出版面世。

编辑年鉴是我国的优良传统，也是我们“知往鉴来”的重要依据之一。回顾《和静年鉴》编纂的历程，广大编鉴工作者兢兢业业、勤勤恳恳，有力地推动了地方志事业的发展。在此，向广大年鉴工作者和支持年鉴工作的同志们表示诚挚的慰问和衷心的感谢！

历史是一面镜子。古人云：“以铜为镜可以正衣冠，以史为镜可以知兴替，以人为镜可以明得失”。年鉴编纂的主旨，就是回顾刚刚过去的岁月，从历史的观察和思考中，把握经济社会发展规律；从曾经的辉煌中总结经验，坚定必胜的信心；从以往的失误中汲取教训，激发继续前进的强大动力。

年鉴作为文化积累的重要载体，是一个地区忠实记载历史，全面反映县情，具有系统性、连续性、权威性的资料性文献，是一个地方社会事业发展、文明程度体现的重要组成部分。年鉴带有政府公报性质，具有“资政、育人、存史”作用。国务院2006年5月18日颁布了《地方志工作条例》，充分体现了党中央关于“加强文化法制建设”和“要重视哲学社会科学领域立法工作”的精神，将为保障年鉴事业的健康发展发挥重要作用。

《和静年鉴》（2010）设26个篇目，系统、客观、真实地记录和介绍了2009年和静县经济、政治、文化、社会等方面发展的基本情况，是信息密集、资料权威的工具书，特别是及时准确反映这一年的新情况、新事物、新成就。《和静年鉴》作为文化交流、文化品牌宣传的载体，资料翔实，检索方便。是向世人宣传、介绍、推介和静不可少的珍贵资料，是各级党政领导、社会各界研究过去、把握未来、进行科学决策的重要依据。

和静物华天宝，人杰地灵，丰富的东归文化底蕴造就了优良的人文环境和活跃的文化交流活动。年鉴工作应抓住和静经济社会迅猛发展的历史机遇，打造自己的品牌，办出自己的特色，把优质的精神产品奉献给广大读者朋友。

亲切关怀

QINQIEGUANHUAI

2009年8月7日，自治区党委常委、自治区副主席库热西·买合苏提（右六）参加新疆金特钢铁公司百万吨钢二期技改项目竣工剪彩仪式。右四为州委书记张博、左五为新兴铸管集团董事长刘明忠、左二为县委书记汪江华

2009年6月30日，州委书记张博（左二)到和静县慰问离退休老干部。右二为县委书记汪江华，右一为县委副书记、县长才仁拉吉甫

2009年5月22日，州委副书记、州长史建勇（中）在县委书记汪江华（左一）陪同下到和静县调研

2009年9月28日，县委书记汪江华（前右二），县委副书记、县长才仁拉吉甫（前右三）在农村调研农业生产情况

坐落于和静县街心公园内的渥巴锡纪念碑

万里东归图（林岱 画）

清朝康熙、雍正、乾隆三代皇帝致土尔扈特部落的三道敕书

城市建設

CHENGSHIJIANSHE

和静县亿家广场开工暨奠基典礼仪式

和静县城北新区

世纪花园小区

和静县巴音布鲁克镇全貌

团结路夜景

和静兴合酒店

工业交通

GONGYEJIAOTONG

2009年8月7日，金特钢铁公司百万吨钢竣工剪彩仪式

农村公路开工剪彩仪式

静和酒业包装车间

察汗乌苏水电站发电厂

天山水泥金特矿微粉厂

农村公路铺油

特色农牧业

TESENONGMUYE

丰产田测产

巴音布鲁克黑头羊

沃德番茄加工厂生产线

温室蔬菜穴盘育苗

色素椒

和静特色畜产品

民俗文化

MINSUWENHUA

2009年，首届东归汽摩拉力赛发车仪式

赛马

农牧民篮球赛

草原那达慕盛况

萨吾尔登

被确立为自治州级非物质文化遗产名录的江格尔说唱

秀丽景色

XIULIJINGSE

巴伦台黄庙

巴音布鲁克天鹅湖九曲十八弯

阳光国际滑雪场

阿尔先温泉

班禅沟

天山石林

和静县农村信用联社

HEJINGXIANNONGCUNXINYONGLIANSHE

自治区联社领导实地检查指导工作

和静县农村信用联社位于团结西路，成立于1988年，属集体所有制法人金融企业。1996年与农行脱钩后，成立了县联社，下辖6个法人社。2001年原和静县腾龙城市信用社改制为农村信用社，交由县联社统一管理。2006年12月22日经新疆银监局批准，和静县农村信用合作联社开业，完成了统一法人社工作，完善了法人治理结构。2009年在岗职工102人（含劳务派遣15人），内退职工12人。其中：少数民族55人，中共党员26人，大专及以上学历89人；中级职称14人，初级职称14人，员工平均年龄36岁。共有12个营业网点（含营业部）、7个部门（综合办公室、财务信息部、审计部、信贷部、资产风险部、客户部、监察保卫部）。

2009年末，和静县信用联社各项存款余额为10.7亿元，各项贷款余额7.9亿元，在全县金融机构中占比分别为48.01%、85.76%，连续多年在全州所有金融机构中（除库尔勒市）各项存款排名第一，业务经营综合质量排名靠前。

◀ 联社领导慰问退休老职工

联社领导到基层网点进行慰问 ▶

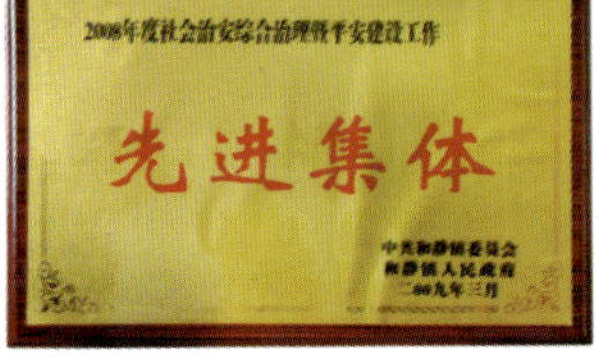

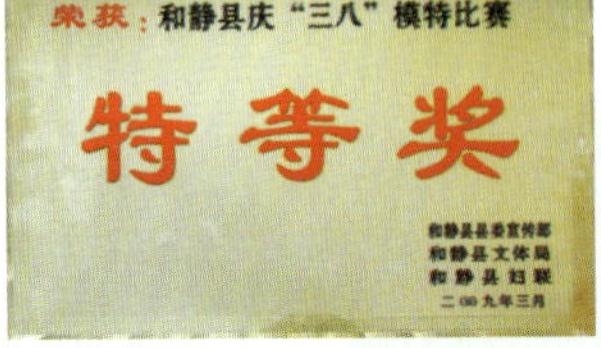

①2009年工作会议
②职工业务知识考试
③联社旺季工作动员大会
④联社党建日活动
⑤新春联欢会
⑥信用村命名大会
⑦反假币、金融知识宣传
⑧营业部大厅

和静县第三中学

支部书记 艾尼·加帕尔

校长 孟繁露

团结奋进的领导班子

和静县第三中学（又名和静县高级中学），是一所集普通高中教育、九年制义务初中教育和高中职业技术教育为一体的民汉合校的高级中学。学校设有6个科室：党政办公室、德育处、教务处、教研处、法制安全处、总务处；4个中心：心育中心、宿管中心、体卫艺中心、资源中心；4个年级委员会：高一年级、高二年级、高三年级、初中部。2009年有各族教职工320人，其中高级职称71人；中级职称101人，初级职称126人，其他22人；有班级78个，其中高中班66个，初中班12个；有学生3 988人，其中初中学生486人，高中学生3 502人；住校生2 338人。

学校先后派遣多人赴丹麦、北京大学、北京师范大学、西安交通大学、天津师范大学等国内外著名高等学府进行深造。先进的教育理念、独特的育人模式、严格的管理机制使和静高级中学成为和静教育界一面崭新的旗帜。

近年来，在全校各族师生的共同努力下，学校先后获得“自治区级文明单位”、“自治区德育示范校”、“自治区依法治校示范校”、“自治区民族团结进步模范单位”、“自治区卫生红旗单位”、“自治区民族团结进步模范单位”、“自治州先进基层党组织”、“自治州示范性普通高级中学”、“自治州教育工作先进集体”、“自治州民汉合校先进集体”、“自治州花园式单位”等多项荣誉。

教育部副部长陈小娅(左二)在县委副书记、县长才仁拉吉甫(右一)的陪同下到第三中学检查工作

教育部副部长陈小娅（中）为第三中学题字

教学综合楼

学生公寓楼

风景如画的校园

赴敬老院慰问演出

现代化的计算机房

军训

教师书法比赛

“我把青春献给党”歌咏比赛

巴州凯宏矿业有限责任公司

BAZHOUKAIHONGKUANGYEYOUXIANZERENGONGSI

董事长马西波考察矿山

凯宏矿业选矿厂

巴州凯宏矿业有限责任公司，是由新疆凯宏投资有限公司和巴州天山地质矿业有限责任公司，于2007年12月共同组建成立。公司注册地和静县，注册资金2 000万元。2009年9月首钢控股有限责任公司入股本公司。公司主要经营项目矿山开发、矿石加工销售。公司所属矿山一座已探明储量4 700万吨，已建成年产50万吨精粉选厂一座，年产100万吨精粉厂正在建设中，计划2010年8月生产，完成固定资产投资3亿元。公司2009年开采矿石120万吨，生产铁精粉10万吨，实现销售收入1.56亿元，实现利润1 412万元，上缴利税1 564万元。

截至2009年底，公司员工总数293人，其中大中专学历196人，本科及以上学历15人。有汉族233人，蒙古族38人，回族13人，哈萨克族3人，锡伯族2人，满族2人，布依族1人，藏族1人。公司累计在巴州地区招收员工186人，其中和静县73人。

企业在发展中注重企业文化及形象宣传，积极投身社会公益事业，为解决当地劳动力再就业作出了贡献，2009年被和静县评为“少数民族再就业先进单位”。

①县委副书记、县长才仁拉吉甫(中)在矿区指导工作
②县乡领导考察企业
③县领导参加公司开工典礼(右一为县委副书记肖影)

公司高层领导在矿山一线

春节慰问

公司员工参加巩乃斯乡文艺汇演

建设中的尾矿坝

和静县备战矿业有限责任公司

BEIZHANKUANGYEYOUXIANZERENGONGSI

董事长杨文平（左一）在矿区检查工作

公司董事会全体成员

和静县备战矿业有限责任公司于2005年在巴州和静县注册成立，注册资本金1.2亿元，法人代表杨文平，股东由新疆地矿局第十一地质大队（昌吉兴地勘查有限责任公司）、中建东方控股有限公司两家组成，双方各占50%的股份。公司现有职工58人，设有财务部、工程部、办公室、采矿车间、安保科、供应科等6个部室，在和静县城内设有常驻办公地点。

备战铁矿设计为年处理原矿200万吨、生产铁精粉100万吨的生产规模，项目预计总投资6.65亿元，分两期工程建设，一期投资为4.75亿元，一期投资股东自筹资金2.85亿元，银行贷款1.89亿元。

备战铁矿矿石类型为单一磁性高硫磁铁矿石，资源量(332+333+334)：铁矿石量3159.05万吨。新疆和静县备战矿业有限责任公司铁矿采选项目已经自治区发展和改革委员会核准立项，逐步完成尾矿库建设和110千伏、35千伏供电线路、变电站施工及其他配套设施建设。

县委书记汪江华(左二)到矿区检查指导工作

县领导亲临备战矿业公司挂牌现场祝贺

生产基地办公区

建设中的工人宿舍

建设中的选矿厂厂区

中国人民解放军69225部队

ZHONGGUORENMINJIEFANGJUN69225BUDUI

2009年4月7日，69225部队团长郭科学（中）、政委张连国（右一）与县委副书记、县长才仁拉吉甫（左一）一起参加义务植树劳动

①部队支援和静县绿洲生态建设

②部队开展贫困户慰问活动

③部队定期开展义务巡诊，为驻地群众免费送医送药

69225部队是一支历史厚重的红军部队，组建进疆31年来，历届党委在上级党委的正确领导下，团结和带领官兵发扬传统、艰苦创业、励精图治、与时俱进，先后完成了兴建家园、应急改建、“两反”演习、西部系列演习、中干塔边境联合演习、南疆光缆施工、喀喇昆仑山高寒山地适应性训练、“和平使命－2007”联合军演、反恐维稳等重大任务。先后被兰州军区表彰为“大学生干部培养教育先进单位”，被新疆军区表彰为“军事训练一级单位”、“管理教育工作先进单位”、“装备管理先进单位”，先后有28项次工作受到总部和两级军区的表彰。获得全军基层建设先进单位、全军先进基层党组织、兰州军区和新疆军区基层建设标兵单位等多项荣誉称号，连续30年集体立功的81分队4班被军委授予“学习雷锋模范班”；涌现出了首届全军十大爱军精武标兵冯世清、全军优秀士官人才一等奖获得者杨林国等一大批先进典型。多年来，部队官兵团结一致，吃苦耐劳、艰苦创业，在戈壁滩上建起了家园，为保卫边疆、建设边疆的宏伟事业作出了突出贡献，形成了“实事求是、锐意进取、艰苦奋斗、顽强拼搏、勇争第一”的团队精神。

④⑤
⑥⑦
⑧

④部队83分队被四总部表彰为“全军基层建设先进单位”。指导员李俊参加了全军第三批深入学习实践科学发展观活动动员部署暨基层建设工作会议，并在会上作了报告

⑤部队与重点帮扶的贫困户结成一帮一对子，定期开展扶贫帮困活动

⑥部队狠抓实战化训练，官兵苦练武艺，在执行多样化军事任务中当尖兵，打头阵

⑦部队大力开展文化活动，丰富官兵业余文化生活，形成了独具特色的文体队伍

⑧部队始终把战斗力建设放在第一位，狠抓战备训练，被新疆军区表彰为军事训练一级单位

乌拉斯台农场

党委书记、副场长 霍传功

党委副书记、场长 张炳辉

乌拉斯台，蒙古语，意为“生长毛白杨的地方”。乌拉斯台农场地处天山山脉南麓，位于焉耆盆地北缘，建场于1959年1月，隶属于巴州农业局管辖，全场辖区96平方千米，分别由汉族、维吾尔族、回族、蒙古族等13个民族组成。场部北距和静县城14千米，南距巴州首府库尔勒89千米，东南西北分别与农二师23团、21团、和静县巴润哈尔莫敦镇和拉布润林场毗邻。

农场在2007年进行内部改革时成立了综合事业管理委员会，组建了国有控股资产管理经营公司（即巴州中和资产管理经营有限责任公司），综合事业管理委员会下设社会保障管理中心、社会事务管理中心及机关事务管理中心，农场现有股份制农业公司3个（国有股份仅占8%），全民营公司1个，居民委员会4个，社区13个，驻场单位有学校、派出所、医院、供电所、信用社、水管站、客运站、邮政、电信等。场内有一座年产1.5万吨加工能力的股份制番茄酱厂和一个独资绒发棉业有限责任公司。

2009年，乌拉斯台农场先后被和静县表彰为“两基”教育“合格单位”及“先进集体”、“绿化合格单位”、“和静县第二次全国经济普查先进集体”，被自治州精神文明建设指导委员会命名为“精神文明单位”，被自治州农工委、自治州农业局考核命名授予“精神文明建设工作先进单位”、“社会治安综合治理工作先进单位”、“农情信息工作先进集体”等多项荣誉。

农场“两委”班子成员

创建州级精神文明工作情况汇报

建场50周年庆典文艺汇演

①农场筹措资金铺垫通连油路
②多功能专用车
③农场退耕还林及“三北四期”防护林
④小城镇建设
⑤滴灌小麦技术

社火表演

为干部职工集资捐款修路而建的功德碑

育苗移栽栽培技术

九七六处

① ②
③

①九七六处召开工作部署会议
②“八一”慰问驻库武警部队
③歌咏比赛

九七六处是国家物资储备局所属新疆储备物资管理局下属的县团级事业单位。1974年7月9日经国家计委批准建设，1983年12月竣工，占地面积5.5平方千米，国家投资建成了性能良好的库房。2001年至2003年，国家又投资进行了安全改造，拥有大量库房、公路专用线、铁路专用线及各类专业装卸设备。

2009年，九七六处有职工114人，其中离退休职工54人，在职职工60人。有党员49人，其中在职党员17人。

近年来，九七六处重实效、抓落实，各项工作均达到上级要求。在新疆储备物资管理局目标责任考核中，连续多年取得优秀成绩。2004年，被评为“州级文明单位”、“州级花园式单位”。2005 年，被国家物资储备局评为“物资储备系统先进集体”，处与守库武警三中队被国家物资储备局和武警总部评为“三共”活动先进单位。2009年7月，九七六处党委被自治区直属机关委员会评为“先进基层党组织”。并连续多年保持了县级综合治理先进单位、计划生育先进单位、卫生红旗单位等多项荣誉称号。

九七六处具有得天独厚的库房优势资源，现面向市场，为客户提供代管、代储、代装卸、代运输及库房租赁业务。

仓库设有铁路专用线，南疆铁路线和216国道从单位门前通过，交通十分便利。仓库有低温低湿设备，年最高温度为7摄氏度，最低温度为0摄氏度，年平均温度3摄氏度左右，年平均相对温度63%左右。库内调温、防潮、保温、防盗设施齐备，可有效调节库内温湿度和防止“鼠、鸟、虫、蛇”的进入，非常适合粮食、种子等物资的储存。

30多年来，九七六处以“诚信专业、创造满意”的储备服务理念，在社会上树立了良好的国储品牌形象。在管理上，采用了ISO9001：2000质量管理体系，拥有一支业务精通、作风过硬的职工队伍，具备运用现代科学管理手段，热忱为广大客户提供优质高效服务。

和静县公安局

HEJINGXIANGONGANJU

群众为民警赠送锦旗

派出所民警开展便民服务

和静县公安局成立于1950年。2009年全局民警中有党员139人，下设办公室、政工、纪检督察、法制、治安、通讯、消防等7个科室，有刑警、交警、国保、巡警4个专业大队和16个派出所和看守所、拘留所。

多年来，和静县公安局在县委、县政府和上级公安机关的正确领导下，坚持“抓基础、带队伍、保稳定”的工作思路，紧紧围绕为经济建设发展服务这个总目标，全局公安民警忠实履行宪法和法律赋予的神圣职责，出色地完成了各项安全保卫任务，得到了县委政府和上级公安机关以及全社会的高度评价和广泛赞誉，全局各项工作一直走在全州乃至全疆的前列，先后获2003～2004年度、2005～2006年度“全国优秀公安局”称号，2005年10月被中央文明委授予“全国精神文明建设先进单位”， 2007年获“全国县级公安机关执法示范单位”。

派出所开展清山巡逻工作

警种联动开展社会面巡逻防控

2009年7月公安局全面启动“护卫队”建设工作

宣传党的民族政策

举办迎新春文艺晚会

和静县民政局

HEJINGXIANMINZHENGJU

支部书记　马金忠

局长　陈建新

团结奋进的领导班子

县委副书记、县长才仁拉吉甫看望敬老院老人

和静县民政局于1984年9月正式成立，内设办公室、低保股、社救股、双拥办、社会事务股及婚姻集中登记中心，下设巴伦台军供站、中心敬老院、儿童福利院等事业单位。2009年机关在职人员23人。

近年来，在和静县委、县人民政府的正确领导下，和静县民政局紧紧围绕县委关于“保发展、保民生、保稳定”决策部署，切实提高“三个群体”（困难群体、优抚群体、孤老孤残孤儿等特殊群体）生活保障水平。不断加快民政公共服务设施建设步伐，着力解决困难群众实际问题。为满足社会福利事业发展的需求，2008年至2009年，累计投入1 045万元，先后建成了4 093平方米的县福利服务中心、2 900平方米的县儿童福利院、877平方米的县殡仪馆和400平方米的额勒再特乌鲁乡福利服务中心，全县社会福利服务功能得到较大提升。

和静县民政局坚持以人为本、开拓创新，真抓实干，创先争优，在服务大局中实现了民政事业的健康、快速发展。2008年至今，和静县民政局先后获得“全国养老服务示范单位”、“全国婚姻登记规范化单位”、“自治区清理整顿公墓工作先进单位”、“自治区纠风示范窗口单位”、“自治州社会治安综合治理工作先进集体”、“自治州纠风工作先进单位”、巴州民政系统“基层窗口先进单位”等多项荣誉称号。

和静县表彰双拥先进个人

在和静镇举行冬季燃煤救助仪式

县儿童福利院外景

和静县交通局

HE JING XIAN JIAO TONG JU

交通局局长钱新宏（左一）检查农村公路施工情况

自治区交通厅科教处处长郭昭霞到和静县对农村公路建设、管理、养护工作进行调研

交通系统开展百日广场专场文艺演出

和静县交通局于1986年10月成立，为行政管理单位，行政编制6人，全额事业编制3人，负责和静县辖区范围内的县道、乡道、专用公路的建设、管理、养护及路政等组织管理。编制和静县农村公路交通发展规划，中长期规划并监督实施和监督检查。设党委1个，党支部2个，党员55人。内设机构3个，即：行政办公室、农村公路管理养护站、城市客运出租车辆管理办公室。

2009年是和静县国省道干线公路建设力度较大的一年。县域内国道218线全线建成通车，国道217线建设工作全面开展，国道216线、省道321线进入工程可行性研究编制阶段。在以上项目实施过程中，交通局充分发挥地方交通主管部门的职能作用，积极协调解决施工企业遇到的草场占用、围栏拆迁、环境保护等问题，主动向工程编制单位提供相关的地质、水文、气候等资料，为国省道建设工作的顺利开展奠定了基础。

全县12个乡（镇）60个行政村中有8个乡（镇）22个行政村通油路，农村公路通车里程1 087.58千米。其中：县道9条113.46千米，乡村道138条824.32千米，专用道路7条152.8千米。二级及二级以上公路2.97千米，三级公路113.21千米，四级公路493.27千米，等外公路478.13千米。

2009年，全县新改续建农村公路建设项目15个，里程达338.4千米，工程总投资10 618万元。

和静县召开春运工作动员大会

和静县召开2009年交通工作会议

宣传“治理超限运输，规范运输市场”活动

和静县 环境保护局

HEJINGXIANHUANJINGBAOHUJU

局长 赵德庆

和静县环境保护局位于和静县开再东路。前身是1984年9月成立的城乡建设环境保护局，2001年7月独立设局，是和静县环境保护行政主管部门，业务归属于巴州环保局领导，主要职责是对辖区内的环境保护情况进行统一监督管理。内设环境监察大队。

2009年有职工14人，党员7人。占地面积929.67平方米，绿化面积340.4平方米，拥有1 000平方米的办公楼。2007年开通了“12369”环保投诉电话，为及时解决群众反映的热点、难点问题提供了便利。

2003年县环境保护局被命名为州级文明单位；2006～2009年先后被命名为自治区级卫生红旗单位、自治州级花园式单位，被评为巴州环保系统纠风工作先进单位、和静县落实纠风工作责任制优秀单位、和静县信访工作及安全生产工作先进单位。

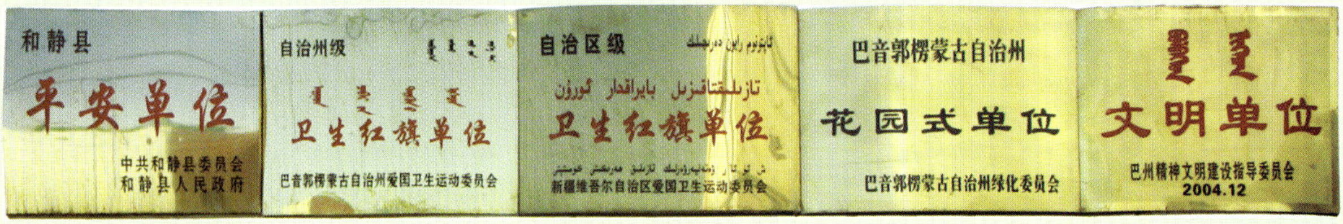

①②
③④

①金特公司技改项目检查
②“六五”世界环境日宣传活动
③节能减排会议
④环境保护工作会议

和静县畜牧兽医局

HEJINGXIANXUMUSHOUYIJU

党委书记 臧念成

局长 道尔加拉

和静县畜牧兽医局是政府下属的职能部门，位于和静县东归大道南侧文化科技中心大楼。下属县站（所）4个，分别为动物卫生监督所、草原监理所、兽医站、草原工作站，乡镇兽医站12个。2009年，和静县畜牧兽医专业技术人员244人，分布在全县各乡（镇）、场，负责全县动物卫生监督防疫、市场畜产品检疫、品种改良、草原生态监督与管理等多个领域。

2009年，和静县牲畜存栏99.91万头（只），较上年减少2.53万头（只），减少2.47%，其中：大牲畜10.62万头，羊85.37万只，猪3.92万头。是年，牲畜繁殖成活数68.77万头（只），较上年增加3.24万头（只），增长4.94%，牲畜出栏73.32万头（只），较上年减少2.21万头（只），减少2.93%。

2009年和静县全部肉产量21 180吨，较上年增长6.31%。其中：牛肉4 732吨，减少2.87%；羊肉8 150吨，增长10.02%；猪肉6 189吨，增长50.22%。奶产量11 042吨，毛产量1 360吨，禽蛋类产量1 205吨。畜牧业产值实现60 305万元，比上年增长5.65%。

和静县畜牧兽医局先后获自治州草原综合治理先进单位、防控重大动物疫病工作先进单位、自治州动物卫生监督工作先进单位等荣誉称号。

①②③
④⑤
①2009年秋季重大动物疫病防控工作汇报会
②和静特色畜牧业
③大力宣传动物防疫法
④GEF国际专家现场授课
⑤庆祝“三八”国际妇女节100周年畜牧局彩车方阵表演

和静县林业局

HEJINGXIANLINYEJU

局长 刁殿成

县林业局成立于1984年5月，下设县绿化委员会办公室、县护林防火指挥部办公室、县林业工作站、森林病虫害防治管理站、野生动植物保护管理站、3个林业派出所、行政办、项目办、重点公益林管理办公室、林果办、6个乡镇林业工作管理站、8个重点公益林管护站。有干部职工86人，由汉族、蒙古族、维吾尔族、回族、满族、哈萨克族等6个民族组成。有专业技术人员46人，其中高级工程师2人，工程师17人，初级技术人员27人。招聘重点公益林管护人员109人。

2009年，林业总产值6 306万元，其中：第一产业6 216万元（育苗育种268万元，造林、林木抚育管理982万元、木材采运1 215万元、经济林产品种植与采集3 751万元），第三产业90万元。

森林总面积达到9.29万公顷（含巩乃斯林场），其中天然林8万公顷（含巩乃斯林场2.04万公顷天然林），人工林 1.29万公顷，森林覆盖率为2.33%。

2001年被自治区文明委命名为自治区级文明单位；2005年被评为"2004年度退耕还林工程建设先进单位"；2006年获"巴州林业评比二等奖"；2009年，先后荣获自治州级"模范职工之家"、和静县争取国家项目资金工作先进单位二等奖、和静县"旅游杯"、"五一"职工篮球赛三等奖、和静县首届"金特杯及第十六届丰收杯"篮球比赛第四名。

召开造林绿化暨护林防火动员大会

特色林果业

文体活动获荣誉

葡萄基地

林业系统职工参加民族团结千人方阵表演

篮球比赛

和静县 地方税务局

党组书记、局长　彭新越

和静县地方税务局领导班子成员

和静县地方税务局成立于1994年7月，在职职工53人，退休3人，少数民族职工22人，女职工18人，党员32人。全局下设乃门莫敦税务所、巴润哈尔莫敦税务所、巴伦台税务所和巴音布鲁克税务所4个基层所和7个内设职能科室。主要征收营业税、企业所得税、个人所得税、资源税、城镇土地使用税、房产税、车船税、印花税、城市维护建设税、土地增值税、耕地占用税、契税等12个税种和代收文化事业建设费、教育费附加、人民教育基金、残疾人保障金、工会经费5项费用。

2009年，组织各项收入15 747万元，其中税收收入14 472万元，一般预算税收收入11 297万元。教育费附加入库974万元，人民教育基金入库228万元，文化事业建设费入库14万元，残疾人保障金入库58万元，罚没收入入库13万元。

和静县地方税务局办公楼

2009年4月21日，和静县地税局面对小学生开展税收知识讲座

和静县地税局办税服务厅。税务干部正在给纳税人办理涉税事务

和静县广播电影电视局

HEJINGXIANGUANGBODIANYINGDIANSHIJU

局长 木合塔尔·阿不里米提

和静县广播电影电视局成立于1984年，下设县广播电视台。局机关设行政办公室和社会技术管理股2个职能部门，广播电视台设7个业务部门：总编室、新闻专题部、广告部、节目部、播出部、工程技术部和巴音郭楞乡广播电视转播站。2009年有工作人员57人。

和静县广播电影电视局中央七套大功率覆盖工程，功率为1 000瓦，频道为25频道，转播中央七套电视节目，覆盖半径40千米。一套1 000瓦无线电视发射设备，转播中央一套电视节目，频率为19频道。4套调频广播发射设备（其中2套为1 000瓦，分别转播中央一套汉语和新疆一套维语节目；1套功率为300瓦，转播新疆广播汉语；1套功率为100瓦，转播新疆蒙语广播节目）。巴音郭楞乡广播电视转播站转播中央1套电视节目、内蒙电视节目和新疆蒙古语广播节目。

近年来，和静广电工作成绩突出，连续多次获得表彰。2009年由局工作人员撰写的若干作品获奖：《来自地震灾区的七名学生在新疆安心读书》获全国八省区蒙语广播优秀新闻社教文艺播音作品三等奖；《爱心温暖童心》获巴州优秀广播节目二等奖；《和静县马背上的法制分队》获全国八省蒙古语节目中三等奖、全疆优秀广播节目二等奖、全州优秀广播电视节目二等奖、获巴州广播影视系统先进单位三等奖。有2名工程技术人员荣获自治区有线电视技术竞赛三等奖；1名获自治区广播电视维护先进个人 。

广电局新办公楼

电视台新闻演播厅

记者办公室

综合演播大厅

电视播出机房

广电局机房

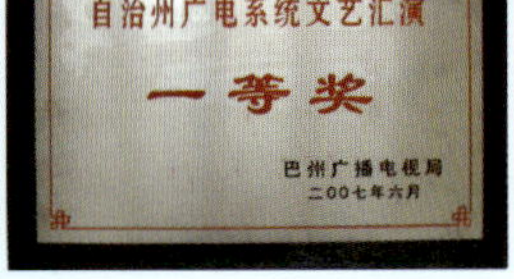

和静县档案史志局

HEJINGXIANDANGANSHIZHIJU

和静县档案馆成立于1959年，1984年成立档案科，1990年将档案科改为档案局。1993年机构改革，县档案局与县委史志办合并，更名为和静县档案史志局。档案史志局与档案馆为一套人员，两块牌子。内设行政办、史志办、档案业务室、现行文件阅览中心、政府信息公开查阅点。2002年定编11人，2009年实有干部14人。主要职责是对全县的档案史志工作实行统筹规划、宏观管理，承担档案、党史、地方志等工作的研究、编纂、交流、培训、指导、依法监督等职责。

近年来，和静县档案史志局（馆）紧紧围绕县委、政府中心工作，按照上级业务部门的要求，开拓创新，真抓实干，扎实做好档案、党史、地方志各项工作。先后编纂出版了《前进中的和静》、《和静不会忘记》、《中国共产党和静县历史大事记》（第二集）等书籍，2008年9月启动了《和静县志》第二轮编修工作。加大力度狠抓档案业务培训指导、档案执法检查、国家重点档案抢救、档案查阅利用等工作，充分发挥档案馆、现行文件阅览中心、政府信息公开查阅点的示范窗口作用，以优质的服务质量提升部门整体形象。2004年3月，县档案馆晋升为自治区档案目标管理一级单位，同年12月被评为州级文明单位。2006年分别获自治区、自治州档案宣传工作先进集体；2007年被评为自治州档案工作先进集体，2008年被确定为县级爱国主义教育基地。

局长 秦洪伟

自治区档案局局长吴志强（左三）到和静县检查指导工作。左四为自治区档案局副局长童鹿，左二为县委常委、宣传部部长廖隽龙

2009年在全县档案干部培训班上表彰优秀档案工作者（后排右二为县委常委、宣传部部长廖隽龙，右一为副县长张教军）

和静县地方志、年鉴工作会议

档案执法检查

档案史志局在进行第二轮修志资料分类

慰问包联村贫困户

县人行档案达标复验

和静县水利局

HEJINGXIANSHUILIJU

局长 马 元

和静县水利局成立于1979年5月，位于和静县城团结西路9号院内，单位占地面积4 200平方米。主要职能是负责全县的水利规划、农田水利基本建设、水政水资源管理、水土保持、水行政执法、防汛抗旱、全县主要河流的综合治理和开发利用、农业灌溉、水利项目的建设管理及水利招商引资等工作。县水利局机关行政编制8人，内设6个股室，工作人员19人。2009年，全县水利系统在职人员125人。有工程师5人、助理工程师21人、技术员23人（不包括水利工程队和哈尔努尔电站）。

和静县水管总站成立于1989年2月，副科级建制，是水利局管辖的自收自支的事业单位，下设10个基层水管站（所）。

和静县水利机械工程队隶属于水利局，属企业化管理的事业单位，为自收自支单位，共有干部职工25人。

哈尔努尔水电站隶属于水利局的企业单位，共有干部职工20人。

2009年度，和静县水利局被巴州水利局评为巴州水利系统安全生产工作先进单位三等奖和信息宣传工作先进单位三等奖。

①②③
④⑤⑥

①廉政风险防范管理动员大会
②廉政警示教育大会
③28个民族团结教育月水利系统方阵表演
④水利法律法规宣传
⑤小农水乌浪尕孜验收
⑥滴灌

和静县人民法院

HEJINGXIANRENMINFAYUAN

党组书记 孙 强

院长 明吉格

全体工作人员合影

和静县人民法院建于1950年12月，始称和靖县人民法院，1965年11月更名为和静县人民法院。编制69人，在编65人。其中汉族26人，蒙古族22人，维吾尔族14人，藏族、回族、哈萨克族各1人；本科学历31人，专科学历33人；具有法官资格的32人。法院内设立案庭、刑事审判庭、民事审判庭、行政审判庭、审判监督庭、执行庭（局）、法警大队、哈尔莫敦法庭、巴伦台法庭、巴音布鲁克法庭、研究室、行政办公室、政工科等。和静县人民法院于2000年1月20日被命名为自治区级文明单位，2009年12月21日通过复验。

2009年，和静县人民法院忠实履行宪法和法律赋予的职责，围绕“保稳定、保民生、保发展”工作大局，认真贯彻“三个至上”的指导思想，全面落实科学发展观，大力开展“人民法官为人民”主题实践活动，为和静县经济社会又好又快发展提供了强有力的司法保障。全年共受理各类案件2 251件，结案2 190件，与上年同比分别上升11.9%和13.6%。

◀ 集中清理执行积案领导小组深入乡镇督办案件

巴伦台人民法庭巡回办案 ▶

刑事诉讼咨询 ▼

▼ 法律知识宣传

▲ 最高人民法院院长王胜俊（左三）在自治区高级人民法院党组书记王纪文（左一）、州委书记张博（右一）、县委书记汪江华（左二）陪同下来和静县法院检查指导工作

和静县哈尔莫敦镇

HEJINGXIANHAERMODUNZHEN

召开党政联席会议

州县领导在哈尔莫敦镇调研（右三：州长史建勇、右二：县委书记汪江华）

学习实践科学发展观活动动员大会

民兵应急训练

开展民族团结教育月活动

多熟高效栽培农作物（辣椒套种孜然）

哈尔莫敦，蒙古语意为“有榆树的地方”。哈尔莫敦镇位于天山中段南麓，焉耆盆地西北部边缘，周边与巴润哈尔莫敦镇、和静镇等乡镇毗邻，距乌鲁木齐直线距离325千米，距库尔勒直线距离85千米，平均海拔1 143米，是个农牧业大镇。全镇东西最长112千米，南北最宽47千米，总面积3 733平方千米，其中耕地面积6 264.5公顷，林地面积2 519.2公顷，天然草场面积21.44万公顷。全镇总户数5 782户，总人口21 722人，其中农业人口19 992人，主要由汉族、维吾尔族、蒙古族、哈萨克族等13个民族组成。现镇区有州、县驻镇单位19家，分别是财政所、广播电视站、供销社、信用社、邮政所、卫生院、农机站、农经站、农技站、兽医站、供电所、林管站、水管站、文化站、泉水沟水管站、和静县第六小学（原哈尔莫敦镇中心小学）、和静县先行粮油收储公司、派出所、中国石油先行加油站等。镇辖7个行政村2个社区，分别是觉伦图尔根村、乌拉斯台村、夏尔莫敦村、查茨村、哈尔莫敦村、乌兰尕扎尔村、萨拉村和文化路社区、团结路社区。

2009年，全镇农牧民总收入29 251.31万元，比上年增长39.9%。其中第一产业26 322.58万元，比上年增长45.9%；第二产业489万元，比上年增长2.94%；第三产业2 439.73万元，比上年增长1.8%。农牧民人均纯收入增加1 780元，达到7 547.6元。

多熟高效栽培农作物（辣椒套种孜然）

和静县 和静镇

HEJINGXIANHEJINGZHEN

和静镇是和静县府所在地，南与良种场相接，东与农二师二二三团毗邻，西与哈尔莫敦镇交界，北与巴伦台镇接壤，218国道和南疆铁路横穿境内，是和静县政治、经济、文化中心。全镇总面积346平方千米，耕地面积0.22万公顷，草场面积0.19万公顷，林地面积0.17万公顷。辖区实有人口56 813人，其中常住人口49 659人，流动人口7 154人，城镇人口41 386人，农村人口12 309人，少数民族人口占总人口的67.63%，是由汉、维吾尔、蒙古、回、东乡、哈萨克、满、藏、锡伯等多民族组成的镇。和静镇辖4个行政村、1个建筑公司、1个林场、10个社区居委会、20个站所（办），辖区内有13所学校、129家驻镇单位、1 223间商业网点，特种行业、文化娱乐场所148个，宗教活动场所20个，租赁房屋3 764间。

2009年，和静镇实现总收入11 726万元，同比增长20.7%。农牧民人均纯收入6 772元，人均增收1 496元。

全镇共评出“十星级文明户”1 195户、“五好文明家庭”485户、“新风户”406户，建立精神文明共建对子11个。城镇安全文明小区39个，社区居民活动室10个，建立爱心超市1个，对500多名下岗失业人员进行就业培训，为1 100名妇女提供生殖保健服务，组织社区单位与特困户结“帮扶对子”196对。获得县级以上奖励集体4个、个人5个。

县委书记汪江华(左二)在和静镇检查指导工作

①②
③④⑤

①和静镇召开七届四次全委(扩大)会议
②和静镇开再村林业队开展信访问题听证会
③和静镇深入开展文化、科技、卫生“三下乡”活动
④和静镇开展农村富余劳动力转移培训
⑤和静镇办公楼

和静县 协比乃尔布呼乡

XIEBINAIERBUHUXIANG

党委书记 胡晓东

乡长 马洪云

协比乃尔布呼为蒙古语，协比乃尔为蒙古族人名，布呼为渠。1984年11月建乡。地处焉耆盆地边缘，位于和静县城南部23千米，距焉耆县城9千米，地处开都河下游，紧靠开都河北岸，地势由西北向东南倾斜，海拔高度1 065米～1 058米，地下水资源十分丰富，地表灌溉主要引用乌拉斯台河水，是一个以农牧业为主导产业的乡。206省道、南疆铁路、兵团二十二团至二十一团道路贯穿此乡，周边与焉耆县、农二师二十一团、二十二团、二十三团、巴州乌拉斯台农场相毗邻。全乡总面积141平方千米，耕地面积2 001公顷，总人口5 672人，主要有汉族、维吾尔族、回族等民族组成。下辖2个行政村、13个村民小组、15个站所（学校），1个运输专业合作社，3个涉农协会。

2009年，全乡农业生产总值达8 477.93万元，同比增长1 043.05万元，人均纯收入6 615.5元。种植业、畜牧业、林业、二三产业、富余劳动力创收较上年分别增加了123.93元、358.3元、3元、501.62元、298.81元。

①召开八届人民代表大会第三次会议
②和顺运输专业合作社成立揭牌仪式
③ 2009年1月6日成立"晒经岛巴扎日"
④实施膜下滴灌工程

和静县阿拉沟乡

HEJINGXIANALAGOUXIANG

党委书记　何蜀疆

乡长　乌仁其米克

阿拉沟，蒙古语译音，意为一种可治骆驼疾病的草药，此地因多产该草而得名。阿拉沟乡地处天山深处的山地峡谷地带为高山峡谷和高山草原，距和静县城174千米，216国道、301省道和南疆铁路贯穿乡境。周边与乌鲁木齐市、托克逊县、和硕县相毗邻。平均海拔2 242千米，行政总面积2 544平方千米，其中草原面积191.7万公顷，森林面积181.7公顷。气候特点是冬季寒冷漫长，春季解冻慢，夏季气温适中，风大雪少，年降水量少，季节分布不均匀。辖区3个行政村，即阿拉沟村、夏尔尕村、乌拉斯台查汗村，总人口600户1 621人，属自治区级贫困乡。

阿拉沟乡是古丝绸之路"天山道"的途径地，境内分布着多处岩画、唐朝古城堡遗址、三千多年前的古墓群。境内还有神奇的奎先敖包和奎先湖吸引着各地游客，中国科学院、国家天文台投资建设的宇宙第一缕曙光探测宇宙学的天文列阵坐落在乌拉斯台查汗村，成为青少年科普教育基地。

2009年，阿拉沟乡文化站被授予自治区一级文化站；阿拉沟乡被巴州文明委授予州级文明单位；获得和静县党风廉政建设先进集体等荣誉；在全县年终目标责任制考核中，被评为牧区组第一名。

团结奋进的领导班子

民主日活动暨现场观摩会

业务学习

用于"宇宙第一缕曙光探测"的天文阵列

天山野蘑菇

冰川雪峰圣湖白净草原首府的后花园

和静县 克尔古提乡

HEJINGXIANKEERGUTIXIANG

①②
③④

① 党委书记李文忠在通班车仪式上讲话
② 召开八届人民代表大会第三次会议
③ 客运班线通车剪彩仪式
④ 绣娘绣妹刺绣东归图（此图荣获45届旅游节凤凰杯金奖）

克尔古提，蒙古族语意为半岛、沙洲。克尔古提乡位于和静县城东北的山地峡谷区，乡政府距和静县城直线距离52千米，海拔1 902米。东南与托克逊县、和硕县接界，西邻巴伦台镇，北与阿拉沟乡相通，南北最宽40千米，总面积960平方千米，其中可利用草场2.01万公顷、天然林1.07万公顷 。2009年，辖3个行政村、5个站所，总人口239户909人。乡党委下辖5个党支部，党员71人，“三老”人员5人，乡机关干部职工26人。

克尔古提乡地处山间谷地，气候温和，年平均气温5℃，年降水量111毫米～289毫米，无霜期113天，年平均风速2.2米/秒。境内水草丰美，森林资源比较丰富，森林面积达6 403公顷，活立木蓄积量17万方立米，其中云杉12万立方米，主要分布在阴坡、半阴坡，呈带状或块状分布，属封闭状天山水源涵养林区。乡域内山高坡陡，沟多壑深，巨石裸露，气候温和，不仅有雪莲、麻黄、野菜、野生动植物、奇石怪榆、河谷林和松树林等自然资源，还有石人壁画、古墓群等人文资源，是一个冬暖夏凉避暑休闲的好地方。

传统手工刺绣品

和静县巩乃斯乡

HEJINGXIANGONGNAISIXIANG

①召开八届人代会二次会议
②迎新春茶话会
③文艺演出
④阿尔先温泉

巩乃斯，蒙古语意为绿色的谷地。巩乃斯乡建于1984年5月，距和静县城255千米，距库尔勒市340千米，东南与额勒再特乌鲁乡相连，西与新源县接壤，北与尼勒克县、乌苏县、沙湾县毗邻。全乡行政总面积2 277平方千米，其中草原面积8.29万公顷，森林面积7.9万公顷，国道218县穿越乡境79千米，交通便利。乡境内旅游资源丰富，野生动植物种类繁多，是全县重要的畜牧业生产基地和饲草料生产基地。辖3个行政村（阿尔先村、浩伊特开勒德村、巩乃斯郭楞村）。有牧业人口372户1 156人，由汉族、蒙古族、维吾尔族、回族等7个民族组成，其中蒙古族人口占全乡总人口的99%。有小学1所、乡卫生院1所、兽医站1个。2009年，巩乃斯乡实现生产总值602万元，全乡牲畜存栏35 941头（只），其中母畜26 121头（只）；出栏牲畜18 527头（只），备草2 200吨，备料41吨。

2009年，投资451万元建成55栋牧民定居房屋的主体建设，投资800万元建设12.42千米温泉牧道项目，投资53万元建设200平方米的卫生院工程。争取完成广播电视“村村通”工程设备280套。全年转移富余劳动力317人次，实现劳务创收64万元，人均创收629元。城镇居民参保率和牧民参合率分别达到100%和97.88%。

2009年，巩乃斯乡被巩乃斯地区护林防火指挥部授予“护林防火先进集体”称号，被县环保局评为“环境保护工作先进单位”称号。

和静县伊克扎尔斯台牧场

HEJINGXIANYIKEZHAGASITAIMUCHANG

场长　阿尔斯林

马术耐力赛团体冠军奖杯

伊克扎尔斯台牧场，蒙古语意为“有鱼的大沟”。位于和静县西北部，距县城300千米，距217国道巴音布鲁克镇界段40千米，海拔2 400米，草场总面积5.74万公顷，其中可利用草场面积5.38万公顷。2009年有牧民205户775人，其中劳动力442人，参加农村低保82户323人，参加农村合作医疗187户685人，参合率88%。

2009年牲畜存栏46 999头（只），其中牧场铁畜有6 560头（只），年产值55万元，人均收入3 100元。建立牲畜防疫设施1座。

天鹅湖的独特风景吸引了众多旅客观光旅游。随着巴音布鲁克天鹅湖及其旅游景点的开发，伊克扎尔斯台牧场在天鹅湖北岸设立观赏天鹅湖的最佳景点：瞭望塔、妩韵阁、八道湾、河滨等，使广大游客尽情享受大自然美丽的草原风光。

政治学习

蓬勃发展的畜牧业

和静县巴音布鲁克牧场

HEJINGXIANBAYINBULUKEMUCHANG

开展“五四”青年节活动

巴音布鲁克牧场位于和静县巴音布鲁克草原，与县城直线距离207千米，面积668平方千米。辖5个分场（那拉提分场、巴音布鲁克分场、科克乌松分场、阿木尔郭楞分场、巴音塔拉分场），是一个纯牧业生产牧场。地处高山间盆地，四面雪山环绕，冬季漫长，海拔2 500米。2009年牧场有人口518户2 129人，劳动力1 126人。由汉族、蒙古族、维吾尔族、哈萨克族等4个民族组成。全场干部职工34人（其中领导干部5名）。牧场设党总支1个，委员5名，下设6个党支部，党员60人。牧场管委会成员5人。下设工会、妇联、团总支、计划生育办公室等。

2009年牧民人均收入4 052.26元，比上年增加380.96元。

牧场有“五好”文明家庭322户，州级“三八”红旗手2人、县级红旗手1人，妇女能手254人，“平安家庭”493户。

开展畜牧防疫工作

畜牧品种改良

巴音布鲁克黑头羊

编辑说明

一、《和静年鉴》是由和静县委、县人民政府主办的地方综合年鉴，面向社会公开发行。

二、《和静年鉴》（2010）是创刊号，记载了2009年和静县经济和社会发展的基本情况，是信息密集、资料权威的工具书。旨在按年度反映和静县全面建设小康社会的历程，客观反映和静经济建设、政治建设、文化建设、社会建设以及生态文明建设和党的建设的成就。为认识、研究、开发、建设和静提供翔实资料和历史借鉴，为科学决策、指导工作提供可靠依据，为读者提供多种信息，为编史修志积累宝贵资料。

三、《和静年鉴》（2010）采用纪事本末体，分类编纂，设篇目、类目、分目、条目4个层次。条目标题为黑体字加【 】。内文由各部门、各单位组织专人撰写，并经有关部门审核。

四、《和静年鉴》（2010）设26个篇目，依次为：（1）特载；（2）大事记；（3）概况；（4）中共和静县委员会；（5）政权·政治协商；（6）法治；（7）群众团体；（8）地方军事；（9）经济管理与监督；（10）农业；（11）旅游；（12）工业；（13）交通·邮电；（14）税收·财政；（15）银行·保险；（16）城乡建设·环境保护；（17）教育·科技；（18）文体·广电；（19）医药·卫生；（20）人事劳动·社会保障；（21）民政·信访；（22）人口和计划生育；（23）民族·宗教；（24）乡、镇、场；（25）驻县单位；（26）附录。

五、《和静年鉴》（2010）中的“民族”，一般指汉族以外的其他少数民族。自治区、自治州一般在第一次出现时用全称，其余用习惯简称，全书除特别说明外，“州委”、“州党委”、“自治州党委”均指中共巴音郭楞蒙古自治州委员会，“州”、“自治州”、“巴州”均指巴音郭楞蒙古自治州；“县委”指中共和静县委员会，“县政府”指和静县人民政府，“县”指和静县。

六、《和静年鉴》（2010）采用和静县统计局公布的国民经济和社会发展数据，一般截至2009年底。因统计口径等原因，有关部门所用个别数据与统计资料不尽一致，请采用者加以注意。

七、由于编辑水平有限，书中难免有疏漏之处，真诚欢迎社会各界提出宝贵意见，以改进我们的工作。

和静年鉴（2010）撰稿人

（以姓氏笔画为序）

丁 刚	山巴依尔	马 有	马君才	马 晶	马 瑞
王玉勇	王全年	王 军	王志新	王怀奋	王林峰
王星球	王洁丽	王桂华	王晓勇	王 婧	王景生
王 淼	王 淼	王新柱	王满新	尤宏伟	乌仁其米克
乌仁其米克	方琪麓	火 震	巴达玛扎布	巴图江东	巴 特
巴 特	邓 玉	邓 江	古新瑶	石玉宏	卢 婷
史伟江	丘佩芳	宁 巩	吉尔格	早热古丽	任万民
刘江华	刘 君	刘金华	刘保江	刘振年	刘海龙
刘康静	闫红梅	安志宏	许志国	孙世勤	孙桂霞
苏布松	杜 智	杨文玉	杨永安	杨再琴	杨佳欣
杨 健	杨鹤松	李 川	李 英	李建民	李建华
李春梅	李 虹	李 梅	李群芳	肖建国	吴 静
吴 慧	何 进	冶志强	张文涛	张先国	张红玉
张时浩	张 宏	张建华	张建国	张 晓	张晓风
陆 璟	阿士尔	阿尔斯林	阿丽玛	陈晓红	陈海燕
武发怀	其其格	范金萍	欧日鲁木加甫	岳秀梅	郑 文
祈素然	孟 代	赵晓华	赵慧英	胡 光	洪永祥
胥立军	姚 君	贺跃新	秦洪伟	袁 鸣	格吉甫
根 谢	贾珏姿	贾俊华	高 月	海永梅	陶 艳
崔志梅	彩 红	葛建伟	葛 辉	董 斌	韩亚莉
奥才才	奥 云	舒红波	满都拉	蔡春辉	廖南新
黎 娜	衡华山	魏莲香			

目　录

特　载

大　事　记

概　况

国民经济和社会发展

社会主义精神文明建设

中共和静县委员会

县委常委会工作

县委办公室工作

组织工作

宣传思想工作

统一战线工作

机关党建工作

老干部工作

档案史志工作

党校工作

纪检监察工作

政权·政治协商

和静县人民代表大会常务委员会

和静县人民政府

政府办公室工作

依法行政

招商引资

机关后勤服务

中国人民政治协商会议和静县委员会

政协办公室工作

法　　治

政　法

公　安

检　察

审　判

司法行政

群 众 团 体

和静县总工会

共青团和静县委员会

和静县妇女联合会

和静县归国华侨联合会

和静县工商业联合会

和静县残疾人联合会

地 方 军 事

和静县人民武装部

武警和静县中队

经济管理与监督

经济贸易

物价管理工作

统计工作

审计工作

工商行政管理

国土资源管理

质量技术监督管理

安全生产监督管理

食品药品监督管理

农　业

综　述

新农村建设

畜 牧 业

林 业

水 利

水利管理

农牧业机械化

农村经济管理

旅 游

工　业

综　述

工业园区建设

重点企业简介

新疆金特钢铁股份有限公司

和静利华食品有限责任公司

国电新疆开都河流域水电开发有限公司察汗乌苏水电站分公司

巴州凯宏矿业有限责任公司

和静县新兴建筑安装有限责任公司

和静县备战矿业有限责任公司

新疆隆平高科红安和静辣椒有限责任公司

新疆绿原糖业有限公司

公路养护

邮　　政

中国电信股份有限公司和静分公司

中国移动通信集团新疆有限公司巴州和静县营业部

中国联通巴州分公司和静分公司

税收·财政

国家税收

地方税收

财政

银行·保险

银 行

中国人民银行和静县支行

中国工商银行股份有限公司和静支行

中国农业银行股份有限公司和静县支行

和静县农村信用合作联社

保 险

中国人寿保险股份有限公司和静县支公司

中国人民财产保险股份有限公司和静支公司

中华联合财产保险股份公司和静支公司

永安财产保险公司和静营销部

中国邮政储蓄银行和静县支行

城乡建设·环境保护

城乡建设

房地产

住房公积金管理

县直小学

和静县第一小学

和静县第二小学

和静县第三小学

幼儿园

和静县幼儿园

科学技术

文体·广电

文化体育

广播电视

新华书店

医药·卫生

和静县卫生局

和静县疾病预防控制中心

和静县红十字会

和静县爱国卫生运动委员会

和静县人民医院

和静县妇幼保健院

人事劳动·社会保障

机构编制

人事劳动和社会保障

社会保险

民政·信访

民政工作

信访工作

老龄工作

人口和计划生育

民族·宗教

乡、镇、场

和静镇

巴润哈尔莫敦镇

哈尔莫敦镇

巴伦台镇

乃门莫敦乡

协比乃尔布呼乡

巴音布鲁克镇

额勒再特乌鲁乡

巴音郭楞乡

巩乃斯乡

克尔古提乡

阿拉沟乡

哈尔诺尔牧场

莫呼查汗扶贫开发农场

巴音布鲁克牧场

德尔比勒金牧场

伊克扎尕斯台牧场

驻 县 单 位

农二师二十一团

农二师二十二团

农二师二二三团

巴州乌拉斯台农场

巴州水管处解放二渠水管站

附 录

索　　引

特 载

抓改革发展 促团结稳定 奋力推进县域经济社会又好又快发展

——在中共和静县委十一届五次全委（扩大）会议上的讲话

中共和静县委书记 汪江华

（2009年11月17日）

同志们：

今年是新中国成立60周年，全县各族人民共同见证伟大祖国的繁荣昌盛和我县经济社会各项事业的快速发展，极大地增强了全面建设小康社会的信心。8月22日至25日，胡锦涛总书记视察新疆并作重要讲话。9月15日至18日，党的十七届四中全会胜利召开，对加强和改进新形势下党的建设作出全面部署，胡锦涛总书记在全会闭幕后专门就当前新疆形势和新疆工作作了重要讲话。9月29日，胡锦涛总书记在国务院第五次全国民族团结进步表彰大会上发表重要讲话，对推进新形势下民族团结进步事业作出全面部署。新疆维吾尔自治区党委七届八次全委（扩大）会议、巴音郭楞蒙古自治州党委八届八次全委（扩大）会议对维护社会稳定、加强民族团结、推进党的建设等重大问题进行了安排部署。今天我们召开县委十一届五次全委（扩大）会议，主要任务是认真学习、深刻领会、全面贯彻落实党的十七届四中全会、胡锦涛总书记重要讲话和自治区党委七届八次、自治州党委八届八次全委（扩大）会议精神，动员全县各级党组织和广大党员干部群众统一思想，坚定信心，开拓进取，为推进县域经济社会又好又快发展而努力奋斗。下面，我讲几点意见：

一、牢固树立稳定压倒一切的思想，切实维护社会政治大局稳定

保持社会政治稳定是经济社会发展的重要前提。发展是第一要务，稳定是第一责任，没有稳定，一切都无从谈起。我们要牢固树立稳定压倒一切的思想不动摇，深入贯彻中央关于维护新疆稳定的一系列重大决策部署，制定出台维护社会稳定长效工作机制，全面落实维护社会稳定的各项治本措施，为和静的改革发展创造良好的环境。

（一）统一思想，认清形势，增强维护稳定的自觉性和坚定性。对于乌鲁木齐“7·5”事件的性质和背景，胡锦涛总书记在两次重要讲话中都作了透彻的分析和精辟的论述，中央对自治区党委、政府处置工作也给予了充分肯定。王乐泉书记在自治区党委七届八次全委（扩大）会议上用“六个深刻认识”全面阐述了乌鲁木齐“7·5”事件的性质、平息和处置乌鲁木齐“7·5”事件采取的措施、新疆民族分裂活动由来已久的历史根源、民族分裂势力极为复杂的国际政治背景、当前新疆反分裂斗争的严峻形势、新疆各族人民共同团结奋斗打下的坚实基础。这些分析和判断对我们进一步认清乌鲁木齐“7·5”事件的本质，坚决维护社会稳定、促进民族团结具有十分重要的意义。乌鲁木齐“7·5”事件是境内外“三股势力”相互勾结、精心策划组织的一起打砸抢烧严重暴力犯罪事件。多年的维稳工作证明，没有强有力的对敌打击，就没有社会的稳定，就没有对敌斗争的主动权。全县各级党组织和广大党员干部群众要深刻认识乌鲁木齐“7·5”事件的历史背景，深刻认识新疆反分裂斗争是长期的、复杂的、尖锐的，是不以我们的意志为转移的，我们对敌斗争形势仍十分严峻。我们必须保持清醒的政治头脑，进一步统一思想，认清形势，把思想和行动统一到中央、自治区、自治州关于维护社会稳定的重大决策部署上来，在思想上、政治上、行动上坚决与中央和自治区、自治州党委保持高度一致，增强忧患意识，居安思危，未雨绸缪，全力做好维护稳定各项工作。

（二）加强民族团结，不断巩固和发展平等团结、互助和谐的社会主义民族关系。做好民族工作，推进民族团结进步，关系到国家的统一，民族的团结，社会的稳定，事关我县经济社会发展全局。按照自治区、自治州党委的统一部署，今年11月、12月将在全县各级党组织和广大党员、各族干部中围绕“谁是我们的敌人、谁是我们的兄弟姐妹”这一鲜明主题，开展维护民族团结、维护社会稳定集中学习教育活动。县委对集中学习教育活动已作出具体的安排部署，希望全县各级党组织和广大党员干部要认真学习，深入领会，进一步牢固树立“三个离不开”思想，深刻认识“团结稳定是福、分裂动乱是祸”的真正含义，进一步增强维护祖国统一、维护民族团结、维护社会稳定的自觉性和坚定性。要以“维护民族团结、维护社会稳定”为主题，围绕“五个认清、五个深刻”，对照在维护民族团结、维护社会稳定方面党组织是否发挥领导核心和战斗堡垒作用，党员干部是否发挥先锋模范带头作用等方面，认真开展批评与自我批评，扎实开展好专题民主生活会和组织生活会。要在各民族党员、干部和群众之间开展民汉结对帮扶、互交朋友等活动，以各民族党员干部的真诚团结带动各族群众的团结。要及时发现、总结和宣传在改革发展进程中涌现出来的模范人物和先进事迹，以榜样的力量感召和凝聚人心，进一步激发各族干部群众热爱和静、建设和静、献身和静，引领和带动各族干部群众争做民族团结的模范，推动民族团结进步事业发展。要突出抓好青少年的民族团结教育，建立和完善从幼儿园、小学至中学的民族团结教育体系，深入开展民汉师生“结对子”活动，使民族团结教育进课堂、进教材、入脑入心。要加强爱国主义教育基地和未成年人思想道德教育基地建设，进一步拓展民族团结教育渠道。认真贯彻执行党的民族政策，进一步加大少数民族干部选拔任用工作力度，制定出台扶持边远牧区乡镇、村和民贸、民特企业加快发展的相关政策，促进民族经济发展。

（三）继续深入开展意识形态领域反分裂斗争再教育。要不断深化意识形态领域反分裂斗争再教育活动，巩固和扩大意识形态领域反分裂斗争再教育成果。继续加大对各族干部群众正面宣传教育力度，深入开展“四个认同”和马克思主义“五观”和“爱党、爱祖国、爱社会主义”教育活动，大力弘扬“东归”爱国主义精神，在全社会形成崇尚科学、反对迷信的良好风气，引导各族群众移风易俗，建立科学、文明、健康的生活方式。要加强基层文化阵地建设，深入持久地开展文化、卫生、科技、法制、反邪教警示教育下乡入村活动，不断丰富基层文化服务形式和内容。要高度重视青少年的教育和培养，进一步加强各中小学校领导班子和教师队伍建设，抓好中小学生思想品德教育，开展好法治进课堂活动，坚决抵御各种错误思潮对青少年的渗透和传播。

（四）依法加强宗教事务管理。新形势下依法加强宗教事务管理，是对各级领导干部工作水平的检验，也是对我们党执政能力的一种考验。要全面贯彻宗教信仰自由政策，既要保护群众信教的自由，又要保护群众不信教的自由；既要旗帜鲜明地保护爱国宗教人士和信教群众的正常宗教活动，又要依法打击、坚决取缔非法宗教活动，坚决制止零散朝觐，严厉打击利用宗教进行违法犯罪活动。全县广大党员干部，特别是党员领导干部要牢固树立“民族宗教无小事”的理念，增强法制观念、政策观念，正确界定合法与非法的界限，善于教育和团结广大信教群众和爱国宗教人士，对宗教事务真正做到敢抓会管。引导爱国宗教人士参与我县经济建设，积极地为信教群众提供致富信息、协调解决贷款，依靠科技勤劳致富。继续加强爱国宗教人士思想和队伍建设，严格落实县、乡、村三级领导包联宗教活动场所、定期与宗教人士谈话等制度，进一步完善爱国宗教人士选拔、聘用、管理、培训、生活补贴发放等制度，及时了解宗教活动情况和宗教人士思想动态，对爱国宗教人士做到政治上信任、信仰上尊重、工作上依靠、生活上关心，充分发挥爱国宗教人士作用，使爱国宗教人士成为抵御渗透、反对分裂的重要力量。

（五）严格落实信访工作责任制，全力做好信访工作。做好信访工作，关系各族群众的切身利益，关系党和政府的形象。要坚持“属地管理、分级负责，谁主管、谁负责”的信访工作原则，进一步健全信访信息情报网络，完善防范处置机制。各乡（镇）、各部门、各单位对排查出的苗头性隐患问题，主要领导要亲自过问，逐一落实牵头单位责任人、办结时限，切实把各项预防和稳控措施落实到位。要进一步完善人民调解、行政调解、司法调解“三调”衔接联动机制，把各类矛盾和纠纷化解在初始阶段和萌芽状态。要认真落实党政领导值班接访制，进一步疏通接访渠道，对群众反映的问题及时受理、及时化解，决不能推卸责任，撒手不管。要进一步巩固“信访积案化解年”活动成果，彻底解决剩下的“钉子案”、“骨头案”，真正实现信访积案清仓见底的目标。要改进信访工作方式方法，严格依法办事、按政策办事，对群众合法合理要求，要“穷尽政策、穷尽办法”，切实加以解决。对坚持过高要求的，要耐心细致地做好心理疏导、理顺情绪工作，防止矛盾激化；对诉求不合理、但生活确有困难的，实施民政救助和社会救济，保障其基本生活；对借上访为名制造事端、煽动组织闹事的，要及时收集、固定、移交相关证据，依法进行处理。

（六）坚持党的群众路线，做好新形势下的群众工作。做好新形势下的群众工作，是加强党的执政能力建设的重要内容，也是加快发展、维护稳定，建设社会主义和谐社会的重要任务。我们必须坚持立党为公、执政为民，始终坚持把群众的可承受程度与改革的力度、发展的速度统一起来，切实解决好困难群众生产生活问题。继续推动农村税费改革，减轻农牧民负担；健全社会保障体系，努力解决下岗失业人员再就业以及农牧民群众就医、就学、就业问题；加大农业基础设施建设投入力度，解决农民浇水难和土地盐碱化严重等热点、难点问题。只有这样才能使我们的各项工作真正得到群众的支持和拥护。全体党员干部特别是领导干部要深刻理解“群众利益无小事”的道理，深怀爱民之心，恪守为民之责，善谋富民之策，多办利民之事，时时刻刻把群众利益放在心上，尽心尽力把涉及群众利益的事情办好、办实。进一步加强对全县各族群众的教育和引导，有针对性地、扎实有效地开展对群众的思想政治教育工作，不断提高各族群众的政治觉悟，增强各族群众大局观念，真正把全县各族群众智慧和力量凝聚到加快和静经济社会快速发展上来，自觉为和静县经济社会建设贡献力量。

二、加强和改进党的建设，为经济社会快速发展提供坚强的政治保证

加快经济社会快速发展，关键在党，关键在各级干部。要按照党的十七届四中全会要求，以开展学习实践科学发展观活动为契机，以加强党的执政能力建设和先进性建设为主线，全面推进党的各项建设，不断增强基层党组织的创造力、凝聚力和战斗力，为经济社会快速发展提供强有力的政治保障。

（一）认真开展好十七届四中全会精神的学习贯彻和第二批学习实践科学发展观活动。十七届四中全会是我们党在改革发展关键时期召开的一次极其重要的会议，全会审议通过的《中共中央关于加强和改进新形势下党的建设若干重大问题的决定》，是加强党的执政能力建设的纲领性文件。全县各级党组织要围绕学习实践科学发展观活动的开展，认真学习、深刻领会、全面贯彻胡锦涛总书记在十七届四中全会上的重要讲话精神，并将其作为当前及今后一个时期一项重大的政治任务，切实抓紧抓好，抓出成效。要把学习贯彻胡锦涛总书记重要讲话精神与谋划明年的工作紧密结合起来，与中央和自治区、自治州党委关于维护社会稳定的一系列重大决策部署紧密结合起来，与当前开展的第二批学习实践科学发展观活动紧密结合起来，一手抓改革开放，一手抓团结稳定，力求在贯彻落实科学发展观的自觉性和坚定性上有新提高，在统筹协调、科学发展上有新作为，在改善民生、造福群众上有新成效，在维护社会稳定、促进平安和谐上有新贡献，协同推进经济社会又好又快发展。

（二）统筹城乡党建发展，不断加强党的基层组织建设。按照自治州“统筹城乡发展年”活动安排部署，认真开展好各项工作。坚决贯彻自治州党委1号、12号文件精神，尽快制定下发《关于实施两大工程加强我县城乡结合部社会建设的实施意见》，并认真抓好贯彻落实，重点做好“场设村”、居民小区、楼栋党组织的设立工作，积极探索在专业协会、专业合作社设立党组织工作，不断扩大基层党组织覆盖面，构筑横向到边、纵向到底的社区基层组织体系。要大力加强社区干部队伍建设，充实社区工作人员，改善社区干部结构，切实将优秀干部选配到社区，形成“好人好马上一线、精兵强将进社区”的用人导向。继续加大基层组织阵地建设和人员配备工作，继续巩固和扩大社区阵地建设成果，力争使每个社区建设不少于30平方米的“一站式”服务大厅，并配套完善文化室、活动室、会议室、远程电教室、社区警务室等设施。不断加大基层党组织工作经费投入，建立健全社区干部工作奖惩激励机制，对辖区范围大、情况复杂的社区党组织书记实行高配，大力推行社区党组织书记、居委会主任交叉任职。要深入落实“四知四清四掌握”工作机制（“四知”即：知辖区住户的每个家庭成员基本情况及其社会关系、知每个家庭经济状况、知每个家庭成员的政治表现、知每个家庭成员遵纪守法情况；“四清”即：辖区就业情况清、重点人员情况清、流动人口情况清、贫困群体情况清；“四掌握”即：掌握辖区基本情况及社情动态、掌握辖区宗教活动情况、掌握辖区居民的热点难点问题、掌握辖区各类积极分子情况），着力在动态管理上下功夫，把工作做细做实做好，绝对不能一般化，那种“大概、可能、也许”等模棱两可的态度是坚决不行的，做不到位就会出问题。建立健全“两新”（新经济组织、新社会组织）组织党建领导工作机制，做好矿山企业党组织设立工作，并下派党建指导员，指导开展党的工作。进一步加强流动党员的教育、管理和服务工作。深入开展“三级联创”活动，不断提高创建工作水平，力争使巴伦台镇、乃门莫敦乡创建成为“五好”乡镇党委。巩固和提高“党员服务承诺制”成果，力争在践诺方面取得实效，充分体现党员先锋模范作用。制定出台发展壮大集体经济相关政策措施，使村集体经济收入5万元以上的村达到90%以上。全面加强“乡财县管乡用”、“村财乡管村用”、“场财县管场用”机制的监督和管理，配套完善相关制度和办法，实现国有资产保值增值。

（三）切实加强领导班子和干部队伍建设。当前，我县正处在改革发展和团结稳定的关键时期，新的形势和任务，对干部队伍建设提出了新的更高的要求。要认真贯彻自治区党委《关于在干部队伍建设中进一步强化政治标准的意见》，把干部在反对民族分裂、维护社会稳定斗争中的现实表现作为第一位的政治标准，并作为选拔任用的首要依据，努力建设一支政治上坚强有力、经得起风浪考验的高素质干部队伍。要认真抓好加强领导班子思想政治建设十项制度性措施和《2009～2013年全国党政班子建设规划纲要》的贯彻落实，进一步完善常委会议事规则和决策程序，坚持常委会向全委会定期报告并接受监督制度，建立和完善党政领导班子和领导干部综合考核评价体系，积极探索干部教育培训新机制，力求教育培训取得实效。要继续做好科级干部上派下挂实践锻炼工作，选派优秀中青年干部到乡镇、社区、企业挂职锻炼，不断提高干部工作能力。继续加强干部考察员队伍建设，充实干部考察力量，加大干部经常性考察考核和轮岗交流力度，拓宽干部交流渠道。进一步健全干部考核、监督、管理机制，深化干部人事制度改革，积极探索民主推荐、民主测评的方式和方法，严格落实差额推荐、民主推荐“双过半”制度，进一步增强民主推荐、民主测评的科学性和真实性。坚持党管人才原则，切实抓好党政人才、经济管理人才等“五支队伍”建设，认真落实拔尖人才政策激励机制，充分发挥拔尖人才作用。进一步加强老干部工作，不断提高和改善老干部待遇，积极引导他们发挥作用，贡献力量。

（四）深入开展党风廉政建设和反腐败斗争。坚决预防和惩治腐败，是全党的一项重大政治任务。加快健全和完善与社会主义市场经济相适应的教育、制度、监督并重的惩治和预防腐败体系。认真贯彻落实党风廉政建设责任制，分解细化目标任务，建立层级清晰的反腐倡廉责任体系。要进一步加强廉政教育，从思想上筑牢反腐防线。进一步深化农村基层党风廉政建设和“临青松之风，树廉洁之气”品牌廉政文化内涵，拓展反腐倡廉的新形式和新举措。进一步抓好纪检监察机构派驻、公务用车改革、领导干部离任审计、移交等工作。各级领导干部既要以身作则、严于律己，又要敢抓敢管、认真负责，切实抓好职责范围内的党风廉政建设和反腐败工作，模范遵守党的政治纪律、组织纪律、经济工作纪律和群众工作纪律，自觉做到廉洁从政、干净干事、清白做人。继续抓好“行风热线”、“为民服务全程代办制”、“四公开一满意”等工作，使党群干群关系进一步融洽。

（五）加强和改进党的作风建设，推动工作落实。党的作风关系党的生死存亡。加强党的执政能力建设，必须转变作风，促进各项工作的落实。各级领导干部要牢固树立正确的政绩观，大力弘扬求真务实精神，把心思和精力用在加快发展、为民谋利上来。要发挥模范带头作用，始终牢记“两个务必”，做到“八个坚持、八个反对”，坚决克服形式主义、官僚主义。要加大纠风工作力度，着力解决损害群众利益的突出问题。大力发扬自力更生、艰苦奋斗的精神，不等、不靠、不要。要有强烈的事业心和责任感，树立正确的政绩观，求真、务实、清廉，多干群众急需的事，多干群众受益的事，多干打基础、管长远的事，经得起群众、实践和历史检验。加大责任追究力度，特别是对因领导渎职、行政不作为、乱作为，而导致非法宗教活动和发生重大安全生产事故、群体性上访、越级上访的，要按照有关规定，严肃追究相关人员责任。要加强相关制度建设，以制度规范从政行为，严格按制度办事，靠制度管人。要加大工作创新力度，努力探索新机制、新体制、新办法，积极倡导雷厉风行、敢想敢干的作风，对定下来的事情要坚决贯彻、抓紧实施，部署的工作要督促检查，一抓到底，在困难面前勇于进取，在责任面前敢于担当，以良好的精神状态和务实的工作作风推动各项工作扎实开展。

三、抢抓机遇，乘势而上，全力推动经济社会跨越发展

今年以来，我们始终坚持以经济建设为中心不动摇，努力克服国际金融危机和乌鲁木齐“7·5”事件对我县经济发展带来的双重影响，按照自治州“三县四分天”区域战略布局（轮台、和静、焉耆三县“十一五”末生产总值占全州的四分之一），全面贯彻落实中央和自治区、自治州关于“保增长、保民生、保稳定”的一系列政策措施，抓住关键，突出重点，狠抓工作落实，使经济社会各项事业取得新进展。1～10月份，全县完成工业总产值25.89亿元，完成工业增加值8亿元，同比增长30.8%；完成固定资产投资14.8亿元，同比增长52.94%，完成年初计划17亿元的87%；全口径税收收入完成3.21亿元，其中：地方财政收入完成1.92亿元，同比增长38.5%，完成年初计划2亿元的96%。预计农牧民人均纯收入增加1 395元，达到6 689元。农村经济发展形势喜人，拿出2 000万元资金重点支持农业基础设施建设，鼓励和引导设施农业、特色林果业、现代畜牧业发展，有力地促进了农牧民增收。新型工业化建设稳步推进，金特钢铁100万吨钢技改项目竣工投产，天山水泥50万吨矿渣微粉利用项目开工建设，诺尔湖铁矿年底前建成100万吨采选规模，查岗诺尔、备战铁矿正加快200万吨/年选矿场建设。项目和招商引资工作创历史新高，建立健全组织保障、政策激励和目标管理考核等机制，争取落实国家项目资金3.64亿元，招商引资36.17亿元。以交通、水利、电力等为主的基础设施建设投资力度加大，一批事关我县长远发展的项目开工和投产，经济发展后劲进一步增强。旅游基础设施建设进一步完善，以898分排名第一的成绩顺利通过自治区“旅游强县”的检查验收；社会事业和谐发展，教育“两基”（基本普及九年制义务教育、基本扫除青壮年文盲）迎“国检”顺利通过。县人民医院发展步伐加快，预计全年实现营业收入3 500万元，同比增长77.6%。创建自治区计划生育优质服务先进县工作深入推进；社会消费水平大幅度增长，社会保障体系不断健全，就业形势趋好。建设抗震安居房3 121套、廉租房1168套，发放购房补贴资金1 250万元，县财政再增加3 000万元提高干部职工津贴补贴。社会大局保持和谐稳定，民主政治和法治建设进一步完善，党的建设进一步加强。可以说，尽管今年我们的发展遇到了一些困难和挑战，但县域经济仍保持逆势快速增长态势。关于2010年的经济工作，我们将在中央、自治区、自治州经济工作会议后进行安排部署。这里只提一些方向性、思路性的要求。

（一）巩固和强化农业基础地位，扎实推进社会主义新农村建设。要按照“多予、少取、放活”的方针，继续加大工业反哺农业的力度，重点加快特色产业的发展，进一步提高农业生产整体水平和效益。要高度重视粮食生产安全，深入实施“退白扩红”战略（压缩棉花种植面积，发展工业番茄、加工辣椒等红色产业），根据市场需求和企业发展需要，大力发展订单农业，确保农业增产、农牧民增收。继续扶持设施农业加快发展，大力发展以蔬菜、花卉、特色水果种植等为主的高效设施农业，不断提高农业亩产效益。要加快特色林果基地建设，大力发展以酿酒葡萄、红枣、杏为主的特色林果业，并着力抓好林果业病虫害防治工作。要围绕巴音布鲁克黑头羊、伴野血牦牛有机食品这个品牌，进一步拓展“公司+基地+农户”的畜牧业发展模式，大力发展农区育肥养殖业，促进传统畜牧业向现代畜牧业转变。加快实施科技进村入户工程，大力推广和应用膜下滴灌、多熟高效、测土配方施肥、育苗移栽等适用新技术，实现农业节本增效，不断提高农业科技贡献率。要以项目建设和产业链延伸为切入点，积极引进和培育农业产业化龙头企业，大力实施品牌培育计划，不断提升农业产业化经营水平。要充分发挥农牧民专业合作组织和专业协会的示范引导作用，不断提高农业的组织化程度与市场的对接能力。加大职业技能培训工作，鼓励富余劳动力向工矿企业、建筑业、旅游服务业等二、三产业转移，实现其收入持续增加。要创新体制机制，将生态移民搬迁与新村建设、守边固边、牧家乐有机结合起来，进一步完善相关的配套政策和措施，加快移民安置区基础设施建设，巩固搬迁成果，确保牧民“搬得下、稳得住、能致富”。

（二）大力实施优势资源转换和大企业大集团战略，加快推进新型工业化进程。2009年，在经济下行压力加大的情况下，我县经济仍保持逆势快速增长态势，这主要得益于我们实施优势资源转换和大企业大集团战略。特别是金特钢铁100万吨钢技改、县城至乌拉斯台桥220千伏输变电工程、柳树沟水电站等一大批重大工程项目开工或竣工投产，进一步增强了我县经济发展的后劲，有力地促进了地方财政收入的增长。今后，我们要继续深入实施优势资源转换和大企业大集团战略，全力推进新型工业化建设。要进一步创新招商引资体制机制，分解细化目标任务，大力开展以商招商、会展招商、上门招商等招商活动，强化落实招商引资到位率，力争在钢铁、矿产、水电、建材、旅游等优势产业上实现新突破。要继续支持金特钢铁公司扩能提产，积极开发钢铁上下游产品，延长产业链条。要充分发挥我县河流较多、年径流量较大的优势，积极做好水电开发的招商引资工作，力争每年都有1个以上的电站开工或并网发电。要把矿业摆在更高的层面去谋划和推进，重点加快查岗诺尔、备战、诺尔湖、敦德等矿山的开发建设，将资源优势转化为经济优势。实施矿产资源的有效整合，吸引和支持区内外大企业、大集团参与我县矿产资源的开发建设，尽快形成一批矿产资源勘探、开发、冶炼、加工的产业集群。加强工业园区基础设施和配套设施建设，进一步完善配套政策和措施，提高产业集中度，使工业园区成为经济发展的重要增长极。要把服务业发展放到优化经济结构的重要位置，围绕新型工业化建设，发展面向生产、生活的交通运输、商贸流通、餐饮、住宿等为主的传统服务业和配套服务体系，努力推进信息咨询服务、法律服务、中介服务、金融服务等现代服务业和社区服务业发展。要加快特色旅游业的发展，进一步理顺管理体制，加强旅游基础设施建设，打造具有地方民族特色的生态旅游。要完善金融服务体系，增强对中小企业贷款担保力度，鼓励优势企业强强联合或兼并重组，促进县域经济又好又快发展。

（三）加快基础设施和生态环境建设，增强可持续发展后劲。2010年是国家实施扩大内需、促进经济平稳较快发展的十项政策措施的最后一年，也是加大中西部地区基础设施建设投入资金更多、覆盖面更广的一年；胡锦涛总书记在新疆考察工作时的重要讲话和在党的十七届四中全会闭幕后专门就新疆稳定和新疆工作的重要讲话中都明确指出：中央将进一步加大对新疆的投资力度，大力支持新疆经济社会发展。目前，中央已派出庞大的工作调研组深入到自治区各地州（市）开展调研，调研工作完成后，中央将结合新疆实际情况，制定出一系列加快新疆发展的利好政策，这必将迎来新疆新一轮投资和建设高峰。我们要立足当前、着眼长远，抓紧谋划和储备一批事关我县打基础、管长远的重大项目，对已列入计划的重大前期项目，要密切同国家、自治区有关部门沟通衔接，力争更多的项目早日开工建设。要正确处理经济发展与环境保护的关系，建立健全生态保护与建设长效机制，加快巴音布鲁克草原生态综合治理和草畜平衡工作，大力实施退牧还草工程，实现“人畜下山来，绿色留高原”。要严格落实环境影响评价和“三同时”制度，全面落实节能减排目标责任制，继续抓好重点行业、重点企业的节能降耗工作，形成节约能源资源和保护生态环境的产业结构、发展方式、消费模式，不断增强可持续发展能力。

（四）坚持以人为本，大力发展以改善民生为重点的社会事业。要全面落实中央、自治区、自治州一系列促进就业的政策措施，围绕矿业开采和运输、建筑、旅游等产业的发展，完善和落实就业扶持政策，扎实做好就业再就业工作。加快完善社会保险、社会救助、社会福利覆盖城乡居民的社会保障体系，切实改善困难群体的基本生活。要进一步巩固和提高“两基”和教育资源整合成果，加强教育公共设施的管理，加大教师培训力度，全面普及少数民族学前“双语”教育和小学起始年级“双语”教学。进一步完善三级公共卫生服务网络和社区卫生服务体系，全面推进城镇职工、居民基本医疗保险和新型农牧区合作医疗配套制度建设，进一步加强医疗基金的监管，保障其健康运行。要高度重视、扎实做好甲型H1N1流感防控救治工作。要积极做好双拥共建工作，确保自治区“双拥模范县”顺利通过复验。要统筹城乡、农区与牧区文化发展，加强广播电视村村通工程、西新工程、农家书屋工程等重大公共文化服务工程建设，抓好公益性文化设施建设，丰富文化服务内容与形式，推动文化服务向农村、社区、企业等基层倾斜，实现经济与文化协调同步发展。

同志们，抓改革发展，促团结稳定，是全县各级党政的共同责任。让我们在州委、州人民政府的坚强领导下，认真贯彻党的十七届四中全会精神，深入落实科学发展观，自觉肩负起党和人民的重托，以造福各族人民为己任，全力以赴保稳定，尽心尽力促发展，为建设更加繁荣、富裕、和谐的和静而努力奋斗！

在中共和静县委常委（扩大）会议上的讲话

中共和静县委书记　汪江华

（2009年12月28日）

同志们：

这次会议的主要任务是，深入贯彻落实中央、自治区经济工作会议和自治州党委常委（扩大）会议精神，分析当前的经济形势，安排部署2010年经济社会发展的目标任务，动员全县广大党员干部群众进一步认清形势，统一思想，抢抓机遇，坚定信心，乘势而上，奋力推进县域经济又好又快发展。稍后，我们将兑现2009年度目标考核责任书，表彰奖励2009年度招商引资工作先进集体。在此，我代表县四套班子向即将受到表彰的先进集体表示衷心的祝贺！下面，我就做好2010年各项工作讲几点意见：

一、正确把握形势，进一步坚定加快发展的信心和决心

2009年，我们始终坚持以经济建设为中心不动摇，努力克服国际金融危机和乌鲁木齐“7·5”事件对和静县经济发展带来的双重影响，按照自治州“三县四分天”区域战略布局，全面贯彻落实中央和自治区、自治州关于“保增长、保民生、保稳定”的一系列政策措施，抓住关键，突出重点，狠抓工作落实，县域经济保持逆势快速增长态势，社会大局保持和谐稳定，民主政治和法治建设进一步完善，党的建设进一步加强。预计全县实现生产总值37.4亿元，同比增长18.1%；完成固定资产投资17.2亿元，同比增长27.4%；完成地方财政收入2.23亿元，同比增长38%；农牧民人均纯收入增加1 322元，达到6 616元；城镇居民可支配收入达到12 370元。

这些成绩的取得，是全县上下团结奋斗、顽强拼搏的结果，是县四套班子和衷共济、开拓进取的结果，也是驻县部队、团场、企业等单位大力关心、支持和帮助的结果，更是我们不断解放思想，创新机制体制，谋求工作新突破的结果，凝聚着全县广大党员干部和人民群众的智慧和汗水。在此，我代表县委常委会，向全县各族干部群众，向所有为和静经济社会发展做出贡献的同志们、朋友们，表示衷心的感谢，并致以崇高的敬意！

实践证明，要继续前进、加快发展，我们必须始终坚持以下几方面经验：

第一，必须始终坚持党委的领导核心作用。近年来，县委充分发挥总揽全局、协调各方的领导核心作用，调动和发挥了各级党组织的战斗堡垒作用和广大党员的先锋模范作用，发动、组织和依靠群众，把县委的决策部署变成广大人民群众的自觉行动。实践证明，只有始终坚持党委的领导核心作用，进一步增强各级党组织的创造力、凝聚力和战斗力，充分调动各级干部群众的积极性，团结一致，真抓实干，狠抓落实，才能进一步加快我县改革和发展步伐。

第二，必须始终坚持以经济建设为中心。发展是永恒的主题，也是我们一切工作的中心。“大发展、小问题，小发展、大问题”。只有经济发展了，才能解决前进道路上的各种问题和矛盾，才能使全县各族干部群众享受到速度更快、质量更高、效益更好的改革发展成果。自治区的政策很明确，只给巴州政策，不给资金。而我们制定的各项强农惠民政策的实施，城乡建设以及提高干部职工待遇等，都需要资金，这就需要我们全县上下始终坚持以经济建设为中心不动摇，统一思想、抢抓机遇、凝聚力量、共谋发展。

第三，必须始终坚持解放思想、实事求是。必须把解放思想贯穿于经济社会发展实践，不断地更新观念，破除阻碍发展的各种思想和体制障碍，创造性地开展工作，推动我县工作再上新台阶。县城--乌拉斯台桥220千伏输变电工程就是我们解放思想、更新观念的最好例证。大家知道，争取项目资金和项目审批有个时间过程，特别是投资较大的项目，审批的时间比较长，过程比较复杂，如果按常规走，说不定今年还没有开工建设，我们本着“共同投资、共同受益、共同发展”的原则，通过政府投资、企业融资的方式，开工建设了县城--乌拉斯台桥220千伏输变电工程。此工程的竣工投运，加快了我县矿产资源勘探开发建设进程，为实现县域经济跨越发展起到了强劲的推动作用。

第四，必须始终坚持体制机制创新。创新是社会和谐进步的不竭动力。只有坚持不断地创新，才能打破常规和传统思维定势，破除障碍和条条框框，才能不断地拓展新思路，谋求新发展，实现新突破。我们通过开展学习实践科学发展观活动，对一些不适应、不符合科学发展的制度、规定实行了废、改、立，制定出台了《和静县乡镇税收分成优惠政策》、《招商引资

优惠政策》、《党员干部问责办法（试行）》等一系列组织保障、政策激励和目标管理考核等新措施和新办法，使千斤重担人人挑，进一步激发和鼓舞了广大干部群众聚精会神搞建设、一心一意谋发展的热情和干劲，在全县上下形成你追我赶、奋力争先的良好社会氛围。今年我们争取落实各类项目资金3.98亿元，招商引资20亿元以上，正是得益于创新机制、政策激励的结果。坚持创新体制机制是我们突破经济社会跨越发展的关键。

第五，必须始终坚持总揽全局抓大事。工作方法决定工作成效。面对当前的形势和繁重的任务，我们必须抓住事关改革发展稳定大局的重点问题，集中力量加以突破。实践证明，我县提出的“特色农业开发、传统工业升级、钢铁水电扩张、旅游产业兴起、矿业开发凸显、城镇建设提速”的发展思路是正确的、切实可行的，符合科学发展观的要求。近年来，我们组织实施的县城“东改北扩”，加大矿产资源开发，着力培育钢铁产业做大做强，加快水能资源开发等重大举措，为我县经济大发展、快发展奠定了基础。坚持分类指导，实施重点突破，始终是我们必须坚持的工作方法。

第六，必须始终把群众的利益放在首位。要战胜各种困难和险阻，推动和静改革开放和现代化建设事业不断向前，必须坚持把实现好、维护好、发展好各族群众的利益作为一切工作的出发点和落脚点。要牢记为人民服务的宗旨和立党为公、执政为民的理念，始终保持同人民群众的血肉联系，切实解决好关系群众切身利益的衣食住行和就业、就医、就学等实际问题。只有做到这一点，我们的各项工作才能得到群众的理解、支持和拥护，才能凝聚民心，才能进一步巩固党的执政基础。

第七，必须始终把维护社会稳定作为发展的前提和保证。实践证明：没有稳定的环境，什么都搞不成，已经取得的成果也会失掉。我们高度重视社会稳定工作，清醒地认识到“发展是硬道理，稳定是硬任务；发展是政绩，稳定也是政绩”，把切实维护社会稳定和发展放在同等重要的位置上来抓，没有出现“大、中、小”乱子。特别是近年来，我们深入开展“信访积案化解年”活动，投入1 500多万元资金解决了一大批历史遗留的复杂疑难群体性信访积案，这为我们今后抓经济、促发展腾出了更多的时间和精力，更为我县改革开放和现代化建设提供了良好的发展环境。

2010年是认真贯彻中央关于新疆发展和稳定的重大决策部署，全面完成“十一五”规划、制定“十二五”规划关键的一年。我们要认真学习贯彻党的十七届四中全会、中央、自治区经济工作会议和自治州党委常委（扩大）会议精神，紧紧围绕自治州“三县四分天”区域战略布局，深入实践科学发展观，继续坚持“特色农业开发、传统工业升级、钢铁水电扩张、矿业开发凸显、旅游产业兴起、城镇建设提速”的发展思路，抢抓机遇，坚定信心，乘势而上，奋力打造富裕文明平安和谐的“东归名城”，使和静成为“三县四分天”的排头兵。

2010年经济社会发展的主要预期目标是：生产总值增长16%，力争增长20%；固定资产投资增长16%以上，完成20亿元，力争达到25亿元以上；地方财政收入增长16%以上（其中：一般预算收入增长18%），完成2.6亿元，力争达到2.8亿元；农牧民人均纯收入增加600元以上；万元GDP能耗下降2.5%；城镇居民人均可支配收入增长10%；社会消费品零售总额增长18%；人口自然增长率控制在11‰以内。

面对当前经济发展形势，我们应该清醒地认识到，我县人口多，底子薄，人均财力还十分低；基础设施建设欠账还比较多，国际金融危机和乌鲁木齐“7·5”事件的影响还没有完全消除，还有一些不确定因素等。在面临严峻形势和挑战的同时，我们更应该看到保持和静县经济社会持续快速健康发展的诸多有利条件。一是政策机遇利好。2010年是国家实施扩大内需、促进经济平稳较快发展的十项政策措施的最后一年，也是加大中西部地区基础设施建设投入资金更多、覆盖面更广的一年；胡锦涛总书记在新疆考察工作时的重要讲话和在党的十七届四中全会闭幕后专门就新疆稳定和新疆工作的重要讲话中都指出：中央将进一步加大对新疆的投资力度，大力支持新疆经济社会发展。前一段时期，中央派出庞大的调研组来新疆调研，之后将结合新疆实际情况，制定出一系列加快新疆发展的利好政策。中央经济工作会议也明确指出国家将继续实施积极的财政政策和适度宽松的货币政策，这些利好政策必将迎来新疆新一轮投资和建设高峰，这为我县加快经济社会发展带来难得的重大历史机遇。二是经济环境优化。随着全球经济形势的好转，国内经济企稳回升，必将带动我县钢铁、矿业、建材、农牧产品加工业等产业的快速发展，特别是金特钢铁150万吨技改、开都河流域的梯级水电开发、天山水泥50万吨矿渣微粉利用以及诺尔湖铁矿、备战铁矿、查岗诺尔铁矿等一大批企业正加快推进工程建设进度，明后几年将陆续竣工投产，并形成较大的产能，发展前景将更加广阔。同时，我们通过规范化服务型政府建设，筹建了县行政服务中心，大力推行“一站式”服务，制定了限时办结制、重大行政决策事项公示制及重大行政决策事项专家咨询论证办法等配套制度，不断提高了服务质量和效率，经济发展软环境进一步改善。三是发展基础稳固。近年来，我们投入大量的资金，重点加强了道路、电力、文化、教育、卫生、城市基础设施等为主的一批打基础、管长远的公共基础设施建设，基础设施条件有了根本性的改善，基础设施支撑经济发展的能力明显增强。另外，今年我们投资1 150万元修建了工业园区18千米主干道，明年还将继续加大工业园区基础设施和配套体系建设，积极创造“洼地”效应，增强工业园区对项目、资金的聚集力。这些都为我县明年乃至今后更长一段时期的发展提供了良好的基础。四是区位优势凸显。和静县交通四通八达，三条国道、四条省道和南疆铁路穿越和静，特别是国道216线、省道321线、301线改扩建工程已进入项目前期设计阶段。届时，和静县的交通区位优势将越来越明显，必将带动更多的人流、物流、信息流和资金流。五是发展愿望强烈。全县各族干部群众的思想、认识、行动都已统一到加快经济社会发展上来，心齐气顺，求富裕、盼发展、思发展、谋发展的愿望十分强烈，热爱家乡、建设家乡的热情高涨，斗志昂扬，发展的氛围已经形成，这为我们大干快上，加快各项事业发展提供了不竭的动力和源泉。全县上下必须认清形势，抓住机遇，不断创新发展思路，创新工作举措，创新工作机制，努力将重要的机遇期转化为加快发展的黄金期，实现经济社会发展新跨越。

二、坚定信心，抢抓机遇，乘势而上，全力推动县域经济又好又快发展

（一）巩固和强化农业基础地位，扎实

推进社会主义新农村建设

深入实施“1771”农村经济发展战略【“1”即1稳：人均稳1亩粮；“7”即7增：人均增1亩耕地、人均增1亩饲草地，户均增1亩院（庭院经济）、户均增1亩棚（温室大棚）、户均增1座圈（暖圈），人均增2亩红（色素椒、工业番茄）、人均增2亩林（林果）；“7”即7推：推广有机高效名牌模式农业、推广节水技术、推广测土配方、推广先进农牧机械、推进以农牧民专业合作社和农副产品精深加工为“龙头”的农牧产业化、推进移民搬迁和定居、推动劳动力转移就业】，进一步加大工业反哺农业力度，制定和完善一系列强农惠民政策措施，继续拿出不少于2 600万元以奖代补资金，扶持现代农牧业发展、基础设施建设配套和科技推广，促进农业增效，农牧民增收。一是要进一步优化产业结构。高度重视粮食生产安全，认真落实粮食补贴政策，完成0.47万公顷小麦种植任务。深入实施“退白扩红”战略，根据市场需求和企业发展需要，大力发展订单农业，棉花种植面积控制在0.13万公顷以内；县财政拿出70万元资金，重点扩大觉伦图尔根村及周边地区航天育种辣椒种植面积，使加工辣椒和工业番茄良种推广面积达0.4万公顷。继续扶持和发展以蔬菜、花卉、特色水果种植等为主的设施高效农业。2010年力争新增日光温室大棚66.7公顷以上。通过招商和政策激励等方式，加快林果业基地建设，下大力气抓好林果业病虫害防治工作。2010年新增酿酒葡萄、红枣、杏等特色林果面积667公顷，设施林果业10公顷。要进一步拓展“公司+基地+农户”的畜牧育肥养殖模式，依托鑫宝畜牧公司等畜产品加工企业，在县道279线巩哈拉以西条件较好的地块规划建设一个育肥养殖基地，配套建设水、电、路等基础设施，动员全县养殖大户向育肥养殖小区聚集。2010年育肥牲畜达4.5万头（只）。要不断加大牲畜品种改良工作力度，调整畜种畜群结构，提高牲畜良种比例。要拓宽“公司+农户”的家禽养殖模式的覆盖面，不断扩大特色养殖规模，形成牛羊并举、猪禽特色养殖一起上的发展格局。2010年牲畜存栏稳定在100万头（只）。二是要大力推广农业实用新技术和农业标准化。要整合县、乡科技人员资源，采取与农牧民合作、租赁耕地等形式，加大高标准节水灌溉技术、多熟高效种植模式、测土配方施肥等农业适用新技术的推广和应用。要围绕特色林果业、现代畜牧业发展，大力加强保鲜库和冷库建设，2010年力争新建冷库储量达1万吨。要加快推进农业标准化工作，积极发展无公害农产品和绿色、有机食品。要针对工业番茄交售难等问题，大力推行工业番茄早、中、晚育苗移栽新技术，错开工业番茄交售高峰期，延长工业番茄的生产加工期，实现企农“双赢”。2010年，力争推广多熟高效种植面积达到0.4万公顷、测土配方施肥面积达到1.33万公顷、育苗移栽面积达0.33万公顷以上。三是要加快农业产业化进程。全力扶持隆平高科、瑞和番茄等农业产业化企业不断发展壮大，完成中瑞公司4 000吨辣椒深加工项目。依托鑫宝畜牧公司，重点发展面向高端市场的有机畜产品加工业，形成分割、包装、销售一体化，提高有机畜产品的附加值。要进一步加快巴音布鲁克有机畜产品生产基地建设，充分发挥畜牧业协会作用，做到牲畜统一管理、统一销售，通过采取错时、延时销售等措施，实现优质优价。要进一步加强对农牧民合作社人员培训力度，积极规范和支持合作社加快发展，发挥合作社与企业的桥梁纽带作用。2010年，力争引进农牧产品加工企业5家以上，每个乡镇、场要成立3个以上依法规范运作的农牧民专业合作社。四是要加大农村劳动力转移工作力度。要紧密结合矿产资源开发、旅游业发展，按照“干什么、学什么，缺什么、教什么”的原则，有针对性地开展“一年一户一人一技”的实用技能培训，鼓励农牧民向工矿企业、旅游服务业等二、三产业转移。要进一步加大劳动力有序转入、转出工作的引导、组织力度，逐步建立劳动力转入、输出长效工作机制，力求在长期转移、稳定创收方面取得新进展。2010年转移农村劳动力1万人次以上，其中：长期固定转移1 000人以上，区外转移就业100人。五是要进一步巩固生态移民搬迁成果。重点加强生态移民搬迁安置区的道路、电力、水利等基础设施建设，配套完善有线电视、新型厕所、村级卫生室、市场等设施，力争把牧民搬迁安置区建成新农村建设的示范区。要将生态移民搬迁与新农村建设、守边固边、牧家乐有机结合起来，进一步完善相关的配套政策和措施。要采取行之有效的措施，大力开展面向安置区牧民的农业生产技能培训，加大对搬迁牧民的教育、管理和转移创收工作，确保搬迁牧民“搬得下、稳得住、能致富”。继续落实边境牧民定居优惠政策，2010年力争完成边境牧民定居100户。

（二）大力实施优势资源转换和大企业大集团战略，加快推进新型工业化进程

围绕打造南疆钢铁生产基地、新疆最大的绿色能源基地、新疆最大的有机畜产品生产基地、新疆最大的铁精粉生产基地”四大产业基地目标，充分发挥工业园区的产业集聚效应，着力培育钢铁、水电、矿业、建材等支柱产业不断做大做强。2010年，力争实现工业增加值13亿元，创利税5亿元以上。一是全力支持钢铁产业做大做强。积极做好《和静县钢铁产业发展规划》编制工作，力争纳入自治区产业发展规划盘子，为钢铁产业扩能提产提供依据。加快推进金特钢铁二期技改项目建设进程，使产能达到150万吨/年规模，力争生产钢材100万吨；力促新兴铸管集团煤电钢一体化项目批准立项。二是大力推进电力开发建设进程。全力配合国电公司、新华水利公司做好柳树沟、小山口水电站工程建设；加快大山口Ⅱ级、巴音斯贺水电公司开发巩乃斯河Ⅲ级电站的项目报批工作，力争明年开工建设；加快推进滚哈布奇勒、阿仁萨很托亥、察汗乌苏河Ⅱ级、小山口Ⅱ级、Ⅲ级等水电站项目的前期可研、设计和评审工作；力促新疆华冉集团风力发电项目在具备风力发电的基础上，完成报批立项工作。三是加快矿产资源勘探开发。要重点推进查岗诺尔、备战、诺尔湖、敦德等铁矿的开发建设，力促诺尔湖铁矿一车间5月份竣工投产，备战、查岗诺尔铁矿200万吨/年选矿场建成投产，力争全年生产铁精粉100万吨。积极督促查岗诺尔、备战、诺尔湖等铁矿企业开发建设铁精粉下游产品的加工转化，延伸产业链条。督促查岗诺尔、诺尔湖、备战铁矿等矿山企业安装税控电子计量装置，有效加强原矿开采数量监控；学习借鉴其他县市的先进经验和做法，加大金矿清理整顿工作力度，实现金矿的有序开采。加大非金属矿整合工作力度，采取行政、法律等手段，使矿权较多的企业按10%的比例，拿出地质勘探程度较高矿权，采取“政府搭台、企业合作”的形式，吸引和支持区内外大企业、大集团参与我县的优势矿产资源的勘探开

发建设，力争每年都有3～4个矿山进入开采阶段，尽快形成一批矿产资源勘探、开发、冶炼、加工的产业集群，将资源优势转化为经济优势。四是培育壮大建材产业。加快天山水泥50万吨矿渣微粉利用工程建设进度，力争8月份建成投产；加快石灰岩矿的开发建设，力促巴州恒基矿业公司建设的年产30万吨活性石灰生产线8月底竣工投产。五是要做好企业上市前期筹备工作。2010年，将促进本地企业上市工作列入重要议事日程，依托我县矿产、水电、旅游、畜牧等特色优势资源，积极扶持华泽矿业、备战矿业、凯宏矿业等有潜力的企业做大做强。要抓好企业上市的培训工作，不断培育企业上市的高素质管理人才。要切实通过政府推动与政策扶持，大力促进企业股份制改造，谋划实施好企业上市和中小企业创业板块上市前期工作，力争取得突破性进展。六是进一步加强工业园区基础设施建设。坚持“科学规划、合理布局、突出特色”的原则，进一步优化投资环境，积极创造条件为新入园企业提供道路、供电、供排水、通讯等基础设施和外围绿化带、美化、亮化等配套设施建设。要积极做好中小企业园试点工作，配套建设标准化厂房和基础设施，引进一些技术含量高、开发潜力大的企业，使中小企业园逐步形成规模。做好《工业园区总体规划》、《工业园区勘界报告》、《工业园区规划环评》的评审、报批工作，尽快申报成为自治区级工业园区。

（三）加快以旅游业为主的第三产业发展

按照“资源定位，品牌创立，精品选择，关联发展”的思路，进一步整合旅游资源，加大资金投入和对外宣传力度，鼓励和支持区内外知名旅游企业参与我县的旅游开发，逐步完善基础设施和配套设施，提高服务质量和管理水平，做大做强特色旅游产业。2010年力争实现接待游客达25万人次，旅游总收入突破1亿元大关。一是要继续完善旅游基础设施建设。以实施《巴音布鲁克自然保护区旅游景区基础设施建设项目》为契机，完善奎克乌苏石林、班禅沟、阿尔先温泉、环天鹅湖景区旅游道路、景区大门、旅游厕所及其接待设施；继续推进巴音布鲁克镇“穿衣戴帽”、赛马场主席台和演出中心改造工程建设；组建巴音布鲁克旅游股份有限公司，开通巴音布鲁克--巴西里克旅游区间线路，购买一批区间车辆，确保6月份投入营运。二是要做好旅游宣传促销工作。继续拿出100万元扶持旅游业发展，举办“旅游推介会”、第二届“东归汽摩拉力赛”、“环天鹅湖赛马大会”、“冰雪节”、首届“自行车拉力赛”等活动，积极做好旅游景区A级申报创建工作，力争把天鹅湖、奎克乌苏石林、小天池、九曲十八湾旅游带创建为4A级景区，把班禅沟创建为3A级景区，并把奎克乌苏石林创建为“国家级地质公园”，把巴音布鲁克镇创建为国家级旅游景观名镇、国家级环境优美名镇，不断提升旅游景区的档次和水平。三是要加大旅游招商引资力度。积极引进区内外知名旅游企业，开发建设旅游宾馆、高尔夫球训练场，并积极开展冬季冰雪项目招商，不断拓展和丰富娱乐项目，延长旅游季节。2010年，力争引进旅游开发企业2家以上，创建三星级宾馆2个、二星级宾馆3个，并力争四星级宾馆招商取得新突破。制定出台旅行社发展有关优惠政策，招聘专业导游6名以上，与2家旅行社建立长期合作关系，增加客源。四是要进一步制定和完善扶持旅游业发展政策。全面落实农（牧）家乐星级评定补助优惠政策及旅游纪念品一条街优惠补助政策措施，着力培育旅游纪念品市场，促进农（牧）家乐健康发展。五是要促进现代服务业发展。围绕新型工业化、城镇化和旅游业的开发建设，大力发展面向生产、生活的交通运输、商贸流通、餐饮、住宿等为主的传统服务业和配套服务体系，努力推进信息咨询服务、法律服务、中介服务、金融服务等现代服务业和社区服务业，提升我县第三产业发展层次和水平。六是要不断扩大和刺激居民消费需求，增强消费对经济增长的拉动作用。要千方百计用好用足国家促进房地产业发展的政策措施，进一步扩大廉租住房、经济适用房、普通商品房工程建设，支持居民自住和改善性住房需求。要进一步做好家电、汽车、摩托车下乡工作，继续落实农机购置补贴政策，积极引导广大农牧民群众对家电和汽车实行以旧换新。积极探索激励干部职工扩大日用生活品消费能力的有效途径，带动市场消费需求。紧密结合亚行贷款西北三省林业生态治理工程项目的实施，政府配套水、电、路等设施，积极引导和鼓励全县群众实施“四荒地”生态林建设。对干部职工购车积极性较高的单位，优先考虑纳入车改范围，多渠道、多途径刺激需求，拉动消费，推动经济快速发展。

（四）抢抓机遇谋发展，突出抓好项目和招商工作

实践证明，项目是经济发展的载体。当前，和静县经济增长方式仍属于投资拉动型增长模式，抓好了项目，就抓住了加快经济发展的“牛鼻子”，就能够推动县域经济持续快速健康发展。一是扎实做好“十二五”规划编制工作。要立足于我县钢铁、水电、矿业、建材等重点产业发展优势和发展潜力，认真思考、研究、谋划今后的发展战略和工作重点，突出谋划一批与“十二五”规划相衔接的打基础、管长远的重点项目，切实做好“十二五”总体规划和重点产业专项规划编制工作。二是切实抓好项目建设工作。要深入研究国家、自治区的产业政策和投资导向，积极争取项目资金，以大项目、大投资拉动县域经济大发展。今年，各乡（镇）、场，县直各部门、各单位领导积极地争取项目，加大项目资金跑办工作力度，项目建设工作取得好成绩，如民政部门就争取上级资金达2 500多万元。2010年，县财政将继续拿出1 000万元项目前期工作经费，全力推进项目建设工作，我们要策划、包装一批大项目，加强与上级对口部门的衔接与沟通，积极争取更多的项目列入国家、自治区的规划盘子。要重点加快推进旱作节水农业示范、牧区节水灌溉示范、牧民定居工程、低产田改造、110指挥中心、县人民医院外科综合楼、廉租房建设、小学“双语”幼儿园等项目争取力度。2010年，力争落实项目资金2.6亿元以上。三是加大招商引资工作力度。坚持把招商引资作为加快经济发展的突破口，县财政拿出150万元作为招商引资专项经费和奖励资金，全力推进招商引资工作。要进一步完善招商引资管理体制和运行机制，加强招商引资目标管理和年度考核，将招商引资完成情况与干部年度考核、评先选优和提拔任用相挂钩。要进一步优化投资环境，制定出台《工业园区落户企业优惠政策》，配套完善县行政服务中心相关制度，进一步简化办事程序，大力推行“一站式”服务，积极地为投资者提供优质、高效、便利服务，努力构筑投资企业入驻工业园区的“服务高地”。当前受国际金融危机的影响，我国沿海发达地区许多企业和财团正积极寻求新的投资

和发展机会。据有关方面测算，到2010年，仅广东、上海、浙江、福建、江苏等发达地区需转出的产业总值就达1.7万亿元。我们一定要紧紧抓住沿海发达地区产业转移的大好历史机遇，紧盯沿海发达地区的大企业、大财团，通过上门招商、以商招商、会展招商、小分队招商等富有成效、针对性强的招商活动，力求在矿产、旅游、水电开发、钢铁产业上下游产品加工等方面实现新突破。2010年，力争招商引资额达到28亿元以上，实际到位资金超过10亿元。

（五）加快城镇建设步伐，营造最佳人居环境

以创建"国家卫生县城"、"自治区生态园林县城"为载体，投资3 000多万元加快推进城镇基础设施和配套设施建设，不断完善城镇服务功能，提升城镇化水平。加快县城"东改北扩"步伐，制定出台鼓励干部职工改善性住房（即拆旧房购新房）政策措施，加快推进老城区棚户区改造工程。加大"经营城市"工作力度，加快老城区改造升级步伐，用城市经营所得开工建设有关单位的业务用房，不断增强城镇服务功能。按照"规划先行、量力而行、分步实施"的原则，做好巴音布鲁克广场、火车站广场、和静广场扩建的规划、设计工作，实施绿化和亮化工程，使其打造成为观光旅游、休闲娱乐的场所。要加强市政重点工程建设，突出抓好县城绿化、美化、净化工作，继续加强沿街楼房、门面亮化改造工程。充分利用县城水资源，做好县城查汗通古路引水渠、沙渠、团结渠的规划、设计工作；要开工建设查汗通古路水景带（一期）（包括和静广场的水景、水系和巴音布鲁克广场）工程。修编完成县城总体规划和巴润哈尔莫敦镇、哈尔莫敦镇、巴伦台镇等小城镇总体规划，县财政拿出500万元以奖代补资金扶持基层城镇开发建设，力促巴音布鲁克镇实现亮化和镇区道路柏油化，巴润哈尔莫敦镇、哈尔莫敦镇实现主干道亮化，启动巩乃斯乡撤乡建镇工作，完成镇区亮化工程；加快推进巴伦台镇铁尔曼区域危旧房屋拆迁和房地产开发建设工作。建立和完善城镇卫生管理长效工作机制，不断改善城镇面貌和环境。进一步拓展城镇、社区就业岗位，吸纳进城务工农牧民有序转变为城镇居民，加快推进农村人口向城镇聚集，不断提高城镇化水平。2010年要力争通过国家卫生县城、自治区生态园林县城的检查验收。

（六）加快基础设施和生态环境建设，增强经济发展后劲。要立足当前，着眼于突破影响长远发展的瓶颈制约，继续加强水利、交通、电力等基础设施和生态环境建设，为经济社会发展提供强力支撑。铁路方面，要积极做好沿218线矿产资源铁路的研究和论证工作，并将其作为自治区、自治州人代会议案向上反映，力争尽快进入可研、项目设计等实质阶段。交通方面，要力促国道216线、省道321线、301线开工建设，继续加快推进一批旅游路、资源路工程建设，重点抓好Y019线--哈勒哈特菱镁矿道路、骆驼脖子桥的改建、国道218线--大西沟--哈尔努尔牧场--伊克扎尕斯台牧场道路建设。水利方面，要重点抓好开都河、巩乃斯河、黄水沟流域水土保持、综合治理和水能资源开发利用工作。继续加大农业综合开发、土地整理、牧区高效节水灌溉和塔河水源地建设后续工程和乃门莫敦乡抗旱打井工程建设。积极争取自治区、自治州高标准节水灌溉项目补贴资金，县财政也配套落实补贴资金，重点推行以膜下滴灌、机井建设相配套的高标准节水灌溉新技术，确保完成高标准节水灌

溉面积0.6万公顷，实现亩均节水15立方米。电力方面，要尽快开工建设乌拉斯台桥--备战、乌拉斯台桥--查岗诺尔铁矿110千伏输变电工程及至巩乃斯地区10千伏配网工程建设，加快巴音布鲁克、巩乃斯旅游景区供电线路建设，力争2010年9月供电；按照矿产和水电资源的开发建设进度，提前谋划好矿山企业的供电线路建设，配套完善电力设施。通讯方面，要全面完成牧区乡镇视频会议系统建设工程。积极协调移动、联通和电信等公司，继续实施通讯网络盲点覆盖工程，力争使旅游景区、矿山企业全覆盖。

加强生态文明建设，努力改善生态环境。按照“人畜下山来、绿色留高原”的战略部署，加大开都河源头草原生态治理力度，加快推进退牧还草工程建设，实施草原围栏6万公顷，天然草原补播1.33万公顷，全面启动草畜平衡工作，加强夏季牲畜进山管理，将巴音布鲁克小尤鲁都斯草原载畜量控制到45.3万只绵羊单位。建立健全生态保护与建设的长效机制，努力实现经济发展与生态改善互动双赢。要严格落实环境影响评价和“三同时”制度，凡不符合国家产业政策和环保要求的建设项目，实行“一票否决”。严格执行节能评价制度和节能减排目标责任制，着力抓好金特、天山水泥、供热、油改气等重点企业、重点行业的节能降耗工作，确保节能减排取得明显成效。

三、着力保障和改善民生，大力发展社会事业，加快推进和谐和静建设

在加快经济快速发展的同时，大力推进以改善民生为重点的社会建设，努力促进社会各项事业协调发展。一是切实改善和保障民生。要认真贯彻落实自治区《关于促进就业工作的意见》精神，全面落实各项优惠政策，重点围绕矿石运输、旅游业发展和城镇餐饮、宾馆服务等，大力拓展就业渠道，逐步建立政府主导、社会参与的有计划、有组织的劳务输出输入机制，全力推进就业再就业工作，2010年实现城镇就业再就业5 000人以上。积极探索城乡残疾人、特困群体的住房、基本生活保障工作机制，通过政府筹资、项目运作、社会救助、个人自筹等方式集中建设一批安居房，切实保障和改善困难群体的基本生活。重点面向大中专毕业生、下岗失业人员、自主创业人员，加大小额担保贷款发放工作力度，积极地为城镇居民就业创造条件。2010年发放小额担保贷款额度不少于2 000万元。进一步完善城市廉租住房制度，2010年新建廉租住房800套以上。要继续抓好城乡抗震安居工程，新建安居房2 500套，确保各族群众住房安全。不断提高行政事业单位干部职工津贴，2010年拿出地方财政收入同比增长额的20%以上的财力，用于提高干部职工津贴补贴。二是协调发展社会各项事业，促进社会和谐。充分发挥教育和科技的基础性、先导性作用，深入开展“科技兴新素质工程”和“新疆农村科技信息进村入户工程”，完成农牧民科技培训3万人次以上。进一步巩固和提高“两基”和教育资源整合成果，充分发挥巴音布鲁克寄宿制学校作用，计划利用3年左右的时间将全县教师轮训一遍，并选派两批20人优秀教师赴内地学习培训。加强公共文化体育基础设施建设，开工建设集电影、电视、室内球馆和会议于一体的综合楼，新建7个乡镇文化站，不断扩大公共文体资源的受益面。继续开展“百日文化广场”活动，大力举办农牧民运动会、老年运动会、干部职工运动会、中小学生田径运动会等群体性文化体育活动，努力提高人文素质和城乡文明程度。要采取有效措施，积极开展争创自治区“婚育新风进万家”示范县活动，进一步扩大计划生育优惠政策的覆盖面。加强新型农村合作医疗基金的监管，进一步提高新农合的参合率。2010年全县新农合参合率达到98%以上。要加快推进农村改厕工作进程，2010年完成农村改厕1 500座；要充分发挥社会资源，大力推广数字电视，2010年使和静镇、乃门莫敦乡、协比乃尔布呼乡数字电视用户超过1万户。继续扩大牧区广播电视覆盖面，实现4 000户牧民的无线覆盖，切实解决边远牧区牧民看电视难的问题。

四、全面落实维护社会稳定各项措施，切实打牢维稳基础

牢固树立“稳定压倒一切”的思想不动摇，深入贯彻中央关于维护新疆稳定的一系列重大决策部署，切实抓好意识形态领域反分裂斗争再教育工作。要坚持“主动进攻、露头就打、先发制敌”的工作方针，严厉打击“三股势力”，坚决把敌人的分裂破坏活动消灭在预谋阶段和行动之前，处置在第一时间和第一现场。全面加强社会治安综合治理，认真落实维护社会稳定的各项治本措施。要尽快制定出台舆情情报信息奖惩激励约束机制和公开奖励办法，以便获取深层次、内幕性、预警性的情报信息，切实加强对敌斗争主动权。要完善社会治安防控体系功能，严密防范和严厉打击各类违法犯罪活动。要进一步创新流动人口服务管理工作新机制，制定出台流动人口长效管理办法，按照“谁登记、谁受益”的原则，在综治办、武装部、派出所、司法所、计生办、土管所、村（社区）等12个基层单位建立流动人口信息系统数据登记机制，实现流动人口信息数据资源共享。要逐步建立应急指挥系统，进一步提高处置突发事件的能力。要依法加强宗教事务管理，严厉打击非法宗教活动。全面落实县、乡、村三级领导包联宗教活动场所责任制，通过教育引导、技术指导、对口帮扶等措施，促使宗教人士成为农业新技术、新品种推广应用的带头人和示范者，从而引领信教群众依靠科技发家致富。要深入开展“五五”普法工作，充分发挥牵头单位的作用，继续做好“法治六进”工作，全面提高广大干部群众的法制意识，营造良好的法治环境。进一步巩固和提高“自治区平安县”创建成果，扩大平安创建工作的覆盖面，2010年创建率达99%。进一步巩固“信访积案化解年”活动成果，继续深入开展“县委书记大接访”和“乡（镇）党委书记大接访”活动，充分发挥基层党组织作为化解矛盾纠纷第一道防线的主体责任。继续落实信访工作领导包案责任制，完善人民调解、行政调解、司法调解“三调”衔接联动机制，力争把各类矛盾纠纷化解在初始阶段和萌芽状态。2010年使矛盾纠纷排查调处化解率达到95%，信访总量同比下降10%。切实抓好矿山、道路交通、消防、食品安全等领域的安全生产工作，进一步建立和完善安全生产目标考核责任体系，加大安全生产责任追究工作力度，严格落实安全生产“一票否决”制，确保完成州上下达的安全生产任务，使安全生产形势逐步好转。

五、加强和改进党的建设，进一步提高执政能力和水平

加强基层党组织建设，全面落实《关于实施两大工程加强我县城乡结合部社会建设的实施意见》，重点加强城乡结合部、巴伦台镇铁尔曼区域、县城新建小区及其单元楼栋的党组织建设，积极构筑横向到边、纵向到底的社区党组织建设体系。继续扩大“两新”党组织的覆盖面，全力做好矿山企业、新引进企业的党组织设立工作，并下派党建指导员，指导开展党的工作。深入开展“三级联创”活动，力争使巴伦台镇、乃门莫敦乡创建成“五好”乡（镇）党委，新创建“五好”村党支部5个、“五好”社区党组织8个。继续加大基层组织阵地建设，对4个村、3个社区阵地建设和维修给予一定的补助。要加强社区干部队伍建设，按社区管辖人口比例，从县直单位超编人员中为社区增补一批干部。继续追加社区工作经费，使社区工作经费达5～10万元标准，全力保障社区工作运转。制定出台发展壮大集体经济相关政策措施，使村集体经济收入5万元以上的村达到90%。继续实施“三个一”工程，即为每个村选派一名党建特派员、一名国家干部、一名大学生村官。做好2009年度“十大优秀村官”评选表彰工作。加强干部思想政治教育，积极探索干部培训学分制和“笔试+面试”相结合的干部培训新机制，2010年举办主体班次培训达12期。认真落实《干部选拔任用工作条例》，把政治上强作为衡量干部德的首要标准和选拔任用领导干部的重要依据，切实从政治上把好选人用人关。坚持民主、公开、竞争、择优的原则，2010年，继续拿出不少于5个科级岗位面向全县进行公开选拔。进一步创新年度目标综合考核管理办法，对县委、县人民政府确定的重点工作实行末位淘汰机制。进一步加强老干部工作，继续安排50万元专项经费，组织老干部参加州、县组织的考察活动，安排3批老干部到疆内进行参观考察、度假疗养。建立党内激励、关怀、帮扶基金，出台老年基金筹集、管理和使用办法，加强对老党员、生活困难党员的关怀和帮扶。进一步加强和改进新形势下党对群团工作的组织领导，充分发挥群团组织在推动科学发展、教育引导群众、维护团结稳定、服务人民群众的优势和作用，进一步凝聚人心、汇聚力量、加快发展。要深入开展包乡住村工作，这里着重强调一下，有些部门对包乡住村工作在认识上存在偏差，在工作中流于形式，搞花架子，没有真正地“沉”下去，多搞调研，多办利民惠民之事。针对这一问题，县委基层办要会同相关部门建立健全部门包乡住村目标管理考核体系，把包乡住村工作列入综合目标考核内容，加强督促，强化落实，以硬指标、强措施推进县直部门为基层乡村和农牧民办一些实实在在的、看得见、摸得着的好事、实事。同时，要整合包乡住村工作组，减少交叉重复，确保工作的连续性和稳定性。对务实基层、工作成效明显的，年底县委将给予表彰奖励。

进一步深化农村基层党风廉政建设和“临青松之风，树廉洁之气”廉政文化内涵，拓展反腐倡廉的新形式和新举措。进一步抓好纪检监察机构派驻、公务用车改革、领导干部经济责任审计、移交等工作。继续抓好“行风热线”、“为民服务全程代办制”、“四公开一满意”等工作，开展“廉政风险点”的试点工作，使党群、干群关系进一步融洽。进一步巩固和提高自治区精神文明建设先进县成果，深入开展以文明村镇、文明行业、文明窗口、文明单位为主的精神文明创建活动。进一步加大对外宣传工作力度，不断创新形式，拓展对外宣传的渠道和途径，不断提高和静县的知名度和美誉度。2010年力争新创建自治区级文明单位2个、文明村镇1个。

加强党的执政能力建设，推动各项工作落实。各级领导干部要有强烈的事业心和责任感，树立正确的政绩观，求真、务实、清廉，多干群众急需的事，多干群众受益的事，多干打基础、管长远的事，经得起群众、实践和历史检验。要加大工作创新力度，努力探索新机制、新体制、新办法，积极倡导雷厉风行、敢想敢干的作风，对定下来的事情要坚决贯彻、抓紧实施，部署的工作要督促检查，一抓到底，在困难面前勇于进取，在责任面前敢于担当，以良好的精神状态和务实的工作作风，推动各项工作扎实开展。

一年一度的元旦即将来临，各级领导干部要统筹兼顾，在集中精力抓好工作的同时，要深入基层、深入群众，大力开展访贫问苦和走访慰问活动，特别是要深入到基层困难群体、弱势群体中去，想群众之所想，急群众之所急，帮群众之所帮，让全县各族群众过上一个欢乐祥和的节日。

同志们，新的一年孕育新的希望，新的征程将谱写新的辉煌。让我们认真贯彻党的十七届四中全会精神，以高昂饱满的精神状态、团结和谐的干事氛围、务实高效的工作作风，在科学发展的道路上奋勇前进，为把我县建设成为富裕文明平安和谐的“东归名城”而努力奋斗！

政府工作报告

——2010年1月7日在和静县第十五届人民代表大会第三次会议上

县长　才仁拉吉甫

各位代表：

现在，我代表县人民政府向大会作工作报告，请予审议，并请政协委员和列席人员提出意见。

一、2009年工作回顾

2009年是我们在困境中寻求机遇，在挑战中加快发展的一年。一年来，在州委、州人民政府和县委的正确领导下，团结和依靠全县各族人民，深入学习实践科学发展观，认真贯彻落实中央、自治区、自治州“保增长、保民生、保稳定”的一系列决策部署，努力克服金融危机和乌鲁木齐“7·5”事件对经济社会发展带来的不利影响，使县域经济保持逆势稳步增长的态势，地方财政收入、固定资产投资、农牧民人均纯收入提前一年完成“十一五”规划目标任务。预计：

——全县生产总值37.4亿元，增长18.1%，其中：第一产业12.03亿元，增长15.56%；第二产业14.67亿元，增长20%；第三产业10.7亿元，增长17%。

——全社会固定资产投资17.2亿元，增长27.4%。

——全口径财政收入4亿元，增长23.31%，其中：地方财政收入2.23亿元，增长38%。财政支出7亿元，增长24.47%。

——农牧民人均纯收入增加1 322元，达到6 616元。

——城镇居民人均可支配收入12 370元，增长10%。

——万元GDP能耗下降3.5%。

——人口自然增长率为10.54‰。

（一）经济平稳较快发展，综合实力进一步增强

农业农村经济全面实施“1771”发展战略，确保了农业稳定发展、农牧民持续增收。种植业坚持“退白扩红”，实现稳粮优经增效。棉花种植面积减至0.19万公顷，工业番茄、加工辣椒等特色高效经济作物面积达到1.25万公顷，粮食面积扩增到0.83万公顷。林果业基地进一步扩大，规模效益显著提高，总面积达0.42万公顷。依托国家扩大内需项目，完成人工造林0.27万公顷，是前5年造林面积之和，其中新增特色林果0.12万公顷。酿酒葡萄种植基地总体规划已报县人大批准实施。畜牧业通过调整优化种群结构，质量和效益稳步提升。组建巴音布鲁克羊、绒山羊核心群6 159只，完成品种改良32.82万只，年末牲畜存栏控制在99.91万头（只），出栏率和商品率分别为64%和92%。新建乡镇畜牧兽医站5个。设施农业建设加快推进，生产规模明显扩大。委托自治区农科院编制完成设施农业规划，新增日光温室大棚69.5公顷，累计总面积达342.97公顷，发放设施农业贷款贴息150万元。认真落实各项惠农强农政策，发放农资综合补贴、粮食直补、退耕还林、退牧还草、良种补贴、农机购置等补贴资金6 365.16万元。劳务经济坚持内转外输相结合，拓展农村富余劳动力就业创收渠道。完成实用技能培训2 324人次，农村富余劳动力转移就业培训4 830人次，组织首批87名富余劳动力赴青岛韩资企业务工，共转移富余劳动力7 800人次，实现人均劳务创收842.1元。农业产业化项目招商引资力度加大，产供销体系进一步完善。新引进榕丰番茄、鑫宝牧业等农牧企业6家，特色农产品加工企业发展到24家。新注册农民专业合作社12个，带动农户5 000余户，新发展农村经纪人50人。随着宏观经济环境的不断改善，农畜产品价格大幅回升，有力拉动农牧民增收。种植业，畜牧业，劳务经济，二、三产业对农牧民增收的贡献率分别达到67%、15%、13%、5%。

新型工业化建设坚持优势资源转换和大企业大集团战略，进一步培育发展了“四大基地”（南疆钢铁生产基地、新疆最大的绿色能源基地、新疆最大的有机畜产品生产基地、新疆最大的铁精粉生产基地）、“六大产业”（钢铁、水电、矿业、建材、酿造、特色农产品）。面对金融危机的冲击，积极引导工业企业危中求机、困中求进，实现企稳回升、逆势上扬，成为全州工业经济的重要增长点。预计全年完成工业增加值10.65亿元，增长24%；规模以上工业企业实现利润2.1亿元，上缴税金1.8亿元。金特钢铁100万吨技改项目建成投产，天山水泥依托扩大内需项目实现产销两旺，凯宏矿业诺尔湖铁矿二车间竣工投产，哈尔莫敦水电站机组全部并网发电，强力拉动县域工业经济平稳较快增长。工业经济增势强劲，金特钢铁二期技改项目、备战铁矿选矿厂一期项目、天山金特50万吨矿渣微粉利用项目、柳树沟水电站开工建设，小山口水电站实现截流。工业园区建设步伐加快，完成额勒再特乌鲁乡轻工业园、哈尔莫敦工业园和城北工业园3个园区总体规划，已进驻企业15家，实现产值16亿元，创利税2亿元。

加大对县域企业的扶持力度，全年共上报技术改造项目、中小企业发展专项资金项目和节能项目14个。金特钢铁、隆平高科、红源辣椒等企业技改项目获405万元专项资金支持，其中：争取金特钢铁股份有限公司淘汰落后产能财政资金290万元，

红源辣椒专业合作社深加工项目贴息35万元，新疆隆平高科辣椒色素深加工项目专项资金50万元，金特钢铁轧钢节能技改项目30万元。这些项目资金的扶持，为企业发展注入了活力。

第三产业围绕扩大投资、消费和拉动经济增长，推进传统服务业向现代服务业转变。大力开展“旅游发展年”活动，完成巴音布鲁克天鹅湖景区大门和天鹅湖、巴西里克、阿尔先、班禅沟景区入口星级厕所基础设施建设，创建成为自治区旅游强县。成功承办自治州首届东归汽摩拉力赛、环天鹅湖赛马大会、自治州第四届旅游纪念品展销研讨会暨和静县第二届“汗王杯”旅游工艺品展示大赛和第一届冰雪旅游节。落实资金200万元用于旅游促销和补贴，全年旅游人数达到19万人，实现旅游总收入5 100万元，分别增长98%、96%，均创历年新高。稳步发展房地产业，通过采取财政补贴政策，有效引导住房消费，新开发房地产面积6.5万平方米。积极推进“家电下乡”、“汽摩下乡”，发放销售补贴144.24万元，活跃了消费市场。现代物流、宾馆餐饮、社区服务等现代服务业持续健康发展。完成全社会消费品零售总额1.9亿元，增长18%。

固定资产投资把“保民生”作为“保增长”、“保稳定”的重要一环，全面加强基础产业和基础设施建设。全年累计落实到位各类国家项目资金3.98亿元，共实施水利、交通、电力、市政等62个重点项目。县城--乌拉斯台桥220千伏、乌拉斯台桥--巴音布鲁克镇35千伏和乌拉斯台桥--诺尔湖35千伏、110千伏输变电工程投入运营，乌拉斯台桥--备战铁矿、查岗诺尔铁矿110千伏支线输变电工程完成初设和招投标；国道218线、哈尔莫敦--察汗乌苏等18条485千米农村公路建成通车，建设里程为“十一五”前3年总和；投资5 000余万元，重点加强县城污水处理厂、垃圾无害化处理项目、东归休闲广场等基础设施和城区、工业园区道路硬化、绿化、亮化、美化工程建设，新增供热、供气、供水管网10.7千米；完成天然气入户2 500户；投资500万元的消防中队综合楼完成主体工程；新农村建设取得新进展，编制完成27个村庄规划，建成抗震安居房3 072套，被评为自治区级抗震安居先进县；新增高标准节水灌溉0.33万公顷、防渗渠50.7千米、配套建筑物276座，打机电井112眼，解决5 980人饮水安全问题；启动人工影响天气作业项目，新建自动气象站18个和通讯基站75座，实现气象站点和通讯网络盲点全覆盖。

改革开放重在破解发展难题、实现开放引强，逐步建立了充满活力、富有效率、推动科学发展的体制机制。相继制定出台了加快特色林果业、设施农业、农田水利、现代畜牧业、城乡一体化建设、矿产资源勘探开发、住房补贴、户籍管理、招商引资、农牧场铁畜管理、农牧区集体铁畜管理、规范化服务型政府建设等12个政策性文件，进一步创新了发展环境，提高了发展成效。积极深化体制改革，完成巴音布鲁克区和巴音乌鲁乡撤并建镇，全面推进国库集中支付、乡财县管乡用、场财县管场用、村财乡管村用管理制度，设立中小企业信用担保中心、财政预算资金管理和基本建设投资评审中心。加大内引外联力度，先后促成八钢国贸、华冉集团、民家超市等16家企业落户和静，协议引资36.17亿元，其中上亿元项目6个，落实到位资金3.64亿元，落户企业和引资数额为历年之最。

财政支出扩大公共服务覆盖范围，把更多公共资源投向农村、基层和困难群众。围绕“保增长、保民生、保稳定”，狠抓财政增收节支，优化支出结构，切实加大了对项目前期、民生工程、公益事业的投入。金融保持平稳运行，年末存贷余额分别达22.36亿元和8.28亿元，增长19.9%和16.5%。加强农村信用工程建设，大力推行“村干部信贷员”制度，发放支农贷款3.1亿元。

（二）社会事业全面协调发展，社会政治大局保持和谐稳定

科教文卫事业持续快速发展。进一步加大投入，优化公共资源配置，促进公共服务均等化。优先发展教育事业，安排支教资金8 825.61万元；年内将23所学校整合为15所，提前3年完成教育资源整合目标；青少年活动中心等5个基础设施项目建成投入使用；对教育系统36个项目6.57万平方米建筑物进行抗震加固改造；“两基”迎“国检”顺利通过验收。安排科技专项资金613万元；高标准节水灌溉、设施农业、多熟高效、测土配方、品种改良等9项科技成果得到推广应用；“国家科技富民强县”项目通过中期验收，国家科技进步考核通过验收。安排文化传媒资金932万元；完成东归概念文化广场改造和东归科技文化中心主体工程；依托旅游文化，加大了“东归名城”对外宣传推介力度。建成6个乡镇文化站，开展了一系列以纪念国庆60周年为主题的文化活动，实施“东风工程”、“农家书屋”等文化惠民活动；开播了《新农村》、《健康教育》、《行风热线》等栏目和蒙古、维吾尔新闻频道，投资440万元的广播电视中心投入使用；第二轮《和静县志》修编和第三次文物普查工作稳步推进；三类城市语言文字顺利通过自治州、自治区评估验收；《新疆蒙古族奶酒制作技艺》、《新疆蒙古族医药》及《新疆蒙古族婚俗》列入自治区非物质文化遗产名录；3人享受自治区非物质文化遗产传承人补贴，1人享受国家级非物质文化遗产传承人补贴；完成黄庙国家级文物保护单位申报工作。安排医疗卫生专项资金4 362万元；甲型H1N1流感、甲肝、麻疹等传染病得到及时有效防控；县人民医院与自治区人民医院技术协作一周年，成立了泌尿外科、脑科中心、皮肤科和口腔诊疗中心，医疗卫生服务水平又上了一个新的台阶。食品放心工程深入推进，农村药品“两网”建设进一步完善。安排人口计生工作经费377万元；落实计划生育家庭奖励资金50万元；“计划生育优质服务先进县”接受自治区验收。妇女和残疾人事业健康发展。鼓励农牧民妇女参与农（牧）家乐、编织、刺绣等致富项目，传承和发扬民间艺术，提高农牧民生活质量；加大残疾人就业、医疗救助和住房补助，积极申报“残疾人综合服务中心”建设项目。

社会保障能力进一步增强。安排社保资金8 827万元；发放支持创业小额贷款1 000万元，贴息123万元，带动就业400余人，1 889人享受社会保险补贴资金527万元，365名公益性岗位享受补贴476万元；新增城镇就业人员4 589人，城镇登记失业率控制在3.2%以内，新型农牧区合作医疗参合率达到96.8%。养老、失业、医疗、工伤、生育五项保险参保人数达到8.1万人，增长33%；6.4万人次享受城乡低保，发放低保资金1 302.03万元，实现动态管理下的应保尽保；城乡医疗救助、优抚安置、残疾人优惠政策、困难企业职工生活补贴和最低工资制度得到全面落实。“老龄工作先进县”通过自治区验收。制定出台干

部职工、农牧民购房补贴政策，落实购房补贴2 438.3万元，切实减轻了干部群众购房负担。

草原生态综合治理和环境保护成效显著。巴音布鲁克实验区新增牧民搬迁和定居650户2 275人，累计1 329户4 675人，完成“十一五”规划的95%。农区建成高标准抗震安居房160套，边境和就地安置建房490套。配套完善集中安置点水、电、路、广播电视等基础设施。完成2008年搬迁富裕户土地分配工作，共分配耕地160公顷，购买和静县华侨农场135.8公顷土地，为下山安置的160户牧民2010年分配耕地做好准备。新增围栏草场6.67万公顷，减牧1.72万只绵羊单位，完成飞机治蝗6.34万公顷。全年实现农牧民脱贫200户690人。积极推进工业企业的污染防治由末端治理向全过程控制，狠抓环保“三同时”验收，金特钢铁、天山水泥等重点企业实现在线监控。积极开展县级生态文明村、绿色社区工作和巴音布鲁克国家级有机畜养殖基地创建工作。推广清洁能源利用，县广电局、二中、民政局、青少年活动中心实现地源热泵供热。编制完成和静镇、巴伦台镇、巴润哈尔莫敦镇、哈尔莫敦镇饮用水水源地保护区划分技术报告。

十件惠民实事全面落实。一是县财政落实“三农”补贴资金2 000万元，用于设施农业、特色林果业、水利、畜牧业品种改良、复播玉米和青贮窖建设、基础设施建设和科技推广；二是投资5 800余万元，新建廉租房1 168套；三是完成17个乡（镇）卫生院和42个村级卫生室新建改建工程；四是实施“村村通”工程，解决偏远牧区地面无线接收设备2 500套，新增有线电视用户1 200户；五是配套财政资金100万元，支持边境牧民定居建设；六是全面落实干部职工生育保险政策；七是投资800万元建成妇幼计生综合楼；八是投资380万元建成儿童福利院；九是对财政供养人员人均增加津贴补贴3 700元；十是落实100万元专项资金加强了农村公路养护。

团结稳定的大好局面得到巩固和发展。牢固树立稳定压倒一切的思想，正确处理改革发展和稳定的关系，坚决贯彻中央、自治区、自治州关于维护稳定的各项部署，特别是乌鲁木齐“7·5”事件后，及时选派72个工作组深入村组（社区）扎实有效开展维稳工作，认真落实各项防范措施，圆满完成国庆安保任务，顺利通过自治区平安县复验。依法加强民族宗教事务管理，充分发挥爱国宗教人士在维护团结稳定、构建和谐社会中的积极作用。始终把民族团结进步事业作为事关全局的大事来抓，在统筹城乡和区域协调发展方面，充分考虑少数民族利益，给予政策上的倾斜，进一步巩固和发展了平等、团结、互助、和谐的社会主义民族关系。“五五普法”和“法治六进”工作深入开展。扎实开展“信访积案化解年”活动，落实财政资金1 395万元，妥善解决了企业改制、涉法涉诉、林地纠纷等35件历史遗留的复杂疑难信访问题。深入开展以消防安全、道路交通、非煤矿山为重点的安全生产专项整治活动，扎实推进“安全生产示范县”、“平安农机县”、“平安畅通县”创建工作。

（三）大力推行规范化服务型政府建设，公共服务效能得到加强

以学习科学发展观活动为契机，积极开展规范化服务型政府建设，出台了首问责任、限时办结、一次性告知、职位代理、超时默认、责任追究和公示听证等14个制度和办法，形成了严密高效的政府决策执行机制。成立了行政服务中心，26个单位

和6个中介机构116项行政许可事项进入中心，实行“一厅式”窗口办公、“一站式”便民服务，共办理各类行政审批服务事项1 300件，办结率达100%，提高办事效率50%以上，为企业、社会提供了高效便捷的行政服务。加强信息化与电子政务建设，通过开通蒙文和维文版政府门户网站，进一步扩大政务信息公开，实现政民互动，为公众参与公共事务管理提供了良好的交流平台。完善应急管理机制和应急预案体系，进一步提高了有效应对和处置突发事件的能力。围绕推动科学发展，扎实开展规范性文件“废改立”工作，取消和调整行政许可事项13项，压缩办理时限55项，进一步强化了行政服务效能。加强行政监察和审计监督，审核42个政府投资项目，核减造价1 700余万元，有效规范了政府行政行为。

各位代表，过去一年的成绩来之不易，是县委总揽全局、正确领导的结果，是人大、政协和社会各界有效监督、大力支持的结果，是全县各族人民凝心聚力、共同奋斗的结果。在此，我代表县人民政府，向人大代表、政协委员、全县各族干部群众，向各人民团体和社会各界人士，向驻县部队、武警官兵、政法干警，向生产建设兵团、农林牧场、铁路等驻县单位的广大干部职工，表示衷心的感谢并致以崇高的敬意！

在肯定成绩的同时，我们也深刻地认识到，经济社会发展中还存在着一些不容忽视的矛盾和问题。主要表现在：经济结构性矛盾突出，工业企业规模和总量偏小，融资渠道单一，工业反哺农业的能力较弱；城乡统筹和农牧区协调发展任务艰巨，农业产业化水平和产品附加值偏低，农牧民增收难度较大；一些干部的思想观念、精神状态、工作作风，还不能完全适应科学发展、加快发展新形势的要求。对此，我们务必予以高度重视，在推进改革发展的实践中认真加以解决。

二、2010年工作安排

2010年是“十一五”规划的最后一年，也是承前启后、衔接“十二五”规划的关键一年。做好这一年的工作，对于巩固我县改革、发展、稳定的大局，促进经济社会全面协调可持续发展至关重要。

2010年政府工作的总体要求是：全面贯彻党的十七届四中全会及县委十一届五次全委（扩大）会议和县委常委（扩大）会议精神，深入落实科学发展观，以发展经济、改善民生、促进和谐、统揽全局，着重围绕“四大基地”建设，进一步扩张“六大支柱”产业，延伸下游产业链，努力改善经济社会发展环境和人民群众生活质量，全面推进“东归名城”建设。

主要预期目标是：生产总值增长16%，力争增长20%，达到45亿元；全社会固定资产投资增长16%以上，完成20亿元，力争达到25亿元以上；地方财政收入增长16%以上（其中，一般预算收入增长18%），完成2.6亿元，力争达到2.8亿元；农牧民人均纯收入增加600元以上，城镇居民人均可支配收入增长10%以上；城镇登记失业率控制在3.9%以内；万元GDP能耗下降2.5%；人口自然增长率控制在11‰以内。

为确保完成以上发展目标，我们要着重做好以下工作：

（一）大力发展特色高效农业，确保农牧民持续增收

优化农业产业结构布局。一是在合理调控粮食种植面积的前提下，继续实施“退白扩红”战略，大力推进良种工程，重点发展优质工业番茄、加工辣椒等特色农产品，确保粮食种植面积稳定在0.47万公顷，棉花面积控制在0.13万公顷以内，力争红色产业增至1万公顷左右。大力推进设施农业建设，力争新建日光温室66.7公顷、深冬生产型日光温室3.34公顷以上。建立良种繁育、钵盘育苗、育苗移栽、间作套种、复播、测土配方、高标准节水灌溉等新品种新技术为一体的高效栽培模式，力争工业番茄、加工辣椒良种推广、钵盘育苗与高标准节水灌溉配套种植面积达0.4万公顷。投资70万元，重点扶持觉伦图尔根村及周边区域推广航天育种辣椒种植。加快推进科技兴农步伐，力争多熟高效面积达到0.4万公顷，测土配方面积达到1.33万公顷，新增高标准节水灌溉0.6万公顷，实现亩均节水15立方米，最大限度地提高农业综合生产能力。进一步提升农产品标准化生产水平，完成2个无公害农产品基地认定和12个无公害农产品认证。二是通过政策引导，鼓励基本农户参与夏孜尕提、小巴仑、乌兰尕孜、察汗乌苏、黄水沟冲积扇等特色林果基地建设，新增酿酒葡萄、桃、杏等特色林果面积667公顷，设施林果13.34公顷。完成农田防护林200公顷，封育133.4公顷。三是依托巴音布鲁克大草原畜牧等产业化龙头企业，加快发展巴音布鲁克羊、伴野血牦牛有机食品加工业，实现畜产品资源转化增值，带动出栏率和商品率达到63%、94%。调整种群结构，提高良种比例，完成萨福克、陶赛特、南非杜波经济杂交肉羊7 000只以上，巴音布鲁克羊、伴野血牦牛、绒山羊核心群鉴定12 500头（只），组建新疆褐牛繁育种群500头。加强动物防疫体系建设，完成县兽医站及和静镇、乃门莫敦乡、巩乃斯乡、克尔古提乡4个乡（镇）畜牧兽医站建设。四是继续加大农村富余劳动力转移力度，强化政府组织引导，充分发挥农民专业合作社、农村经纪人、职业中介机构的作用，建立稳定的劳务供需关系，拓宽输出渠道，力争全年转移农村富余劳动力1万人次，其中长期固定转移1 000人以上，区外转移就业100人，有效增加农牧民工资性收入。

加快推进农业产业化进程。用工业化的思维和市场化的理念谋划农牧业生产，加大财政扶持力度，鼓励农牧民建立以加工辣椒、工业番茄、鸭鹅养殖、巴音布鲁克羊、伴野血牦牛为重点的特色农牧产品专业合作社，力争引进农牧产品加工企业5家以上，每个乡镇、场要成立3个以上依法规范运作、确能带动农牧民的专业合作社。采取“企业+基地+合作社+农户”的模式，进一步扩大订单农业面积，实行早中晚熟错季上市生产模式，延长农产品收购加工期，妥善解决农产品卖难、价格低的问题。大力扶持隆平高科、瑞和番茄、巴音布鲁克大草原畜牧等产业化企业发展深加工，延伸产业链，年内建成投产中瑞公司4 000吨辣椒深加工项目。围绕打造新疆有机畜产品生产基地，成立巴音布鲁克畜牧业协会，依托协会实行统一管理、统一销售，实现优质优价。依托农牧产品优势资源，加强保鲜仓库设施建设，力争通过招商引资新建冷库储量8 000吨以上。强化“品牌兴农富农”经营理念，大力实施商标战略，积极培育特色农产品品牌，力争成功评定2个以上新疆著名商标，并积极争取评定全国驰名商标。

加强农村基础设施建设。以建设社会主义新农村示范乡镇、示范村为重点，集中项目资金，加强水、电、路、气、房等基础设施建设，重点抓好开都河、黄水沟流域水土保持、综合治理和水能资源开发利用工作。完成巴润哈尔莫敦镇等乡镇人畜饮水安全工程，解决1.9万人饮水安全问题，新建防渗渠20千米，维修灌排渠道250千米，新打和改造机井50眼。巩固生态移民工程建设成果，加强对已搬迁和就地定居1 329户牧民的帮扶和管理，完成就近就地牧民定居100户，进一步改善边远牧区生产生活条件。新建县域三级长途客运站和协比乃尔布呼乡、乃门莫敦乡及铁尔曼、乌拉斯台桥4个乡镇客运站。

（二）扩张提升优势主导产业，保持工业经济平稳较快增长

立足优势资源转换，统筹支柱产业发展，以重点项目为抓手，加快工业结构优化、规模扩张、园区聚集、产业升级一体化进程，努力实现新型工业化建设的新突破。力争实现工业增加值13亿元，创利税5亿元，使工业对县域经济的贡献率达到40%以上。

力促钢铁产业做大做强。抓紧编制完成《和静县钢铁产业发展规划》，争取年内纳入自治区产业发展规划盘子，为和静县钢铁产业改造升级提供政策支撑。重点支持铁尔曼金特钢铁重工业区实施二期技改项目，配套完善自备电厂、炼钢连铸、赤铁矿焙烧、环保设施，确保年底前竣工投产，使产能达到150万吨/年规模，力争生产钢材100万吨。加快推进新兴铸管煤电钢一体化项目，力争年底核准立项，确保2011年开工投建。

加快绿色能源基地建设。尽快完成大山口Ⅱ级、巩乃斯Ⅲ级水电站项目报批核准工作，力争今年开工投建。抓紧抓好滚哈布奇勒、阿仁萨很托亥、察汗乌苏河Ⅱ级、霍尔古吐、小山口Ⅱ级和Ⅲ级等水电站项目前期可研、设计和评审工作，争取早日开工建设。力促新疆华冉集团风电项目在具备风力发电的条件下，完成报批立项。

大力培育矿业经济增长点。突出抓好国道218沿线优势矿产资源开发，力促诺尔湖铁矿一车间5月份竣工投产，备战铁矿、查岗诺尔铁矿200万吨/年选矿场建成投产，力争全年铁精粉总产量达到100万吨。加快推进察汗乌苏铜矿、敦德铁矿、古伦沟综合矿勘探开发前期工作，力争年内投入选矿工程建设。督促查岗诺尔、诺尔湖、备战铁矿等企业投入铁精粉下游产品的加工转化，延伸产业链。促使诺尔湖、查岗诺尔和备战三大铁矿安装税控电子计量装置，建成1个矿石计量统计站，进一步加大矿产资源开发监管力度。集中清理整顿一批探矿权，对圈而不探、占而不开的矿山企业进行有效整合。坚持“招大引强、当地注册、定额分成”的原则，加大非金属矿和金矿的清理整合力度，采取行政、法律等手段，以10%的比例提取地质勘探较高矿权，吸引和支持区内外大企业大集团参与我县优势矿产资源开发，使矿业成为继钢铁产业之后又一新的经济增长极。

进一步推进建材产业发展。加快天山金特50万吨矿渣微粉利用项目、恒基矿业30万吨活性石灰项目建设进度，力争8月份建成投产。

加强园区（一园五区）基础设施建设。投入3 000万元以上，加快工业园区道路、供电、供排水、通讯等基础设施和园区绿化、美化、亮化等配套设施建设。新建13.34公顷中小企业孵化基地，配套建设标准化厂房和基础设施，为科技含量高、开发潜力大、建设资金少的中小企业提供一个高效便捷的发展平台。成立和静酒业发展领导小组，整合县域酿造企业，培育“和静酒业”品牌，加强酒类产品质量监

管，促进酿造业健康发展。制定出台《工业园区落户企业优惠政策》，力争年内引进10家企业入驻园区，合同投资额达到15亿元以上。做好工业园区总体规划、勘界报告和规划环评的评审报批。完成自治州级工业园区报批工作，力争列入自治区级工业园区总体规划。

（三）加快发展第三产业，提高现代服务业发展水平

大力推进巴音布鲁克旅游目的地建设。积极争取巴音布鲁克天鹅湖自然保护区旅游项目资金，开工建设环天鹅湖、奎克乌苏石林、班禅沟、阿尔先温泉等景区大门、旅游道路、旅游厕所、接待设施，继续实施巴音布鲁克镇“穿衣戴帽”、影剧院、赛马场改造工程。引进战略投资人，组建巴音布鲁克旅游股份公司，力争上半年挂牌运营。开通巴音布鲁克--巴西里克旅游区间道路，购置投运一批环保型旅游观光车。整合县域旅游资源，引进区内外知名旅游企业，开发建设旅游宾馆、高尔夫训练场，力争引进旅游开发企业2家以上，创建三星级宾馆2个，二星级宾馆3个。制定出台旅行社发展有关优惠政策，招聘专业导游6名以上，与2家旅行社建立长期合作关系。落实专项资金100万元扶持旅游业发展，举办“东归汽摩拉力赛”、“环天鹅湖赛马大会”、“冰雪节”、首届“自行车拉力赛”、“旅游推介会”等大型旅游文化活动，加大旅游宣传促销力度。努力创建天鹅湖、奎克乌苏石林、小天池及九曲十八湾旅游带4A级景区，班禅沟3A级景区，奎克乌苏国家级地质公园，巴音布鲁克国家级旅游景观名镇和国家级环境优美名镇。全面落实农（牧）家乐星级评定补助优惠政策及旅游一条街优惠补助措施，着力培育旅游纪念品市场，力争年内接待游客25万人次，旅游总收入突破1亿元。

大力发展现代服务业。围绕扩大内需、拉动就业，进一步完善加快服务业发展的政策措施，有效培育新的消费热点。着力发展现代物流、金融保险、科技服务、商务资讯等生产服务业，加快发展宾馆餐饮、文化娱乐、社区家政等生活服务业。加大农村邮政物流发展力度，年内建成协比乃尔布呼乡邮政服务点，力争2015年90%以上的行政村设立村邮站。继续落实“汽摩下乡”、“家电下乡”政策，提高农牧民消费水平和生活质量。

（四）加大固定资产投资，大力推进基础设施建设

深入研究国家、自治区的产业政策和投资导向，抓紧编制钢铁、建材、文化、旅游、生态、绿色能源开发等产业专项规划，本着打基础、利长远，着力打造一批与“十二五”规划相衔接的重点项目。编制完成“十二五”规划纲要（草案），并做好与上级规划纲要（草案）的衔接，落实1 000万元项目前期经费，全力推进项目工作，确保有更多的项目进入自治州、自治区、国家“十二五”时期重点建设项目库，力争落实各类项目资金2.6亿元以上。

交通建设：力促国道216线、省道321线、301线列入国家道路建设规划；加快实施一批旅游路、资源路工程，着重抓好乃门莫敦乡--焉耆北大渠乡、协比乃尔布呼乡--乌拉斯台农场、Z008线--哈勒哈特村、省道206线--拉布润林场--县道279线、骆驼脖子桥等11条287千米通达公路建设；力争完成国道217线--奎克乌苏石林和环天鹅湖路铺油工程。积极做好沿国道218线矿产资源铁路的项目申报工作，力争列入自治区“十二五”规划。

电力建设：大力推进柳树沟、小山口

水电站工程建设，年内实现小山口水电站并网发电。全面完成乌拉斯台桥变电站--八钢国贸公司选矿场、乌拉斯台桥--查岗诺尔铁矿、乌拉斯台桥--备战铁矿的三条110千伏输变电工程，查岗诺尔变电站--巩乡斯乡（林场）、阿尔先沟度假村两条10千伏线路工程，察汗乌苏村6.5千米农田电网建设和移民搬迁新村电网改造工程。

城乡建设：结合自治州“统筹城乡发展年”活动，确定2010年为和静县“城镇建设管理提升年”，扎实创建国家卫生县城和自治区园林城市，全面推进县城“东改北扩”建设。硬化工程重点完成装甲团北营门--火车货运站、一中桥头--四中桥头、乌郎巴扎渠--天鹅湖路、东归大道东西延伸段、友好路东延段等9.7千米道路建设；美化工程重点完成查汗通古路水景带、城北水景公园、城北小区园林新建和改造工程；绿化工程重点完成东归大道等10条主街道和东归科技文化体育广场绿化建设，使人均绿地面积达到10平方米；亮化工程重点完成巴音布鲁克镇、巩乃斯林场路灯安装和夜景灯光改造项目，巴润哈尔莫敦镇、哈尔莫敦镇主干道亮化建设；净化工程重点完成县城排水改扩建、垃圾无害化处理、集中供热、地源热泵、天然气管道、巴润哈尔莫敦镇排水工程等项目建设；基建工程重点完成老城区原一建公司、林业局北侧、团结小区北侧、兴合酒店西侧、药材公司南侧、畜牧兽医局北侧房地产开发。加快老城区改造升级步伐，用城市经营所得开工建设相关单位的业务楼。做好巴音布鲁克广场、火车站广场、和静广场的规划、设计工作。修编完成县城总体规划和巴润哈尔莫敦镇、哈尔莫敦镇、巴伦台镇等小城镇总体规划。争取县城、乡镇、农林牧场及独立工矿区的棚户区改造项目。加快编制各小城镇城乡结合部控制性详规，将城乡结合部基础设施和公共设施纳入市政管理范围，逐步实现县城和城乡结合部、各建制镇和城乡结合部规划建设一体化、基础设施一体化、公共服务一体化、社会管理一体化。

（五）深入推进改革开放，不断增强经济社会发展活力

积极深化农村综合改革，进一步制定完善促进“三农”发展的支农惠农政策措施。全面落实农村集体经济组织财务管理制度和农村集体经济组织资产管理办法，有效增加集体经济总量。稳步推进政策性农业保险，有效化解和抵御农业风险。进一步加强企业改革，谋划做好畜牧、旅游、矿产等有条件行业的企业和中小企业创业板上市前期工作，力争年内取得实质性进展。按照《公司法》，规范希望投资公司及其子公司的决策经营体系。继续深化政策性文件“废改立”工作，创新有利于非公有制经济发展和促进投资兴业的政策环境。加快巩乃斯乡撤乡建镇步伐，完成额勒再特乌鲁乡、巴伦台镇政府搬迁工程。

完善招商引资长效激励机制，面向社会广招“聘用制招商局长”，以丰厚的经济奖励调动全民招商的积极性，重点围绕农副产品精深加工、矿产下游产品、旅游开发、城市建设，加大招商引资力度。进一步完善招商引资优惠政策，坚持一事一议、特事特办，实行“政策随项目、领导直通车、干部挂企业”全程服务，切实改善投资软环境，提高项目运作效率，务使项目由洽谈促协议、协议促合同、合同促开工、开工促投产。加强与各地商会的交流与合作，支持本地企业和专业协会“走出去、引进来”，实现行业招商、以商招商。落实150万元专项经费和奖励资金，推动招商引

资工作，力争全年招商引资28亿元以上，到位资金超过10亿元。

（六）加强和改进财税金融工作，充分发挥保障支撑作用

加大对钢铁、矿产、建材、水电、旅游等重点行业企业的扶持力度，不断培植壮大财源。依法加强税收征管，确保财政收入稳定增长。合理编制预算，进一步调整优化支出结构，集中财力办大事，确保农业农村、社会事业、城市建设、民生工程等重点支出需要。认真落实积极的财政政策，坚持实施项目带动战略，有效缓解加快发展与财力不足的矛盾。积极探索财政补贴方式向公司化投资方式转变，注重向低收入群体帮扶倾斜，务求财政补贴让大多数农牧民受益。加强财政审计监督，出台政府投资建设项目招投标管理办法，严格落实政府投资项目审计监督制度，切实提高资金的使用效益。开展国有资产及希望投资公司清产核资工作，促进县属国资企业及乡镇企业良性发展。积极筹建小额贷款公司及小额贷款担保中心，为“三农”和中小企业发展提供资金帮扶。争取成立农业发展银行和静支行，进一步改善投融资环境。

（七）着力保障和改善民生，突出抓好惠民实事落实

坚持以人为本，倍加关注民生，把城乡一体化作为推动科学发展的重要举措，深入开展“统筹城乡发展年”活动。围绕矿石运输、旅游业发展和城镇餐饮、宾馆服务等，大力拓展就业渠道，逐步建立政府主导、社会参与，有计划、有组织的劳务输入输出体制。对自主创业给予培训补贴和小额担保贷款，实现城镇就业再就业5 000人以上，有效开发就业岗位300个。不断完善城乡社会救助保障体系，加强对社保基金的征缴和管理，积极发展商业保险，提高社会保障水平。巩固城乡低保动态管理下的应保尽保，提高低保补助标准。继续抓好城乡抗震安居工程，新建抗震安居房2 500户。进一步加强老龄工作，提高农村五保户供养水平。全面配套儿童福利院基础设施，确保尽快投入开展服务。加快残疾人综合服务中心项目进度，力争年内开工建设。高度重视弱势群体生活保障，大力发展社会福利事业。

认真贯彻落实自治州“统筹城乡发展年”活动的各项部署，进一步加大保障和改善民生力度，以支持“三农”和加强城乡公益建设为重点，努力为广大人民群众办好20件实事：

一是加大“三农”投入，安排不少于2 600万元以奖代补资金，在设施农业、工业番茄和加工辣椒良种、多熟栽培、新品种新技术引进和试验示范推广、农民专业合作社、特色林果业、高标准节水灌溉、畜牧业、农（牧）家乐等方面，对基本农牧民给予补贴，支持发展现代高效农业，力促农牧民有效增收；

二是新建廉租房800套以上，解决生活困难人员住房问题；

三是安排财政资金200万元，用于困难群众大病医疗救助；

四是向“三农”及中小企业提供小额贷款2 000万元以上，对就业困难人员提供社会保险补贴532万元；

五是加大投入力度，积极创建“国家卫生县城”和“自治区园林县城”，加快推进城镇基础设施和配套设施建设，完善城市功能，进一步改善人居环境，提高城镇居民生活质量；

六是建立县、乡、村（社区）三级流动人口信息网络管理平台，强化和完善县

级领导包联和部门联合包联乡镇城乡结合部基层基础工作；

七是支持特色家禽养殖业发展，实行“公司+基地+农户”的模式，安排财政资金300万元用于鸭苗、鹅苗和饲料补贴；

八是新增牧区地面无线接收设备4 000套，切实解决边远牧区牧民看电视难的问题；

九是投资400余万元，大力推广数字电视，使和静镇、协比乃尔布呼乡、乃门莫敦乡数字电视用户超过1万户；

十是加大教育投入，完成县城及额勒再特乌鲁乡等7个“双语”幼儿园建设和县一小等7所学校抗震加固工程；

十一是县财政安排500万元以奖代补资金，扶持小城镇开发建设，加快城乡一体化建设进程；

十二是制定鼓励旅游纪念品开发、农（牧）家乐星级评定、旅游纪念品一条街商户入驻等优惠政策措施，推动旅游产业健康发展；

十三是出台《关于进一步加强民族团结促进各民族共同繁荣发展的实施意见》，在大农口补贴、就业创业、社会保障等方面确保少数民族占有适当比例，并给予政策倾斜；

十四是出台《关于进一步促进就业工作的办法》，完成挖掘机及铲车驾驶等产业技术工人和农（牧）家乐、导游、特色烹饪等特色技能培训600人以上，使农村富余劳动力掌握一技之长，长期固定就业；

十五是进一步完善县、乡、村三级公共卫生服务体系，招录50名卫生系统专业技术人员，确保每个村至少有一名具有医师资格的医务人员开展医疗服务技术指导；

十六是拿出地方财政收入同比增长额的20%以上财力，用于提高干部职工津贴补贴；

十七是继续落实财政资金100万元，对边境牧民实施专项补贴政策；

十八是在北城区开工建设集电影、电视、室内球馆和会议室于一体的综合楼，丰富城镇居民文化体育活动；

十九是投资1 500万元，开工建设县城生活垃圾处理厂，进一步改善城镇卫生环境；

二十是加快农村改厕进程，完成农村改厕1 600座，有效改善农牧民生活卫生条件。

（八）统筹抓好科教文卫和人口资源环境工作，推动经济社会全面协调可持续发展

深入开展“科技兴新素质工程”和“科技信息进村入户工程”，完成农牧民科技培训3万人次以上。不断巩固科技成果转化，努力通过国家级加工辣椒原料基地建设及产业化示范等20个重点项目验收。建立城乡对口学校“结对子”教学管理模式，在县四中分校建立教师培训基地，加大教师交流和培训力度，力争3年内完成全县2 400余名教师轮训，推进城乡教育均衡发展。围绕打造“东归文化”品牌，争取申报2项国家级非物质文化遗产，进一步加快二轮县志修编，启动《和静年鉴》编纂工作。继续实施农村文化“东风工程”，办好百日广场文化活动，完成东归科技文化中心配套基础设施和7个乡镇文化站建设，积极争取落实黄庙维修、察吾呼沟古墓群安保等项目。巩固新型农牧区合作医疗制度改革，加强新型农村合作医疗基金监管，力争农牧民参合率达98%以上。加强甲型H1N1流感、艾滋病、结核病等重大传染病和地方病防治工作。巩固“自治区计划生育优质服务县”创建成果，创建“自治区

婚育新风进万家示范县”。深入实施“食品放心工程”，强化检验检测体系建设，完善食品安全监管机制，确保食品安全。抓好“两网一规范”工作，严厉打击制售假劣食品药品违法行为。巩固“自治区老龄先进县”创建成果，做好迎接“全国老龄工作先进县”检查验收。

切实抓好生态建设。按照“人畜下山来、绿色留高原”的战略部署，加大开都河源头生态保护力度，稳步推进草畜平衡，加强马先蒿毒害草和蝗虫治理，完成围栏草场6万公顷、天然草场补播1.33万公顷，将小尤鲁都斯载畜量控制在45.3万只绵羊单位，巩固巴音布鲁克草原生态保护成果。着力抓好金特钢铁、天山水泥和供热、油改气等重点行业节能降耗工作，全面落实环境影响评价和“三同时”制度，严格执行节能评价制度和节能减排目标责任制，确保完成年度节能减排指标。加强农村环境综合整治，继续开展“环境优美乡镇”、“生态文明村”、“绿色学校”和“绿色社区”创建工作。

（九）全力维护社会稳定，打造平安和谐和静

牢固树立稳定压倒一切的思想，全面贯彻中央、自治区关于维护新疆稳定的重大决策部署，进一步完善打击、防范、现场处置三个环节的长效工作机制，始终对“三股势力”保持高压态势。按照“人防到位、物防管用、技防完善”的要求，全面落实综合性防范措施，深入开展集中整治活动，最大限度地消除治安隐患，为当地群众安居乐业、为外来人员投资兴业创造良好的社会环境。坚持“保护合法、打击非法、抵御渗透、打击犯罪”的方针，依法加强对民族宗教事务的管理。严格落实县、乡、村三级领导包联宗教活动场所、定期与宗教人士谈话制度，依法开展制止零散朝觐专项治理活动。加强对爱国宗教人士的教育，引导信教群众讲团结、求稳定、谋发展，共同推动和静经济社会又好又快发展。坚定不移地推动民族团结进步事业，引导各民族之间建立扶贫帮困、技术带动、生产合作、就业支持等形式多样的帮扶模式，更为有效地促进各民族共同繁荣发展。

加强马克思主义国家观、民族观、宗教观、历史观和文化观的宣传教育，进一步强化“和静人”意识，不断淡化民族意识，增强全县各族群众的向心力和凝聚力，巩固和发展平等、团结、互助、和谐的民族关系。围绕打造“东归名城”，创新精神文明建设体系，加强军兵路地共建，促进县域融合发展。深入开展以“法治六进”为主要内容的“五五”普法教育，进一步加强法制建设，推进依法治县进程，争创自治区级“五五”普法先进县。

进一步创新流动人口服务管理机制，明确职责、齐抓共管，制定出台流动人口长效管理办法，按照“谁登记、谁受益”的原则，建立流动人口信息系统数据登记机制和奖惩激励约束机制，实现流动人口住处数据资源共享。进一步巩固“信访积案化解年”活动成果，继续落实领导干部信访接待日和包案制度，完善人民调解、行政调解、司法调解衔接联动机制，妥善处理人民内部矛盾，务使矛盾纠纷排查调处化解率达到95%，信访总量同比下降10%，促进社会和谐稳定。全面落实安全生产责任制，按照属地管理、一岗双责，深化安全生产专项整治，切实抓好矿山、道路交通、消防、食品安全等领域安全生产工作，有效防止重特大事故发生，确保安全生产形势不断好转。配套完善消防中

队基础设施，确保尽快正常运转。逐步建立应急指挥联动系统，加强处置突发事件的应急能力，努力开创应急工作新局面。

（十）积极推进规范化服务型政府建设，全面提升政府效能

大力加强服务型政府、效能型机关建设，切实抓好首问责任、一次性告知、职位代理、超时默认、限时办结、失职追究、公示听证、专家咨询、效能监察和行政过错追究等一揽子配套制度的监督落实，以务实高效的政务环境、廉洁勤政的机关氛围，大力提振广大干部群众干事创业的信心。进一步查找制度上的漏洞和管理中的薄弱环节，以改革的思路和创新的举措，健全制度、创新体制、完善机制，规范市场运作行为和干部从政行为。继续清理行政许可事项，进一步推进行政审批制度改革，压缩审批时限和项目，明确县乡行政审批权限，做好行政审批对接，逐步建立科学、高效、务实的行政审批服务体系，切实做到放手中的权、让部门的利、尽服务的责，做发展的事。

进一步完善以行政服务中心、行政复议中心、行政投诉中心、政府采购中心、公共资源交易中心、国库集中支付中心和财政预算资金评审中心为主体的政府规范化服务平台。积极引入ISO9000管理体系认证，加强对服务窗口人员的培训和管理，切实提高服务水平，实现规范高效运转。充分发挥县行政服务中心的带动作用，加快乡镇服务中心建设，形成县、乡、村“一条龙”服务网络，实现更多的行政资源和服务效能向农牧区延伸。进一步提高行政许可事项和服务事项的进驻率，全面公开服务项目、办事条件、审批程序、办理时限、收费标准，规范推行联合审批，提高窗口办结率。建立窗口工作效能激励机制，根据窗口服务人员的工作效率和服务质量，通过以奖代补兑现绩效奖励，切实增强岗位荣誉感和成就感，以此充分调动窗口服务人员的主观能动性和工作创造性。

进一步优化网上“办事大厅”、“县长信箱”、“行风热线”、“电子政务”、“政务信息”等公众交流平台，加快建立应急暨维稳信息化平台建设，坚持“统筹规划、分步实施”的原则，逐步打造“数字和静”，全力提高政务透明度，保障民主决策，促进问题解决，推动科学发展。完善政府信息公开办法，不断提高政务公开质量水平。在县建设局、教育局等8个部门开展廉政风险防范管理试点工作，推进廉政风险防范机制建设。

各位代表，和静正处于加快发展的关键时期，改革、发展、稳定的任务都很繁重。让我们在县委的正确领导下，大力弘扬求真务实、真抓实干的优良作风，切实增强“等不得”的危机感、“慢不得”的紧迫感、“推不得”的责任感，进一步解放思想，与时俱进，励精图治，扎实苦干，为把我县建设成为富裕文明平安和谐的“东归名城”而努力奋斗！

大　事　记

和静县2009年大事记

1月

2日，和静县成立农民工工资支付情况专项检查小组，在全县范围内开展农民工工资支付情况专项检查活动。

4日，和静县副县长其·巴太带领县食品药品监督管理局、质监局、畜牧兽医局、卫生局、工商局及经贸局等食品安全相关监管部门执法人员对和静县辖区内的食品、药品市场进行大检查。

5～22日，县委书记汪江华，县委副书记、县长才仁拉吉甫等四套班子领导带领相关部门负责人，分成五个慰问组，对全县劳动模范、离退休干部及干部遗孀、“三老”人员、困难职工、老复退军人、重点优扶对象共2 453户生活困难群众进行走访慰问，发放慰问品及慰问金595 918元。

6日，县委、县人民政府将食品安全工作和农村药品“两网”建设工作纳入和静县经济建设和社会事业发展目标进行考核。

9日，和静县成立以县委常委、纪检委书记、政法委书记坎·巴太为组长，县法院党组书记孙强、法院院长达·赛尔杰、县政法委副书记赵树群为副组长的集中执行积案活动领导小组，开展为期11个月的积案清理活动。

10日，和静县被命名为自治区平安县。

15日，经州委组织部批准，和静县金特钢铁股份有限公司党委划归新兴铸管集团党委管理，在册党员127人，以整建制划出。

19日，由和静县委宣传部、司法局主办，县计生委、卫生局、文体局、科技局等部门共同协办，开展科技、文化、卫生、法律“四下乡”活动。

20日，和静县城生活垃圾处理一期工程已列入国家投资计划，总投资600万元。

22日，和静县为加大“土专家”、“田秀才”等乡土人才的培养和选拔，制定《和静县乡土人才评选标准和程序》。评选出农村“乡土人才”964人，其中生产能手264人、经营能手63人、能工巧匠27人、农民技术人员610人。

是日，针对牧区村干部报酬远低于农区的实际，和静县投入55.78万元为269名村干部提高待遇，人均提高1 940元/年。

26日，和静县在巴伦台黄庙举行蒙古族重大节日——麦德尔节庆典活动，州委统战部副部长查汗参加活动，并亲切看望黄庙主持旦皮力康布。

2月

3日，和静县委、县人民政府制定下发《和静县县级领导大接访工作制度（暂行）》办法。

4日，和静县召开2009年党委政法工作会议，县四套班子领导、各区、乡（镇）、场，县直各部门、各单位主要领导参加会议。会议由县委副书记、县长才仁拉吉甫主持；县委常委、政协党组书记、纪检委书记、政法委书记坎·巴太作了题为《巩固成果、创新思路、完善体系、为建设富裕文明平安和谐的“东归名城”创造良好的社会环境》的工作报告；会上表彰了2008年度政法、综合治理及信访工作的先进集体和先进个人。

是日，和静县制定《游牧民定居工程建设规划（2009～2015）》规划，在规划期内拟建42个牧民定居点，定居4 345户18 949人，其中山上定居点41个，共计2 695户10 920人，山下集中定居于哈尔莫敦镇莫呼查汗村1 650户8 029人。

是日，和静县举办自治区科技兴农项目《新疆和静县巴音布鲁克优质羊肉生产技术示范推广》第一期养殖技术培训班。

6日，和静县在县宾馆举行社会保险补贴发放仪式，有317名“4050”下岗失业人员领到总额87.1万元的社会保险补贴，解决了大龄下岗失业人员的生活困难问题。

9日，和静县人民政府出台措施，进一步加强政府机关作风建设，严肃工作纪律，对严重影响机关作风建设的问题，依法追究有关领导和相关人员责任，并利用新闻媒体进行公开曝光。

13日，和静县选派干部到各乡（镇）、县直部门、社区、企业挂职锻炼。

是日，和静县委组织部、县团委召开和静县党建带团建工作研讨联席会议，各单位党组织负责人、团组织负责人参加会议。会上县委基层办主任赵昌友总结2008年全县党建带团建工作情况，并指出工作中存在的薄弱环节以及下一步工作设想。

16日，和静县举办2009年度公务员轮训班。轮训班共分4期，每期2天，参加培训的国家公务员共达1 415人。

17日，共青团和静县十四届全委（扩大）会议在政府六楼会议室隆重召开。县委常委、统战部部长苏来曼·玉色因，在和静县团委驻点指导工作的团中央权益部法制处处长张蔚红，县人大常委会副主任赛尔杰，副县长张教军，县政协副主席刘英出席了会议，县团委十四届委员会委员、各区、乡（镇）、场、村委会、团组织的负责人，县直各单位、学校团组织负责人、少先队总辅导员共120人参加了会议。

是日，和静县团委、教育局、少工委在县政府六楼会议室召开全县少先队工作会议，安排部署2009少先队工作，签订2009年少先队工作目标管理责任书，并对2008年度的先进集体及个人进行了表彰。

17～18日，副州长马成带领州农业、水利、林业、畜牧、农机、供销等相关部门负责人，对和静县春耕备耕工作进行调研。

23～24日，自治区党委政法委领导在自治州党委政法委副书记耿东聆及和静县委常委、政协党组书记、纪委书记、政法委书记坎·巴太等领导的陪同下，对和静县综合治理及平安建设工作进行调研。

25日，和静县为企业军转干部发放生活困难补助金13.4万元，保障军队转业干部的生活待遇，解决一些企业军队转业干部工资水平较低、生活相对困难的问题。

25～26日，和静县在和静镇召开2009年度第一次综治例会，安排全县社会治安综合治理暨平安建设工作任务，下发《2009年全县社会治安综合治理工作要点》、《和静县社会治安综合治理责任查究制度》。

27日，和静县举办为期3天的运输安全培训班，学习安全生产法、道路交通安全法等。参加培训学员共60多人。培训结业后通过考试颁发运输及维修企业负责人、安全管理人员资格证。

3月

2日，和静县统战系统在县党政四楼会议室，召开反分裂斗争再教育活动动员大会。

是日，和静县10名大学生、25名高中生领到自治区青少年发展基金会联合各县(市)，与新疆电视台、新闻中心、网站等共同推出的“新疆圆梦行动”资助款50万元，其中每位大学生领到3 000元，每名高中生领到800元的资助款。

4日，自治州反邪教协会在和静县开展反邪教巡展活动。

5日，和静县举办“平安和谐家庭”才艺暨模特大赛。

是日，和静县委宣传部、团委、教育局及少工委联合在和静县东归步行街组织开展“弘扬志愿精神，构建和谐和静”的学雷锋集中行动日活动。参与志愿者200余人，提供服务1 100余人次。

4～6日，由和静县安监局牵头，县公安、卫生、交通、教育、食品药品、质监等部门配合，联合对全县各中小学和幼儿园食品、消防、道路交通等安全工作进行全面大检查。

9日，和静县在政府二楼会议室召开打击非法行医、销售假药品、发布违法广告等违法违规行为专项整治工作动员会议。

10日，和静综治委召开流动人口和出租房屋“两个摸排”工作会议，正式出台《和静县流动人口和出租房屋“两个摸排”工作考核办法》。

12日，中国人民解放军马兰基地军事法院院长马启贵一行赴和静县人民法院调研。

13日，自治区乡镇财政管理局吕文平局长一行赴和静调研乡镇财政管理工作。

14日，和静县召开深入学习实践科学发展观动员大会暨第一批学习实践活动单位主要负责人培训班开班仪式、植树造林绿化暨护林防火动员大会。

15～18日，和静县委各部门相继召开深入学习科学发展观活动动员大会，拉开全县深入学习实践科学发展观活动的序幕。4月30日，和静县第一批学习实践科学发展观活动单位转入分析检查阶段。

17日，和静县总工会五届二次委员（扩大）会议在县宾馆二楼大会议室召开。会上总结2008年县工会工作，安排部署2009年工作任务和重点工作，传达了州总工会八届三次委员（扩大）会议精神。同时对24个工会和7个女工工作先进集体、51个先进个人进行表彰，与各基层单位工会签订2009年目标管理责任书。

是日，和静县机关工委举办和静县县直党组织书记培训班。

19日，和静县城排水改扩建工程立项，实施项目总投资3 437万元，新建污水处理厂1座，新建和改建排水管网30.1千米。

是日，巴州安监局、巴音职业技术学院在和静县联合举办非高危行业单位（轧花企业、制冷企业、汽车维修企业、建材、木材加工企业等）负责人及安全生产管理人员培训班，全县110人参加培训。

25日，和静县委组织部为做好干部信息更新，及时健全和完善干部信息数据，就全县行政事业单位科级以下干部职工、直属企业科级以下干部职工基本信息进行全面统计工作（包括单位干部职工花名册、干部职工基本信息登记表、数码照片）。

26日，和静县举办第五期科级干部进

修班，对45名近年未参加过州、县党校主体班次培训的科级干部进行培训，学制40天。

30日，经和静县委组织部研究决定，撤销畜牧局党委古尔温苏门肉牛场党总支、哈尔诺尔牧场党支部，其党员分别转入乃门莫敦乡党委、额勒再特乌鲁乡党委管理。

31日，和静县召开2008年度新闻外宣表彰暨2009年度新闻外宣工作会议。会议总结2008年度和静县新闻外宣工作，表彰和静县2008年度新闻外宣先进个人，安排部署2009年新闻外宣工作各项任务，县委常委、宣传部部长廖隽龙到会讲话。

31日，州委常委、统战部部长艾尔肯·哈斯木带领州统战、民宗、公安、法院等部门相关负责人组成调研组在县委书记汪江华等领导陪同下，对和静县依法处理非法宗教活动及严厉打击利用宗教进行违法犯罪活动进行调研。

4月

1日，副州长张东兵带领州综治办、州公安局、州委基层办、州建设局、州计生委有关人员一行，就出租房屋和流动人口服务与管理工作赴和静县进行专题调研。

3日，州委副书记刘进喜、副州长乌音山一行在和静县委书记汪江华、县委常委、宣传部部长廖隽龙等领导陪同下，对和静县改善民生和社会事业发展情况进行调研。

是日，全县统战暨民族宗教工作会议在党政大楼六楼会议室召开。县委常委、县委统战部、人大、人民政府有关领导出席会议，县统战系统负责人、各乡（镇）分管领导、统战干事50余人参加了会议。

7日，自治州农村改厕现场暨农村环境卫生整治经验交流会在和静县召开。自治州卫生局、八县一市爱卫办负责人参加会议。

11日，和静县统战工作领导小组召开会议，研究十世宫明活佛今后学习及教育引导工作。会议由县委常委、统战部部长苏来曼·玉色因主持，县人大常委会副主任买买提·赛来、副县长其·巴太、政协副主席牙生·吐尔逊等领导出席会议，县委统战部、县民宗局负责人参加了会议。

是日，自治区城乡抗震安居工程办公室主任张国文一行，在副州长张东兵、县委副书记、县长才仁拉吉甫，县委常委、常务副县长谭天，副县长其·巴太及州、县有关部门负责人的陪同下，就和静县抗震安居工程实施情况进行调研。

12日，和静县为贯彻落实中共十七大和中共十七届三中全会关于尊重党员主体地位、保障党员民主权利、推进党务公开的精神，畅通广大党员通过各级组织部门了解党务工作、咨询党务政策、反映意见建议的渠道，在全县党组织系统开通“12371”党员咨询服务电话。

13日，和静县城镇基础设施和绿化工程全面启动。

14日，和静县成立人才办公室，隶属于县委组织部管理，核定副科级领导职数1名，人员编制由组织部内部调剂解决。

15～29日，和静县从县直机关、事业单位和部分乡镇选派第二批优秀年轻干部到社区进行为期一年的挂职锻炼。并对2006～2008年6名县直机关及参照公务员法管理单位新招录的公务员、工作人员统一下派到基层社区参加实践锻炼。

是日，和静县成功开播蒙古语、维吾尔语电视新闻节目，填补了和静县少数民族群众看不到本民族语言电视新闻节目的空白。

是日，和静县额勒再特乌鲁乡成立农技站、林业工作站、农机站、水管站、国土资源所、财政所，工作人员由各部门从本系统协调解决。

20日，由州人大常委会副主任、总工会主席王金东等领导组成的自治州人大、政协视察职工维权工作调研组赴和静县调研。

是日，由县委宣传部、团委、教育局、妇联、文明办、县关工委、少工委等部门联合组织，在和静县高级中学学术报告厅举行青少年学生思想道德建设集中教育活动启动仪式。全县各中小学校长、团委（支部）书记、少先大队辅导员及学生代表共200余人参加会议，启动仪式由县委常委、宣传部部长廖隽龙主持，县人大、政协领导出席会议。此次青少年学生思想道德建设集中教育活动从4月起至12月止，共分三个阶段进行。

5月

4日，和静县纪念五四运动90周年暨胡锦涛总书记两次复信大会在县人民政府广场隆重举行。县委、人大、政府、政协等四套班子主要领导出席大会，全县近5 000余名青少年参加纪念大会。会上，县委书记汪江华代表县委、县人民政府发表讲话。近1 000名学生参加了18岁成人宣誓和新团员入团宣誓仪式。

是日，在巴州宾馆巴音会堂举行的自治州纪念五四运动90周年暨胡锦涛总书记两次复信精神大会上，和静县有1个集体和3名个人受到自治州团委表彰，州委书记张博等领导亲切接见受表彰人员，并与他们合影留念。

12日，10时27分38秒，和静县巴音布鲁克镇发生里氏4.1级地震，震中位于北纬42.4度，东经84.8度。

13日，和静县顺利通过“两基”迎“国检”验收。近两年，和静县投入资金7 194.5万元，用于建设青少年校外活动中心、各学校教学、宿舍综合楼、图书楼、抗震加固、校园硬化、美化、绿化及校园文化建设等，改造了部分危房。将各乡镇中学整合至县城学校，至2009年8月全县整合至15所学校。

是日，和静县委组织部开展全县副科级以上在职、在编干部“双语”学习情况摸底调查工作。14日，召开专题会议，建立和静县党政领导“四知四清四掌握”工作机制和乡镇干部“双语”学习培训机制。

是日，和静县开展庆祝新中国成立60周年“东归名城、旅游之夏”百日广场文化体育活动。

23日，和静县第24届中小学生田径运动会在县第一中学召开。全县7所初级中学的7支代表队、12所小学的12支代表队共239名运动员参加比赛。

24日，和静县克尔古提乡在浩尔哈提村举行了“和静克尔古提吉祥刺绣专业合作社”揭牌仪式。县人大常委会主任茶汗、县委常委达·才仁加甫到场并为刺绣专业合作社揭牌。

26日，和静县举行庆祝新疆第七届“环卫工人节”活动。县委常委、常务副县长谭天，县人大常委会副主任肖建新，副县长其·巴太，政协副主席郝根生及县建设、交通有关单位负责人和120名环卫职工共庆节日。

27日，和静县组织开展“向国旗献礼、做一个有道德的人”网上签名寄语活动。

28日，巴州凯宏矿业有限责任公司诺尔湖铁矿选矿厂二车间竣工投产典礼在和静县举行。州委书记张博，州委副书记、州长史建勇，州人大常委会主任包热，州政协主席张晓伟，副州长柴凤兰等参加典礼并为竣工投产剪彩。州委常委卢平主持典礼。

6月

1日，和静县召开钢铁产业协会成立大会。协会的职能是制定产业发展规划和行规行约、规范行业自我管理，维护行业和会员单位的正当权益；协调探矿权、采矿权的合理流转等。按照《和静县钢铁产业协会章程》规定，选举产生了名誉会长、会长等。

2日，和静县利用第八个安全生产月，举办以“关爱生命、安全发展”为主题的专场文艺晚会。

3日，新疆金特钢铁股份有限公司淘汰落后产能技改项目获自治区经贸委预核准。

4日，和静县第一期乡镇干部“双语”培训班在县委党校开课。

5日，和静县在党政办公大楼五楼南会议室召开铁路护路会议。

3～5日，自治区林业厅重点林业工程管理总站检查组一行4人在副县长司马义·艾依提陪同下，对和静县2004年退耕还经济林、2005年封育林、退耕还林地及2008年荒山造林情况进行核查验收。

10～23日，由国家体育总局汽摩运动管理中心批准，中国汽车运动联合会、巴州人民政府指导，州体育局主办，新疆汽车运动协会、新疆摩托车运动协会、新疆东归汽车拉力赛有限公司承办的巴州首届环天鹅湖东归拉力赛在和静县开幕。东归汽车拉力比赛区域：天山山脉、班禅沟、巴音布鲁克草原、库姆塔格沙漠地区。

11日，和静县在公安局看守所隆重举行青少年法制教育基地揭牌仪式。县委常委、县政协党组书记、政法委书记、纪委书记、和静县预防青少年违法犯罪工作领导小组组长坎·巴太出席揭牌仪式并讲话，县预防青少年违法犯罪工作领导小组成员单位、学生代表及公安局民警共150人参加仪式。

12～14日，和静县首批干部考察（考核）员培训班在县委党校举办。

15日，自治区档案局局长吴志强、副局长童鹿一行，在州委副秘书长张安民，州档案局局长张涛及县委副书记、县长才仁拉吉甫，政协主席陶三保，县委常委、宣传部部长廖隽龙，人大常委会副主任肖建新，政协副主席刘英等领导陪同下，检查调研和静县国家重点档案抢救工作情况。

17日，和静县举行第三次全国文物普查田野调查工作启动及授旗仪式。仪式结束后，普查队深入到各乡镇、场开展为期两个月的田野调查。

20日，由和静县委副书记、县长才仁拉吉甫主编、档案史志局副局长潘美玲编著的《东归宝藏》系列丛书正式出版发行。全书共4册约95万字，主要从土尔扈特民族风俗、民族服饰、民间故事、民族歌舞四个方面深层次挖掘土尔扈特民族的感性文化，对于进一步研究土尔扈特民俗文化具有重要的参考价值。

是日，《江格尔》传承基地在和静县一中揭牌成立，标志着和静县传承土尔扈特民间文学艺术有了主阵地。和静县是蒙古族《江格尔》史诗的重要流传地，《江格尔》被列为我国第一批国家级非物质文化遗产保护代表作名录。它通过丰富的思想内容和生动的艺术形象，描绘了草原气息的风景画面与生活场景，体现了蒙古族特有的性格特征和审美情趣。

26日，自治州首届“环天鹅湖赛马大会”新闻发布会在和静县巴音布鲁克镇举行。州人大常委会主任、州马业协会会长包热，国家体育总局有关负责人等出席新闻发布会。中央电视台、新华社新疆分社、新疆日报、新疆电视台、内蒙古电视台、安徽电视台等疆内外14家新闻媒体参加新闻发布会。

28日，和静县在党政大楼会议室召开“东归历史文化研究经验交流”会议，县委副书记、县长才仁拉吉甫，内蒙古《阿拉腾干德尔》杂志编辑、内蒙古自治区著名作家协会主席巴·哈斯牧仁，县人大常委会主任查汗，副县长其·巴太，政协专职常委傲鲁木加甫，来自内蒙古自治区作家及《巴音郭楞》杂志全体工作人员、和静县蒙古族作家参加了此次会议。

29日，和静县与河北省秦皇岛市山海关区举行缔结友好县区签约仪式。山海关区政协主席王志杰率队的山海关区有关领导10人党政考察团出席了签约仪式。首批5万元爱心捐款支持和静教育事业。县委书记汪江华出席签约仪式并致欢迎辞，县委常委、常务副县长谭天主持签约仪式。县政协主席陶三保、人大常委会副主任肖建新及相关部门负责人出席签约仪式。

30日，和静县纪委、监察局在“和静廉政网”正式开通“举报信箱”。

7月

8日，州委常委、统战部部长艾尔肯·哈斯木，州政协副主席阿不力孜·艾山、州委统战部常务副部长杜成林，州民宗委主任卡合曼·尼亚孜等领导一行8人在和静县委常委、统战部部长苏来曼·玉色因，副县长其·巴太，政协副主席牙生·吐尔逊等领导陪同下，深入和静县宗教活动场所检查指导维护稳定工作。

13~14日，首届“环天鹅湖赛马大会”在和静县巴音布鲁克草原隆重举行，农业部原国家首席兽医师、兽医局原局长贾幼陵为赛马大会发令。农业部畜牧业司巡视员陈伟生，自治区畜牧厅厅长胡拜都拉·哈赛因、自治区畜牧厅副厅长来景刚，自治州人大常委会主任包热、副州长乌音山等领导出席开幕式。

此次赛马大会由自治区马业协会、巴州人民政府主办，和静县委、县人民政府承办。大会组委会由自治区、自治州、和静县相关领导组成。赛会主题为“驰骋骏马天堂，体验梦中草原”，比赛时间为两天，总赛程为150千米，比赛起点为和静县巴音布鲁克镇赛马场，终点为巴音乌鲁乡天鹅湖。本次比赛有300余名选手及1 000匹骏马同场竞技。奖金总额约为30万元。比赛期间，开展了摔跤、射箭、蒙古象棋等民族传统运动及田径、拔河、篮球等体育竞赛活动，举办民族服饰、民族手工艺品、民族特色食品展销活动。本次比赛除常规奖项外，还设置了申报吉尼斯世界记录奖项。

16日，和静县举行县纪检监察派驻机构成立暨揭牌仪式。和静县作为自治区纪检监察派驻机构统管试点县之一，成立了3个面向县直部门的纪工委、监察室。纪工委、监察室为县纪委、监察局的派出机构，职级为科级，由县纪委、监察局直接领导。该机构是全疆成立的首个纪检监察派驻机构。

22日，和静县与新疆华冉新能源有限公司举行风力（含光伏）发电和房地产项目签约仪式，这标志着和静县绿色能源开发再添“新宠”。

23日，远在贵州省打工的和静县青年阿里木向自治区民族团结互助基金捐款5 000元，这是阿里木在继汶川地震后又一次在突发事件后向各族同胞伸出援手。

20～27日，由县委宣传部牵头，统战、党校、民宗等部门组成“促团结、保稳定”宣讲组，利用一周的时间深入各乡（镇）场开展宣讲活动。

26日，和静县巴音布鲁克第十二届东归那达慕旅游艺术节在巴音布鲁克镇赛马场举办。自治区政协原主席浩·巴岱，州人大常委会主任包热，州人大常委会副主任阿拉西、王金东，自治区统战部原副部长才仁加甫，州人大常委会原主任布鲁尕，州政协原党组书记巴生，州人大常委会原副主任李杰，伊犁州政协副主席道尔加拉，疆内矿业、马术、投资等企业负责人及和静县领导到会祝贺。

8月

1日，和静县全面启动场财县管场用财务管理改革试点工作。

2日，自治区水利厅副厅长洪佳师、地电局局长陈洪、地电局副局长解涛等一行，对和静县“十一五”水电农村电气化建设项目进行检查调研。

7日，和静县隆重举行金特钢铁二期技改（百万吨钢改造）项目竣工剪彩仪式。自治区党委常委、自治区副主席库热西·买合苏提，州委书记张博，州委副书记、州长史建勇，新兴铸管集团有限公司董事长刘明忠，新疆金特钢铁股份有限公司董事长谢碧祥，和静县委书记汪江华，县委副书记、县长才仁拉吉甫以及自治区、自治州、和静县四套班子等相关部门领导到场参加此次仪式。

8日，自治区青少年发展基金会与中国中材集团商定，由中材集团投资20万元改扩建巴伦台镇铁尔曼学校，这是由自治区青基会在和静县援建的第四所希望小学。

9日，以和静县人大常委会副主任赛尔杰为团长的县民间艺人代表团，参加了和布克赛尔蒙古自治县第十一届那达慕大会暨第三届江格尔文化旅游节，和静县著名江格尔艺人齐尼曼老人获得江格尔说唱三等奖，那音塔和克吾加分别获得祝赞词、长调优秀奖。

10日，和静县对14名困难职工的子女发放救助金3.8万元。

是日，和静县全面推行“为民服务全程代办”制，让广大农牧民群众基本做到“小事不出村（居委会）、大事不出乡”，着力打造群众满意工程和得民心工程。

15日，和静县协比乃尔布呼乡于5月成功引进榕丰番茄制品有限公司，经过3个月的努力，完成了厂房建设和设备安装工作，正式开工生产。日处理番茄达350吨，解决了当地80余名富余劳动力的就业问题。

27日，和静县举办了麦茬复种多熟高效模式、加工辣椒新品种现场观摩会，全县各乡镇（场）领导，各村民委员会负责人和科技意识强的农民代表共80余人参加观摩会。会上，先后对协比乃尔布呼乡、和静镇、巴润哈尔莫敦镇等开展的麦茬复种育苗西瓜、麦茬直播西瓜、麦茬复种育苗加工（菜用）番茄、麦茬复种大豆、麦茬复种甜糯玉米等示范技术和额勒再特乌鲁乡、二十一团引进的加工辣椒新品种红龙13、航天辣椒等10余个示范田进行了现场观摩。

9月

3日，和静县财政国库集中支付系统正式上线运行，完成了国库集中支付改革第一笔支付业务，取得了初步成果。

是日，巴音布鲁克建成巴州首个固态降水六要素区域自动站。该项目属人影工程区域自动站建设项目，该站的建成将对监测天山山区中部降雪发挥重要作用，可为人影工程的实施和巴音布鲁克山区冬季人工增雪作业以及保护生态环境提供科学依据。

10日，和静县儿童福利院正式开工。全院建筑面积2 788平方米，总投资390万元，占地面积6 400平方米。该工程于2010年9月全部完工。

11日，和静县食品药品“双网”工作培训班在县食品药品监督管理局会议室举行，全县各乡镇分管食品药品监管工作的领导和协管员、信息员共60余人参加培训。

是日，自治区下达和静县2009年退牧还草项目投资计划。项目计划实施草原围栏6万公顷，其中禁牧2.67万公顷，休牧3.33万公顷；补播退化草场1.33万公顷，总投资2 000万元，其中，中央预算内投资1 460万元，地方配套540万元。

18日，州委常委、统战部部长艾尔肯·哈斯木带队到和静县慰问部分爱国宗教人士。

20日，县委书记汪江华，县委常委、县政协党组书记、政法委书记、纪委书记坎·巴太，县委常委、公安局局长杨亚龙一行，前往和静镇及乌拉斯台农场进行维稳督导工作。

22日，自治区下达和静县2009年新增财政扶贫资金项目计划，安排新增财政扶贫资金60万元，其中：克尔古提乡搬迁点抗旱打井项目30万元，额勒再特乌鲁乡贫困户搬迁点防渗渠建设项目20万元，巩乃斯乡野菜种植基地建设项目10万元。

是日，和静县投资200万元完成县城景观灯建设，美化了城市环境。共新增“丝路花雨”灯12杆，“四方升平”灯14杆，“蝴蝶”灯22杆，18米高的中杆灯4杆。

23日，和静县政协举办庆祝新中国成立和人民政协成立60周年座谈会暨第五辑文史资料发行仪式。县政协领导、部分常委和政协委员、政协历届离退休老领导、文史资料爱好者欢聚一堂共庆佳节。

25日，自治区对巴州年综合能耗5 000吨标准煤以上重点用能监管企业进行认定，其中和静县金特钢铁股份有限公司、天山水泥有限责任公司、旭华铸造有限责任公司、金特兴福石灰制品有限责任公司被确定为自治区重点用能企业。

26～27日，自治州第四届旅游纪念品展销、研讨会暨和静县第二届旅游纪念品设计大赛在和静县举行。此次参赛作品包括阿吉勒奇芦苇画、玉雕、骨雕、木雕、根雕等艺术品，以及瑞缘奶疙瘩、罗布麻茶等特色农产品。副州长张东兵到会指导工作。

28日，和静县委理论中心组将学习地点由会议室转移到田间地头，以现场观摩的形式，强化县委理论中心组学习成效，收到良好的效果。设施农业、多熟高效栽培模式成为县委理论中心组的“三维立体课堂”。

30日，和静县计划生育和妇幼保健综合楼建成竣工。该项目得到中央国债项目支持，总投资1 000万元，建筑面积6 000

平方米。是开展全县人口计生行政管理、技术服务、群众工作、妇幼保健四位一体的主阵地，能为全县7万名育龄群众提供优质的生殖健康服务。

10月

12日，和静县召开维护稳定暨信访工作会议，表彰了在国庆安保期间表现突出的维稳工作先进集体和先进个人。

13日，和静县人事劳动和社会保障局与个体工商协会联合组织开展县城镇私营企业、个体经济组织《劳动合同法》及劳动用工相关法律培训，县城200余个体工商户参加培训。

14日，国道218线火烧桥--巩乃斯段实现全线通车运行。该段工程于2006年 8月开工建设，历时 3 年多的时间，保质保量地完成了工程建设任务。该段工程建设的竣工并投入使用，从根本上改善了伊犁州与巴州的通行条件，同时，对于加快和静县巴音布鲁克、巩乃斯地区的旅游业发展将起到积极地推动作用。

20日，自治区旅游强县验收组组长、自治区旅游局副巡视员、旅游协会副会长兼秘书长丁秀峰等一行来和静县验收创建旅游强县工作。经过全面考核，和静县以898分的综合成绩一举通过自治区级旅游强县的验收。

25月，《中国共产党和静县历史大事记》（1991～2008年）经中共巴音郭楞蒙古自治州委员会党史工作委员会、中共和静县委审定，由新疆人民出版社出版发行。全书共17万字，全面、客观、真实记载了和静县1991年1月至2008年12月间，中国共产党和静县委带领全县各族人民团结奋斗、负重拼搏、真抓实干、开拓创新，在政治、经济、社会、文化等各方面取得的重大成就，同时，对一些重大事件进行了详细追述。

30日，和静县从乡镇机关、站所干部中选派38名优秀基层干部担任党建“特派员”，进住38个实行“一肩挑”的村帮助开展工作，加强了农村基层组织建设。

11月

4日，和静县投入142万元统一招标采购了一批环卫设施，并陆续下发到各乡镇安装使用，切实解决了乡镇环卫设施缺乏、果皮纸屑乱丢乱弃的问题。

6日，和静县不断加大广播电视投入，在年初41套电视节目的基础上，新增9套节目，进一步丰富了广大群众的文化生活。

10日，巴州首家农村运输专业合作社——和静和顺运输专业合作社在协比乃尔布呼乡成立。该合作社由28位农民发起，注册资金10万元，共有大型牵引车近80辆、中小型客运车辆26辆、大马力拖拉机43辆。合作社的成立将为该乡运输户组织货源、提供信息及制定长远发展规划，适应市场经济发展需求，成为农民增收的新渠道。

12日，自治区安全科学技术研究院在和静县安监局举办职业安全健康专题业务培训班。培训内容主要以学习和了解职业卫生相关法律法规，作业场所职业卫生监管检查规定，职业卫生相关规定及职业卫生相关基础知识为主。培训经考核合格，颁发由自治区统一印制的“作业场所职业病危害培训证书”。

17日，和静县委召开十一届五次全委（扩大）会议，会议全面分析和总结了2009

年的工作，为2010年的工作指明了方向。县委书记汪江华作了题为《抓改革发展、促团结稳定，奋力推进县域经济社会又好又快发展》的工作报告。全县副县级以上领导，各单位、各部门党政负责人参加会议。

18日，自治州在和静县隆重举行新疆220千伏输变电工程竣工投产暨国电新疆开都河柳树沟水电站开工剪彩仪式。州委书记张博，州委副书记、州长史建勇，武警水电指挥部副主任岳曦，国电新疆公司党组书记、副总经理毕可利，国家电网新疆电力公司总工程师金炜，州人大常委会主任包热，州政协党组书记、副主席德力夏提·肉孜等领导为新疆220千伏红帆至天鹅湖及巴音布鲁克35千伏输变电工程竣工投产暨国电新疆开都河柳树沟水电站开工剪彩。

23日，4时08分（北京时间），和静县发生3.0级地震。震中位置：北纬42.2度、东经86.2度。

25日，和静县两大输变电工程竣工投产，即新疆220千伏红帆--天鹅湖输变电工程，完成投资2.3亿元，架设线路165千米、423座基杆塔，新建220千伏变电站1座；火烧桥--巴音布鲁克35千伏输变电工程，完成投资1 794万元，架设线路75千米、380座基杆塔，新建35千伏变电站1座。工程投产运行，确保了和静县重要矿产资源开发安全供电，解决了巴音布鲁克无电区用电难的问题。

26日，和静县发改委原粮食系统54名"五七"工生活困难问题得到彻底解决，共发放特困补贴62 100元。

28日，和静县第一届冰雪旅游节暨阳光之路国际滑雪场正式开业。阳光之路国际滑雪场位于和静县巴伦台镇附近查汗努尔达坂218国道旁，距离库尔勒市区约180千米，距和静县中心约100千米，占地面积2万平方米，是南疆首家国际滑雪场。滑雪场的建成，使巴州初步形成了"四季有产品、景点各有特色"的旅游发展格局。

12月

2日，自治区科技播火专家来到和静镇克再村举办林果业防疫知识科技培训班，并用"双语"进行授课，收到了良好效果。

8日，《中国国家地理》选美中国特刊评选揭晓，和静县巴音布鲁克湿地以排名第二的成绩入选中国最美的六大沼泽湿地。

9日，为巩固和发展旅游成果，和静县开展了A级景区、星级酒店创建活动，提升旅游整体形象，提高旅游景点知名度。计划将天鹅湖景区创建为国家4A级景区，班禅沟景区、奎克乌苏石林景区创建为国家3A级景区，阳光之路国际滑雪场创建为国家3S滑雪场，创建2家三星级、3家二星级宾馆，将巴音布鲁克镇创建为国家级旅游景观名镇。

10日，和静县组建成立中小企业信用担保中心，并成立中心理事会，负责协调解决中小企业融资问题。

17日，为保证农民工顺利拿到工资，平安返乡，和静县对县域内各施工工地加大执法力度，并解决了10起数额较大拖欠工资案。追回被拖欠的农民工工资800余万元，涉及农民工3 000余人，累计监督检查用人单位593户（次）。

18日，根据国家科技部下发国科发农〔2009〕670号文件精神，公布2007～2008年度全国科技进步考核结果，和静县顺利通过2007～2008年度全国科技考核，成功步入2007～2008年度全国科技进步县之列。

20日，19时38分（北京时间），和静县发生2.9级地震。震中位置：北纬 42.5度、东经 86.1度。

23日，和静县积极拓展劳动力转移就业渠道，鼓励本地富余劳动力外出务工，成功输出88名（其中蒙古族86名）农村富余劳动力赴韩资企业青岛汉阳电子有限公司务工，开辟了和静县外省劳务输出新途径。

24日，和静县落实农机购置补贴869.74万元。全县农机固定资产1.14亿元，较上年增长5.5%；农机总动力12.87万千瓦，较上年增长6%。全县农业机械化实力进一步增强。

29日，和静县大力推广“马背普法小分队”长年以马为伴在农村牧区开展普法宣传工作的成功经验，在全县牧区各乡、镇、场相继成立“马背普法小分队”，使这种普法方式更贴近牧区的生产生活，有效满足了牧民对法律知识的需求，受到牧民的普遍喜爱。

是年，和静县加强富余劳动力转移工作，全年转移劳动力7 800人，实现劳务收入6 156万元。其中实现县域外转移劳动力6 700余人，在外务工6个月以上人员达到1 200余人。

是年，和静县积极倡导并大力推行地源热泵节能新技术。新建的县民政局综合楼、广电综合楼等建筑物都实施了地源热泵节能新技术，推行面积达4.2万平方米。

是年，和静县兑现大农口补贴资金2 000万元，全县4 500余名农户受益，极大提高了农牧民发展现代农业的积极性。

是年，和静县农村公路建设事业呈现跨越式发展趋势。全年已开工建设的重要农村公路项目有 4 个，共计59.9千米，项目总投资3 686万元，建设规模为历年之最。建设通村油路189.1千米，总投资3 100多万元。项目覆盖山区、平原区4个乡（镇）、13个行政村、62个生产队，通村油路已基本延伸到了老百姓的房前屋后，直接受益群众多达9万余人。

是年，县人民政府将实施廉租住房保障作为一项重要民生工程来抓，新建廉租住房1 060套5.3万平方米，投资5 300万元。通过个人申请、社区、民政部门审核、电视公示等程序，有效地解决700多户低保户住房困难问题。

是年，和静县投入200万元建成2 000平方米的县行政服务中心，按照“能进则进”、“应进必进”的原则，把与企业和群众切身利益相关的经济建设、村镇建设、土地管理、合作医疗、劳动保障等30个单位6个中介机构115项行政许可事项进驻服务中心，进行“一厅式”窗口办公、“一站式”便民服务，实现了“一个窗口对外”、“一站式办理”和“一条龙服务”。

是年，和静县共完成职业培训2 078人，技能培训3 055人，创业培训200人，发放小额贷款1 000万元，贴息123万元，带动就业401人。新建乡镇人力资源市场5个，健全劳务派遣服务机构12个，召开专场招聘会8次，开发岗位8 902个。

是年，和静县新建农牧民定居点31个，完成移民安置650户2 775人。其中建成牧区定居点29个，安置守边牧民490户1 715人；建成农区定居点2个，安置生态移民160户560人。

是年，和静县有8 419名职工参加失业保险，9 197名职工参加基本养老保险，4 884名职工参加城镇职工基本医疗保险，城镇居民医疗保险24 872 名，生育保险9 948名，工伤保险10 721名。

（秦洪伟、王桂华、马　有）

概 况

【建置沿革】 和静历史文化悠久，从县城北部哈尔莫敦乡察吾呼沟出土的石器、陶器和团龙纹饰，以及阿拉沟乡古墓葬群的发掘表明，距今约3 000年左右，和静境内就有古人类生息。春秋时期有姑师（车师）人在这一带活动。汉代时，今和静为焉耆国地。唐初，今和静境属西突厥。唐宋之际，今和静境先后属安西回鹘汗国和西州回鹘汗国。元明时，今和静境先后属察合台汗国和叶尔羌汗国。清乾隆三十六年（1771年），在一个半世纪前迁往伏尔加河流域的卫拉特蒙古土尔扈特部在其首领渥巴锡率领下武装起义，回归祖国，乾隆皇帝册封渥巴锡一支为旧土尔扈特部（以区别于舍楞一支的新土尔扈特部），渥巴锡率4旗54苏木至珠勒图斯及开都河流域（今巴音布鲁克草原等地）驻牧，为蒙古封地。1939年6月，成立和通县，同年8月，改名为和靖县。1950年4月，正式成立和靖县人民政府。1954年后，隶属巴音郭楞蒙古自治州。1965年11月3日，国务院决定将和靖县改名为和静县。

【自然地理】 和静县位于新疆中部，天山南麓，巴音郭楞蒙古自治州焉耆盆地西北部，地处东经82°28′～87°52′、北纬42°06′～43°33′。东与和硕县、托克逊县接壤，西依天山与新源县、巩留县、县境地域辽阔，东西长435千米，南北宽150千米，总面积39 686平方千米，其中山地高原36 768平方千米，占92.6%，绿洲平原2 918平方千米，占7.4%。

【自然环境】

气候　2009年和静县年平均气温10.0℃，比常年偏高1.2℃，是建县以来年平均气温的第二高值。年降水量16.1毫米，比常年偏少8成，是近40年来降水最少的一年。初霜期比常年偏晚11天，终霜期比常年提早15天，无霜期比常年多26天，入冬期比常年略偏早。全年≥0℃积温4 205.9℃，≥10℃积温3 917.9℃，≥15℃积温3 116.6℃，均比常年偏多。年日照时数2 799.1小时，最大冻土深度118厘米。夏季气温正常略偏高，最高气温只有34.6℃，未出现≥35.0℃的酷热日。春季冷空气活动频繁，气温起伏大，多大风天气；夏秋季气温稳定，光热条件好，能满足各种作物生长的需求，属于中等略好的年份。

水资源　（一）地表水　和静县主要河流有开都河、莫会查汗河、哈合仁沟、黄水沟等四条常年性河流。开都河是境内最大河流，其次是黄水沟，莫会查汗河、哈合仁河两河流水量比较小，出山口不远即大部分渗入地下，在洪水季节河水可汇入乌拉斯台河。泉水沟及哈布奇勒沟地下水受和静背斜阻挡以泉水形式出露，最终汇入乌拉斯台河之中。乌拉斯台河是河水转入地下在哈尔莫敦北一带溢出形成，是工作区内流河，最终汇入开都河。

开都河是流入焉耆盆地的最大长年性河流，发源于天山中部艾尔宾，伊连哈尔尕，那拉提、科克铁克等山脉，是盆地产水量最大，属雨雪冰川混合补给的河流。主源哈尔尕特河发源于哈尔尕特大板，海拔4 292～4 812米，流域面积达18 827平方千米，河流长560千米。黄水沟发源于和静县城北部的中天山天格尔山南坡，是焉耆盆地西北部主要的河流之一，属雨雪冰消融混合补给河流，流域集水面积4 311平方千米。莫会查汗河位于盆地西北部，发源于总古呼吐达板，海拔3 294～4 112米，集水面积380平方千米，河流山区长28.6千米，属雪雨及泉补给的河流。哈合仁沟河水在出山口以上有两支流，西支为哈尔萨拉沟，东支为哈合仁沟，发源于陶斯提达板和艾勒吉根达板，海拔3 500～3 780米。主要为冰融水及降雨补给，集水面积524平方千米，河流长40.4千米。乌拉斯台河主要由莫会查汗沟，哈合仁沟两河汇合而成，均汇入开都河。

（二）*地下水*　和静县位于焉耆盆地西北部，受焉耆盆地构造控制，在和静背斜和七个星背斜之间形成了深度较大的向斜洼地，为第四系松散堆积物创造了一个巨大贮存空间。

和静县地下水开发利用起步晚，开发利用程度也较低。地下水开发有巨大潜力。现状年和静县平原区地下水总补给量为44 106.42×$10^4m^3/a$，可开采量为17 154.82×$10^4m^3/a$，占地下水补给量的38.9%。据统计，截至2009年底全县共有新老机电井410眼（包括工业、农业、生活），累计发放取水许可证199套，批复水量为5 002.34万立方米，其中地下水4 584.51万立方米，地表水417.83万立方米。

和静县山外农区主要为开都河北岸冲积平原、开都河南岸古冲洪积平原——霍拉山山前洪积平原区。该区的地层沉积厚度大于200米，所构成的含水层岩性以卵砾、砂砾石为主。地层的富水性好，地下水具有自由水面，水力坡度为3～5‰，含水层的渗透系数为30～90m/d，单位涌水量10～30l/s.m之间。

【物产资源】

土地资源　和静县地域辽阔，在土地资源上具有土地面积大，牧草地资源丰富，耕地面积相对较少的特点。和静县行政区域总面积39 686平方千米：其中山区面积36 768平方千米，平原区（海拔1 400米以下）2 918平方千米。和静农区耕地集中在山前洪积——冲积平原和开都河冲积平原上，前者土壤类型以棕漠土、风沙土、灌耕土和草甸土为主，土层深厚，水草丰美；后者土壤类型以草甸土、盐土、潮土、沼泽土、灌淤土为主，土层深厚。全县有可垦地5.5万公顷，耕地面积2.2万公顷。

草场资源　草场主要分布在中天山的高山盆地、山地峡谷及山前平原，形成12个类，18个亚类。草场资源丰富，境内有全国第一大亚高山高寒草甸草原——天鹅故乡之称的巴音布鲁克草原。全县天然草场面积为246.13万公顷，占土地总面积的62%，其中可利用天然草场的面积为205.13万公顷，年总产鲜草312万吨。兵团、部队及周边县市利用草原面积19.83万公顷。天然草原中大尤鲁都斯盆地草场面积为94.78万公顷，占盆地面积的60.7%；小尤鲁都斯盆草场面积为55.7万公顷，占盆地面积的39.3%。草场多为高山类型，气温低，无绝对无霜期，农作物不能成熟，均为天然放牧场地。一般分为冬场、夏场、春秋场，或冬场、春场、夏秋场，或春夏秋及游牧兼用草场。

旅游资源　和静县素有“东归故乡”、“天鹅之乡”誉称，被国内外专家学者认同为“特色旅游资源大县”。和静是人类历史上最后一次大迁徙即蒙古土尔扈特部从伏

尔加河流域回归祖国的主要聚居地，境内巴音布鲁克天鹅湖是亚洲最大、全国唯一的天鹅自然保护区。县域自然景观独特，共有59个旅游资源基本类型，占全国115个基本类型总数的38.6%。其中最富有特色优势和开发价值的主要景点有天鹅湖、仙女湖、浩腾萨拉瀑布、洪加里克瀑布、阿尔先沟温泉、班禅沟、奎克乌苏石林、巩乃斯森林公园、巴伦台黄庙等。特别是巴音布鲁克九曲十八湾天鹅湖、巩乃斯原始森林公园、奎克乌苏石林等自然景观，堪称国内精品、世界极品，可申报世界自然遗产。

野生动植物资源　和静县野生动物约有3 000余种，脊椎动物有147种。脊椎动物中兽类21种，鸟类126种，隶属14目、30科、80余属，主要集中在山区天然林区内。拥有国家一级保护动物：北山羊、雪豹、白肩雕、胡兀鹫、黑颈鹤、黑鹳等6种；国家二级保护动物：马鹿、鹅喉羚、草原斑猫、盘羊、棕熊、猞猁、天鹅（3种）、雪鸡、灰鹤、猎隼、衰羽鹳、猫头鹰（5种）等19种。

矿产资源　和静县处在东西天山结合部多种矿产资源成矿带，境内主要有依连哈比尕金铜成矿带、天格尔金铜铁成矿带、巴伦台铁锰金铜铅锌成矿带、萨阿尔明铜锌钴成矿带、虎拉沟锂铍铌钽稀有金属成矿带五大成矿带。已发现矿种26种，以铁、金、铜、铅、锌、锰、锑、钼、钒、钨为主，各类矿床、矿点、矿化点94处，是新疆重要的矿产资源大县，其中铁矿、菱镁矿等矿产在西部占有重要地位。目前有46个地质勘探单位进驻和静境内开展矿产资源普查详勘，已取得勘探权的矿点有300多个、采矿权的矿点45个。依托优势矿产资源，已建成年产100万吨的金特钢铁、70万吨的天山水泥、70万重箱的晶晶玻璃等支柱企业。围绕培育县域经济最大的优势支柱产业，已编制完成和静县矿产开发与产业发展规划，并将其纳入新疆中天山矿业开发加工基地的重要规划区域。

【土特产资源】

巴音布鲁克黑头羊　巴音布鲁克黑头羊属肉脂兼用型绵羊品种，在特殊的地理环境中闭锁繁育而形成，具有耐严寒、抗病力强、早熟、耐粗饲和适应高海拔等优点，是我国三大优质绵羊品种之一。巴音布鲁克黑头羊每年3～4月份产羔，至当年9～10月体重可达30千克左右，品质较好的可达40千克；成年公羊平均体重达80千克，成年母羊体重可达65千克。

雪山牦牛　牦牛是在20世纪20年代由西藏引入和静，一般生活在海拔3 000米以上的高山草原上，基本上处于纯天然的放牧状态。成年公牦牛体重300千克～450千克，母牦牛200千克～300千克。其肉质鲜美、营养价值丰富，是纯天然的绿色食品。

药材　和静县野生植物资源丰富，出产各类中医药植物数百种，是新疆重要的中医药材产地。境内盛产雪莲、紫草、甘草、党参、羌活、贝母、独活等药用植物，产品远销全国各地以及韩国、日本、东南亚等国家和地区，市场销路及经济效益良好。

工业番茄　和静县生产的工业用番茄品质好，番茄红素含量达9～12 毫克/100毫克，可溶性固形物含量高。通过采用先进的栽培技术，产量大幅提高。2009年全县工业番茄种植面积达2 021公顷，产量达26.42万吨，番茄酱产量2.43万吨。

色素辣椒　因和静县独特的冷凉气候，生产的色素辣椒红色素含量高，深受区内外客商喜爱。通过多年生产，和静县色素椒已达一定规模，2009年全县色素椒种植面积4 615.6公顷，总产9.74万吨。

野蘑菇　和静县天然草原面积辽阔，野生蘑菇资源丰富，盛产的丁字菇、鸡腿菇、大白菇食味鲜美、色泽白嫩、风味浓香、驰名全疆。1987年新疆八一农学院专家专门对和静县野生蘑菇资源进行了普查，查明和静县野生食用菌有17个属、44个种，能食用的有40种。

【人口和民族】　和静县县域总人口18.71万人，有汉、蒙古、维吾尔、回等29个民族，是巴州的人口大县。少数民族8.87万人，占47.4%，其中蒙古族3.08万人、维吾尔族4.78万人、回族0.71万人。和静幅员辽阔、物产丰富，是新疆重要的矿产资源、水能资源、农牧资源大县。近几年来通过实施优势资源转换战略，初步形成钢铁、建材、水电、矿业、酿造、特色农产品加工六大产业体系，工业强县的后发优势明显增强，成为全州工业增速最快的县。

【行政区划】　和静是新疆最大的县市之一，全县辖1个管委会、5镇、7乡、7个国有农牧场，60个行政村，19个社区居委会。其中平原农业乡镇场有8个，山区牧业乡镇场有11个。境内还驻有4个农垦团场、3个国营农林牧场和部队等40多个单位。县域总人口18.71万人，丰富的人力资源可满足劳动密集型产业的用工需求。

表1　**2009年和静县乡（镇）及所属村民委员会情况一览表**

乡（镇）名称	村委会名称	成立时间	新增	村民小组(个数)
和静镇	开再村	1984年		12
	夏尔布拉克村	1984年		6
	巩哈拉村	1984年		5
	查汗通古村	1984年		6
乃门莫敦乡	乃门莫敦村	1984年		6
	包尔尕扎村	1984年		6
	包尔布呼村	1984年		5
	古尔温苏门村	2008年		8
	夏尔乌苏村	2008年		
协比乃尔布呼乡	协比乃尔布呼村	1984年		8
	查汗才开村	1984年		7
克尔古提乡	那英特村	1984年		
	浩尔哈特村	1984年		
	克尔古提村	1984年		
哈尔莫敦镇	哈尔莫敦村	1984年		5
	乌兰尕扎尔村	1984年		5
	夏尔莫敦村	1984年		3
	查茨村	1984年		4
	觉伦图尔根村	1984年		6

2009年和静县乡（镇）及所属村民委员会情况一览表（续表）

乡（镇）名称	村委会名称	成立时间	新增	村民小组(个数)
哈尔莫敦镇	萨拉村	1984年		6
	乌拉斯台村	1984年		2
巴润哈尔莫敦镇	阿尔孜尕尔村	1984年		6
	拜勒其尔村	1984年		6
	阿日勒村	1984年		5
	哈尔乌苏村	1984年		7
	查汗通古村	1984年		
	呼青衙门村	1984年		5
	查汗赛尔村	1984年		6
	开来村	1998年		5
巴伦台镇	巴伦台村	1984年		4
	呼斯台村	1984年		4
	包格旦郭勒村	1984年		4
	古仁郭勒村	1984年		2
	乌拉斯台村	1984年		4
	夏尔才开村	1984年		2
阿拉沟乡	阿拉沟村	1984年		3
	夏尔尕村	1984年		4
	乌拉斯台查汗村	1999年		3
额勒再特乌鲁乡	额勒再特乌鲁村	1984年		
	盖干塔克勒根村	1984年		
	古尔温吐勒根村	1999年		
	查汗乌苏村	2008年	新增	7
	哈尔诺尔村	2008年	新增	
巩乃斯乡	阿尔先郭勒村	1984年		5
	浩依特开勒德村	1984年		8
	巩乃斯郭勒村	1984年		8
巴音郭楞乡	巴音郭楞村	1984年		
	苏力间村	1984年		
	哈尔萨拉村	1984年		
	阿尔夏特村	1984年		
	奎克乌苏村	1984年		
	巴音布鲁克村	2008年	新增	

2009年和静县乡（镇）及所属村民委员会情况一览表（续表）

乡（镇）名称	村委会名称	成立时间	新增	村民小组(个数)
巴音布鲁克镇（2008年成立）	敖伦布鲁克村	1984年		
	查汗赛尔村	1984年		
	巴西里克村	1984年		
	塞热木村	1984年		
	赛罕陶海村	1984年		
	藏德图哈德村	1984年		
	伊克扎尕斯台村	2008年	新增	3
	德尔比勒金村	2008年	新增	2

表2　**和静县居民委员会情况一览表**

乡（镇）名称	社区（居委会）名称	成立时间	新增	备注
和静镇	开再西路社区居民委员会	1992年		
	团结东路社区居委会	1992年		
	建设路社区居委会	1992年		
	查汗通古南路社区居民委员会	1992年		
	查汗通古北路社区居民委员会	1992年		
	阿尔夏特路社区居民委员会	1992年		
	光明路社区居民委员会	1992年		
	开再东路社区居民委员会	1992年		
	团结西路社区居民委员会	1992年		
	拉布润社区居民委员会	2008年	新增	
哈尔莫敦镇	文化路社区居民委员会	2004年8月		
	团结路社区居民委员会	2004年8月		
巴润哈尔莫敦镇	巴音街社区居民委员会	2004年8月		
	文化街社区居民委员会	2004年8月		
	商业街社区居民委员会	2004年8月		
	工业街社区居民委员会	2004年8月		
巴伦台镇	第一社区居民委员会	2002年		
	南桥社区居民委员会	2004年8月		
	北桥社区居民委员会	2004年8月		

国民经济和社会发展

【和静县发展和改革委员会领导人】

党委书记：张羽飞（2009年3月离任）
　　　　　李新奎（2009年4月任职）
主　　任：陆　璟
副 主 任：朱文辉（2009年3月离任）
　　　　　王红玲（女，2009年3月任职）
　　　　　鲜其林（2009年4月任职）

【概况】　2006年12月和静县发展计划局更名为发展和改革委员会。2009年有在职干部职工21人，其中：汉族14人，蒙古族7人；男职工11人，女职工10人；正科级3人，副科级4人，科员13人，工人4人；离退休干部15人，其中离休干部5人，退休干部10人。现有中共正式党员16人，入党积极分子1人。内设机构有国民经济综合股、基本建设综合股、粮食管理股、价格收费管理股；下设4个事业单位：价格监督局、项目办公室（扶贫项目办公室）、世行项目办公室、军粮供应站。

主要职责研究制定全县国民经济和社会发展战略、中长期规划及年度发展计划，研究提出总量平衡、发展速度和结构调整的调控目标及有关政策措施，衔接、平衡各主要行业的行业规划，引导和促进全县经济结构合理化和区域经济协调发展。汇总分析全县国民经济和社会发展情况，研究县内外经济形势，进行宏观经济分析、预测等。　（陆　璟）

【国民经济和社会发展基本情况】

2009年和静县实现生产总值37.2亿元，同比增长21.4 %；完成全社会固定资产投资17.72亿元，同比增长30.95%；完成地方财政收入2.23亿元，同比增长38.22%；农牧民人均纯收入增加1 322元，达到6 616元。　（陆　璟）

【农业和农村经济】　2009年，和静县紧紧围绕“稳粮、扩经、建林、育肥、节本、增效”的日标，大力实施“1771”发展战略，以加强农业基础建设为抓手，以优化特色农产品布局为重点，以推广农业科技实用技术为支撑，努力促进农业和农村经济稳步发展。2009年全县农业总产值达13.27亿元，较上年18.93%，其中，农业产值为66 667.52万元，增长30.96%；林业产值为2 463.95万元，增长63.01%；牧业产值为60 305.07万元，增长5.65%；渔业产值为188万元，下降12.04%；农林牧渔服务业产值为3 121万元，增长13.91%。农业增加值为75 959万元，其中，农业增加值为39 211万元、林业增加值为1 185万元、牧业增加值为33 591万元、渔业增加产值为96万元、农林牧渔服务业增加值为1 876万元。稳步实施“退白扩红”战略，狠抓种植业结构调整，全县完成农作物正复播面积2.56万公顷，增长4.34%。其中粮食作物播种面积9 364.7公顷（小麦6 823.4公顷），经济作物播种面积1.25万公顷。全年完成粮食收购任务2 648万公斤。特色林果业规模不断扩大，出台了加快特色林果业开发的意见和优惠政策，编制完成了20万亩酿酒葡萄发展规划。全年完成人工造林2 265.96公顷。拿出250万元用于农户新建首部加压设备补贴。全年完成高效节水建设0.34万公顷，新建防渗渠道50.7千米。现代畜牧业发展步伐加快，品种改良力度不断加大，年内组建巴音布鲁克羊核心群5 056只，完成黄牛冷配1 102头。退牧还草项目进展顺利，全年新增围栏草场6.67万公顷。加大优质饲草料基地建设，完成人工饲草料地0.33万公顷，修建暖圈47座，完成“三贮一化”25.6万吨。小尤鲁都斯草原自然减牧1.72万只绵羊单位。五是扶贫工作扎实有效推进。自治区安排和静县扶贫项目11个，其中生产项目9个、培训项目2个，安排资金208万元。2009年，除3个新增财政扶贫资金项目外，其余8个项目全部启动实施，200户690名低收入人口摆脱贫困。（陆　璟）

【工业经济】　2009年，和静县完成工业总产值34.73亿元、完成工业增加值10.78亿元，比上年增长51.1%。其中：规模以上工业企业完成工业增加值8.86亿元，同比增长50.5%；完成工业总产值29.46亿元；完成工业销售产值27.83亿元，同比增长25.8%；产销率达94.5%。和静县规模以上工业企业资产总额47.62亿元，利润总额2.16亿元，其中盈利企业盈利额2.35亿元，亏损企业亏损额0.19亿元；销售收入27.52亿元，上缴税金2.32亿元，实现了良好的经济效益和社会效益。（陆　璟）

【固定资产投资】　2009年，和静县累计完成固定资产投资177 240万元，同比增长30.95%。其中县属142 754万元，同比增长22.25%。施工项目共76个。（新开工项目55个、续建项目21个）在完成投资额中：城镇固定资产投资完成171 131万元、农村固定资产投资完成投资191万元、房地产开发投资5 918万元。在完成投资额中：国有投资57 480万元，股份合作、有限责任公司完成投资23 362万元，私营经济投资85 486万元，集体投资1 400万元，个体投资8 570万元、港澳台投资942万元。从投资结构来看，第一产业完成13 487万元，第二产业完成119 589万元，第三产业完成投资44 164万元，分别占全县总投资的7.61%、67.47%、24.92%。（陆　璟）

【重点项目】　2009年，金特钢铁100万吨技改项目竣工投产，金特钢铁二期技改和天山金特50万吨矿微粉生产线建设项目加速推进。查岗诺尔、诺尔湖、备战和敦德等铁矿资源勘探开发取得重要进展，诺尔湖铁矿选矿厂一期工程已于5月28日建成投产；诺尔湖铁矿选矿厂二期工程，查岗诺尔选矿厂和备战铁矿选矿厂一期工程正在加紧施工，将于2010年建成投产。哈尔莫敦水电站1、2号机组并网发电，小山口水电站顺利截流，柳树沟水电站开工建设。和静红帆--天鹅湖220千伏输变电工程、天鹅湖--巴音布鲁克35千伏输变电工程已建成投运。国道218线火烧桥--零公里段、哈尔莫敦镇--查汗乌苏牧场和国道218线岔口--古仁沟等建设项目全面竣工，国道217线零公里--铁里买提隧道段建设全面推进。县城生活垃圾处理工程完成设备采购，1 168套廉租房主体工程竣工。巴音布鲁克小城镇基础设施建设项目工程量已完成70%。青少年活动中心、县二中综合楼和宿舍楼、县一小综合楼、教育和卫生系统抗震加固2009年度项目等工程均已完工。7个乡镇文化站、3个双语幼儿园，哈尔莫敦镇中心卫生院等项目已开工建设。（陆　璟）

【重大项目储备和管理】　2009年，和静县发改委认真做好前期项目的争取和储备工作。退牧还草工程、防护林工程、退耕还林配套荒山荒地造林工程、巴润哈尔莫敦镇司法所、哈尔莫敦镇司法所、巴伦台镇人民法庭、哈尔莫敦镇人民法庭等建设项目投资计划已下达。2008年度退牧还草已完成招标工作，县农业技术推广站、农村沼气乡村服务网、哈尔莫墩镇中心卫生院建设、2009年退牧还草等项目资金已经到位。旱作节水农业示范基地、游牧民定居、省道206岔口--拉布润林场--县道279线18.61千米通油工程等项目资金2010年有望落实并开工建设；城镇绿化、农村防护林、绿色通道、新农村建设村庄绿化工程、巴伦台铁尔曼工业园区黄水沟防洪项目可研已报自治区有关部门待批，项目正在做前期准备工作。《巴音布鲁克自然保护区旅游基础设施建设项目可行性研究报告（代项目建议书)》已得到自治区发改委批复，开都河源头——巴音布鲁克草原生态治理工程已通过自治区发改委评审并上报国家发改委待审。（陆　璟）

社会主义精神文明建设

【和静县精神文明指导委员会办公室领导人】

主　任：廖隽龙

副主任：马　莉（女，回族）

【概况】　和静县精神文明指导委员会办公室位于和静县党政办公大楼五楼，与县委宣传部合署办公。2009年有工作人员2人。主要负责全县精神文明建设工作。

（葛　辉）

【公民道德建设】　2009年，和静县委宣传部、县文明办组织开展了“祖国在我心中”知识竞赛活动和通俗歌曲大奖赛活动，组织各单位、各乡镇、企业以及广大人民群众参加自治区及自治州开展的“祖国在我心中”有奖知识竞赛，参与人数达到了近9 000人，有15余人获得了一、二、三等奖。开展了“我身边的好人好事”征文比赛活动，收到各界征文12篇。县公、检、法、司系统和科技、农业、畜牧、林业等部门在3月的每周六、周日开展普法知识和支农惠农政策宣传及农牧民实用技术知识资料发放共4 000余份。开展妇女维权法律宣传咨询活动，共发放宣传材料2 000余份。组织近10家文明单位在步行街前开展了“弘扬志愿精神，构建和谐和静”学雷锋集中行动日活动，现场接待咨询人数约1 000余人次，免费义诊100余人次，法律法规宣传指导300余人次，发放宣传资料2 000余份。组织广大青年对城市主街道进行打扫，尤其是卫生死角的垃圾污物进行清理，青年志愿者开展了服务社区、治理环境等志愿服务活动。发放县乌兰牧骑队还组织人员到敬老院进行慰问演出活动。各个行业的团员青年开展形式多样、扎实有效的学习雷锋志愿服务活动。（葛　辉）

【“公民道德建设月”活动】　2009年3月，根据自治区、自治州文明委的安排，全县各部门、单位、驻县单位围绕第八个“公民道德建设月”开展了形势多样的道德宣传活动和实践活动。一是各单位开展了普法宣传、便民利民活动、现场咨询活动、支农惠农政策宣传活动，共发放宣传资料1万余份。二是开展了主题实践活动。在“3·5”学雷锋日开展了学雷锋集中日行动，接受法律法规、惠农政策咨询980人次，免费义诊101人次；在“3·8”国际妇女劳动节开展了平安家庭才艺展示、妇女模特比赛、预防和制止家庭暴力知识竞赛等活动，结合“3·15”消费者权益保护日活动，开展了“共铸诚信”活动。（葛　辉）

【社会主义核心价值体系建设】 2009年，县文明办从六个方面入手，加强社会主义核心价值体系建设，在党员干部中开展以践行科学发展观为重点的理论学习教育活动；在机关干部中开展中国特色社会主义理论体系读书活动；在全体公民中开展道德模范评选表彰活动；在群众中开展丰富多彩的文化活动；在农村开展新时期新农民教育活动；在媒体开展社会主义核心价值体系宣传活动。发挥新闻媒体的舆论宣传作用，激发和静人民群众“热爱和静、热爱家乡“的热情，形成推进和静又好又快发展的强大合力。（葛　辉）

【未成年人思想道德建设】 2009年，和静县18周岁以下的未成年人有34 998人。每个学校选配法制副校长1名，每周举办一次法制专题讲座。在全县各学校开展天天升国旗、天天唱国歌活动；举办以“讲文明、改陋习、树新风”为主题的演讲比赛、征文比赛、作文比赛和知识竞赛等活动；组织中小学生参观爱国主义教育基地的活动，组织学生军训、参与公益活动，参加社会实践活动；组织开展学雷锋集中行动日活动，组织县城团员青年、少先队员走上街头开展内容丰富、形式多样的志愿服务活动，开展清扫垃圾、清扫街道等环境整治爱国卫生活动；组织开展“保护母亲河”系列活动，全县青少年积极行动共清运开都河沿岸垃圾；深入开展“践行道德承诺”活动，开展清扫城市街道卫生，慰问孤寡老人，并开展募集捐款，救助贫困未成年人学生680人次，学生中养成的近百个不文明行为得到有效整改，促进了未成年人的健康成长。加强中小学生的心理健康教育和青春期教育。对未成年人思想道德建设工作中涌现出的先进、典型进行表彰。（葛　辉）

【民族团结教育】 县文明办在民族团结教育活动中，通过抓党员干部，加强党性修养和信念教育，抓各族群众，广泛开展民族宗教政策教育，抓未成年人教育，深入开展反分裂、反渗透的思想教育等方法，深入开展民族团结教育。征订《中国特色社会主义理论体系读本》等学习资料2 000册；开展对村组干部、基层党员的培训，鼓励基层党员干部学理论、学政策、学“双语”，进一步密切党群、干群关系，促进各民族的融合；组建宣讲团开展宣讲，到县城各学校、农牧区乡镇巡回举办平息乌鲁木齐“7·5”事件纪实图片展20场，观展3.8万人次；编印发放《维护稳定工作宣传手册》500册，广泛开展“百首爱国歌曲”展播活动；将新疆、巴州、和静的发展史及马克思“五观”教育等内容纳入全县中小学九年义务教育范畴，深入细致地做好学生和幼儿的思想教育工作，把宣传工作扩展到每一所中小学校包括学前“双语”幼儿园。继续推行“民汉合校”，广泛开展少数民族与汉族教师、学生“一对一、结对子”活动，扎实推进“双语”教学及少年儿童“双语”口语大赛，促进民汉师生的广泛接触，实现各族师生文化、心理及情感的融合。充分发挥社会、学校、家庭“三位一体”的作用，进一步加强对广大青少年的法制教育和民族团结教育，自

党抵御敌对势力的“文化渗透”和“宗教渗透”。（葛　辉）

【文明单位创建】 截至2009年12月31日，和静县共有自治州级以上的各类文明单位111个，其中，全国精神文明建设工作先进单位1个，全国创建文明村镇工作先进村镇1个，自治区文明单位45个，自治州文明单位47个，自治区文明村镇5个，自治州文明村镇7个，自治州文明社区3个，自治州文明风景旅游区1个。2009年，新申报自治区级文明单位3家，自治州级文明单位6家，自治区级文明村1个，自治州级文明村1个，自治州级文明社区1个。届满复验自治区级文明单位14家，自治州级文明单位23家。（葛　辉）

【乌鲁木齐“7·5”事件教育】 2009年，和静县文明办通过媒体报道、巡回演讲、开辟专题电视讲座等方式宣传乌鲁木齐“7·5事件”真相；组建“维稳”工作宣讲团，到各单位、各乡镇宣讲28场次，受教育群众达3万余人。县电视台开辟加强民族团结、维护社会稳定电视讲座专栏，同时编发印《维护稳定工作宣传手册》500册。下发《关于加强民族团结维护社会稳定宣传教育的通知》等3个重要文件，组织统战部、民宗局进一步加大对爱国宗教人士的宣传教育力度，做好信教群众的宣传教育工作；组织教育局重点加强对教师、学生的宣传教育，积极开展走访工作，引导青年学生自觉维护安定团结的社会政治大局。县四套班子领导和各单位、各部门负责人深入学习领会中央政治局委员、自治区党委书记王乐泉《在干部大会上的重要讲话》、《关于乌鲁木齐“7·5”事件的电视讲话》，自治区党委副书记、自治区主席努尔·白克力《关于乌鲁木齐“7·5”打砸抢烧暴力犯罪事件的电视讲话》精神，县委中心组开展维稳专题学习6次，全县副科级以上干部集中学习5次，各单位、各乡镇、村（社区）分别组织学习4次。（葛　辉）

【爱国主义教育基地建设】 2009年，和静县积极探索爱国主义教育基地建设模式，采取政府为主，社会、民营资金参与等多种筹资方式，加大对爱国主义教育基地建设的资金投入。

州级爱国主义教育基地 和静县民族博物馆成立于1990年7月11日，建筑面积903.69平方米。州县先后投入近100万元资金，对民族博物馆进行了多次维修。现有工作人员6人，馆藏文物1 153件（民俗文物434件，出土文物719件），设民俗文物、出土文物、宗教文物、历史沿革四个展厅，主要展示土尔扈特人民东归历史文化。

县级爱国主义教育基地 和静县双拥工作展厅始建于2002年9月，地处和静县武装部办公区内，实用建筑面积112平方米。内设三个展厅：军用武器装备展厅、双拥图片展厅和双拥书画作品展厅。厅内收藏武器模型80余件，近5年的双拥图片17版223幅，书画作品100余幅。和静县革命烈士陵园始建于20世纪70年代，基地面积5 292平方米。地处和静县北郊区公墓园内，13名革命烈士安葬于此，1990年被命名为“县级爱国主义教育基地”。和静县档案馆成立于1959年4月，是和静县唯一的地方综合性档案馆。2008年被命名为“县级爱国主义教育基地”，爱国主义教育管理人员（馆库管理人员兼）2名，每年接待群众400多人次。（葛　辉）

中共和静县委员会

县委常委会工作

【中共和静县委书记、副书记、常委】

书　记：汪江华

副书记：才仁拉吉甫（蒙古族）、安春明（女）、肖影（河北援疆）

常　委：坎·巴太（蒙古族）、廖隽龙、姚新强、苏来曼·玉色因（维吾尔族）、达·才仁加甫（蒙古族）、谭天、陈社信、梁树成、杨亚龙

【和静县委书记、副书记、常委简历】

汪江华　男，汉族，安徽怀宁人，1963年2月出生，1981年9月参加工作，1991年7月加入中国共产党，中央党校在职领导干部经济管理专业毕业，研究生学历。曾在巴州种畜场、巴州财校、且末县地税局、和硕县委、尉犁县委、若羌县委工作，历任巴州财校团委书记、学生科科长（正科），且末县地税局书记、副局长，和硕县委常委、组织部部长（副县），尉犁县委常委、常务副县长，库尉党委常委，尉犁县委副书记、政协党组书记、常务副县长（正县），若羌县委副书记、常务副县长。2007年12月任中共和静县委书记。

才仁拉吉甫　男，蒙古族，新疆和静县人，1967年11月出生，1988年8月参加工作，1995年8月加入中国共产党，内蒙古农牧学院畜牧专业毕业，大学本科学历。曾在巴州计划委员会国土整治农林区划处、经济研究中心，巴州政府经济研究室，巴州体改办综合科，巴州党委办公室，巴州经济委员会，新疆罗布淖尔纺织集团工作，历任巴州体改办综合科副科长、工交科副科长，巴州党委办公室秘书，巴州经济委员会党委委员、副主任，兼新疆罗布淖尔纺织集团党委书记、董事长、总经理。2002年12月任和静县委副书记、县长。

安春明　女，汉族，天津杨柳青人，1969年10月出生，1989年8月参加工作，1995年3月加入中国共产党，中央广播电视大学法学专业毕业，本科学历。曾在博湖县才坎诺尔乡、博斯腾湖乡、博湖县团委、博湖县委工作，历任博湖县才坎诺尔乡副乡长，博斯腾湖乡党委委员、乡长，博湖县团委书记，博湖县委常委、宣传部部长，和静县委常委、常务副县长，2008年12月任和静县委副书记、县人大党组书记。

肖影　男，汉族，河北昌黎人，1965年1月出生，1996年6月参加工作，1982年10月加入中国共产党，中央党校函授部经管专业毕业，本科学历。曾在河北省昌黎小蒲河中学、三学、汇文二中、县委老干局、团林乡、安山镇、茹荷镇、昌黎县委工作，历任河北昌黎县团林乡副乡长、昌黎县团林乡党委副书记、昌黎县安山镇镇长、昌黎县茹荷镇党委书记、昌黎县委常委。2008年7月任和静县委副书记（河北援疆）。

坎·巴太　男，蒙古族，新疆和静县人，1966年9月出生，1987年8月参加工作，1992年7月加入中国共产党，新疆大学政治经济系政治经济专业课程班结业，研究生学历。曾在巴州乡镇企业局、若羌县瓦石峡乡、博湖县乡企局、巴州乡企局、巴州纪委工作，历任巴州乡企局生产科副科长，博湖县乡企局副局长，博湖县乡企局党委副书记、纪检委书记，巴州乡企局生产科科长，巴州纪委信访室主任，和静县委副书记、纪委书记、政法委书记。2008年8月任和静县委常委、政协党组书记、纪委书记、政法委书记。

廖隽龙　男，汉族，湖北沙市人，1963年11月出生，1985年3月参加工作，1989年1月加入中国共产党，中央党校函授学院经济管理专业毕业，本科学历。曾在库尔勒棉纺厂、巴州师范、巴州党委宣传部、州委外宣办工作，历任州委宣传部宣传科副科长、科长，州委外宣办主任（副处级），2005年5月任和静县委常委、宣传部部长。

姚新强　男，汉族，陕西凤翔人，1964年11月出生，1982年10月参加工作，1992年4月加入中国共产党，中央党校党政管理专业毕业，本科学历。曾在博湖县委机要室、办公室，巴州党委组织部知工科、办公室、青干科、调研室、干部三科工作，历任巴州党委组织部办公室副主任科员、副主任，青干科主任科员、调研室主任、干部三科科长、巴州党委组织员，和静县委常委、组织部部长。2008年12月任和静县委常委、组织部部长、巩乃斯林场党委书记。

苏来曼·玉色因　男，维吾尔族，新疆且末县人，1972年5月出生，1991年8月参加工作，1993年9月加入中国共产党，新疆党校函授学院经济管理毕业，研究生学历。曾在且末县棉麻公司、且末县政府办公室、且末县阿羌乡、巴州旅游局工作，历任且末县阿羌乡党委副书记、乡长，巴州旅游局副局长，2006年4月任和静县委常委。2007年10月任和静县委常委、统战部部长。

达·才仁加甫　男，蒙古族，新疆和静县人，1966年4月出生，1988年9月参加工作，1994年6月加入中国共产党，自治州党校行政管理专业毕业，本科学历。曾在和静县巴伦台镇蒙族中学、和静县额勒再特乌鲁乡、和静县巴音郭楞乡工作，历任和静县额勒再特乌鲁乡党委副书记兼纪检书记、和静县巴音郭楞乡党委副书记、和静县巴音郭楞乡乡长、和静县巴音郭楞乡党委书记。2006年5月任和静县委常委。

谭天　男，汉族，四川内江人，1968年1月出生，1984年8月参加工作，1993年9月加入中国共产党，大连理工大学经济工程专业毕业，研究生学历。曾在新疆武警部队兵指三支队服役，在库尔勒市市容环卫处、监察综合管理办公室、库尔勒城建管理监察大队工作，历任库尔勒城建管理监察大队大队长，库尔勒市市容环卫管理处党支部书记、处长，库尔勒市建设局党委副书记、局长，兼库尔勒城市管理综合执法监察大队大队长、市招标办、抗震办、清欠办主任，库尔勒经济技术开发区管委会副主任、机关工委书记。2008年10月任和静县委常委、常务副县长。

陈社信　男，汉族，河南浚县人，1962年10月出生，1980年10月参加工作，1983年7月加入中国共产党，徐州工程兵学院毕业，大学学历。曾在阿克苏36105部队服役，在巴州军分区，轮台县人武部，焉耆县人武部工作，历任阿克苏36105部队排长、副连长、宣传股长，巴州军分区政治部宣传科长，轮台县人武部部长，焉耆县县委常委、人武部政委。2008年1月任和静县委常委、人武部政委。

梁树成　男，汉族，山东冠县人，1966年1月出生，1986年7月参加工作，1992年12月加入中国共产党，自治区党校经济管理专业毕业，本科学历。曾在且末县工商局，且末县委机要科，且末县委统战部，且末县巴格艾日克乡，且末县委农工部，且末县琼库勒乡，焉耆县委工作，历任且末县巴格艾日克乡副乡长，且末县委农工部副部长，且末县琼库勒乡党委书记，焉耆县委常委、组织部部长，2008年9月任和静县委常委、巩乃斯林场党委副书记、场长。

杨亚龙　男，汉族，甘肃人，1961年10月出生，1979年11月参加工作，1988年7月加入中国共产党，中国刑警学院侦查专业毕业，大专学历。曾在尉犁县林业局、尉犁县公安局工作，历任尉犁县公安局刑警大队大队长（副科级侦查员）、尉犁县公安局副局长，尉犁县公安局副局长（正科级），尉犁县公安局党委书记、局长（提享副县），尉犁县委常委、公安局党委书记、局长（副县）。2008年11月任和静县委常委、公安局党委书记、局长。

【2009年和静县委召开的重要会议】

中共和静县委十一届五次全委（扩大）会议　11月17日，中共和静县委十一届五次全委（扩大）会议在县宾馆二楼会议室召开。会议的主要任务是认真学习、深刻领会、全面贯彻落实党的十七届四中全会、胡锦涛总书记重要讲话和自治区党委七届八次、自治州党委八届八次全委（扩大）会议精神，动员全县各级党组织和广大党员干部群众统一思想，坚定信心，开拓进取，为推进县域经济社会又好又快发展而努力奋斗。县委、人大、政府、政协四套班子副县以上领导及各单位、各部门党组织负责人参加会议。会议指出：保持社会政治稳定是经济社会发展的重要前提。要牢固树立稳定压倒一切的思想不动摇，统一思想，认清形势，加强民族团结，不断巩固和发展平等团结、互助和谐的社会主义民族关系，全面落实维护社会稳定的各项治本措施，为和静的改革发展创造良好的环境。2009年以来，和静县委始终坚持以经济建设为中心不动摇，努力克服国际金融危机和乌鲁木齐“7·5”事件对和静县经济发展带来的双重影响，按照自治州“三县四分天”区域战略布局，全面贯彻落实中央和自治区、自治州关于“保增长、保民生、保稳定”的一系列政策措施，抓住关键，突出重点，狠抓工作落实，使经济社会各项事业取得新进展。会议部署：要按照“多予、少取、放活”的方针，继续加大工业反哺农业的力度，重点加快特色产业的发展，进一步提高农业生产整体水平和效益。要大力实施优势资源转换和大企业大集团战略，加快推进新型工业化进程。要加快基础设施和生态环境建设，增强可持续发展后劲。要坚持以人为本，大力发展以改善民生为重点的社会事业。

政法工作会议　2月4日在和静县党政办公楼六楼会议室召开，县四套班子领导、各区、乡（镇）、场，县直各部门、各单位主要领导200余人参加会议。会上表彰了2008年度政法、综合治理及信访工作先进集体和先进个人。县委常委、政协党组书记、纪委书记、政法委书记坎·巴太出席会议并讲话。

统战暨民族宗教工作会议　4月3日在党政大楼六楼会议室召开。县委常委、统战部部长苏来曼·玉色因、县人大常委会副主任买买提·赛来、副县长其·巴太等领导出席会议，县统战系统负责人、各乡（镇）分管领导、统战干事共50余人参加会议。

共青团和静县十四届全委（扩大）会议　2月17日在政府六楼会议室召开。县委常委、统战部部长苏来曼·玉色因、在和静县团委驻点指导工作的团中央权益部法制处处长张蔚红、县人大常委会副主任赛尔杰、副县长张教军、县政协副主席刘英出席会议，县团委十四届委员会委员、各区、乡（镇）场、村委会、团组织的负责人，县直各单位、学校团组织负责人、少先队总辅导员120人参加会议。

深入学习实践科学发展观动员大会暨第一批学习实践活动单位主要负责人培训班　3月14日在党政办公楼六楼召开，会上安排部署全县各单位学习活动任务，要求分两批进行学习，每批学习时间不少于半年，揭开了和静县深入学习科学发展观活动的序幕。全县各单位、各部门党组织负责人参加会议。

和静县总工会五届二次委员（扩大）会议　3月17日在县宾馆二楼会议室召开。会上总结了2008年县工会工作，安排部署了2009年工作任务和重点工作，传达了巴州总工会八届三次委员（扩大）会议精神。

同时对乌拉斯台农场等24个工会和7个女工工作先进集体，任晓民等51个先进个人进行了表彰，还与各基层单位工会签订了2009年目标管理责任书。（马君才）

【2009年县委的重要决定】

1.和党发〔2009〕1号《中共和静县委员会、和静县人民政府关于表彰2008年度政法、综治工作先进集体和先进个人的决定》。

2.和党发〔2009〕2号《中共和静县委员会、和静县人民政府关于表彰2008年度信访工作先进集体和先进个人的决定》。

3.和党发〔2009〕23号《关于创建“国家卫生县城”的决定》。

4.和党发〔2009〕26号《关于表彰2009年度教育工作先进个人的决定》。

5.和党发〔2009〕27号《关于表彰奖励争创自治区计划生育优质服务阶段性工作先进单位和个人的决定》。

6.和党发〔2009〕28号《关于表彰奖励2009年度争取国家项目资金工作先进单位和个人的决定》。

7.和党发〔2009〕29号《关于表彰维护稳定暨国庆安保工作先进集体和先进个人的决定》。

8.和党发〔2009〕30号《关于兑现县级领导接访、包案处理重大疑难信访问题工作责任制的决定》。

9.和党发〔2009〕31号《关于对2008年度征兵工作先进单位和先进个人进行通报表彰的决定》。

10.和党发〔2009〕32号《关于表彰民族团结进步模范单位和模范个人的决定》。

11.和党发〔2009〕33号《关于表彰创建自治区旅游强县工作先进集体的决定》。

12.和党发〔2009〕34号《关于表彰“两基”迎“国检”工作先进集体和先进个人的决定》。

13.和党发〔2009〕44号《中共和静县委员会、和静县人民政府关于兑现2009年度目标考核责任书的决定》。

14.和党发〔2009〕45号《中共和静县委员会、和静县人民政府关于表彰2009年度招商引资工作先进集体的决定》。

（马君才）

【2009年县委的重要意见】

1.和党发〔2009〕11号《关于贯彻落实党的十七届三中全会精神，进一步加快农村改革发展的实施意见》。

2.和党发〔2009〕12号《关于在全县开展深入学习实践科学发展观活动的安排意见》。

3.和党发〔2009〕13号《关于进一步加强农村基层和社区党建工作的实施意见》。

4.和党发〔2009〕18号《关于全面推进规范化服务型政府建设的意见》。

5.和党发〔2009〕36号《关于进一步加强宗教工作的意见》。

6.和党发〔2009〕43号《中共和静县委员会、和静县人民政府关于实施两大工程，加强我县城乡结合部社会建设的实施意见》。

7.和党发〔2009〕180号《中共和静县委员会关于进一步加强政协工作的意见》。（马君才）

【2009年县委的重要通知】

1.和党发〔2009〕21号《关于印发〈和静县县委领导班子成员2009年党风廉政

建设责任分解〉的通知》。

2.和党发〔2009〕42号 《关于成立财税系统党工委的通知》。 （马君才）

【2009年县委中心组集体学习主要内容】2009年，和静县委共组织中心组集体学习21次，累计学时114小时，总出勤率达到98%。先后开展科学发展观、十七届四中全会精神等专题学习，重点理解和掌握科学发展观的深刻内涵及开展科学发展观学习实践活动的指导思想、基本原则和目标任务，形成了“科学发展促跨越、富民强县构和谐”的共识。系统地学习全国“两会”、自治区、自治州有关会议精神以及中央、自治区、自治州领导关于维护社会稳定加强民族团结的有关讲话精神，并组织开展座谈讨论，进一步理清工作思路，明确工作重点。系统地学习《党政领导干部选拔任用工作条例》、《关于规范报告领导干部个人有关事项的通知》、《关于进一步从严管理干部的意见》、《关于在干部队伍中进一步强化政治标准的意见》等文件精神及《宪法》、《环境保护法》、《安全生产法》等法律法规。有针对性地加强法律知识学习，增强领导干部学法用法的积极性，强化领导干部反腐倡廉意识。

（马君才）

县委办公室工作

【和静县委办公室领导人】

主　任：马永忠

副主任：其　曼（蒙古族）、刘黎明（2009年4月任职）、崔东利（2009年10月任职）

县委机要局局长：吴新瑾

县委保密委副主任：徐新华（女）

【概况】2009年，和静县委办公室内设综合科、秘书科、信息督察科。工作职责负责县委对外工作联系和宾客接待；管理县委印信；负责县委常委会议、县委全体会议、书记办公会议和县委党组会议的会务组织工作；检查督促各乡镇党委和县委部门党委、党组对县委决定、指示和县委领导批示的执行情况；办理和督查上级及县委领导批示件的督办工作；调查研究、总结经验、收集信息，为县委领导决策提供参考性意见和建议；负责全县机要保密工作、群众信访处理工作、县委机关值班和安全保卫工作等。 （马君才）

【文秘工作】 2009年，和静县委办公室坚持严把起草、审核、收发关，确保文稿质量。2009年，共起草撰写各类汇报材料、领导讲话200余篇，总计100余万字，全年共发文284份。 （马君才）

【信息工作】 2009年，和静县坚持重大信息逐级审核，进一步丰富《和静信息》、《和静信息快报》的内容，并不断增强上报信息的针对性，把党委、政府关注的中心工作和群众关心的热点、难点问题作为首选题材，着力挖掘有一定深度的高层次信息，准确把握社情民意，为县委及上级党委实施科学、民主决策提供了大量有价值的信息服务。2009年，共上报《和静信息》500条，下发《和静信息快报》12期，被《新疆经济报》采用7篇，《巴音郭楞日报》采用70余篇。 （马君才）

【督查工作】 2009年，县委办围绕县委中心工作，共开展新农合参合工作、“两基”

职能部门档案完成工作、重大疑难信访问题、维护稳定安全防范工作等督查活动30余次，及时下发《督查通报》29期，上报《督查专报》24期，收转县委领导批示552件，先后围绕农业产业结构调整、粮食种植、创建自治区计划生育优质服务县、重大疑难信访案件等工作开展专项查办9次。

（马君才）

【机要保密工作】 2009年，和静县未出现任何失泄密事件及延误紧急的重要电报事故，确保了县委与上级党委机关的工作联系和信息畅通。2009年共开展各类保密检查和自查5次，参与各类考试和面试6次，开展各类宣传活动4次，发放宣传单3 200份，播放电教片和宣传口号30条，举办培训班1次，在各类培训班上讲课10次。同时，积极组织干部职工参与自治区、自治州保密局组织的各类活动，有效地减少了涉密事件的发生，提高了全县各单位干部职工的保密意识。

（马君才）

【2009年县委办公室印发的文件（部分）】

1.和党办发〔2009〕3号 《关于印发〈和静县开展打击非法客运行为百日专项整治行动实施方案〉的通知》。

2.和党办发〔2009〕4号 《关于调整〈和静县志〉第二轮编修工作领导小组的通知》。

3.和党办发〔2009〕5号 《关于印发〈和静县第十九届“科技之冬”活动实施意见〉的通知》。

4.和党办发〔2009〕6号 《关于印发〈和静县进一步加强和改进党委（党组）中心组学习的意见〉的通知》。

5.和党办发〔2009〕8号 《关于召开以“科学发展、造福人民”为主题的2008年度党员领导干部民主生活会的通知》。

6.和党办发〔2009〕9号 《关于印发〈和静县大农口工作联系会议制度〉的通知》。

7.和党办发〔2009〕11号 《关于做好和静县惠农政策资料编印工作的通知》。

8.和党办发〔2009〕12号 《关于印发〈和静县2009年平安建设工作实施意见〉的通知》。

9.和党办发〔2009〕13号 《印发〈和静县农村土地承包经营权流转调研工作实施方案〉的通知》。

10.和党办发〔2009〕14号 《印发和静县纪委、组织部、编办、监察局〈关于和静县纪委监察局派驻机构改革的意见〉的通知》。

11.和党办发〔2009〕15号 《印发〈和静县第一批公务用车制度改革工作总结及第二批公务用车制度改革实施意见〉的通知》。

12.和党办发〔2009〕17号 《关于印发〈和静县人口和计划生育综合管理信息系统（PIS）建设工作实施方案〉的通知》。

13.和党办发〔2009〕18号 《关于印发〈和静县2009年县领导包案、部门承办重大疑难信访问题工作方案〉的通知》。

14.和党办发〔2009〕19号 《关于和静县2009年县党政领导信访接待日工作安排的通知》。

15.和党办发〔2009〕20号 《关于印发〈和静县2009年度标准化村级卫生室建设实施方案〉的通知》。

16.和党办发〔2009〕21号 《关于印发〈和静县2009年招商引资工作考核办法〉的通知》。

17.和党办发〔2009〕22号 《关于印发〈和静县政策性农业保险实施方案〉的

通知》。

18.和党办发〔2009〕24号《印发〈关于在全县开展反分裂斗争再教育活动实施意见〉的通知》。

19.和党办发〔2009〕26号《关于表彰和静县“信息技术进农村”培训活动先进组织者和先进个人的通知》。

20.和党办发〔2009〕27号《转发〈县纪委等12部门关于和静县清理规范党委、人大、政协和法院、检察院评比达标表彰活动实施方案〉的通知》。

21.和党办发〔2009〕32号《关于进一步加强信访工作的通知》。

22、和党办发〔2009〕33号《印发〈关于在全县乡镇、村（社区）推行“四知四清四掌握”工作机制和“错时工作制”的意见〉的通知》。

23.和党办发〔2009〕34号《关于印发〈和静县党政领导干部联系群众工作规程（试行）的〉通知》。

24.和党办发〔2009〕35号《关于进一步加强公车管理和严禁领导干部私驾公车的通知》。

25.和党办发〔2009〕36号《关于对和静县“两基”迎“国检”工作巩固提高情况进行检查验收的通知》。

26.和党办发〔2009〕40号《关于印发〈和静县2009年“旅游发展年”活动实施方案〉的通知》。

27.和党办发〔2009〕42号《印发〈关于进一步加强和静县股级干部任免工作的意见〉的通知》。

28.和党办发〔2009〕43号《关于印发〈和静县2009年保密工作目标管理考核办法〉的通知》。

29.和党办发〔2009〕45号《关于调整和静县乡镇财政管理改革试点工作领导小组的通知》。

30.和党办发〔2009〕46号《关于调整和静县护林防火指挥部成员的通知》。

31.和党办发〔2009〕48号《关于印发〈和静县开展粮食清仓查库工作实施方案〉的通知》。

32.和党办发〔2009〕51号《关于成立和静县清理规范党委人大政协和法院检察院系统评比达标表彰活动领导小组的通知》。

33.和党办发〔2009〕53号《关于印发〈和静县机关作风建设督查通报制度〉的通知》。

34.和党办发〔2009〕55号《关于对和静县开源饮服公司等3个信访问题实行包案处理的通知》。

35.和党办发〔2009〕56号《转发〈和静县维护稳定工作领导小组关于做好2009年重大敏感时期维护稳定工作的意见〉的通知》。

36.和党办发〔2009〕58号《关于进一步规范公务接待工作的通知》。

37.和党办发〔2009〕59号《关于贯彻落实中共中央办公厅、国务院办公厅〈关于党政机关厉行节约若干问题的通知〉》

38.和党办发〔2009〕60号《关于规范党政机关公文交换工作的通知》。

（马君才）

组织工作

【和静县委组织部领导人】

部　　长：姚新强

副 部 长：梁中方（2009年10月任职）、金米格提（蒙古族，2009年2月任职）、张延平

基层办主任：赵昌友
组　织　员：薛乾昌（蒙古族，2009年2月任职）、刘新明（2009年10月任职）
人才办主任：李江仑（2009年6月任职）

【概况】 1950年2月成立和静县工委，下设秘书室、组织部、宣传部。1966年5月，组织部是县委常设的一个主要部门之一。“文化大革命”时期，组织部门瘫痪。1973年12月，县委恢复组织部等部门。位于党政大楼五楼。2009年，县委组织部有干部14人，其中汉族11人，蒙古族3人，党员14人。40岁以上6人，30～40岁8人，本科学历10人，大专学历4人。内设基层办、干部室、办公室、组织室、远程办、人才办6个科室。主要职能是负责全县领导班子思想作风建设和组织制度建设，管理、指导领导班子组织生活；负责县直部委办局、群众团体、乡镇和科级事业单位领导班子建设管理工作，提出领导班子调整、配备意见和建议，负责县正副科级干部、党群系统股级干部的培养、选拔、考核、任免，负责部分干部的调配、交流和安置事宜；研究和贯彻党的干部工作方针、政策，组织落实培养选拔中青年干部工作等。

（严勇明）

【党组织状况】 截至2009年底，和静县共有各类基层党组织349个，其中基层党委23个（乡镇党委12个、企业党委2个、机关党委9个），党总支22个，党支部304个。派出党工委4个，党组11个。全县12个乡（镇）均建立基层党委，60个行政村中建立村党总支8个，支部83个，19个社区均已建立党支部，村、社区建立党支部概率100%；41家公有制企业中，建立党委的2家，建立党总支的1家，建立支部的25家，有6家企业建立联合党支部，建立党小组的1家，仅有个别党员的6家；420家非公有制企业中，建立党支部的17家，建立联合党支部的7家，仅有个别党员的13家，没有党员的383家。

80个事业单位中，有62个单位建立了党组织，占具备建立党组织条件事业单位总数的77.5%。其中，15所学校全部建立了党组织。36个社会团体，19个民办非企业，1个律师事务所，1个会计师事务所，均不具备条件建立党组织。（刘　敏）

【党员状况】 2009年，和静县党员总数为5 808名，其中工人193名，农牧民1 665名，党政机关工作人员1 120名，企事业单位管理人员、专业技术人员1 405名（其中非公有制单位在岗职工中有党员91名，工人29名，管理人员及专业技术人员62名），离退休人员1 184名，其他职业241名。女党员1 725名，占党员总数的29.7%，比上年增长1个百分点；少数民族党员3 035名，占党员总数的52.3%，比上年增长2个百分点；具有大专以上学历的党员2 401名，占党员总数的41.3%，比上年增长3.2个百分点；35岁以下的党员1 119名，占党员总数的19.3%，比上年减少3.6个百分点；36～45岁的党员1 829名，所占比例比上年下降1.4个百分点；46～59岁的党员1 600名，所占比例比上年增长0.8个百分点；60岁以上的党员1 260名，所占比例比上年增长1.2个百分点；新中国成立前入党的12名，新中国成立后至“文化大革命”前（1949年10月～1966年4月）入党的321名，“文化大革命”期间（1966年5月～1976年10月）入党的519名，粉碎“江青反革命集团”至中共十六大前（1976年11月～2002年10月）

入党的3 708名，党的十六大以来（2002年11月以后）入党的1 248名。（刘 敏）

【人才（援疆）工作】 2009年，和静县全面贯彻党管人才原则，大力实施人才强县战略，紧紧抓住培养、吸引和使用好人才三个关键环节，着力提高人才队伍素质，不断完善人才工作机制，为促进经济社会又好又快发展提供了智力支持。目前，全县人才资源总量达5 676人，占全县人口总数的3.97%。其中，党政人才1 305人，占22.99%；专业技术人才4 039人，占71.16%；企业经营管理等其他人才332人，占5.85%。人才素质进一步提升，具有大专以上学历的达到3 930人。高层次人才比例有所提高，获得高级称职的有174人（含正高级称职4人）、县级拔尖人才7人、技师9人、自治州十大杰出村官2人。少数民族人才队伍不断壮大，达到3 384人，占总量的59.62%。人才工作机制不断完善。健全了人才工作机构，配备了专职工作人员，积极推进党政人才、专业技术人才、农村实用人才等“五支队伍”建设，初步建立了高层次人才信息库；认真落实相关待遇和优惠政策，为拔尖人才学习、进修、参加学术交流、干事创业提供舞台、提供便利、发挥作用；认真做好5%人才储备编制招聘工作，为教育、医疗卫生机构和农技部门招聘高校毕业生99名并下派到乡镇、村工作。援疆工作稳步推进。对援疆干部在工作上关心、生活上照顾，积极为他们发挥作用、施展才能创造条件。第五批援疆干部到和静以来，争取无偿援助资金物资36.6万元，组织人员赴内地培训46人次，在和静培训人员1 400人次，建立“一对一”对口援助关系单位1个，捐资助学、扶贫帮困5.7万元，先后协调两地互派干部学习考察13批99人次，填补医疗技术空白1项。（李江仑）

【领导干部调整】 2009年，和静县委紧紧围绕全县改革、发展和稳定大局，以《党政领导干部选拔任用工作条例》为准绳，突出重点，把优化各级领导班子结构、配齐配强领导班子作为主线，加大了干部交流、补缺和调整力度，使全县各级领导班子结构不断得到优化，凝聚力、战斗力不断增强。全年共提任、交流、调整干部155人，其中提拔任用干部59人，岗位调整12人，交流84人。（刘新明）

【干部教育培训】 2009年，和静县干部教育培训工作以科学发展观为指导，紧紧围绕全县工作大局，以增强执政意识、提高执政能力为重点，扎实开展大规模培训干部工作，加快推进学习型干部队伍建设，干部教育培训工作呈现新的局面。全县共举办各类培训班26期，培训干部2 935人次，其中：举办“双语”培训班2期，培训干部171人，有162名干部取得“双语”资格证。在中青年干部理论培训班中，开展素质测试，探索实行了无领导小组面试，增强了培训效果。加强少数民族干部、女干部、党外干部的教育培训，优先安排她们参加党校主体班的培训学习。累计完成州委组织部及上级业务部门调训42人次。（刘新明）

【干部“双语”培训】 2009年，和静县按照州委组织部的统一部署，切实抓好乡镇、社区干部“双语”学习培训，认真完成了“双语”调训工作。同时，督促各乡镇、县直部门、社区采取每日一句话、结对互学、住村学习、晨读、夜校等方式，加大“双语”教育培训力度，使汉族干部能过少数民族日常生活用语关，少数民族干部能过一般的汉语书写认读关。2009年，全县农区乡镇和巴伦台镇等6名党委书记和19名社区党支部书记均已参加了自治州党校“双语”培训。县委党校举办“双语”培训2期，对部分乡镇干部和社区干部进行了培训。（刘　敏）

【干部人事制度改革】　2009年，和静县委认真贯彻《党政领导干部选拔任用工作条例》、《公务员法》等干部工作政策法规，深化干部人事制度改革。以优化班子结构为出发点，加大干部交流力度，重点对乡镇工作10年以上和在县直部门同一岗位任职8年以上的干部进行了交流。健全和完善从基层一线培养选拔干部机制，选派了38名科级领导干部和优秀年轻干部到驻县企业、社区挂职锻炼。2009年从乡镇和基层一线提拔任用干部21人，其中从近两年在基层一线挂职锻炼的干部中选拔任用8人。扩大干部选拔任用工作的民主，不断完善干部提名、推荐、考察方式，采取差额推荐制度，有效的体现了干部推荐上的民主。严格执行民主推荐“双过半”要求，凡未达到“双过半”要求的，一律不作为考察对象。落实征求意见制度，广泛征求各方面意见，自觉接受监督。对需要调整的职位和人选进行充分酝酿，在考察阶段，征求县纪委、检察院、政法委、计生委等单位对考察对象的意见；在初步确定人选时，征求县委、政府分管领导及上级主管部门对拟任人选的意见。在干部选拔任用讨论决定环节，进一步发挥全委会功能，加强全委会在干部选拔任用工作中的监督作用，全面推行乡镇党政正职全委会票决制，首次在全体委员中对县直重要部门“一把手”人选进行民主推荐，首次在常委会上对县委部门正职进行无记名差额票决。2009年，和静县对5个副科级职位面向社会公开选拔，其中2个职位面向全州进行公开选拔。（刘新明）

【干部考核及监督管理】　2009年，和静县结合学习实践科学发展观活动，积极探索体现科学发展观的党政领导班子和领导干部考核评价办法，完善考核内容，大力实施绩效考核。将领导班子和领导干部年度考核考察、经常性考核考察与年度各项目标考核有机结合起来，进行实绩分析和综合评价，并注重考核结果的运用，将考核结果作为对领导班子、领导干部进行奖惩及选拔任用干部的重要依据。加强了领导班子和领导干部经常性考察考核工作，认真执行《领导班子和领导干部经常性考察考核意见》，先后两次对21个乡镇和县直部门进行经常性考察考核。2009年11月初～12月中旬，县委组建考核组，历时一个半月，对乡（镇）、县直部门领导班子和科级干部进行年度考核考察。县组织部狠抓干部监督管理，组织开展了干部选拔任用“一报告两评议”工作，对2009年新提任、交流的34名乡（镇）党政正职和县直部门主要领导进行了民主评议；突出对“一把手”和重要岗位干部的监督管理，完成了46名乡（镇）和部门“一把手”的离任交接。（李江仑）

【后备干部队伍建设】　2009年，和静县委组织部大力实施后备干部培养工程，坚持“备用结合、以用定备”的原则，加强对后备干部的培养。2009年，全县共有乡（镇）党政正职后备干部68名、正科级后备干部175名、副科级后备干部259名、村级后备干部236名。2009年先后四次派出考察组深入乡（镇）、县直部门开展后备干部推荐、考察工作，将53名政治坚定、业绩突出、群众公认度高的优秀中青年干部纳入后备干部管理。此外，在年度考核中，集中对后备干部进行推荐和调整。通过经常性考察考核推荐和年终集中考核推荐，对后备干部进行优化调整，进一步充实了后备干部队伍。（刘新明）

【发展党员情况】 2009年，和静县发展党员151名，与上年基本持平。其中女党员74名，占发展党员总数的49%，比上年增长13.8个百分点；发展少数民族党员89名，占发展党员总数的58.9%，比上年减少16.8个百分点；发展35岁以下党员115名，占发展党员总数的76.2%，比上年增长3.6个百分点；发展具有大专以上学历的党员111名，占发展党员总数的73.5%，比上年增长46.1个百分点。发展的党员中，工人2名，农牧渔民40名，党政机关工作人员54名，企事业单位管理人员、专业技术人员52名，其他职业3名。在生产、工作一线发展党员133名。（刘　敏）

【农村党员干部现代远程教育】 2009年，和静县有专兼职操作员95名，共举办骨干培训班2期，先后培训人员达180余人次。全县远程教育教学课件存储量达5 800小时，各级站点共开展各类培训1 400多场次，共培训2.5万余人次；选育了示范乡镇3个、示范村4个、示范基地16个、示范户42个，其中：州级示范基地1个、示范户1个。县级示范基地2个、示范户4个；协调解决并完成了全县19个社区远程教育终端站点网络、IPTV业务、站点选址、人员选配、站点建设工作。（依仁且）

【农村基层组织建设】 2009年，和静县委组织部为进一步深化“三级联创”活动，对年初确定的18个单位创建工作进行了安排部署，按照自治州新的创建标准进行考核验收。2009年，全县已命名217个单位，创建率86.1%，其中：“五好”乡镇党委7个，创建率58%；“五好”村党组织43个，创建率79.5%；“五好”学校党组织13个，创建率86.7%；“五好”社区党组织11个，创建率57.9%；群众满意基层站所87个，创建率89.7%；基层满意县直部门56个，创建率93.3%。在村“两委”班子建设中，以配强村党组织书记为重点，严格落实《村党支部书记选拔任用工作暂行办法》，着力推行村党支部书记、村委会主任“一肩挑”，村“两委”班子成员交叉任职。2009年，全县共有村干部389人，其中享受转移支付的254人、参加养老统筹的218人。实行村党支部书记、村委会主任“一肩挑”34人，各乡镇选派党建特派员39名、调整村党支部书记7人，从乡（镇）机关干部中选派书记、副书记27名，自治区选派大学生村官1名。根据州委基层办《关于申报2009年度集体经济补助项目的通知》要求，全县11个乡镇申报了25个发展壮大村集体经济项目，经实地调查了解和严格把关，上报了土地开发、设施农业、无公害蔬菜种植、旅游接待站等15个发展集体经济项目，自治州已确定6个项目，自治州27万元补助资金和县财政27万元配套资金均已拨付到位。2009年申报村级阵地新建计划13个，扩建1个，实际新建3个、协调划拨1所学校给村使用。社区阵地建设任务全面完成，其中通过协调划拨4个、购置1个，并全部维修完毕投入使用。同时，协调县财政对完成阵地建设任务，未享受补助资金的4个村、3个社区解决以奖代补资金33万元。2009年初根据州委组织部有关要求，协调县财政拨付8.16万元，用于解决2008年下半年272名农村“三老”人员新增生活补助，使农村“三老”人员生活补助在年人均2 400元的基础上增加300元，达到2 700元。同时，积极协调县财政核拨了2009年农村“三老”人员生活补助费，完成了40名新增农村“三老”人员的报批和2009年下半年生活补助发放工作，推荐上报了3名“三老”人员典型事迹材料。县委组织部深入各乡（镇）、村、社区对包乡驻村、包联社区工作开展情况进行指导检查，协调民政局投入5.8万元为11个社区各配备了1台电脑，解决了8个社区的部分经费；协调检察院、政法委共为巴润哈尔莫敦镇工业街社区捐赠了6 000元工作经费，积极争取县财政为村、社区追加了30万元维护稳定工作经费。（刘　敏）

【信息调研】　2009年，和静县委组织部不断加强和改进信息调研工作，实行全员办信息制度，坚持定期会审信息，实行《组工信息考核办法》。全年共采写上报组工信息236期，其中被中央组织部采用4条，自治区党委组织部采用55条，自治州党委组织部采用72条。完成自治区、自治州重点调研课题4个，其中一个被自治州党委组织部评为优秀调研课题。同时，积极向各类党报党刊投稿，有14篇稿件被《党建文汇》、《新疆党员之友》、《巴音郭楞党建》等刊物采用。（严勇明）

【组织部门“双满意”活动】　2009年，和静县委组织部坚持把政治理论学习贯穿“双满意”活动始终，定期邀请老干部、老组工和优秀党务工作者，为组工干部开展理想信念教育，围绕“建设东归名城，组织部门怎么办?”、“学习实践科学发展观，组织部门怎么做?”开展了大调研、大讨论，召开座谈会20余场次，约谈干部400余人次，举办各类调研和理论研讨60余场次。2009年深入联系点开展调研23次，走访社区居民139户，与基层干部群众约谈98人次，接待来访干部群众86人，为基层办实事、解决实际困难66件。在部内实施了“631”联系点工程，部机关实行“六联”，即联系1个乡（镇）、1个村、1个社区、1个企业、1个学校、1个机关；领导班子成员实行“三联”，即联系1个乡（镇）、1个村、1个社区；一般干部实行“一联”，即联系1个社区。以开展调查研究、谈心谈话、结对帮扶、信访接待为主要任务，切实抓好落实。2009年县委组织部为联系点巴伦台镇乌拉斯台村争取项目资金20万元，部机关全体干部集体到该村种植晚熟杏5.36公顷，帮助发展村集体经济，并多次开展了捐款献爱心活动，为两名蒙古族重病学生捐款2 300元。在部内推行了以“四办”、“五不”、“六礼让”为主的文明办公制度（“四办”即热心办、按时办、认真办、负责办；“五不”即工作不拖延、文件不积压、工作不出错、有损团结的话不说、不让组工干部形象受损；“六礼让”即见面问声好、进门让个座、起身倒杯茶、情况问个明、办事给个公、临走道声安）。邀请13名部分监督员进行监督，定期召开座谈会听取他们的意见建议，把开门征求意见作为制度形式固定下来。并通过网上监督信箱、部长接待日等途径，经常性地征求社会各界对组织部门和组工干部的意见和建议，畅通获取意见建议的渠道。通过部务公开栏和“东归党建”网站，把组织部的职责、党建工作、干部工作、党员电教

工作、自身建设等方面的情况进行公开，接受干部群众的监督。（严勇明）

【“三老”人员慰问】 2009年，和静县委组织部在古尔邦节慰问期间，慰问农区乡（镇）“三老”人员5名，每人发慰问金300元，共计1 500元；春节期间慰问了全县农牧区汉族、蒙古族“三老”人员25名，发放慰问金5 000元。慰问了全县256名生活困难的城镇党员和农村党员，发放慰问金153 600元；“七一”期间慰问“三老”人员17名，离退休党员2名，社区老党员1名，村干部1名，共发放慰问金 8 400元。（刘　敏）

【表彰奖励】 2009年，和静县委组织部深入开展组工干部岗位大练兵活动，加强对组工干部的教育培训和实践锻炼，在全州组工业务技能大赛上，获得了技能大赛集体奖、创新项目展示课件一等奖、“双语”演讲二等奖等荣誉；县委组织部连续第三年被巴州党委组织部评为《组织工作先进集体》，2名同志受到州委组织部表彰。同时，被评为自治州组工信息工作先进集体，2009年度党内统计全优报表和优秀报表单位，自治州党费收缴、管理和使用工作先进单位，自治州组织系统第四届运动会乒乓球团体一等奖等荣誉称号。和静县委组织部课题组撰写的《深化拓展“双满意”建设问题研究》一文被州委组织部评为优秀调研论文。（严勇明）

宣传思想工作

【和静县委宣传部领导人】

部　长：廖隽龙

副部长：郭继峰

【概况】 1950年2月成立和静县工委，下设宣传部。1966年5月，县委宣传部为常设部门。“文化大革命”期间瘫痪，1976年10月，恢复宣传部，属县委职能部门。主要负责指导全县理论学习、理论宣传、理论研究，对外宣传工作的组织、指导、协调、管理等工作。2009年有干部6人，其中男5人，女1人；党员6人；汉族4人，维吾尔族1人，蒙古族1人。（刘　君）

【理论宣传工作】 2009年，和静县委宣传部突出抓好县委中心组和基层党委中心组的理论学习，全年共组织集体学习21次，累计学时126小时，参学人员达950人次，中心组成员撰写心得体会90篇，调研报告和理论文章45篇，各级党组织平均学习12次以上。举办科学发展观巡回宣讲报告会20场次，受教育干部群众8 000人次；在广播电视、政府网站和东归党建网设置“学习实践科学发展观活动”专栏4个；在县城主要街道和公共场所悬挂学习实践活动横幅60条，发放“科学发展，从我做起”倡议书800余份，编发“深入学习实践科学发展活动宣传手册”6 000册。根据宣传对象的不同特点，分汉、维吾尔、蒙古3种语言分别编写印制了6 000册《和静基层干部工作手册》和15 000册《和静县惠农政策宣传册》，发放到全县各单位党员干部和农牧民群众手中。组织征订《中国特色社会主义理论体系读本》、《社会主义核心价值体系学习读本》、《六个“为什么”——对几个重大问题的回答》等学习资料2 000册，为自治州民族团结、国防建设等主题征文活动征集上报优秀理论文章400余篇，其中8篇作品获奖。（刘　君）

【舆论引导】 2009年，和静县委宣传部坚持以“团结稳定、正面宣传”为主基调，扎实有效地开展第27个“民族团结教育月”活动，组建宣讲团到农牧区开展宣讲12场次，受教育群众6 000人次；举办《平息乌鲁木齐“7·5”事件纪实图片展》20场，观展3.8万人次；在县电视台开辟加强民族团结、维护社会稳定专题栏目，录播自治区领导讲话、民族团结典型事迹等；编发《维护稳定工作宣传手册》500册，积极引导全县各族干部群众明辨是非，“团结稳定是福，分裂动乱是祸”的意识。制定《庆祝中华人民共和国成立60周年宣传报道工作方案》；拍摄制作电视专题片《和静60年》在县电视台集中展播；在县电视台和政府网站开辟新中国成立60周年成就展示专栏，用群众身边看得见、摸得着的人和事，真实反映展示新中国成立60年来特别是改革开放30年以来和静县经济建设、政治建设、文化建设、生态文明建设和党的建设等各方面取得的辉煌成就。大力实施“五个一”工程（一台晚会、一组文章、一本折页、一个专题片、一系列广告片），借助“首届东归汽摩拉力赛”、“首届环天鹅湖赛马大会”和“东归那达慕节”、旅游纪念品设计大赛等大型体育赛事和民族传统节日，邀请疆内外知名媒体来和静县采访报道，全面宣传、推介和静。同时，组织承办了主题为“驰骋梦中草原、体验骏马天堂”的新闻发布会，对和静县的旅游资源和投资环境起到了很好的宣传作用。

（刘　君）

【群众文化工作】 2009年，和静县委宣传部推进广播电视村村通、农村电影放映、“农家书屋”等文化惠民工程，积极为乡（镇）文化站赠送重点党报党刊、阅报设施等，为克尔古提乡、阿拉沟乡、巴音郭楞乡等偏远牧区安装“村村通”设备2 500套，让偏远牧区群众收听到43套广播节目，收看到45套电视节目。扩大有线电视覆盖面，2009年全县有线和无线电视用户达13 700户。邀请北京阎氏丽勤文化传媒公司的10余位画家来和静县赴巴音布鲁克、巩乃斯等地采风、作画、观光、考察；邀请全国知名书法家周志高及其弟子6人来和静县采风、创作，进行书法交流。由县委副书记、县长才仁拉吉甫主编、档案史志局副局长潘美玲编著的反映和静历史文化的东归系列图书《东归宝藏》出版发行，分风俗、民间故事、歌舞、服饰4册。加大对文化市场的监管和执法力度，督促有关部门认真开展“扫黄打非”工作，对娱乐场所进行安全专项检查，净化文化市场环境。积极发动各单位、各乡（镇）大力开展“百日文化广场”演出活动，满足群众的文化需求。全年共开展各类文化活动63场，参与活动8 615人次，观众22.8万人次。

（刘　君）

【宣传队伍建设】 2009年，和静县委宣传部强化对各部门、各单位党政一把手和理论骨干、专（兼）职宣传干部的理论教育。在新闻战线倡导说实话、鼓实劲、求实效和廉洁自律、淡泊名利、甘于奉献的良好风气，树立宣传思想工作队伍的良好形象。2009年，共举办科学发展观巡回宣讲报告会20场次，受教育干部群众8 000人次；在广播电视、政府网站和东归党建网设置“学习实践科学发展观活动”专栏4个，在县境内国省道和主要道路显眼处设立学习实践活动永久性宣传牌4块，在县城主要街道和公共场所悬挂学习实践活动横幅60条，

发放“科学发展，从我做起”倡议书800余份。（刘　君）

统一战线工作

【和静县委统战部领导人】

部　长：苏来曼·玉色因（维吾尔族）

副部长：梁中方（2009年10月离任）

巴图包力代（蒙古族）

【概况】 1954年3月，和静县组建统一战线工作部（简称统战部）。“文化大革命”期间遭到破坏，1974年4月，重设县委统战部，编制5人，由县委常委担任统战部部长。主要负责党外人士的政治安排，联系县内外的工商界社团和代表人士，指导县工商联工作；贯彻执行党的民族政策，依法管理宗教事业，加强民主团结，维护社会稳定，引导宗教与社会主义相适应。（王景生）

【民族宗教工作】 2009年，和静县委统战部强化了制度建设，制定并完善《和静县处置民族宗教问题突发事件应急预案》、《县级领导干部包联乡（镇）、场宗教工作及联系宗教活动场所制度》、《和静县宗教人士考核办法》、《民族宗教管理二十项制度》等一系列制度，其中《关于进一步加强我县宗教工作的意见》以县委的名义下发各乡（镇）。对各清真寺“主麻日”安全防范工作进行督导。与宣传、政法、公安等部门协作，强化宗教场所安保措施。为各乡（镇）统战宗教办配备电脑、打印机等办公设备。选派5名宗教人士参加自治区培训班；选派42名伊斯兰教宗教人士参加自治州培训班；选派4名伊斯兰教妇女参加自治州布维培训班；选派2名基督教点负责人参加自治州培训。全县举办各类培训班4期，培训210人。适当提高了112名爱国宗教人士生活补贴费标准。截至2009年底，全县163名宗教人士（不含基督教负责人）中，领取生活补助费的有120人，占总数的73.6%，最高的1 000元，最低的200元。加强对主麻日礼拜、“两节”会礼活动的引导和管理，引导信教群众就地就近参加主麻日礼拜、“两节”会礼活动。（王景生）

【民族团结教育】 2009年，和静县委统战部在第27个民族团结教育月活动中，深入开展马克思主义“五观”、“四个认同”、“三个离不开”的思想教育，组织民族团结宣讲组赴各乡（镇）宣讲17场次。组织召开民族团结教育月座谈会。推荐全国民族团结进步模范集体1个和先进个人1人。10月份，协助县委召开民族团结进步表彰大会，对评选出的县级民族团结进步30个模范单位、69名先进个人给予了表彰。深入学习贯彻第五次全国民族团结进步表彰大会和创建活动经验交流会精神，就弥合受到创伤的民族关系促进和静县民族团结进行深入探讨。积极争取少数民族发展项目资金，申请项目资金共计220万元，落实到位资金60万元。（王景生）

【朝觐活动管理】 2009年，和静县委统战部针对朝觐工作面临的复杂形势，多次召开专题会议，认真安排部署朝觐工作，会同有关部门开展专项治理，做好劝堵工作。在严格政审的基础上，研究制定长效管理机制，注重发挥基层组织、伊斯兰教协会和宗教人士的作用，深化宣传教育，继续保持了零散朝觐“零”控制局面。针对境内外分裂势力渗透破坏活动加剧、甲型H1N1流感蔓延等严峻形势，强化安全保障措施，确保有组织朝觐工作平稳有序。2009年共选派19人参加朝觐。（王景生）

【民主党派、无党派人士统战工作】2009年，和静县委统战部邀请民主党派成员和无党派人士参加县委班子学习实践科学发展观活动征求意见会和群众测评会等，增进交流与沟通。认真贯彻中央统战部《关于健全无党派人士政治引导长效机制的意见》精神，加强无党派人士的政治引导。深入各乡镇场及县直部门开展无党派人士走访，对无党派人士的思想状况、工作情况和社会影响进行了实地考察，确定了重点联系的党外代表人士，完善了党外代表人士动态管理信息库。积极为民主党派、无党派人士参政议政，为和静县经济社会发展作出贡献搭建了平台。（王景生）

【非公有制经济领域统战工作】2009年，和静县委统战部专门安排工商联为企业协调落实周转资金1 500万元，特别是在破解中小企业融资难的问题上，与金融部门、非公有制经济界人士探讨，初步草拟出《和静县工商联关于非公有制企业融资难提出筹措相互救助运作方案的报告》。组织6家非公有制企业参加广州市林果业产品及农副产品深加工产品交易会。与工商联共同指导全县17家非公有制经济组织参加了和静县第二批学习实践科学发展观活动，在抑制经济下滑、吸纳就业人员等方面作出了贡献。（王景生）

【侨联工作和海外统战工作】2009年，和静县委统战部广泛宣传《华侨侨眷权益保护法》，认真开展侨情调查和归侨侨眷普查工作，积极为归侨侨眷办好事、办实事。协助侨联顺利召开第五次归侨侨眷代表大会；积极宣传“和平统一、一国两制”的基本方针、胡锦涛总书记关于对台工作的四点意见和《反分裂国家法》，扩大了经济和民间交流。（王景生）

【统战理论研究】2009年，和静县共有8篇统战调研理论文章获奖，其中县委书记汪江华撰写的《统一战线为和静经济建设服务的实践和思考》获自治州统战理论二等奖；县委常委、统战部部长苏来曼·玉色因撰写的《深入贯彻落实科学发展观、努力开创统战工作新局面》获自治州统战理论优秀奖；统战部副部长巴图包力代撰写的《和静县加强藏传佛教管理的思考》自治州统战理论三等奖；统战部干部王景生撰写的《和静县加强反分裂斗争再教育活动的思考》获自治州统战理论优秀奖。全年向自治州报送信息98期，被《中国统一战线》、自治区党委统战部、自治州党委统战部采用多期，获自治州统战信息工作一等奖。（王景生）

机关党建工作

【和静县机关工委领导人】

书　记：孙言卿

副书记：何传奎

【概况】1966年11月成立中共和静县机关委员会，1998年2月改称县委机关工作委员会（简称机关工委），属县委的派出机构。2009年，县直机关共有党总支10个，党支部56个（机关党支部40个，事业单位党支部8个，离退休老干部党支部8个），党员

933人，其中女党员231人，民族党员290人；机关工委行政编制3人，实有3人。主要职责是管理县直机关、企事业单位党建工作，制定组织实施县直机关、企事业单位党的建设规划和计划，开展党员教育和培训，指导县直各部门、各单位党的思想建设、作风建设、组织建设等工作。（李　虹）

【科学发展观教育】　2009年3月，和静县直机关工委围绕“科学发展、造福人民”这一主题，认真深入地开展了学习实践活动。督促指导各支部通过进一步解放思想，着眼于解决机关党建工作中存在的突出问题，制定出针对性和可操作性强的整改落实方案，集中力量解决宏观政策层面和本部门职能范围内影响制约科学发展的突出问题，以及关系人民群众切身利益的热点难点问题。一是保证工作经费，全年共支付4万元；二是加强机关党务干部队伍建设，举办了县直机关党组织书记及党务工作者培训班各1期，共点名调训党组织书记104人，党务干部56人。三是切实加大了县直机关党务干部队伍的提拔、交流力度，本年度提拔、交流党务干部11人。和静县直机关56个党支部1 183名党员、干部参加了学习实践科学发展观活动。（李　虹）

【组织建设】　2009年，和静县直机关工委与所属56个党支部签订《2009年机关党建目标管理责任书》，支部与每个党员签订《党员目标考核细则》。采取定期、不定期抽查的方式对各支部党建目标管理责任书落实情况进行督促指导，不断健全完善机关党组织的各项规章制度，每季度召开一次工委委员会议，共同研究工委党员管理教育等事宜，做到工作有安排有落实。工委以党支部班子建设为重点，重新调整确定了机关工委党建工作联系点2个，及时对19个党支部班子成员进行了届满改选、调整，分别于3月、5月举办了党支部书记和党务干部培训班。评选出2008年度8个先进党支部、5名优秀党务工作者、18名优秀共产党员、8名优秀信息员、5篇优秀党建研讨论文；票决通过接收预备党员29人，预备党员转正10人，发展对象29人；共讨论通过各支部改选、增选、补选报告19份。共收缴党费5.3万元。（李　虹）

【思想建设】　2009年4～7月，和静县直机关工委积极安排、组织各支部采取多种形式开展了“特色党日”、“讲党课”、“义务奉献”、“走访慰问”、“廉政文化及法治进机关”集中宣传教育、庆“七一”等为主要内容的系列活动；6月，联合县委宣传部、县文体局共同举办了和静县庆祝建党88周年大型歌咏比赛，举办了庆祝建党88周年暨先进党支部、先进个人表彰大会；制定了《和静县直属机关工委关于开展建设“七型”机关活动实施意见》，并通过县委转发至全县各级党组织，结合乌鲁木齐“7·5”事件，积极深入开展维护祖国统一、维护民族团结、维护社会稳定、反对民族分裂教育，进一步提高了党员干部队伍思想政治素质，为贯彻落实县委决策部署，确保政令畅通提供了思想政治保证。（李　虹）

【党风廉政建设】　2009年，和静县机关工委将党风廉政建设责任制纳入党建目标管理责任书，工委与支部、支部与党员层层签订，进一步健全完善党风廉政建设相关制度，制定整改落实方案；按照建设“七型”机关活动实施意见的要求，协调配合县纪委组织县直机关各党支部采取板报、宣传栏、知识竞赛、专题讲座、讨论交流等多种形式开展了“廉政文化进机关”集中宣传教育活动及党风廉政教育月活动；组织所属支部开展了廉政文化知识测试活动，共收回试卷1 000余份，通过加强机关党风廉政建设，使机关党员干部不断增强廉洁自律意识，筑牢拒腐防变的思想道德防线，进一步推进了作风的转变。

（李　虹）

【发展党员工作】 2009年，和静县机关工委按照“坚持标准、保证质量、改善结构、慎重发展”的16字方针，充分发挥党校主阵地的熔炉作用。2009年9月，举办入党积极分子培训班1期，有121名入党积极分子接受了党的基础知识和政治理论教育。全年共发展党员39人，其中女党员24人，少数民族党员17人，大专以上文化程度的党员39人，转正预备党员20人。（李　虹）

【党建研究】 2009年5月，和静县机关工委按照巴音郭楞蒙古自治州机关党建研究专委会第二届理论研讨暨经验交流会的总体部署，结合本县工作实际，工委要求县直机关各党组织按照确定的理论研讨课题积极做好研讨工作，共上报研讨论文21篇，筛选其中18篇参加党建理论研讨会，共有14篇论文获奖，其中二等奖1篇、三等奖3篇、优秀奖10篇，县直机关工委再次荣获优秀组织奖。（李　虹）

【党员管理及表彰】 2009年，和静县机关工委在坚持“三会一课”制度、加强各支部党员政治思想教育的同时，对党员采取分类管理的办法，及时维护党员信息库，清楚准确掌握每一个党员的基本情况，认真落实党员组织关系接转回执制度，确保每个党员权利的行使及义务履行的不间断；健全离退休老干部党组织，组织离退休老党员外出参观考察，开展座谈联谊、走访慰问活动，为老党员老干部订阅报刊120余份。2009年，工委评选表彰2008年度先进党支部8个，优秀党务工作者5名，优秀共产党员18名、优秀信息员8名、优秀党建研讨论文获得者5名。（李　虹）

【扶贫帮困】 2009年，和静县直机关工委49个党支部均建立党员承诺台账，660名党员签订了党员承诺书；制作了党员承诺、践诺、评议、评比和监督等内容为一体的公示栏。通过落实党员承诺制，鼓励党员积极开展履诺活动，组织党员帮助包联单位、包联贫困家庭找准致贫原因，挖掘潜力，提供服务；组织党员到困难企业、村组过组织生活和开展送温暖等活动。全年召开座谈会40场、慰问老党员208名、为贫困户及县敬老院捐款8 560元，慰问包联贫困家庭75户，开展了传统教育、重温入党誓词、到企业中过组织生活、专场演出等多种形式的主题实践活动。（李　虹）

老干部工作

【和静县老干部工作局领导人】

局　长：胡　峰

副局长：乌兰哈代（蒙古族）

【概况】 1984年9月设立和静县委机关老干科，1992年3月成立和静县老干部局。主要负责全县老干部的宏观管理，指导、协调、检查、督促有关部门贯彻落实老干部工作的各项方针、政策，督促检查离退休干部的政治、生活待遇落实情况，抓好全县老干部统计、老干部活动中心、干休所的建设、管理、服务工作；协调有关单位、家属做好老干部的丧事善后工作；负责处理老干部来信来访工作。2009年县老干局有工作人员6人，其中科级干部2人、科员2人，活动中心科员1人，工人1人，党员4人。截至2009年底，全县共有离退休干部1 498人，其中离休干部43人，退休干部1 455人。离休干部为解放战争时期的，享受副县以上待遇的34人；退休县级干部34人。各级关工组织110个，其中县城 2个、乡镇12个、村41个、社区18个、学校23个、机关11个、企事业单位3个。“五老”人员1 452人，农村“三老”人员289 人。

（丁　刚）

【老干部政治待遇】　2009年，和静县老干局组织老干部集中学习11次，通报了县经济社会发展的最新进展，重大项目开工及建设情况。乌鲁木齐“7·5”事件后，召开“维护祖国统一、反对民族分裂”座谈会；坚持为43名离休干部和1 455名退休干部每人订阅《中国老年报》、《老年康乐报》；组成29人的老干部考察团，赴内地参观；组织600余名离退休干部参加了“六个一”活动。其中：组织学习4次、座谈会7场次、参观 160 余人次、文体活动21场次、慰问老党员22人；认真做好“老人节”九项活动，活动期间共举办敬老宣传图片展2次，展出板报5块、图片100余张；书画展1次，展出120余副书画；为30名老干部举办集体祝寿；开展“金婚”纪念活动，为21对老干部照“金婚”纪念照，组织24名离休干部参观了查汗乌苏水电站、巴润哈尔莫敦葡萄基地、巴伦台黄庙；组织老干部开展各类文化活动16场496人次。组织老干部开展关爱社会活动13场424人次。2009年，共计走访慰问老干部3 000余人次，发放慰问金23万余元。

（丁　刚）

【落实老干部生活待遇】　2009年，和静县老干局集中为老干部报销医药费312余人次，审批医药费金额62余万元，保证了老干部的及时就医用药。同时，注重协调处理好财政、社会保险、医疗保险单位和个人的关系，及时做好离退休干部的调资增资审批和护理费、生活补贴费的办理落实工作，做到无差错、无拖欠。按照县委、政府的要求，全面做好已故退休老干部10个月抚恤金的登记、填报和发放工作，共发放抚恤金304 634元。离休人员护理费由过去的50元提高到现在的200元；津贴补贴按在职同职级别的标准，由80%提高到90%；离退休人员取暖费由过去的500元提高到现在的800元。为新中国成立前参加革命工作的离退休老干部、老工人、无固定收入的遗孀调整生活困难补助费。争取资金4万元，对县老干部活动中心的活动场地进行了维修改造，添置了活动设施，为老干部提供了更好的娱乐场所。为易地安置在外省的老干部解决走访慰问经费5万元。赴内地走访慰问易地安置和异地居住的离退休干部及离休遗孀16人，其中：离休干部6人、处级退休干部2人、副高退休干部1人、科级退休干部6人、离休干部遗孀1人。

（丁　刚）

【老干部文体活动】　2009年，和静县老干局除组织日常的文体娱乐活动外，每日还组织有利于老干部身心健康的健身操、打太极拳、太极剑等晨练活动。2009年5月份在全县举办的“金穗杯”乒乓球比赛中获得集体三等奖、个人一等奖的好成绩。为丰富和活跃老干部的精神文化生活，组建60人的“老干部合唱团”，积极参与全县庆“七一”、迎国庆系列庆祝活动，并获得大赛组委会一等奖。（丁　刚）

【关心下一代工作】　2009年4月22日，和静县关工委联合有关部门在县高级中学举办青少年学生思想道德建集中教育活动启动仪式，全县各中小学校长、团委（支部）书记、少先辅导员及学生代表共200余人参加会议。5月30日，在政府大楼广场举行纪念五四运动90周年暨青少年成人仪式，全县4 000多名青少年代表参加了此次活动。6月4日，邀请州关工办副主任陈伯寿、道尔吉在巴音布鲁克寄宿制学校举办的“纪念建党88周年及新中国成立60周年图片展”活动进行法制专题讲座。（丁　刚）

档案史志工作

【和静县档案史志局（馆）领导人】

党支部书记：秦洪伟（2009年6月离任）
　　　　　　张启亮（2009年7月任职）

局　长（馆长）：秦洪伟

副　局　长：潘美玲（女）、古尼沙·依明（女，维吾尔族）

【概况】　1959年和静县成立档案馆，1984年成立档案科，1990年更名为档案局，1993年和静县机构改革，档案局与县委史志办合并更名为档案史志局（馆），局馆合一，一个机构，两块牌子。2002年定编11人，设科级领导3人，副主任科员1名。2007年1月局（馆）人员整体参照过渡为公务员。2009年，在职干部14人（其中教育分流3人），退休干部5人；党员17人。内设行政办、史志办、档案综合室、现行文件阅览中心、政府信息公开查阅点。主要职责是对全县的档案史志工作实行统筹规划、宏观管理，承担档案、党史、地方志等工作的研究、撰写、交流、培训、指导、依法监督等工作。2004年3月，和静县档案馆晋升为自治区档案目标管理一级单位。和静县档案史志局2004年12月被评为州级精神文明单位。2006年分别荣获自治区、自治州档案宣传工作先进集体；2007年被州档案局评为档案工作先进集体；2008年5月被县文明委命名为爱国主义教育基地。（王桂华）

【档案业务指导】　2009年，和静县档案史志局举办全县档案干部业务培训班，对2005～2007年档案工作成绩突出、评为优秀单位的21名档案员进行了表彰和奖励。对全县103名专（兼）职档案员进行专业知识的培训。采取业务人员分组、主动上门指导等方式，先后完成了130多个立档单位2008年的档案整理归档工作。指导县公安局、质量技术监督局通过自治区档案目标管理复验。指导完成和静县学习实践科学发展观活动档案整理归档及金谷种业有限公司改制企业档案的规范化整理和接收进馆工作。（王桂华）

【重点档案抢救】　2009年，和静县档案史志局成立重点档案保护、抢救领导小组，制定了切实可行的抢救保护档案管理制度、实施方案和工作计划，切实加大落实力度，积极争取自治区国家重点档案抢救专项资金，长期安排2人开展旧政权国家重点档案的抢救与保护工作。截至2009年10月，完成档案裱糊80卷4 828张。（王桂华）

【档案行政执法】 2009年，和静县档案史志局根据国家档案局8号令，开展了全县各立档单位文件归档范围和文书保管期限的审批工作。加强《档案法》的宣传和执法检查力度。县委、政府将《档案史志工作目标管理考核细则》纳入到全县综合目标考核之中，加大了档案执法力度。11月，会同县人大法工委、县政府法制办对全县各单位、各部门进行档案执法及归档大检查，有效推进了全县档案管理工作规范化、科学化、法制化进程。（王桂华）

【档案收集、利用】 2009年，和静县档案馆接收767 卷。收集各类资料 11 374 册。现行文件阅览中心、政府信息公开查阅点和档案馆共接待利用者573 人次，查阅利用档案（资料）7 146卷次，编写档案典型事例20例。（王桂华）

【档案史志宣传】 2009年，和静县档案史志局制定信息奖励制度，加大了档案史志宣传工作力度。2009年共编写17期35条信息，部分信息被《自治区档案工作信息》、《新疆方志信息》、《巴州档案工作信息》、《新疆档案》、《巴州史志工作信息》采用。截至12月，和静县档案馆共开放档案12个全宗4 598卷 2 119件。（王桂华）

【党史工作】 2009年，和静县档案史志局按照自治区党史工作规划，做好《中国共产党和静县历史大事记》（1991～2008年）编写出版工作。2009年10月经由自治州党委党史工作委员会、中共和静县委审定，由新疆人民出版社出版发行。《中国共产党和静县历史大事记》（1991～2008年）全书共17万字，全面、客观、真实地记载了和静县1991年1月至2008年12月间，中共和静县委员会带领全县各族人民团结奋斗、负重拼搏、真抓实干、开拓创新，在政治、经济、社会、文化等各方面取得的重大成就，同时，对一些重大事件进行了详细追述。完成了《中国共产党和静县重要文件选编》有关33年文件的搜集、整理和文字录入工作 。（王桂华）

【《和静县志》第二轮编纂】 2009年，和静县档案史志局按照《和静县志》第二轮修志工作实施方案及修志责任书要求，县史志办认真抓紧做好督促、指导全县各单位第二轮修志工作。聘请原第一轮县志主编、具备丰富经验的老专家洪永祥参与指导二轮修志工作。针对新手多、专业人员少的现状，在举办全县培训班之后，先后对县水利局、卫生局、农业局、畜牧局、教育局等单位分别举办专业志编写培训班8次，培训人员达100人次。开展督查工作，推动各单位修志全面启动，全年开展集中督查2次，个别督查18次。开展修志业务指导，不断提高志稿质量，共集中指导15次，上门指导32次，接待指导各单位修志人员200余人次。广泛开展资料的搜集和卡片摘录工作，截至2009年10月，县史志办共查阅县委、政府30年的档案资料2 000余卷，复印16 500页，摘录资料卡片1 050万字，为各部门提供各种文献、档案资料1 000多张，收集图片资料300余张。完成2008年《新疆年鉴》、《巴音郭楞年鉴》有关和静县资料的收集、编纂和上报工作。（王桂华）

党校工作

【和静县委党校领导人】

校　长：安春明（女，县委副书记、人大党组书记）

党支部书记、常务副校长：肖　刚

副校长：敖其尔加甫（蒙古族）、续新燕（女）

【概况】　中共和静县委党校始建于1961年，属县委组织部下属的参照公务员法管理的事业单位。附设有和静县行政学校、团校、普法培训中心、预防职务犯罪廉政教育基地、党员干部现代远程教育培训中心。位于和静县团结东路17号院，校园总占地面积13 986平方米，现有四层教学综合楼一座，建筑面积2 400平方米。教室2间，面积200平方米，平房教室1栋，面积300平方米，可具备同时培训3个班次320人的要求；校图书资料室现藏书7 000余册。县委党校主要职责是做好县直、乡镇副科级以上（含副科级）领导干部和村党支部书记、村委会主任以及乡镇站所负责人、中青年后背干部、妇女干部等主体班次的培训；承担公务员初级培训、轮岗培训、晋升培训和更新知识培训；协助党政部门抓好专职干部培训。围绕国际国内出现的新情况、新问题、党的中心工作和县委、政府工作中的重大活动及人们普遍关心的重大理论、实践问题，开展调查研究，为党政决策服务等。2009年，县委党校有事业编制7人，行政编制4人，工勤编2人，实有教职工13人，其中研究生学历1人，大学学历8人，大专学历2人，中专以下学历3人；高级讲师4人，讲师3人。有党支部1个，在职党员5名。（张时浩）

【干部培训】　2009年，和静县委党校认真落实年度干部教育培训计划，共举办各级各类培训（轮训）班17期，培训各级党员、干部2 552人次。（张时浩）

【教学投入】　2002～2009年，和静县委党校投入78万元对学校基础设施进行改扩建，投入10万元装备多媒体教学设备；投入2万余元装备开通了中央党校远程教学网C级站；自筹3万余元资金翻修改造学员宿舍；投入7万元资金更换了办公及课桌椅。在累计投入126万元基础上，2004年投入近3万元实施了以绿化为主的校园环境整治工程，实现了硬化、绿化率两个100%。2009年，党校整体搬迁到原法院办公楼后，又投入资金12万元，对办公楼进行了维修，达到了美化、绿化、亮化的要求，更换了部分办公设备和卫生设施，党校办公条件进一步完善。（张时浩）

【师资队伍建设】　2009年，和静县委党校有2名教师先后通过国家司法考试并获得执业律师资格，3名教师被依法治县办公室聘请为法治辅导员。（张时浩）

【教学管理】　2009年，和静县委党校科学调整培训班次，合理安排教学内容；大力推行讲授式、案例式、模拟式、体验式教学方法，加大“学员论坛”次数，开展课题成果展示活动；坚持新课试讲，定期召开备课会，对教学过程跟踪评估；聘请县领导、专家学者到校授课；重点班次聘请州委党校名优教师前来讲课；坚持巴州北四县党校“一张课表”制度；组织学员外出参观学习，增强了教学的针对性、实效

性。通过严格测评，学员对老师授课满意率达100%，优秀率达80%以上。（张时浩）

【理论研究】 2006～2009年，和静县委党校教师先后在自治区、地州报刊杂志上发表政治、经济、教育类论文共计30多篇，其中党校常务副校长肖刚撰写的论文获巴州第三届县（市）机关党建理论研讨暨经验交流会一等奖。副校长敖其尔加甫撰写的《依托象征性手法表现出来的〈江格尔的主题思想〉》"一文参加了在乌鲁木齐举办的国际江格尔学术研讨，在大会上宣读并收入论文集，在2007年第一期《卫拉特研究》上发表。（张时浩）

纪检监察工作

【和静县纪委（监察局）领导人】

书　记：坎·巴太（蒙古族）

副书记、监察局局长：马　龙

副书记：阿布都海吾尔·阿布力孜（维吾尔族）

监察局副局长：欧阳宏志、才恩代（女，蒙古族，2009年7月离任）、巴音花（女，蒙古族，2009年11月任职）

【概况】 1952年11月，和静县成立纪律检查委员会（简称纪委）。1955年12月，改称为中国共产党和静县委监察委员会（简称监委）。"文化大革命"中监委组织瘫痪。1977年12月，恢复了纪检机构。1988年5月，增设监察局。1993年4月，纪委监察局合署办公。2009年7月，中共和静县纪委对53个县直部门、单位原有纪检监察机构全部撤并，归口设立县纪委监察局派驻农林水牧系统、科教文卫系统、财贸管理系统纪工委（监察室）3个工作机构，机构规格为正科级，实行编制单列，由县纪委监察局直接领导，统一管理。主要职责是经常对党员进行党风党纪教育，检查监督党员执行党的路线、方针、政策和遵守党纪国法情况，对违反党纪的人和事进行调查提出处理意见；受理党员的申述和对党员的控告，及时向支部和上级党组织汇报等。

截至2009年底，和静县共设立纪委组织21个，其中县级纪委1个，纪工委监察室3个，乡镇纪委12个，县直纪委（纪检组）6个，专兼职纪检工作人员63人。县纪委常委9人，其中县委常委、政协党组书记、纪委书记、政法委书记1名，纪委副书记、监察局局长、政府纠风办主任1名，纪委副书记1名，纪委常委、监察局副局长1名，纪委常委、组织部副部长1名，纪委常委、审计局局长1名，纪委常委、党风廉政建设室主任1名，纪委常委、办公室主任1名。纪委机关下设7个科室，分别是办公室、纪检监察室、监察综合室、案件审理室、党风廉政建设室、信访室、纠风室，各配备主任1名，此外机关配备正科级纪检员1名，共有在职干部职工23人。（王　婧）

【党风廉政建设责任制】 2009年，和静县委、政府分别对党风廉政建设和纠正不正之风责任制进行了修订，增加了"非正常上访'零控制'、'两基'迎国检、计划生育创建优质服务县和行政执法责任追究"4项重点考核指标，并分别与全县69个单位、45个单位签订了党风廉政建设责任书和纠正不正之风责任书，表彰奖励了2008年度15个党风廉政建设、10个纠正不正之风工作先进单位；组织6个考核组，对各单位惩防体系建设情况进行考核验收。县委书记、县长分别作为党风、纠风第一责任人，亲自把关修改县委班子、政府班子成员党风廉政建设责任分解，县委、县人民政府班子成员认真抓好分管范围内的惩防体系建设工作，并针对职责范围内党风廉政建设责任制的落实情况进行自查，针对存在的问题和不足及时进行了整改。

和静县纪委认真履行纪检、监察两项职能，对各乡镇、各单位贯彻落实纪委全会精神、责任制情况、民主生活会、机关作风建设进行了19次专项督查，下发督查通报32期，确保了党风廉政建设责任制的顺利实施。制定下发《和静县2009年各部门贯彻落实反腐倡廉工作任务分工的意见》，将党风廉政建设和反腐败工作任务细化分解成9个方面53条，29个牵头部门和协作单位按照惩防体系建设的分工，强化措施，认真组织，狠抓落实。（王　婧）

【领导干部作风建设】　2009年，和静县委为加强领导干部作风建设，制定《和静县机关作风建设督查制度》，印发《和静县人民政府工作规则》，对进一步转变政府职能、管理方式和工作作风，推进电子政务，提高行政效能等8个方面进行了规范。积极推行服务承诺制、首问责任制和限时办结制。在56个行政事业单位和各基层所建立干部服务监督台。县纪委机关紧紧围绕“权、钱、事、人”等方面，切实加大对重点部门、重点领域、重点对象和重要环节的监督和管理，认真开展对涉及全局性问题、重要干部推荐任免和奖惩等方面贯彻执行民主集中制情况的监督检查，保证党委全委会和常委会议事规则、决策程序的严格执行。县人大按照《监督法》切实抓好党员领导干部和“一府两院”的法律监督，县政协注重抓好党员干部的社会民主监督，县广播电视局认真做好党员干部的舆论监督，全县监督合力进一步形成。对出国旅游、州委书记张博“约法三章”、公车私用、请客送礼、收送代币购物券和领导干部“六个严禁”进行了重申。下发《关于进一步规范公务接待工作的通知》及相关补充规定，从四个方面进一步规范接待程序、严肃接待纪律、减少费用支出、提高接待水平，确保实现2009年各部门、各单位国内公务接待费用支出在2008年的基础上削减10%的目标。下发《关于进一步加强公车管理和严禁领导干部私驾公车的通知》，积极推行公务用车派车单制度、节假日封存和油料单定额核算审批制度，实现2009年各部门、各单位车辆购置及运行费用支出要在近3年平均数基础上降低15%的目标。加大领导干部公车私驾治理力度，对1名领导干部私驾公车造成交通肇事，给予了党纪处分和免职处理。认真抓好违规集资建房、国有土地使用权出让、治理“小金库”等专项清理工作，未发现违规问题。（王　婧）

【行政监察】　2009年，和静县下发《关于全面推进规范化服务型政府建设的意见》和《和静县2009年规范化服务型政府建设工作实施方案》，成立规范化服务型政府建设领导机构和工作督查机构，成立机关作风效能建设专项督查组，制定“首问责任制、一次性告知制、职位代理制、限时办结制、超时默认制、失职追究制”和“重大行政决策事项公示和听证暂行办法、重大行政决策事项专家咨询论证办法、行政执法过错责任追究办法、行政效能监察暂行办法、机关工作人员履职行为规范（试行）”等11项配套制度。下发《关于进一步加强政府机关作风建设的通知》、《和静县党员干部问责办法（试行）》，对不按期完成县委、政府安排的年度和阶段性工作任务，不作为或乱作为，服务态度和质量差等17种情形进行问责。同时印发《和静县机关作风建设督查通报制度》，开展明察暗访活动3次，下发督查通报2期，4人被通报批评。全面完成2007～2009年政府信息公开资料汇编并上网公示，公开主体上网公开率达85%以上，政府网站点击率 1 980次/日，网上办事大厅已试运行。2009年，县纪委开展综合督查3次、专题督查8次，配合上级党委、政府及工作部门开展督查调研30余次，下发督查督办通报30份。制定并印发《和静县人民政府工作规则》，印制500余份优化发展环境和效能建设监督卡。建立健全“县长信箱”及投诉电话，积极畅通民意诉求渠道，落实专项信访投诉制，行政投诉中心共受理投诉举报11件，已办结11件。（王　婧）

【纠风工作】　2009年，和静县纪委及时调整县纠风工作领导小组和工作机构，同时为县纠风办增设3个行政编制，并调剂3名干部。与全县12个乡镇、30个县直重点部门签订《纠正不正之风责任书》。每半年和年终均由6名县级领导带队，对全县各乡镇和县直各单位贯彻落实纠风责任制进行全面督导检查。加强教育收费专项检查，对学校存在征订教辅用书不规范和乱收班费、住宿费的问题立即予以纠正，退还学生班费和住宿费5.26万元。加强对医疗机构和医疗服务的监督力度，查处未取得“医疗机构执业许可证”擅自开展诊疗活动2起，查处医疗机构聘用非卫生技术人员、超范围行医的违法行为1起，立案2起，当场处罚1起，罚款3 000元，对两家“坐堂行医”药店予以取缔。查处农资违法案件9起，涉案总价值66 800元，取缔辣椒种子违法销售点5个，没收违法销售糯玉米种子70.5千克，涉案价值1 410元。扣押未审定棉花种子320千克，涉案金额1 440元。先后解决拖欠农民工工资380余万元。开展打击“黑车”专项活动13次，查扣非法营运车21辆。组织有关部门进行两次专项检查，无违规设立“小金库”乱收乱支，无违法违规强制入会和摊派会费、强行服务现象。认真清理评比达标项目，全县27个部门及单位共清理52项评比事项，其中拟保留的33项，拟撤销的19项，面向基层的40项，面向企业的5项，面向本系统的7项，节约行政费用163.38万元。（王　婧）

【行风评议】　2009年，县纪委聘请县政风行风义务监督员20人，其中中共党员15人、工商联系统1人、无党派人士4人、人大代表2人、政协委员4人。定期召开政风行风义务监督员联系会议，明确政风行风义务监督员的工作职责、工作方法，提出具体的工作要求，规范民主监督评议工作，确保了政风行风义务监督员监督评议工作的顺利进行。2009年，特邀监察员提出建议16条，意见4条。反映群众意见和问题共58件。印发《2009年和静县政风行风评议工作实施方案的通知》，对机关作风进行4次督查、政风行风义务监督员参与12人次，对示范窗口单位巩固成果情况进行明察暗访3次。对全县的28个部门和单位，进行两次拉网式的民主评议活动，参与的政风行风义务监督员52人次，检查会风3次。分三个层次对6个重点评议单位进行综合评分，综合满意度均达到85%以上，对综合满意度排名前三位的单位给予通报表扬，对综合满意度排名后三位的单位给予通报批评。

制定下发《和静县〈行风热线〉电视栏目实施方案》，全县20个行政执法单位、部门的主要领导做客“行风热线”，与电视观众进行“面对面”交谈和沟通，进一步增强了党群干群关系。（王　婧）

【党风廉政教育】　2009年，和静县各族党员干部共撰写廉政教育心得体会6万余篇次，纪委常委和各单位党政主要领导讲“廉政党课”56次。编发500册《警示与反思》教育读本，为39名在职县级领导和54名乡（镇）、部门主要领导赠送了《警钟长鸣》读本和廉政公益广告集。征订200本《巡视工作条例（试行）》、《关于实行党政领导干部问责的暂行规定》、《国有企业领导人员廉洁从业若干规定》免费发放到各县级领导和各单位党组织进行认真学习贯彻。县委党校把反腐倡廉内容作为科级干部主体班次的主打课，每次专题学习达到40个课时以上。开通和静廉政网站，创建了廉政文化网络教育平台。深入开展廉政文化进机关、社区、家庭、学校、企业和农村等“六进”活动。投入10万元资金，加大党员领导干部警示教育基地、东归博物馆自治区级廉政文化教育示范基地、巩乃斯乡廉政教育基地、青少年廉政学习教育基地等“六大基地”建设；投入2万余元配套资金征订6万元的廉政书籍；投入1.1万元装修了200多平方米的廉政书柜，建立4个“廉政书屋”、设立12个廉政专柜和廉政书架。拨付教育月活动经费5万元，组织开展以“加强党性修养，弘扬良好作风，忠实履行职责”为主题的第十一个党风廉政教育月活动。报告重大事项12件次，上交礼金1人次2 000元，上交礼券1人次1 000元（王　婧）

【查办案件】　2009年，和静县纪委监察局共收到移送案件线索8件，其中县法院移交3件，审计局移交2件，检察院移交1件，公安局移交1件。接受群众来信来访电话举报21件（次），其中来信18件，来访2次，其他方式1次；检举控告类21件（次）；上级交办1件（次），重复来信来访电话举报5件（次），署名举报1件（次）。检举控告件中，乡科级干部13件，一般干部4件，其他人员中：农村3件，其他1件。2009年结案9件，其中涉及乡科级干部1件，其他人员8件，挽回经济损失8万元。受党纪处分9人，警告3人，严重警告1人，留党察看3人，开除党籍2人，受处分人员中乡科级干部1人。（王　婧）

【源头治腐】　2009年，和静县纪委继续围绕“权、钱、事、人”等方面，切实加大对重点部门、重点领域、重点对象和重要环节的监督和管理，加大从源头上预防和治理腐败工作的力度。一是加大公务用车改革力度。下发《和静县第二批公车制度改革实施意见》，在县团委、县法制办推行了第二批公车改革工作，进一步从制度上探索领导干部廉洁自律新机制，降低公务交通成本，减少财政支出。二是县纪委、县委组织部组成7个指导组，分片对全县各级党组织党委（支部）民主生活会进行指导。三是干部考察预告、任前公示、公开选拔、经济责任审计等制度得到较好落实。对县审计局副局长、县团委副书记等5名副科级领导岗位进行公开选拔。对37名考察（考核）员进行为期3天培训，为16名一级、二级、三级考察（考核）员颁发了聘书。制定《和静县进一步加强股级干部任免工作意见》，选派26名年轻干部到企业进行挂职锻炼，对41名转任、离任领导干部进行工作交接监督。四是组织召开2次公务用车集中审批会议，共对23个单位新购、更新公务用车进行严格审查，拒批了15个单位的购车申请。五是挂牌出让国有土地12宗，总面积为4.15公顷，出让金总额为551.8万元，协议出让3个采矿权，出让金额2万元。共挂牌出让22宗经营性用地，面积29.03公顷，实现土地收益1 864万元，做到了经营性用地、房地产开发用地实行100%招拍挂。对所有招投标工程实行《建筑合同》和《廉政合同》“双合同制”，工程廉政合同签订率达100%。六是认真落实“收支两条线”，12个乡（镇）和56个县直部门全面实行国库集中支付制度；继续扩大政府采购范围和规模，切实做到“管采分离”。七是对全县500余名科级领导干部廉政档案进行规范，实行电子化管理，并逐步向村组党员干部延伸。（王　婧）

【纪检监察干部队伍自身建设】　2009年，和静县纪委高度重视自身建设，深入开展做“党的忠诚卫士，当群众的贴心人”主题实践活动。增设了纠风室，调整配备2名纪委常委和5名室主任，从政法系统调入3名年轻干部，充实了纪检监察队伍。召开县纪检监察学会二届一次会议，并顺利换届。制定《和静县纪检监察干部岗位职责实施意见》，先后选派23名纪检监察干部参加中央、自治区纪检监察业务培训，选派5名干部分赴河北省昌黎县、枣强县和山海关区学习考察纪检监察派驻工作。报送纪检监察信息和外宣884篇，分别荣获自治州纪检监察信息、对外宣传工作“先进集体”，促进了纪检监察干部队伍整体素质和工作水平的提高。（王　婧）

【纪检监察体制改革】　2009年6月，和静县率先在全区对原纪委监察局派驻机构进行改革，撤销原机构，组建3个纪工委、监察室。改革后的纪工委、监察室仍为县纪委监察局的派出机构，规格为科级，由县纪委监察局直接领导，每个纪工委、监察室组成人员不少于5人，其中纪工委书记、监察室主任1名，纪工委副书记、监察室副主任各1名，纪检干部不少于3名。按照《和静县纪委监察局派驻机构改革的意见》的相关规定，及时协调教育、人事部门，挑选了6名财会、法律等相关专业教育分流老师充实到各级工委监察室，在专项业务上实现“以内行带外行”。建立健全内部管理制度，共对辖管部门及所属系统党组织、领导干部在执行党的路线、方针、政策、决议和执行国家法律、法规及各项规章制度、科学发展观情况进行了24次监督检查；对派驻部门在贯彻落实党风廉政建设和反腐败工作等情况进行了89次督导；对派驻部门在维护稳定、加强民族团结等方面进行了31次明察暗访，建立登记台账本6个，掌握了派驻单位的第一手资料，对35个派驻单位进行了巡查，并形成了巡查报告，报县纪委、监察局；参与相关派驻单位重大决策、重大项目、重要人事推荐和大额度资金使用等相关会议16件次，进一步强化了监督职能。（王　婧）

【党风廉政教育月活动】　2009年7月，和静县开展以“加强党性修养，弘扬良好作风，忠实履行职责”为主题的第十一个党风廉政教育月活动。全县各级党组织积极开展党风廉政专题学习，通过学习廉洁自律方面的有关规定、观看党风廉政建设警示教育片、发放宣传册、在新闻电视台播放党风廉政教育月宣传口号和反腐倡廉教育片等形式加大宣传力度。组织30名乡

（镇）、县直主要部门“一把手”赴巴州预防职务犯罪警示教育基地接受教育。9名县纪委常委和6名纪工委领导分赴各乡（镇）、县直部门党委（党组织）讲廉政党课，500余名党员干部接受了教育。召开“勤廉双述”巡察报告会，3名乡（镇）、县直单位主要领导就任职期间，履行“一岗双责”即岗位职责和廉政职责的情况向县纪委常委会进行述职述廉。纪委系统举办了一场以“做党的忠诚卫士、党群众的贴心人”为主题的田径趣味运动会，54名纪检监察干部参加运动会的各项比赛。成功举办和静县首届“廉政杯”女子篮球赛，4支代表队共50多位各族干部职工参加比赛。召开2009年县级领导干部配偶子女“树廉风、话团结、促发展”座谈会，全县副县级以上领导干部的配偶家属42人参加座谈会。全县各级党组织将民族团结教育纳入第十一个党风廉政建设教育各项活动之中，县纪工委（监察室）对53个单位贯彻维稳工作情况进行监督检查。教育月期间，全县在《巴音郭楞日报》、《天山网》、《新疆新闻网》、《巴州新闻网》等媒介发表信息11篇次，编发教育月专题信息9篇次，被自治州纪委采用6篇次。（王　婧）

【农村基层党风廉政建设】　2009年，和静县农村基层党风廉政建设工作，继续以“四公开一满意”为重点，抓住群众最关心的问题，深入推进党务公开、政务公开、村务公开、厂务公开和基层站所的站所务公开，认真指导全县12个乡（镇）和54个村、社区开展村级为民服务全程代办制工作。向各乡（镇）、各单位转发了《自治州村务公开目录》，并且从自治州、县争取到9万元资金，专门用于建设村务公开栏，进一步规范了村务公开工作。在充分调研总结2008年在协比乃尔布呼乡、阿拉沟乡试点实施的“村级为民服务全程代办制”试点工作的基础上，在全县5镇7乡全面推行了“村级为民服务全程代办制”。在自治州党风廉政建设经验交流会上，和静县协比乃尔布呼乡作为全州村务公开和民主管理、为民服务全程代办工作观摩点，州纪委将“村级为民服务代办制”作为典型在全州各县（市）推广。（王　婧）

【县纪委下发的重要的通报、通知（部分）】

1.和纪办发〔2009〕1号《关于印发〈和静县纪检监察系统案件质量奖惩考核办法〉的通知》。

2.和纪发办〔2009〕2号《关于印发〈和静县纪检监察信息和外宣工作质量评价考核办法〉的通知》。

3.和纪发办〔2009〕5号《关于印发〈和静县纪委监察局干部考勤制度〉的通知》。

4.和纪发办〔2009〕12号《关于印发〈关于对受处分人员回访教育的暂行办法〉的通知》。

5.和纪发办〔2009〕13号《关于印发〈和静县党纪案件审理助辩制度实施办法〉的通知》。

6.和纪办发〔2009〕21号《关于调整纪委监察局机关各项工作领导小组的通知》。

7.和纪办发〔2009〕22号《关于进一步加强机关管理争创节约型科室活动的通知》。

8.和纪办发〔2009〕27号《关于开展农村党风廉政建设工作专项检查活动的通知》。

9.和纪发〔2009〕1号《关于进一步严肃会风会纪规范日常工作的通知》。

10.和纪发〔2009〕8号 《关于印发2009年全县纪检监察工作要点的通知》。

11.和纪发〔2009〕15号 《关于进一步做好“四公开一满意”工作的通知》。

12.和纪发〔2009〕16号 《关于分解2009年反腐倡廉调研课题任务的通知》。

13.和纪发〔2009〕17号 《关于在全县各乡（镇）推行“村级为民服务全程代办制”工作的实施意见》。

14.和纪发〔2009〕53号 《关于开展党政主要领导向县纪委第十一届常委会作“勤廉双述”的通知》。

15.和纪发〔2009〕54号 《关于县纪委领导赴各党委（党组织）讲廉政党课的通知》。

16.和纪发〔2009〕56号 《关于对全县重点项目开展联合监督检查的通知》。

17.和纪发〔2009〕57号 《关于组织部分乡（镇）、部门主要领导赴巴州预防职务犯罪警示教育基地接受教育的通知》。

18.和纪发〔2009〕59号 《关于坚决贯彻中央重要指示精神，切实做好维护社会稳定工作的通知》。

19.和纪发〔2009〕60号 《关于对“村级为民服务全程代办制”、“四公开一满意”工作进行督查的通知》。

20.和纪发〔2009〕63号 《关于对全县各单位购置公务用车资金来源及违规购置车辆情况进行专项检查的通知》。

21.和纪发〔2009〕69号 《关于对和静镇等单位开展“为民服务全程代办”和“四公开一满意”工作督查情况的通报》。

22.和纪发〔2009〕72号 《关于深入学习贯彻党员干部问责制的通知》。

23.和纪发〔2009〕74号 《关于重申严肃公务接待制度的补充通知》。

24.和纪发〔2009〕75号 《关于在全县纪检监察系统深入开展读书学习活动的通知》。

25.和纪发〔2009〕78号 《关于开展农村党风廉政建设工作专项检查活动的通知》。

26.和纪发〔2009〕81号 《关于组织全县党政领导干部开展〈暂行规定〉知识测试的通知》。

（王 婧）

巴音布鲁克草原

旅游文化是人文环境和自然环境相融合的产物，由于分布地域的不同，旅游文化大都表现为不同地域不同民族的风格。和静县的巴音布鲁克大草原，是中国第二大天然高寒草甸草原。这里山河壮丽，文化灿烂，不仅是新疆地貌的浓缩体，也是多民族文化的荟萃地。人文景观和自然景观各具特色，旅游资源十分丰富多彩。而且这里的牧民心地善良，热情好客。这里山长水远、芳草如茵。草原、牛羊、蒙古包，构成一种迷人的蒙古风情，你可以畅游铺锦迭翠的巩乃斯国家森林公园，探松涛林海之幽；或去山泉奔涌的阿尔先沟温泉，舒舒服服洗个温泉澡；或长驱直入奎克乌苏石林，探巧夺天工之美妙；要不索性夜宿泽国水域的天鹅湖，听百鸟合唱，与天鹅共舞。在这里一天有四季，十里不同天。著名的风景比比皆是，令你眼花缭乱，心驰神摇，尽情享受世外桃源的佳景和野趣。

（洪永祥）

政权·政治协商

和静县人民代表大会常务委员会

【和静县第十五届人大常委会党组书记、主任、副主任】

党组书记：安春明（女）

主　　任：巴·茶汗（女，蒙古族）

副 主 任：陶三保、买买提·赛来（维吾尔族）、赛尔杰（女，蒙古族）、肖建新

【2009年县十五届人大常委会领导人简历】

安春明　女，汉族，1969年10月出生，天津杨柳青人，1989年8月参加工作，1995年3月加入中国共产党，本科学历。曾在巴州第一师范学校、新疆大学、中国广播电视大学（函授）学习，博湖县才坎诺尔乡任教；历任博湖县才坎诺尔乡团委副书记、才坎诺尔乡副乡长，博湖县博斯腾湖乡党委委员，博斯腾湖乡乡长，博湖县团委书记，博湖县委常委、宣传部部长，和静县委常委、常务副县长，和静县委副书记。2008年12月任和静县委副书记、县人大党组书记。

茶汗　女，蒙古族，1957年9月出生，新疆焉耆人，1974年8月参加工作，1977年1月加入中国共产党，大专学历。曾在巴州电大学习，和静县巴音布鲁克区牧场小学任教；历任和静县巴音布鲁克区妇联主任，和静县广播电视局副局长，和静县委常委、妇联主席，2002年12月任和静县人大常委会主任。

买买提·赛来　男，维吾尔族，新疆阿图什人，1951年10月出生，1968年12月参加工作，1978年4月加入中国共产党，大专学历。曾在自治区党校学习，先后在和静县上游公社学校、东方红公社学校任教、和静县东方红公社、巴润哈尔莫敦乡，县委组织部工作；历任巴润哈尔莫敦乡乡长助理、县纪律检查委员会副书记、和静县副县长。1998年1月任和静县人大常委会副主任。

赛尔杰　女，蒙古族，1956年11月出生，新疆和静人，1976年9月参加工作，1976年3月加入中国共产党，大专学历。曾在新疆大学

学习，先后在和静县乃门莫敦乡兽医站、和静县畜牧局工作；历任和静县兽医站党支部书记、县委办公室副主任（正科）。2002年12月任和静县人大常委会副主任。

肖建新　男，汉族，1955年12月出生，湖南安化人，1976年1月参加工作，1985年5月加入中国共产党，中专学历。曾在新疆林业学校学习，先后在和静县红山林场、县林管站、林业局工作；历任和静县林业局副局长、拉布润林场副场长、古尔温苏木肉牛场场长、克尔古提乡党委副书记、党委书记兼人大主席，县林业局局长。2006年1月任和静县人大常委会副主任。

王明琪　男，汉族，1956年6月出生，四川富顺人，1975年9月参加工作，1987年5月加入中国共产党，本科学历。曾在新疆塔里木农大学习，农一师七团基建灌溉科、和静县政府农林科工作，历任和静县巴润哈尔莫敦乡副乡长，和静县农业技术推广站站长，和静县农业区划办副主任，和静县农业局副局长，和静县计委主任，和静县发展计划局局长，和静县经济贸易局局长。2009年1月任和静县人大常委会副主任。

臧念成　男，汉族，1956年5月出生，山东郓城人，1975年1月参加工作，1977年10月加入中国共产党，大专学历。现任和静县人大常委会党组副书记。曾在部队服役，乌鲁木齐市职大学习，先后在和静县先行公社、和静县东方红公社工作；历任和静县乃门莫敦乡武装部部长、乡镇企业局副局长、乃门莫敦乡党委副书记、协比乃尔布呼乡党委书记。2005年5月任和静县人大党组副书记。

委　员：阿里木江·热依提（维吾尔族）、艾尼·加帕尔（维吾尔族）、吾不力卡斯木·大毛拉（维吾尔族）、乌图那生（蒙古族）、吴建东、乌仁其米克（女，蒙古族）、巴尔耐（蒙古族）、谢碧雄、丁升贵（回族）、才热（蒙古族）、才仁道尔吉（蒙古族）、才仁（蒙古族）、张平、闫湘衡、姚新强、王建亭、臧念成、蔡思教、陈淑琴（女）、何建华。

2008年12月29日在县十五届人大二次会议上，补选王明琪为县第十五届人大常委会副主任，安春明、赵新武、王安江、阿力腾图亚为第十五届人大常委会委员。

（李　川）

【概况】　和静县十五届人大常委会设主任1名，党组书记1名，副主任4名，党组副书记1名，组成人员25名。2009年县人大常委会领导职数6名，实配7名。和静县人大常委会机关下设四委一室，即法制工作委员会、代表人事工作委员会、教育科学文化卫生工作委员会、财政经济工作委员会和办公室。2009年有在职人员17名，其中县级干部6名、科级干部6名、科级以下2名、工勤人员3名。退休离休23名。人大常委会设党总支1个，下设机关党支部1个，老干部党支部1个。党员38名，其中在职党员17名。

和静县第十五届人民代表大会代表名额165名，其中汉族63名，蒙古族50名，维吾尔族39名，回族8名，其他民族5名；中共党员111名，非中共党员54名；妇女40名。和静县设有12个乡镇人民代表大会，有乡镇人大主席12名，专兼职工作人员12名。乡镇人大代表名额502名。（李　川）

【和静县十五届人大常委会会议决定的重大事项】

十五届人大常委会第12次会议听取和审议了县人民政府关于2009年上半年国民经济和社会发展计划执行情况和2008年财政决算的报告以及审计工作报告，并做出了审议意见。十五届人大常委会第14次会议上听取和审议了县人民政府关于2009年财政预算调整的报告，并做出审议意见。常委会先后批准了《和静县矿产资源勘探开发监督管理办法》、《关于批准2008年和静县财政决算的决议》、《和静县酿酒葡萄种植基地总体规划》以及《关于批准2009年和静县财政预算调整（增加）的决议》。

（李　川）

【听取工作汇报】

十五届人大常委会第9次会议，审议和通过了和静县2009年部门预算（草案）报告、和静县人民政府关于《和静县矿产资源勘探开发监督管理办法》及说明。

十五届人大常委会第10次会议，听取和审议了县人民政府关于贯彻实施《中华人民共和国道路交通安全法》、《新疆维吾尔自治区爱国卫生工作条例》、《和静县人大常委会关于深入开展第五个五年法制宣传教育，进一步推进依法治县工作的决议》、《物业管理条例》情况的报告和县人民政府关于“两基”迎国检工作情况的汇报，关于和静县住房公积金管理使用情况的汇报。（李　川）

【干部任免】 2009年，和静县人大常委会共任免国家机关工作人员45人次，接受2名领导辞职，1名代表辞职，既坚持了党管干部的原则，又反映了人民群众的意愿，保证了“一府两院”工作的正常开展。

（李　川）

【法律监督】 2009年以来，县人大常委会不断深化对监督工作的认识，选择关系和静县改革、发展、稳定大局和群众切身利益、社会普遍关注的重大问题开展监督，共召开6次常委会会议，听取和审议“一府两院”24个专项工作报告，对10项法律法规实施情况进行检查，听取和审议10个执法检查报告。听取和审议法院、检察院2009年上半年工作情况的报告，组织人大代表对法院庭审进行旁听，增强了审理案件的透明度。要求法院、检察院进一步加大执法工作力度，公正司法，努力为经济和社会发展营造和谐的法制环境。

（李　川）

【信访工作】 县人大常委会建立《和静县人大常委会监督信访工作办法》，健全信访工作制度，加强信访工作人员的业务培训和信访工作分析，规范信访接待、登记、分析、转办、督办工作。2009年县人大常委会受理信访案件32件，办结29件，接待群众83人次，来信来访接访率、重点信访

件办结率分别达到100%和91%。（李　川）

【工作监督】 县人大常委会围绕县委中心工作，先后听取和审议了政府关于2009年部门预算、“两基”迎国检工作、住房公积金管理使用情况、实施“1771”农村经济发展战略和“三农”工作情况、国民经济和社会发展计划执行情况、财政决算情况和2009年上半年财政预算执行情况、2008年财政预算执行情况和其他财政收支情况的审计情况、林果业发展情况、巴音布鲁克新农村实验区“穿衣戴帽”工程、守边牧民定居抗震安居工程补贴政策落实等情况、创建国家卫生县城工作情况、2009年和静县财政预算调整（增加）情况的报告等方面的工作报告。针对影响和静县经济发展的重大事项开展工作监督，促进和谐社会建设。（李　川）

【人大代表活动】 2009年，各族代表在县第十五届人民代表大会第二会议上提出议案62件，建议、批评和意见28件。按照人大督办、政府领办、部门承办的原则，议案、建议、批评和意见全部办理完毕。县人大常委会坚持代表列席人大常委会会议制度，全年共有9名代表列席常委会会议，有59名代表参加常委会组织的执法检查、调查、视察活动。38名代表参加自治州第二期人大代表和人大工作培训班。

（李　川）

【人大常委会自身建设】 2009年，县人大常委会认真学习政治理论、人大业务知识和各项法律法规，做好人大各项工作。常委会审议通过《和静县人民代表大会常务委员会议事规则》、《和静县人大常委会人大代表议案和建议、批评、意见办理办法》等9个办法，修订《和静县人大常委会规则办法汇编》。多次组织人员赴基层调研，撰写调研报告，为县委决策提供依据。认真落实关于实行党风廉政建设责任制的规定，细化常委会领导工作责任和目标，把责任落到了实处。配备工作人员具体负责综治和平安建设日常工作，认真落实综合治理和平安建设各项措施。积极做好包联村委会（社区）社会治安综合治理、平安建设、维护稳定各项工作。和静县人大信息网站为宣传人民代表大会制度、提高人大工作，增强人大监督的工作透明度提供了平台。制定《和静县人大常委会机关工作岗位责任制、工作目标绩效考核办法（试行）》。

（李　川）

【人大常委会领导人考察、检查、调研】

4月2日，县人大常委会主任茶汗、副主任肖建新带领有关人员，赴巴润哈尔莫敦镇、哈尔莫敦镇，就和静县成立农牧民专业协会、合作社发展情况进行调研。

4月7～8日，由县人大常委会副主任买买提·赛来带队组成检查组，对部分单位落实《新疆维吾尔自治区爱国卫生工作条例》进行执法检查。

5月19日，和静县人大机关干部职工在县人大常委会主任茶汗、副主任买买提·赛来、王明琪的带领下，到额勒再特乌鲁乡察汗乌苏村走访慰问调研。

6月10～12日，和静县人大常委会组成检查组，对部分单位落实《中华人民共和国人口与计划生育法》及创建自治区级计划生育优质服务先进县情况进行执法检查。

6月15日，由县人大常委会主任茶汗任组长，组成执法检查组对和静县贯彻实施《城市市容和环境卫生管理条例》情况进行执法检查。

10月13～14日，由县人大常委会副主任王明琪为组长，组成执法检查组，对县人民政府贯彻实施《环境保护法》和《巴音郭楞蒙古自治州旅游资源管理条例》情况进行执法检查。

10月13～14日，根据县人大2009年工作要点，由人大常委会副主任买买提·赛来带队组成执法检查组，对县人民政府贯彻实施《城市居民最低生活保障条例》及农牧民最低生活保障政策落实情况和贯彻实施《环境保护法》情况进行执法检查。

12月12日，县人大常委会主任茶汗、副主任王明琪、办公室主任徐建良赴首钢控股公司参加该公司成立五周年庆祝活动。并在此期间赴北京市、河北省承德市、秦皇岛市、保定市等地推介和静县钢铁、矿产、水电、建材、旅游等重点招商项目，学习考察当地有关县区市人大常委会在法律监督和工作监督方面的先进经验和做法。（李　川）

【上级人大常委会领导赴和静考察、检查、调研、执法检查情况】

4月28日，自治区人大常委会副主任乃依木·亚森带领自治区党委人大工作调研组到和静县调研指导人大工作。县委书记汪江华汇报了和静县贯彻落实《自治区党委关于进一步加强人大工作的决定》情况及人大工作情况。州委副书记刘进喜、州人大常委会副主任阿拉西、州人大常委会秘书长苏珊、县人大常委会主任茶汗等参加汇报会。

5月15日，自治区人大常委会执法检查组对和静县贯彻《中华人民共和国农民专业合作社法》实施情况进行检查，执法检查组采取与基层干部、人大代表和农民座谈、深入乡村实地走访农民专业合作社等形式，详细了解和静县农民专业合作社发展情况。

9月21日，自治州人大常委会组成执法检查组，由州人大常委会副主任韩建国、自治州副州长张东兵带队赴和静县检查贯彻实施《中华人民共和国环境保护法》和《巴音郭楞蒙古自治州博斯腾湖流域水环境保护及污染防治条例》情况。

10月22日，自治州人大常委会受自治区人大常委会委托赴和静县，对自治区2009年国债项目实施情况进行调研，县人大常委会主任茶汗、副主任王明琪及相关负责人陪同调研。（李　川）

【和静县人大办公室领导人】

主　任：徐建良

【各专门委员会领导人】

教科文卫工作委员会主任：

毛利民（维吾尔族）

副主任：李　川

法制工作委员会主任：李建国

财经工作委员会主任：刘淑萍（女）

副主任：才层巴依尔（蒙古族）

代表人事工作委员会主任：斯地克·努尔东（维吾尔族）

【各专门委员会概况】　1981年2月，和静县第八届人民代表大会依法设立常务委员会，常务委员会内设办公室，科级建制，为常务委员会的办事机构。1987年6月，和静县人大常委会增设法制工作委员会、代表人事工作委员会、财经工作委员会、教科文卫工作委员会、民族宗教事务工作委员会，属科级建制。各工作委员会主任由人大常委会副主任、党组副书记分别兼任，并配工作人员。2003年5月，按照和静县机

构改革方案，人大民族宗教工作委员会并入教科文卫工作委员会。（李　川）

【人大办公室与各工作委员会开展的各项工作】 2009年，办公室与各专门委员会密切配合，组织办理了和静县十五届人民代表大会二次会议1次、县人大常委会会议6次、主任会议43次及其他重要会议的筹备和会务工作。认真做好文件办理、组织学习、代表视察、机关调研、车辆管理、财务管理、接待以及领导交办的其他工作任务。改选了县人大机关党总支部，修订了《和静县人大常委会制度汇编》。认真做好党政办公大楼值班工作，在搞好县人大机关综治工作的同时，积极参与包联和静镇社区维护稳定工作。制定《和静县人大常委会机关工作岗位责任制、工作目标绩效考核办法（试行）》。层层签订2009年度岗位责任书、工作目标绩效责任书。人大机关重新制定车辆维修管理、办公用品采购、电话费报销等多项制度。对重大开支、重要事务都按规定召开主任会议讨论决定，并向机关干部公开，主动接受监督。加强财务管理，严格财务审批，杜绝浪费。对额勒再特乌鲁乡察汗乌苏村农牧民走访慰问。向乌鲁木齐“7·5”事件受害群众捐款2 200元。先后组织机关篮球队参加全县“五一”职工篮球赛和“丰收杯”篮球赛。加强与兄弟县市人大交流，增进了友谊。组织代表调研、调查、执法检查13次。召开离退休干部座谈会，听取他们的意见和建议。组织老干部视察，让他们了解县情。逢年过节慰问老干部，时刻关心老干部的冷暖。（李　川）

【2009年和静县人大常委会发文（部分）】

1.和人发〔2009〕8号《关于和静县十五届人大常委会主任、副主任及专职委员工作分工的通知》。

2.和人发〔2009〕12号《关于和静县人大常委会主任、副主任督办人大议案及重点建议的安排意见》。

3.和人发〔2009〕15号《关于印发〈和静县人大常委会2009年工作要点〉的通知》。

4.和人发〔2009〕16号《和静县人大常委会关于批准〈和静县矿产资源勘探开发监督管理办法〉的决议》。

5.和人发〔2009〕17号《关于印发〈和静县人民代表大会常务委员会议事规则〉的通知》。

6.和人发〔2009〕18号《关于印发〈和静县人大常委会人大代表议案和建议、批评、意见办理办法〉的通知》。

7.和人发〔2009〕21号《关于对县人民政府关于〈和静县2009年部门预算草案报告〉的审议意见》。

8.和人发〔2009〕25号《关于成立和静县人大常委会党组深入学习实践科学发展观活动领导小组的通知》。

9.和人发〔2009〕31号《关于印发〈和静县人大常委会机关深入学习实践科学发展观活动解放思想大讨论实施方案〉的通知》。

10.和人发〔2009〕32号《关于印发〈和静县人大常委会机关2009年宣传思想工作要点〉的通知》。

11.和人发〔2009〕34《关于对县人民政府贯彻实施〈新疆维吾尔自治区爱国卫生工作条例〉情况的审议意见》。

12.和人发〔2009〕35号《关于县人民政府贯彻实施〈中华人民共和国道路交通安全法〉情况的审议意见》。

13.和人发〔2009〕36号《关于县人民

政府贯彻实施〈关于深入开展第五个五年法制宣传教育，进一步推进依法治县工作决议〉情况的审议意见》。

14.和人发〔2009〕37号《关于县人民政府贯彻实施〈物业管理条例〉情况的审议意见》。

15.和人发〔2009〕46号《关于县人民政府贯彻实施〈中华人民共和国人口与计划生育法〉及创建自治区级计划生育优质服务先进县情况的审议意见》。

16.和人发〔2009〕47号《关于县人民政府贯彻实施“1771”农村经济发展战略和“三农”工作检查情况报告的审议意见》

17.和人发〔2009〕48号《关于县人民政府贯彻实施〈城市市容和环境卫生管理条例〉情况的审议意见》。

18.和人发〔2009〕49号《和静县人大常委会关于对和静县人民政府贯彻实施〈中华人民共和国行政复议法〉情况汇报的审议意见》。

19.和人发〔2009〕51号《关于印发〈和静县人大常委会执法检查工作实施办法〉的通知》。

20.和人发〔2009〕53号《和静县人大常委会关于批准2008年和静县财政决算的决议》。

21.和人发〔2009〕58号《关于对县人民政府〈和静县酿酒葡萄种植基地总体规划〉的审议意见》。

22.和人发〔2009〕59号《关于印发〈和静县人民代表大会和常务委员会会议列席人员考勤办法〉的通知》。

23.和人发〔2009〕60号《关于印发〈和静县人大常委会与县人民政府、县人民法院、县人民检察院工作联系的办法〉的通知》。

24.和人发〔2009〕61号《关于印发〈和静县人大常委会关于“一府两院”研究处理人大常委会审议意见的办法〉的通知》。

25.和人发〔2009〕62号《关于印发〈和静县人大常委会组成人员守则〉的通知》。

26.和人发〔2009〕63号《关于对和静县第十五届人大二次会议代表议案和建议、批评、意见办理情况的审议意见》。

27.和人发〔2009〕64号《关于对县人民政府招商引资工作落实情况的建议》。

28.和人发〔2009〕65号《关于对县人民政府贯彻实施〈信访条例〉和“信访积案化解年”工作情况的审议意见》。

29.和人发〔2009〕66号《关于县人民政府〈关于和静县2009年上半年国民经济和社会发展计划执行情况的报告〉情况的审议意见》。

30.和人发〔2009〕68号《关于批准〈和静县酿酒葡萄种植基地总体规划〉的决定》。

31.和人发〔2009〕69号《关于县人民政府贯彻实施〈城市居民最低生活保障条例〉和农村低保政策情况的审议意见》。

32.和人发〔2009〕70号《关于对县人民政府贯彻实施〈中华人民共和国环境保护法〉情况的审议意见》。

33.和人发〔2009〕71号《关于对县人民政府贯彻实施〈巴音郭楞蒙古自治州旅游资源管理条例〉情况的审议意见》。

34.和人发〔2009〕72号《和静县人大常委会关于批准2009年和静县财政预算调整（增加）的决议》。

35.和人发〔2009〕81号《和静县人大常委会领导班子专题民主生活会实施方案》。（李　川）

和静县人民政府

【和静县人民政府领导人】

县　　长：才仁拉吉甫（蒙古族）

县委常委、常务副县长：谭　天

副 县 长：司马义·艾依提（维吾尔族）、王峰、其·巴太（蒙古族）、张教军

县长助理：杨　军

【县长、副县长、县长助理简历】

才仁拉吉甫　男，蒙古族，1967年11月出生，新疆和静人，1988年8月参加工作，1995年8月加入中国共产党，大学学历。曾在内蒙古农牧学院学习，先后在巴州计划委员会国土整治农林区划处、巴州计划委员会经济研究中心、巴州人民政府经济研究室工作；历任巴州体改委综合科副科长、工交科副科长，巴州党委办秘书，巴州经济委员会副主任、党委委员兼新疆罗布淖尔纺织集团党委书记、董事长、总经理。2002年12月任和静县委副书记、县长。

谭　天　男，汉族，1968年1月出生，四川安岳人，1984年8月参加工作，1993年9月加入中国共产党，研究生学历。曾在新疆城乡建设学校、大连理工大学学习，先后在库尔勒市市容环卫处、库尔勒市城建局、库尔勒经济技术开发区管委会工作；历任库尔勒城建管理监察大队大队长（副科级），库尔勒市城建监察综合执法大队大队长（正科级），库尔勒市市容环卫管理处党支部书记、处长，库尔勒市建设局党委副书记、局长，兼库尔勒市管理综合执法监察大队大队长、市招标办、抗震办、清欠办主任，库尔勒经济技术开发区管委会副主任、机关工委书记，和静县委常委。2008年10月任和静县委常委、常务副县长。

司马义·艾依提　男，维吾尔族，1967年10月出生，新疆轮台人，1990年11月参加工作，1994年4月加入中国共产党，大学学历。曾在新疆八一农学院学习，轮台县信访局工作；历任轮台县政府办公室秘书、副科调研员，巴州民政局民政科副科长(挂职)，轮台县政府办公室副主任兼任法制办公室副主任，轮台县铁热克巴扎乡党委副书记，轮台县铁热克巴扎乡乡长，河北省唐山市丰润县老庄子镇镇长助理（挂职）。2002年12月任和静县副县长。

王　峰　男，汉族，1974年8月出生，山东茌平人，1992年9月参加工作，2000年12月加入中国共产党，大学学历。曾在新疆纺织学校、新疆电大学习，先后在巴州轻纺工业局、巴州经贸委工作；历任巴州经贸委综研室副主任、巴州经贸

委运行科科长。2007年8月任和静县副县长。

其·巴太　男，蒙古族，1969年8月出生，新疆和静县人，1989年9月参加工作，1994年12月加入中国共产党，本科学历。曾在巴州财贸学校、中国农业大学、中央党校学习，历任县劳动局、劳动人事局劳动争议仲裁委员会办公室主任、巴润哈尔莫敦乡乡长助理、巴润哈尔莫敦镇副镇长、乃门莫敦乡党委副书记、乃门莫敦乡乡长、县政府党组成员。2007年10月任和静县副县长、县红十字会会长。

张教军　男，汉族，1973年4月出生，四川射洪人，本科学历，1996年9月参加工作，1996年11月加入中国共产党。1996年9月在县纪委监察局工作，1998年5月任共青团和静县委副书记，2001年5月任共青团和静县委书记，2005年5月任阿拉沟乡党委书记，2008年5月任巴润哈尔莫敦镇党委书记，2009年1月任和静县副县长。

杨军　男，汉族，1969年11月出生，中共党员，经济学博士。曾在中南大学、北京大学、清华大学、中共中央党校等高等学府深造学习。先后在中国铝业集团，国务院机关事务管理局，北京鑫磊集团资本运营部、中国铝业白银集团公司，中国有色白银集团公司任职。2009年11月任和静县县长助理（挂职）。

【2009年和静县第十五届人民政府全体会议】

4月12日，由县长才仁拉吉甫主持，召开了和静县第十五届人民政府第3次全体会议。县委副书记肖影，县委常委、政协党组书记、纪检委书记、政法委书记坎·巴太，县委常委、常务副县长谭天，县人大常委会副主任肖建新，副县长司马义·艾依提、王峰、其·巴太、张教军，政协副主席郝根生，县政府组成部门、各垂管单位行政一把手和各乡（镇）长出席会议。会议讨论审议了规范化服务型政府建设等5个议题。

8月10日，由县长才仁拉吉甫主持，召开了和静县第十五届人民政府第4次全体会议。县委副书记、县人大党组书记安春明，县委常委、常务副县长谭天，县人大常委会副主任王明琪，副县长司马义·艾依提、王峰、其·巴太、张教军，县政协副主席郝根生，县政府组成部门、各垂管单位行政一把手和各乡（镇）长出席会议。会议传达了自治州人民政府办公室《关于进一步加强土地审批工作的通知》，通报了行政服务中心筹备和网站信息上报情况，审议了关于成立非金属矿资源整合和黄金勘探开发管理工作等3个领导小组，关于和静县人民公园移交等5个协议。（何　进）

【2009年和静县人民政府常务会议】

1月9日，和静县第十五届人民政府召开第9次常务会议，县长才仁拉吉甫主持会议。安春明、谭天、司马义·艾依提、王峰、其·巴太、刘英等县级领导出席会议。会议研究关于金特钢铁股份有限公司缴纳城市维护建设税及工业园区基础设施建设补助资金等有关事宜。

3月3日，和静县第十五届人民政府召开第10次常务会议，县长才仁拉吉甫主持会议。达·才仁加甫、谭天、司马义·艾依提、王峰、其·巴太、张教军、郝根生等县级领导出席。会议研究了关于成立农业劳动力和劳动预备制培训中心等有关事宜。

5月6日，和静县第十五届人民政府召开第11次常务会议，县长才仁拉吉甫主持会议。苏来曼·玉色因、王明琪、司马义·艾依提、王峰、其·巴太、张教军、郝根生等县级领导出席。会议研究关于成立事业单位绩效工资工作领导小组等有关事宜。

6月22日，和静县第十五届人民政府召开第12次常务会议，县长才仁拉吉甫主持会议。谭天、王明琪、司马义·艾依提、王峰、其·巴太、张教军、郝根生等县级领导出席。会议研究了关于减免206省道绿化、城北生态林及军事用地绿化生态林水费等有关事宜。

7月21日，和静县第十五届人民政府召开第13次常务会议，县长才仁拉吉甫主持会议。肖影、谭天、陈社信、王明琪、王峰、张教军、郝根生等县级领导出席。会议研究了加强民兵应急力量建设等有关事宜。

8月14日，和静县第十五届人民政府召开第14次常务会议，县长才仁拉吉甫主持会议。安春明、谭天、买买提·赛来、王峰、张教军、郝根生等县级领导出席。会议研究了农业技术人员科技承包工作等有关事宜。

9月7日，和静县第十五届人民政府召开第15次常务会议，县长才仁拉吉甫主持会议。谭天、王明琪、王峰、张教军、郝根生等县领导出席。会议研究了《和静县政府投资建设项目委托审计招标投标管理办法》等有关事宜。

10月9日，和静县第十五届人民政府召开第16次常务会议，县长才仁拉吉甫主持会议。王明琪、王峰、其·巴太、刘英等县领导出席。会议研究了中心粮库退城进郊项目前期工作等有关问题。

11月5日，和静县第十五届人民政府召开第17次常务会议，县长才仁拉吉甫主持会议。王峰、其·巴太、张教军、杨军等县领导出席。会议研究了关于保障性住房使用管理意见及实施地源热泵供暖项目等13项议题。

11月24日，和静县第十五届人民政府召开第18次常务会议，县长才仁拉吉甫主持会议。肖影、谭天、王明琪、司马义·艾依提、郝根生等县级领导出席。会议研究了关于进一步促进就业工作的办法等有关事宜。（何　进）

【“三农”工作】 2009年，和静县农业农村经济全面实施“1771”发展战略，“三农”工作成效显著。种植业坚持“退白扩红”，实现稳粮优经增效。棉花种植面积减至1 862.6公顷，工业番茄、加工辣椒等特色高效经济作物面积达到1.62万公顷，粮食面积扩增到9 364.68公顷。林果业基地进一步扩大，总面积达3 235.62公顷。完成人工造林2 265.96公顷。酿酒葡萄种植基地总体规划已报县人大批准实施。调整优化种群结构，组建巴音布鲁克羊、绒山羊核心群6 159只，完成品种改良32.82万只，年末牲畜存栏98.57万头（只），新建乡（镇）畜牧兽医站5个。新增日光温室大棚94.7公顷，累计总面积达344.51公顷，发放设施农业补助资金327.98万元。发放农资综合补贴、粮食直补、退耕还林、退牧还草、良种补贴、农机购置等补贴资金6 365.16万元。完成实用技能培训2 324人次，农村富余劳动力转移就业培训4 830人次，组织首批87名富余劳动力赴青岛韩资企业务工，共转移富余劳动力7 800人次，实现人均劳务创收842.1元。新引进榕丰番茄、鑫宝牧业等农牧企业6家，特色农产品加工企业发展到24家。新注册农民专业合作社12个，带动农户5 000余户，新发展农村经纪人50人。（何　进）

【新农村建设】　2009年，和静县新农村建设取得新进展，编制完成27个村庄规划，建成抗震安居房3 072套，被评为自治区级抗震安居先进县；新增高标准节水灌溉3 350公顷、防渗渠50.7千米、配套建筑物276座，打机电井112眼，解决5 980人饮水安全问题；启动人工影响天气作业项目，新建自动气象站18个和通讯基站75座，实现气象站点和通讯网络盲点全覆盖。财政落实“三农”补贴资金2 000万元，用于设施农业、特色林果业、水利、畜牧业品种改良、复播玉米和青贮窖建设、基础设施建设和科技推广；投资5 800余万元，新建廉租房1 168套；完成17个乡镇卫生院和42个村级卫生室新建改建工程；实施“村村通”工程，解决偏远牧区地面无线接收设备2 500套，新增有线电视用户1 200户；配套财政资金100万元，支持边境牧民定居建设；落实100万元专项资金加强了农村公路养护。（何　进）

【生态移民搬迁】　2009年，和静县巴音布鲁克实验区新增牧民搬迁和定居650户2 275人，累计1 329户4 675人，完成“十一五”规划的95%。农区建成高标准抗震安居房160套，边境和就地安置建房490套。配套完善集中安置点水、电、路、广播电视等基础设施。完成2008年搬迁富裕户土地分配工作，共分配耕地160.8公顷，购买和静县华侨农场136.41公顷土地，为下山安置的160户牧民分配耕地做好准备。（何　进）

【深化改革】　2009年，和静县相继制定出台了加快特色林果业、设施农业、农田水利、现代畜牧业、城乡一体化建设、矿产资源勘探开发、住房补贴、户籍管理、招商引资、农牧场铁畜管理、农牧区集体铁畜管理、规范化服务型政府建设等12个政策性文件，进一步创新了发展环境，提高了发展成效。积极深化体制改革，完成巴音布鲁克区和巴音乌鲁乡撤并建镇，全面推进国库集中支付、乡财县管乡用、场财县管场用、村财乡管村用管理制度，设立中小企业信用担保中心、财政预算资金管理和基本建设投资评审中心。（何　进）

【重要项目建设】　2009年，和静县累计落实到位各类国家项目资金3.98亿元，共实施水利、交通、电力、市政等62个重点项目。县城--乌拉斯台桥220千伏、乌拉斯台桥--巴音布鲁克镇35千伏和乌拉斯台桥--诺尔湖35千伏、110千伏输变电工程投入运营，乌拉斯台桥--备战铁矿、查岗诺尔铁矿110千伏支线输变电工程完成初设和招投标；国道218线、哈尔莫敦--察汗乌苏等18条485千米农村公路建成通车，建设里程为“十一五”前三年总和；投资5 000余万元，重点加强县城污水处理厂、垃圾无害化处理项目、东归休闲广场等基础设施和城区、工业园区道路硬化、绿化、亮化、美化工程建设，新增供热、供气、供水管网10.7千米；完成天然气入户2 500户；投资500万元的消防中队综合楼完成主体工程。（何　进）

【招商引资措施】　2009年，和静县为进一步加大招商引资力度，鼓励区内外广大投资商到和静县投资创业，促进县域经济又好又快发展，对在和静县注册投资的新办企业，在享受国家、自治区、自治州招商引资优惠政策的同时，依据国家、自治区、自治州相关政策，又相继出台了《和静县招商引资优惠措施》和《和静县招商引资奖励办法》。先后促成八钢国贸、华冉集团、民家超市等16家企业落户和静，协议引资36.17亿元，其中上亿元项目6个，落实到位资金3.64亿元，落户企业和引资数额为历年之最。（何　进）

【公共服务体系建设】　2009年，和静县以学习科学发展观活动为契机，积极开展规范化服务型政府建设。一是出台首问责任、限时办结、一次性告知、职位代理、超时默认、责任追究和公示听证等14个制度和办法，形成严密高效的政府决策执行机制。二是成立行政服务中心，26个单位和6个中介机构116项行政许可事项进入中心，实行“一厅式”窗口办公、“一站式”便民服务，共办理各类行政审批服务事项1 300件，办结率达100%，提高办事效率50%以上。三是加强信息化与电子政务建设，通过开通蒙古文和维吾尔文版政府门户网站，进一步扩大政务信息公开，实现政民互动，为公众参与公共事务管理提供了良好的交流平台。四是完善应急管理机制和应急预案体系，进一步提高了有效应对和处置突发事件的能力。五是围绕推动科学发展，扎实开展规范性文件“废改立”工作，取消和调整行政许可事项13项，压缩办理时限55项，进一步强化了行政服务效能。六是加强行政监察和审计监督，审核42个政府投资项目，核减造价1 700余万元，有效规范了政府行政行为。（何　进）

【2009年和静县人民政府重要活动（部分）】

4月11日，自治区城乡抗震安居工程办公室主任张国文一行，在副州长张东兵、县委副书记、县长才仁拉吉甫，县委常委、常务副县长谭天，副县长其·巴太及州、县有关部门负责人的陪同下，就和静县抗震安居工程实施情况进行调研。

4月25日，自治区副主席尔肯江·吐拉洪及自治区有关部门领导，在州委副书记、州长史建勇，副州长乌音山等陪同下，来到和静县对教育工作情况进行调研。

5月28日，巴州凯宏矿业有限责任公司诺尔湖铁矿选矿厂二车间竣工投产典礼在和静县举行。州委书记张博，州委副书记、州长史建勇，州人大常委会主任包热，州政协主席张晓伟，副州长柴凤兰等参加典礼并为竣工投产剪彩。州委常委卢平主持典礼。

6月26日，首届巴州东归汽摩拉力赛经过4天激烈角逐，在和静县巴音布鲁克落下帷幕。同时和静县在巴音布鲁克镇举办首届新疆巴州环天鹅湖赛马大会新闻发布会，国家体育总局、自治区体育局、自治区畜牧厅、巴州人民政府等单位主要领导出席发布会，中央电视台、安徽电视台等14家媒体到会报道。

6月29日，和静县与河北省秦皇岛市山海关区举行缔结友好县区签约仪式。县委书记汪江华出席签约仪式并致欢迎辞，县委常委、常务副县长谭天主持签约仪式。县政协主席陶三保、人大常委会副主任肖建新及相关部门负责人出席签约仪式。山海关区政协主席王志杰率队的山海关区党政考察团相关领导10人出席签约仪式。

6月30日，州委书记张博及州委常委艾尔肯·吐尔逊一行到和静县调研，同时看望慰问了基层党员和离退休老干部。

7月13～14日，和静县成功承办新疆巴州首届环天鹅湖赛马大会。国家农业部原国家首席兽医师、兽医局局长贾幼陵为赛马大会发令。自治区畜牧厅厅长胡拜都拉·哈赛因、自治区畜牧厅副厅长来景刚、自治州人大常委会主任包热、副州长乌音山等领导出席开幕式。

7月26日，和静县第十二届东归那达慕旅游艺术节在巴音布鲁克镇赛马场举办。原自治区政协主席浩·巴岱，州人大常委会主任包热，州人大常委会副主任阿拉西、王金东，原自治区统战部副部长才仁加甫，州人大常委会原主任布鲁尕，州政协原党组书记巴生，原州人大常委会副主任李杰，伊犁州政协副主席道尔加拉，疆内矿业、马术、投资等企业负责人及和静县领导到会祝贺。

8月7日，和静县举行金特钢铁二期技改（百万吨钢改造）项目竣工剪彩仪式。自治区党委常委、自治区副主席库热西·买合苏提，州委书记张博，州委副书记、州长史建勇，新兴铸管集团有限公司董事长刘明忠，新疆金特钢铁股份有限公司董事长谢碧祥，和静县委书记汪江华，县委副书记、县长才仁拉吉甫以及自治区、自治州、和静县四套班子等相关部门领导到场参加仪式。

10月13日，州委副书记、州长史建勇深入到田间地头实地调研和静县农业农村工作。州政府秘书长张继国及州财政局、州农业局负责人陪同调研。

11月18日，和静县举行新疆220千伏红帆—天鹅湖及巴音布鲁克35千伏输变电工程竣工投产暨国电新疆开都河柳树沟水电站开工剪彩仪式。州委书记张博，州委副书记、州长史建勇，中国安能建设总公司副主任岳曦，国电新疆电力有限公司党组书记、副总经理毕可利，州人大常委会主任包热等领导及州直部门、国电系统、国网系统相关负责人，和静、焉耆两县主要领导参加仪式。（何　进）

【2009年和静县人民政府发出的通知（部分）】

1.和政发〔2009〕7号《关于调整县长和副县长工作分工的通知》。

2.和政发〔2009〕36号《和静县人民政府关于追加2009年造林绿化目标任务的通知》。

3.和政发〔2009〕58号《和静县人民政府关于进一步清理行政许可事项的通知》。

4.和政发〔2009〕60号《和静县人民政府关于巴音乌鲁乡区划调整的通知》。

5.和政发〔2009〕65号《和静县人民政府关于变更希望投资有限公司法定代表人的通知》。

6.和政发〔2009〕108号《和静县人民政府关于做好2009年度兵役登记工作的通知》。

7.和政发〔2009〕111号《和静县人民政府关于印发2009年安全生产目标管理责任制的通知》。

8.和政发〔2009〕121号《和静县人民政府关于成立和静县旱作节水农业示范基地项目领导小组的通知》。

9.和政发〔2009〕122号《和静县人民政府关于成立国有开发土地清理整顿工作领导小组的通知》。

10.和政发〔2009〕134号《和静县人民政府关于明确莫托沙拉矿山公路产权的通知》。

11.和政发〔2009〕140号《和静县人民政府关于调整草场管理费征收标准的通知》。

12.和政发〔2009〕150号《和静县人民政府关于进一步加强设施农业工作的紧急通知》。

13.和政发〔2009〕151号《和静县人民政府关于成立粮棉高产创建工作领导小组的通知》。

14.和政发〔2009〕170号《和静县人民政府关于成立旅游股份有限公司筹建工作领导小组的通知》。（何　进）

政府办公室工作

【和静县政府办公室领导人】

主　任：储双永（2009年3月离任）

陶良华（2009年3月任职）

副主任：葛力硕、杨海舰、李承忠、斯琴（蒙古族）。

【概况】　和静县政府办公室内设法制办、信息化办公室、行政服务中心、机要室、翻译室、档案室。主要职责负责处理县政府的日常事务和政务；负责县政府系统的机要、保密工作；协助县政府领导协调部门之间、乡镇之间和县内外的工作关系；协助县政府领导处理各部门、各乡镇请示县政府办理的各类问题。承担政府系统上、下来文和以县政府和县政府办公室名义上报下达的各类文电的处理，以及县政府领导重要报告、讲话的起草、审核等工作。（何　进）

【公文办理】　2009年，和静县政府办公室在公文的起草、传递工作中，严格统一格式，统一标准，坚持规范要求，始终做到严谨认真，字斟句酌，全面完成了公文处理任务。制定严格的信息报送制度，确保信息报送准确及时。2009年上报政务信息700余条，被自治州采用123条。（何　进）

【政府信息公开】　2008年2月，和静县全面启动实施政府信息公开工作。2009年，全县行政企事业单位信息公开主体共计114个，基本完成行政机关信息公开指南和目录编修工作并上网公示，公开主体上网公开率达85%以上，县政府网站“政府信息公开”栏目累计发布各类信息5 000余条。（何　进）

【服务工作】　2009年，和静县政府办公室撰写文字材料400余篇，起草印发各类文件460余篇；筹备各类会议200余次，无差错；认真做好国家、自治区、自治州领导、专家学者来访、调研及外商考察等会务与接待工作。全年共办理人大代表议案、建议及政协委员提案184件，并在规定期限内办理完毕。认真做好后勤保障及重大事项协调工作。改进后勤服务质量，严格财务审批报账制度，加强安全管理和车辆调度。（何　进）

【档案工作】　2009年，和静县政府办公室始终把档案管理放在重要位置来抓，档案工作实行专人专职负责，办公室指定专人负责整理归档，认真按照《机关档案管理办法》规定和要求，实行规范化、标准化管理。全年文书档案共归档1 140件，其中永久214件、30年405件、10年521件。

（何　进）

【翻译工作】　2009年和静县政府办完成政府机关和公务活动的笔译、口译任务，共翻译维吾尔、蒙古语文件材料82万字。参与和静县非物质文化遗产的收集和整理工作。（何　进）

【语言文字工作】　2009年，和静县政府办认真贯彻《关于大力推进“双语”学习，进一步加强语言文字工作的意见》（新政发〔2004〕64号）文件精神，大力推进“双语”教学工作，全县15所中小学中有13所为民汉合校。在用民族语言授课的学校，从小学年级均开设“汉语”课，使少数民族学生高中毕业时达到民汉语兼通。

（何　进）

【政府网站建设】　和静县政府网站于2005年5月开通运行（网址：www.xjhj.gov.cn），先后历经4次改版，建成开通了汉文版、蒙古文版、维吾尔文版3种语言政府网站，成为目前全疆语言版本最多的县级政府门户网站。网站开设了县长信箱、政府信息公开、百件实事网上办等20多个动态栏目。在2007年全国县级政府网站绩效评估排名中取得第57名的成绩。2009年，政府网站日访问量2 000余人次，其中少数民族语言版本网站访问量200余人次。依托政府门户网站为主网站，乡镇政府及8个部门建立了子网站。于2009年6月正式开通使用和静县巴音布鲁克旅游网站（www.china-byblk.cn或www.byblktour.cn）。（何　进）

【行政服务中心】　行政服务中心位于县民政局办公楼一楼、县党政办公大楼对面，办公面积2 000平方米，共有32个单位（其中服务机构2个、中介机构4个、其他单位26个）116项行政审批项目进驻。共设58个窗口，现有窗口工作人员59人。行政服务中心按办理事务类别，分为经济建设、民政事务服务、社会事务服务、工商事务服务、商务中心5个办公区，并设立了行政投诉中心。2009年，累计办理各类事项2 459件，办结2 456件，退回3件，办结率达99.9%；月办件近600件；未发生一起办件投诉，办件效率比以前提高50%以上。

（何　进）

【2009年和静县人民政府办公室印发的通知（部分）】

1.和政办〔2009〕01号《和静县人民政府办公室关于下达2009年稳定解决农村贫困人口温饱计划的通知》。

2.和政办〔2009〕02号《和静县人民政府办公室转发州人民政府办公室〈关于进一步做好“两基”迎“国检”工作的通知〉的通知》。

3.和政办〔2009〕04号《和静县人民政府办公室关于印发〈和静县2009年农田水利基本建设实施方案〉的通知》。

4.和政办〔2009〕06号《和静县人民政府办公室关于印发和静县2009年牧区乡（镇）科级干部旅游培训工作方案的通知》。

5.和政办〔2009〕7号《和静县人民政府办公室关于开展农户农作物种植意向抽样调查的通知》。

6.和政办〔2009〕8号《和静县人民政府办公室关于规范政府各类会议的通知》。

7.和政办〔2009〕9号《和静县人民政府办公室关于进一步加强政府机关作风建

设的通知》。

8.和政办〔2009〕12号《和静县人民政府办公室关于印发2009年食品放心工程综合评价自查工作实施方案的通知》。

9.和政办〔2009〕13号《和静县人民政府办公室关于进一步加强冬季防火工作的通知》。

10.和政办〔2009〕14号《关于转发〈和静县城乡困难群众一次性生活补贴发放工作实施方案〉的通知》。

11.和政办〔2009〕16号《和静县人民政府办公室关于印发林果业发展有关问题会议纪要的通知》。

12.和政办〔2009〕17号《和静县人民政府办公室关于印发〈和静县集中开展冬季防火工作专项整治实施方案〉的通知》。

13.和政办〔2009〕18号《和静县人民政府办公室关于成立巩固退耕还林成果专项资金基本口粮田建设项目领导小组的通知》。

14.和政办〔2009〕19号《和静县人民政府办公室关于印发〈额勒再特乌鲁乡察汗乌苏村农业生产有关问题的会议纪要〉的通知》。

15.和政办〔2009〕22号《和静县人民政府办公室关于印发2009年设施农业技术培训计划的通知》。

16.和政办〔2009〕23号《和静县人民政府办公室关于印发黄斑星天牛防控方案的通知》。

17.和政办〔2009〕24号《和静县人民政府办公室关于印发〈和静县打击发票违法犯罪活动工作方案〉的通知》。

18.和政办〔2009〕25号《和静县人民政府办公室关于做好二00九年禁毒工作的通知》。

19.和政办〔2009〕26号《和静县人民政府办公室关于开展农村土地承包经营权流转情况快速调查的通知》。

20.和政办〔2009〕27号《和静县人民政府办公室关于印发巴音布鲁克区小城镇建设及旅游工作有关问题会议纪要的通知》。

21.和政办〔2009〕28号《和静县人民政府办公室关于印发206省道东归大道路口至巴伦台镇山口公路两侧绿化改造有关问题会议纪要的通知》。

22.和政办〔2009〕29号《和静县人民政府办公室关于对全县春季农资市场进行专项检查整顿的通知》。

23、和政办〔2009〕30号《和静县人民政府办公室关于转发自治区人民政府办公厅〈关于做好宣传贯彻消防法工作的通知〉的通知》。

24.和政办〔2009〕31号《和静县人民政府办公室关于开展药品安全专项检查的紧急通知》。

25.和政办〔2009〕33号《和静县人民政府办公室关于成立中央财政森林生态效益补偿基金领导小组的通知》。

26.和政办〔2009〕34号《和静县人民政府办公室印发〈2009年和静县脊髓灰质炎强化免疫活动方案〉的通知》。

27.和政办〔2009〕35号《和静县人民政府办公室关于印发农副产品加工企业原料供应有关问题会议纪要的通知》。

28.和政办〔2009〕36号《和静县人民政府办公室关于对个体户工商户等用人单位使用童工情况摸底检查的通知》。

29.和政办〔2009〕37号《和静县人民政府办公室关于对各中小学和幼儿园食品卫生、消防、道路交通等安全工作检查的通知》。

30.和政办〔2009〕39号《关于印发民

间文化艺术之乡命名办法的通知》。

31.和政办〔2009〕40号《和静县人民政府办公室关于印发和静县家电下乡工作实施方案的通知》。

32.和政办〔2009〕43号《和静县人民政府办公室关于印发〈和静县打击非法行医、销售假劣药品、发布虚假违法广告等违法违规行为专项整治工作方案〉的通知》。

33.和政办〔2009〕45号《和静县人民政府办公室关于进一步加强客运车辆交通安全管理的紧急通知》。

34.和政办〔2009〕46号《和静县人民政府办公室关于印发“天山霹雳”消防安全专项整治行动实施方案的通知》。

35.和政办〔2009〕49号《和静县人民政府办公室关于印发2009年度创建平安畅通县实施方案的通知》。（何　进）

依法行政

【和静县政府法制办公室领导人】

主　任：李承忠（2009年3月任职）

副主任：王卫民（2009年10离任）

【概况】　和静县政府法制办公室位于县党政办公楼二楼，前身是2002年4月成立的和静县政府法制科，是县人民政府主管法制工作的机构，由县政府办公室管理。2002年12月更名为和静县法制办公室，副科级建制。行政编制3人，其中领导职数2人。政策研究室为内设机构，事业编制2人。

主要职责是统筹规划县人民政府的规范性文件制定工作，拟订县人民政府规范性文件制订工作计划，报经县人民政府批准后组织实施并督促检查；组织起草重要的规范性文件草案。审查修改部门报送县人民政府的规范性文件草案；办理有关法律草案、法规草案和部门规章草案征求意见的答复工作等。（韩亚莉）

【依法行政工作】　2009年，和静县法制办紧紧围绕县政府中心工作，按照县依法治县领导小组办公室总体部署，紧紧抓住法制进机关这条主线，推进政府依法行政工作，制定执法责任制实施方案，创造性地做好依法行政、行政复议、执法监督、法制宣传、行政许可、规范性文件和合同的审核备案、信访、机构队伍建设等方面的工作。（韩亚莉）

【行政许可】　2009年，和静县法制办从审批部门、审批对象、审批依据和审批内容等方面入手，对各单位报送的行政许可事项分类做出处理，对照自治区和自治州行政许可已取消和调整的事项，结合和静县行政许可实际，共对各部门报送的206项行政许可事项清理情况进行审核，取消4个部门组织实施的13项行政许可事项，压缩55项行政许可事项的办理时限。（韩亚莉）

【行政复议】　2009年，和静县法制办不断完善行政复议各项制度，扎实做好行政复议基础工作，共受理行政复议案件4起。启用新版行政复议、行政应诉案件统计报表，采用电子报送方式报送情况及分析报告，做到了统计报表数据准确。（韩亚莉）

【法律咨询】　2009年，和静县法制办积极协助县信访局处理各类信访案件，全年共协助处理信访案件 17 件，接待法律咨询268人次，在咨询涉及行政法律关系中的土地、草场、林地、行政处罚、行政强制、劳动工伤、行政给付、行政征用、行政许可、社会保障等方面发挥职能作用。

（韩亚莉）

【备案审查】 2009年，和静县法制办在规范性文件及合同审核工作中，坚持“政令统一，法制统一”的原则，严把法律、政策关。规范性文件出台遵循起草、审查、决定、备案、公布的程序，全年共审核规范性文件21份，起草、修改、审查各类合同（协议）127份，按照县委、县人民政府的要求，对当前存在的各种规范性文件进行清理。（韩亚莉）

【参与行政诉讼】 2009年，和静县法制办共代理县政府与有关行政执法单位参与的涉及土地纠纷行政诉讼案件6件。

（韩亚莉）

【行政执法队伍建设】 2009年，和静县法制办加强全县执法人员培训和管理工作，通过培训、考试两种方式，重点提高各级领导干部和一线行政执法人员的依法行政意识和执法水平，协助州法制办共举办4期行政执法培训班，全县90余名行政执法人员通过了行政执法资格考试。与全县35个单位签订了行政执法目标责任书，实行行政执法人员资格制度，加强“两证”（行政执法证和执法监督证）管理，防止滥发、滥用、涂改和转借。全年共协助办理执法证件692件。（韩亚莉）

招商引资

【和静县招商局领导人】

党支部书记：王　博（2009年11月任职）；

局　　长：邵奔骅

副 局 长：马学静（女）

【概况】 和静县招商局位于县行政服务中心二楼，成立于2008年7月，2009年有工作人员7人，其中领导3人、工作人员4人；党员6人，其中预备党员1人。

主要职责是负责全县招商引资日常工作，拟定全县招商引资工作规划、优惠政策、考核奖惩办法；综合协调各单位、各部门招商引资工作，处理各类关系和矛盾；负责全县招商引资重大活动的筹备和组织，指导和参与重大项目的商务谈判、签约工作等。（衡华山）

【招商机制】 2009年，县委、县人民政府进一步完善了招商引资管理体制和运行机制，将招商引资工作与各单位年终综合目标考核、干部选拔、评优有机结合起来，实行月评、季考核、半年总结、年终兑现的考核奖惩机制。出台一系列招商引资优惠政策和奖励办法，对非财政供养人员的奖励最高达10万元；对财政供养人员的奖励最高达5万元。县财政拿出200万元，作为工业发展基金和企业科技创新奖励基金。成立和静县招商引资投资促进领导小组，从项目洽谈、签约、选址、手续办理、开工、投产、后续服务、下游产品开发到领导归口负责、产业对接等过程，实行全程跟踪服务。建立完善投资者投诉机制，主动帮助解决投资和生产经营中遇到的困难和问题，切实做到对外来企业“引得进、留得住、能发展”，最终实现共同发展的目标。

（衡华山）

【招商引资项目】 2009年，和静县通过各类招商平台，成功引进了香港德万、鑫宝农业科技、金豆农业科技、民家百货及麦德隆房产开发公司等21家区内外颇具规模实力的企业投资，协议项目21个，较上年同比上升23%，协议引资额36.17亿元，较上年同比上升120%，落地资金25.95亿元，较上年同比上升120%。其中区外项目11个，落地资金20.27亿元，同比上升81%；区内项目10个，落地资金5.676亿元，同比上升700%。引进上亿元项目12个，新增注册资金6.5亿元。（衡华山）

【招商引资优惠政策】 2009年，为促进和静县域经济又好又快发展，和静县出台《和静县招商引资优惠措施》，完善和优化招商引资的各项政策。在遵守国家、自治区、自治州等现有法律法规以及相关政策的基础上，结合西部大开发政策和本县实际，明确招商引资在土地、财税、服务、矿产资源、收费等方面的优惠政策，为投资者提供更为优惠宽松的投资环境。

（衡华山）

【西洽会、乌洽会】 2009年4月1～10日，由和静县委常委、常务副县长谭天为团长的一行5人，参加了在西安曲江召开的第十三届中国东西部合作与投资贸易洽谈会，大会期间共签约合同项目9个，协议引资额12.93亿元。9月1～5日，由县长才仁拉吉甫为组长的一行8人，参加了第十八届乌鲁木齐对外经济贸易洽谈会，此次乌洽会签约项目15个，协议投资额7.17亿元。

（衡华山）

【表彰奖励】 2009年，和静县获自治区招商引资先进集体，获自治州招商引资工作先进集体。（衡华山）

机关后勤服务

【和静县机关事务管理局领导人】

局　长：徐海林（2009年2月任职）

副局长、接待处处长：

乔　伟（2009年2月任职）

副局长：斯　琴　（蒙古族）

接待处副处长、东归宾馆总经理：王　博

接待处副处长：黄晓萍（女）

【概况】 和静县机关事务管理局位于县党政办公楼一楼，成立于2008年7月，隶属于县委办公室管理的事业单位。机构规格为正科级，编制人数10人，内设机构：县接待处、县机关车队。

主要职责是负责县委、县政府及本单位的经费使用、财务管理、固定资产和国有资产管理；负责县委、县政府的车辆配备、更新、维修等管理工作，保障县委、县政府领导和重大活动的公务用车；负责承办县党代会、人代会、政协会等全县大型会议的会务工作，承办县重大活动及公务接待，外出参观考察的后勤保障工作。负责机关大院、机关宿舍的房产产权、产籍的综合管理，负责机关大院和县党政综合楼办公用房的房屋、水电维修，做好住房制度改革的组织实施等后勤工作。

（李建民）

【后勤服务】 2009年，和静县机关事务管理局坚持做到接待不超标准，不违反原则，灵活掌握接待工作中的特殊问题，圆满完成各项接待活动。同时每月编辑印发《来宾信息》、《工作动态》等内部信息资料。

据统计，2009年1～12月份共接待来宾4700多人次，接待费用同比下降15.3%。

（李建民）

【后勤管理】　2009年，和静县机关事务管理局规范管理制度、配备管理人员。建立健全保洁员、水暖工、电工等工勤人员管理办法和制度，明确责任、划分范围，制定奖惩措施，实行年终考核。大力倡导和开展“创节约型机关”活动，厉行节约，突出抓好机关后勤水、电、暖等节能降耗工作，降低运行成本。做好服务和卫生工作，努力做到服务跟得上、卫生搞得好，保证在大型会议和重大活动期间的水、电、暖正常运转。做好大型会议和重大活动期间的会场布置工作，全面保障大型会议和重大活动的正常开展。加强机关食堂的监管力度，改善食堂的卫生条件，提高食堂伙食，坚持做到餐餐不同、形式多样，尽量做到满足广大职工干部的需求。制订《和静县机关事务管理局机关车队管理制度》，不断加强车辆维修和燃油消耗等管理措施，厉行节约；强化驾驶员的培训和教育力度，提高思想觉悟，杜绝疲劳驾车或超速、超载行驶。做好县党政办公楼的安全保卫及维护工作，以人防、技防措施为重点，规范制度，加强管理，确保党政办公大楼无人身伤害案件、无财产破坏案件、无偷盗案件、无影响正常办公秩序事件发生。着重外围防范的同时，严格执行外来人员、车辆登记制度。注重设备安全，切实加强供电、供水、空调等系统设备维护管理，确保设备始终处于良好的运行状态。

（李建民）

【创节约型机关】　2009年，和静县机关事务管理局大力倡导和开展了创节约型机关活动。采取多种形式，动员全县广大机关干部参与节约型机关创建活动，以节水、节电、节油为目标，从日常做起、从自我做起，努力把工作效率提到最高、成本降到最低。全县上下形成了“节约资源、人人参与”的良好氛围。

（李建民）

中国人民政治协商会议和静县委员会

【政协和静县十三届委员会党组书记、主席、副主席、常委】

党组书记：坎·巴太（蒙古族）

党组副书记、主席：陶三保

党组副书记：拉谢（蒙古族）

副　主　席：牙生·吐尔逊（维吾尔族）、刘英（女）、郝根生

专职常委：巩其克加甫（蒙古族）、傲鲁木加甫（蒙古族）

【政协和静县十三届委员会党组书记、主席、副主席、专职常委简历】

坎·巴太　男，蒙古族，新疆和静县人，1966年9月出生，1987年8月参加工作，1992年7月加入中国共产党，新疆大学政治经济系政治经济专业课程班结业，研究生学历。曾在巴州乡镇企业局、若羌县瓦石峡乡、博湖县乡企局、巴州乡企局、巴州纪委工作，历任巴州乡企局生产科副科长，博湖县乡企局副局长，博湖县乡企局党委副书记、纪检委书记，巴州乡企局生产科科长，巴州纪委信访室主任，

和静县委副书记、纪委书记、政法委书记。2008年8月任和静县委常委、政协党组书记、纪委书记、政法委书记。

陶三保　男，汉族，甘肃天水人，1953年9月出生，1973年3月参加工作，1979年12月加入中国共产党，大专学历。历任和静县委宣传部干事、宣传部副部长、人大常委会办公室副主任、巴伦台镇党委书记、人大常委会办公室主任、县委宣传部部长兼文明办主任、县委办公室主任、县人大常委会副主任兼县政法委副书记、人大常委会党组书记、副主任兼县政法委副书记；2008年11月任和静县政协党组副书记；2008年12月任和静县政协主席。

牙生·吐尔逊　男，维吾尔族，1952年12月出生，新疆喀什人，1977年8月参加工作，1972年4月加入中国共产党，本科学历。曾在和静县农技推广站、巴润哈尔莫敦乡、县宗教局工作；历任巴润哈尔莫敦乡副乡长、乡长、县宗教局局长。2007年10月任和静县政协副主席。

刘英　女，汉族，1963年7月出生，新疆且末县人，1981年9月参加工作，1987年12月加入中国共产党，大专学历。曾在和静县第一小学、第一中学、县团委、县妇联、县总工会工作，历任和静县团委副书记、县妇联副主席、计生委主任、总工会主席。2007年7月～2008年11月任和静县政协副主席兼县总工会主席，2008年12月任和静县政协副主席。

郝根生　男，汉族，1957年2月出生，甘肃秦安县人，1977年5月参加工作，1977年12月加入中国共产党，本科学历。曾在和静县哈尔莫敦镇、县委组织部、县人事劳动和社会保障局工作，历任和静县哈尔莫敦镇党委副书记、县委组织部副部长、县人事劳动和社会保障局局长；2007年10月任和静县政协副主席。

拉谢　男，蒙古族，1953年5月出生，新疆和静县人，1971年1月参加工作，1974年10月加入中国共产党，大专学历。曾在和静县巴音郭楞乡、巴音布鲁克区工作，历任和静县巴音郭楞乡党委副书记、乡长、党委书记、巴音布鲁克区党委副书记。2002年12月～2007年11月任和静县政协副主席；2007年12月任和静县政协党组副书记。

巩其克加甫　男，蒙古族，1958年8月出生，新疆焉耆县人，1974年9月参加工作，1984年9月加入中国共产党，中专学历。曾在

和静县巴伦台镇学校、县公安局工作；历任和静县巴润哈尔莫敦乡派出所所长、检察院副检察长、法院院长、党组副书记。2003年6月～2007年12月任和静县政协党组副书记；2007年12月任和静县政协专职常委。

傲鲁木加甫　男，蒙古族，1955年8月出生，新疆和静县人，1972年12月参加工作，1976年12月加入中国共产党，1972年12月入伍，大专学历。曾在乌鲁木齐警备区服役，和静县巴音布鲁克区工作，历任和静县巴音布鲁克区公所团委书记、人民法庭庭长、副区长、区长。2006年3月任和静县政协专职常委。

【政协和静县第十三届委员会全体委员会议】

2010年1月6～8日，政协和静县第十三届委员会第三次会议在县党政大楼六楼会议室召开。会议由县政协党组书记坎·巴太主持，和静县政协第十三届委员会134名委员出席了会议，同时会议还邀请了部分单位领导列席。会议审议通过了和静县政协主席陶三保代表十三届和静县政协常委会作的工作报告和政协和静县第十三届委员会副主席刘英作的关于十三届二次会议以来提案工作情况的报告；列席了和静县第十五届人民代表大会第三次会议，协商讨论了和静县人民政府工作和计划、财政报告，法院、检察院工作报告；审议通过了政协和静县第十三届委员会第三次会议政治决议和提案审查报告等事项。县委书记汪江华，县人大常委会主任查汗，县委副书记、县长才仁拉吉甫等领导出席开幕式和闭幕式，并听取委员意见和建议。会议表彰徐泽生等7名同志为“优秀县政协委员”，授予田渊云等5名同志“优秀提案人”荣誉称号，授予县政府办公室等4个单位“提案承办先进单位”荣誉称号。县委书记汪江华在闭幕会上讲话，政协主席陶三保致闭幕词。

会议认为，2009年县政协围绕县委政府中心工作，团结带领广大政协委员，广泛团结社会各界人士，牢牢把握团结民主两大主题，充分发挥政协优势，切实履行政协三大职能，各项工作扎实有效，为促进我县经济社会发展和社会稳定做了大量而卓有成效的工作。县政协常委会提出的2010年政协工作意见，充分体现了中共和静县委十一届五次全委（扩大）会议和常委（扩大）会议精神，充分体现了县政协围绕中心、服务大局、履行职能的要求，常委会要精心组织实施。

会议指出，2010年是深入贯彻党的十七届四中全会精神，全面落实中央关于新疆发展和稳定的重大决策部署，完成“十一五”规划、谋划“十二五”规划的关键一年。在新的一年里，政协要紧紧围绕中共和静县委十一届五次全委（扩大）会议和常委（扩大）会议精神，坚持围绕中心、服务大局的原则，深入开展调查研究，积极建言献策，为完成2010年各项工作目标任务奋勇拼搏，再创佳绩。

会议强调，稳定是大局。各族各界政协委员要深刻认识当前形势下维护社会政治稳定的极端重要性，牢固树立稳定压倒一切的思想不动摇，把思想认识统一到中央关于维护新疆稳定的重大决策和自治区党委的重要部署上来，切实增强忧患意识和责任意识，始终做到在大是大非问题上认识不含混、态度不暧昧、立场不动摇，倍加顾全大局，倍加珍视团结，倍加维护稳定，旗帜鲜明地反对民族分裂主义和非法宗教活动，支持和协助党委、政府把维护稳定的治本措施落到实处，发挥好政协组织和政协委员在维护稳定中的积极作用。

会议号召，全县政协委员要高举中国特色社会主义伟大旗帜，紧紧团结在以胡锦涛为总书记的中共中央周围，坚持以邓小平理论、“三个代表”重要思想和科学发展观为指导，在中共和静县委的领导下，深入学习贯彻中共十七届三中、四中全会以及县委十一届五次全委（扩大）会议和常委（扩大）会议精神，坚定信心，应对挑战，献计出力，为和静的和谐稳定、繁荣发展而努力奋斗！（杨　超、陈海燕）

【政协和静县第十三届委员会常务委员会会议】

第6次会议　2009年2月13日，在县政协会议室举行。县委常委、常务副县长谭天、县人大常委会副主任王明琪应邀出席会议。住县自治州政协委员、各基层政协学习联络小组组长列席会议。县委常委、政协党组书记坎·巴太主持会议。会议传达学习了自治州政协十届二次会议精神；通报了县政协十三届二次会议提案工作情况；协商通过了《和静县政协2009年度工作要点》（草案）。

第7次会议　2009年3月30日在县政协会议室举行。副县长司马义·艾依提、县人大常委会副主任买买提·赛来应邀出席会议。住县自治州政协委员、各基层政协学习联络小组组长列席会议。县委常委、政协党组书记坎·巴太主持会议。会议通报了《关于对和静县农区农业生产情况的调研报告》；协商通过和静县政协专门委员会工作职责、制度（征求意见稿）；协商通过和静县政协进一步加强同各界委员联系的意见、办法（征求意见稿）；通报和静县政协2009年度重点提案督办方案。

第8次会议　2009年9月2日在县政协会议室召开，27名政协常委参加会议，部分住县州政协委员和县十三届政协民族、宗教界委员列席会议，县委、人大、政府领导应邀到会指导。会议由政协主席陶三保主持。会议首先由政协主席陶三保传达学习了胡锦涛总书记视察新疆时的讲话精神；会议听取了副县长张教军作的《关于和静县2009年上半年经济运行和社会发展情况的通报》以及县人民政府《关于和静县政协十三届二次会议以来政协委员提案办理情况的通报》；听取和静县政法委副书记赵树群作的《关于和静县当前维护稳定工作情况的通报》；听取县政协副主席刘英作的《和静县政协关于和静县中小学校周边环境集中整治情况的视察通报》；听取县政协副主席郝根生作的《和静县政协关于贯彻落实县委政府强农惠农政策情况的视察通报》；随后政协委员进行了讨论。

第9次会议　2009年12月25日在县政协常委会议室举行。会议由县委常委、政协党组书记坎·巴太主持，副县长张教军、县人大常委会副主任王明琪应邀出席会议。住县自治州政协委员、各基层政协学习联络小组组长列席会议。

会议协商通过关于召开政协和静县第十三届委员会第三次全委会议的决定；审议通过政协和静县第十三届委员会常务委员会工作报告（征求意见稿）；审议通过政协和静县第十三届委员会常务委员会第二次会议以来提案工作情况的报告（征求意见稿）；审议通过政协和静县第十三届委员会第三次会议议程、日程（草案）；审议通过政协和静县第十三届委员会第三次会议邀请列席的单位和个人的名单、分组名单和各组召集人名单（草案）；协商通过2009年县政协优秀政协委员、优秀提案人、提案先进承办单位候选名单；协商通过政协和静县第十三届委员会第三次会议大会秘书长、副秘书长建议名单；协商通过政协和静县第十三届委员会第三次会议大会发言委员建议名单；协商通过政协和静县第十三届委员会委员候补人员名单。

（杨　超、陈海燕）

【政协和静县第十三届委员会主席会议】

第25次主席会议　2009年2月4日召开，由县政协主席陶三保主持。县政协副主席牙生·吐尔逊、刘英、郝根生，党组副书记拉谢，专职常委巩其克加甫、傲鲁木加甫出席会议，县政协教文卫委员会主任、办公室主任列席会议。会议协商决定政协主席、副主席、党组副书记、专职常委工作分工。根据协商意见，主席会议原则上同意《关于县政协主席、副主席、党组副书记、专职常委工作分工的意见》。要求主席会议组成人员按照工作分工，各司其责，协调配合，扎实做好县政协的各项工作；会议审议并原则通过了《县政协2009年工作要点》，要求作进一步修改后，提交第六次常委会协商通过；会议研究了县政协十三届二次会议提案工作。会议同意2月5日由政协办公室与人大办公室、政府办公室联合召开县人大议案、政协提案交办会。会议研究了十三届二次会议134件提案的立案工作，确定立案提案73件，将未被立案的其他61件原案作为意见建议一并移交政府作为工作参考。研究了2009年度文史资料工作。决定今年上半年完成第五辑文史资料编辑出版工作（内部发行）；讨论通过县政协机关若干工作制度；研究决定了召开第六次常委会议的有关事宜。县政协十三届六次常委会议的建议议题是：传达自治区、自治州政协全委会议精神；协商通过“县政协2009年工作要点”；听取县政协关于县政协十三届二次会议提案立案、交办工作情况的通报。

第26次主席会议　3月18日下午召开，由县政协主席陶三保主持。县委常委、政协党组书记坎·巴太、政协副主席刘英、郝根生，专职常委巩其克加甫、傲鲁木加甫参加会议。政协机关办公室各主任、全体干部参加会议。会议议题：召开县政协机关深入学习实践科学发展观活动动员大会。

第27次主席会议　5月21日下午召开，由政协主席陶三保主持。县政协党组书记坎·巴太，县政协副主席牙生·吐尔逊、刘英、郝根生，专职常委巩其克加甫、傲鲁木加甫、部分政协委员及机关全体干部参加会议。会上讨论通过了政协班子民主生活会材料；安排6月初组织委员到二十二团、协比乃尔布呼乡、乃门莫敦乡、哈尔莫敦镇、巴润哈尔莫敦镇以及小山口水电站就农田膜下滴灌和水利建设情况进行调研。

第28次主席会议　5月25日下午召开，由政协主席陶三保主持，议题是对召开政协深入学习实践科学发展观活动专题组织生活会和民主生活会进行安排部署。县政协党组书记坎·巴太，县政协副主席牙生·吐尔逊、刘英、郝根生，专职常委巩其克加甫、傲鲁木加甫、部分政协委员及机关全体干部参加会议。（杨　超、陈海燕）

【上级政协领导调研】

2009年5月4～5日，巴州政协副主席拉木加甫带领州政协经济科主任曾嵘，州政协委员、巴州粮食局副局长巴生，民政局副局长明杰，水利局副局长谢建军及相关单位负责人一行赴和静县，对和静县落实国家惠农政策及畜牧业发展情况进行调研，县政协主席陶三保、副主席郝根生陪同调研。

8月11日，巴州政协组织部分政协委员，由巴州政协副主席拉木加甫带队，赴和静县对县建设系统开展政风行风民主评议工作。主要评议内容：干部作风、政务公开、依法行政、清正廉洁、优化服务、制度建设。评议程序：听取县建设局政风行风建设情况汇报；召开人大代表、政协委员座谈会；开展明察暗访活动；召开住宅小区居民座谈会，了解建设质量、物业管理方面的情况。县政协主席陶三保陪同工作。

8月18日，巴州政协专职常委赵德山带领部分巴州政协委员及相关部门领导到和静县巴音布鲁克镇就农牧区广播电视和文化建设情况进行调研。通过听取汇报、召开座谈会、实地查看、走访牧民等形式，对和静县牧区广播电视及文化建设情况进行全面了解。调研结束后，县政协起草了关于加强和静县牧区广播电视及文化建设的调研报告。县政协副主席刘英陪同调研。

8月25～26日，巴州政协副主席阿布力孜·艾山带领的州政协工作组对和静县政协的自身建设及提案工作情况进行调研。县政协主席陶三保汇报了政协和静县十三届委员会成立以来政协自身建设以及提案办理情况、存在的问题等。州县政协领导就如何进一步加强和做好新时期政协工作进行了座谈。县委常委、县政协党组书记坎·巴太主持会议。县政协副主席牙生·吐尔逊、刘英、党组副书记拉谢以及机关全体干部参加座谈会。

9月10日，由巴州政协副主席阿布力孜·艾山带领的州政协调研组就民族宗教工作赴和静县调研。和静县委常委、统战部部长苏来曼·玉色因就民族宗教情况进行汇报。调研组走访看望了宫明活佛，并到巴伦台黄庙进行调研。县政协党组副书记拉谢、副主席牙生·吐尔逊陪同调研。

（杨　超、陈海燕）

【提案办理】　政协十三届二次会议共收到委员提案134件，经审查立案73件，已全部办理完毕。委员对提案办理的满意率和基本满意率达到95%。政协和静县第十三届委员会第三次会议的提案征集工作，截至年底，共收到委员提案172件，其中团体提案7件，个人提案113件，联名提案52件，提出提案的委员达到281人次。按照《提案工作条例》的有关要求，政协十三届提案审查委员会对收到的提案进行了认真的整理和审查。从提案内容上看，经济、科技方面的有56件，农林水牧方面的32件，科教文卫方面的36件，政策法规劳动人事等方面的23件，社会人民生活方面的11件，统战民族宗教方面的4件，其他方面的10件。（杨　超、陈海燕）

【调研工作】　2009年2月23～25日，县政协主席陶三保，副主席刘英、郝根生带领县农业、水利、农资等部门和部分政协委员，先后到协比乃尔布呼乡、乃门莫敦乡、哈尔莫敦镇对农业生产情况进行调研。在调研活动结束后，调研组召开了总结会，就发现的问题提出了意见和建议，并向县委提交了《关于对和静县农区农业生产情况的调研报告》。

3月31日～4月2日，县政协主席陶三保、副主席郝根生、党组副书记拉谢带领由统计、工商联、金融等部门和部分政协委员，先后到巴润哈尔莫敦镇工业园区、哈尔莫敦镇红源辣椒农民组织专业合作社、旭华阀门铸造厂、县胡杨酒厂、二十三团亚泰绿宝酒业、开都河酒业、县工商银行、农业银行等中小企业和金融机构，就中小企业经营发展状况以及融资贷款等方面情况进行调研。调研结束后，向县委提交了《关于和静县中小企业融资贷款难问题的调研报告》。

6月3日，县政协副主席刘英带领部分政协委员，会同县综治办、建设局、广电局、电信局、团委等部门，对县城以及乡镇中小学校周边环境进行调研。调研结束后，向县委、政府提交了《关于和静县政协调研中小学校周边环境集中整治情况的报告》。

6月10~11日，县政协副主席郝根生带领部分相关界别政协委员，会同县农业、水利、林业、畜牧等部门，对和静县农业优惠政策贯彻落实情况进行调研。调研结束后，县政协向县委、政府提交了《关于和静县落实强农惠农政策情况的调研报告》。

8月25~26日，县政协副主席郝根生带领部分政协委员及国土资源局、金特钢铁、金融等单位，到协比乃尔布呼乡、和静镇、备战铁矿、凯宏矿业、金特钢铁等地就和静县农村运输专业户情况和矿业发展情况进行调研。调研结束后，县政协向县委、政府提交了《关于拟成立协比乃尔布呼乡农村运输专业合作社并为矿业开发服务的可行性调研报告》。

10月20~21日，县政协副主席郝根生带领部分涉农单位政协委员和县农口部门负责人，深入和静县哈尔莫敦镇、巴润哈尔莫敦镇、和静镇、乃门莫敦乡、协比乃尔布呼乡，对农业生产情况以及惠农政策落实和产业结构调整等情况进行调研。调研结束后，调研组召开了总结会，并向县委提交了《壮大农村经济，促进农村社会和谐发展的调研报告》。

10月22日，县政协副主席牙生·吐尔逊带领部分政协委员及统战部、民宗局、教育局、妇联等单位，深入巴润哈尔莫敦镇、哈尔莫敦镇、和静镇、乃门莫敦乡，就少数民族党员和中小学生信教情况以及维吾尔族妇女和回族妇女戴面纱情况进行调研。调研结束后，县政协向县委提交了《关于基层宗教活动情况的调研报告》。

（杨　超、陈海燕）

【文史资料编纂】 2009年，和静县政协坚持“高举爱国主义旗帜，坚持实事求是”的原则，编辑出版了政协第五辑《文史资料》。县政协第五辑文史资料搜集工作于2009年3月 启动，参与人数18人，通过认真征集、整理、编纂，于9月中旬出版发行，全书共计16万字。9月23日，县政协结合庆祝新中国成立和人民政协成立60周年座谈会举行了第五辑文史资料发行仪式。

（杨　超、陈海燕）

【委员培训】 2009年3月，和静县政协举办政协委员理论知识培训班。县十三届政协委员、在和静县的自治州政协委员、各基层政协学习联络小组组长，共计105人参加了培训。9月，县政协举办少数民族界、宗教界委员培训班，全县58人参加培训。委员们学习了党关于民族团结和维护社会稳定等方面的方针政策，通报了和静县经济和社会发展情况，组织委员们视察了金特钢铁、查汗乌苏水电站等企业。

（杨　超、陈海燕）

【政协机关自身建设】 2009年，和静县政协抓好政协机关日常工作，完善了《政协专委会联系委员的办法》、《关于进一步加强同政协委员联系的意见》、《基层政协学习联络小组工作方案》等制度。认真组织区、州驻县委员参加自治区、自治州政协会议，精心准备、提交提案。利用节假日走访、慰问民族宗教界委员。发挥政协领导熟悉情况、经验丰富的特长，在处理企业纠纷、干群矛盾中发挥作用，将矛盾消除在萌芽状态。加强精神文明创建，巩固自治区级精神文明单位的荣誉称号。重视扶贫帮困工作，为协比乃尔布呼乡查汗才开村解决5 000余元帮扶资金。组织全体干部职工开展健康有益的文体活动，丰富了干部职工的业余文化生活。

（杨　超、陈海燕）

【2009年政协和静县十三届委员会发文（部分）】

1.和政协字〔2009〕1号《关于政协和静县第十三届委员会主席、副主席、常委工作分工的请示》。

2.和政协字〔2009〕3号《关于对我县农区农业生产情况的视察调研报告》。

3.和政协字〔2009〕5号《关于和静县中小企业融资贷款难问题的调研报告》。

4.和政协字〔2009〕6号《关于和静县政协视察中小学校园周边环境集中整治情况的报告》。

5.和政协字〔2009〕7号《贯彻落实强农惠农政策 发展壮大农村经济任重道远——和静县政协关于视察我县落实强农惠农政策情况的报告》。

6.和政协字〔2009〕10号《关于进一步加强和静县政协信息工作的意见》。

7.和政协字〔2009〕11号《壮大农村经济，促进农村社会和谐发展——和静县政协关于视察我县农业工作情况的报告》。

8.和政协字〔2009〕12号《关于对拟成立协比乃尔布呼乡农村运输专业合作社并为矿业开发服务的可行性调研报告》。

9.和政协字〔2009〕13号《和静县政协关于基层宗教活动情况的调研报告》。

10.和政协字〔2009〕14号《关于表彰优秀县政协委员、优秀提案人、提案承办先进单位的决定》。

（杨　超、陈海燕）

政协办公室工作

【和静县政协办公室领导人】

办公室主任：魏　雍

教文卫主任：杨　超

【概况】 2009年和静县政协办公室有工作人员11人，其中主任1名、教文卫主任1名。办公室位于县党政办公大楼四楼。有办公室及大小会议室17间，办公室实现了电脑自动化，办公条件大有改善，有交通工具3辆。（杨　超、陈海燕）

【2009年政协办公室发文（部分）】

1.和政协办〔2009〕3号《关于印发〈和静县政协2009年度工作要点〉的通知》。

2.和政协办〔2009〕9号《关于印发和静县政协〈关于进一步加强同各界别政协委员联系的意见〉等制度的通知》。

3.和政协办〔2009〕16号《关于印发和静县政协机关工作制度的通知》。

4.和政协办〔2009〕24号《和静县教育资源整合情况调研报告》。

5.和政协办〔2009〕25号《和静县政协关于提前做好十三届三次全委会议提案准备工作的通知》。

6.和政协办〔2009〕32号《关于召开政协和静县第十三届委员会第三次会议的通知》。（杨　超、陈海燕）

法　　治

政　　法

【和静县政法委领导人】

政法委书记：坎·巴太（蒙古族）

政法委副书记：杨亚龙、赵树群、艾尔肯·艾山（维吾尔族，2009年2月离任）、艾合买提·赛买提（维吾尔族，2009年10月任职）

综治办副主任：才加甫（蒙古族，2009年10月任职）

【概况】 和静县政法委成立于1985年4月，编制7人。2009年政法委共有干部10人。其中蒙古族3人、维吾尔族1人，全部具有大专以上学历。设专职副书记2名，综治办主任由政法委常务副书记兼任，设副主任1名。主要职责是统一政法各部门的思想和行动；对一定时期内的政法工作做出全面部署，并指导、督促贯彻落实；检查政法部门执行法律、法规和党的方针、政策的情况，结合实际，研究制定严格执法、加强服务，落实党的方针、政策的具体措施；监督政法各部门依法行使职权，指导和协调政法各部门密切配合，督促推动大案要案的查处工作，研究和讨论有争议的重大、疑难案件；研究加强政法队伍建设和领导班子建设的措施，协同组织部门做好政法部门干部的考察任用，协助纪检、监察部门查处政法系统干警违法违纪案件等。（王　淼）

【政法队伍建设】 2009年，和静县政法委根据维稳工作的形势需要，先后对全县的12名综治干部进行了提拔任用，提高了14名长期维护稳定工作一线辛勤工作的政法系统干警的职级待遇。加大综治工作人员的选拔培养力度，县委政法委会同县委组织部、基层办对全县各乡（镇）的综治工作人员进行考察，建立综治后备干部花名册。县委政法委、综治委注重在提高综治队伍的维稳能力上下工夫，联合县委组织部、党校举办专门培训班，并通过“以会代训”、讲公开课等形式，加强对基层综合治理干部的培训，提升整体队伍素质。（王　淼）

【综治工作开展情况】 2009年初，县委召开政法工作会议，对全年维护稳定、社会治安综合治理、平安建设各项工作进行了具体安排部署，全面实行社会治安综合治理责任制，县委、县人民政府分别与全县14个乡（镇）、场，57个县直部门、单位签订了社会治安综合治理暨平安建设责任书，乡（镇）与村（社区）、县直部门与所属系统的科、所、室也签订了目标考核责任书，形成了“一级抓一级、层层抓落实”，横向到边、纵向到底的良好工作格局。同时，制定下发《关于做好2009年重大敏感时期维护稳定工作的意见》等一系列重要文件，先后召开2次政法委全体委员会议、5次综治例会，对2009年三个阶段的维稳工作进行安排部署。

建立并完善了由综治办、司法所、派出所、武装部、法庭等部门参与的综治工作中心，给每个中心拨付1万元资金，进一步建立健全工作制度，加强了内部建设。各综治中心坚持每周召开一次会议，对排查出的治安隐患、矛盾纠纷进行集中梳理，制定相关措施，把各类问题解决在萌芽状态。2009年和静县实行综治暨平安建设工作新例会制度，将原来每月一次召开的综治例会改为每两个月轮流在各乡（镇）召开一次，每次时间为两天，并检查该乡（镇）的综治暨平安建设工作。坚持定期检查和不定期检查相结合，与综合治理干部警衔工资挂钩，严格考核和奖惩。制定《和静县党政干部问责办法》、《重大案（事）件责任追究制度》、《综治成员单位评议制度》，严格责任查究。（王　森）

【维稳和安保工作】 2009年，和静县政法委在乌鲁木齐“7·5”事件发生后，立即启动突发事件应急工作机制，迅速成立县维稳反恐指挥部，完善《应急处突指挥预案》，建立由县委书记总负责，县四套班子领导分片包抓全县8个区域维稳工作的机制，全县共下派123个工作组658名维稳工作人员，深入到基层社区、村组和学校、厂矿、企业指导开展正面宣传教育、情报信息搜集、治安联防联控、出租房屋流动人口清查管理、矛盾纠纷排查化解等工作。成立由45人组成的专职反恐防暴队。建立“军警民”联防机制，提高社会面的防控能力。在维稳和国庆安保工作中，通过多措并举，保障了乌鲁木齐“7·5”事件后和国庆安保期间全县社会大局的稳定。在打击三股势力及“法轮功”等邪教组织的工作中，县委、县人民政府研究制定了《和静县处置突发事件工作预案》，县公安局和各乡（镇）先后进行了集中演练。按照“特情覆盖敌情、情报统领警务”的思路，不断强化谋略斗争和情报信息工作，累计收集敌社情361条。2009年，先后破获三起煽动分裂国家专案，破获邪教类案件1起，打击处理2人，破获“7·9”纵火案，有效维护了社会稳定秩序。（王　森）

【打击刑事犯罪】 2009年，县法院坚持“公平、正义”的原则，2009年共依法受理各类案件1 548件，审结1 396件，结案率为90.2%；认真组织开展清理积案化解工作，对历年的394件积案进行了集中化解；县检察院认真履行法律监督职能，不断提升侦查监督、审判监督水平，2009年共受理提请逮捕案件111件172人，提请逮捕案件和人数分别上升3.7%、18.6%；县公安局认真组织开展多发性侵财犯罪、百日严打、整治治安突出问题等专项行动，严厉打击各类刑事犯罪，全县刑事案件发案率持续下降。共受理各类治安案件1 012起（其中治安调解案件73起），查处941起，查处率92.98%，发案受理数同比上升6.86%；县司法局认真组织开展“五五”普法和“法治六进”活动，积极构建人民调解与行政调解、司法调解工作衔接机制，共受理各类矛盾纠纷3 419件，调解成功2 962件，成功率86.6%。其中各级人民调解组织调处成功案件1 732件；县直各行政执法部门调处成功案件353件；县法院调处成功案件877件。（王　森）

【治安防控体系建设】 2009年，和静县政法委充分发挥公安、武警、民兵、保安、“红袖标”人员和机关干部、社区群众等组织的积极作用，构建了县、乡、村（居）三级治安防范网络，组织开展了巡逻、治保、联防等工作，并在县城和各乡镇实施了“全球眼”电子监控设备二期工程，加强对社会面的控制。全县各部门、各单位实行24小时值班制度，组织人员加强了对外来人员的登记排查，在主要路段、重要部位设立卡点，在单位内部设立了登记询问台。建立和完善以基础设施为重点的物防网络。城镇逐步完善小区“五小工程”的建设与改造，新建小区全部按标准审批修建，县维稳办、综治办专门下发《关于加强物防、技防建设专项治理的通知》，要求各单位进一步加强单位内部、住宅小区物防建设，凡财政供养人员必须安装防盗门、防盗窗。2009年，全县新安装民户防盗门4 396个、防盗窗6 840个、单元防盗楼门378个，停车场和自行车棚10处。县财政把“全球眼”视频监控二期工程纳入财政预算，并结合城乡案件多发等特点，组织县综治办、公安局、电信公司等部门到库尔勒市考察技防设备布控，并对县各个安装点重新进行踏勘和设计，目前，二期工程正在实施阶段。同时，对全县144个重要单位和重点部位安装和改装升级了电视监控系统或报警器，重点场所、重点部位的技防安装率达100%。（王　淼）

【集中整治及专项治理】　2009年，和静县政法委结合实际，在对全县社会治安状况进行全面细致调查摸排的基础上，制订《和静县2009年集中整治工作实施方案》，调整了相关组织领导机构、工作机构和巡视督导组组成人员，建立健全了由县综治成员单位、社区警务及包乡驻村单位共同包联集中整治重点村（居委会）的工作机制。在年内开展了3次督导检查，集中整治工作成效明显。通过整治已解决6个乡（镇）、场、10个村、2个集贸市场、2个社区的9个突出问题，建立了由综治办、村（社区）、公安民警、“红袖标”人员为一体的社会治安综合治理暨平安建设捆绑机制，出台了相关的考核办法，调动了各方面的积极性。实行该机制以来，和静镇治安、刑事案件高发势头得到有效遏制，治安秩序好转，此经验已由州综治办向全州推广。深入开展流动人口和出租房屋专项治理，在全县范围内组织开展了5次流动人口“千人大清查”行动，对出租房屋、旅馆、流动人口聚居区进行了集中清理。研究制定出租房屋管理办法，组织公安、建设、社区等单位人员，分成10个工作组，对和静镇的出租房屋进行集中清理和整顿，摸清了基本情况，共清查登记暂住人口25 910人，办证24 072人，清查出租房屋745户3 779间。通过加强出租房屋和流动人口管理，破获各类刑事案件55起，抓获网上逃犯67名，查处各类治安案件9起。三是开展了清理整顿文化市场和网吧专项行动，组织公安、工商、文体、民宗等部门工作人员，对游戏厅、网吧、棋牌室、歌舞娱乐场所、音像制品店、打字店、复印店进行清理整顿，没收非法出版物1 350张（册）。加强铁路护路、电力设施保护、废旧物品收购、道路交通秩序、牧区闲散人员在县城酗酒滋事等专项治理。挂牌成立“和静县打击涉电犯罪领导小组办公室”，并从县公安局、供电公司抽调人员专门开展此项工作。加强安全生产管理，开展了酒后驾车、矿山企业、消防等专项治理。

（王　淼）

【平安建设宣传】　2009年，和静县政法委加强对各级领导干部综治、平安建设宣传培训，将学习宣传纳入各级党委中心组学习和党校培训工作计划中，相继在县科级干部培训班、中青年后备干部培训班、党支部书记培训班、村“两委”干部培训班、团干部和少先队辅导员等5个班次上开展宣传教育培训工作，培训干部人数近600人次。继续推行“违法成本公式”和“案件回访”宣传教育，在思想深处切实增强了群众守法意识。制作8期《平安和静》栏目，大力宣传平安建设工作。组织动员各乡（镇）机关、站所村（社区）干部职工深入各村组、居民住宅小区，按照“四知四清四掌握”工作要求，开展入户走访工作，做到户户访问宣传、人人登记、广泛收集社情民意，听取群众意见和建议，面对面地宣传综治、平安建设、民族团结及有关法律法规，进一步提升了平安建设宣传水平，群众知晓率、参与率明显提高。以举办大型群众文体活动为载体，全面提升平安建设宣传效果，利用重大节假日，在县城街心花园、东归旅游步行街、农区四乡镇“巴扎日”，累计开展了6场次大型联合集中宣传活动；在开展“东归文化百日广场”活动中，举办了11场次以“民族团结繁荣发展，携手共建平安家园”为主题的大型文艺演出；并成功举办以“弘扬东归爱国主义精神、创建平安和谐社会环境”为主题的自治州第六届“东归那达幕艺术节”、东归汽车拉力赛和环天鹅湖赛马拉力赛等活动；进一步推动“五五”普法工作深入开展，特别是针对牧区牧民流动性大、牧民居住分散、伤害案件易发等特点，组织各乡（镇）、场干部、派出所民警、司法所工作人员深入到各个牧民定居点和放牧点开展“以案说法”活动，以身边发生的事教育和引导群众知法、守法和用法。并利用农闲时节，组织法制宣传讲师团深入农区24个村宣讲法律法规。

（王　淼）

公　安

【和静县公安局领导人】

局　长：杨亚龙

政　委：吕明洲

副局长：阿里甫·吐尔逊（维吾尔族）、郭俊峰、邓　鑫、巴图孟开（蒙古族）、托力木杰（蒙古族，2009年6月任职）、海　宏（2009年10月任职）

副政委、纪检书记：张晓东

【概况】　和静县公安局位于团结东路，成立于1950年。内设机构分执法警务机构和综合管理机构。执法警务机构：指挥中心（加挂办公室牌子）、国内安全保卫大队、刑事侦查大队、交通警察大队、治安管理大队。综合管理机构：政工监督室（加挂纪委、监察室、督察大队牌子）、法制室、警务保障室。设有16个派出所、2个监管场所（看守所、拘留所）。主要职责是组织领导全县刑事案件的侦破工作，协调和直接指挥处置辖区内事件和突发事件。指导、监督、承担全县公安机关依法查处危害社会治安秩序的行为；依法管理户口、居民身份证、枪支弹药、危险物品和特种行业等工作。

（冶志强）

【治安管理】　2009年，和静县公安局累计查结各类治安案件941起，处理违法人员543人。入户调查累计67 810户次，变更项目25 834条，受理上传合格办证信息9 173人，发证7 300人。登记暂住人口25 910人，办证24 072人，录入微机25 910人。全县辖区21个民爆储存库房全部重建完毕，达到安全标准并投入使用。破获涉枪案件2起，收缴各类枪支5支，其中小口径枪1支，猎枪2支，改制枪2支，各类军用子弹96发，民用子弹28发，雷管318枚。共登记出租房屋745户3 779间，签订责任书745份；9家歌舞娱乐场所安装了视频监控；全县辖区旅店业共装机开业81家，安装核验机具59家，旅客入住上传信息103 551条。与辖区重点单位签订各类目标责任书101份，指导建立健全保卫机构101个，排查各类隐患31处，发放整改通知书22份。重点单位内部"三防"设施覆盖率已达100%。全县辖区共划分了606个巡护区域，组建了606支护卫队，落实各民族护卫人员2 843人。其中：护厂队159支825人，护校队40支264人，护村队179支778人，护寺队84支301人，护院队75支393人，护店队69支282人。　（冶志强）

【户籍管理】　2009年，和静县年末户籍总人口达18.71万人，比上年增长1%；在总人口中，少数民族为8.87万人，占总人口的47.4%；地方人口14.32万人，兵团人口4.39万人。　（冶志强）

【出入境管理】　2009年，共登记境外人员180人，境外人员的户口申报率达100%。受理公民因私出国（境）225人次，其中申请出国99人次，申请赴港澳台126人次，其中异地核查、因公核查复函33人次。　（冶志强）

【公安宣传】　2009年，和静县公安局交警大队开展"五进"宣传1 046场次，接受教育人数达16.2万人次。播放交通安全警示教育片100余场次，展出事故展牌180场次，印发交通安全宣传单及交警提示10万余份，张贴宣传标语和宣传单800余张，制作《平安在线》专题节目8期，举办交通肇事、违法驾驶员教育培训班3期，组织车管单位、危险化学品使用单位及有关企业领导学习11次。组织开展以禁毒法宣传、关爱妇女儿童、"3·15"多部门联合宣传及"6·26"禁毒宣传为重点的禁毒集中宣传活动。累计出动警力130人次，警车39余次，向各族群众发放宣传单4 000余张，宣传海报300余份。　（冶志强）

【案件侦破】　2009年，和静县公安局强化对突出犯罪严打的理念，始终保持对严重暴力犯罪、多发性侵财犯罪的严打高压态势。及时破获"10·21"盗窃牲畜案件、和钢系列工业物资被盗案、"5·11"系列辣椒被盗案等影响恶劣、人民群众反映突出的重特大疑难案件。全年现行案件破案率75%，抓获网上逃犯63人，其中跨省逃犯12人，本省外地及历年逃19人，协外抓获命案逃犯4人，打击处理犯罪嫌疑人222人。　（冶志强）

【交通管理】　2009年，和静县公安局交警大队加强交通治安整治，形成严管态势，深入排查，及时整改隐患，对无牌无证、乱停乱放、超限超载、酒后驾车、农用三轮车载人、非法改装车辆上路等行为进行集中治理。累计纠正各类违章20 323起。全县发生道路交通事故35起，死亡17人，受伤38人，直接经济损失9.81万元，事故起数下降16.3%，死亡人数下降10%，受伤人数下降20.8%，经济损失下降41.7%，事故死亡人数占全年控制指标24人的70.8%。　（冶志强）

【经济犯罪侦查】　2009年，和静县公安局在打击假币犯罪“09行动”工作中，一举抓获3名重点督捕的假币案件网上逃犯，追捕率达100%，超额完成上级要求的50%的指标。全年缴获假币36 935元，占银行收缴数的101%，打击假币犯罪“09行动”战果显著，获全疆公安机关打击假币“09行动”先进集体。受理经济案件21起，立案20起，破案18起、不予立案1起，撤销1起，抓获犯罪嫌疑人17人，直接挽回经济损419.85万元。（冶志强）

【禁毒工作】 2009年，和静县公安局破获毒品刑事案件2起，抓获犯罪嫌疑人6名，缴获大麻12千克（折合海洛因30克）。通过吸毒人员管控，共破获58起涉毒行政案件，行政处罚87人，强制戒毒12人。（冶志强）

【监所管理】 2009年，和静县公安局坚持“警情跟着狱情走”的原则，制定新的勤务模式，将全部警力设置5个岗位：领导带班岗位、值班巡视岗位、管教岗、内勤岗位、深挖犯罪岗位，对在押人员的管理坚决做到依法、严格、科学、文明管理。及时掌握在押人员的思想动态，结合不同案情和思想情况，有针对性地开展思想教育工作。深入开展深挖犯罪工作，共提供线索23条，其中有价值线索19起，破案19起，其中重大10起，一般9起。（冶志强）

【消防管理】 2009年，和静县消防部门共检查重点消防单位、场所152个，发现整改火灾隐患99处。全县共发生火灾13起，无人员伤亡，直接财产损失18.62万元，与上年同期相比事故起数上升8%，死亡人数持平，受伤人数持平，直接经济损失下降31%。（冶志强）

【信息化建设】 2009年，和静县公安局百名民警上网计算机拥有量达到110台，公安数字证书发放率100%，共建350兆无线基站7座，基层一线民警配备手持台180个，占一线警力的100%，巴州公安局配发的32台执法仪已配备到基层一线民警，10个标准化信息采集室均建立完毕，标准化信息采集室均通过州局的验收，指纹采集软件和足迹花纹自动识别系统终端设备均建设完毕，全球眼监控系统一期工程已安装探头80处，第二期拟建29处。指挥中心视频监控系统的其他配套设备也安装就绪。指挥中心共接警29 055起，其中有效警4 526起，无效警24 529起，群众求助2 488起，其他721起。暂住人口、工作对象，特种行业场所、危险物品、租赁房屋、旅馆业、民爆、枪支等信息的采集率达到90%以上；治安、刑事案件涉及的违法犯罪人员的指纹信息采集率、入库率均达到100%；案件上网率达到100%。全局“警综平台”共录入信息78 247条。（冶志强）

【法制工作】 2009年，和静县公安局共审核行政案件295起，纠正行政执法不当行为700多条；共审核刑事案件个案265起，刑事拘留262人，提请逮捕169人，批捕163人，批捕率96%，起诉206案245人，准诉率97%。全年未发生一起使用强制措施不当和发生错案的情况。（冶志强）

【办公室工作】 2009年，和静县公安局编发各类简报、快报376期，整理各门类档案9 952卷（件、册），整理图书资料72册，编写了公安局档案全宗介绍、组织机构沿革、大事记，补充完善了各项规章制度，购置添置了电脑、扫描仪、打印机、档案管理软件等设备，形成门类齐全、布局合

理的科学化档案管理模式。（冶志强）

【队伍建设】 2009年，和静县公安局举办计算机、法制、出入境、公安统计、档案管理、信访等各种培训班11期，受培训人员217余人次，派34名民警参加州局举办的各种公安业务培训班，组织2批28人次到外地公安机关参观学习。开展重要警务部署措施活动督察18人次，重点地区场所治安管理督察26人次，使用武器警械督察6人次，使用警车督察15人次，使用警用标志督察19人次，警容风纪督察23人次。走访慰问公安英烈家属、因公伤残民警、生活特困民警家庭并发放各类慰问金 24 500元；对生病住院的民警、退休民警及民警家属进行慰问发放慰问金5 900元；年内在各新闻媒体刊登稿件 832篇。县电视台专门开设警务专栏每周定时播出。（冶志强）

【民警大走访】 县公安局在开展“公安民警大走访”爱民实践活动中，共出动警力1 382人次（其中领导班子成员走访44人次、其他人员走访145人次），走访党政机关、行政事业单位141家，企业单位162家，村委会225个，学校30所，旅馆业18家，居委会44个，娱乐场所22家，废旧物品收购业3家，城区家庭1 637个，农村家庭2 062个，社区群众2 100人。通过走访，向群众深入了解情况获取信息968条，征求各类意见建议1 218条，开展宣传服务教育194场次。走访帮扶困难企业10家，走访帮扶困难群众151人，发放救助资金29 300元。集中推出服务举措118条，化解纠纷160起，集中侦破群众关注的案件43起，集中解决信访问题8件，攻克治安案件83件，集中整治治安隐患72个。（冶志强）

【表彰奖励】 2009年，和静县公安局获自治区公安机关“三基”工程建设先进集体荣誉称号。（冶志强）

检　察

【和静县人民检察院领导人】

党组书记、副检察长：陈明华

检 察 长：张国强（2009年12月离任）、邓波（2009年12月任职）

副检察长：帕格万（蒙古族）、姚晓鹏、再丁·吐尔逊（维吾尔族）、苏依力（蒙古族）

纪检组长：确　登（蒙古族）

【概况】 和静县人民检察院位于县建设一路，成立于1955年9月。2009年，编制37人，实有人数29人。内设审查批捕科、审查公诉科、反贪局、法纪检察科、民事行政检察科、控告申诉检察科、监所检察科、政工科、办公室。主要职责是依法立案侦查贪污、贿赂犯罪，国家工作人员的渎职犯罪，国家机关工作人员利用职权实施的侵犯公民人身权利、民主权利的犯罪，以及需要由人民检察院直接受理、立案侦查的国家机关工作人员利用职权实施的其他重大犯罪案件，依法开展预防职务犯罪工作。对于公安机关、国家安全机关侦查的案件进行审查，决定是否逮捕、提起公诉或者不提起公诉。并对侦查机关的侦查活动是否合法实行监督等。（杜　智）

【批捕】 2009年，和静县人民检察院审查批捕受理案件110件170人，其中受理公安机关提请逮捕案件106件166人，受理公安机关提请复议案件2件2人，受理本院自侦部门提请逮捕2件2人。所有受理的案件经审查后批准逮捕101件160人，决定逮捕1件1人，决定不逮捕1件1人，对公安机关提请逮捕的案件经审查后，以构成犯罪无逮捕必要不批准逮捕4件5人，以患有重大疾病不具备逮捕条件不批准逮捕1件1人。公安机关对不捕的2件2人向县检察院提起复议，经审查后维持原不捕决定。（杜　智）

【起诉】　2009年，和静县人民检察院受理提请起诉案件130件221人，与上年同期相比分别上升13%和21%。其中已审查终结案件113件193人、退回补充侦查案件3件3人、待审查14件25人；已审查终结案件中起诉案件108件184人、报送州院审查起诉案件4件5人、不起诉案件1件4人。人民法院提请起诉案件136件224人，其中“两简审”（适用普通程序简化审和适用简易程序审）案件占起诉案件的80%。已审结案件中无错诉、漏诉和无罪案件，无超期限办案案件，移送起诉案件有罪判决率达100%。（杜　智）

【查办和预防职务犯罪】　2009年，和静县反贪局共受理贪污贿赂案件线索 11件，初查案件 11件，初查后立案侦查4件4人，性质分别为涉嫌受贿1件 1人，挪用公款2件2人，贪污、受贿1件1人。侦查终结5件5人（含上年积存1件1人），移送审查起诉5件5人（含上年积存1件1人），通过办案挽回经济损失 25万余元。共受理渎职侵权犯罪案件线索3件，初查案件线索3件，立案侦查3件3人，立案数比上年有大的上升。侦查终结3件，移送起诉3件3人，所立案件中，动植物检疫徇私舞弊案2件2人，非法批准占用土地1件1人。协助州院侦破石油系统“3·13”系列案件2件2人。（杜　智）

【诉讼监督】　2009年，和静县人民检察院改变公安机关定性3件4人，对受理的案件审查后建议追诉3人，正确改变侦查机关定性4件7人，引导侦查机关侦查取证案件9件19人。参与侦查机关疑难重大复杂案件讨论5件14人，与审判部门召开案件分析交流会1次，列席审判委员会会议1件1人，与公安机关召开工作联系会3次，结合案件对青少年犯罪问题召开法制教育讲座2次，办理涉法上访案件2件2人。（杜　智）

【民事行政】　2009年，和静县人民检察院共受理不服人民法院判决、裁定的民事申诉案件6件，其中经审查决定向巴州检察院建议提请抗诉1件，州院支持抗诉1件，息诉服判5件。走访县法院生效判决的当事人13人次，与法院联系工作8次，与律师事务所联系10次，向县人大法工委汇报民事行政工作1次，旁听县法院民庭庭审2次，法律宣传及“下访”4次。（杜　智）

【监所检察】　2009年，和静县人民检察院开展监所检察工作，2009年在押犯人刑满释放6人，投送监狱73人，变更强制措施释放101人，取保候审释放6人，判缓刑释放88人，羁押转移带走27人，不应当追究刑事责任释放1人，不批准逮捕4人，不起诉释放1人，送劳教4人。（杜　智）

【自身建设】　2009年，和静县人民检察院举办各类检察业务培训班12期，参加人员64人次。采取实践练兵、以老带新的方法，80%的新干警在较短时间内能够单独办案。组织案件讨论会、总结会，坚持开展“考评庭”、“观摩庭”活动，不断提高办案水平和分析能力。坚持定期对案件进行自查、复查。（杜　智）

【控告申诉检察】 2009年，和静县人民检察院接待来信来访，受理各类举报、控告、申诉线索57件，同比上升18%。受理的各类线索中，举报线索19件，占受理总数的33%；各类申诉案件9件，占受理总数的16%；控告29件，占受理总数51%。对受理的举报、控告、申诉线索，检察长交由控申科办理2件、初查7件、分转本院其他部门办理19件、转其他机关1件、直接答复29件。全年办理检察长接待日批办13件，检察长接待38件50人。（杜 智）

审 判

【和静县人民法院领导人】

党组书记：孙 强

院　　长：明吉格（蒙古族）

副 院 长：阿扎提（维吾尔族）、周德海

【概况】 和静县人民法院成立于1950年12月，始称和靖县人民法院，1965年11月更名为和静县人民法院。2009年编制69人，实有人员65人，其中具有法官资格的32人。法院内设立案庭、刑事审判庭、民事审判庭、行政审判庭、审判监督庭、执行庭（局）、法警大队、研究室、行政办公室、政工科，下设哈尔莫敦法庭、巴伦台法庭、巴音布鲁克法庭。主要职责是依法审理法律规定由基层人民法院管辖，中级人民法院指定管辖的刑事、民事、行政等一审案件。依法审理中级人民法院指令再审的案件，受理当事人不服本院发生法律效力的判决并提起申诉的案件和人民检察院按审判监督程序提出抗诉的案件等。2000年评为自治区级文明单位。（任万民）

【刑事审判】 2009年，和静县人民法院共受理刑事案件164件，全部审结，其中判决147件，调解、撤诉、驳回起诉17件，当庭认证率100%。判决涉案被告有罪的255人，其中判处3年以下有期徒刑、缓刑、拘役及单处罚金的198人，判处3年以上10年以下有期徒刑的27人，判处10年以上15年以下有期徒刑的18人。在审结的案件中依法公开审理138件，涉及未成年人依法不公开审理的11件，当庭宣判66件，当庭宣判率45%，宣判后当事人不服提出上诉的10件（其中维持3件，发回5件，改判案件2件）。（任万民）

【行政案件审理】 2009年，和静县人民法院受理行政争议案件4件，全部审结；办理非诉行政案件4件；提出司法建议12件。（任万民）

【民商事案件审理】 2009年，和静县人民法院受理各类一审民商事案件1 402件，审结1 397件，结案率99.6%。共调解结案1 172件，调解率84%，同比上升8.5个百分点；共判决结案225件，同比下降4.3个百分点。（任万民）

【执行案件】 2009年，和静县人民法院共办理执行案件1 075件，办结1 019件，办结率95%，实际执结率68.4%（不包括中止结案案件）。受理执行案件681件，执结625件，执结率91.8%；清理历年执行积案394件（其中有财产可供执行案件75件，无财产案件92件，其余按中央政法委、最高人民法院“五查”标准结案）。县人民政府拨付司法救助资金20万元，解决了10件重信重访执行积案。（任万民）

【审判管理和监督】 2009年，和静县人民法院召开审判委员会会议31次，研究讨论各类案件275次，评查各类案件791件，定期旁听各类审判案件89件，评查裁判文书100件。通过庭审观摩、裁判文书和案件质量评查，强化立案、审理流程管理，规范法官庭审言行，倡导司法文明。

（任万民）

【来信来访】 2009年，和静县人民法院高度重视涉诉信访工作，及时将涉诉信访情况向县委及有关部门通报。实行信访责任制、首办负责制，设立信访接待室，建立院长接待日制度，坚持“开门接访、带案下访”，确保信访案件及时办结。接待群众来信来访及接受法律咨询11 532人次，其中院长接待312人次，为经济确有困难的当事人缓、减、免交诉讼费用8万余元。

（任万民）

【法律宣传】 2009年，和静县人民法院采取送法进乡村、进“巴扎”、进学校等方式开展法制宣传6场次，发放宣传资料1万余份；讲法制课4次，指导举办青少年模拟法庭活动2次。乌鲁木齐“7·5”事件发生后，组建23名干警组成的护院队，做好包联单位的综合治理工作。深入巴音布鲁克镇公开审理一起刑事案件，受教育群众3 000余人。 （任万民）

【队伍建设】 2009年，和静县人民法院加强对干警的岗位培训，举办业务讲座6场次、理论研讨3场次，组织院审委会庭审观摩13次。鼓励干警对新出台的法律、法规、司法解释及时学习，先后有17名干警参加司法考试；开展书记员速录、规范诉讼文书、法警体能大练兵活动。报送信息150篇，简报37期。 （任万民）

【法律监督】 2009年，和静县人民法院贯彻落实《中华人民共和国各级人民代表大会常务委员会监督法》及“和静县人民法院接受人大及其常委会监督的规定”，坚持向人大及其常委会报告工作制度，贯彻执行人大及其常委会的各项决议。通过召开座谈会、邀请人大代表和政协委员视察法院和旁听案件审理等多种形式，把法院工作置于人民群众的监督之下，定期征求执法监督员对法院工作的意见和建设，及时办理人大代表的议案、建议。 （任万民）

司 法 行 政

【和静县司法局领导人】

局　长：金　华（女，蒙古族）

副局长：包力岱（蒙古族）、艾合买提·卡德尔（维吾尔族）

【概况】 和静县司法局位于阿尔夏特东路，1981年成立司法科，1984年9月司法科改称司法局，属行政执法部门，正科级建制。局机关内设有3个部门，即综合管理股、法制工作管理股、基层和两劳人员工作管理股。下设和静县公证处、新疆静安律师事务所、和静县法律援助中心等三个法律服务部门。主要职责是制定法制宣传教育、普及法律常识和依法治理规划并组织实施，指导依法治理工作；负责县依法治县领导小组办公室日常工作；指导司法鉴定和法律援助工作指导和监督律师、公证、法律顾问及社会法律咨询服务工作；指导刑满释放人员、解除劳动教养人员的安置帮教以及人民调解、基层司法所、

"148"法律咨询服务专用电话和基层法律服务工作等。设有乡（镇）司法所13个。2009年全局有人员30人，其中局机关16人，司法所14人。党员16人。（陈晓红）

【人民调解】 2009年，和静县司法局先后指导各乡（镇）调整村级人民调解委员会56个，全县建立人民调解委员会232个，人民调解员1 620人。共排查调解各类矛盾纠纷1 680件，其中调解成功1 571件，调解成功率93.5%。（陈晓红）

【法律服务】 2009年，和静县各法律服务所共办理各类案件271件，比上年增加5.1%，调解纠纷436件，代写法律文书105件，解答法律咨询800余人次，挽回经济损失21.5万元。（陈晓红）

【公证工作】 2009年，和静县司法局办理各种公证3 650件，同比增加59%。公证处对社会特困群体或弱势群体提供公证援助105件，免收公证费6.8万余元。（陈晓红）

【基层司法所建设】 从2002年起，和静县司法局先后利用申请国家专项资金新建司法所2所、协调乡（镇）为10个司法所解决了办公场所。2009年9月，协调县编办为巴音布鲁克镇、巩乃斯乡、巴音郭楞乡、额勒再特乌鲁乡司法所解决5个政法专项编制，先后为12个司法所购置了办公设备，基层司法所均达到"五有、四落实"标准。县司法所、法律援助中心及巴音布鲁克镇、额勒再特乌鲁乡、巴音郭楞乡、巩乃斯乡、阿拉沟乡等5个司法所年内通过自治区基层司法所规范化建设达标考核验收。

（陈晓红）

【刑释解教安置帮教】 2009年，和静县司法局在加强县、乡、村三级帮教网络化体系建设的基础上，进一步建立健全了工作责任制。对刑释解教人员及时登记建档，确保人员不失控。尤其是加强了对"危安犯"实施重点布控。制订并下发《关于在全县开展刑释解教人员排查摸底工作的实施方案》，在全县范围对3年内的解除劳动教养人员和5年内的刑释解教人员进行彻底的排查，做到了帮教对象的数量清、思想情况清、生活状况清，工作措施清。

（陈晓红）

【法律援助】 2009年，县法律援助中心充分发挥乡镇法律援助站的作用，加大宣传力度，扩大援助范围，及时对青少年、残疾人、下岗职工和民工等弱势群体和经济特困群体进行法律救济和援助。截至2009年底，共提供法律援助32件，比上年增长25%。（陈晓红）

【普法工作】 2009年，和静县司法局以"法治六进"为重点，积极开展普法宣传和依法治理活动，努力巩固平安建设成果。及时调整了和静县"法治六进"各工作组和全县普法宣讲团，把"法治六进"纳入全县经济和社会发展总体考核体系。建立健全法治建设领导机构和办事机构，实施"一把手"负责制，完善了工作机制，定期研究工作，及时解决"法治六进"工作中存在的困难和问题。认真抓好"法治六进"活动的试点，积极培养典型，不断摸索经验，适时总结推广。在全县确定42个"法治六进"活动示范点，在行政执法单位和县直部门中确定12个试点单位，着力开创"法治六进"工作新局面。（陈晓红）

群 众 团 体

和静县总工会

【和静县总工会领导人】

主　席：储双永

副主席：阿不力米提·卡德尔（维吾尔族）、乌仁其米克（女，蒙古族）

【概况】　和静县总工会1981年3月成立，内设困难职工帮扶中心、女职工委员会。主要职责是加强机关、企事业单位的基层民主政治建设，保障职工的民主权利，维护职工的合法权益，保护和调动各族职工的积极性、创造性。2009年有编制4个，实有人员10人，党员8人。　（乌仁其米克）

【工会组织建设】　2009年，和静县总工会新成立工会组织14个、涵盖法人单位28个、发展会员1 278人，新增会员中70%以上为农民工。基层工会组织104个，独立基层工会组织83个，联合基层工会21个。全县5家国有企业、3家股份公司、1家集体企业和3家企业化管理的事业单位均建立了集体合同监督兑现领导小组，续签集体合同单位4家。有20个企事业工会建立了工会劳动保护监督检查委员会，推荐20名劳动保护监督检查员。命名县级模范职工之家3家，申报州级模范职工之家1家，截至2009年底，和静县已建成“自治区模范职工之家”4个，“自治区模范职工小家”5个，“州级模范职工之家”34个，“县级模范职工之家”36个。　（乌仁其米克）

【“五七”工生活保障】　2009年，和静县总工会按照县委、县人民政府的安排，认真解决原和钢、粮食局等单位“五七”工生活保障事宜。在县总工会开设了“原和钢‘五七’工养老生活保障金专户”，一次性入账500万元资金，由和钢“五七”工专户集中存放，为原和钢186名职工发放养老生活保障金76.18万元。对原粮食局60多名“五七”工的生活保障金予以募捐，已捐款17.3万元，发放补助款 9万元。

（乌仁其米克）

【困难职工帮扶救助】　2009年，和静县总工会对困难企业职工开展普遍的征询、统计和入户调查，为339户1 080人特困职工建立了档案。全年共资助14名困难职工家庭子女进入大中专院校，发放资金3.8万元；困难职工医疗救助1人，发放救助金0.2万元；“三节”期间对98户355人困难职工发放救助金10.65万元；救助农民工12户44人，发放救助金1.32万元；慰问各级劳模27人，发放慰问金5.71万元；夏日送清凉2.5万元，送温暖2万元；法律援助5万元。县财政为总工会困难职工帮扶中心划拨30万元帮扶资金。2009年县总工会为乌拉斯台农场、哈尔诺尔牧场等基层工会组织解决办公电脑4台，改善了基层工会的办公条件。　（乌仁其米克）

【维权机制建设】　2009年，县总工会贯彻落实《工会法》、《劳动法》、《自治区集体合同条例》等法律法规，续签集体劳动合同单位4家，全县国有企业、集体企业均建立职工（代表）大会制度，建制率100%，事业单位建制率85%以上，机关单位建制率70%以上。全县各机关、企事业均建立了厂（政）务公开监督小组，通过公开栏，对群众关心的问题公开公示。参与相关单位安全生产监督检查6次、事故调查4次。组织全县50个基层工会组织4 520人参加全国职工安全生产健康知识竞赛活动。组织开展农民工援助行动与单项技能培训，共培训技术人员70人，其中下岗失业人员6人、需就业家庭人员16人、农民工30人、在职职工18人、困难职工13人，全部取得国家认可的初级职业资格证书。

（乌仁其米克）

共青团和静县委员会

【共青团和静县委员会领导人】

书　记：山加甫（蒙古族，2009年4月离任）、张德双（2009年4月任职）

副书记：张德双（2009年4月离任）、张芳芳（女，蒙古族，2009年12月任职）

少工委专职副主任：孙世勤（女）

【概况】　共青团和静县委员会（以下简称县团委）位于和静县东归大道。前身为1950年6月成立的中国新民主主义青年团和静县机关团支部。1952年10月，成立中国新民主主义青年团和静县工作委员会（简称团工委）。1956年10月，中国新民主主义青年团和静县工作委员会改称中国共产主义青年团和静县委员会。主要职责是开展全县共青团工作，负责县青联和县少先队工作委员会常务性工作，承担县委、县人民政府和有关方面委托的青少年工作事务，参与民主管理和民主监督，协助、参与、处理与青少年利益相关的工作。2009年，县团委有编制5人，内设机构为少工委。全县有基层团组织283个，其中团委17个、团总支14个、团支部252个；有团干部453人，其中专职团干部24人。全县14～28岁青年有25 040人，其中团员9 145人。全县共有6～14周岁少年儿童11 053名，其中少先队员10 400名，入队率达94%。

（孙世勤）

【青少年思想道德建设】　2009年，和静县团委举办以“讲文明、改陋习、树新风”为主题的演讲比赛、征文比赛、作文比赛和知识竞赛20场次，开展了“我身边的不文明行为”调查活动，发现和搜集身边的不文明人和不文明事200余件，公开认管公共绿地、花草树木3.35公顷，公共建筑设施1万平方米。各学校共青团组织学生开展清扫城市街道卫生8次，慰问孤寡老人30次，捐款3次，募集捐款8万余元，救助贫困学生36人次。县团委评选道德小模范、道德小标兵20对，有3所学校被评为“青少年道德建设示范校”。（孙世勤）

【少先队工作】　2009年，全县各级少先队组织开展“祖国发展我成长”、“重温历史与队旗同行”、“我为红领巾添光彩”等主题教育活动，在各族少先队员中唱响“六个好”。组织全县11所小学、4所中学的11 349名各族少先队员统一举行升国旗仪式暨开展“国旗下的讲话”活动。乌鲁木齐“7·5“事件后，再次启动了“和静县深化青少年民族团结和反分裂教育成果百日集中再教育活动”，在各中小学广泛开展“民族团结手拉手结对子”活动，6 000余名少先队员有了自己的民族团结手拉手结对子小伙伴。（孙世勤）

【希望工程】 2009年，和静县团委通过新疆圆梦行动获得资助款5万元，共资助25名高中生、10名大学生。5月县团委成立了雪莲爱心基金，制定了管理办法，通过政府投入、企业捐助、社会捐款等形式募集爱心捐款10万元，分别资助考入北京外国语大学的傅金平等10名贫困大学生每人3 000元。动员社会各界人士、各族团员青年、少先队员积极捐款、捐物，资助身患重病的那木吉力才仁同学，捐献18 679.10 元。组织团员青年代表慰问贫困小学生，发放慰问品折资3 000余元。开展“红蜻蜓百店千人手拉手助学活动”，为学校捐赠价值万元的图书。通过缔结友好团组织，争取到河北东营市团组织资助1万元，资助20名贫困生。（孙世勤）

【青年志愿者工作】 2009年5月，和静县志愿者招募和服务团队创建工作正式启动，全县共筹建公共灾害应急救援服务等10支青年志愿者服务队，完善了各项规章制度，在县团委设立办公室，并逐步建立健全了招募、注册、选拔、培训、考核、表彰管理体系，形成了较为规范的“协会--总队--支队”梯级服务网络。协会整合区域青年志愿者资源，已招募青年志愿者2 000余人，定期开展以送健康、送温暖、送信息等为主要内容的志愿者服务活动。县团委联合县委宣传部、教育局在东归步行街组织开展了“弘扬志愿精神，构建和谐和静”学雷锋集中行动日活动。县城近万名青年志愿者走上街头为居民提供了免费服务。县直各族青年志愿者开展了清扫垃圾、清扫街道等环境整治爱国卫生活动。团县委发起并组织实施了保护母亲河行动，全县3 000余名青年志愿者积极行动共清运开都河沿岸垃圾50余吨。还组织青年参加了首届巴州东归汽摩拉力赛、首届环天鹅湖赛马大会等活动。（孙世勤）

【青年再就业工作】 2009年，和静县各级团组织充分利用科技之冬等活动集中培训外出务工青年4 000人次，转移外出务工青年4 015人，外出转移就业创收500余万元。县团委在金特钢铁公司、凯宏矿业、智博铁矿、和合矿业、县人民医院、高级中学建立青年就业见习基地6个，提供见习岗位210个。为各族青年发放《创业倡议书》3 000余份，免费为农村牧区青年发放就业小册子1 000余份；全年共评选出“青年创业之星”50名，聘请其中的10人组成创业讲师团，共组织专题讲座5起；组织农村青年小额贷款培训及农村青年技术人员及各村（队）团支部书记培训6次205人次。共发放贷款120万元。（孙世勤）

【党建带团建】 2009年，和静县委下发《关于深化党建带团建，进一步加强新时期共青团工作的意见》，把基层团组织建设纳入党的基层组织建设之中，统一部署、统一落实、统一提高。把团的基层组织建设纳入各级党组织、组织部门的职责和工作目标责任制，定期进行检查，对发现的问题及时加以解决，形成了“党委重视、领导负责、上下联动、全员参与”的工作机制。（孙世勤）

【民族团结教育】 2009年9月，和静县团委组织50余名文艺骨干组成民族团结教育宣传队，深入各乡、镇、场演出10场次，受教育群众1万余人；向全县各族青少年发放《致全县青少年的一封信》5 000余份。在网站上开辟青少年民族团结和反分裂教育活动专栏。各级共青团组织充分利用宣传阵地，大张旗鼓地宣传青少年民族团结和反分裂教育专题内容，营造了良好的氛围。 （孙世勤）

【组织活动】 2009年，和静县团委举办了第二届“青春和静，欢乐春节”迎新春文化周活动，全县5 000余名各族群众观看了演出。聘请书法协会的会员书写春联500余条。牧区各团组织开展了“巧手女”绣荷包送老人迎新春活动等一系列充分体现春节传统文化和具有青年特点的活动。3月5日县团委联合县委宣传部、教育局在东归步行街组织开展了“弘扬志愿精神，构建和谐和静”学雷锋集中行动日活动。县城近万名各族团员青年、少先队员走上街头，为居民提供了免费修车、理发、家电维修、医疗服务、法律咨询等多种服务。学校开展了“共青团文明一条街”、“红领巾文明一条街”活动。5月4日，县团委联合有关单位在政府广场隆重举行“五四”运动90周年暨胡锦涛总书记两次复信精神纪念活动。6月11日，县团委在县公安局看守所建立青少年法制教育基地，并举行揭牌仪式。 （孙世勤）

和静县妇女联合会

【和静县妇女联合会领导人】

主　席：玉孜曼（女，蒙古族）

副主席：米日古丽·吐尼亚孜（女，维吾尔族）、霍小红（女）

【概况】 1950年4月成立和静县民主妇女联合会，1957年9月改称和静县妇女联合会。主要职责是加强基层妇女组织建设，坚持为妇女儿童服务、为基层服务的工作方针，加强与社会各界的联系，协调推动全社会为妇女儿童办实事、办好事等。2009年有行政编制9名、事业编制2名，实有工作人员8人（其中包括妇女儿童活动中心3人）。2009年全县共有女性8.19万人，占总人口的45%。有乡镇妇联12个，县直单位妇委会56个，村、社区妇代会72个，有乡镇妇联干部专职2名。各行政村妇代会主任全部进入村“两委”班子。

（杨文玉）

【妇女参政议政】 2009年，和静有县级女性人大代表39人，占代表人数的42.3%；女性政协委员19人，占委员人数的33.5%。全县共有科级以上女领导干部111人，占全县科级以上领导干部总数的20.98%。乡（镇）党委、政府领导班子中女干部配备率分别为91.6%和58.3%，县直各部门领导班子中女干部配备率为52.5%，其中担任乡（镇）正职女性3人，担任县直部门正职女性6人。全县各行政村妇女主任进“两委”班子比例达到100%。 （杨文玉）

【妇女参与新农村建设】 2009年，和静县妇联积极扶持妇女参与新农村建设。启动“千名妇女旅游致富工程”，帮扶牧区妇女创建牧家乐，为36户牧民妇女协调贷款72万元，开展妇女面对面技能培训4期，培训人数达2 000人，组织2批55名牧民妇女到有经验的“牧家乐”学习交流经验。利用各种场合开展民族民间旅游品展示5次，游客达5 000余人，实现旅游纪念品销售收入20余万元。组建民族民间手工艺品协会，建立了和静县民族民间手工艺品、旅游纪念品基地，设立了“和静县妇女民间东归刺绣展示厅”。启动“岗村牵手共建”活动。组织9个州级以上“巾帼文明岗”与9个“巾帼示范村”签订共建协议。举行和静县“城乡姐妹手拉手”暨“岗村结对”共建结对仪式，组织全县26个“巾帼文明岗”、县直单位妇委会与60个行政村、8个农林牧场开展“城乡姐妹手拉手”结对帮扶活动，激励广大妇女积极参与新农村建设。（杨文玉）

【“三学三比”和“巾帼建功”活动】 2009年，和静县参与“三学三比”竞赛活动妇女2.3万多人，建立妇女就业培训基地14个，培训农村妇女3.5万人次，转移农村富余女劳动力5 883人次，外出妇女人均年增收1 200多元。培训下岗失业妇女3 654人次，帮助1 066名妇女实现创业和再就业。全县荣获自治区级以上“三八红旗手”2名、“三学三比”、“巾帼建功”先进集体2个、先进个人5个，国家“巾帼文明岗”2个，自治区“巾帼文明岗”2个。

（杨文玉）

【妇女创业与再就业】 2009年，和静县妇联在农村大力开展“科技之冬”活动，培训妇女1.26万人次，占农村妇女总人数的17.5%。举办培训班140期，培训农村妇女5 038人，实现女性劳动力专项技能转移2 239人，转移增收1 007.55万余元，妇女群众人均增收123.02元。（杨文玉）

【妇女儿童发展纲要】 2009年，和静县《妇女发展“十一五”规划》37项可量化指标已完成30项，量化指标完成率为81.08%，《儿童发展“十一五”规划》41项可量化项指标已完成35项，量化指标完成率为85.37%。（杨文玉）

【妇女救助与维权】 2009年，和静县妇联在节假日走访慰问困难妇女、困难家长147人。募集爱心捐款38 887元，救助困难患病女童1名。举办早期子宫颈癌筛查专题讲座1期，受教育妇女164人。帮助79名留守、流动、流浪儿童找到了“代理妈妈”。培训家长2万余人次，妇女接受家庭教育知晓率达79.4%。开展首届“十大杰出母亲”评选表彰活动，对10位“杰出母亲”进行了表彰。对农村孕产妇住院分娩实行限价和补助，顺产限价800元，剖宫产限价2 200元，为每位孕产妇补助400元。全年共接待处理群众来访14件，已办结14件。基层妇联共接待妇女儿童来访75件，办结75件，办结率100%。

（杨文玉）

【平安家庭创建】 2009年，和静县妇联积极开展“平安家庭”创建及复验活动，完善《平安家庭动态管理办法》，对“平安家庭”实行“一年一创建、一年一复验”的动态管理办法，对和静县已创建的28 198户“平安家庭”进行复验，合格率为98.3%。2009年创建“平安家庭”2 227户，平安家庭覆盖率达95.7%。举办以“平安·和谐家庭”才艺展示和模特比赛，13个家庭和23个代表队近400名妇女参加，充分展示了和静县平安家庭的和谐与幸福。

（杨文玉）

【文明家庭创建】 2009年，和静县妇联以“五好文明家庭”创建活动为载体，举办《新疆维吾尔自治区预防和制止家庭暴力规定》知识讲座和知识竞赛，受教育妇女3 200人次，开展以“反对家庭暴力，创建平安家庭，促进社会和谐”为主题的“三八维权周”集中宣传活动1次，发放宣传单500余份、宣传手册500余册；进一步倡导以德治家、文明立家、平安保家、节约持家、和谐兴家的良好风尚。2009年，和静县有151户被评为自治州级“五好文明家庭”，2户被评为自治区级“五好文明家庭”，1户被评为国家级“五好文明家庭”。 （杨文玉）

和静县归国华侨联合会

【和静县归国华侨联合会领导人】

名誉主席：张昭华

主　　席：张敬东

常务副主席：古新瑶（2009年12月任职）

副 主 席：廖　莉（女，2009年7月离任）、买买提·吐地（维吾尔族）、贾艺闻、苏友来（蒙古族，2009年12月任职）

秘 书 长：饶新燕（女，2009年12月任职）

常　　委：韦　丹（2009年12月任职）

【概况】 和静县归国华侨联合会（简称侨联）位于和静县团结东路，成立于1985年12月。设行政编制1人，正科级建制，正科级领导职数1 人。主要职责是密切联系广大归侨、侨眷和海外侨胞，了解侨情民意，沟通渠道，化解矛盾；加强归侨、侨眷的法制教育和思想道德教育，为和静县的改革、发展、稳定服务。 （古新瑶）

【侨联工作会议】 2009年12月4日，和静县第五次归侨、侨眷代表大会在和静县广播电影电视局二楼会议室召开。出席本届侨代会的代表40人，其中：妇女代表15人，少数民族代表15人，党员代表20人，中专以上学历的代表26人，特邀代表10人；选举产生委员15人，常委会常委7人，其中：专职副主席1人，兼职主席1人，兼职副主席3人（维吾尔族、蒙古族、汉族各1人），兼职秘书长1人（女），兼职常委1人，组成和静县第五届归侨、侨眷代表大会常务委员会。恢复张昭华为侨联名誉主席，经大会审议通过了《和静县归国华侨联合实施〈中华全国归国华侨联合会章程〉细则》，审议通过了上届侨联工作报告及大会主席团人员名单，大会秘书长人员名单，执行主席建议名单，大会日程及《和静县第五次归侨、侨眷代表大会选举办法》草案。和静县侨联第五次归侨侨眷代表大会，选举产生了本届侨联领导班子。 （古新瑶）

【归侨、侨眷普查】 2009年，和静县侨联在全县开展了第四次归侨、侨眷普查工作。和静县登记在册的归侨7户8人，侨眷58户448人（其中：汉族侨眷207人、维吾尔族侨眷187人、蒙古族侨眷27人、回族6人、俄罗斯族侨眷11人、哈萨克族3人、塔塔尔族侨眷2人、朝鲜族侨眷1人、柯尔克孜族侨眷4人、乌孜别克族侨眷2人），台属40户162人，港澳属7户26人；归侨、侨眷、港澳台胞在和静县共有636人，他们分布在全县各乡（镇）、场，所从事的职业有干部、工人、农民、个体工商户，其中：中共党员31人、民革党员2人、州政协委员1人、县人大代表3人、县政协常委2人、县政协委员4人；旅居在外的华侨、华人约有200多人，分布在中亚、西亚、东南亚等国，少数部分生活在美国、澳大利亚、奥地利、日本等国。有侨、台属企业6家，其中：县城有彩扩摄影2家，个体商户2家，乡镇有诊所1家，种植大户1家，为国家纳税达10万元以上。（古新瑶）

【侨界参政议政】 2009年，和静县侨联充分发挥侨界代表和委员在管理国家事务、参政议政、民主监督中的作用。侨眷们踊跃参政议政，积极反映归侨侨眷的心声，提出了许多好的议案、建议，为和静县经济发展作出了积极的贡献。（古新瑶）

【侨眷维权及宣传】 2009年，和静县侨联领导班子积极组织协调有关部门为侨眷子女就学，侨眷债权申诉，拆迁补偿，侨属企业争取财政补助等方面做出了积极的努力，依法维护了归侨侨眷的合法权益。通过举办学习班、印发宣传单等多种形式，在全县范围内广泛宣传新修订的《中华人民共和国归侨侨眷权益保护法》、中国侨联贯彻《信访条例》实施办法等涉侨法律法规。在宣传活动中将侨法学习宣传活动与“五五”普法、“12·4全国法制宣传日”、“法制六进”以及中国侨联司法部、全国普法办联合开展的全国侨务法律法规有奖知识竞赛活动结合起来，发动全县19个单位，500多名干部职工参加了此项活动，共印发了各种宣传材料近万份。（古新瑶）

【组织活动】 2009年和静县侨联组织开展“送温暖、献爱心”活动，在新中国成立60周年和中秋节来临之际，看望慰问了侨联老领导、德高望重的归侨侨眷以及贫困归侨、侨眷，港、澳、台胞，走访慰问了从台湾回和静定居的高有章老先生，为他们带去了党和政府的关怀和温暖。认真组织开展了庆新中国成立60周年群众性爱国主义教育活动，通过组织座谈、带领侨眷游览和静县城全貌大变化、观看爱国主义教育影片等活动，取得了良好的社会效应。

（古新瑶）

和静县工商业联合会

【和静县工商业联合会领导人】

主席、“两新”党工委副书记：海鹏飞（2009年2月离任）、张羽飞（2009年2月任职）

“两新”党工委书记：蔡思教（2009年3月离任）、王爱军（回族，2009年4月任职）

副主席：曹　娃（女，蒙古族）

秘书长：周志远（2009年6月任职）

【概况】 和静县工商业联合会（简称工商联）成立于1997年9月，科级建制，是县委、县人民政府领导下的具有统战性、经济性、民间性质的人民团体。主要职能是发挥县委、政府联系非公有制经济人士的桥梁和纽带作用，参与国家大政方针及政治、经济、社会生活中的重要问题的政治协商，发挥民主监督作用，积极参政议政。密切与会员的联系，畅通反映意见、建议的渠道，表彰宣传他们中的先进典型，做好工商界代表人士政治安排的推荐工作。加强和改进非公有制经济人士思想政治工作等。编制4人，2009年有工作人员4人，其中主席1人、副主席1人、秘书长1人、科员1人。所属乡镇基层商会2个，分别是巴润哈尔莫敦镇商会、乃门莫敦乡商会。2009年，和静县有非公有制企业345户，个体工商户5 386户，有会员企业78家。2008年4月成立和静县新经济组织新社会组织工作委员会（简称“两新”组织党工委），编制2人，设书记1名，副书记1名（县工商联党支部书记兼任），委员9名，由县工商局、民政局、经贸委、发改委、总工会及部分“两新”党组织书记兼任。于2009年9月完成所属18个党支部的转接工作。

（魏莲香）

【参政议政】 2009年，和静县有非公有制经济人士县人大代表2人、州政协委员2人、县政协委员12人。由县政协牵头、工商联、经贸局参加，对和静县非公有制经济融资难、贷款难的问题，以及金融危机对和静县非公有制经济影响的情况和全县保稳定、保民生、保增长的情况进行了两次调研。12月30日，县工商联召开非公有制经济人士座谈会，25人参加会议。（魏莲香）

【“两新”组织建设】 2009年，和静县“两新”组织党工委下属党支部18个，其中行政党支部1个，企业党支部17个。共有党员236人。其中在职党员47人、离退休党员129人、其他党员60人（外出自谋职业），汉族党员185人、少数民族党员51人（其中维吾尔族26人、回族18人、蒙古族5人、土家族2人。）“两新”党工委加强企业党组织建设，先后举办企业党务培训班2期，强化企业党务工作者的业务培训，提高党务工作者的理论水平；在企业中推进开展“双培双带”工作，有计划地把优秀生产经营者培养成党务工作者，把党务工作者培养成优秀的生产经营者，互相带动促进。

（魏莲香）

【服务工作】 2009年，和静县工商联针对部分非公有制企业在经营和发展中，遇到生产资金严重短缺的问题，充分发挥职能作用，多次与县金融部门协商、座谈，为部分企业协调解决生产流动资金1 500万元。组织11家非公有制企业参加了巴州首届东归汽摩拉力赛运动会产品展。组织3家非公有制企业参加了广州林果业产品展销会。（魏莲香）

【光彩事业】 2009年，乌鲁木齐“7·5”事件发生后，和静县工商联及时组织16家非公有制企业捐款捐物71 900元。7月15日，和静县民营科凤科技研究所所长鲁国忠带上自己研制生产的价值5.2万元的“天山足宝”产品亲自前往乌鲁木齐慰问维稳武警官兵。9月7日县工商联组织1家会员企业慰问了和静县火车站派出所干警，带去1 400元的慰问品。12月25日，县工商联组织非公有制企业开展“送温暖，献爱心”活动，有14家企业参加，共计捐款1.9万元，购买煤炭50吨，慰问了和静镇特困户60户。（魏莲香）

【表彰奖励】 2009年，和静县工商联被县委、县人民政府表彰为年度目标考核责任书落实先进单位。县工商联对在2009年度维稳工作和“送温暖，献爱心”活动中表现突出的18家非公有制企业和10名非公有制经济人士进行了表彰。（魏莲香）

表3　**2009年和静县“两新”党组织基本情况一览表**

党支部名称	党支部书记	党员总数（人）	汉族党员（人）	少数民族党员（人）
工商联党支部	张羽飞	22	18	4
博源农机公司党支部		3	2	1
宏昌公司党支部	陈玉兰	23	16	7
荣盛盐业公司党支部	周　玲	5	5	
肉联厂党支部	暂　无	7	6	1
开源公司党支部	马莲荣	14	10	4
广和食品公司党支部	孟克巴图	11	6	5
联合党支部	赵江丽	23	19	5
克日木砖厂党支部	克日木	4	1	3
药材公司党支部	王幸福	15	12	3
华贸糖酒公司党支部	崔智慧	7	6	1
天昊公司党支部	张文福	14	13	1
蓝梦酒业党支部	权宪民	22	22	
蓝天热力公司党支部	贺关文	6	6	
山泉供水公司党支部	马雪祎	6	3	3
和静县白天鹅面粉加工厂党支部	蔡新刚	38	24	14
和静县纸板制品有限公司党支部	李新民	4	2	2
晶晶玻璃厂党支部	李　健	12	12	

和静县残疾人联合会

【和静县残疾人联合会领导人】

理 事 长：巴·本拜（蒙古族，2009年11月离任）、兰 军（蒙古族，2009年11月任职）

副理事长：乌兰图叶（女，蒙古族）

【概况】　和静县残疾人联合会于1991年10月成立，位于和静镇团结东路，编制5人。主要职责是开展有关残疾人事业、方针政策、法规的贯彻实施工作，协调残疾病人解决工作和生活中的重大问题，加强残疾人保障体系和服务体系的建设。2009年有干部职工7人，设理事长、副理事长各1名。设党支部1个，正式党员5人。下设康复办、劳动就业服务所、宣文办3个科室。残疾人联合会设聋人协会、盲人协会、肢残人协会、智力残疾人亲友协会、精神残疾人亲友协会等5个专门协会。

（潘德全、乌仁其米克）

【残疾人康复】　2009年，和静县残联扎实有效地开展了残疾人康复工作，协调库尔勒市人民医院对77名贫困患者进行了复明手术，给每例补助手术费200元，累计10 600元；为两名唇腭裂贫困儿童进行了康复手术，每名患儿国家补贴5 000元；为13名贫困疝气儿童患者进行了康复手术，每名患儿国家补助2 500元；为贫困听力患者配备助听器13个，每例患者补助684元，累计8 892元；为8名肢体残疾人安装了假肢（大腿3例、小腿5例），县残联共补助5 430元。为贫困残疾人赠送代步轮椅车70辆，每辆轮椅车补助80元，共计5 600元。残疾人辅助器具供应150件（包括70辆代步轮椅车）。聋儿康复训练2人，救助贫困聋儿1人，聋儿家长培训2人，贫困智力残疾儿童康复训练5人，智力残疾儿童家长训练2人，肢体残疾人康复训练2人，肢体残疾儿童康复训练2人。（潘德全、乌仁其米克）

【残疾人宣传】 2009年，和静县残联开展普及听力障碍预防与康复知识的宣传活动，向各族群众发放宣传手册4 000份、残疾人保障法律法规宣传单2 000份。在“全国助残日”期间，与12个成员单位进行了宣传咨询活动，挂横幅2幅，发放宣传单1.18万份，咨询群众1 000余人。并在文化休闲广场举办残疾人专场文艺汇演，观看群众达3 000余人，发放宣传单2 000余份，收到爱心捐款560元。（潘德全、乌仁其米克）

【残疾人教育】 2009年，和静县考入大中专院校的残疾学生1人，在自治区特教校就读3人，巴州特教学校就读6人，焉耆聋儿培训部就读1人。县残疾人联合会在“两基”迎国检工作中获得“先进集体”称号。（潘德全、乌仁其米克）

【残疾人状况监测统计调查】 2009年4月7～10日，和静县残联安排3名干部到自治区残联参加残疾人状况监测统计调查培训，4月14～18日县残联对巴伦台镇及古尔温苏门肉牛场35户残疾人进行监测统计调查，主要从残疾人家庭基本情况、社会保障、教育、就业等方面开展全面调查，并将调查结果上报自治区残联。调查期间，对每户残疾人家庭进行走访慰问，共发放慰问品35件，计700元。

（潘德全、乌仁其米克）

【残疾人就业】 2009年，和静县残联审核征收2008年度残疾人就业保障金57万元。安排残疾人就业31人，城镇培训10人，农牧区培训160人。（潘德全、乌仁其米克）

【第二代残疾人证换发】 2009年2月24日，和静县人民政府成立换发第二代残疾人证工作领导小组，由县残联负责换证工作，全年换发第二代残疾人证167个。

（潘德全、乌仁其米克）

【残疾人维权信访】 2009年，和静县委、政府高度重视残疾人信访工作，认真解决残疾人问题，维护了残疾人的合法权益。2009年接待残疾人及亲属来信来访25人次，无越级上访事件。（潘德全、乌仁其米克）

【残疾人扶贫工作】 2009年，和静县残联慰问各族残疾人贫困户213户，发放慰问金及物品价值32 555元。全县有1 234名残疾人贫困户被纳入低保范围（其中城镇450人、农村784人）。新建残疾人住房30套，争取上级补助资金30万元。税务部门为96户残疾人个体户减免税收127 845.48元。国税为福利企业减免企业所得税107 982.37元。地税为福利企业减免企业所得税131 578.72元。（潘德全、乌仁其米克）

地方军事

和静县人民武装部

【和静县人民武装部领导人】

党委第一书记：汪江华（县委书记）
政治委员：陈社信（上校）
部　　长：王永兆（中校）
副部长兼军事科长：柯长春（中校）
副　部　长：赛　音（蒙古族，少校，2009年1月任职）
政工科科长：王满新（少校）
后勤科科长：郑元季（少校）

【概况】 1961年，成立中国人民解放军和静县人民武装部。1986年，县人民武装部由军队序列划归地方建制。1998年，成立和静县国防动员委员会，与县人民武装部实行一个机构两块牌子。1994年，和静县人民武装部划归军队序列，隶属巴音郭楞蒙古自治州军分区和和静县人民政府双重领导。县人武部内设军事科、政工科、后勤科。2009年，和静县有专武干部 47人(基层武装部)。下设基层武装部14个。

县人武部的主要职责是负责全县民兵的组织、调整、军事训练、政治教育和武器装备管理，预备役登记，战备执勤，战时兵员动员和兵员征集等。（王满新）

【基层武装部建设】 2009年，和静县有14个基层武装部，47名专武干部，综合考核均在称职以上。全年有3名基层武装部长被提拔到乡镇领导岗位，1名专武干部调到党政机关工作，调整补缺了3名基层武装部长；每年选配4名武装部长到新疆军分区人武部参加为期1个月的训练。4月份，在和静镇武装部召开了乡（镇）、场书记及武装部长参加的全面建设观摩会，解决了基层武装部工作秩序不正规等问题；乌鲁木齐“7·5”事件后，各乡（镇）进一步完善了武装部硬件设施，购置了民兵应急分队的战备物资器材。县人武部被巴州军分区表彰为“基层全面建设先进单位”，和静镇武装部、巴伦台镇武装部被自治州党委和巴州军分区命名为“民兵预备役基层建设先进单位”。（王满新）

【军事训练】 2009年，和静县人武部着眼提高民兵“应急”、“应战”能力，确保驻地社会和谐稳定，修订完善了保交护路、参战支前、民兵应急连战备等各项预案，人武部机关、民兵应急分队、护路民兵和武器库警卫分队参训率92.5%，合格率93.6%；在“主麻日”等敏感时期组织民兵上街巡逻，有力地震慑了不法分子；组织4名基层武装部长、专武干部参加新疆军区组织的15天集训；组织首长机关带民兵应急分队、武器库警卫、护路民兵的综合演练，在哈尔莫敦镇组织民兵应急分队反恐维稳综合演练现场会；投入近2万元，悬挂维吾尔、汉两种语言的横幅37条、印制散发传单2万余份，出动宣传车130余台次，在各乡（镇）“巴扎日”设宣传咨询台10余次，受教育群众1.6万余人；县人武部和

所属的14个基层武装部均被县委评为维稳工作先进单位、26名专武干部、18名民兵被评为维稳工作先进个人。（王满新）

【政治教育】　2009年，和静县人武部党委机关第二批深入学习实践科学发展观活动成效显著，共撰写调研报告9篇，其中部长王永兆撰写的调研报告被国防大学编撰的《人民武装》中采用。研究修订7个工作措施，为官兵办实事16件。完成了党委中心组7个专题的理论学习，结合纪念新中国成立60周年活动，狠抓“培育当代革命军人核心价值观”主题教育，开展了反对民族分裂、加强民族团结系列教育、大党日教育、干部月课教育；投入3万余元，开通了互联网、军队政工网。制定了《民兵政治教育计划》，普通民兵均落实了2课的政治教育；基干民兵落实了6课教育内容；对参训的121名民兵应急分队人员，由县人武部组织，落实了11个专题的教育内容，提高了民兵的思想素质。（王满新）

【装备工作】　2009年，和静县人武部投资3万余元，安装了营区红外视频监控系统，购置了防暴器材，安装破胎器、减速带，修建了永备性防护工事，购置防弹背心、防割手套，更换了灭火器，检修了脉冲电网；严格落实24小时值班执勤、领导查铺查哨制度，实行了双哨、双岗；深入开展强化民兵、预备役部队武器装备安全管理和技术管理“两项活动”，确保民兵战备执勤和军事训练任务圆满完成，“三化”管理水平有了显著提高。严格车辆审批制度，开展车辆安全检查和隐患排查46次，驾驶员安全教育整顿4次，实现了车辆行驶安全无事故及“四无”目标。（王满新）

【军政管理】　2009年，和静县人武部每周在护路分队和武器库警卫中开展一次普法教育；采取单位、家庭、社会联教联管方式，对在外人员每周不少于2次电话联系；共进行了3次条令法规学习、知识竞赛活动，5次收假收心作风纪律教育整顿、枪弹安全管理专项集中整治、“四反”（反心战、反窃密、反策反、反渗透）、“三个不正常”（不正常交往、不正常内部关系、不正常消费）等活动，4次召开安全形势分析会，安全检查26次，安全讲评15次，共查出和消除5类26个问题和隐患；投入1万余元，对草坪重新进行了规划种植，对树木进行了修剪和补植，创造了一个拴心留人的好环境。（王满新）

【征兵工作】　2009年6月，和静县人武部协调县教育局在县高级中学开展国防教育、征兵宣传、征兵普查，发放宣传单500余份；7月，专题召开专武干部例会，安排部署并开展兵役登记工作，登记总人数1 466人，并确定了2009年冬预征对象146人；10月份，对县征兵工作领导小组成员进行了调整补充，召开了和静县2009年征兵工作会议；投资3 000元制作了征兵工作宣传车，深入7个乡（镇）进行集中宣传。共悬挂征兵宣传横幅36条，散发征兵传单6 000多份，出动宣传车20台（次），在县广播电视台滚动播出征兵宣传口号120多次。组织征兵人员进行业务培训，层层签订征兵工作责任书，对预征对象进行认真初审和调查摸底，狠抓廉洁征兵，严格了征兵体检政治考核工作，落实岗位责任制，高质量地完成了42名新兵的征兵任务。（王满新）

【拥政爱民】　2009年，和静县连续四届荣获“自治区双拥模范县”荣誉称号，全县军民共建单位达64个，县人武部积极协调解决三十一分部综合库草场纠纷问题及申报“自治区国防教育基地”事宜；协调州武警支队来和静驻训、军区测绘大队来和静测绘有关住房事宜；完成全县各单位护院对、护厂队360人的训练任务。成立了10人的宣传服务群众工作队，深入和静镇开再村宣传服务群众3个月，帮助群众解决涉法问题6个、医治群众60多人。开展全民国防教育6场，军训学生2 000余人、科级干部46人、综治协管员30人、医院医生、护士40人。向县第二小学捐书100册，向乌鲁木齐“7·5”事件受害群众捐款3 600元；派出3名专武干部，采取驻村和包联社区的方法，到社区挂职，指导基层党建工作；完成了哈尔莫敦镇西北防沙林5 000棵植树造林任务，带领民兵植树1.5万棵，协调驻县部队植树3万多棵。2009年县人武部和6个基层武装部在县民族团结表彰大会上被评为民族团结先进单位。（王满新）

武警和静县中队

【武警和静县中队领导人】

中队长：曾宪银

指导员：杨永安

【概况】 1971年4月成立和静县中队，隶属于和静县人民武装部领导。1982年10月编制体制调整后，改为中国人民武装警察部队。1983年3月，确定“武警巴州支队”番号后，和静县中队改称为中国人民武装警察部队和静县中队（简称武警和静县中队）。（杨永安）

【军事工作】 2009年，武警和静县中队坚持以提高部队战斗力为根本标准，狠抓执勤、“处突”、反恐、维稳等中心工作。结合担负看守勤务的特点，按照执勤战备、处突维稳、抢险救灾的要求，坚持依法治训、科学施训，从难从严从实战需要出发，坚持“四个贴近”、教养一致、科学练兵、勤俭练兵、保证质量、注重效益的原则，始终把军事训练作为提高部队战斗力的根本途径，不断提高官兵执勤处突能力，圆满完成了“奥运安保”、乌鲁木齐“7·5”事件机动抽组、重大节日城市武装巡逻、长途押解、抢险救灾等重大临时勤务任务。（曾宪银）

【政治工作】 2009年，武警和静县中队始终把思想政治建设摆在首位，大力加强以党支部为核心的党组织建设，坚持以培养“四有”军人为目标，强化以“永远做党和人民的忠诚卫士”为主题的“四个教育”，大力培育“忠诚于党、热爱人民、报效国家、献身使命、崇尚荣誉”当代革命军人核心价值观，积极探索改革教育方式方法，增强思想政治教育的针对性、实效性；充分运用“三互”、“双四一”等有效载体，积极开展经常性思想工作，解决官兵现实思想问题，优化部队内部环境，深入密切内部关系。按照文体活动“四有”的要求，想方设法丰富和活跃部队的文化生活，激励部队的战斗意志、战斗精神和战斗作风，增强广大官兵献身警营的使命感、责任感。积极开展“便民服务日”、“学雷锋”和“民族团结月”活动，帮助驻地义务劳动、义务植树等，积极参加社会综合治理，妥善处理好警民关系。（刘兴贞）

【后勤工作】 2009年，武警和静县中队紧紧围绕“保障有力”的要求，深入开展“学用后勤法规、推行科学管理”活动，本着“因地制宜求发展、严格管理要效益、扎扎实实搞建设、一心一意谋发展”的工作思路，发扬自力更生、艰苦奋斗的优良作风，立足实际，全面实施后勤规范化管理，不断完善“四项设施”建设，带领广大官兵积极绿化、美化营区，为官兵创造了一个拴心留人的工作环境。（王清泉）

【亲切关怀】 2009年，武警和静县中队备受武警总部、新疆武警总队、巴州武警支队首长和各级地方党委政府领导的亲切关怀，特别是自2008年以来，总队、支队首长，和静县委书记汪江华，县委副书记、县长才仁拉吉甫等领导多次来中队视察工作，解决实际困难，极大地鼓舞和调动了中队官兵的士气，有力地促进了中队全面建设。中队先后多次被总队、支队评为基层建设先进单位、先进党支部、先进团支部、正规化执勤一级达标单位；多次被和静县委、县人民政府评为“双拥工作先进单位”和社会治安综合治理先进单位。

（王清泉）

渥巴锡纪念碑

在和静县城街心公园正中央，高高耸立着一座渥巴锡巨型塑像。这是和静县委、县人民政府代表和静18万各族人民，为纪念这位不朽的民族英雄而塑造的。

渥巴锡，生于1742年，卒于1775年，是18世纪下半叶卫拉特蒙古土尔扈特部的著名领袖，其短暂的一生充满传奇色彩。

1771年1月17日，英雄的土尔扈特人民在渥巴锡的率领下，举行了反抗沙俄的武装起义，成千上万的勇士，在渥巴锡等首领的带领下，踏上了艰苦卓越的东返祖国伟大征途。他们越高山、涉恶水，披星戴月，浴血奋战，付出巨大的牺牲与代价，终于在1771年7月，胜利抵达伊犁河流域的察林河畔，受到新疆各族人民的热情欢迎和清政府的安置。渥巴锡所属一部后被清政府安置于尤鲁都斯草原（今和静县巴音布鲁克草原）。

矗立在街心公园的这座高大的汉白玉雕塑，民族英雄渥巴锡，手持戟枪，顶盔亮甲，威坐在白龙驹上，目光炯炯，凝视着前方，显得气宇轩昂，刚毅威武，一派统帅雄风！

英雄，是人民心中的丰碑，而丰碑，永远是昭示人们继续奋斗的路标。

今天，东归精神已成为激励巴州乃至全疆各族人民奋发向上，热爱伟大祖国，建设美好家园的精神动力。作为民族英雄，渥巴锡的高大形象越来越放射出璀璨的光芒。

（洪永祥）

经济管理与监督

经 济 贸 易

【和静县经济贸易局领导人】

党委书记：李锦毅（2009年3月任职）

局　　长：王明琪（2009年3月离任）

副 局 长：马　明（回族）、朱文辉（2009年3月任职）

纪 检 员：巴　都（女，蒙古族，2009年7月离任）

【概况】　1993年6月成立和静县经济贸易委员会。1998年，原和静县二轻局撤销并入经贸委。2002年5月，原县体改办撤销并入县经贸委，并正式更名为和静县经济贸易局，正科级建制。是负责调节和管理全县国民经济运行及对工业、商贸进行行业管理的综合经济部门，内设办公室、企业股、综合股3个股室。现有在职工作人员19人，其中13人为公务员编制，2人为工勤人员，4人为转岗分流教师。2009年3月局长离任，由局党委书记主持全盘工作。

（蔡春辉）

【工业经济发展】　2009年，县委、县人民政府大力实施优势资源转换和大企业大集团战略，始终把它作为转变经济增长方式、调整产业结构、培育壮大新的经济增长点、促进和静县经济快速发展的头等大事来抓，进一步培育发展“四大基地”（南疆钢铁生产基地、新疆最大的绿色能源基地、新疆最大的有机畜产品生产基地、新疆最大的铁精粉生产基地）、“六大产业”（钢铁、水电、矿业、建材、酿造、特色农产品）。面对金融危机的冲击，积极引导工业企业危中求机，困中求进，实现企稳回升、逆势上扬，工业生产继续保持快速增长，经济效益各项指标增速明显，在全巴州工业经济发展中，增速位居第二。2009年，和静县实现工业总产值34.73亿元，工业增加值10.78亿元，比上年增长51.1%；其中：规模以上工业企业完成工业增加值8.86亿元，同比增长50.5%；实现工业销售产值32.98亿元，同比增长27.95%。炼钢、建材、矿产、农副产品加工和绿色能源五大特色优势产业发展加快推进，五大产业增加值占全县工业增加值的90%以上，成为和静县新型工业化建设的主导力量。

（蔡春辉）

【信访工作】　2009年，和静县经贸局共收到县领导批示的信访案件6件，县信访局交办的信访案件13件，接待上访人员160人次，在规定时间内结案率达95%。对各类信访问题的处理意见，经贸局都进行严格的审查，基本做到了合情合理，群众满意，做到了按时办结。2009年落实解决的涉企信访案件主要有：原食品公司如先古丽等人要求解决养老统筹金缴纳问题；原食品厂刘爱新等5人要求退还房款事宜；原五金厂买买提·依布拉音等要求解决经济补偿金问题；原食品公司职工要求查明国有资产去向问题；原水泥厂365名职工的欠发工资

遗留问题；原二轻塑料厂35名职工经济补偿金发放问题；原饮服公司改制后在职及退休职工安置的遗留问题等。（蔡春辉）

【企业节能降耗】 2009年，和静县节能降耗工作进一步加强，研究制定了《和静县节能降耗目标责任考核实施方案》，并由县政府印发实施。对建筑、交通、商贸等重点领域下达能耗降低指标，对17个节能减排成员单位明确责任分工和节能工作任务，并将成员单位纳入节能考核评比范围。大力推进资源综合利用和循环经济工作，做好2009年财政补贴高效照明产品推广，将自治州下达和静县的10万只节能灯推广任务分解落实到县域各单位。是年，金特公司获得290万元节能专项资金支持，技改后节能效果明显。（蔡春辉）

【商贸流通】 2009年，和静县经贸局争取到2个商贸流通市场项目，即和静兴合市场农贸市场改扩建项目、县供销社农业生产资料体系建设项目。新增、改建农村超市、连锁店 11 家。进一步规范屠宰市场的管理，100%实现定点屠宰。全年共办理酒类零售备案登记证341个，并对县域各超市的名酒进行了执法检查。完成了22家加油站的资质审查。积极推进家电下乡工程，全县共有家电下乡销售企业8家，完成销售量999台次，已发放财政补助28.46万元，汽车摩托车销售963辆次，发放补助115.78万元。对全县盐业市场的批发和零售情况进行多次检查，共查获私盐案件12起，查获私盐213千克，保障了盐业市场的安全稳定。（蔡春辉）

【招商引资】 2009年，和静县经贸局充分利用乌洽会、民交会、首届东归汽摩拉力赛、环天鹅湖赛马大会等各类招商平台，积极组织县域工业企业参与其中，宣传推介，打响企业品牌知名度，并与区内外客商广交朋友，积极开展商贸洽谈活动，力争更多的投资项目落户和静，为和静经济发展不断注入新的活力。通过积极工作，2009年县域招商企业完成总投资2.4亿元技术改造项目的引资工作。（蔡春辉）

物价管理工作

【和静县价格监督局领导人】

局　长：张　洁

【概况】 1959年2月，成立市场物价管理委员会，1984年9月成立物价局，1993年5月物价局撤销并入县发展计划局，设立价格收费管理股，2008年物价检查所更名为价格监督局。

主要职责是组织开展全县范围内价格和收费的监督检查，依法纠正、查处各种价格违法行为和乱收费行为；负责市场价格的日常监督，指导监督明码标价工作，指导开展价格诚信和价格社会监督工作等。（陆　璟）

【价格管理】 2009年，和静县价格监督局认真贯彻落实国家相关政策措施，科学安排定、调价计划，开展市场监测，及时预警预报。同时，积极开展教育收费、药品和医疗服务、电力价格、涉农价格和收费等专项检查活动，切实维护人民群众的切身利益。认真组织实施“收费许可证”年审工作，截至9月底，累计审验、换发“收费许可证”181个，检查账簿4 000余册，收费总金额4 831.04万元；累计取消、降低收费项目37项，减轻群众负担60.12万元。累计受理各类涉案物品估价案件138件，认定价值271万元。将近年来涉及民生的价格政策，如教育收费政策、医疗服务和药品价格政策、住房价格政策、涉农价格和收费、公益性和公用性价格政策收集整理后，逐步向社会公示；积极发挥价格信息的作用，为农民和企业提供服务。（陆　璟）

【价格监测】　2009年，和静县价格监督局围绕年初制定的调控目标，将任务逐层分解，明确专人负责，开展监测工作。建立了蔬菜、粮油、副食品、农业生产资料以及重要商品和服务价格监测点，健全监测制度、台账，按时上报监测资料，同时完善应急预案，预防市场重大价格波动。春节、“五一”、“十一”期间针对市场副食品价格等异动情况，增加价格监测频率，实行一日一报制，及时掌握变化趋势，对有可能引起主副食品价格异常波动的倾向性、苗头性问题，做到早发现、早报告、早行动。（陆　璟）

【价格举报】　2009年，和静县价格监督局按照“热情受理、快速办理、妥善处理”的要求，引导群众合理、合法表达价格诉求，进一步做好价格举报工作。2009年，共受理价格举报、价格政策咨询32余件，已办理答复32件，办结率100%。（陆　璟）

【价格认证】　2009年，和静县价格监督局接受司法、行政执法机关等部门委托的涉案财产价格鉴证和企业价格认证业务171起，评估总额259.80万元，为司法机关打击犯罪，行政执法机关依法行政提供服务。（陆　璟）

【价格法制宣传】　2009年，和静县价格监督局在“3·15”国际消费者权益保护日、“五一”等节假日期间，开展联合行动，大力宣传《价格法》。设立咨询点，悬挂横幅，接待群众咨询15件次，发放资料500余份。为加强社会监督，聘请了6名行风监督员。积极参加各类法制培训班，提高执法人员素质。（陆　璟）

统　计　工　作

【和静县统计局领导人】

局　长：徐海林（2009年3月离任）、
　　　　许家春（2009年3月任职）

副局长：邢益华（女）

【概况】　1998年3月和静县统计工作从县计委分出，成立和静县统计局，负责全县的统计工作，定编9人，其中行政编制6人，事业编制3人（农调3名）。主要职责是进行县域国民经济统计调查、统计分析、提供统计资料和统计咨询意见，实行统计监督发布经济运行统计公报，编制统计年鉴资料汇编等工作。承担着20个大行业的1 124个基本单位的统计任务。2009年有干部职工15人（其中教育分流教师6人，政府购岗2名），其中：汉族9人，蒙古族5人，维吾尔族1人。下设业务股、办公室、农村调查队。（孙桂霞）

【统计报表】　2009年，和静县统计局按照国民经济行业分类，对全县农、工、商、建筑、投资、房地产、劳动工资、基本单位、国民经济核算、能源、交通、科技、农村住户调查等13个专业的情况进行统计，填写统计报表，层层上报。报表分为月、季、半年、年度报表。统计数据质量明显提高。全面完成2008年各专业年报及2009年定期报表任务，及时发布2008年《和静县国民经济和社会发展统计公报》，完成了2008年《领导干部手册》编印发行；每月编辑一期《和静县经济要情参考》及月度经济述评，并通过媒体发布经济和社会发展情况。

2009年全县预计完成生产总值37.2亿元，比上年增长18.1 %；完成工业总产值34.73亿元，同比增长51.1%；完成全社会固定资产投资17.72万元，同比增长30.95%；完成社会消费品零售总额19 161.7万元，同比增长17.9%。和静县三次产业的比重为32：39：29。 （孙桂霞）

【第二次全国经济普查】 2009年，和静县统计局认真开展第二次全国经济普查工作，调整了县第二次全国经济普查工作领导小组，落实普查经费和人员，认真执行《统计法》、《全国经济普查条例》和普查方案，进行数据审核、数据质量抽查和检查验收工作。并按照规定程序、标准和期限，完成普查数据的审核、录入、纠错、汇总和上报工作。在第二次全国经济普查工作中，和静县荣获国家、自治区、自治州多项奖励。 （孙桂霞）

【统计信息化】 2009年，和静县统计局加强了统计数据库建设，及时补充更新统计数据资料，建立健全统计内外网络，提高计算机局域网管理水平，依托政务网，实现与上级统计部门纵向联网和兄弟统计部门横向联系，保证统计信息资料安全。加强基层统计工作。按照上级要求，落实分管领导，巩固和完善乡镇“统计站”建设，敦促各乡镇充实专职统计人员，发挥乡镇统计人员作用，建立健全基础统计台账。加大基层统计网络建设力度，乡镇统计工作基本实现了计算机操作，5镇7乡统计员均配备了计算机，对逐步推进乡镇统计实现电子台账、网上直报起到了积极的促进作用。 （孙桂霞）

【统计信息】 2009年，和静县统计局改进工作方式，将分析、信息工作作为个人年度考核的重要内容，制定《业务目标管理责任书》，实行业绩奖惩制度，进行量化考核。全年共撰写各种统计分析及信息195篇，其中统计分析42篇（其中调研报告6篇）；经济述评9篇；经济信息89篇，政务信息43篇，统计公报1篇。其中有45篇被州、县政府信息网及和静信息快报采用。 （孙桂霞）

【统计培训】 2009年，和静县统计局坚持以提高数据质量为中心，严格执行国家统计报表制度，加大基层统计业务指导力度，加强对企业、劳资单位的原始记录，台账建设等规范化建设的管理，从源头上把好统计数据质量关，切实保证数据的合法性、规范性和准确性，全年举办3期基层统计人员业务培训班，培训人员达103人。特别针对农村经济统计、工业统计、固定资产投资统计、有关抽样调查等相关基本知识进行了培训，收到良好效果。 （孙桂霞）

【统计执法】 2009年，和静县统计局严格执行各项统计法律法规和统计制度，认真做好统计监审工作，8月县统计局执法领导小组组织人员分两个组，对乡镇及部分工商企业进行了统计执法检查，检查情况良

好。2009年立案处理统计违法案件9起，结案9起。（孙桂霞）

【统计服务】 2009年，和静县统计局加强对经济运行和社会发展情况的分析研究工作，围绕县委、政府中心工作及社会公众的需要，不断提高统计服务水平。做好经常性统计信息和分析工作，统计信息报送。加强统计监测和预警，深入基层了解市场，加强调研，对经济形势、运行特点、指标完成情况等进行前瞻性分析研究，揭示发展变化的规律和趋势，及时为各级党政部门宏观决策和经济管理提供依据。拓展统计服务范畴，探索制度外统计调查工作，掌握社情民意，做好市场调查，不断政府及社会公众需要。创新统计信息服务平台，开好每季度的经济运行分析例会，建立综合性的经济信息统计平台，形成制度化，为各级部门提供综合性、全局性统计数据。（孙桂霞）

【表彰奖励】 2009年，和静县统计局被自治州经济普查办公室评为先进集体，12月在自治州统计局业务考核中被评为二等奖。在第二次全国经济普查工作中，和静县获国家级先进集体1个（巴润哈尔莫敦镇），先进个人4名（谭天等）；自治区级先进集体2个（哈尔莫敦镇、巴伦台镇），先进个人5名（朱英等）；自治州先进集体4个（和静县普查办、和静镇、巴音布鲁克镇、乃门莫敦乡），先进个人2名（房艳霞等）；和静县先进集体8个（协比乃尔布乎乡、巴音郭楞乡、巩乃斯乡、额勒再特乌鲁乡、克尔古提乡、阿拉沟乡、乌拉斯台农场、巴音乌鲁乡），先进个人83名（娜热等）。（孙桂霞）

审 计 工 作

【和静县审计局领导人】

局　长：刘淑萍（女，2009年11月离任）、陈淑琴（女，2009年11月任职）

党支部书记：赵继平

副局长：鲜其林（2009年4月离任）、郝兰（女，2009年12月任职）

经济责任审计科科长：许家春（2009年2月离任）、吴志先（回族，2009年4月任职）

【概况】 1984年5月成立和静县审计局。2009年有干部职工16人，其中蒙古族3人，维吾尔族1人，回族2人；男8人，女8人，大专以上文化程度14人，初级职称4人，党员14人（退休党员3人），入党积极分子1人。内设科室有法制股、财政金融审计股、基建外资审计股、经济责任审计科（副科建制）和驻巴音布鲁克区审计办公室。行政编制12人、事业编制7人，其中：领导职数3人，科级非领导职数1人（副主任科员1人）；经济责任审计科有事业编制4人（参照公务员管理），领导职数1人；驻巴音布鲁克区审计办公室有事业编制3人。主要职责是负责全县财政预算执行审计、党政领导干部任期经济责任审计以及基本建设项目预（决）算、各种专项资金的审计工作。（刘江华）

【财政审计】 2009年，和静县审计局审计项目计划任务4项，即本级财政预算执行情况和其他财政收支审计、固定资产投资审计、经济责任审计、民生及民生工程审计。2009年年内共完成审计和审计调查项目16

个，其中预算执行审计项目5个（不含2个专项），专项资金审计3个，专项资金审计调查2个、经济责任审计项目6个（包括完成2008年项目2个），共查出违规金额13 609.21万元，管理不规范金额12 225.93万元，提出合理化建议44条。政府投资建设项目42个，送审造价8 426.30万元，审核审定价7 250.83万元，核减工程造价1 175.47万元，核减率14%。其中：零星建设项目25个，送审造价643.30万元，审核审定价550.11万元，核减工程造价93.19万元，核减率14.49%。（刘江华）

【本级预算执行审计】 2009年，和静县审计局积极开展本级预算执行情况审计，地税部门税收征管情况审计，延伸审计了县安全生产管理局、环保局、县一校3个预算执行单位的财政、财务收支情况和2009年城乡最低生活保障资金、2006～2008年度农业综合开发资金等专项资金拨付、管理和使用情况，同时，对2007年度县本级预算执行及其他财政收支审计查出问题的纠改情况进行了核查和落实。通过审计查出违规违纪资金12 548.51万元，管理不规范资金9 654.68万元，针对存在的违规、违纪和管理不规范问题提出了合理化建议13条。（刘江华）

【经济责任审计】 2009年，和静县审计局发挥县经济责任审计工作联席会议成员单位的作用，加强组织领导和部门之间的协调配合，使部门之间形成合力；在确定经济责任审计重点时，以经济决策为主、以经济管理为突破口，将资产管理的安全完整、保值增值情况、各项收入支出的真实完整性、行政性收费和罚没收入“收支两条线”的管理及专项资金管理使用相关政策的贯彻落实情况作为审计重点内容，以违规违纪审计为主，向管理与绩效审计转变，不断深化规范领导干部用权行为及政策法规有效执行的新路子。同时，依托社会中介机构，整合审计资源，委托社会中介机构对县林业局、妇幼保健院两位领导人员的任期经济责任进行了审计。2009年共完成6个单位8位领导人员经济责任审计，查出违规金额759.23万元，管理不规范金额2 574.25万元，提出合理化建议13条。（刘江华）

【专项资金审计】 2009年，和静县审计局把事关社会经济发展和广大人民群众最关心、最直接、最现实的利益问题作为审计重点，围绕县委、县人民政府中心工作，对人民群众普遍关注的城乡最低生活保障专项资金、农业综合开发专项资金拨付、管理、使用情况进行了审计；对国家新增投资建设项目资金、医疗服务体系建设及经费管理使用保障资金、四川汶川地震抗震救灾资金进行了专项审计调查；同时，积极配合自治区审计厅、州审计局完成了畜牧业世行贷款项目的审计和审计调查。通过审计，纠正了改变资金使用用途，挤占挪用专项资金，配套资金未及时落实等问题。（刘江华）

【固定资产投资审计】 2009年，和静县审计局按照“源头控制，全面监管”的工作思路，加强政府投资建设项目的审计监督力度，突出审计机关在重点建设项目监督中的主导作用，积极探索委托社会中介组织审计的方式方法，实行政府投资建设项目竣工决算必审制，披露建设项目立项审批、组织招投标、资金筹集、管理和使用以及工程竣工（预）决算的真实性中存在的违纪、违规和重大损失浪费等问题。2009年共开展政府投资建设项目审计 42 个，送审造价 8 426.30 万元，审核审定价为7 250.83万元，核减工程造价1 175.47万元，核减率14%。（刘江华）

【审计报告及信息】 2009年和静县审计局配合纪检、信访等相关部门，完成8个单位有关信访案件的核查工作，配合财政、教育等部门完成教育“普九”（普及九年制义务教育）债务清欠、教育经费 “三个增长”指标执行情况及校舍危房改造专项资金使用的清理、审计核查工作，顺利通过教育“两基”（基本普及九年制义务教育，基本扫除青壮年文盲）迎国检验收；配合县发改委完成了粮食清仓查库工作和扶贫、退牧还草、农业沼气池、农业综合开发及小型农田水利等项目验收前的监督检查；配合财政、纪检监察部门完成了行政事业单位清理“小金库”核查及政府采购监督检查等工作。2009年，共报送信息59篇，其中被国家、自治区、自治州、县级三级采用12 篇，简报19篇，报送论文 4 篇（其中1篇被县直机关工委评为优秀党建研讨论文），撰写审计调研报告4篇。

（刘江华）

工商行政管理

【和静县工商行政管理局领导人】

党组书记：吴启明

局　　长：李晓剑

副 局 长：巴都玛拉（蒙古族）、李　梅（女，2009年4月任职）

【概况】 1979年5月成立县工商行政管理局。现有编制72人，下设4科、2室、1队、5所，分别是企业注册登记注册科、企业登记监督管理科、法制科、商广合同消保科；办公室、纪检监察室；市场经济检查队；城镇工商所、巴润哈尔莫敦工商所、乃门莫敦工商所、巴音布鲁克工商所、巴伦台工商所。

主要职责是依法组织管理辖区内工商企业和从事经营活动单位的注册、核定注册名称，审定、批准、颁发有关证照，并实行监督管理；依法组织管理辖区内个体工商户、个人独资企业、合伙企业、私营有限责任公司的名称核准，审定、批准、颁发有关证照，并实行监督管理等。

（赵晓花、黄亚军）

【专项治理】 2009年，和静县工商局共开展各类专项整治20多项，出动车辆60多台次，人员100多人次。会同有关部门查获非法盗版光碟350余张、淫秽光碟50张，捣毁取缔4户销售传播盗版黄色淫秽光碟和非法网吧窝点。对19起涉嫌违规违法行为进行调查，立案查处12起，案值538.2万元。案值10万元以上案件9起，罚没款万元以上案件6起，已执行5起。查处的违法行为有公用企业限制竞争、无照经营、擅自使用知名商品特有的包装装潢、侵犯假冒他人注册商标、销售伪造冒用他人商品、虚假虚报注册资本、利用合同危害他人利益等。依法没收假冒“丁家宜”化妆品4个品种共48瓶，收缴450套胡杨泥窖包装盒。

治理非法传销，成立由工商、公安等部门组成的专项行动小组，对全县重点地区、重点人群、重点环节有针对性地进行全面摸底排查，实现了和静县100%无传销社区（村）的目标。在开展严查彻改火灾隐患等安全生产工作中，共开展各类安全生产专项整治行动17次，出动执法人员138人次，检查各类企业及个体工商户549家，其中农药经营单位41家，成品油经营单位26家，矿山企业11家，其他高危重点行业471家。立案查处无照经营案件20件，案值150.45万元，罚没款3.56万元。在打击黑网吧与整治校园周边环境治理工作中，共检查网吧26家，累计出动执法人员44人次，车辆8台次，取缔无照经营和超范围经营网吧2家，案值2.02万元，罚没金额0.215万元。在开展“三电”（电力、电信、广播电视）专项整治工作中，共出动执法人员26人次，车辆5台次，检查经营户137家，其中废旧物资收购行业27家。

（赵晓花、黄亚军）

【市场监督】 2009年，和静县工商局坚持以经济户口监管为基础，坚持“边界明确、总量均衡、少重老轻、便于配合”的原则，按照经济户口数量和分布情况，结合巡查人员的数量、综合素质及硬件设备的配置状况，共划分监管服务责任区8个、区间16个、监管网络57个，实现了工商所100%落实监管服务责任区和信用分类监管的目标。将无照经营专项整治与加强日常监管、经济户口管理有效结合，严厉查处从事危害人民群众身体健康和财产安全的食品、饮料、餐饮、药品、液化气服务、化学危险品等无照经营行为，并取得了阶段性成果。全年立案查处无照经营案件84件，案值262. 57万元，罚没金额15.52万元。出动执法检查人员378人次，检查各类经营户2 541户，出动车辆37台次，下发责令改正通知书33份。

采取政策法规宣传与实际检查相结合，严把市场主体准入关，对适龄青少年未按规定年限接受义务教育的，不予核发营业执照。与此同时，对学校周边网吧、卡拉OK厅、游戏厅、餐厅、食品摊点、商铺等餐饮娱乐场所进行清理整顿，坚决取缔“黑网吧”等各类无证、无照违法经营行为。对全县范围登记注册的商店、市场、超市、宾馆、饭店、公共娱乐场所等公众聚集场所，按监管责任区的划分，分解落实安全监管责任，进行消防安全检查。

（赵晓花、黄亚军）

【企业年度检验】 2009年，和静县工商局对注册企业进行了年检。应检企业596家，已参检企业551家，参检率为92%，实际通过年检537家，完成率90.1%。逾期年检及待处理企业55家。年检期间查办各类登记类违法案件5起，罚款1.55万元；限期接受年检企业5家。应参加2008年度个体工商户验照4 723户，实际验照3 983户，验照率为84.3%；从业人员5 864人，年度生产资金数额10 970万元，销售收入10 914万元，产值3 888万元。验照期间，立案查处违法案件3件，罚没0.27万元，下发责令改正通知书17份。验照期间注销459户。

（赵晓花、黄亚军）

【商标和广告管理监督】 2009年，和静县有注册商标223个；在使用未获得注册证的商标有4个；申报区级著名商标有3个；申报州级知名商标有2个。加强广告审查员培训，14名广告经营者和发布者参加了由自治区广告协会在巴州举办的全疆第九期广告审查员和第十一期广告专业技术资格证培训班，是全州参加人数最多的县。要求经营业主对所设计、制作、发布的广告进行自查自纠，使各个辖区广告得到有效净化。对全县6个农贸市场、11个乡、镇、团场的7家广播电视台反复监测达101次，对播报广告的内容进行严格检查。检查全县药品经营场所（包括医疗器械经营户）137户（次），检查医院、诊所和保健品店157户（次）。规范各类教育招生广告的发布行为，对全县中小学、农贸市场、5个有广告发布资格的单位进行了监督检查，还特意走访了县教育局、3个中学、县广播电视台，达到了宣传、教育、维权的目的。于8月20日～10月20日对全县DM广告（固定形式印刷品广告）发布活动进行专项整治，检查各类出版物销售户、医药卫生单位、个体行医者26户，检查打字复印经营户31户，监测媒体广告经营者4家，检查邮政单位4家，电信部门1家，均未发现不良广告或未经工商机关核准登记擅自经营发布固定形式印刷品广告发布行为。启动户外广告监管资料计算机管理，2009年共办理户外广告15个。（赵晓花、黄亚军）

【注册登记】 2009年，和静县工商局共办理企业设立登记117户，其中内资企业27户，私营企业68户，农民专业合作社22户；企业变更登记181户，企业注销登记62户（其中吊销办注销的20户）。

和静县共有内资企业314户，与上年同比下降3.38%，注册资金80 621万元；私营企业345户，与上年同比增长21.83%，注册资金58 780万元；农民专业合作社29户，与上年同比增长414.3%，筹资总额1 646.36万元；个体工商户5 386户，与上年相比增长4.79%，注册资金11 812万元。办理动产抵押登记4户，注销2户，为企业解决资金13 300万元；办理股权出质登记2户，以1 220万元的股权，从银行质押流动资金2 200万元，解决企业资金短缺、周转难的问题。在上年城镇工商所、乃门莫敦工商所试点的基础上，全面推行企业登记“直接核准制”，共直接核准登记企业169户、个体户2 397户。建立了《直接核准互查登记台账》，保证登记材料的规范、有效，提高工作效率，当场发照率达98%。（赵晓花、黄亚军）

【治理商业贿赂】 2009年，和静县工商局在行政执法活动中共查办各类案件拒吃请40余次，拒收财物8 000余元，有效地控制了收受贿赂行为的滋生蔓延。加强宣传教育，营造反商业贿赂的社会氛围，发放宣传资料1 000余份，张贴市场预警9次，板报5期，横幅12幅。加强对城镇范围内工程建筑、土地转让等施工单位的监管力度，出动执法人员26人次，检查房地产公司4家、建筑公司6家（包括外来企业）、建筑材料经销商19家。6月，由经检队牵头各工商所联合对医药购销、资源开发、政府采购、银行保险等单位进行为期30天的检查，出动执法人员62人次，检查医院9家，诊所56家，药店46家，未发现违法违纪行为。利用“经济户口”管理制度，建立商业贿赂等不正当竞争行为的企业信用档案，有针对性地加强对企业的监管；充分发挥“12315”投诉举报网络系统作用，使治理商业贿赂工作做到常抓不懈。积极探索建立市场主体合同签约、履约的信用记录办法，应用信息化技术加强对行政许可、行政执法行为的监督，在市场主体中开展“重合同守信用”主题活动，40余家企业参与了抵制商业贿赂的承诺制。（赵晓花、黄亚军）

【队伍建设】 2009年，和静县工商局把全员教育培训作为深入学习实践科学发展观活动的重要环节，由局党组统一部署，由组织人事教育部门具体实施，将教育培训活动划分为思想发动、培训学习、运用考核、总结验收四个阶段，机关以党组中心组、工商所以党支部为学习小组，学习、讨论均以小组为单位开展，有力推动教育培训“人员、时间、内容、效果”四落实。全年组织各类培训29期，参训人员达200人次，培训内容涉及业务、法律法规、党建等方面，各类测试达10项。

（赵晓花、黄亚军）

【消费者权益保护】 2009年，和静县工商局12315指挥中心下设4个消费者投诉站，有工作人员12人。各投诉站都设立快速应急通道，向社会公布受理投诉电话和“12315”监督电话，接受并办理消费投诉。全县共有消协分会13个，12315联络站和消费者投诉占97个。12315指挥中心共受理消费者申诉案件107件，举报案件30件，受理消费者咨询109件，为消费者挽回经济损失6.69万元。县工商局12315指挥中心根据投诉的热点和难点问题及时在《巴音郭楞日报》及和静县广播电视台做消费警示节目1次，发布消费警示、消费引导4篇。全年上报各类信息77期，其中数据文字分析9篇、消费警示22篇、工作信息46篇。

（赵晓花、黄亚军）

【工商文化建设】 2009年，和静县工商局开展国家级文明单位、“六好工商所”（建设一个好班子、培养一支好队伍、完善一套好制度、营造一种好环境、干出一番好业绩、树立一流好形象）、“行风示范窗口”、“青年文明号”等创建工作，先后投入40万元，加强基层基础设施建设，改善办公条件和环境。

（赵晓花、黄亚军）

【精神文明建设】 2009年，和静县工商局开展文化共建，通过与企业共同过组织生活会、座谈会、“大走访”等方式，加强交流沟通，树立创业信心，引导科学创业，提升工商部门作风形象。推行基层工作“四示制”（告示制、提示制、公示制、警示制），设立“四示”公示栏、工作台账。通过述职述廉、“行风热线”、“廉政风险点防范”等活动，主动接受社会监督。充分利用宣传橱窗、板报、简报、公示牌、廉政网，不断增强“反腐倡廉”意识，从源头上防止“不廉行为”的发生。开展内部互助活动，坚持重大节日走访老干部家庭和探视慰问制度。同时发挥党支部和工、青、妇的职能作用，开展丰富多彩的各类活动，营造有利于工商文化建设的浓厚氛围。先后参加巴州工商系统廉政书画展，获得二等奖；参加“共建和谐和静”三八妇女节健美操大赛，荣获三等奖；开展“弘扬和静工商精神，建设和静工商文化”演讲比赛、“庆七一、迎奥运”党团徒步行活动、体验军旅生活、“共铸诚信”拔河比赛、“庆七一”政企联谊活动、“民族团结教育”礼仪知识讲座等；举办工商干部手工刺绣作品展、书画展等系列文化体育活动。

（赵晓花、黄亚军）

【表彰奖励】 和静县工商局注册大厅获“自治区级行风示范窗口”荣誉称号和“自治区级巾帼文明示范岗”荣誉称号；城镇工商所获“自治区级青年文明号”荣誉称号；县工商局工商学会分会连续六年被巴州工商学会评为先进集体，多篇专题研讨论文在自治区工商系统获奖。

（赵晓花、黄亚军）

国土资源管理

【和静县国土资源局领导人】

党组书记、副局长：何兴武

局　长：韩宪民（2009年3月离任）、冯启江（2009年4月任职）

党组成员、副局长：巴图巴义尔（蒙古族）、李昌兵

党组成员、纪检组长：毛拉吉·阿布拉（维吾尔族）

【概况】 和静县国土资源局位于和静县建设路，成立于2002年5月，由原和静县土地管理局和原和静县矿产资源管理局合并成立。主要职责是负责和静县土地资源、矿产资源等自然资源规划、管理、保护与合理利用工作，行使土地、矿产资源、测绘行政管理职能。内设行政办公室、土地保护利用股、地籍规划管理股、矿产资源开发和地质环境保护股、矿产资源补偿费征收办公室、测绘管理办公室和行政办事窗口等7个职能股（室），在乡镇设有8个国土资源所。现有干部职工46人，其中在职干部36人、在职工人5人、政府购岗5人；党员23名；在职干部中汉族10人、维吾尔族1人、蒙古族11人、藏族1人。工作人员学历都在大专以上，其中大学本科9人，占在职人数的20%，40岁以下人员占总数的74%。（阿丽玛）

【土地市场管理】 2009年，和静县国土局加强土地市场管理，严格执行土地有偿使用制度，有效地规范了土地市场秩序。2009年共出让土地22宗，面积29.03公顷，征收出让金2 051万元。采取多种措施不断提高矿产资源补偿费征收的征收面和征收率，全年征收资源补偿费816.68万元，采矿权价款70.59万元。（阿丽玛）

【耕地保护】 2009年，和静县国土资源局加强基本农田保护，投入2万余元，重新设立18个保护牌。全年通过土地整理增加有效耕地面积110.45公顷。和静镇土地整理项目已竣工，乃门莫敦乡乃门莫敦村和包尔布呼村土地整理项目已列入自治区项目计划，额勒再特乌鲁乡察汗乌苏村生态移民搬迁土地整理项目（1 809公顷）已踏勘完毕，可行性研究报告已上报自治区国土资源厅。（阿丽玛）

【地籍管理】 2009年，和静县国土资源局全面完成第二次土地调查、农村土地数据库和基本农田数据库建设工作。实行土地登记公告制，对权属来源合法、界址清楚、面积准确的，及时给予登记发证。共办理各项土地登记850宗，面积 2 476.9公顷。其中：设定国有土地登记469宗、城镇楼房登记240宗、农村集体土地使用权登记68宗、抵押登记73宗。2009年，全县农用地255.26万公顷，其中耕地4.49万公顷，园地0.45万公顷，林地10.68万公顷，牧草地238.53万公顷，其他农用地1.11万公顷。建设用地2.79万公顷，其中居民点及工矿用地25.69万公顷，交通运输用地0.21万公顷，水利设施用地159.54公顷。未利用地92.55万公顷，其中未利用土地79.53万公顷，其他土地13.03万公顷。（阿丽玛）

【建设用地管理】 2009年，和静县人民政府出台《和静县工业项目用地控制指标》，规范工业用地管理。完善土地市场动态监

测制度，加强建设用地跟踪管理，有效制止土地闲置行为。（阿丽玛）

【土地执法监察】 2009年，和静县国土资源执法监察大队共受理国土资源违法案件41件，立案查处41件，结案40件，未结案1件，结案率97%，罚没款23.33万元。其中：土地违法案件33件，立案查处33件，结案32件，未结案1起，收缴罚没款18.13万元；矿产违法案件8件，立案查处8件，结案8件，罚没款5.2万元。接到群众来信来访5件，答复3件，处理2件，办结2件。开展辖区土地执法巡查19次，参加执法人员76人次，其中土地巡查11次，矿产巡查8次，巡查中制止2起国土违法行为。

（阿丽玛）

【矿产资源勘探开发】 和静县矿产资源富集，且成矿条件好、资源储量大。优势矿产主要有金、铜、铁、菱镁矿、石膏、石英岩、白云岩、石灰岩及其他各类矿产等，这些大多是中国急缺或重要的矿产，开发潜力巨大。目前发现的矿种有29种，其中金属矿产8种（铁、锰、铜、铅、锌、锑、金、银）、稀有金属1种（铍）、燃料煤2种（煤、泥炭）、化工原料4种（蛇纹石、黄铁矿、重晶石、毒砂）、冶金辅助原料3种（白云石、菱镁矿、耐火黏土）、建筑材料7种（石灰石、大理石、黏土、石英岩、石英砂岩、正长石及花岗岩），另外有一定找矿意义的石棉、水晶、云母和石墨矿化点。县域内矿产资源潜在经济价值超过2 500多亿元。（阿丽玛）

【矿政管理】 2009年，和静县国土局对20家矿山企业进行了储量核查，对5家矿山企业做了生产地质报告。安排8批次25人对县域内矿业权进行巡查。召开矿业大会和勘探权备案汇签会，严把审查关，全年共呈报采矿权延续10个、变更3个、转让2个、划定矿区范围的1个报件，备案的勘查项目440个，探矿权人出具调查意见 38 份，办理探矿权延续手续216份，转让手续8份。对县域内153个重点地质勘查项目进行监督检查，同时对472个社会资金投资的地质勘查项目进行专项检查。做好矿业权核查工作，完成探矿权核查项目415个，采矿权核查矿山企业39家。开展矿产资源补偿费项目验收和立项工作，对和静县2003年以来矿产资源补偿费项目完成的3家企业进行自检。加强矿山监管，先后对两个矿区9个矿权进行整合。编制砂石粘土矿规划，规划区面积44.5平方千米。（阿丽玛）

【地质环境治理】 2009年，和静县国土局编制完成《2009年度和静县地质灾害点防灾方案》和《2009年和静县突发性地质灾害应急预案》，与36家矿山企业签订《地质灾害防治管理责任书》，建立和完善突发性地质灾害应急机制。全年树立警示牌16个，向受地质灾害威胁的群众和企业发放“防灾明白卡”、“避险卡”107份。同时全面推行矿山生态保证金制度。2009年砂石料缴存矿山环境治理恢复保证金10万余元。

（阿丽玛）

【表彰奖励】 2009年，和静县国土局荣获自治区级“双保”工作先进集体、自治州耕地保护先进集体、自治州矿产资源补偿费征收先进集体、自治州调节纠纷工作先进集体、州国土资源局矿产管理工作先进集体。（阿丽玛）

质量技术监督管理

【和静县质量技术监督局领导人】

党组书记、副局长：陈雪峰（女）

副局长：阿迪力·木合麦提（维吾尔族，2009年2月离任）、热合曼·喀德尔（维吾尔族，2009年2月任职）

副局长：吴建设（蒙古族）

【概况】 和静县质量技术监督局位于和静县开再东路。1977年11月，成立和静县标准计量管理所。1990年5月，更名为和静县标准计量局。1993年标准计量局与工商、物价机构合并，成立和静县工商物价计量局。1999年8月，更名为和静县质量技术监督局，科级建制，内设机构为办公室、业务室、法规室、技术监督稽查队、质量与计量检测所。行政编制10名、事业编制9名，工人1名；2009年有在职工作人员20人，退休人员3人，其中汉族16人、回族2人、蒙古族3人、维吾尔族2人；党员11名；大专以上学历人员占人员总数的91%。

主要职责是负责本行政区域内质量监督综合管理、行政执法和锅炉、压力容器等特种设备的安全监察监督管理工作。

（刘金华）

【标准化工作】 2009年，和静县质监局在原14类重点产品电子质量档案的基础上，完成了辖区所有取证企业和规模以上在线电子质量建档工作。新增企业和农产品加工企业也于领取营业执照之日起3个月完成了建档和登记工作；帮助企业续展条形码6家，新办3家；对14家食品生产加工企业实行严格备案制度。推进农业标准化工作，召开和静县《加工用红辣椒标准体系》相关标准审定会，通过了《加工用红辣椒温室育苗移栽技术规程》、《加工用红辣椒膜下灌溉技术规程》、《加工用红辣椒病虫害防治技术规程》等8项巴州地方标准的技术审定，并提出修改建议。继续深入开展标准化良好行为企业创建活动，将新疆隆平高科红安和静辣椒有限责任公司定为标准化良好行为试点企业。企业普查覆盖率达到100%，建档率100%，获证企业食品生产许可证年度审查工作达到100%。无照生产的小作坊普查覆盖率达到95%以上。

（刘金华）

【食品安全】 2009年和静县质监局开展食品生产加工企业专项整治活动，规范食品生产加工企业的生产行为，加大在食品中添加非食用物质和滥用食品添加剂的打击力度。同时对28家食品生产企业的进货台账、生产记录、食品添加剂的使用记录、出厂检验记录和实验室设备使用情况进行全面检查，对存在问题的22家企业下达了《责令改正通知书》，对1家无证生产酸牛奶的个体户进行了查处。查处了新疆库尔勒恒源物质有限责任公司和静卫拉特分公司，使用未经检验检疫的羊肉生产风干肉案件，并会同县食品药品监督管理局监督该公司将该批风干肉销毁。

（刘金华）

【行政执法】 2009年，和静县质监局开展了“农资打假下乡”专项行动，共检查农资生产、销售单位32家。立案查处农资违法案件5起，查获冒用质量安全标志、伪造产地化肥45吨，货值金额8.3万元。

对县城范围内的酒店、餐厅对外使用的计量器具和部分生产企业强检计量器具以及部分个体诊所使用的医用计量器具进行专项检查。立案查处了6起使用未经检定计量器具的案件，保护了广大消费者和患者的合法权益。对和静县两家刨花板生产企业无证生产刨花板的违法行为进行了立案查处。对县域范围内获得绿色食品认证、有机产品认证、无公害农产品认证、食品质量认证、食品安全管理体系认证、绿色市场认证的生产企业、获证产品和认证标志使用情况进行检查。对违法使用认证标志的两家企业依法进行了立案查处。全年立案查处案件41起，已结案39件。

（刘金华）

【计量管理】 2009年和静县质监局加强人员培训，1人取得了实验室资质认定内审员证。做好计量标准送检及自检工作，使计量标准器处于受控状态。将二等标准砝码、100升标准金属量器、50升标准金属量器、程控电能表校验仪送到自治区计量检定测试研究所检定。精密血压计、三等标准砝码、七块标准压力表送州计量所检定，均已取得检定证书。自检20千克标准砝码300个，修复20千克标准砝码20个。自检50毫克～100克感量砝码30个，100克～2千克标准增铊40个。做好计量检定管理工作，对计量器具建立档案。检定计量器具4 100余台，其中台案秤1 200台、字盘秤1 200台、血压计110块、压力表800块、地秤90台、电能表200 块、燃油加油机150台、天平 40台、砝码300余个。开展食品实验室筹建工作，用足用好专项经费，验收准备工作基本完成。

（刘金华）

【机构代码】 2009年，和静县质监局开展组织机构代码证办理和年检工作，主动为群众排忧解难、提供方便，全年共办理、变更代码证书265家、年检325家，上缴代码款6万多元。

（刘金华）

【特种设备安全监察】 2009年，和静县质监局在春节、“五一”、“十一”等节日期间开展特种设备专项检查。在专项行动中，对违法行为轻微的12家企业下达了《特种设备安全监察指令书》，对5家违规使用特种设备的单位进行了立案查处。

（刘金华）

安全生产监督管理

【和静县安监局领导人】

党支部书记：朱建新（2009年4月离任）、加　来（蒙古族，2009年4月任职）

局　　长：朱建新

副 局 长：张向阳、李建国（2009年4月离任）

【概况】 和静县安全生产监督管理局成立于2003年，原隶属县经济贸易局，二级局建制。2006年11月升格为县人民政府直属部门，正科级建制。2008年7月成立安全生产监察大队。2009年有干部职工14人，其中党员10人。内设机构有综合股、矿山安全监督管理股、安全生产监察大队。

主要职责是负责全县安全生产综合监督管理，承担安全生产委员会办公室日常工作，发布相关信息，指导、协调安全生产检测检验及安全生产事故的调查处理工作。

（尤宏伟）

【安全生产总体情况】 2009年全县共发生各类事故63起，死亡24人，受伤48人，直接经济损失246.45万元。与上年同期相比，事故起数持平，死亡人数下降11%、受伤人数下降4%、经济损失下降13.1%，事故死亡人数占全年控制指标24人的100%。道路交通事故35起，死亡17人，受伤38人，经济损失9.81万元，事故起数下降16.3%、死亡人数下降10%、受伤人数下降20.8%、经济损失下降41.7%。火灾事故13起，无死亡、受伤人员，直接经济损失18.62万元，与上年同期相比事故起数上升8%，直接经济损失下降31%。工矿商贸企业发生事故4起，死亡6人，直接经济损失180万元，与上年同期相比事故起数下降50%、死亡人数下降25%、直接经济损失下降25%。煤矿事故1起，死亡1人，无受伤人数，直接经济损失30万元，与上年同期相比事故起数、死亡人数、直接经济损失均上升。农机事故10起，无死亡、受伤10人，直接经济损失2.02万元，与上年同期相比事故起数、受伤人数、直接经济损失均上升。开展“安全生产三级示范”创建工作，全年共完成6个乡镇的初验及16个示范村的验收工作。（尤宏伟）

【安全生产监督检查】 2009年，和静县安监局开展重大危险源的申报登记企业共有19家，其中加油站15家、液化气站2家、加气站和制冷企业各1家。对烟花爆竹销售点开展3次大规模的安全生产检查行动，共检查烟花爆竹销售点12个，发现隐患8处，整改8处，下发整改指令书2份。对全县35家农药店，24家木材加工厂进行了5次联合检查，对证照不齐，违规经营等现象进行了处罚或停产。开展对危险化学品企业检查，发现隐患150处，整改141处，下发责令整改通知书13份。2009年重点对金特公司莫托萨拉铁矿、艾尔宾山铁矿、大西沟铁矿、八一铜矿、诺尔湖铁矿、夏尔采克铁矿、环鹏莫托萨拉铁矿等主要金属矿山的现场安全作业环境进行严格检查。对热乎大理岩矿、磊鑫石灰石矿、建德石灰石矿等18家露天采石企业易发地质灾害地段进行详细检查，下发现场检查记录51份，下发责令改正指令47份。督促协调尾矿库矿山企业做好取证工作，完成新建的3家尾矿库矿山企业评价工作，加强在建矿山企业的日常检查（包括备战铁矿、查岗诺尔铁矿、古仁沟铁矿）。加大矿山企业安全生产整治力度，县安监、国土、公安、环保等部门开展综合执法检查5次，严厉打击非法开采活动，共排查矿山、冶金、建材等行业企业61家，探矿企业13家，排查一般隐患202条，已整改隐患189条。（尤宏伟）

【安全生产专项整治】 2009年，和静县安监局开展执法行动1 177起，其中金属与非金属矿山38起，尾矿库4起，建筑施工9起，冶金、电力等工商贸企业4起，人员密集场所13起，道路交通7起，农业机械1 077起，其他行业25起。排查工矿企业治理隐患197家，其中金属与非金属矿山65家，排查一般隐患103项，已整改100项，整改率97%；危险化学品生产经营企业和单位67家，排查一般隐患165项，已整改158项，整改率98%；烟花爆竹企业1家，排查一般隐患8项，已整改8项，整改率100%；冶金有色企业1家，排查一般隐患632项，已整改612项，整改率97%；尾矿库4家，排查一般隐患60项，已整改42项，整改率70%；其他行业59家，排查一般隐患109项，已整改98项，整改率97%。排查交通运输等企业治理隐患13 309家，其中：道路运输企业52家，排查一般隐患0项；建筑施工企业52家，排查一般隐患25项，已整改25项，整改率100%；学校38家，排查一般隐患5项，已整改5项，整改率100%；商场、市场等人员密集场所18家，排查一般隐患8项，已整改5项，整改率63%；农机行业12 753家，排查一般隐患5 878项，已整改5 878项，整改率100%；油料企业5家，排查一般隐患4项，已整改4项，整改率100%；工路养护施工企业17家、电力企业1家，均没发现隐患；其他企业373家，排查一般隐患615项，已整改585项，整改率95%。开展安全标准化创建的企业5家，达标企业2家，安装煤矿井下人员定位系统1套，编制修订应急预案120个；企业与救援队伍签订救援服务协议1个。（尤宏伟）

【安全生产宣传教育】 2009年，和静县安监局开展以“关爱生命、安全发展”为主题的安全生产月活动。召开专题会议，下发安全生产月活动方案。6月1日，县领导发表了安全生产电视动员讲话；6月2日举办了安全生产专场晚会；6月14日在县丰源超市前开展安全生产宣传咨询日活动，发放宣传资料1.5万份，悬挂横幅35条，出动宣传车9辆，展出安全生产知识板报40多块。组织全县各单位开展“平安巴州”知识竞赛答题活动，开展社区入户走访活动，发放宣传单、安全常识手册3 000余份。在县电视台播放安全生产警示教育片、开办安全生产知识每日一提示栏目。2009年，县安监局组织各类安全生产培训7期，培训从业人员420多人次。（尤宏伟）

【安全生产许可证管理】 2009年，和静县安监局根据自治州《关于要求加快自治州非煤矿山企业“安全生产许可证”延续工作进度的通知》要求，县安监局通过召开会议、摸底调查、下发通知通报等形式进行督促，加大“安全生产许可证”换证工作力度。截至2009年底，县非煤矿山企业中有14家完成换证工作，其他29家正在陆续进行安全评价。对安全生产许可证已经到期的企业下发责令停产通知书，并协调县公安部门停止火工用品的供应，督促各企业尽快完成换证工作。（尤宏伟）

食品药品监督管理

【和静县食品药品监督管理局领导人】

党组书记、副局长：许多恒

党组成员、局　长：哈斯木·牙生（维吾尔族）

党组成员、纪检组长、主任科员：杨胜国

【概况】 和静县食品药品监督管理局成立于2002年7月，隶属巴州食品药品监督管理局管理。2009年在编职工9人，其中行政人员8名、工勤人员1名；少数民族干部1人；男职工8人，女职工1人；党员4人；本科8人，大专1人。内设综合办公室和监督检查室。主要职责是依法对药品（含医疗器械、药品包装）研究、生产、流通、使用进行监督管理，查处违法行为；负责核发、换发药品零售企业、药品零售连锁企业门店“药品经营许可证”的初审工作；负责处方药与非处方药分类管理的实施和监督管理；承担食品安全的综合监督、组织协调和依法组织开展对重大食品安全事故进行查处。（贺跃新）

【药品稽查】 组织开展查控“糖脂宁胶囊”、李元军涉嫌无证经营假劣药品、含可待因复方口服溶液专项检查及打击非法行医等20余次专项整治工作。同时，与县卫生局联合开展了为期一个月的医药规范月专项检查活动，对医药市场进行专项整治。

2009年共立案38起，结案19起，其中无证经营1起、非法渠道购进8起、假劣药品案件25起、器械案件2起，移送公安机关2起。组织监督抽检53批次，已全部出具检验报告书，其中不合格药品42批次，抽检靶向率为79.2%。在“甲型H1N1流感”发生期间，按照部门职责，积极开展对甲型H1N1流感疫苗和抗病毒药物进行监督检查，保障人民群众的身体健康。开展药械不良反应和违法药品广告监测工作。2009年共上报药品不良反应13起，医疗器械不良事件1起。继续强化对违法药品广告的监测登记工作，2009年未发现一起违法药械广告，有效预防和制止了群体性不良反应和药害事件的发生。（贺跃新）

【食品综合监管】 2009年，和静县人民政府将食品安全监管纳入县综合目标考核内容，落实监管责任。制定《和静县食品安全责任制与责任追究制》、《和静县重大食品安全事故应急预案》、《和静县食品安全整顿工作方案》、《农村集体聚餐申报备案管理制度》等12项食品安全配套制度，在全县范围内集中开展食品安全整顿工作，降低餐饮环节可能存在的安全风险，防止群体性食物中毒事件的发生。开展了打击违法添加非食用物质和滥用食品添加剂、饲料中非法添加盐酸克伦特罗及“风干肉”、保健品等专项整治工作。并在节日期间组织开展联合检查，保障节日期间食品安全。（贺跃新）

【农村药品监管网络建设】 2009年，和静县食品药品监督管理局坚持政府高位推动，将农村药品监管网、供应网（以下简称“两网”）建设工作纳入年度考核目标，为“两网”建设奠定了基础。努力推进药品供应的主渠道建设，注重规范乡镇卫生院和村卫生室的药品供应主渠道、监督定点医疗机构合理用药。2009年，全县95%以上的乡（镇）卫生院通过由食品药品监管部门和卫生部门统一推荐的质量信誉好、规模大的药品经营企业购进药品，90%以上的村卫生室由乡镇卫生院统一配送。形成了以乡（镇）卫生院药房、行政村卫生室或药品专柜为主体，以药品经营企业为辅助，购药渠道以大型或连锁经营企业为主的农村药品供应格局，基本形成了覆盖全县的农村药品供应网络。开展了对各乡（镇）主管领导、领导小组成员及食品药品协管员、信息员的培训工作，培训90余人次，全县经过业务知识及法律法规培训的食品药品监督协管员18人、信息员56人，协管员和信息员的监管覆盖率达到100%。（贺跃新）

【执法体系建设】 2009年，和静县药监局积极推行行政执法责任制，在原有制度基础上制定完善《行政执法责任制》、《行政执法公示制度》、《行政执法错案追究制度》和《规范性文件备案制度》等规章制度，重视和强调落实行政执法责任制，按照有错必纠和惩处与教育相结合的原则，明确不作为追究，错案追究的责任范围。在执法监督中，行政执法人员严格按照《行政处罚法》、《药品监督行政处罚程序规定》等法律、法规的要求，亮证执法，依法行政。案件的立案、调查、处罚，严格依照程序执行办案审理两分离。开展了各类法制宣传活动，扩大群众对食品药品法律法规的了解，提高了群众的法律意识和自我保护意识。（贺跃新）

农 业

综 述

【和静县农业局领导人】
党委书记、乡镇企业局局长：樊武军
局　　　长：彭　钢
副　局　长：李和民
副局长、农技站站长：楼爱玲（女）
农技站党支部书记：马瑞升（回族）
农 经 局 局 长：张玉忠
园 艺 站 站 长：张卫东
种子管理站站长：黄景志
农 广 校 校 长：霍建忠

【概况】 和静县农业局成立于1984年9月，是县人民政府主管农业农村工作的职能部门。2009年，有行政编制14人，内设机构有办公室、综合股、信息股。2009年末，实有干部职工12人。农业局下设机构有乡镇企业局、农经局、种子管理站、农技站、园艺站、农广校；农业局机关与乡镇企业局属行政单位，农经局、种子管理站为参照公务员管理单位，其余为全额拨款的事业单位。农业局下属各站（包括乡站）共有专业技术人员123人，其中高级职称17人，中级职称39人，初级职称67人。主要职能是贯彻执行关于党的农业和农村经济工作各项方针、政策、法律、法规，开展农业农村各项业务工作，并负责农村能源和“菜篮子工程”建设等。（李建华）

【农村经济】 2009年末，全县地方农业人口达10万人，农村劳动力37 870人。和静县四季分明，日照充足，县境内大小河流37条，水资源十分丰富，优势的自然条件为农牧业发展奠定了良好的基础。2009年，全县农牧民人均纯收入达6 616元，比上年增加1 322元；其中种植业增收727元，林业增收6元，牧业增收340元，二、三产业增收44元，外出劳务增收182元，从集体得到的工资收入增加23元。2009年，全县耕地面积2.195万公顷，农作物正复播面积2.56万公顷，粮食播种面积9 364.7公顷，经济作物1.62万公顷。小麦6 823.4公顷，总产45 100吨；玉米2 361.2公顷，总产25 387吨。工业辣椒4 615.6公顷，总产97 353吨；工业番茄2 021公顷，总产264 222吨；打瓜970.36公顷，总产1 993吨；甜菜1 320.6公顷，总产110 602吨；棉花1 854.3公顷，总产3 160吨；茴香605.28公顷，总产876吨；蔬菜375.33公顷；油料2 247.8万公顷；薯类240.73公顷；西甜瓜101.71公顷。（李建华）

【农业经济结构调整】 2009年，和静县农村第一产业总收入79 604.67万元，比上年增长29.49%；第一产业农牧民人均纯收入4 860元，比上年增收1 073元。全县种植业总收入49 327.58万元，比上年增加33.58%；种植业的农牧民人均纯收入2 775元，占人均纯收入的41.94%。畜牧业总收入27 200.19万元，比2008年增长22.21%；来自牧业的农牧民人均纯收入为1 871元，占人均纯收入的28.28%；来自林业的农牧民人均纯收入为214元，占人均纯收入的3.23%。随着旅游业的迅速兴起，围绕旅游业参与二、三产业经营的农牧民越来越多，通过积极鼓励引导农民从事奶制品、畜产品、刺绣品、民族饰品的加工销售及运输、餐饮、娱乐等服务，促进农牧民增收。2009年和静县农村二、三产业总收入20 095.27万元，占人均纯收入的13.09%。围绕辣椒、工业番茄等“红色”产业，全县产生了60多个农民经纪人，并成立了多个种植合作社。通过一系列措施，和静县产业结构继续得到优化。和静县三次产业的比重由2008年的29：38：33调整为2009年的32：39：29。 （李建华）

【设施农业】 2009年，和静县农业局采取多项措施，大力发展设施农业。培养设施农业科技示范户48户，举办节能日光温室建造、设施果树栽培技术培训班4期，培训农民4 100人次。编写和印发设施农业培训宣传资料5 000余份。县财政投放设施农业补助资金327.98万元，对基本农田新建日光温室补助166.8元/公顷，戈壁荒滩新建日光温室补助233.5元/公顷，实施工厂化穴盘育苗补助133.4元/公顷，发展设施果树补助133.4元/公顷，牧区按此标准加倍。全年引进设施蔬菜品种42个，设施草莓品种3个。完成了1.19公顷设施农业膜下滴灌技术的试验示范。编制了《和静县万亩设施农业发展规划》，已形成66.7公顷以上连片设施农业基地1个，33.35公顷以上连片基地1个，6.67公顷以上连片基地3个，3.34公顷连片基地5个。2009年全县新建日光温室及大棚面积94.7公顷，其中日光温室84.04公顷。 （李建华）

【农民科技培训】 2009年，和静县农业局积极配合相关部门开展第十九届“科技之冬”活动。2008年冬～2009年春，选派专业技术人员50余人次举办培训班30期，培训农民5 000人次。下属各单位举办各类农业技术培训班45期，培训人数达11 020人次，向农牧民发放汉语、维吾尔语、蒙古语技术资料2.5万余份。 （李建华）

【新技术试验推广】 2009年，和静县农业局共引进农作物新品种110个。引进、试验春小麦滴灌技术、甜菜一膜三行栽培技术，开展麦茬复种西瓜等试验示范，均获得成功。全县推广配方施肥1.92万公顷，测土配方施肥使粮食作物亩节本增效40元以上，经济作物亩节本增效110元以上。完成多熟高效3 355公顷，较单一种植平均亩增收1 000元以上。完成膜下滴灌3 417公顷。完成设施农业工厂化穴盘育苗9.90公顷，大田移栽2 547.9公顷。 （李建华）

【农资、种子市场治理】 2009年，和静县农业执法部门加大了对农资市场的监管力度。针对全县9个农资市场开展拉网式执法检查2次，专项执法检查23次，其中对72家农资经销店进行抽查，没有发现不合格经营现象。在放心农资下乡活动中，共举办农资管理培训班4期，培训农资经营户63户，培训农户3 500余人次，印发宣传资料8 000份。种子管理站全年进行种子市场联合大检查5次，共查处种子违法案件9起，没收各类种子585.5千克，涉案价值6.96万元；共检验种子228.5吨，发现不合格种子15 074.5千克，依据有关法规进行了查处。受理农户种子投诉案件7起，受理面积12.68公顷。 （李建华）

【农产品质量安全】　2009年，和静县建立健全了农产品标准体系和质量安全体系。成立了县农产品质量安全检验监测站，编制了27种蔬菜无公害标准化生产技术规程，制定了加工辣椒膜下滴灌、温床育苗移栽、病虫害综合防治技术规程等标准化生产规程。加大农业投入品的监管力度，使农药滥用和农药残留超标得到有效控制。强化田间监测和市场监管，超市蔬菜、水果样品检测合格率达98.5%，设施农业基地和农贸市场蔬菜、水果样品合格率达96.9%，马铃薯、工业番茄、加工辣椒等大宗农产品农药残留合格率达98%以上。

（李建华）

【植物检疫】　2009年，和静县农业局认真执行《植物检疫条例》，严格做好调运检疫、产地检疫工作。2009年，对20.1公顷玉米、13.4公顷小麦实施了产地检疫，签发了产地检疫合格证书，共完成250余批次1万余吨植物及农产品的调运检疫。对全县马铃薯、工业番茄、加工用红辣椒等茄科作物进行了马铃薯甲虫发生与分布调查，建立了马铃薯甲虫疫情阻截带，有效控制了疫情入侵。在全县范围内对黄瓜绿斑病、梨枯枝病等检疫性有害生物实施有效监测，组织技术人员对全县3镇2乡3场的梨枯枝病寄主作物开展了7次调查，发放相关预防与防治技术资料700余份。全年完成病虫草害防治2万余公顷，挽回产量损失6万吨。

（李建华）

【农村剩余劳动力转移】　2009年，全县外出劳务总收入6 156万元，比2008年增加1 354万元，增长28.19%；全县农村富余劳动力外出务工人均收入为842元，占农牧民人均纯收入的12.73%，较上年增收182元。

（李建华）

【农业产业化】　2009年，和静县大力实施“1771”农村经济发展战略【“1”即1稳：人均稳1亩粮；“7”即7增：人均增1亩耕地、人均增1亩饲草地，户均增1亩院（庭院经济）、户均增1亩棚（温室大棚）、户均增1座圈（暖圈），人均增2亩红（色素椒、工业番茄）、人均增2亩林（林果）；“7”即7推：推广有机高效名牌模式农业、推广节水技术、推广测土配方、推广先进农牧机械、推进以农牧民专业合作社和农副产品精深加工为“龙头”的农牧产业化、推进移民搬迁和定居、推动劳动力转移就业】。在确保粮食生产安全的基础上，因地制宜地发展特色经济作物，重点是加快发展以辣椒、工业番茄为主的“红色产业”。新疆隆平高科、瑞和番茄制品等公司已建成年产辣椒浓缩颗粒、辣椒酱等系列产品2万吨以上的生产线和年加工10万吨工业番茄原料的生产线，带动了辣椒、工业番茄的规模化发展。和静县生产的辣椒、工业番茄品质好，深受中外客商的喜爱。生产的蔬菜、瓜果远销乌鲁木齐、伊犁等地，已成为巴州三大“菜篮子”基地之一。全年来自种植业的收入占农牧民人均纯收入的41.94%，特色种植业在带动和静县农牧民增收中起到了重要作用。

农业产业化龙头企业带动了和静县农产品的生产、加工和销售，特色农产品全部实现了订单生产，已有18家农业产业化公司来和静落户。2009年，全县在民政和工商部门登记注册的农民专业合作组织达到27个，其中种植业17个，养殖业8个，其他2个。全县有农民经纪人100余人。

（李建华）

【农村土地承包经营权流转】 2009年，和静县农业局加强对土地承包经营权流转的管理和服务，完善土地流转办法，允许农民以多种形式流转土地承包经营权，发展适度规模经营。开展全县农村土地承包经营权流转调查，农区5个乡镇2006～2008年3年累计流转面积1 436.34公顷，占耕地面积的8.2%；2009年流转面积41.25公顷，流转户数54户，经营权流转主要以转包、转让、出租等形式为主。 （李建华）

【农业重点项目】 2009年，和静县农业部门共承担自治区、自治州、县农技推广项目29项。通过这些项目的实施，提高了农业科技成果的转化率，为和静县农业注入了科技活力。同时，又争取到《测土配方国家补贴项目》、《和静县农民专业合作社项目》等一批国家、自治区财政补贴重点项目，合计到位项目资金2 000万元以上，促进了和静县农业农村经济的发展。

（李建华）

【沼气建设】 2006年，和静县被国家农业部批准为农村户用沼气国债项目县，共批准了5个乡（镇）的7个项目村1 723户建池户，中央国债资金补助1 200元/户，项目资金共计206.76万元（含自治区配套1 723套灶具）。按照农村沼气池建设办法，县农业局以农户自愿为前提条件，严格按照标准进行施工。2009年底，全县已建成沼气池1 723座，完成计划任务的100%；投料1 703座，占建池的98.8%；点火使用1 701座，占建池的98.7%。 （李建华）

【十强乡镇百强村示范工程】 2009年，和静县重点开展了“十强乡镇百强村示范工程”和“农产品高产优质攻关工程”建设活动。成立了县“十强乡镇百强村”示范工程工作领导小组，按照“突出重点、科学适用、简洁有效”的原则，结合乡镇、村经济社会发展的特点，设立了考核评价指标体系，开展不定期督促检查。

（李建华）

【农产品高产优质攻关工程】 2009年，自治州下达和静县7项农产品高产优质攻关任务。和静县全力推广高产、优质、高效模式化栽培、育苗移栽等配套技术，建立农产品高产优质攻关示范样板田43个。技术人员深入田间地头做好作物生育期关键技术指导，实现了良种良法直接到田，确保了高产优质攻关工程的全面完成。

（李建华）

新农村建设

【新农村建设】 2009年，和静县加强了农村基础设施建设。总投资2 276万元，完成了部分乡村道路的硬化；投资470万元完成额勒再特乌鲁乡察汗乌苏村生态移民种植区高效节水工程469公顷；投资96万元完成巴伦台镇及巴伦台村饮水安全工程；完成察汗乌苏河出山口以下河段梯级水电站的地勘、测绘工作，规划三级水电站，总装机容量1.6万千瓦，总投资1.16亿元；完成总投资400余万元的天鹅湖景区大门、停车场、厕所等建设工程；完成巴西里克景点游步道和木栈道建设；完成察汗努尔达坂国际滑雪场建设；投资173.5万元完成巴音布鲁克镇宾馆、医院、学校等8个单位的“穿衣戴帽”改造工程；投资320万元完成巴音布鲁克镇2.5千米给排水管道铺设工程；投资630万元的巴音布鲁克镇党政办公大楼和274万元额勒再特乌鲁乡党政办公大楼主体工程已完工；全年纳入农村低保1 413户4 439人。（欧日鲁木加甫）

【新农村建设实验区】 2009年，自治州将巴音布鲁克镇确定为新农村建设实验区。通过采取一系列措施，巴音布鲁克区域牲畜最高饲养量控制在85万头（只），繁活仔畜33.9万头（只），出栏率达63%，商品率在90%以上。完成巴音布鲁克羊组建核心群5 056只，巴音布鲁克羊种公羊鉴定604只，绒山羊核心群组建1 103只，发放核心群补助款12.32万元。完成人工授精改良牛922头。引进鑫宝农业科技有限公司投资1亿元，分3期建设巴音布鲁克黑头羊深加工及萨福克肉用羊品种改良繁育项目。成立察汗乌苏村土地发包领导小组，将土地按照人均0.47公顷地的标准全部发包给搬迁贫困户；完成植树造林547公顷。完成人工饲草料地3 290.8公顷，其中牧区1 348.5公顷。全年备草25.13万吨、备料7.26万吨。

（欧日鲁木加甫）

【移民搬迁定居】 2009年，和静县新建农牧民定居点31个，移民安置650户2 275人。其中牧区定居点29个，就地安置490户1 715人；农区定居点2个，移民安置160户560人。投资490万元完成农区高标准抗震安居房160套。投资2 450万元完成边境就地安置建房490栋。投资140万元配套完善了集中安置点的水、电、路、广播电视等基础设施。为搬迁定居牧民每户提供住房50平方米。完成2008年搬迁富裕户土地分配工作，共分配耕地160.8公顷（每户2.68公顷）。利用项目资金400万元，购买县华侨农场土地136.41公顷。

（欧日鲁木加甫）

【农牧民技能培训】 2009年，和静县加大农村劳动力培训转移力度，结合矿业开发和旅游发展需求，对男性开展以铲车、挖掘机等重型机械驾驶为主的技能培训，对女性开展当地特色菜烹调技术及旅游服务培训。全年举办农业实用技术及法律知识培训班4期，培训农牧民1 787人次。

（欧日鲁木加甫）

【劳动力转移】 2009年，和静县积极组织搬迁农牧民开展劳务创收，组织额勒再特乌鲁乡察汗乌苏村搬迁牧民到博湖县采割芦苇、到金特钢铁股份公司务工200余人次，到附近乡镇场打零工180余人次；首次组织87名牧民赴青岛韩国公司进行劳务创收，年人均创收1.2万元左右。为定居安置点贫困牧户免费提供种鸭、种鹅苗累计1.2万余羽。（欧日鲁木加甫）

【草原生态治理】 2009年，和静县大力开展巴音布鲁克草原生态治理工程，共治理水土流失面积320平方千米。投入240万元，对巴音布鲁克大尤鲁都斯和小尤鲁都斯草原实施飞机治蝗5.09万公顷，养鸡养鸭治蝗1.27万公顷。完成2007年退牧还草工程，项目总投资2 240万元，在巴音布鲁克牧场、巴音郭楞乡、巴伦台镇建设草场围栏130千米，在莫呼查汗搬迁移民安居点新建高标准人工饲草料基地533.6公顷，配套完善干支渠8.7千米，新建暖圈116座。完成2008年退牧还草工程招投标工作，项目总投资910万元。（欧日鲁木加甫）

畜 牧 业

【和静县畜牧兽医局领导人】

党委书记：臧念成（县人大党组副书记兼）
局　长：塔·道尔加拉（蒙古族）
党委副书记：李　波（2009年5月任职）
副 局 长：特尔巴图（蒙古族，2009年3月任职）、许春雷（2009年3月任职）
畜牧兽医站站长：刘　进
畜牧兽医站副站长：尼木根才仁（蒙古族）
动物卫生监督所所长：阿力曼（女，蒙古族）
草原监理所所长：巴图那生（蒙古族）
草原监理所副所长：本　拜（蒙古族）
草原工作站站长：买买江·阿吉（维吾尔族）

【概况】 1972年9月，和静县成立农牧局。1973年12月，农牧局改称畜牧科。1981年4月，畜牧科改称畜牧局。2006年10月，畜牧局更名为畜牧兽医局，是政府主管畜牧业的职能部门，位于和静县东归大道。畜牧兽医局下属站所4个，分别是动物卫生监督所、畜牧兽医站、草原监理所、草原工作站，另设乡镇兽医站12个。2009年畜牧兽医局有编制12人，实有12人。全县有畜牧兽医专业技术人员244人，承担着全县动物卫生监督防疫、市场畜产品检疫、品种改良、草原生态监督与管理等多项工作。

（巴　特）

【畜牧业生产】 2009年，和静县牲畜存栏98.57万头（只），较上年减少3.78%，其中牛7.11万头，马2.88万匹，羊84.41万只，猪3.69万头。牲畜繁殖成活68.77万头（只），较上年增加3.24万头（只），增长4.94%，牲畜出栏73.32万头（只），较上年减少2.21万头（只），减少2.93%。2009年，全县肉产量为20 263吨，较上年增长1.71%，其中：牛肉4 567吨，减少6.26%，羊肉7 885吨，减少12.95%，猪肉5 734吨，增长39.17%。奶产量11 042吨，毛产量1 360吨，禽蛋类产量1 205吨。畜牧业产值为60 305.07万元，比上年增长5.65%。

（巴　特）

【重大动物疫病防控】 2009年，和静县春秋两季完成口蹄疫防疫179.54万头（只），完成率94%；完成猪口蹄疫防疫3.461万头，完成率79%；完成高致病猪蓝耳病防疫3.407万头，完成率79%；完成禽流感防疫17.57万羽，完成率100%。实行活畜禽交易市场准入制度，做好动物免疫证卡和免疫标识查验。全年共领取各类检疫证明450本，发放各类检疫证明260本，各类检疫证明回收率达100%。同时，在巴伦台水文站设立动物卫生监督检查消毒站，对过往的运畜车辆和各种动物进行查证验物。投入资金10万元，储备各类重大动物疫病防控物资，其中喷雾器27套，防护服300套，消毒剂1.5吨。同时，扎实做好动物疫病可追溯体系建设和牛二维码免疫标识的佩戴工作，全年共发放牛耳标7.10万套，标钳17把，识读器12个，扫描佩戴耳标1.52万头。监测马血样12 435份，监测出马传染性贫血病60例，补杀阳性马84匹，并对2007～2009年所补杀的224头阳性马匹进行补贴，共兑现补贴资金68.4万元。

（巴　特）

【牲畜品种改良】 2009年，和静县新组建巴音布鲁克羊核心群5 056只，鉴定巴音布鲁克羊种公羊604只（周岁公羊），选留后备公羔1 700只，发放补助款101 120元；完成本品种交配改良28万只，人工授精821只、胚胎移植800只。组建绒山羊核心群1 103只，发放核心群补助款22 060元；完成本品种交配改良48 250只。完成冷配1 102头，本品种交配改良2 440头。配合自治区畜牧厅完成22头新疆牦牛种公牛的鉴定工作。良补冻精所配奶牛受胎率达到87.5%。 （巴 特）

【项目建设】 2009年，和静县畜牧局共实施畜牧业项目16个，包括退牧还草项目、世行贷款项目、动物防疫体系乡镇兽医站（哈尔莫敦镇、巴润哈尔莫敦镇、巴伦台镇、阿拉沟乡、额勒再特乌鲁乡兽医站改扩建项目）、标准化生猪养殖、畜禽品种改良等六方面，项目总金额3 492.62万元。新引进鑫宝畜牧、青草禽业两家畜牧业养殖加工企业。在天然草场退牧还草项目实施上，全县共完成围栏建设6.67万公顷，围栏长度130千米，人工饲草料地3 290.84公顷，青贮饲料储备24 990吨，秸秆青贮储备78 116.5吨，黄贮饲料储备41 373.3吨，糖渣储备109 948.5吨，新增青贮窖9 105.6立方米。 （巴 特）

【草原生态保护】 2009年，和静县畜牧局在牲畜转场要道设立限牧检查站，对上山牲畜的通行证、防疫证及免疫卡进行核对检查，控制进入草场牲畜数量。同时，积极协调相关部门，开展清山活动，加大对非法采摘野生动植物及探矿（采矿）企业的监管力度。自2006年实施限牧工作以来，实现减牧80.1万只绵羊单位。在农区全面实施农作物套种饲草料种植奖励扶持政策，进一步扩大以苜蓿、青贮玉米为主的优质饲草料种植面积。在牧区则依托退牧还草项目资金，全面实行禁牧、休牧、划区轮牧，并广泛种植优质饲草料，自2004年实施退牧还草项目以来，全县围栏草场34.02万公顷。扎实开展生态移民搬迁工程。自项目实施以来，共投资1.3亿元，搬迁牧民669户2 430人。抓好草原鼠虫害防治工作，争取治蝗资金240万元（其中自治区资金190万元，地方自筹50万元），对巴音布鲁克大小尤鲁都斯草原进行蝗害治理，完成治蝗面积6.34万公顷，其中实施飞机治蝗5.09万公顷。稳步推进牧民定居工程，完成生态移民定居650户，其中移民搬迁160户，边境草场定居牧民490户 。 （巴 特）

【草原监理】 2009年，和静县畜牧兽医局在牲畜转场的11条要道设立限牧检查站，对大小尤鲁都斯草原放牧牲畜的通行证、防疫证及免疫卡进行核对检查，控制进入草场牲畜数量。县分管领导亲自挂帅，对小尤鲁都斯草原开展清山活动，严厉打击非法采摘野生动植物和提前进入小尤鲁都斯草原放牧等行为。2009年完成自然减牧17.29万头（只）绵羊单位。同时积极开展对探矿（采矿）企业的联合检查，严格按照有关规定办理征占用草场手续。年内登记备案的采矿单位21家，征占用草场面积233.16公顷，征收草原补偿费和牧民安置补助费350.03万元。 （巴 特）

【动物卫生监督】 2009年，和静县市场屠宰检疫牛羊2.34万头（只）、猪0.33万头，检查消毒车辆4 983辆次，查处违法违规经营、运输动物及动物产品案件5起，没收违禁兽药3种，假、劣兽药250余种，查获违法兽药企业一家，检查各类场所267处次，畜类3.32万头（只），禽类4.03万羽，动物产品260.1吨。积极协调自治州、县相关部门，开展2次清山活动，全年共清查出违规放牧牲畜5 428头（只）。同时，加大对非法采摘野生动植物及探矿（采矿）企业的监管力度，查处甘草案件2起，没收甘草6吨，登记探矿企业28家。（巴　特）

【科技培训】　2009年，和静县畜牧局举办畜牧业实用技术及法律知识培训班4期，开展宣传教育活动25余次，出动宣传车30辆次，张贴标语300幅，印发科普资料、图书、宣传单3万余份，培训专业技术人员1 787人次，培训农牧民群众2.5万余人次。（巴　特）

【表彰奖励】　2009年，和静县畜牧兽医局荣获自治州草原综合治理先进单位、自治州防控重大动物疫病工作先进单位、自治州动物卫生监督工作先进单位等荣誉称号。（巴　特）

林　业

【和静县林业局领导人】

党支部书记：铁木尔巴图（蒙古族）

局　　长：刁殿成

副 局 长：阿依先木（女，维吾尔族，2009年8月离任）、陈彦增（2009年10月离任）、孙继华（2009年10月任职）

【概况】　1984年5月，成立和静县林业局，位于和静镇开再东路。主要职责是贯彻落实国家林业法律法规，营造人工林，保护森林资源，实施林业工作，打击违法犯罪活动等。内设机构有行政办、绿化委员会办公室、护林防火指挥部办公室、林业工作站、森林病虫害防治管理站、野生动植物保护管理站、项目办、重点公益林管理办公室、林果办、3个林业派出所、6个乡镇林业工作管理站、8个重点公益林管护站。林业系统有干部职工86人，由汉族、蒙古族、维吾尔族、回族、满族、哈萨克族等6个民族组成。有专业技术人员46人，其中高级工程师2人，工程师17人，初级技术人员27人。招聘有重点公益林管护人员109人。

全县森林总面积达到9.25万公顷（含巩乃斯林场），其中天然林8万公顷，人工林1.29万公顷，森林覆盖率为2.33%。2009年，实现林业总产值2 463.95万元。（章秋芳、崔志梅）

【林业建设】　2009年，和静县加大造林绿化工作力度。全县完成人工造林2 265.96公顷，工程建设重点在哈尔莫敦镇乌兰尕孜和沙河子地带、巴润哈尔莫敦镇小巴伦林果基地、额勒再特乌鲁乡林果基地、莫呼查汗扶贫农场、和静镇夏孜尕提林果基地等地实施。全年在林业建设上共投资2 485.64万元。义务植树420余万株，城镇新增绿化面积5万平方米；完成公路绿化改造57.29公顷；征收绿化费27 540元；对11家新申请“花园式”单位、2个“花园式”小区以及17个“绿化合格”单位进行审核上报。（章秋芳、崔志梅）

【林业执法】　2009年，和静县林业局组织开展严打专项行动，依法查处破坏森林资源和野生动植物案件55起，其中行政案件53起，刑事案件2起，查处51起。共收缴野生动物2头，没收野生植物雪莲6万余株，野生动物皮587张，鹿角60公斤，没收木材4立方，打击违法犯罪人员55人次，林业行政处罚6.08万余元，为国家挽回经济损失24.24万元。同时，对1989～2008年间累积多年未及时化解的8起涉林信访案件进行有效化解，使8起案件全部息诉罢访。依法办理林权证76本，办证面积231.23公顷，办理林木采伐许可证215份，采伐面积153.16公顷，采伐林木蓄积13 955立方米。对全县40家木材加工厂进行规范性检查，对不符合经营加工许可的坚决取缔，对存在安全生产隐患的木材加工场所进行限期整改。

（章秋芳、崔志梅）

【重点公益林管护】 2009年，和静县有公益林5.27万公顷，纳入国家公益林补偿的5.03万公顷，资金310.33万元。全年完成奎克乌苏管护站及托斯特管护站基础设施建设、聘用管护人员54人，继续充实扩大森林资源管护队伍；加大重点公益林资源保护力度，采取了引洪灌溉、补植、围栏等措施，对具有潜力和可恢复扩大公益林面积的林地，有计划地进行封育，完成历年未完成的重点公益林营造封育任务536公顷；重新登记造册核发重点公益林林权证6份；加强林区清山清林检查力量，使森林资源得到有效保护，平原天然荒漠林质量明显提高。（章秋芳、崔志梅）

【林果业发展】 2009年，和静县在和静镇夏孜尕提红枣基地、莫呼查汗杏基地、新疆久川生态公司开发建设的乌朗尕孜林果业基地、小巴伦林果基地种植红枣1 260.9公顷、杏28.41公顷、其他树种39.9公顷，使全县林果面积达到了4 221公顷。同时，建立林果业科技推广体系示范园20个（县级2个，乡级3个，村级15个），建立2个示范基地（小巴伦和夏孜尕提），并按要求设置了示范园标识牌，制订了具体的示范园管理方案。（章秋芳、崔志梅）

【退耕还林】 2009年，和静县林业局联合农业局、财政局等有关部门对2002～2006年完成的3 048.5公顷退耕地造林进行了核查验收，对263.24公顷不合格面积进行了调整。全年共补助691户6 320人，兑现国家退耕还林补助资金691.63万元。

（章秋芳、崔志梅）

【森林病虫害防治检疫】 2009年3月，和静县林业局组织专业技术人员对全县平原人工林开展有害生物综合防治，防治面积1 474公顷，无公害防治率100%；对全县91处35.91公顷（含留床）苗木进行产地检疫，对15万株外调进入苗木进行复检，检疫木材3 760立方米，苗木产地检疫率100%，复检率100%，保证造林安全。加大黄斑星天牛防治工作，对有黄斑星天牛发生的协比乃尔布呼乡、乃门莫敦乡、和静镇进行了一次全面调查，对201公顷林木进行了综合防治。7月，枣树一号病在巴州发现，和静县立即启动应急预案，成立领导小组，协调有关部门开展防控工作。以林业局为主，分七个组全面开展普查工作。全县2 251.4公顷枣园、庭院2 053户15 760株红枣及团场412.92公顷枣园没有发现枣树一号病。销毁900千克检疫手续不全的红枣，确保了和静县林果业健康发展。在全县范围内设有8个监测点，安装8个测报灯、13个频振式杀虫灯，对有害生物多发林区进行重点监测。（章秋芳、崔志梅）

【森林防火】 2009年，和静县林业局在建立健全护林防火三级机构的基础上，成立了和静县森林防火半专业扑火队伍，并成功举行实地演练。利用“元宵节”、“麦德尔节”、“国际气象日”等节日开展大型护林防火宣传活动。林区各护林点继续实行24小时值班和登记制度，加强火源管理。护林办联合森林派出所、野生动物保护管理办公室开展护林防火清山清林专项行动2次。武警森林支队积极发挥森林火灾预防作用，在森林防火戒严期圆满完成靠前驻防任务。和静县连续11年没有发生重大森林火灾。（章秋芳、崔志梅）

【野生动植物保护】 2009年，和静县林业局深入农牧区宣传《野生动物保护法》、《野生动植物保护条例》等法律法规。组织林业派出所、野生动植物保护管理站，联合武警森林支队、县公安、工商、畜牧等单位开展打击破坏野生动植物专项清理整顿行动2次，查处非法经营非重点野生动植物4家宾馆饭店，打击非法经营利用非重点野生动植物案件2起。同时，加强野生动植物合理开发利用工作，办理非重点野生动物狩猎证、驯养繁殖及经营利用许可证等共29个。（章秋芳、崔志梅）

【林业种苗】 2009年，和静县林业局出圃苗木25.46公顷，共计190余万株。全面落实“两证”（苗木经营许可证、苗木生产许可证）制度，依法依规核发“两证”，本年度核发“两证”10份，其中苗木生产许可证4份，经营许可证6份。

（章秋芳、崔志梅）

【林业项目工程建设】 2009年，和静县林业局共争取实施了35个项目，其中续建项目3个，分别是退耕还林工程、“三北”四期工程、中央森林生态效益补偿项目。

新开工项目18个，分别是林果业发展专项资金项目、森林病虫害防治检疫体系建设项目、林业派出所建设项目、巩固退耕还林成果后续产业项目、护林防火物资项目、大径材造成林项目、小山口植被恢复项目、柳树沟电站林木林地补偿费项目、2007年335公顷封育项目、2008年管护站建设项目、巴伦台储备库项目、简易道路维修维护项目、巴伦台、克尔古提管护站扩建维修项目、瞭望塔项目、巴音布鲁克物资储备库项目、托斯特管护站项目、引洪灌溉670公顷项目、2008年201公顷封育项目。前期项目14个，已经通过自治区评审。共争取国家补助资金2 485.64万元。

（章秋芳、崔志梅）

水　利

【和静县水利局领导人】

党总支书记：魏振利
局　　长：马　元（回族）
副 局 长：刘　念（2009年10月离任）、乌兰巴图（蒙古族，2009年2月任职）、杜培杰（2009年5月任职）

【概况】 和静县水利局成立于1979年5月，位于和静县城团结西路9号院。主要职能是负责全县的水利规划、农田水利基本建设、水政水资源管理、水土保持、水行政执法、防汛抗旱、全县主要河流的综合治理和开发利用、全县农业灌溉、水利项目的建设管理及水利招商引资等工作。行政编制8人，其中领导职数4人，科级非领导职数3人。内设6个股室，2009年局机关有工作人员19人（干部14人，工人5人），退休干部11人。县水利局设立党总支，下设2个党支部，分别是水利局党支部、水利局老年党

支部，共有党员39人，其中少数民族党员9名、退休党员11人；男性党员37名，女性党员2名。（张晓凤）

【农田水利基本建设】 2009年，和静县农田水利基本建设完成投资3 272.29万元，其中利用退牧还草项目资金523万元，自治区补助65万元，县财政补助150万元，水费100万元，县财政对额勒再特乌鲁乡察汗乌苏村高效节水滴灌工程垫资200万元，投工投劳折资2 234.29万元。（张晓凤）

【水政水资源管理】 2009年，和静县水利局发放取水许可证64套，换证23套，批复水量2 302.34万立方米，其中地下水2 284.51万立方米，地表水17.83万立方米。发放渔业水域养殖许可证5本，完成了辖区内5户水产养殖户的摸底调查、登记备案工作，完成水产品产量工作目标30万千克，完成计划任务的107%。办理河道采砂许可证4本，受理了矿业开采企业取水申请，办理取水许可证4套，批复水量124万立方米，共征收水行政规费80万元。（张晓凤）

【农民用水户协会】 2009年，和静县成立用水户协会1个，农民用水户协会管理灌溉面积达26 653.33公顷，配水点156个，管理斗渠及以下渠道长度730千米。（张晓凤）

【水利项目建设】 2009年，和静县水利局共争取水利项目9个，分别是：1.焉耆盆地开都河北岸地下水开发利用工程项目，建设古尔温苏门肉牛场和协比乃尔布呼乡水源地机井67眼及输变电工程，总投资2 856.32万元，全部为塔河专项资金。2.博斯腾灌区续建配套与节水改造项目——和静县小巴仑灌区改造项目，新建小巴仑干支渠6.13千米，配套建筑物32座，总投资345.85万元，其中国家补助227万元。3.和静县乌浪尕孜小型农田水利工程，总投资170.89万元，其中自治区补助90万元。4.巴伦台镇饮水安全工程，工程总投资98万元，申请国家资金88万元，解决了5 980人及3.1万头（只）牲畜饮水安全问题。5.南疆地下水开发利用机电井建设工程，总投资58万元，全部为自治区补助资金。6.和静镇533.33公顷低产田改造项目，总投资504万元，其中国家补助资金280万元，自治区补助89.6万元。7.哈尔莫敦镇533.33公顷低产田改造项目，总投资604.8万元，其中国家补助资金336万元，自治区补助107.52万元。8.巴润哈尔莫敦镇查汗赛尔533.33公顷低产田改造项目，总投资604.8万元，其中国家补助资金336万元，自治区补助107.52万元。9.县财政投资其他水利工程建设103.7万元（张晓凤）

【水利招商引资】 2009年，和静县水利局开展水利招商引资工作，经协调，注册成立新疆巴音斯贺水电开发有限公司，公司编制完成了巩乃斯河上游和静段水能资源开发规划报告，规划三级水电站，总装机3.02万千瓦，投资3.2亿元。规划报告已报自治区水利厅待批。完成察汗乌苏河出山口以下河段梯级水电站的地勘、测绘工作，规划三级水电站，总装机容量为1.6万千瓦，工程总投资1.16亿元。（张晓凤）

【人畜安全饮水工程】 2009年，和静县水利局争取到巴伦台镇饮水安全工程，工程于2009年6月开工，9月完工，工程总投资98万元，申请国家资金88万元，地方配套资金10万元。共铺设饮水管道12.7千米，修建引泉池两座，解决了5 980人及3.1万头

（只）牲畜饮水安全问题。（张晓风）

【防洪抗旱工作】 2009年，和静县防洪抗旱建设共投入资金140.6万元，其中州水利局下拨资金24.8万元（含铅丝15吨、柴油5吨），县财政投入资金50万元，群众投工投劳折资65.8万元，共加固堤防13.1千米，完成土石方11.37万立方米，修复水毁渠道8千米，建筑物30座，疏通河道2.3千米，浆砌石护坡1.1千米，铅丝笼装卵石护坡1.2千米，木桩树条护坡0.4千米，挑流坝13座；维修机电井10眼，启用50眼，扬水站3座，启用移动式水泵6台。共投入防洪抗旱物资铁丝15吨、柴油48吨、编织袋2.5万条、麻袋4 000条，编织铁丝笼3 008片。

（张晓风）

【表彰奖励】 2009年，被巴州水利局评为2009年度巴州水利系统安全生产工作先进单位和信息宣传工作先进单位。

（张晓风）

水利管理

【和静县水利管理总站领导人】

站　长：马　元（回族，2009年2月离任）、郭阳（2009年2月任职）

副站长：沙吾江·克依木（维吾尔族，2009年6月离任）、王维杰（2009年4月任职）、海维尔·海力力（维吾尔族，2009年6月任职）

【概况】 和静县水管总站成立于1989年2月，是县水利局管辖的自收自支事业单位，下设10个基层水管站（所）。全水利系统共有职工125人，其中在职职工110人（干部45人，工人65人），退休职工15人；大专以上学历40人，工程师5人、助理工程师21人、技术员23人。县水利局下属两个企事业机构，即县水利机械工程队，是企业化管理的事业单位，现有干部职工25人；哈尔努尔水电站，是企业单位，现有干部职工20人，其中干部5人，工人15人。

（张晓风）

【节水灌溉】 2009年，和静县新建高效节水灌溉面积3 340公顷，其中基本农田1 146.33公顷，非基本农田完成2 193.67公顷，完成自治州下达2 000公顷任务的166%。实施高效节水的农田，灌溉亩均节水300立方米，新增节水能力1 500万立方米。棉花增产25%左右，辣椒增产30%左右，番茄增产40%左右，亩均综合节本增效1 000元左右。（张晓风）

【水利工程】 2009年，和静县完成新建防渗渠道 50.7千米，完成自治州任务的113%，渠系水利用系数由0.485提高到0.495，起到了节水增效的作用。改善灌溉面积4 533.33公顷，完成自治州计划任务的136%；平整土地6 133.33公顷，完成自治州任务的153%；新建灌区配套建筑物276座，完成自治州任务的138%；维修灌排渠道328.3千米，完成自治州任务的164%；新打配套机电井112眼（其中塔里木河近期综合治理焉耆盆地水源地项目机井67眼），完成自治州任务的248%；机电井改造配套58眼，完成自治州任务的116%；降低综合毛灌定额45.6立方米/亩，完成自治州任务的114%；清淤渠道1 802.21千米，疏浚河道20.5千米，改造中低产田2 666.67公顷，改良盐碱地1 666.67公顷。（张晓风）

农牧业机械化

【和静县农牧机械管理局领导人】

党支部书记、副局长：

陈　平（2009年2月任职）

局　长：陶良华（2009年2月离任）、乔龙（蒙古族，2009年2月任职）

【概况】 和静县农牧机械管理局成立于1984年5月，位于和静县团结东路，1993年5月，农牧机械管理局合并到县农业工作委员会。1997年9月重新分设，2002年5月，合并到县农业局，挂农牧机械管理局牌子。2008年10月，从农业局中分离单设，是政府主管农牧机械工作的职能部门，正科级建制。2009年有干部职工67人，其中汉族24人、维吾尔族26人、蒙古族11人、回族5人、哈萨克族1人。下属单位有县农机监理站、农机化技术学校、农机技术推广站及农区3镇2乡的5个农机管理服务站。主要职能是负责全县农牧业机械的管理、安全生产以及农牧业机械新技术、新机具的推广应用与开发工作等。（袁　鸣）

【农牧机械化】 2009年，和静县农机固定资产总值1.14亿元，农业机械总动力128 749千瓦，拖拉机总数5 042台，配套机具11 335台（架），农机从业人员3 378人，机耕、机播、机收率分别为100%、86%、41%，农业综合机械化水平达78%。

（袁　鸣）

【农机安全监理】 2009年，和静县农机局深入开展农机安全生产专项整治活动，积极创建“平安农机”。2009年全县共检验拖拉机4 115台，新车上户513台；路检田查车辆12 231台次，纠正违章1 185台次；清查农机维修、营销网点66个次，受理农机投诉8起；创建平安农机示范户1 433个，示范村13个，示范乡镇5个。

（袁　鸣）

【农机科技推广】 2009年，和静县农机局认真贯彻和静县“1771”农村经济发展战略，依托项目，加大农机新技术、新机具推广力度，先后实施了自治区科技兴农“特色农业全程机械化示范区建设项目”，自治州科技兴农“残膜回收机械化技术推广应用项目”、“特色农作物机械化技术推广应用项目”和和静县科技重点项目“钵苗机械化移栽技术推广”。更新小麦联合收割机12台，引进玉米联合收获机2台，滴灌加压过滤设备46台，打瓜捡拾取籽联合作业机4台，大棚卷帘机420台，辣椒收获机1台，移栽机1台，推广了玉米机收、打瓜联合机收、机械移栽、辣椒机收四项农机化新技术。完成甜菜、打瓜、色素椒机械化铺膜播种面积5 133.3公顷，残膜回收1 333.3公顷，加工辣椒机械化移栽2公顷，玉米机收90公顷，辣椒机收面积33.3公顷。（袁　鸣）

【农机科技培训】 2009年，和静县农机局开展送教下乡，积极开展驾驶员培训、农机大户培训和农机适用技术、新技术培训，共举办农机驾驶员培训班5期，职业技能培训班1期，培训驾驶员 430人、营销员1人、修理工8人、联合收割机驾驶员13人。

（袁　鸣）

【农机购置补贴】 2009年，和静县农机局发放中央农机购置补贴资金869.94万元，县财政补贴50万元，农民自筹2 046.47万元，共补贴农户456户，补贴农机具八大类、1 124台（架），其中动力机械238台，配套机具886台（架）。（袁　鸣）

【表彰奖励】　2009年，和静县农牧机械管理局被巴州党委、政府授予“自治州农村改革发展年先进单位”；在自治州农机化工作考核中，荣获“2009年度巴州农机目标考核先进单位”；“2009年度巴州农机信息宣传先进单位”；“2009年巴州农机安全生产先进单位”，4名同志被评为巴州科技兴农先进个人。（袁　鸣）

农村经济管理

【和静县农经局领导人】
局长、党支部书记：张玉忠
副局长：道尔吉（蒙古族）

【概况】　1989年3月成立和静县农经站，2006年1月，县农经站更名为和静县农村合作经济经营管理局（简称农经局），是县农业局下属的二级局，参照公务员管理。2009年，共有编制10人，在职实有人数11人，其中汉族4人、蒙古族7人，男7人、女4人。退休人员1人。内设2个职能科室，即办公室和业务股。主要职能是负责全县农村经济管理工作。

（张迪、满都拉、傲日鲁木）

【农民负担监督管理】　2009年，和静县严格执行各项涉农收费标准，全年农牧民负担减负908.76万元，人均减负139.8元。发放2008年度退耕还林粮食补助资金605.18万元，生活补助86.4万元，合计691.58万元。发放粮食收购直补资金372.4万元，已享受补贴农户5 711户。家电下乡补助资金11.09万元，兑付农户454户。汽车、摩托车下乡补助资金兑付13.2万元，兑付农户115户。发放良种补贴资金127.6万元；发放大中型水库移民后期扶持资金2.03万元；国家农机购置补贴资金720万元，346家农户享受到农机购置补贴，购置农业机械682台（架）。全县城乡低保累计保障户数12 668户25 582人次，发放低保金3376 672元。农村低保累计保障9 689户27 879人次，发放低保金2882 778元。全年争取冬令款和春荒补助款115万元，已全部按规程下拨到乡镇。全面实施农村义务教育经费保障机制，全年享受新机制经费832.76万元（其中寄宿生生活补助660.8万元，免教材171.96万元）。

（张迪、满都拉、傲日鲁木）

【农村土地承包管理】　2009年，和静县农经局举办农村土地承包经营权流转工作培训班，各乡（镇）、村相关人员76人参加。全年和静县农村土地承包经营权流转面积41.06公顷，流转户数54户。其中：转让2.89公顷、转让户数5户，补办21.6公顷、补办户数24户，分户16.54公顷、分户数25户。印发宣传资料2 000余份，解答农民咨询100余人次。全年共填发“农村土地承包经营权证”52本。共接待来访承包纠纷案件32件，已调查处理26件。对和静镇开再村、拉布润林场、哈尔莫敦镇觉伦图尔根村村民反映的农村土地发包收入、林业收入、1991～2008年财务收支等问题进行调查处理，对反映的8个问题走村入户调查核实，对21名信访人送达了复核答复材料。

（张迪、满都拉、傲日鲁木）

【农村财务管理】　2009年，和静县农经局按照《新疆维吾尔自治区农村审计条例》，对5个乡镇20个行政村进行了审计，审计资产总额3 975.85万元，其中违规金额52.8万元，审计面达到37.04%。对全县54个行政村全部实行了“村财乡管”，其中51个村由乡镇农经站管理，3个村由乡镇财政所管理。各村在“民主日”活动时向村民代表公开每季度的财政收支情况。积极推行财会电算化工作，制定了《农村财务管理制度》、《农村集体资产管理办法》、《集体牲畜管理办法》、《重大事务决策和管理制度》、《民主理财、财务公开制度》、《村级财务审批制度》、《财务报表及档案管理制度》等。

（张迪、满都拉、傲日鲁木）

【农民专业合作组织建设与发展】　2009年，和静县在民政和工商部门登记注册的农民专业合作组织达到29个，其中专业协会6个，专业合作社18个。按行业划分，种植业18个，养殖业8个，其他3个。入社社员1 605人，注册资金1 106.12万元，带动农户数 5 000多户。2009年拿出7 000元资金，举办农民专业合作社培训班6期、培训450余人次，同时对各乡镇2 000余农牧民及村干部进行了《农民专业合作社法》和农民专业合作社发展现状等内容的宣传。全年申报示范点5个，评为自治区级示范合作社1个。积极参加农超对接洽谈会，其中2个专业合作社负责人参加了自治区农产品销售对接洽谈会，1个专业合作社负责人参加了长春国际农产品销售博览会。是年，争取专业合作社项目资金25万元。

（张迪、满都拉、傲日鲁木）

【农村经济发展情况】　2009年，和静县农村经济总收入99 699.94万元，比上年增长28.09%；农牧民人均纯收入6 616元，比上年增收1 322元，增长25%。其中：第一产业总收入79 604.67万元，比上年增长29.49%；农牧民人均纯收入4 860元，比上年增收1 073元。第二产业总收入8 227.76万元，比上年增长20.7%；农牧民人均纯收入398元，比上年增收15元。第三产业总收入11 867.51万元，比上年增长24.32%；农牧民人均纯收入468元，比上年增收29元。农民外出劳务收入6 156万元，比上年增加1 354万元，增长28.19%；农牧民人均纯收入842元，比上年增收182元。全县农村劳动力37 870人，其中外出劳动力9 716人。

（张迪、满都拉、傲日鲁木）

【表彰奖励】　2009年，和静县有7个村被评为自治州“农村改革发展年”百强村，2个农民专业合作社被评为自治州“农民专业合作社示范社”，1个农民专业合作社被评为自治州“十佳优秀农民专业合作社”，2个农民专业合作社被评为自治区“农民专业合作社示范社”。

（张迪、满都拉、傲日鲁木）

旅　游

【和静县旅游局领导人】
党支部书记：张银河
局　　长：董积良（藏族）
副 局 长：敖　云（女，蒙古族）

【概况】　和静县旅游局成立于1993年6月，是县人民政府负责全县旅游监督管理的职能部门。1994年5月，成立和静县旅游公司，2007年5月吊销。2009年，县旅游局有工作人员9人，其中妇女4人，党员8人。2009年是和静县“旅游发展年”，和静县加强旅游基础设施建设，依托丰富的旅游资源，创建成巴州第一个自治区旅游强县。创旅游接待人数、旅游总收入、旅游开发投入、旅游宣传促销等活动历史最好水平。全县旅游行业累计完成投资6 404.55万元。先后投资开工建设了巴音布鲁克天鹅湖景区大门、天鹅湖景区入口处旅游厕所、天鹅生态旅游公路、环天鹅湖生态公路、巴西里克观景木栈道、巴西里克景点生态旅游专用道路、天山石林生态公路、阿尔先温泉旅游专用道路、阿尔先沟景区入口处旅游星级厕所、班禅沟旅游公路、班禅沟景区入口处旅游星级厕所、巴西里克景区旅游环保厕所等旅游接待服务设施建设项目。引进阳光之路国际滑雪场项目，2009年8月开工建设，同年11月营业。截至2009年底，和静县共有星级宾馆饭店7家，其中3星级5家，2星级2家；星级农（牧）家乐22家，其中：3星级3家；2星级2家；1星级17家。旅游从业人数达2 669人，其中农牧区就业人员2 070人。全年共接待游客207 154万人次（其中外宾686人次），比上年增加116%；实现旅游总收入5 381.45万元，比上年增加107%。初步形成吃、住、行、游、购、娱相配套的旅游服务体系。

（王怀奋）

【“自治区旅游强县”创建】　2009年，和静县依托丰富的旅游资源和良好的人文环境，开展了自治区旅游强县创建活动，县委、县人民政府召开动员大会，与各乡（镇）和25个责任单位签订了创建目标责任书，对“创强”任务进行了分解。县委、政府拨付专项资金用于自治区旅游强县创建工作，及时协调解决工作中存在的问题。县创建办组织人员赴北疆学习成功经验，加强舆论宣传，在县城和旅游景区制作旅游宣传导旗、旅游宣传牌，完成高质量创强档案120卷，制作专题片在县电视台播放。通过努力，最终以高分898分成绩通过自治区验收。　（王怀奋）

【旅游产业开发】　2009年，和静县出台了一系列扶持旅游产业发展的政策措施，建立了政策支持机制。拿出28.21万元作为财政补贴，鼓励行政事业单位工作人员在本县境内旅游。拿出27.52万元，以优惠价购买3 152张滑雪票奖励行政事业单位工作人员。将200户贫困户及部分富裕户定居旅游景区，实施牧民移民定居工程与“牧家乐”相结合，政府为每户牧民建房补贴3万元，共投入600万元。指导扶持发展“牧家乐”，并对获得星级“农（牧）家乐”进行重奖。

目前，全县旅游从业人数达2 669人。

（王怀奋）

【旅游商品开发】 2009年，和静县旅游局联合其他部门举办了第二届旅游纪念品、工艺品展示设计大赛，对获奖人员进行了重奖。通过一系列活动的开展，传统的手工刺绣、骨雕、木雕、微型乐器等旅游纪念品正朝着满足广大旅游者购物需求，提升了和静县旅游购物市场形象方面发展。截至2009年，和静县从事旅游商品开发企业的有6家，从事旅游纪念品制作人数达179人。2001年11月，和静县艺人制作的骨雕（角雕）作品《魂归》、《牧歌》获新疆首届"泰王杯"旅游纪念品设计大赛优秀奖。2002年4月，骨雕（角雕）作品《魂归》荣获中国首届旅游纪念品设计大赛优秀奖。2004年6月，骨雕（角雕）作品《高歌》、《神鸟》、《迁徙》获新疆第二届旅游纪念品设计大赛优秀奖。2006年3月，骨雕（角雕）作品获一等奖。2008年，获得新疆第四届旅游纪念品设计大赛2个优秀奖。

（王怀奋）

【旅游文化宣传】 2009年，和静县旅游局高度重视旅游文化宣传工作，先后投资24.75万元用作宣传促销费，制作了2期大型户外宣传牌、210块小型户外宣传牌。为机关单位、领导干部的电话座机、手机编制了宣传旅游的彩铃。制作的专题片在县电视台、新疆电视台播放。印制旅游宣传画册1万份，在《假日旅游》、《中国旅游产业》等刊物上登载专刊进行旅游文化宣传。同时，还充分发挥百日文化广场，节庆活动等文化阵地作用，以文艺演出、冠名体育赛事为载体，突出旅游文化宣传，充分调动广大群众参与旅游的积极性。2009年，和静县举办、承办、协办了全县"旅游杯"篮球赛；"东归名城，旅游之夏"百日文化广场活动；新疆巴州首届东归汽摩拉力赛；首届环天鹅湖马术耐力赛；东归那达慕旅游文化艺术节等大型活动；举办了两次和静风光、人文摄影展及和静县第二届（汗王杯）旅游纪念品、工艺品展示设计大赛；与巴州旅游局共同举办了巴州第四届旅游纪念品展销、研讨会等以"东归文化"为主题节庆活动；参与了巴州旅游局组织的"巴州人游巴州"旅游大篷车活动。并积极利用参加国际、国内旅交会，"乌洽会"，"冬博会"之际进行旅游文化宣传。

（王怀奋）

【景区基础设施建设】 2009年，和静县投资471.75万元建设完成巴音布鲁克天鹅湖景区大门，建成游客服务中心600.72平方米、停车场6 700平方米以及供电、给排水等相关设施；投资364.8万元建设巴西里克观景木栈道，工程正在建设中；投资42万元（其中自治区配套33.6万元）建设完成天鹅湖景区入口处旅游厕所，规模154.75平方米；投资16万元（其中自治区配套8万元）建设巴西里克景点旅游环保厕所，工程正在建设中；投资21万元（其中自治区配套10.5万元）建设完成班禅沟景区入口处旅游星级厕所，规模50.14平方米；投资21万元（其中自治区配套资金10.5万元）建设完成阿尔先沟景区入口处旅游星级厕所，规模50.14平方米；投资2 180万元建设从巴音乌鲁乡为起点经巴西里克、阿勒腾尕松、骆驼脖子吊桥、红旗牧场至巴音郭楞乡桥连接国道217线旅游道路，全长110千米，已完成路基建设；投资992万元建设巴西里克景点旅游专用道路，全长12千米，已完成路基建设6千米；投资700万元建设天山石林生态旅游公路，全长74千米，已完成路基建设；建设阿尔先温泉旅游专用道路连接国道218线，全长15.5千米，已完成投资896万元，项目还在建设之中。

（王怀奋）

【旅游培训】 2009年，和静县开展“农（牧）家乐”经营培训班2期，接受培训的农牧民达773人次。组织选送有一定特长并爱好手工艺品的农牧民到外地学习、考察、培训，学业有成后返回家乡，传授技艺，带动农牧民群众发展旅游业。（王怀奋）

【旅游安全生产】 2009年，和静县制定《旅游行业管理暂行办法》、《和静县旅游行业安全事故应急预案》；积极与消防、交通、安监、卫生、环保等部门加强联系，每季度结合安全检查开展旅游市场秩序专项整顿活动。特别是旅游黄金周期间，积极开展旅游安全专项治理。2009年，全县未发生一起旅游安全事故。（王怀奋）

【旅游招商引资】 2009年，和静县旅游局引进阳光之路国际滑雪场项目。项目建设规模3 500平方米，一期投资700万元，当年建成营业。新建了住宿、餐饮、滑雪等设施，开设了初级道、滑雪圈、雪地摩托等项目。其中初级滑雪道400米，雪圈道400米5条，停车场2 600平方米，客房（标准间）20间；餐厅200平方米。2009年11月28日，在阳光之路国际滑雪场召开了和静县第一届冰雪节。滑雪场的建成，使巴州初步形成了“四季有产品、景点各有特色”的旅游发展格局。（王怀奋）

【重点旅游景区介绍】

巴音布鲁克大草原 是中国第二大天然高寒草甸草原。位于和静县城西北部，天山中段南麓，距县城270千米，距库尔勒市约350千米，距乌鲁木齐市约400千米。巴音布鲁克大草原由大小珠勒图斯（裕鲁都斯、尤路都斯）盆地组成。海拔2 000～2 500米。东西长270千米，南北宽136千米，总面积23 835平方千米。四周山体海拔均在3 000米以上，是集山丘、盆地、草原为一体的自然风景区。那里广袤的草原宛如巨大的绿色地毯，将整个大地覆盖。雄伟的额尔宾山将巴音布鲁克大草原一分为二，形成两个盆地。千余眼泉水分布于整个草原，与冰雪融化的涓涓细流汇集盆地，形成巴州的母亲河——开都河。古老的开都河穿越两盆地之间，滋润着大草原，孕育着草原上的生命，使草原上形成大大小小的牛轭湖、沼泽湿地。巴音布鲁克大草原由于受人类活动影响较小，保存了世界上多种的稀有物种，成为天鹅等野生动物理想的繁殖栖息地。其中鸟类23科128种；兽类12科24种；爬行类动物2科4种，两栖类2科2种，鱼科2科5种及多种无脊椎动物等。景观基本都处于原始状态，具有垄断性和不可替代性。国道217线横贯大草原，国道216线、218线转国道217线均可到达。巴音布鲁克镇现有宾馆10家，其中3星级1家、2星级2家，牧家乐30家，共有床位1 400张。

天鹅湖 位于巴音布鲁克天鹅自然保护区（1986年经国务院批准为国家级野生动物类型自然保护区），坐落在大、小尤勒都斯盆地上，距巴音布鲁克镇30千米。天鹅湖东西长30千米，南北宽10千米，海拔2 000～2 500米，面积300多平方千米。天鹅湖沼泽面积宽阔，自然条件优越，有近万只大天鹅、小天鹅、尤鼻天鹅在此繁衍生息。2009年，和静县投资建成巴音布鲁克天鹅湖景区大门。配套建有游客服务中心、旅游厕所、停车场、供电、给排水等相关设施。

九曲十八弯　九曲十八湾景点坐落在大尤勒都斯盆地，巴音布鲁克镇南部，距国道217线46.5千米，进入性较好。古老的开都河蜿蜒流淌，犹如玉带流经巴音布鲁克草原。夕阳西下时，天鹅及及各种水禽在夕阳中嬉水，开都河面上会映出九个太阳，河水被映得通红，堪称为绝景。2009年，和静县投入364.8万元，在天鹅湖景区巴西里克景点山崖地段修建巴西里克观景木栈道，同时还在巴西里克景点内修建了旅游环保厕所。

天山石林　坐落在天山腹地，位于和静县巴音布鲁克镇以西巴音郭楞乡奎克乌苏景区，又称奎克乌苏石林。距国道217线76千米，离巴音布鲁克镇110千米，进入性较好。天山石林长约9千米，宽5千米，形成石林的相对高度有30米左右，面积约50平方千米，为风蚀半胶结沙砾岩层结构，是典型的雅丹地貌。石林地处天山深处，自然的鬼斧神工，把石林雕凿得奇形怪状，千姿百态。由于人迹罕见便成了野生动物的保护圈，成群结队的大头羊、鹅喉羚、以及野猪穿梭往来、栖息繁衍，素有“天然动物园”的美誉。

巩乃斯森林公园　位于和静县城西北部，距县城240千米，2001年被国家林业局批准为国家级森林公园，国道218、217线穿越巩乃斯森林公园，交通极为便利。巩乃斯沟为主要沟系最为著名，沟长约40千米，宽800米。河谷阶地上端生长着天山云杉纯林，以下依次为云杉、桦树、山杨、山柳等混交林。草原类型属于山地草甸草场和森林草甸草场。由于受伊犁河谷暖湿气流影响，巩乃斯森林公园形成了一个独特的生态环境，被人们誉为绿色长廊、植物园、动物王国。旅游景区野菜、药材资源也非常丰富。现建有3星级宾馆一座，别墅20套，拥有床位268张。

班禅沟　班禅沟地处巩乃斯国家森林公园，位于和静县城西北，紧靠国道218线，距县城240千米，进入性好。目前，旅游规划已完成，项目设计正在进行当中。1984年7月16日，全国人大常委会副委员长班禅额尔德尼确吉坚赞到此观光，目睹这里风光如画、景色秀美，便在这里静坐观赏，但见林木葱茏、鸟语花香、流水潺潺、牛羊满坡、景色宜人、佛心大悦，于是便为当地群众诵经祈福至深夜。为了永久纪念班禅大师，当地蒙古族牧民将此沟改称班禅沟，班禅大师圆寂之后，牧民们又在这里修建了纪念碑，举行祭拜活动。班禅沟由此而成为佛光永照的圣洁的山川宝地，因而也成为旅游者最神往的一块旅游胜地。

阿尔先沟温泉　位于和静县城西北部、巩乃斯乡以北，坐落于阿尔先沟上游，距国道218线28千米。在长360米，宽30米的谷底，一字排列分布着12眼水温各异，能医治百病功效的泉眼。水温均在43℃～63℃之间。温泉所在地风光秀丽，景色迷人。现有简易客房20间，床位100张。

满汗王府　位于和静县城中心位置，是自治区重点文物保护单位。1927年落成，为中欧结合的宫殿式建筑，造型别致，占地面积2 476.3平方米，建筑面积903.56平方米，是蒙古土尔扈特部落最后一个汗王满楚克扎布的王府和盟长公署，曾一度是南路旧土尔扈特部落的政治、经济、文化和宗教中心、最高权力机关。主体建筑由正殿和东、西两宫组成，坐北朝南。正殿为两层阁楼式建筑，正殿大厅为汗王兼盟长行使权力的场所。阁楼供奉着历代汗王的神位及佛像。东、西两宫设有满汗王的卧室、客厅、厨房、娱乐室、仓库等。整个建筑群为土木结构。原满汗王府正前方建有大铁门，大门外还有喇嘛庙。满汗王府四周是围墙高耸、碉堡林立、壁垒森严。2009年，自治区文物局拨款80万元，对汗王府进行了重新修缮。

巴伦台黄庙　因黄教而得名，位于和静县北部巴伦台镇境内，距县城50千米，进入性较好。黄庙建于清光绪十四年（1888年），落成后被清朝光绪皇帝赐名为“永安寺”。是南路旧土尔扈特部的总庙，宗教法名“夏尔布达尔杰楞”。由众多殿宇、经堂、佛塔、僧舍等15座寺庙组成。内设密宗学院、医学院、哲理学院、佛经学院等，具有藏传佛教文化建筑风格的喇嘛寺庙群，素有小布达拉宫之称。黄庙坐落在中央，其他14座庙宇错落有致，坐北朝南分布在四周。两座圣洁的佛塔耸立在黄庙正前方，光彩夺目。隐藏在山谷密林中的巴伦台河，从寺庙群前流淌，真乃世外桃源。黄庙是新疆最大的藏传佛教圣地、自治区重点文物保护单位，也是新疆著名的清代文物旅游景点和游览胜地，国家AA级景区。现建有游客接待中心，拥有床位155张，可同时接待200人就餐。

（王怀奋）

祖　鲁　节

祖鲁节是蒙古土尔扈特人的重要节日，民间俗称“点灯节”，时间是农历十月二十五日。这一天是黄教创始人宗喀巴的圆寂日。相传，宗喀巴高僧在农历十月二十五日去世。人们为他的去世而惋惜！安葬高僧时，人们在屋里各个角落都点上酥油灯，为高僧照亮去天堂的路，也表示高僧没离开大家，像明亮的酥油灯一样永远照在人们心中！这一天，人们不喝酒、不唱歌，默默而严肃地做着各项事情，以示对高僧的怀念。祖鲁节来临之前，人们制作色兹米酒，搓灯芯、做灯座、包饺子包子、请邻里到家里喝祖鲁茶。有搓一百个灯芯的习俗，或者超过此数。一般来说，每个人必须按自己的岁数制灯芯和灯座。据说，搓够一百个灯芯，可以得到宗喀巴神的保佑，活到一百岁。搓灯芯的材料是用30厘米～40厘米、中间没有结的芨芨草秆，在上面缠绕上洁净的棉花，浇上酥油插在灯座中，灯座是用面捏制的。

（潘美玲）

工　业

综　述

【工业经济运行】　2009年，和静县工业生产继续保持快速增长，经济效益各项指标增速明显，在全州工业经济发展中，增速位居第二。全年实现工业总产值34.73亿元，工业增加值10.78亿元，比上年增长51.1%；其中：规模以上工业企业完成工业增加值8.86亿元，同比增长50.5%；实现工业总产值29.46亿元；销售产值27.83亿元，同比增长25.8%，产销率达94.5%，完成固定资产投资17.2亿元，同比增长53.97%；地方财政收入完成2.23亿元，同比增长38.5%。（蔡春辉）

【重点工业项目】　2009年，和静县重点工业项目有10个：新华水利公司投建小山口水电站项目，投资2.64亿元，工程正在建设中；国电集团投建开都河流域柳树沟水电站项目，投资2.9亿元，已完成水电站建设项目的主设备招投标、导流洞开工建设、五通一平工作；兰州皓天房地产开发公司投资巴音布鲁克小水电开发项目，投资5 000万元实施整体滚动开发；查岗诺尔铁矿100万吨铁精粉加工项目，投资1.33亿元，工程正在进行中；智博铁矿采选项目，投资2.2亿元，矿区道路基本完工，选矿设备定购完毕，部分设备已陆续到位，矿山隧道已全部贯通；备战铁矿采选项目目前已累计完成投资1.05亿元，选矿区和道路征地及草场补偿工作已完成，道路隧道施工已基本完工；中铁矿业公司铁矿采选项目，投资8 500万元完成了前期工作；巴州乡聚公司聚煤化焦项目，投入1.15亿元在哈尔莫敦镇建成煤化焦厂，已试生产焦炭1 800吨，达到年产焦炭10万吨的生产规模；新疆红彤彤食品有限公司番茄深加工项目，2009年投入7 000万元对原有生产设备进行改造维护，建成日处理番茄1 500吨生产线，年内完成番茄酱生产3 800吨；隆平高科年产20吨辣椒精生产线技改项目，为实现技改增容，新购置、增设辣椒精生产线关键设备，形成年产20吨辣椒精生产线，企业实现新增产值3 500万元以上。（蔡春辉）

【技术改造】　2009年和静县县域企业完成上报技术改造专项资金项目、中小企业发展专项资金项目和节能补助项目3批次，共计15个项目，项目计划总投资27.46亿元。其中3家企业技术改造项目分别获得了各类专项资金支持共计405万元，极大地激发了企业的发展活力。（蔡春辉）

工业园区建设

【和静县工业园区管理委员会领导人】

主　　任：谭　天

党工委书记：蔡思教（2009年4月任职）

常务副主任：赵新武（2009年10月离任）
副　主　任：杨海舰（2009年10月任职）

【概况】　2008年10月成立和静县工业园区管理委员会。2009年有工作人员11名，其中：汉族9人，蒙古族5人，回族1人，女干部5名。办公地点在民政局办公大楼，工业园区规划为五个功能区，规划用地面积54.48平方千米，其中：铁尔曼金特重工业园区2.55平方千米，主要从事钢铁冶炼，建材、能源、矿产资源开发利用等配套产业；城西新兴铸管工业园区24.06平方千米，主要从事有色金属冶炼及压延伸加工业，木材加工业、造纸及纸品业加工，文教体育用品制造业，电气机械及器材制造业；哈尔莫敦矿业区10.06平方千米，主要从事非金属矿产品制造业，化学纤维及塑料制品生产，煤化工下游产品生产等；额勒再特轻工业区9.06平方千米，主导产业为农副食品加工业，饮料制造业，肉类及皮革、毛皮、其他制品制造业；巴润哈尔莫敦隆平高科农副产品加工区8.75平方千米，主要从事农产品加工，保鲜、储存、酿造、包装业。

县工业园区的主要职能是编制工业园区发展规划，开展招商引资工作，为和静县“一园五区”入驻企业提供协调服务工作。开展和静县工业项目的编制、申报、协调、上报工作，搞好园区基础设施建设及环境保护、安全生产等工作。（王星球）

【园区建设】　2009年，和静县工业园区管委会积极协调做好园区建设工作。铁尔曼金特钢铁重工业区和巴润哈尔莫敦隆平高科农副产品加工区已初步实现了“五通一平”，（通水、通电、通路、通讯、通气、平整土地），其余三个产业功能区正在抓紧建设之中。截至2009年底，工业园区累计投资22亿元，其中：基础设施建设投资5亿元，企业生产性投资17亿元。（王星球）

【园区企业】　2009年入驻和静县工业园区的企业有15家。城西新兴铸管工业区：入驻1家企业（在建），为新疆晶晶玻璃有限责任公司。哈尔莫敦矿业区：已入驻2家企业，分别为巴州乡聚煤化焦业有限责任公司，新疆和静新安工贸有限公司。巴润哈尔莫敦隆平高科农副产品加工区：入驻11家企业，分别为新疆和静县板纸制品有限责任公司、和静县巴润哈尔莫敦镇造纸厂、新疆隆平高科红安和静辣椒有限责任公司、巴州巴音河果蔬食品有限责任公司、和静县银星棉业有限公司巴润镇棉花收购加工轧花厂、巴润镇红瑞辣椒加工厂、巴州红世纪生物工程有限公司、和静县奔鑫彩砖厂、和静县万家兴茸鞭液厂、库尔勒番昌西红柿制品有限责任公司上游分公司、巴州瑞和番茄制品有限责任公司。铁尔曼金特钢铁重工业区：入驻1家企业，为新疆金特钢铁股份有限责任公司。（王星球）

【项目建设】　2009年，和静县工业园区管委会认真抓好工业园区基础设施配套完善工作，改变投资环境，加快落实园区规划、土地勘界和环评等相关工作；2009年3月，分别与乌鲁木齐国文数字测绘有限公司签订了勘界合同，与自治区环境保护科学研究院签订了环境影响评价合同。年底，堪界和环评的外业工作已全面完成，正待通过自治区有关部门评审。完成城西新兴铸管工业园区修建道路18千米，投资1 150万元。（王星球）

重点企业简介

新疆金特钢铁股份有限公司

【企业领导人】
董 事 长：谢碧祥
总 经 理：程爱民
党委书记：董玉敖
副总经理：田智勇、谢美华、朱利斌、王小培、颜　强、于永强、高卫华

【概况】 新疆金特钢铁股份有限公司是新兴铸管集团公司于2007年4月重组新疆金特和钢钢铁有限公司后，成立的一家国有控股股份有限公司，注册资金6亿元人民币。该公司位于天山山脉中段南侧的新疆巴州和静县铁尔曼工业区，占地202万平方米，7.5千米的铁路专用线与南疆铁路胡斯台站接轨，218国道沿厂区通过。现有员工3 400余人，其中各类专业技术人员700余人，大专学历以上人员1 000余人，技校、高中、中专850人。2009年，金特钢铁完成钢产量71.04万吨，同比增长78%；实现工业总产值21.54亿元；实现利润1.45亿元，同比增长13.06%；缴纳税金1.55亿元，同比增长21%。员工平均工资由2008年的2 085元增加到2 590元，增长24%。2009年完成固定资产投资12亿元。公司成立以来，安置各类社会失业人员2 000多人，被自治区命名为“再就业基地”，被巴州表彰为“再就业先进单位”。（程淑萍）

【主要产品】 2009年公司产品主要有低碳钢热轧圆盘条、热轧带肋钢筋、热轧光圆钢筋和冷轧带肋钢筋等。公司先后在乌鲁木齐、北京、成都、重庆、兰州、拉萨等20多个疆内外城市建立了销售网点，部分产品已远销中亚地区。（程淑萍）

【环境保护和节能减排】 2008～2009年，公司加快发展循环经济，加大对环境污染的综合治理力度，将安全环保处升格为安全环保部，成立生产现场管理组，加大大气污染治理，生产用水闭路循环，固体废物综合利用和加大厂区环境建设硬件投入等措施，投资8 816万元，建成旋风除尘器7台（套）、布袋除尘器10台（套）、静电除尘器1台（套）、文氏湿法除尘2台（套），烟尘达标排放；建成炼钢净、浊环水系统、轧钢净、浊环水系统、炼铁4 000立方高炉循环水池，实现了水系统闭路循环。通过管理力度的不断加大及环保投入量的增加，有效的治理了环境污染。（程淑萍）

【企业文化建设】 金特钢铁员工来自全国各地15个民族，风俗不同，文化不同，通过不断的学习、探索、创新、融合，打造出独具特色的金特钢铁文化。公司设计制作了《金特钢铁行动纲领》、VI视觉识别系统，确定了金特钢铁标识及内涵、金特精神、金特作风、金特使命、金特愿景、金特准则、金特策略等企业文化理念。为促使企业文化工作有新突破，党群工作部设立了宣传中心，专门负责公司企业文化建设。金特钢铁公司投入近30万元更新电视站采访、制作及播出等相关设备，使电视站具备了与地方县级电视台标准相同的设备，并为电视站配备了6名专职人员，创办了《金特新闻》、《金特视点》、《学习园地》等自办栏目，使员工及时了解公司的生产经营、技改等发展动态。在庆祝新中国成立六十周年期间，公司举办了“爱党、

爱国、爱金特”MTV电视展播，共有11个单位、部（室）参加比赛，在员工中引起强烈反响。截至2009年底，金特钢铁公司在内部媒体共发布新闻稿件1 500余条，在集团公司网站、报纸上刊稿100多篇，在地级以上媒体刊稿50余篇，为金特钢铁公司树形象、展风采起到了积极的促进作用。

（程淑萍）

【所获荣誉】 先后荣获“全国冶金建材行业20家质量过硬放心品牌”称号；获得“全国第一批国家级征信企业”证书；荣获“中国质量技术监督战略联盟单位”称号；获得“符合标准信用产品标识”证书；被团中央授予“青年就业见习基地”；被自治区命名为“新疆维吾尔自治区产学研联合开发示范基地”；被自治区评为“自治州级再就业基地”；被自治区授予“新疆名牌产品”荣誉称号；荣获2009“全国质量守信企业”称号；被新兴铸管集团有限公司评为“先进单位”。（程淑萍）

和静利华食品有限责任公司

【企业领导人】

总 经 理：刘立华

副总经理：袁　园、李书军

【概况】 和静利华公司位于和静县和静镇开泽西路，成立于2004年2月，注册资本350万元，是一个以畜产品深加工，山野菜及农产品保鲜、冰淇淋生产为主的企业。现有职工130人，其中各类专业人员88人，主要由城镇下岗职工、复员军人、大专毕业生和农村富余劳动力组成。企业在拥有1 000吨冷藏保鲜库、1 000吨速冻车间、化验室、配电室等设施齐全并投产正常运营的基础上，于2008年10月新建一座5 000吨保鲜库，该项目投产运营后，主要生产“光明”牌、“利华”牌冰淇淋和野菜水饺、牛羊肉深加工等。年加工转化牛羊肉产品5 000吨、生产附加产品2 600吨，延长了牛羊肉原料的加工期和保鲜期。截至2009年底，公司资产总额3 307.27万元，固定资产1 458.91万元，实收资本1 135万元，所有者权益2 040.63万元，主营业务收入985.73万元，净利润282.93万元，农产品加工、流通的增加值占总增加值的比重75%以上，农产品占原料的比重75%以上，并被和静县农村信用合作社评为A级信用等级户。2006～2009年被自治区评为龙头企业。（程淑萍）

国电新疆开都河流域水电开发有限公司察汗乌苏水电站分公司

【企业领导人】

经　　理：李光立

【概况】 国电新疆开都河流域水电开发有限公司（以下简称开都河公司）于2004年6月11日在新疆库尔勒市注册成立，由中国国电集团公司实施管理（2008年4月全部股权划转国电新疆电力有限公司）并控股（55%）、巴音郭楞蒙古自治州人民政府参股10%（授权新疆巴音国有资产经营有限公司管理）、以及新疆冠农果茸集团股份有限公司参股25%，中国安能建设总公司参股10%，按照现代企业制度组建的国有有限责任公司。按照巴音郭楞蒙古自治州人民政府授权，开都河公司负责建设、经营有新疆“小三峡”之称的开都河流域中游河段8个水电站梯级滚动开发工作和其它电力项目的建设，先期开发建设开都河察汗乌苏水电站和柳树沟水电站。

察汗乌苏水电站是开都河中游河段九级规划中的第七个电站，也是2002年电力体制改革后，中国国电在新疆开工建设的第一个水电项目。电站总装机容量309兆瓦（3×103兆瓦），多年平均发电量10.80亿千瓦时，工程规模为大（Ⅱ）型工程，总投资19.55亿元。大坝为混凝土面板砂砾石坝，坝高110米，水库总库容1.25亿立方米，调节库容0.724亿立方米，具有不完全年调节能力，可将开都河下游防洪标准由20年一遇提高到50年一遇。

察汗乌苏水电站2005年3月21日通过国家发展和改革委员会核准（发改能源〔2005〕478号），同时被列入国家和新疆维吾尔自治区重点建设项目；2005年11月22日完成河道截流，主体工程开工建设；2007年11月完成水库蓄水；三台机组分别于2007年12月22日、2008年4月15日、2008年7月11日提前投产发电。2009年设立开都河公司察汗乌苏水电站分公司，负责经营管理察汗乌苏水电站三台机组。截至2009年12月31日，实现年内安全生产365天，跨年度连续安全生产741天，2009年全年发电量突破11亿千瓦时。（程淑萍）

【所获荣誉】 2009年，先后获得中国电力建设协会颁发的“电力工程质量优质工程奖”、巴州人民政府授予的消防设施“标准化、标识化、规范化”先进单位、国家电力监管委员会西北监管局授予的“2009年度西北区域电力监管统计工作先进单位”，在全疆电力系统技术监督检查评比中总得分94.3分。（程淑萍）

巴州凯宏矿业有限责任公司

【企业领导人】

董　事　长：马西波

总　经　理：刘彦东

常务副总经理：杨廷坤

副 总 经 理：马　军、李学文、张彤华

【概况】 巴州凯宏矿业有限责任公司，是由新疆凯宏投资有限公司和巴州天山地质矿业有限责任公司于2007年12月共同组建成立的。公司注册地和静县，注册资金2 000万元。2009年9月首钢控股有限责任公司入股本公司。公司主要经营项目为矿山开发、矿石加工销售。公司所属矿山1座，已探明储量4 500万吨，建成年产50万吨铁精粉选厂1座，年产100万吨铁精粉选厂正在建设中。固定资产投资3亿元。公司2009年开采矿石110万吨，生产铁精粉10万吨，实现销售收入1.56亿元，实现利润1 412万元，上缴利税1 564万元。公司现有员工总数293人，大中专学历196人，本科及以上学历15人。（程淑萍）

和静县新兴建筑安装有限责任公司

【企业领导人】

董事长、总经理：徐泽生

副　总　经　理：康秋节、涂雪松

【概况】 和静新兴建筑安装有限责任公司成立于1993年，位于新疆和静县团结西路，现有注册资本金2 010万元，固定资产近3 189万元，设备投资500余万元。公司管理机构齐全，平均年用职工1 600余人，有各类管理人员150余人。有固定办公场所2 100平方米，库房2.5万余平方米。设房地产开发、牧业发展、物业管理公司。2009年，施工面积59 900平方米，总产值达8 490万元，上交各种税费424万元，向社会捐资捐物、提供人力、物力价值约60余万元。

公司坚持“以质量求生存、管理求效益、信誉求发展”和“质量第一，百年大计”的方针，以抓质量、练内功、创品牌走质量兴业之路。所施工的工程质量合格率达100%，优良率达90%以上，先后获自治州优质工程奖“天鹅杯”奖10项，用户满意工程奖6项，在全州质量评比中名列第二、三名，多年被评为先进施工企业。坚持“安全第一、预防为主”的方针，并以“安全责任重于泰山”为神圣职责，严格按照安全生产操作规程进行，做到人人重安全、事事讲安全、处处都安全。荣获全州安全生产先进企业称号。在经营中做到“诚实守信，合法经营，依法纳税”，合同履约率100%，连续几年被评为州、县“重合同、守信用”企业及“AA级信用企业”。

（程淑萍）

和静县备战矿业有限责任公司

【企业领导人】

总 经 理：刘安阳

副总经理：卢海洋

【概况】 和静县备战矿业有限责任公司，是新疆地矿局第十一地质大队和中建东方控股有限公司风险勘查开发合作，于2005年5月10日在和静县注册成立，注册资金5 000万元，是集铁矿石开采、加工与销售为一体的矿山企业，是和静县重点企业之一，在和静县城设有常驻办公地点。公司现有职工65人，具有大中专以上学历28人。其中具有高级职称员工2人，中级职称15人。内设办公室、财务部、工程部、安保科、采矿车间五个部室。

选矿厂位于距离巴伦台镇218国道110千米处的乌市牧场，国道218线和备战矿区道路交叉口处，海拔2 919米，水、电、路、尾矿库等条件较为理想。到2009年底，公司已完成道路修建、选矿厂厂区、生活区建设、设备购置及电力建设等资金投入2.8亿元。

（程淑萍）

新疆隆平高科红安和静辣椒有限责任公司

【企业领导人】

董 事 长：张新贵

总 经 理：霍建江

【概况】 新疆隆平高科红安和静辣椒有限责任公司于2006年8月在和静县工商局注册成立。位于新疆和静县巴润哈尔莫敦镇工业园区，占地面积13万平方米，注册资金2 000万元。现有员工400人，其中高级职称20人，中级职称35人，初级职称45人。2009年实现销售收入1.9亿元，利润1 300万元，缴纳税金123万元。

（程淑萍）

【主要产业及产品】 公司总资产33 200万元，固定资产1.2亿元，下属7家现代化食品加工分子公司，下设行政人事部、企业管理部、项目投资部、计划财务部等职能部门和1个辣椒产品监测检验研究中心。经过4年的运营和发展，公司逐渐发展成为一家集制干辣椒种子良种繁育、收购、辣椒原料加工、原椒深加工、销售为一体的辣椒制品专业化生产、加工、贸易型企业，现已在新疆南北疆11个县（市）、8个团场建立了1.34万公顷加工辣椒原料基地、67公顷良种繁育基地，具备常年收购、加工不同品种辣椒制品3万吨的能力。下属种业公司生产的辣椒良种有红安6号、红安8号、红金铁皮椒、金塔辣椒等系列品种。公司生产的辣椒产品有：辣椒干、金塔辣椒干、辣椒碎、辣椒粉、辣椒段、辣椒颗粒、辣椒红素、辣椒精、辣椒油、辣椒酱等系列。（程淑萍）

【科技进步】 2005年公司辣椒制品通过了绿色食品认证。2006年先后通过ISO9001质量管理体系认证、ISO14001：2004环境管理体系认证、HACCP食品安全管理体系认证、ChinaGAP良好农业规范管理体系认证、QS质量安全认证。企业银行信用等级为AA级。2006年被自治区工商局授予重合同守信用企业。2008年被自治区扶贫领导小组认定为“自治区第三批农业产业化扶贫龙头企业”；公司相继承担国家科技部2008年国家科技富民强县专项行动计划项目“加工辣椒原料基地建设及产业化示范”的实施方案课题。2008年被新疆生产建设兵团农业产业化领导小组评定为“省级农业产业化重点龙头企业”。2009年被自治区乡镇企业局评定为“省级农业产业化重点龙头企业”。（程淑萍）

新疆绿原糖业有限公司

【企业领导人】

总 经 理：李建国

党委书记：杨　雄

纪委书记：吴冬梅（女）

【概况】 新疆绿原糖业有限公司的前身是新疆湖光糖厂，始建于1985年。该公司位于天山南麓的和静县境内，交通便利，通讯快捷。经过20余年的滚动发展，现为日处理甜菜4 000吨的国有中型综合制糖企业。主导产品年产量分别为：绿原牌白砂糖5万吨，绿原牌甜菜颗粒粕1万吨，静月牌食用酒精4 000吨。2009年产值1.7亿元，年创利税1 000余万元，是一个具有法人资格的经济实体。原料产地为农二师所属的周边8个农牧团场和地方国营农场，年收购原料50万吨，可为当地农民创收1亿元，同时加工的副产品甜菜废丝是当地畜牧业牛、羊过冬的主要饲料，为当地畜牧业的发展作出了巨大的贡献。（程淑萍）

【科技进步】 新疆绿原糖业有限公司拥有国内先进的设备，严格的管理，雄厚的技术力量。绿原牌白砂糖执行了GB317—2006标准，产品1990年荣获国家轻工业部、农业部优质产品称号，1995年荣获新疆名牌产品称号。2000年通过复审继续保持新疆名牌产品称号。1997年，绿原牌白砂糖和静月牌食用酒精，通过ISO9002质量体系和产品质量双认证。绿原牌白砂糖其特点是：颗粒均匀、洁白透明、浑浊度低，各项理化指标达到或超过国标，是制作冰糖、饮料和各种水果罐头的最理想原料。绿原牌甜菜颗粒粕执行的是GB／T2469-2000标准，可作为奶牛、猪、羊等牲畜的添加饲料，产品远销欧洲、日本、东南亚。静月牌食用酒精执行GB10343—2002标准，1994年8月获乌兰巴托国际金奖，2005年被评为新疆名牌，产品是配制各种白酒、红酒的上好用料。（程淑萍）

【所获荣誉】 1990年公司被自治区人民政府命名为一级企业；1995年被授予“新疆企业之星”称号；1997年1月荣获“1996年中国市场公众形象优秀企业”称号；1997年3月成为新疆制糖行业第一家通过中国方圆标志认证委员会ISO9002产品质量和质量体系双认证企业；同年，产品白砂糖、甜菜颗粒粕获“采用国际标准产品标志证书”；1998年3月，企业荣获国家技术监督局颁发的“完善计量检测体系合格证书”，并被授予“国家计量先进单位”称号；1999年企业荣获“自治区文明单位”称号；2000年绿原牌白砂糖荣获中国绿色食品发展中心颁发的绿色食品证书；2001年绿原牌白砂糖又通过自治区经贸委的复审，继续保持自治区名牌产品称号；自1989年以来，企业先后被自治区工商局、巴州工商局评为“重合同、守信用”企业；2003年被国家工商局命名为“重合同、守信用”企业。（程淑萍）

瑞和番茄制品有限责任公司

【企业领导人】

总经理：郑成冰

【概况】 和静县瑞和番茄制品有限责任公司（简称瑞和公司）于2004年1月成立，享有独立承担民事权利的法人公司。该公司位于和静县巴润哈尔莫敦镇工业园区内，离和静县城30千米。瑞和公司是一个民营企业，是由3个自然人共同出资900万元，注册资金882万元，固定资产投资1 093万元。公司建立规模为年加工处理番茄10万吨，生产1.5万吨番茄酱。项目工程分两期建设，2004年完成了6万吨规模的全部基础项目，如厂房、电、蒸汽、水、库房、办公室、生活区等所有设施的建设。同期安装了年处理3万吨，生产5 000吨番茄酱的生产线，并招聘培训了员工，组织了生产。经过6年的努力，瑞和公司已初具规模，现厂区占地面积为4.7万平方米。2009年，瑞和公司年产值1 510万元，销售收入1 033万元，缴纳税金18.3万元。（程淑萍）

【节能减排】 2009年，和静县瑞和番茄制品有限责任公司淘汰原有的陈旧高耗能6吨锅炉1台，新增1台低能耗、低污染的30吨蒸汽锅炉，配备复合式除尘设施；本项目的实施可直接节约8%以上的燃料，同时，减少了燃煤所产生的二氧化碳、二氧化硫以及粉尘等排放量，降低了环保压力。成品降低煤耗200吨，每年可节约煤耗3 000吨左右。（程淑萍）

新疆和静天山水泥有限责任公司

【企业领导人】

总经理：张来晓

副总经理：陈　雷

【概况】 新疆和静天山水泥有限责任公司地处天山南麓，焉耆盆地北缘，位于和静县城西北13千米处，是南疆第一家以高标号特种水泥为主导产品的自治区中型企业，是由新疆天山水泥股份有限公司、和静县希望投资有限责任公司、自治区建材研究所3家共同发起组建的有限责任公司，总资产2.86亿元。公司现有员工344人，其中本科6人，大专99人，中专40人，其他学历167人；高级职称2人，中级职称9人，初级职称42人。现有1996年建成的直径3.5 ×

145米湿法回转窑生产线1条；2001年建成的日产1 000吨熟料生产线1条，30万吨水泥粉磨站1条，年生产能力由20万吨增加到现在的60万吨。公司装备先进，工艺精良，2009年产值19 774万元。（程淑萍）

【主要产品】 公司生产的水泥熟料标号高、性能稳定。可批量稳定生产的水泥品种有复合32.5，普硅 42.5R、42.5、52.5R、52.5普通硅酸盐水泥等。主要销往南疆及北疆部分地区；已经研制成功的特种水泥品种有：G级高抗硫酸盐油井水泥、425#、525#道路硅酸盐水泥，525#中低热硅酸盐水泥。（程淑萍）

【节能减排】 2009年，天山水泥有限责任公司从基础管理入手，着力加强生产工艺、质量提升和电、原煤、水消耗等关键环节，较好地降低了原材料和动力消耗，实现了增产节约。公司投入150万元对环保设施进行维护，加大清洁生产，消除粉尘排放。（程淑萍）

【科技进步】 2009年，公司组织优秀技术人员参加公司技能大赛。“五一”节前夕，公司化验室40余名员工参加了技术比武活动，通过实际操作、理论知识测试及安全文明操作等项目的比赛，评比出了分析组、物检组等五个大项目优胜、优秀奖共8名。（程淑萍）

【企业文化】 2009年，公司不断加强职工文化建设，为职工之家订阅相关报刊20余种。在重要节日举办丰富多彩的文化体育活动，积极参加由和静县团委举办的青年文艺汇演，进一步增强了全体员工共创天山水泥企业辉煌未来的坚定信心，加深了与地方组织的紧密联系。（程淑萍）

【所获荣誉】 2009年，公司先后获全国建材工业质量管理活动优秀企业称号，全国水泥分析大对比“全优单位”称号，获“全国第十次水泥品质大对比”全合格单位称号。（程淑萍）

新疆蓝梦酒业有限公司

【企业领导人】

董 事 长：任 意

副总经理：胡根树

【概况】 新疆蓝梦酒业有限公司是河北沧州蓝梦酒业有限公司在和静县投资建设的啤酒企业。2002年由河北沧州蓝梦酒业有限公司整体接收破产的和静毛纺厂，经过重组改造，当年完成了5万吨规模建设任务。公司位于和静县团结西路41号，注册资本金500万元人民币。经营范围：啤酒、饮料、饮用水的生产及销售；啤酒制造设备及配件的销售；啤酒原料的生产及销售。公司占地38.86公顷，年生产能力10万吨，资产总额9 600万元，在册职工80人，是自治区啤酒行业率先通过ISO9001：2000国际质量管理体系认证企业，是自治区农业产业化龙头企业、巴州“小巨人”企业。（程淑萍）

【主要产业和产品】 2009年，公司主要生产蓝梦牌、南疆牌普通啤酒以及桂花、绿啤、苦瓜、果味等特色啤酒。进口酵母、新疆优级麦芽、啤酒花、和静优质矿泉水的采用，先进设备及一系列先进工艺使用，使得产品短期内便受到各族消费者喜爱。公司实施以乌鲁木齐为中心，南疆为重点，

巴州为依托的市场战略，不断扩大销售范围。（程淑萍）

【节能减排】 2008年以来，公司不断加大环保投入，先后完成了二氧化碳回收、废酒糟回收、酵母回收、碱液回收等工程项目。2009年投资150万元，基本实现了二氧化碳、BOD、COD零排放。（程淑萍）

新疆巴州新华水电开发有限公司

【企业领导人】

总 经 理：呼怀方

副总经理：王宝森

【概况】 2006年7月，巴音郭楞蒙古自治州人民政府与国家水利部综合事业局签订了《开都河流域阿仁萨很托亥水利枢纽小山口水电站、哈尔莫敦水电站开发建设协议书》。2006年 11月组建新疆巴州新华水电开发有限公司，公司注册资金3 000万元，公司经营范围为水电投资、水电开发、水电运营及其他项目投资。公司现有员工23名。其中男性19名，女性4名；中级及以上职称14人；工程技术人员7名，管理人员11名，辅助人员5名。2009年公司投资建设的哈尔莫敦水电站，年内实现销售收入1 163万元，上缴税金127.5万元；小山口水电站工程上缴建设税金239万元；哈尔莫敦、小山口水电站建设、发电累计上缴税金871万元。（程淑萍）

【项目建设】 哈尔莫敦水电站2006年12月正式动工建设，2009年4月首台机组发电，5月末台机组并网发电。工程总投资15 844.96万元。电站装机容量为2×7.5兆瓦，保证出力5.3兆瓦，设计年发电量7 940万千瓦时，年利用小时数5 293时，设计水头15.5米，发电流量113立方米秒。小山口水电站于2007年11月开工，2009年5月工程实现一期截流。工程总投资65 463.89万元，电站装机容量为3×16.5兆瓦，设计年发电量2.58亿千瓦时。（程淑萍）

【固定资产投资】 2009年，巴州新华公司完成固定资产投资11 973万元，累计完成固定资产投资32 052万元。（程淑萍）

乡 镇 企 业

【和静县乡镇企业局领导人】

局　　长：樊武军

【概况】 和静县乡镇企业局于2008年11月从经贸局分离出来，加挂农产品加工局、农业产业化发展局的牌子，在农业局正式成立。有职工5名，其中局长1名、副主任科员1名、分流教师3名。主要职责疏理产业化发展企业的经营状况、与农民建立合作关系，审核龙头企业的认定、申报工作，重点扶持龙头企业的发展，协助企业积极争取项目和资金，为企业生产和发展提供服务等工作。（方琪麓）

【乡镇企业发展】 2005～2009年，和静县委、县人民政府高度重视农业产业化经营工作，积极制定相关优惠政策，为农业产业化发展创造了良好的投资环境。已吸引屯河集团、梨春番茄制品、瑞和番茄制品、红安隆平高科等18家公司来和静落户，带动了和静县甜菜、工业番茄、色素椒等特色农产品的生产、加工和销售。截至2009年，全县乡镇企业2 116户，年销售500万元以上的龙头加工企业达6家，各乡（镇）以本地优势农产品为重点，积极组建各类农民专业合作组织，全县在民政和工商部门登记注册的农民专业合作组织达到27个。农民经纪人队伍也不断扩大，全县有农民经纪人100余人。在龙头企业、协会、经纪人的带动下，色素椒、工业西红柿、棉花、甜菜等主导产业全部实现了“订单”生产。截至2009年底，和静县有自治区级龙头企业3家，分别是隆平高科红安辣椒有限责任公司、新疆沃德食品有限公司、和静县利华食品有限公司，从业人员506人，全县5家重点龙头企业实现销售收入1.79亿元，利税1 107万元，出口创汇328万元，同比增长16.7%、17.3%和15%。（方琪麓）

电 力

【和静县电力分公司领导人】

经　理：马新城（2009年4月离任）、张国庆（2009年4月任职）

党支部书记、工会主席：张进宝（2009年4月任职）

副经理：吴永进（2009年4月离任）、杨新增（2009年5月任职）、张鲁安（2009年5月任职）

【概况】 和静县供电分公司是巴州电力有限责任公司的二级企业，分公司下设安全生产办、营销办、财务办、综合办4个职能部室，2个班组（营业班、急修班），4个供电所（巴润哈尔莫敦供电所、哈尔莫敦供电所、乃门莫敦供电所、巴伦台供电所）。分公司现有在职职工59人，中专以上学历占总人数的57%。分公司主要负责为电力配网的运行、维护及电力销售，承担着和静县城区和3镇1乡、两个农垦团场以及金特钢铁公司的供电任务。2009年售电量5.189亿千瓦时，是巴音郭楞蒙古自治州电网中的重要枢纽之一。县域内有220千伏变电站2座，110千伏变电站4座，35千伏变电站5座，110千伏输电线路总长305.65千米，35千伏线路总长93.28千米，10千伏配电线路总长860.9千米，配电变压器731台，供电面积达3.9万平方千米，为县域经济发展和各族人民生活提供了强有力的电力保障。（岳秀梅、訾海）

【安全生产】 2009年，和静供电分公司售电量快速增长，创纪录地完成售电量51 895万千瓦时，同比增加13 000万千瓦时，完成年度计划的118.48%。没有发生人身伤亡事故、设备损坏事故、交通事故、大面积停电事故，连续安全生产365天。（岳秀梅、訾海）

【重点电力项目建设和技术改造】 2009年实施重点电力项目两项。国电新疆开都河流域水电开发有限公司柳树沟水电站建设项目：装机容量180 千瓦，总投资14.56亿元，2009年开工建设；新华水电开发有限公司小山口水电站建设项目：装机容量49.5 千瓦（16.5千瓦/台×3台），总投资6.45亿元，项目于2007年11月开工建设，2009年仍在建设中。（岳秀梅、訾海）

【供电服务及行风建设】 2009年，和静供电分公司进一步加强营销管理，建立了新型的营销服务体系，结合实际开展了“电力市场整顿和优质服务年”活动。分公司按照巴州电力公司统一安排，设立了

“95598”客户报修电话，统一受理客户的业务咨询、投诉及用电服务，乡镇各供电所设立供用电客户服务窗口。各种服务内容全部上墙，实行电量、电费、电价公开，聘请行风监督员5人，建立客户走访制度、客户接待制度以及优质服务行风建设举报奖励制度，自觉接受社会监督。2009年，和静供电分公司召开客户座谈会1次，走访客户248户，客户满意率99%以上，在全县行风评议中，分公司位居前列。

（岳秀梅、訾海）

【精神文明建设】 和静供电分公司于2007年创建为自治区级文明单位。分公司员工积极参加社会公益活动，扶危济困，关爱弱势群体，2009年分别向社区、学校捐资5 000余元；2008～2009年共向上级申请电网建设项目2个，投资总额达2.4亿元，解决了和静北部矿山和巴音布鲁克牧民的用电问题，受到县政府的表彰。

（岳秀梅、訾海）

【荣誉】 2009年分别荣获新疆电力公司先进集体、巴州电力公司先进集体、荣获新疆电力公司先进工会。（岳秀梅、訾海）

供　销

【和静县供销联社领导人】

主　任：潘小毛

副主任：张德斌、曹延峰、王卫民

【概况】 和静县供销合作社成立于1950年11月，注册资金2 351万元。内设机构有党委办公室、行政科、财审科。2009年有5个基层社（巴润哈尔莫敦供销社、哈尔莫敦供销社、乃门莫敦供销社、巴伦台供销社、巴音布鲁克供销社），3个直属公司（和静县兴合贸易中心、土产果品公司、兴合惠农农资公司），2个控（参）股公司（银星棉业有限责任公司、兴合市场）。2009年，有干部职工285人，其中少数民族职工125人，离退休人员149人。经营业务辐射全县各乡、镇、村，经营网点近百个。所涉及的经营范围有农业生产资料、土产日杂、畜牧养殖、棉花收购、加工、烟花爆竹、羊毛收购、液化气供应等各种类型。2009年完成商品销售总额10 280万元，盈利179万元，上缴国家税费81万元。

（王卫民、丘佩芳）

【网点建设】 2009年，和静县供销联社有现代经营网点132个，其中农资网点8个、日用百货124个。全年领办了9个农民专业合作社，分别为兴合市场开发有限责任公司领办的旺盛蔬菜种植合作社和茂盛果业种植合作社、乃门莫敦供销社领办的宏锦种植专业合作社和聚益专业合作社、祥新种植专业合作社、巴润哈尔莫敦供销社领办的祥源农产品专业合作社、哈尔莫敦供销社领办的新农农副产品合作社、巴伦台供销社领办的荣江食用菌种植专业合作社、巴音布鲁克供销社领办的天河源黑头羊专业合作社。（王卫民、丘佩芳）

【农资供应】 2009年，和静县各农资服务店储存化肥5 000余吨、二胺2 300吨、复合肥2 700吨、农药10 吨、地膜30吨，基本满足了农民春播的需要，全面实现了供销社市场占有份额的不断扩大。

（王卫民、丘佩芳）

【棉花收购经营】 和静县银星棉业公司积

极向广大农民提供国内棉花供求信息，指导农民合理掌握种植规模；向农民推荐优质棉、畅销棉品种，帮助农民实现经济效益最大化；在棉花收获期，向农民宣传“四分”知识，帮助农民提高售棉质量；在棉花收购时，做到收购价格及时公布、“一试五定”结果公开，结算及时，杜绝给农民打白条。2009年收购加工籽棉1.34万吨，折合皮棉5 077吨。

（王卫民、丘佩芳）

【扶贫帮困】 2009年，和静县供销联社积极做好包乡驻村工作，建立党员干部联系群众结对子5 对，联系贫困户22户。古尔邦节、春节慰问特困、病、伤残在职及退休人员48户，发放慰问金17 800元。

（王卫民、丘佩芳）

【项目建设】 2009年，和静县供销社申报项目4个，项目支持资金全部到位，其中自治区农村市场建设项目，计划投资320万元，已到位支持资金30万元；农贸市场“双百工程”建设项目，计划投资270万元，已到位支持资金50万元；和静天河源畜产品专业合作畜育肥项目，计划投资80万元，已到位支持资金15万元；农业生产资料体系试点建设项目，计划投资165万元，已到位支持资金50万元；和静银星棉业公司机器设备技术改造项目，技改贷款贴息25万元，已到位25万元。（王卫民、丘佩芳）

【表彰奖励】 2009年，和静县供销联社获巴州供销社综合业绩考核三等奖，和静县供销联社潘小毛获自治州供销社系统优秀县联社主任称号，和静县乃门莫敦乡供销社张作宗获自治州供销社系统优秀基层社主任称号。（王卫民、丘佩芳）

粮 油 收 储

【粮食管理】 2009年，县发改委根据《粮食流通管理条例》的有关要求，把工作重点转移到对粮食行业的指导、服务、监管上来，将全县粮食经营户纳入粮食市场管理范围，建立了覆盖全县粮食经营户的台账制度。严格规范粮食收购许可证办理工作，对申请收购资格的经营企业实行实地严格审核、严格把关，切实做到查、核、审三落实。2009年，已办理粮食收购资格许可5家，其中国有企业1家，非国有企业4家。同时，在全县范围内建立了粮食经营资格准入制度。以自治州“农村改革发展年”为契机，扎实推进“放心粮油进农村、进社区” 工程。创建“放心粮油”店12个，其中农村“放心粮油”店2个。

（陆 璟）

【粮油收购】 2009年，自治州下达和静县夏粮收购指令性计划任务22 100吨，创历史新高。由于粮食种植面积较大，措施有力，5个粮食收购点夏粮收购数量较上年平均增加50%以上，实际共收购小麦26 480吨，完成自治州下达收购任务的120%。（陆 璟）

【粮食销售与储存】 2009年，和静县粮食收储企业库存粮食12 930吨，其中临时储备粮3 530吨、地方储备粮3 000吨、县级储备粮2 000吨、商品粮4 400吨。以粮食市场为导向，顺价销售粮食23 840吨。

（陆 璟）

交 通 · 邮 电

交 通

【和静县交通局领导人】
党委书记：阿迪里江·那斯尔（维吾尔族，2009年3月任职）
局　　长：钱新宏
副 局 长：孟　军（2009年4月任职）

【概况】 1957年7月，和静县人民政府设交通科，1958年2月并入建设科。1966年5月，设公交科，12月合并于财经计划委员会。1969年，交通管理归县革命委员会生产委员会生产指挥组工交财贸组负责。1974年恢复工交科。1986年10月，成立和静县交通局，为行政单位，行政编制6名，全额事业编制3名。主要负责和静县辖区范围内的县道、乡道、专用公路的建设、管理、养护及路政等组织管理；编制和静县农村公路交通发展规划，中长期规划并监督实施和监督检查。交通局现设党委1个，党支部2个，党员55名。内设机构3个，即：交通局办公室、农村公路管理养护站、城市客运出租车辆管理办公室。

2009年，和静县完成货物周转量6 218万吨千米，比上年增长34.6%；旅客运输量93.34万人，增长10.1%；旅客周转量21 102万人千米，增长11.24%；共发车12万次。全县境内现有国道3条216、217、218线和省道4条206、301、305、321线，全县境内公路通车总里程1 842千米，公路网密度为4.64千米/平方千米。全年铺筑通达公路25.3千米，通村油路199.6千米，全县柏油路里程达810千米。（王晓勇）

【国省道建设】 2009年是和静县国省道干线公路建设力度较大的一年。县域内国道218线全线建成通车，国道217线建设工作全面开展，国道216线、省道321线进入工程可行性研究编制阶段。在以上项目实施过程中，和静县交通局充分发挥地方交通主管部门的职能作用，积极协调解决施工企业遇到的草场占用、围栏拆迁、环境保护等问题，主动向工程编制单位提供相关的地质、水文、气候等资料，为国省道建设工作的顺利开展奠定了基础。（王晓勇）

【农村公路建设】 2009年，和静县有8个乡（镇）22个行政村通油路，农村公路通车里程1 087.58千米。其中县道9条113.46千米，乡村道138条824.32千米，专用道路7条152.8千米。二级及二级以上公路2.97千米，三级公路113.21千米，四级公路493.27千米，等外公路478.13千米。2009年，和静县新改续建农村公路建设项目15个，里程达338.4千米，工程总投资10 618万元，其中重要农村公路5个113.5千米，投资6 886.1万元；通达项目2个25.3千米，投资506万元；通村油路项目8个199.6千米，投资3 125.9万元。（王晓勇）

【公路建设项目】 2009年，和静县交通局实施重点项目5个，总里程113.5千米，投资6 886.1万元。1.古尔温苏门肉牛场--乌拉斯台重要农村公路项目，2009年开工建设，2010年完工，总里程17.7千米，项目总投资992万元。2.巩乃斯乡--阿尔先温泉重要农村公路项目，2009年开工建设，2010年完工，总里程12.43千米，项目总投资806.2万元。3.巴音乌鲁乡--巴西里克重要农村公路项目，2009年开工建设，2010年完工，总里程12千米，项目总投资965.9万元。4.省道206线岔口--拉布润林场--县道279线岔口重要农村公路项目，2009年开工建设，2010年完工，总里程17.4千米，项目总投资922万元。5.国道217线岔口--德尔比勒金牧场--巴西里克通达项目，2007年开工建设，2010年完工交付使用，总里程110千米，项目总投资2 180万元。

通村油路项目8个，总里程199.6千米，投资3 125.9万元。其中和静县通村油路的7个合同段均于2009年开工建设，2010年完工，总里程164.23千米，总投资2791.3万元。克尔古提乡--克尔古提村通村油路项目，2009年开工建设，2010年完工，总里程22.3千米，项目总投资334.4万元。

通达项目2个，总里程25.3千米，投资555.3万元。1.克尔古提乡--那英特村通达油路项目，2009年开工建设，2010年完工，总里程14.8千米，项目总投资295.3万元。2.巴音郭楞乡--巴音郭楞村通达项目，2009年开工建设，2010年完工，总里程10.5千米，项目总投资260万元。

（王晓勇）

【客运站点建设】 2009年，和静县相继建成标准农村汽车客运站点9个，具有旅客运输资质的企业有6家，农村客运班线发展到13条348辆，农村公交车线路8条20辆，城市出租车286辆，各类货车1 437辆，集班线、公交、出租、货运、危化为一体客货运输网络已初步形成，极大地方便了群众的出行。（王晓勇）

【道路运输生产】 2009年，和静县完成货物周转量6 218万吨千米，比上年增长34.6%；旅客运输量93.34万人，增长10.1%；旅客周转量21 102万人千米，增长11.24%；共发车12万次。（王晓勇）

【项目招投标】 2009年，和静县交通局作为业主采取邀标方式共召开9次招投标会议。其中：和静县沙渠桥改建工程，桥面全长19.02米，设计等级为公路Ⅱ级，被新疆莳基建设工程有限责任公司中标，合同总价为35万元；和静县一般农村通村油路建设项目第二合同段22.1千米，设计等级为平原区公路四级沥青混凝土路面，被新疆七星水利路桥有限责任公司中标，合同总价为322.67万元；和静县一般农村公路通村油路建设项目第一合同段18.5千米，设计等级为平原区公路四级沥青混凝土路面，被新疆环宇建设工程集团有限公司中标，合同总价为354.02万元；和静县一般农村通村油路建设项目第六合同段34.5千米，设计等级为平原区公路四级沥青混凝土路面，被新疆七星水利路桥有限责任公司中标，合同总价为517.84万元；和静县一般农村通村油路建设项目第七合同段19.73千米，设计等级为平原区公路四级沥青混凝土路面，被巴州坦顺路桥工程公司中标，合同总价为295.32万元；和静县一般农村通村油路建设项目第五合同段22.1千米，设计等级为平原区公路四级沥青混凝土路面，被新疆环宇建设工程集团有限公司中标，合同总价为331.41万元；和静县一般农村公路巴音郭楞乡--巴音郭楞村通达项目10.5千米，设计等级为平原区公路四级沥青混凝土路面，被新疆莳基建设工程有限责任公司中标，合同总价为210万元；和静县一般农村通村油路建设项目克尔古提乡--克尔古提村项目22.3千米，设计等级为平原重丘区公路四级沥青混凝土路面，被新疆环宇建设工程集团有限公司中标，合同总价为334.4万元；和静县一般农村公路通达项目克尔古提乡--那英特村建设项目14.81千米，设计等级为平原重丘区公路四级沙砾路面，被巴州坦顺路桥工程公司中标，合同总价为295.9万元。

（王晓勇）

运输管理

【和静运管站领导人】

站　长：凯赛尔·库尔班（维吾尔族，2009年11月离任）、石　勇（2009年11月任职）

【概况】　和静公路运输管理站成立于1983年，隶属自治区交通厅运输管理局，属参照公务员的事业单位，现有编制3人。

（赵慧英）

【行业内部管理】　2009年，和静县运管站定期组织干部职工认真学习业务，依法办事，对进入运输市场的经营者提交的材料和实际内容进行审核，把运输经营者的安全生产条件作为市场准入和确定经营范围的重要依据，严格遵守受理的范围、程序和条件，严格把关，实行“谁准入、谁把关、谁签字、谁负责”的原则。

2009年县运管站对辖区二所驾校进行了专项整治，整顿经营条件不达标和经营行为不规范的维修企业，查处取缔违章经营9户，通过审核许可的维修业户99家。认真审查“二级维护”合格证、合同书、检测单和发票的真实性和有效性，对逾期业户，视情节轻重给予教育批评和相应的行政处罚，切实做到了严把营运车辆“二级维护”签章关。2009年1～8月，运管站在册营运车辆共2 248辆，通过审验营运性车辆1 522辆，占总数的67.7%；其中客运车辆268辆，占客运车辆的91.2%；货运车辆1 254辆，占货运车辆总数的64.2%。2009年1～12月，运管站稽查客货车辆4 387辆，其中打击“黑车”50辆，其他违章行为259起，交通行政案件处罚214起，罚没款161 200元。

（赵慧英）

【道路运输安全监管】　2009年，和静县运管站狠抓道路运输安全生产工作。2009年6月10日，开展了由新疆四运集团和静车队组织，公司全体驾驶员及县交通行业参与实施的“安全生产月”消防演练活动；6月14日，在县客运站院内成功举办道路运输行业安全生产宣传日活动，对活动中创新发展的巴州路成公司和静分公司和组织管理好的四运集团和静车队进行了表彰；6月24日召开和静县道路运输行业安全生产管理研讨会，相互交流安全生产管理工作经验，借鉴优点，查找不足。县运管站对全县客运站、点、运输企业和维修企业进行全面检查，督促检查安全生产工作的各项要求和规定以及安全生产责任制的落实情况。特别是春运、五一、十一长假期间，运管站组织检查小组对运输企业和客运站及维修业户进行全面检查，确保节日期间的旅客运输安全。在道路运输系统开展严查彻改火灾隐患专项活动，1～12月，共发现严重隐患0处，一般隐患103处，已整改

103处，整改率达100%。（赵慧英）

【农村客运】 2009年，和静县运管站继续深入开展“农村客运发展年”活动。年初，运管站对新疆四运集团公交公司和静分公司进行了资质重新审核，结合该公司实际经营情况，开辟了以公交模式营运的农村客运专线车（公交客运），并对该公司进行了“道路运输经营许可证”变更，重新组建了和静县安卡尔农村公交有限公司，提高了和静县农村客运的通达率和覆盖率，充分满足和静县人民群众的出行需求。

（赵慧英）

【行风建设】 2009年，和静县运管站狠抓行风建设工作，与每位职工层层签订责任书，把行风工作落实到人。通过设立监督台、举报箱、举报电话、意见本和发放运政系统行风测评表等形式，拓展监督渠道，把管理行为交给社会评价。2009年开展了两次“经营业户评运管”活动、共召开座谈会2次、发放评议表100张，回收率达100%，满意率99.5%。2009年和静运管站开展了2次明察暗访，满意率98.6%。

（赵慧英）

公 路 养 护

【和静县公路段领导人】

段　　长：马文智

教 导 员：甫拉提·于苏甫（维吾尔族）

副教导员：李晓梅（女）

副 段 长：吾合来木（女，维吾尔族）、聂鹏建

【概况】 和静县公路段位于和静县查汗通古南路2号院。现有在职职工124人，其中男职工89人，女职工35人，干部19人，专业技术人员5人，党员42人，大中专以上学历89人，离退休职工167人。有大小车辆10辆。管养里程和考核里程均为150千米，其中国道218线70千米，省道206线45千米，省道305线35千米。养护桥梁13座，其中大桥1座，中桥7座，小桥12座，涵洞230道。主要职能是对和静县辖区的公路进行养护与管理。（杨再琴）

【公路养护】 2009年，和静县公路段完成整修路肩28.45万平方米，整修边坡93.48万平方米，清理边沟40.88万米，清理零星碎落石、小型塌方1 532.7立方米。完成补坑槽、处理推移8 682.58平方米，清扫路面248.64万平方米，压缝带粘贴裂缝4 020米；对桥涵栏杆、帽石用油漆粉刷一遍，清理涵洞淤泥等杂物99立方米；沿线设施刷新示警桩3 718根，计1 859平方米，百米号、里程碑45.76平方米，更换示警桩30根，刷新墙式护栏422.24平方米。（杨再琴）

【路政管理】 2009年，和静县路政稽查所有路政员11人，其中6名路政员在巴伦台负责治超工作。稽查所负责管辖国道218线222千米、国道216线41千米、省道206线45千米、省道305线35千米、省道321线54千米，共计397千米。国道218线巴伦台段部及省道206线八棵树道班有间隙式观测站各1个。省道206线八棵树观测站已经安装自动观测仪进行自动观测。并对所管养的国道218线、国道216线、省道206线、省道305线在2009年9月进行了一次性比重、车速以及空重载调查，及时完成报表及交通量调查分析报告。2009年，发放维吾尔、汉宣传资料6 000余份，出动宣传彩车11

次，悬挂宣传横幅8幅，设立咨询台6处，接受群众咨询500余人。发案45起，结案40起，结案率89％，收取公路赔（补）偿费183 687.5元，罚款750元。（杨再琴）

【党建工作】 2009年，和静县公路段党支部现有党员42人，设机关党小组、离退休党小组和养护站党小组，其中在职党员28人、离退休党员14人。（杨再琴）

【扶贫帮困】 2009年，和静县公路段在节日期间共慰问老党员、老模范、困难户共19户，慰问品、慰问金共计10 600元，看望患病及困难职工47人次，折资10 768元；为乌鲁木齐“7·5”事件受害群众捐款16 400元；公路段的团员为下岗职工、困难职工捐款1 480余元。（杨再琴）

邮　政

【和静县邮政局领导人】

局长、党支部书记：王文兴

副局长、邮储银行和静县支行行长：何荣彪

副局长、工会主席：王　龙

副　局　长：韩小新

【概况】 1998年10月和静县邮政和电信分营后成立邮政局。邮政局现有职工64人，其中企业在职人员28人，邮储银行和静县支行6人，退休职工30人。共有自办营业网点9处，其中城镇网点2处，既团结路支局、阿尔夏特路支局。乡镇及团场7处，即二十二团支局，距离县城40千米，有6名员工，属营投合一网点，投递里程160千米；二十三团支局距离县城20千米，有5名员工，属营投合一网点，投递里程120千米；巴润哈尔莫敦支局距离县城30千米，有5名员工，属营投合一网点，投递里程180千米；哈尔莫敦支局距离县城33千米，有2名员工，属营投合一网点，投递里程30千米；和钢支局距离县城60千米，有5名员工；巴伦台支局距离县城65千米，有5名员工，属营投合一网点，投递里程25千米；巴音布鲁克支局距离县城280千米，有2名员工，属手工网点。（舒红波）

【业务指标完成情况】 2009年，和静县邮政局业务收入累计完成1 248.3万元，完成年计划的123%；收支差额完成341.83万元，完成年计划的136.27%。其中函件、汇兑、特快专递、报刊发行、邮政储蓄、电子商务、其他业务共七项实现正增长，集邮、包件、物流三项业务负增长。函件业务收入累计完成30.28万元，完成年计划100.6%。包裹业务：收入累计完成38.78万元，完成年计划的110.8%。报刊发行业务收入累计完成67.37万元，完成年计划的101.2%。集邮业务收入累计完成41.45万元，完成年计划的100.1%。电子商务业务收入累计实现41.32万元，完成年计划的137.7%。速递业务收入累计完成71.54万元，完成年计划的111.4%。物流业务收入累计完成9.45万元，同比下降43.8%。储蓄业务收入累计完成876.63万元，其中邮政储蓄银行完成416.55万元，完成年计划的133. 2%。汇兑业务收入累计完成56.6万元，完成年计划的113.2%。其他业务收入累计完成14.44万元，完成年计划的160.4%。（舒红波）

中国电信股份有限公司和静分公司

【中国电信股份有限公司和静分公司领导人】

经　　理：周光辉

党支部书记：艾尼瓦·卡德（维吾尔族）

副经理、维护工作站站长：张玉栋

【概况】　1998年，邮电分营成立和静县电信局。2003年7月，更名为新疆电信有限公司和静县分公司。2008年2月，更名为中国电信股份有限公司和静分公司，位于和静县和静镇阿尔夏特北路8号区16号院。2009年，共有员工30人，其中少数民族员工15人，大专以上学历23人，在职党员10人。共设经营服务部、维护工作站和行政财务办公室3个部门。（刘康静）

【经营服务】　2008年10月，中国电信股份有限公司和静分公司正式承接运营CDMA移动业务，由此迈入电信全业务经营时代。主要经营固定电话、移动通信、互联网接入及应用等综合信息服务，拥有覆盖全县农牧区、通达各地的电信网络和“商务领航”、“我的e家”、“天翼”、“号码百事通”、“互联星空”等知名品牌，具备电信全业务、多产品融合的服务能力和渠道体系。2009年初发放第三代移动通信（3G）牌照，建立电信10000号客服监督体系，严格推行电信标准化服务，不断加强内部服务管理机制，建立有效的服务考核细则，逐级落实考核指标。并以安全畅通的网络、健康环保的产品、方便快捷的服务，努力为和静县经济社会发展和各族人民群众提供强有力的通信支撑和综合信息服务。（刘康静）

【通信建设】　2009年，和静电信分公司向上级争取项目投资3 260万元。在7月底完成了和静县5个室内分布和42个CDMA新建基站规划选址、建设用地协调、设备安装、光缆布放、机房引电等工作。电信CDMA与3G业务基本覆盖和静城乡各地。完成5个电力专网电路、19个社区ITV布线调测、4个乡镇LAN接入。完成北四县中兴10G环设备安装、割接工作，提高了本地网环网保护能力。完成7个农话点粗波分设备安装、调测、割接工作。改进农话点DSLAM设备上行，开通21个DSLAM设备下移，解决部分乡（镇）长距离用户无法使用宽带的问题。提高了农村上网速度，为全面实现农村信息化建设奠定良好的基础。（刘康静）

【表彰奖励】　2009年7月，和静电信分公司获自治州级花园式单位称号。（刘康静）

中国移动通信集团新疆有限公司巴州和静县营业部

【中国移动通信集团新疆有限公司巴州和静县营业部领导人】

经　　理：张新生

【概况】　中国移动通信集团新疆有限公司巴州和静县营业部位于和静县开再东路，成立于2000年8月。2009年，有员工28人。和静县营业部下设特约代理店3个，自建其他营店2个，指定专营店52个，社会代办点69个；营业部内设有营业厅、稽核室、大客户室、综合办公室。（吴　慧）

【网络建设】　截至2009年，和静县境内已建设移动基站100余个，其中2009年完成基站建设40 个，总投资约9 840万元。村通基站9个，移动基站已完全覆盖和静县各乡（镇）、农牧团场，基本覆盖大部分村及团场连队、矿区，以及218国道、库尔勒至鱼儿沟铁路沿线。（吴　慧）

【通信服务】 2009年，公司不断提升服务质量，注重三大品牌“全球通”、“神州行”、“动感地带”的建设和推广、新业务的创新研发工作，经营着基本语音业务（移动语音、数据、公话、无线座机、行业应用卡等）和多种新业务（彩铃、来电管家、无线音乐、飞信、双语手机报、动感短信、彩信、12580综合信息服务门户、手机理财、139邮箱、农信通、校信通、税务阳光信使、移动气象站、移动警务通、移动车务通、GPRS电力抄表、无线游戏、手机视频、手机阅读、手机电视、手机证券、手机地图、号簿管家、手机支付、手机导航、航信通、快讯、随E行和手机高速上网），为各族客户提供优质、便捷、高效的服务，引领广大客户迈向3G时代。

（吴　慧）

中国联通巴州分公司和静分公司

【中国联通巴州和静分公司领导人】

经　理：潘所亮

【概况】 中国联通巴州和静分公司于2004年3月成立。现有员工12人，其中女员工10人，大专学历占85%，预备党员2人。公司自办营业厅1家，代理营业网点30多家，下设到各乡（镇）团场，为用户提供话费查询、交费充值、业务办理等服务，实现了服务深层覆盖，最大限度满足了用户的通讯需求。2009年，和静地区联通移动电话用户已突破1.2万户。（马　瑞）

【网络建设】 2009年，中国联通和静县分公司移动网络已覆盖和静县各乡（镇）、农牧团场，以及国道216、217、218线，综合通信网实现了对和静县的全面覆盖。2009年12月26日，中国联通和静分公司正式在和静县步行街推出WCDMA全业务品牌“沃”品牌，强化3G时代中国联通的业务品牌认知，凸显中国联通WCDMA的全面优势。（马　瑞）

【队伍建设】 2009年，公司通过持续的企业文化建设，为员工营造良好的工作氛围；通过多渠道晋升的职位体系，努力做到人尽其才，为员工职业发展提供广阔的空间；通过以市场和业绩为导向的绩效管理体系和薪酬福利体系，形成公司与员工双赢的价值理念；通过精心设计的培训课程，不断提高员工的职业素质；通过竞争择优，动态优化的用人制度，打造一支素质优良、结构合理、勇于创新、充满活力的核心员工队伍。（马　瑞）

税 收 · 财 政

国 家 税 收

【和静县国税局领导人】

党组书记、局长：冉庆岭

党组成员、副局长：张　平、李俊江

【概况】 和静县国家税务局成立于1994年6月。2009年有在职职工72人，离退休26人；大学本、专科学历59人，注册会计师1人，注册税务师6人，党员37人。内设机构7个：办公室、监察室、人事教育科、综合业务科，税源管理一科、二科、计划征收科；派出机构3个：巴伦台税务所、巴润哈尔莫敦税务所、巩乃斯税务所；直属机构1个：稽查局。

主要负责本地区中央税、中央地方共享税等税种的征收管理和稽查工作；负责增值税专用发票、普通发票和其他税收票证的管理工作；负责监督检查本系统的税收执法情况；负责税务行政处罚听证、行政复议、诉讼和赔偿工作等。（火　震）

【税收完成情况】 2009年，和静县国税局共完成税收收入24 321万元，同比增长10.93%，增收2 064万元，完成考核计划的117.71%。其中：增值税入库22 745万元，消费税入库145万元，企业所得税入库876万元，储蓄存款利息个人所得税入库82万元，车购税入库96万元，免抵调税款377万元。（火　震）

【税收优惠】 2009年，和静县享受增值税优惠政策的纳税人有932户，共减免增值税税额为657.8万元；享受企业所得税优惠政策的纳税人有25户，共减免所得税税额为330.7万元。（火　震）

【税收征管】 2009年，和静县国税局加强征管数据监控管理，定期发布征管质量情况，及时通报各类错误，建立监控纠错机制；对税收征管各环节的岗位职责、工作流程和功能模块等重新进行界定和规范，制定相应税收征管规范化工作实施办法和各项制度。按照巴州国税局“大征管”工作要求，积极开展税收分析、纳税评估、税源监控、税务稽查“四位一体”互动工作，2009年组织召开“四位一体”互动工作例会11次，不断规范税收执法加强税源管理，提高税收工作质量和效率。截至2009年12月，和静县国税局辖区纳税户3 192户，其中：企业571户，个体2 621户；增值税一般纳税人129户，其中辅导期5户。按照纳税信用等级评定办法，国税局实际评定251户，其中A级0户、B级175户、C级75户、D级1户。（火　震）

【税务稽查】 2009年，和静县国税局共实施调查10户，已结案件中有问题户数6户，查补税款49.35万元，罚款25.05万元，滞纳金12.22万元，查补的滞补罚全部执行入库，合计入库86.62万元。入库率达100%，处罚率达50%。（火　震）

【干部培训】 2009年县国税局共举办各类培训班15期726人次。参加和静县有关部门组织的培训班13人次。全年开展岗位练兵40期300余人次。（火 震）

【政风行风建设】 积极构建“廉政大宣教”工作格局，全面推进教育、制度、监督、改革、纠风、惩治等各项工作。开展税收执法检查12次，不断规范税收执法行为，加强税收征管，促进依法治税，更好地为纳税人服务。开展明察暗访活动，向纳税人及社会各界发放问卷调查表或明察暗访调查表200余份，广泛收集、归纳、整理意见和建议。在和静电视台的“政风行风热线”栏目播出税收政策、法规，全年播出15天次，局领导做客“行风热线”两次。加强行政效能建设，开展“治庸、治懒、治散”活动及“服务明星”评比活动。积极采取纳税人投票、个人工作量考核、综合评定的方式，对服务态度好、工作质量效率高的干部进行奖励，带动政风行风评议工作的开展。利用纳税服务信息化平台“纳税服务评价”子系统对基层办税服务大厅基本设置、公开办税、服务标准、工作纪律、热线服务等方面及办税服务厅工作人员服务质量进行评价。对稽查案件中执行税收政策是否准确、有无违纪违规、侵权渎职等问题实施跟踪检查，有效防止税务人员的违纪违规问题的发生。

（火 震）

【所获荣誉】 2009年荣获国家级巾帼文明示范岗，荣获自治区级全民健身先进单位与奥运同行活动先进单位，在巴州国税系统目标管理考核中获得第一名。（火 震）

地 方 税 收

【和静县地方税务局领导人】

党组书记、局长：彭新越

党组成员、副局长：陈良荣、杨志民、努尔买买提·阿布拉（维吾尔族）

党组成员、纪检组长：王卫民

稽 查 局 长：胡建中

【概况】 和静县地方税务局成立于1994年7月，位于和静镇文化东路。承担着新疆和静县所辖地方税收征收任务。业务范围：征收营业税、企业所得税、个人所得税、资源税、城镇土地使用税、房产税、车船税、印花税、城市维护建设税、土地增值税、耕地占用税、契税等12个税种和代收文化事业建设费、教育费附加、人民教育基金、残疾人保障金、工会经费5项费用。全局下设4个基层所：乃门莫敦税务所、巴润哈尔莫敦税务所、巴伦台税务所、巴音布鲁克税务所。内设7个职能科室：办公室、人事监察科、法规科、计会征收科、个体管理科、企业管理科、重点税源管理科。

2009年，和静县地方纳税户数有3 855户，其中国有企业76户、集体企业23户、其他有限责任公司306户、私营有限责任公司33户、个人独资及合伙企业26户、股份有限责任公司18户、农民专业合作社31户，私营独资企业8户、私营合伙企业6户、中外合资经营企业2户、外资企业1户、国有独资企业3户、股份合作企业1户、私营股份有限公司2户、合资经营企业1户、港澳台商投资企业1户，其他内资企业2户，个体工商户3 315户。（张红玉）

【组织收入】 2009年，和静县地税局组织各项收入15 747万元，其中税收收入14 471.5万元，一般预算税收收入11 297万元，完成年度计划比的127.08%。教育费附加入库974万元，人民教育基金入库228万元，文化事业建设费入库14万元，残疾人保障金入库58万元，罚没收入入库13万元。 （张红玉）

【基本税源】 2009年，和静县实现企业税收11 576万元，其中：国有企业1 002万元、集体企业717万元、股份公司9 607万元、私营企业104万元、港澳台投资企业19万元、外商投资企业127万元；个体工商户实现税收2 896万元。

税收主要集中在二、三产业，第一产业26万元，第二产业9 634万元，第三产业税收收入4 812万元。第二产业主要税收：采矿业1 041万元、制造业3 502万元、电力燃气及水的生产和供应业353万元、建筑业4 738万元。第三产业主要税收：交通运输、仓储及邮政业2 263万元，信息传输、计算机服务和软件业237万元，批发零售业145万元，房地产业484万元，金融业636万元，住宿餐饮业126万元，其他921万元。重点税源：218国道、217国道及县乡公路、矿山道路、矿山隧道建设、柳树沟水电站、小山口水电站及和县城至天鹅湖220千伏输变电项目等水利建设项目动工；重点纳税企业：新疆金特钢铁股份有限责任公司缴纳税收收入2 643万元，新疆天山水泥股份有限责任公司缴纳税收收入610万元，新兴房产开发有限责任公司缴纳税收收入289万元。 （张红玉）

【依法治税】 2009年，和静县地税局落实城镇土地使用税税额调整政策和货物运输业所得税负担调减，个体“双定”税户税收负担调整，“7·5”事件影响经济发展税收政策的调整、旅游企业免征企业所得税及阶段性文化事业建设费暂停征收的调整政策，补征了2007～2008年土地使用税差额350万元，调减和减免税费37.5万元；对300户月营业额达到起征点3 000元的个体工商户进行了政策征免甄别，重新纳入征税范围。依托信息化建设的税收征管平台，依法纠正和抵制各种越权制定的减免税优惠政策，纠正地方政府越权制定的税收政策，全年纠正缓缴税1起，纠正未实行预缴企业所得税2起，涉及税金1 100万元。严格税收执法检查和责任追究制，将行政不作为、执法不规范行为或执法过错行为纳入季度考核，严肃追究当事人和主管领导的连带责任。2009年共追究过错及连带责任人共111人次，惩戒金额7 103.51元，领导责任追究544.5元。 （张红玉）

【税收征管】 2009年，和静县地税局启用新疆地税系统综合征管软件，实现税务登记、纳税鉴定、纳税申报、减免税收、发票管理、行政处罚、税收计会统、文书流逐级审批等电子化管理，提高了各征管环节资料传递效率。加强对车船税、个人所得税等征管薄弱环节税源控管；密切与工商、国税、财政、国土、城建、发改、公安、银行等部门协作，实现信息共享、齐抓共管。建立、完善协税护税网络，切实抓好房产税、所得税、契税、耕地占用税、资源税的征管；协同城建、社区强化房屋出租业税收征管。规范重点税源户征管资料，全面登记掌握重点税源户的分布、生产经营、应缴已缴税款、企业整体规模等基础情况，建立动态分户监控档案。加大对重点建设工程的监管，定期到相关单位了解全县基础建设及重点建设投资情况。加强对自治区、自治州控管的工程项目的监管，编报汇总其完税情况并交上级控管部门，确保税款准确划转。（张红玉）

【票证管理】 2009年，和静县地税局与县公安局、国税局联合成立了打击制售假发票和非法代开发票专项整治工作领导小组，制定了《税收票证管理办法》，对税票的领购、开具和缴销采取了四级审核，开展严厉打击制售假发票和非法代开发票违法犯罪活动。查处餐饮服务业大头小尾发票3份，罚款500元；其他企业大头小尾发票3份，查补税款3 171.29元，加收滞纳金2 099.36元，罚款3 671.29元。对辖区所有用票纳税人的发票领购、使用、缴销等情况进行全面的清理检查，严格发票领购、发售环节管理，杜绝了骗购发票的发生。（张红玉）

【落实税收优惠政策】 2009年，和静县地税局共审批减免各类税收7 697.11万元。其中西部大开发国家鼓励类企业所得税7 460万元；个体减免税残疾人税收减免10户，减免税金1.33万元；再就业税收优惠23户，减免税金5.17万元；符合普通住宅转让条件的税收减免176户，减免税金145.66万元；城镇职工首次购买公有住房契税减免12户，减免税金1.71万元。备案享受农业初级产品加工税收优惠政策2户，减免税7.24万元；备案享受“新技术、新工艺、新流程”产品开发税收优惠政策1户，减免税76万元。（张红玉）

【纳税服务】 坚持推行文明办税“八公开”制度，优化纳税服务。建立提示卡，设立税收咨询台，编印办税指南，设置公告栏，规范表证单书填写样本等，改善纳税环境。落实首问责任制，全程服务引导制。安装POS机，开通和静地税网站，拓宽纳税服务渠道。围绕“税收、发展、民生”的税收宣传月活动主题，开展送税法进企业、进商店、进校园活动，发放宣传资料2 000份，解答纳税人提出的问题40多个。举办了新企业所得税法和年所得12万元以上自行申报培训班，召开金融保险业，房地产业、建筑业、电力通信等企业、高收入行业以及个体工商业大户座谈会，开办首期少年税校法治教育讲堂，让孩子体验税收法治与工作环境。与县国税局、文体局部门联合举办和静县第五届“税务杯”乒乓球比赛，在“3·15”国际消费日和“12·4”法治宣传日，借助“东归文化”广场，设置税法咨询台，发放宣传资料，普及税收知识。（张红玉）

【队伍建设】 2009年，和静县地税局鼓励干部职工多提合理化建议，组织干部职工参加各类文艺节目，开办了和静地税税务夜校，开设领导干部讲台，安排每位领导干部就其分管的工作和业务向全局干部授课。制定了中层干部和业务骨干授课工作计划。全年共选派干部参加上级局举办的税收更新知识培训、稽查业务培训、税收经济分析培训、管理人员培训31人次。参加全州地税系统办税服务业务技能大比武活动2次。组织全员参加全州及全疆地税系统全员练兵考试各1次。（张红玉）

表4　　2009年和静县税收收入一览表

税　　种	全年税收收入（万元）
营业税	5 887.3
企业所得税	2 538.5
个人所得税	2 751.6
资源税	809.6
土地使用税	443.0
城建税	1 299.1
印花税	133.6
土地增值税	53.8
房产税	226.7
车船税	118.4
契税	209.9
全年税收合计	14 471.5

财　政

【和静县财政局领导人】

党总支书记：艾尼瓦尔·艾依提　（维吾尔族，2009年10月离任）

局　　长：刘宗胜

副 局 长：哈斯其米克（女，蒙古族）

国有资产监督委员会主任：陈淑琴（2009年10月离任）、薛建保（2009年10月任职）

农业综合开发办主任：彭　剑（2009年3月任职）

乡镇财政管理局局长：王长安（2009年3月任职）

【概况】　和静县财政局位于团结中路。2009年有党总支1个、党支部3个。局领导职数7人，职工127人，其中县局及直属单位85人，占总人数的66.93%；乡镇财政所42人，占总人数的33.07%。少数民族职工57人，占总人数的44.88%；大学本科学历40人，大学专科78人，中专8人，高中1人。局下设3个二级管理机构：乡镇财政管理局、农业综合开发办公室、国有资产监督管理委员会；内设16个股、办、室（中心）。

主要职责是贯彻执行国家财政、税收、国有资产管理的法规、制度和方针、政策；组织拟定和静县财政、国有资产、资产评估、财务等方面的管理办法和规章制度，并监督实施。编制年度本级预决算，组织执行，审查、编制、批复部门预算；管理和监督由本县承担的各项财政收入和财政支出，组织和监督地方财政预算的执行；负责管理全县会计从业人员和会计教育培训工作等。　（王洁丽）

【历史沿革】 1950年4月在和静县成立财政科，属县人民政府的一个科室。1958年9月，根据需要将财政科与税务合并成立财政局，1962年3月，又分设财政科和税务局。1966年12月，财政科与税务局合并为财政局。1967年4月“文化大革命”开始后取消财政局（由革命委员会指挥组统管全县经济部门）。1974年4月恢复建制，成立县财政局。1978年改称财政科，有科长1人、副科长2人，内设预算办公室、企财办公室、农税办公室。1990年成立县财政局，内设预算股、农税股、企财股、综合股，有工作人员15人。2000年12月以来，财政局机构设置基本建立。2005年财政局实施非税收入管理改革，突出依法征收、源头控收、以票管收，实现应收尽收、资金安全和规范管理的目标。 （王洁丽）

【财政收入】 2009年，和静县地方财政收入完成22 301万元，为预算的119.88%，比上年增长38%。其中：一般预算收入完成19 689万元，比上年同期增收5 533万元，增长39%；基金预算收入完成2 612万元，比上年同期增收633万元，增长31.99%。

（王洁丽）

【财政支出】 2009年，和静县财政支出累计完成77 473万元，完成年度调整预算的99.89%，比上年同期增长37.75%，其中一般预算支出74 275万元，为年度调整预算的100%，比上年增长32%；基金支出3 198万元，为年度调整预算的139%，比上年增长47.5%。 （王洁丽）

【财政收入管理】 2009年，和静县财政局积极组织本县特有资源建设，在钢材、电力、番茄、矿产等方面加大投入力度。同时积极争取上级资金55 687.14万元，其中上级专项补助完成25 562.86万元；地方政府债券资金2 151万元；均衡性转移支付7 782万元，教育转移支付899.28万元，其他一般性转移补助20万元；企事业单位预算划转补助33万元；增值税和消费税税返基数2 064万元；所得税税返基数325万元；原体制补助收入1 673万元；转移支付工资补助10 434万元；农村税费改革补助2 086万元；县级财力基本保障补助2 657万元。

（王洁丽）

【财源培植情况】 2009年，和静县财政局坚持依法征管，据实征收，应收尽收，充分挖掘增收潜力，在抓好利税大户、重点税源的同时，强化零散税源管理，杜绝“跑、冒、滴、漏”现象发生。继续加强非税收入管理，深化“收支两条线”制度改革。抓住国家支持农村发展的大好机遇，主动配合协同有关部门搞好重点项目的申报工作，积极争取国家、自治区对和静县重点建设项目、重点产业发展的支持。调整和优化财政支出结构，整合各项财政专项发展资金，着力提高财政预算内建设性资金规模。建立健全财政投融资体制改革，发挥财政资金引导作用，多渠道筹集资金，支持经济建设和社会事业发展。遵循市场经济规律，积极探索财政支持与市场机制的对接方式，充分发挥财政政策的引导功能，加大财政支持推进经济发展的力度。建立利益分配引导激励机制，充分发挥财政政策的间接调控作用，放大财政资金的“乘数”效应。切实加强财银合作，扶持地方商业银行发展，引导中小企业担保中心为县域工业企业贷款、融资提供担保，全力推进工业企业快速发展，共同推动县域经济跨越发展。 （王洁丽）

【国有资产监管】 2009年，和静县财政局建立和完善行政事业国有资产产权登记、界定、划转、交易、纠纷调处、资产配置、处置、评估和清产核资等制度。建立行政事业国有资产从资产形成、使用到处置全过程的监管体系；明晰产权关系，实施产权管理；保障资产的安全和完整，推动资产的合理配置和节约、有效使用；对行政事业经营性资产实行有偿使用并对使用情况进行考核。负责制定国有企业兼并、破产、拍卖、划转、转让、分立、租赁、公司制改组等财务管理办法，并监督执行。

（王洁丽）

【支持社会主义新农村建设】 2009年，和静县财政局加大对巴音布鲁克实验区的扶持力度，坚持每年支出100万元专项配套资金。围绕退牧还草，狠抓减畜增效，引进鑫宝农业科技有限公司投资1亿元，分3期建设巴音布鲁克黑头羊深加工及萨福克肉用羊品种改良繁育项目。融资2.2亿元建设的县城至乌拉斯台桥220千伏输变电工程已竣工，投资1亿余元的乌拉斯台桥至诺尔湖、备战、查岗诺尔三大铁矿的110千伏支线和投资2 000万元的乌拉斯台桥至巴音布鲁克35千伏输变电工程开工建设。加快推进“旅游发展年”各项活动向纵深发展，县财政支出100万元用于旅游宣传促销工作，支出100万元作为和静县干部职工到巴音布鲁克、巩乃斯地区旅游的津贴补贴，鼓励和带动和静人游和静。总投资400余万元的天鹅湖景区大门、停车场、厕所等基础设施建设工程已完工。投资3 000万元的阳光之路国际滑雪场一期工作已竣工并投入运营。成功创建自治区“旅游强县”。投资800余万元的巴音布鲁克镇党政办公大楼和投资274万元额勒再特乌鲁乡党政办公大楼已完工。

（王洁丽）

【财政支持企业改革】 2009年度，和静县国有资产监督管理委员会为阳光滑雪场担保贷款250万元；为协比乃尔布呼乡荣峰番茄制品厂担保贷款120万元；希望投资公司借款80万元用于扶持哈尔莫敦镇红源辣椒农民专业合作社发展；希望投资公司以天山水泥有限公司股权抵押贷款500万元用于投资和静县污水处理厂建设；2008～2009年累计投资260万元用于修建县城至乌拉斯台桥220千伏输变电工程；2008～2009年希望投资公司向巴州中小企业信用担保中心出资400万元用于支持中小企业发展；2009年为县医院借款200万元用于解决医院资金周转困难；向新疆天山水泥有限公司出资409.1万元用于筹建50万吨/年矿渣微粉项目；出资300万元用于鑫宝牧业公司筹建和静县巴音布鲁克大草原牧业公司；向鑫合小额贷款公司出资400万元用于支持农牧民小额贷款。

（王洁丽）

【非税收入管理改革】 2009年，和静县财政局进一步拓宽非税征收管理范围，切实履行征管监察职能，确保源头控收、以票管收。全年新纳入非税收入管理单位2个，新增单位收费项目14项。完成非税收入4 840万元，占年度预算的161%，比上年同期增长67.8%。加大对经营服务性收费的专项稽查，做好各执收单位收入计划的调整。

（王洁丽）

【国库集中支付试点】 和静县财政局着力推进财政国库集中支付制度改革，2006年底成立专门执行机构——县国库集中支付中心。2007年，选定24家行政事业单位正式纳入县财政国库集中支付改革试点。2008年又选定科技局等31个单位纳入改革试点，完成70%的财政国库改革任务。2009年下半年，将全县所有单位纳入国库集中支付改革，并成功运行了国库集中支付系统。“国库集中支付中心”两块牌子一套人马，负责全县120个单位的会计核算工作，执行国库集中支付改革工作。培训“中心”会计和报账员掌握国库支付程序、软件的操作方法和会计核算办法，为保障资金清算顺畅，积极与代理银行协调，使和静县国库集中支付工作正常开展。工作整体运作良好，进展顺利，并实现会计集中核算与国库集中支付改革有效融合，为进一步推进国库集中支付改革打下良好基础。（王洁丽）

【财政监督检查】 2009年度，和静县财政局财政监督监察坚持依法行政为原则，共组织检查项目13个，监督检查项目资金4 829.4万元，开展行政事业单位车辆清查，乡财县管移交及“五项清理”检查，2008年度财政预算执行情况检查，2009年预算编制核查，专项资金检查，奥力克生态农业发展有限公司杏产品精深加工项目150万元专项资金检查，涉农资金专项资金检查，“普九”债务工程检查，破产清算国有企业资产移交，25个单位“小金库”专项治理检查等。对应缴未缴财政专户的资金已监督其全额缴入。（王洁丽）

【政府采购监管】 2009年度，和静县政府采购本着“规范资金管理、节约财政资金、促进廉政建设、促进经济发展”和“公开、公平、公正、诚信”的原则，为全县行政事业单位采购各类货物、工程、服务百余次，公开招标9次。全年共执行采购1 937.8万元，节约资金184.9万元，节约率8.7%，取得了良好的经济效益和社会效益。并增加了对汽车定点维修项目，签订维修协议，对不同的维修内容确定优惠率，有效实现动态管理，极大提高了政府采购质量。（王洁丽）

【国有企业清产核资调查】 2009年，和静县财政局对县国有企业进行清产核资调查，了解企业经费状况，掌握企业的动态，帮助企业解决难点、重点问题。经中介方清查审核后20户企业的资产总额为19 672.91万元，其中货币资金1 646.36万元，固定资产5 682.39万元，应收账款6 043.26万元，存货2 068.21万元，其他流动资产5.97万元，长期投资1 192.73万元，在建工程85.32万元，其他长期资产409.64万元，清产核资待处理资产2 528.61万元；负债总额13 489.21万元，其中：短期借款1 716.03万元，应付工资197.70万元，应付福利费92.33万元，应付账款4 287.18万元，其他应付款5 520.64万元，应交税金37.37万元，其他流动负债328.47万元，长期借款799.50万元，长期应付款4.33万元，专项应付款497.42万元。净资产总额6 183.70万元，其中：资本公积3 133.00万元，盈余公积324.65万元，实收资本4 707.73万元，累计亏损1 981.69万元，有6户企业盈利，资不抵债的企业14户。总资产负债率68.56%（总资产中没有扣除2 528.61万元清产核资待处理的资产），职工999人，其中在岗525人。和静县9家农牧企业铁畜总数71 708头（只）。（王洁丽）

【国有企业决算】 2009年和静县参加决算工作的国有企业有20户，其中农牧企业9户、工业企业2户、粮食企业4户、企业化管理的事业单位2户、其他类型企业3户。资产总额为17 239.90万元，流动资产合计10 405万元，非流动资产合计6 834.89万元，其中货币资金890.15万元，应收账款4 492.88万元，预付款项92.89万元，其他应收款1 112.34万元，存货3 816.30万元，其中：原材料292.12万元，库存商品2 360.68万元，长期股权投资164.39万元，固定资产原价8 974.87万元，累计折旧3 258.67万元，固定资产净值5 716.2万元，固定资产净额5 716.2万元，在建工程357.36万元，固定资产清理7.58万元，无形资产12.57万元。（王洁丽）

【农业综合开发项目】 2009年，和静县农发办争取农业综合开发项目4个，其中土地治理项目2个：哈尔莫敦镇536公顷中低产田改造项目，投资604.8万元；巴润哈尔莫敦镇536公顷中低产田改造项目，投资604.8万元。农业产业化经营财政补贴项目2个：和静县400吨杏仁油、600吨蛋白粉加工项目，投资652万元；和静县3 600吨辣椒制品加工项目，投资214万元。10月，积极争取到2010年度农业综合开发项目：红源辣椒专业合作社33.5公顷良种补贴种植示范基地新建项目，总投资192万元；乃门莫敦乡536公顷中低产田改造项目，总投资720万元；和静镇536公顷中低产田改造项目，总投资720万元。（王洁丽）

【“一卡通”发放】 2009年，和静县财政局坚持“管理透明、一卡直补、农民收益”的原则，做到“六个到户”（政策宣传到户、名册编制到户、补贴分配到户、张榜公示到户、通知发放到户、补贴兑现到户）。每一项直补资金的发放都实行兑付前、兑付中、兑付后的张榜公示，并设立举报电话，接受广大农牧民群众的公开监督，确保涉农补贴资金安全、准确、足额地发放到农牧民群众手中。2009年兑付涉农补贴资金2 948.55万元。其中退耕还林项目补贴资金691.58万元，退牧还草项目草饲料粮补助资金1 166.34万元，粮食直补资金（含兵团农资综合直补）947.45万元，家电、汽车、摩托车下乡补助资金49.2万元，兑付农户894户，良种补贴（加工辣椒优良品种补贴）资金50万元，新建日光温室补助资金12.42万元，特色经济作物工厂化穴盘育苗补助资金29.54万元，大中型水库移民后期扶持资金2.03万元。涉农补贴“一卡通”覆盖率达到100%。（王洁丽）

和静野蘑菇

和静县水远山长，草原辽阔，有着极为丰富的野生食用菌，也就是人们所说的蘑菇，其特点是食味鲜美，色泽白嫩，风味浓香，誉满全疆及全国，尤以巴音布鲁克所产食用菌最著名。

巴音布鲁克野生食用菌资源十分丰富，已查明的食用菌有17个属、44个种，能吃的有40种，品质佳的有蒙古口蘑、白蘑、白香麻蘑、雪蘑、蛇囊蘑、双孢蘑、野蘑菇、大肥菇、小皮伞、白鳞菇、大紫菇、小马勃、大香马勃等。

特别是在天鹅湖畔有个叫达坂乔鲁腾郭楞的地方，是远近闻名的蘑菇产地，所产的丁字菇、白蘑菇、鸡大腿蘑菇，以其色白质嫩，鲜美浓香而驰区内外。（洪永祥）

银 行 · 保 险

银 行

中国人民银行和静县支行

【中国人民银行和静县支行领导人】

党组副书记、副行长：沈远海

党组成员、副行长：

朱新东（2009年12月离任）

党组成员、副行长、纪检组长：

何卫红（女）

【概况】 中国人民银行和静县支行成立于1987年，是人民银行巴州中心支行的派出机构。2009年在册职工13人；少数民族职工4人；大专以上学历12人；中专及高中以下学历1人；初级职称12人；内设办公室、综合业务部。（王志新）

【农村信用体系建设】 2009年，和静县建立农户信用档案18 817户，评定信用户9 194户，评定信用乡（镇）7个。

（王志新）

【贷款卡和征信管理】 2009年，和静县人行建立严格的贷款卡发放核准备案制度，实现风险关口前移，从源头上堵住信贷风险。对参加贷款卡年审人员进行年审培训，并对各行、社年审准备工作、年审公告的张贴情况进行了检查。2009年应参加年审的企事业单位贷款卡共计66户，实际年审贷款卡58户，年审率达87%。（王志新）

【支付结算工作】 2009年，和静县人行对开户银行报送的开户资料认真审查，共核准基本存款账户310户，预算单位专用存款账户118户，临时存款账户17户。加强对辖区银行结算账户管理的指导和现场检查，对存在的问题要求制定整改措施。结合实际情况，组织辖区金融机构圆满完成了同城票据清算备份系统应急演练工作。

（王志新）

【货币金银工作】 2009年，和静县人行与县公安、工商等部门联合对县城中大小超市、丧葬品商店及中小学附近的小商店非法使用人民币图样情况进行了现场检查。收缴各种类别的假币人民币430张，金额38 180元。组织辖区金融机构开展了4次声势浩大的反假人民币宣传。并成立专项检查组对辖区金融机构的营业网点进行了假币收缴、鉴定及金融机具鉴伪功能现场检查。（王志新）

中国工商银行股份有限公司和静支行

【中国工商银行股份有限公司和静支行领导人】

副行长：李庆军、苏民、余文峰

【概况】 1985年1月，由中国人民银行和静支行改编成立工商银行和静县支行。2005年10月，更名为中国工商银行股份有限公司和静支行（以下简称工商银行和静支行）。是自治区级文明单位。2009年，和静工行有正式职工28人。设有综合业务部和营业室，有营业网点1个、自助银行1个，ATM自动柜员取款机、ATM自动柜员存取款一体机1台。 （王　军）

【发展核心业务】 2009年，工商银行和静支行累计办理贴现3 256万元，发放个人住房贷款金额858.6万元，综合消费贷款411万元，网上质押贷款160万元，委托贷款3 667万元。贷款投放规模不断增长。和静支行各项存款余额为0.37亿元。 （王　军）

【重点客户】 2009年，工商银行和静支行累计贷款融资1.4亿元。其中向新疆金特钢铁股份有限责任公司流动资金贷款（商品融资）4 400万元，贴现1 433万元，签发银行承兑汇票1 273万元。 （王　军）

【风险管理】 2009年，工商银行和静支行内部风险控制达一级标准。支行将员工的学习重点放在了各风险点的规范操作和防范上，并每月对各风险环节进行不定期的检查，特别是对各类检查中存在的问题整改情况进行重点检查，严格按内控评价的工作要求，扎实做好月评季报工作，全年对关键岗位严格进行轮岗换岗，重要环节提升检查防控；各项贷款不良贷款率为零。同时对信用卡长期透支而无法进行电话联系的客户，采取上门催收和向所在单位发送催收通知等方式，最大能力降低透支垫款。 （王　军）

【所获荣誉】 2009年，和静支行被工商银行自治区分行授予“十佳服务单位”称号，被工商银行巴州分行授予“先进集体”、“优质服务先进集体”、行际劳动竞赛评比第二名、2009年“网讯”工作先进单位二等奖、电子银行业务技能比赛获三等奖。 （王　军）

中国农业银行股份有限公司和静县支行

【中国农业银行股份有限公司和静县支行领导人】

行　长：曾　强

副行长：吕新刚、尤义君

【概况】 中国农业银行股份有限公司和静县支行成立于1979年12月，位于和静镇查汗通古路中段。2009年，有员工57人，其中少数民族36人。内设支行客户部、会计结算部、综合办公室。营业机构3个：和静县农行营业部、和静县农行阿尔夏特分理处、和静县农行巴润哈尔莫敦支行。 （高　月）

【经营业绩】 2009年，中国农业银行股份有限公司和静县支行各项存款为39 421万元，比年初增加3 182万元，完成全年计划任务目标的41.32%；各项贷款7 360万元，较年初增加419万元；完成中间业务收入161万元，完成全年计划任务目标的89.28%；全行实现经营收入1 515万元，拨备后的利润为171万元，完成全年计划任务目标的114%。 （高　月）

【信贷工作】 2009年，农行和静县支行各项贷款7 360万元，累计投放涉农贷款1 086.6万元，累计发放惠农卡2 686张，惠农卡授信户数89户，惠农卡贷款328万元，现金清收不良贷款总额897.6万元，完成代理财政部委托资产处置165.7万元，到期贷款现金收回率100%，潜在客户退出数77.25万元。（高　月）

【内部管理】 2009年，农行和静县支行对部分员工进行了轮岗，定期开展员工行为排查，对原支行绩效工资考核办法进行部分修订，每月对各部门、各营业网点经营情况进行绩效考核打分。全年共举办各类培训班21期，培训人员760人次，参加上级行新业务培训9期14人次，接受了上级行大检查6次。全年违规积分人员 达24人，累计违规积分99分，经济处罚3 860元，对重点排查人员进行诫勉谈话。（高　月）

【中间业务】 2009年，农行和静县支行借记卡发卡量5 511张，贷记卡发卡量335张，开发个人网银客户2 239户，第三方存管开户数25户，个人中高端客户增量21户，三星以上客户13户，开通电话银行132部，特约商户新增83户，手机银行144户，转账电话18部，银信通1 923户，代理保险保费收入22.02万元，企业年金意向性签约客户3户，银行卡商户收单收入5.6万元，代理销售投资类业务收入10.3万元，代理保险收入1.1万元。（高　月）

【安全保卫】 2009年农行和静县支行库房实行了无人值守，由二级分行电子监控，支行重要岗位、部位全部安装了电视监控系统，有效地提升了支行安全防范硬件措施，全行3个营业网点经巴州公安局、巴州银监分局安全风险评估全部达到二级以上标准。（高　月）

【所获荣誉】 2009年，农行和静县支行通过自治区级文明单位复验，继续保持“自治区文明单位”荣誉；被自治州人民政府授予“重合同守信用”单位；党支部工作通过州农行检查验收。（高　月）

和静县农村信用合作联社

【和静县农村信用合作联社领导人】

党委书记、理事长：

夏华东（2009年3月离任）

党委委员、主任：

薛为民（2009年3月任职）

党委委员、纪检书记、监事长：

斯拉木·司马义（维吾尔族）

党委委员、副主任：徐春梅（女）

副主任：孙啸川

【概况】 和静县农村信用联社位于团结西路，成立于1988年，属集体所有制法人金融企业。1996年与农行脱钩后，成立了县联社，下辖6个法人社；2001年原和静县腾龙城市信用社改制为农村信用社，交由县联社统一管理。2006年12月22日，经新疆银监局批准和静县农村信用合作联社开业，完成了统一法人社工作，完善了法人治理结构。2009年在岗职工102人（含劳务派遣15人），其中少数民族55人，中共党员26人，大专及以上学历89人，中级职称14人，员工平均年龄36岁。共有12个营业网点（含营业部）、7个部门（综合办公室、财务信息部、审计部、信贷部、资产风险部、客户部、监察保卫部）。（肖建国）

【经营业绩】 2009年，和静县农村信用联社各项存款余额为10.7亿元，各项贷款余额7.9亿元，在全县金融机构中占比分别为48.01%、85.76%，连续多年在全州所有金融机构中（除库尔勒市）各项存款排名第一，业务经营综合质量排名靠前。（肖建国）

【信贷工作】 2009年，和静县农村信用合作联社立足“三农”服务，以为新农村建设服务为宗旨，将支持“三农”作为农村信用社工作的结合点、化解金融风险的着力点和争创效益的落脚点。先后开办农户小额信用贷款、农户联保贷款、抵押贷款、担保贷款等，加大贷款营销，强化营销责任，落实营销任务，落实营销任务，限额、审批、管理、考核做到有章可循；实现从“坐门等客”到“送贷上门”的转变，让广大农牧民享有高质量的金融服务，积极开展“信用户、信用村、信用乡（镇）”的评选活动，培植良好的信用环境。（肖建国）

【服务“三农”】 2005～2009年，和静县农村信用社累计发放“三农”信贷资金17亿元，占全县农业贷款累放的98%以上，吸收的公众存款又投入到县域经济的发展中，充分反应了农信社是农牧民自已的银行的特点。（肖建国）

【支持县域经济】 2009年，和静县农村信用社大力支持县人民政府推行的下岗失业人员小额担保贷款工作，成为巴州首家开办下岗失业人员小额担保贷款业务的金融机构。自2003年开办下岗失业人员小额担保贷款以来，县信用联社已累计发放贷款2 970万元，支持了808名下岗工人。开办了个人消费贷款（住房、家电、农机具等），自2005年以来累计发放14 504万元。（肖建国）

【机制创新】 2009年，和静县农村信用联社在原有的金融服务品种上，在巴州地区农村信用社系统率先成立金融超市，公开贷款业务品种，增加新的贷款业务，主要有：农户小额贷款、农户联保贷款、农户自然人担保（抵押）贷款、农户耐用品消费贷款、农户农机具按揭贷款等，与贷款户面对面的接触、心贴心的服务，提高贷款服务手段，做到利率公开化、服务条理化、程序公开化。（肖建国）

【体制改革】 和静县农村信用联社在发展中不断进行体制改革，先后经历由农行代管、人行代管、银监局代管，直到2006年自治区农村信用社联社成立，开始农信社自我管理的转变。为实现自我完善和发展，和静县联社2006年12月统一了法人，制定并通过了“三会”和高级管理层的选举、选聘办法，并按规范程序产生了“三会”和高级管理层成员，制定了相关职责和议事规则，确保“三会”和高级管理层在《章程》规定的职责范围内行使权力，促进了议事、决策程序的科学化和规范化。（肖建国）

保 险

中国人寿保险股份有限公司和静县支公司

【中国人寿保险股份有限公司和静县支公司领导人】

经　理：陈俊峰
副经理：李新强

【概况】　中国人寿保险股份有限公司前身是创立于1949年10月的原中国人民保险公司。中国人寿保险和静县支公司位于县团结西路21号，成立于1996年8月。主要经营人寿保险、人身意外伤害保险和健康保险三大类业务。下辖巴润哈尔莫敦、哈尔莫敦、农二师二十二团、二十三团、二十一团、二二三团6个营销服务部，7个银行、邮政代理网点。内设客服部、营销部、团险部、中介部四部门。代理人队伍规模近100人，保费收入占和静县寿险近60%的市场份额。自1999年以来，和静支公司连续10年被县人民政府授予“守合同重信用”企业称号，2002～2009年被巴州人民政府授予“守合同重信用”企业。（祁素然）

【险种及理赔】　2009年，中国人寿保险和静支公司开办的险种主要有六大系列近100个险种，六大系列分为少儿系列、分红投资系列、健康系列、养老系列、意外系列以及年金系列。主要险种有子女教育保险、国寿康宁终身保险、国寿康宁定期保险、国寿康恒重大疾病保险、国寿英才少儿两全保险、美满一生两全分红保险、鸿鑫两全分红保险、国寿新简易人身保险、团体医疗保险、人身意外伤害保险、团体年金保险等险种。全年共为1 756位客户进行了保险赔付，赔付金额达314.72 万元。

（祁素然）

【业务经营】　2009年，中国人寿保险和静支公司制定了各团队“万众创富”竞赛目标，开展中高端产品说明会；以“三康险、少儿英才、美满一生、鸿鑫”产品10年期交为主，提升销售业绩；2009年初有效落实巴州分公司“关于美满一生新产品启动方案”；在6月客户服务月中积极向客户推出国寿鹤卡；7月利用家属联谊会的形式激发业务发展。完成了70万元期交保费（其中康宁保费67万）；设立农网部，从而盘活了巴润哈尔莫敦、乌拉斯台、乃门莫敦3个网点。为积极支持创建“旅游强县”活动，公司制定出有针对性的配套险种和执行方案。如：国寿旅游意外伤害保险、国寿旅游综合人身意外伤害保险、国寿个人旅游意外伤害保险、国寿观光景点、娱乐场所人身意外伤害保险。截至2009年12月，完成总保费2 843.75万元，其中个险风险型期交保费达成314.09万元；意外险保费收入158.36 万元。（祁素然）

【队伍建设】　2009年，中国人寿保险和静支公司积极提升主管销售技能、组织拓展技能、经营管理能力和团队辅导、培训能力，致力于主管队伍的优化、升级和改造，引导各层级团队主管树立不同的发展目标，年内共增员25 人。举办各类培训班 22 期，培训人员684人次。对城区组织架构进行了调整，把原有的个险销售部划分为城区一部、农网部、收展部，每个团队都配备了一名讲师和组训，同时出台配套支持政策，建立相应的考评体系。为做好售后服务工作，公司成立了收展部，人员由最初的8人发展到现在的21人。在做好客户服务和市场培育的基础上，实现了以收为主向收展并重、以收促展的转变，成功完成了由单纯的客户服务向服务销售队伍的转型。

（祁素然）

【保险宣传】　2009年，中国人寿保险和静支公司在客户服务月中积极向客户推出国寿鹤卡。加强学生平安险的宣传力度，向全县各中小学发放《至学生家长的一封信》，发放汉文1.6万份、维吾尔文4 000份；给每个学校制作了一块学生保险宣传牌，将城区教师险和学生平安险的保费提高到50元，共收取保费126万元，其中学生平安险81万元，建工险12万元，消费信贷26万元。（祁素然）

【企业文化】 中国人寿的核心理念是“成己为人，成人达己”（简称“双成”）。在企业内部，“双成”提倡一种互相支持、互相奉献的人际关系准则，在公司与个人之间体现的是共同发展、共同成长的理念，对外体现为与客户同忧乐的价值理念，与竞争对手体现为公平竞争、携手合作、共同发展的理念，从而引导员工正确处理个人与他人、个人与企业、企业与客户、竞争与协作的关系。中国人寿通过企业文化战略导入新的企业理念、企业价值观、企业宗旨，使“双成”文化的核心理念成为员工的自觉观念，自觉的行为方式。（祁素然）

【精神文明建设】 2009年，中国人寿保险和静支公司在公民道德建设月活动中，开展捐书助教活动，为巴润哈尔莫敦中心学校捐赠了112册少年科普读物；“六一”国际儿童节前夕，赞助举办了第四届“中国人寿保险杯”少儿文艺汇演、少儿歌手大赛、少儿书画大赛三项系列文化活动；向乌鲁木齐“7·5”事件受害群众捐款1 830元；向参与和静县维稳的武警官兵、公安干警赠送了500元慰问金和价值2 000元的慰问品。加强行风建设，提高服务水平，简易流程案件1天办结，一般案件3～5天完成，重大案件10～15天可办结领取。9月，公司正式启动了“中国人寿杯少年儿童平安回家”活动，向社会各界，机动车辆驾驶员发放“平安回家活动倡议书”3 000余份。（祁素然）

中国人民财产保险股份有限公司和静支公司

【中国人民财产保险股份有限公司和静支公司领导人】

经　理：朱明义

副经理：乌　兰（女，蒙古族）

【概况】 中国人民财产保险股份有限公司和静支公司位于和静县团结西路21号院，成立于1985年11月，原名中国人民保险公司和静支公司，属人保财险巴州分公司管理。1996年3月，财产、人寿分业经营。2003年7月总公司改制后，更名为中国人民财产保险股份有限公司和静支公司（以下简称人保财险和静支公司）。2009年，公司有员工28人。（彩　虹）

【业务险种】 2009年，中国人民财产保险股份有限公司和静支公司主要有企业财产、机动车辆、公路货运、家庭财产、人身意外、机动车强制保险、雇主责任保险、公众责任保险以及政策性农业保险、养殖业保险等50余种保险业务。（彩　虹）

【承保和理赔】 2009年，人保财险和静支公司签单保费1 973.68万元，完成年计划的123.28%，较上年同期增幅75.16%，简单综合赔付率47.45%。其中：非农险签单保费1 014.7万元，完成年计划的99.05%，较上年同期增长35%，简单赔付率31%；农险签单保费8 989万元，完成年计划的174%，简单赔付率为66.56%。（彩　虹）

【业务拓展】 2009年，人保财险和静支公司社保医疗补充保险投保人数5 517人，收取保费55万元，赔案笔数达423笔，赔款金额为28.7万元，简单赔付率为52.18%。农机审验收取保费约45万元，简单赔付率为35%。公司开展形式多样的劳动竞赛，狠抓续保业务。开展警保联动促进业务发展。

（彩 虹）

【税收情况】 2009年，人保财险和静支公司保费收入已缴营业税、城建税、教育费附加、个人所得税合计58.3万元。

（彩 虹）

中华联合财产保险股份公司和静支公司

【中华联合财产保险股份公司和静支公司领导人】

经　理：金成庆

副经理：于　杰、其其格（女，蒙古族）

【概况】 中华联合财产保险股份有限公司和静支公司（以下简称中华财险和静县支公司）成立于2001年10月，办公地址位于和静县和静镇阿尔夏特路6号院。现有职工人数7人，其中少数民族1人，平均学历大专。

（其其格）

【险种】 2009年，中华财险和静县支公司主要险种有机动车辆保险，企业财产保险，世纪安康团体医疗保险，新农合补充保险，团体人身意外伤害，个人贷款保险，机器设备损坏保险，家庭财产保险，雇主责任保险，公众责任保险，道路客运承运人责任保险，旅行社责任保险，火灾公众责任保险，建筑、安装工程保险，医疗责任保险，学生、幼儿平安人身意外伤害保险。

（其其格）

【承保】 2009年，中华财险和静县支公司累计实现保费收入230万元，完成计划任务的80.59%。其中：机动车辆保费800 433.61元；企财险保费211 874元；安康险保费172 250元；团意险保费45 869元；医疗事故责任险保费88 064元；新农合补充保费97 840元；摩托车险保费99 820元；卡式业务56 350元等。

（其其格）

【理赔】 2009年，中华财险和静支公司总赔付金额138万元，全年综合赔付率60%。其中最大一笔赔付金额为26万元。

（其其格）

永安财产保险公司和静营销部

【永安财产保险公司和静营销部领导人】

总经理：渠风英（女）

副经理：邓　江

【概况】 永安财产保险股份有限责任公司巴州中心支公司和静营销服务部于2003年5月10日筹建，2003年10月18日正式开业。办公地址位于和静县团结西路国税局一楼，办公面积280平方米。2009年，有员工10人，其中正式员工5人。设有经理室、内勤部、查勘定损部、业务部。2004～2009年被和静县政府评为“重合同守信用”企业单位，同年被新疆分公司授予“永安财产保险股份有限公司优秀县级营销部”。

（邓 江）

【险种】 2009年，永安财险和静营销部开办的险种有：企业财产保险、家庭财产保险、建筑工程保险、安装工程保险、货物运输保险、机动车辆保险、船舶保险、能源保险、一般责任保险、保证保险、信用保险、短期健康保险和意外伤害保险等保险业务。 （邓　江）

【承保】 2009年，永安财险和静营销部主要承保各种业务有机动车保险1 983笔、保费1863 125元，人身险2 328笔、保费461 102元，房贷业务168笔、保费289 900元，信贷业务44 560笔、保费457 585元，及其他财产险285 600元。 （邓　江）

【理赔】 2009年，永安财险和静营销部共发生理赔案件390起，累计赔付金额110万元，其中大额赔付为：四川向东公司雇主险赔付6.4万元，路成出租车公司赔付29.2万元，亚泰酒厂赔付12.9万元，信贷保险5起赔付15万元。 （邓　江）

中国邮政储蓄银行和静县支行

【中国邮政储蓄银行和静县支行领导人】

行　　长：何荣彪

行长助理：李　梅（女）

【概况】 2008年6月成立中国邮政储蓄银行有限责任公司和静县支行（以下简称邮政储蓄和静县支行）。2009年有职工22人，平均年龄30岁，大专以上18人。下设3个部室（业务部、营业部、财务部）、4个二级支行。 （李　梅）

【业务工作】 2009年，全县邮政储蓄余额3.2亿元，累计代发工资户数1万户，金额900万元。累计发放绿卡、淘宝卡合计10 774张，提升活期比率7.88%，达61.98%，市场占有率24%；贷款业务累计发放2 193笔，金额8 000万元，未发生一笔不良贷款；公司业务开户5笔，余额814.74万元；基金销售26.84万元，理财销售65万元，国债销售138.80万元；支行业务收入累计完成450万元，完成年计划的150%，实现利润280万元，未发生任何资金案件。 （李　梅）

【表彰奖励】 2009年邮政储蓄和静支行在全区“合规管理年”活动质量评审中，被作为全区唯一代表推荐参加全国评审，邮储和静支行信贷员王玲获全国优秀信贷员称号，在2009年会计会审工作中被评为第一名，2009年事后监督会审被评为第二名、2009年审计会审被评为第三名。（李　梅）

和静牦牛，又称高山牦牛或新疆牦牛，是中国牦牛的一个优良类群。1920年，第五世生钦活佛由拉萨引进6头种公牛、176头母牛，在巴音布鲁克草原逐步发展起来。经过长期辛勤选育，自群繁育，在特定的高寒自然环境下形成的具有抗寒、抗病、耐粗饲等特点，产肉性能良好，乳脂率、乳汁干物质含量高，肉质品质优良，遗传性稳定，是纯天然的绿色肉食品，并有良好的役用性能。 （洪永祥）

城乡建设·环境保护

城　乡　建　设

【和静县建设局领导人】

党委书记、副局长：桑格吉（蒙古族）

局　　长：杨　波

副 局 长：孟　军（2009年3月离任）、阿迪力江（维吾尔族，2009年3月离任）、娄培秀（女，2009年3月任职）、周　君（2009年6月任职）、吉力力·吾拉音（维吾尔族，2009年11月任职）

【概况】　1984年9月成立和静县建设局，是县人民政府综合管理全县建设事业的职能部门。内设6个股室：行政办公室、规划股、建管股、城建股、房产股、设计室。下属5个副科级建制的事业单位：监察大队、市政工程处、园林处、环卫处、房改办和1个股级事业单位质监站。临时机构5个：抗震安居工程领导小组办公室、房屋拆迁领导小组办公室、清理拖欠工程款及农民工工资领导小组办公室、城市规划委员会办公室、建设工程招投标领导小组办公室。归口管理的企业有蓝天热力有限责任公司、山泉供水责任有限公司、新兴建筑安装公司、新兴房地产开发公司、九洲集团和静县分公司、全鑫房地产开发公司、九洲奇乐和静分公司、和静县德能燃气有限责任公司、中国石油天然气运输总公司和静液化气站、新疆和静洪通燃气有限公司、利群物业公司、安洁物业管理中心、家星物业公司等。2009年，全系统共有干部职工320名。

（刘保江）

【城乡规划】　2009年，和静县建设局完成了27个行政村的建设规划编制与报批工作，已全部完成所有乡（镇）村庄的建设规划编制；完成170户移民搬迁点选址定点、编制规划建设方案；完成巴伦台镇巴伦台村“历史文化名村”的申报工作和巴音布鲁克镇、巩乃斯乡巩乃斯村的特设景观旅游名镇、名村的申报工作；审查核发建设项目选址意见书24件、建设用地规划许可证85件、建设工程规划许可证142件、乡村建设规划许可证46件。

（刘保江）

【城镇基础设施建设】　2009年，和静县建设局完成县城内各公用道路路口的硬化工程，硬化面积4 500平方米；铺设人行道5 356平方米，铺设水景公园人行道1 700平方米；维修了团结东路、团结西路、天鹅湖路、开泽东路、开泽西路、阿尔夏特路、查汗通古路、民主路人行道1.2万平方米；完成56座消防栓井建设工程；完成县城内道路标线23 365 平方米；维修路灯490余杆，更换过境路路灯153杆，新建73杆灯；完成巴伦台镇路灯工程94杆、街心公园树景灯32盏、假山水景灯60盏、政府广场景观灯、中杆灯52杆；完成街心公园南端假山、水景、根雕一体的景观工程；完成城北人工湖水景工程中1号池池坝的混凝土浇注工程。

（刘保江）

【城镇园林建设】 2009年，和静县建设局完成团结路西段、阿尔夏特路北段、东归大道西段、建设二路等绿化带换土改土工程，改土总量达80 582立方米；完成团结路、查汗通古路节水滴灌的安装和所有新建街头绿地微喷安装，新铺绿化供水主管线18 383米，安装节水滴灌管线24 997米，安装微喷15 000.59平方米；建成街头公共绿地14块，总面积9 081平方米；铺装绿地休闲小道总面积2 222.5平方米，设立各类园林雕塑小品106个；在街道、公共绿地、广场绿地种植园林树木674 413株（其中乔木类6 385株、灌木类668 028株）；新创建“花园式单位”10个、“花园式小区”2个，全县“花园式单位”达到51个，“绿化合格单位”达到50个。城镇绿地率达36.19%，绿化覆盖率达37.19%，其中公共绿地38万平方米，城镇居民人均绿地8.52平方米。（刘保江）

【城管执法】 2009年，和静县建设局共查处各类大小违法、违章案件（包括市政管理、房地产业、建筑工程监理、公用行业、市容市貌）40多起，结案率达到100%；共制止和查处违法违章建筑11起，涉及占地面积 195平方米；下达停止违法行为通知书11起；查办挖掘城市道路行为8起；查处使用不合格钢瓶经营燃气31起；查处违反《城市市容和环境卫生管理条例》行为21起，行政处罚7起。（刘保江）

【城镇环卫】 2009年，和静县建设局与县城内各企事业单位、临街经营个体工商户签订“五包”责任书，签订责任书2 000余份；完成垃圾无害化处理工程机械设备采购工作，共添置9辆环卫用车、20个大垃圾收集箱、430个垃圾收集桶；协助各乡（镇）购置150余万元的垃圾箱、果皮箱、垃圾运输车辆；协助居委会无偿清除垃圾80吨，免费放置垃圾箱7台；为120名环卫工人进行体检，发放慰问金2.4万元，为4名特困和退休环卫工人发放补助金2 000元；街面卫生清扫保洁每天保证15小时，日清运垃圾90吨，生活垃圾集中处置率达到100%。（刘保江）

【城市供排水】 2009年，和静县建设局完成光明路至平安肥业供水管道铺设100米，文化路至三工区供水管道铺设298米，党校至开泽路第四小学供水管道铺设228米，过境路供水管道铺设45米；新增供水井25处，维修供水井63处；每月进行一次五项常规指标检测，感观、管网水细菌总数、大肠菌群、水游离余氯和水浊度合格率均达100%。新建污水处理厂已投入试运行，处理能力1万立方米/日，总投资1 119万元。（刘保江）

【城市燃气】 2009年，和静县洪通天然气公司投入1 500万元，完成教育小区至新城区主管线铺设工程，总长3千米；完成庭院管网6 000米；完成1 500户入户安装及通气工作。中国石油和静换气站和德能燃气公司加强了安全防范工作，增设了各种防护设备，送检钢瓶2 000个，新购置液化气钢瓶2 000个，居民正常用气得到保证。（刘保江）

【城乡抗震安居工程】 2009年，和静县共开工抗震房屋3 121户，其中城市1 098户，农村2 023户。竣工房屋3 071户，竣工房屋面积21.5万平方米，培训建筑工匠及建房户1 350人。完成450套搬迁牧民住房建设任务。利用项目资金及县财政配套资金，收回国际实业670公顷饲草料基地和自治区草原总站670公顷苜蓿种子基地，按照贫困户人均0.47公顷基本农田（无偿）、富裕户每户2.68公顷饲草料地的标准，解决了2006～2007年搬迁牧民农牧业生产用地。收回祥庆红枣种植开发有限责任公司232.14公顷土地，划分给新搬迁牧户，用于发展农牧业生产。（刘保江）

【物业管理】 2009年，和静县凡形成规模的住宅小区都相继成立了业主委员会，并委托专业的物业公司进行服务。监督天鹅小区成立了业主委员会，并选聘了物业管理企业。协助九洲奇乐房地产开发公司和静分公司完成了物业公司的申报工作。协助巴州新兴房地产开发公司对东归名苑小区申报自治区优秀物业小区。组织天河小区改选了业主委员会。（刘保江）

【集中供热】 2009年，和静县建设局完成4个热力站的锅炉及其附属设备的维护、保养、检修工作；新建政府廉租房及粮食系统职工住宅楼供热分支管道870米；完成县医院锅炉房设备、管网维修、改造及供暖区域移交工作，成立热力5号站。（刘保江）

【建筑物抗震加固】 2009年，和静县已全面完成了教育、卫生、城镇生命线、应急救援、民政系统、棚户区的建（构）筑物排查工作，完成教育系统150栋、建筑面积14.34万平方米，卫生系统25栋、建筑面积1.87万平方米的抗震鉴定工作。多方筹措资金对教育、卫生系统共36个项目、面积6.57万平方米的建（构）筑物进行了抗震加固、改造（更新）工作，总投资4 769.2万元。（刘保江）

【信访工作】 2009年，和静县建设局共接待来访来信来电96件，州长信箱5件，县长信箱49件，群众来访13件，转办信访案件4起，电话来访案件25件，办结率达100%。（刘保江）

房　地　产

【房地产开发】 2009年，和静县房地产开发项目共38项，建筑面积247 488.54平方米，工程造价22 090.23万元。在以上建设工程中，公共建筑工程20项，建筑面积74 557.44平方米，工程造价10 324.39万元；居住建筑工程18项，建筑面积208 308.33平方米，工程造价16 206.81万元。（刘保江）

【房地产管理】 2009年，和静县在城北天富家园、巴音花园、锦绣花园、东归名苑B区共建商品房23栋、2栋连排别墅，共计建设面积21.4万平方米。城北住宅小区申请县人民政府住房补贴共计600户，已补贴523户，补贴金额1 700万元。共办理商品房预售许可证14件，预售面积为5.01万平方米。核发房屋所有权证书共769证，其中初始登记334件，转移登记435件；办理抵押登记323件，抵押登记面积6.22万平方米，金额7 960万元。新建商品房销售面积7.19万平方米，销售金额14 373.6万元，存量房交易面积3.37万平方米，销售金额3 252.50万元。（刘保江）

【保障性住房建设】 2009年，和静县建设局共开工建设廉租房1 168套，续建100套，共计6.34万平方米，总投资6 340万元，续建的100套廉租房已进入收尾阶段。共计发放租赁补贴63户、5.59万元。完成农牧林场危旧房普查9 123户，需改造2 330户，面积12.38万平方米。完成全县低保家庭和低收入家庭摸底调查工作，低保家庭共计235户，低收入家庭共计729户。完成全县行政事业单位职工及其住房信息摸底调查工作，共登记调查105个单位、5 035人。

（刘保江）

【规范建筑业管理】 2009年，和静县建设局共进行建筑工程招标、投标活动26项，其中房屋建筑工程17项、市政工程9项，招标率100%。共发放“建筑工程施工许可证”25项，其中公共建筑已办理建筑工程施工许可证11项，居住建筑已办理建筑工程施工许可证14项。全县共有建设工程项目45项，建筑面积共计329 978.28平方米，工程造价28 993.04万元；在以上建设工程中，公共建筑工程20项，建筑面积74 557.44平方米，工程造价10 324.39万元；居住建筑工程18项，建筑面积208 308.33平方米，工程造价16 206.81万元；抗震加固工程3项，建筑面积39 019.10平方米，工程造价1 497万元；建筑节能工程1项，建筑面积 7 117.41平方米，工程造价86.88万元；学校运动场工程2项，建筑面积976平方米，工程造价777.98万元；装饰装修工程1项，工程造价99.98万元。全年对各建筑工地组织安全质量检查60多次，其中大检查8次，共签发安全整改通知书4项，并对检查发现的违法建设行为进行了认真查处。

（刘保江）

住房公积金管理

【巴州住房公积金管理中心和静县管理部领导人】

主　任：许志国

副主任：邢益荣（女）

【概况】 巴州住房公积金管理中心和静管理部于2003年6月成立，负责全县住房公积金管理工作。2009年，管理部有工作人员4人。

（许志国）

【住房公积金管理】 2009年，巴州住房公积金管理中心和静管理部为全县247个单位、9 457名职工设立了住房公积金个人存款账户，归集余额10 733.88万元（其中本年汇缴3 544.08万元。本年提取住房公积金2 448.06万元），业务收入205.45万元（其中银行存款收入88.03万元，委贷利息收入117.41万元），业务支出149.70万元（其中年度结息143.91万元，支付销户利息5.79万元）。

（许志国）

【住房公积金安全运行】 2009年，巴州住房公积金管理中心和静管理部累积为1 386户家庭发放住房公积金贷款12 380.4万元，回收贷款本息1 577.66万元，贷款余额10 802.73万元，其中本年度发放贷款634户6 639万元，为47名职工办理了住房贷款结清业务。住房公积金资金使用效率达100.64%。

（许志国）

环境保护

【和静县环境保护局领导人】

局　长：迪里拜尔·克热木（女，维吾尔族）

副局长：完志军（满族）、乌仁其其格（女，蒙古族）

【概况】 和静县环境保护局位于和静县开

泽东路，2001年7月和静县环保局从和静县城乡建设环境保护局中分离独立设局，隶属于和静县人民政府的环境保护行政主管部门。主要负责辖区内环境监督管理、环境保护宣传教育、污染源限期治理、环境污染事故、纠纷的调查处理等工作。内设环境监察大队、环境监测站两个事业单位。2009年有干部14人，其中党员7人；科级干部3人、一般干部11人。（吉尔格）

【环境保护宣传】 2009年，和静县环保局分别在县委党校、中小学校开设环保教育课。由主管县长在电视台发表纪念“6·5”世界环境日电视讲话；充分利用“3·15”保护消费者合法权益日、3月22日“世界水日”、4月22日“地球日”、6月25日“土地日”，以及“安全生产月”等纪念日积极组织开展有奖问答、发放环保购物袋、接受群众咨询、悬挂横幅等活动、共发放宣传单7 000余份、节能减排环保知识宣传画报1 000份。举办专场环保文艺汇演，与各绿色学校联合举办“学生板报比赛”、“抄报比赛”、千人签字、每年新增一块永久性宣传牌等丰富多彩的活动。创建绿色学校自治区级2所、州级3所、县级6所、县级绿色社区3个、县级生态文明村5个。（吉尔格）

【污染总量控制和限期治理】 2009年，和静县环保局建立节能减排领导协调机制，制定污染物削减计划和污染物总量控制计划，并向重点污染源企业下达限期治理通知。对全县重点污染企业下发总量控制计划并将指标分解到重点企业，化学需氧量和二氧化硫两项主要污染物排放总量均控制在自治州下达的总量控制计划以内。结合实际制定《和静县辖区内污染年度限期治理计划》，由县人民政府批转各企业执行。建成日设计处理生活生产废水1万吨的县污水处理厂，于2009年7月28日正式投入试运行，总投资1 116万元。污水经过初沉池等设施进行处理，有效降低了化学需氧量浓度，实现了县城生活污水100%的收集和处理。投资1 985.08万元的县城垃圾填埋场建设项目已完成环境影响报告书的审批及土方开挖工程。（吉尔格）

【有机食品及生产基地认证】 2009年，和静县环保局开展巴音布克鲁克山区有机畜的质量监督管理、档案建设、有机畜质量审查等工作。2009年，巴音布鲁克黑头羊和伴野血牦牛连续4年顺利通过认证方的检查，并通过了国家有机产品认证，其中伴野血牦牛38 614头，黑头羊549 340只。（吉尔格）

【环境监测】 2009年，和静县环保局开展城镇环境监测工作，城镇大气环境质量较好，达到国家空气质量二级标准，区域环境噪声达到国家2类区标准，交通干线噪声达到4类区标准。（吉尔格）

【环境执法】 2009年，和静县环保局不断加大环境执法力度，把经常性检查和重点抽查相结合，在打击违法排污企业健康专项环保行动中，和有关部门联合执法，有针对性地开展了工业园区、水源地、危险化学品、矿业生态、造纸行业、重金属等行业的专项环保行动，有力地打击了各种环境违法违规行为。同时，对辖区内各污染源加大日常监察和不定期现场检查的力度，加强对污染较严重行业治理设施运转情况的检查。及时处理群众投诉案件，切实维护群众利益。2007～2009年，共受理环境污染群众投诉案件80余件次，处罚环

境违法企业40余个，所有接访案件均得到落实，通过回访，95%以上处理结果得到群众认可满意。（张海兵）

【农村环保工作】 2009年，和静县环保局将农村环境保护纳入环境保护目标责任考核，与各乡（镇）签订《环境保护目标责任书》18份；与县水利局配合对全县农村饮用水源地进行检测，城市饮用水源水质、水厂出水水质均符合国家《生活饮用水卫生标准》，地面水水质达到国家一类地表水标准。完成了和静镇、哈尔莫敦镇、巴润哈尔莫敦镇和巴伦台镇水源地保护技术划分报告。坚持以创建环境优美乡镇、生态文明村工作，狠抓农村脏、乱、差的治理。积极争取中央环保专项资金100万元，支持乃门莫敦乡农村环境综合整治工作。

（张海兵）

气　象

【和静县气象局领导人】

局　长：杜军剑
副局长：范金霞（女）
纪检员：苏克（蒙古族，2009年10月离任）、早热古丽（女，维吾尔族，2009年10月任职）

【概况】 1960年2月，成立和静县中心气候服务站，1991年7月更名为和静县气象局，由巴州气象局和县人民政府双重领导。2009年在编职工7人，其中本科1人，大专5人；中级专业技术人员2人，初级专业技术人员6人。（早热古丽）

【气象设备和观测】 截至2009年，和静县气象局拥有一套自动气象站设备，用以观测气压、气温、湿度、风向风速、降水、地温（5厘米～20厘米的浅层地温和40厘米～320厘米的深层地温）的每分钟数据和定时数据。云、能见度、天气现象，由人工观测；蒸发、冻土、定时降水、日照，用人工仪器观测。自2007年以来，县气象局加快和静县区域自动气象站建设进度，全县共有自动气象站23个，其中有人值守的自动气象站5个，无人值守的区域自动气象站18个。（早热古丽）

【气象服务】 2009年，和静县气象局利用移动公司的企信通平台，为全县各级领导和服务客户发布24小时及3天天气预报，同时充分利用区域自动气象站资料将预报站点精细化，力争做到准确、及时地为党委、政府提供决策依据。出现重大天气过程时，要求服务人员24小时坚守岗位，密切监视天气变化，及时制作相关情报及预报，利用电视、广播、电话、互联网、手机短信等方式及时服务。（早热古丽）

【气象宣传】 2009年，和静县气象局参加了巴州气象局和县委宣传部组织的移动杯“祖国在我心中”有奖知识竞赛活动。联合建设、国土、林业、水利、畜牧等单位，在县城步行街举行“3·23”世界气象日宣传活动，发放宣传单2 000余份。与巴州气象局、巴州科协联合开展“防灾减灾”科普大篷车下乡宣传活动2次。（早热古丽）

【人工影响天气】 2009年，和静县气象局协调自治区气象局，争取到人工影响天气用车及设备两套，总投资53.5万元，其中上级投资40万元，县财政配套13.5万元。至此，和静县人工影响天气工作正式启动。

（早热古丽）

教育·科技

教　育

【和静县教育局领导人】

党委书记、副局长：依仁且（蒙古族）

局　　长：孟繁露

副局长、教育督导室主任：玉素甫江·吐尔地（维吾尔族）

工会主席：嘎·其曼（女，蒙古族）

教研室主任：余江文

教育督导室副主任：宋正均

【概况】　和静县教育局成立于1984年9月。下设办公室、督导室、教育工会、教研室、教育股、思政股、计财股。2009年，全县有中小学校15所，其中高级中学1所、初级中学3所、小学11所，小学适龄儿童入学率100%。在校学生18 259人，其中高中生3 502人、初中生4 717人、小学生10 040人。中小学教学班476个，其中高中教学班66个、初中教学班99个、小学教学班311个。教职工2 317人，其中高中教师280人（女教师143人、少数民族教师56人），中学教师392人（女教师280人、少数民族214人），小学教师1 463人（女教师1 014人、少数民族1 010人）。幼儿园18所，其中公办幼儿园1所，民办幼儿园17所，在园儿童2 755人；初中升学率98.8%，高中升学率92.3%；全县学校总占地面积119.46万平方米，其中校舍总面积16.4万平方米。

截至2009年底，全县有全国优秀教师11人，自治区级优秀教师17人。自治区级德育达标校1所，州级德育达标校3所，州级“花园式学校”2所，“绿化合格学校”1所；自治区级文明单位5个；全县有乡（镇）农牧民文化技术学校16所，办学面达100%。　（石玉宏）

【“两基”工作】　2009年，和静县教育局继续抓好“两基”复验工作（基本普及九年制义务教育、基本扫除青壮年文盲）。2009年5月，自治区人民政府“两基”督导组对和静县“两基”工作进行了检查督导，各项指标均达到自治区标准，9月份顺利通过了国家复检验收。

和静县教育局坚持将“两基”工作作为教育工作的重中之重，狠抓“控辍保学”工作，建立流失生报告制度，采取有效措施，确保适龄儿童少年按时入学。组织乡镇及学校深入派出所、村委会、计生站、村组逐户了解核对适龄儿童少年入学和新增人口情况，详细做好学户册的建档和管理工作。关注残疾儿童入学问题，建立家庭联系机制，保证残疾儿童的入学率达标；落实好“两免一补”政策，继续实施“一助一”工程，全县副科级以上领导干部每人承包一名辍学生，帮助他们完成九年义务教育。抓好进城务工人员子女就学工作，保证流动人口中的适龄儿童少年能适时入学。2009～2010学年，和静县小学适龄儿童入学率100%、初中适龄少年入学率为98.14%、15周岁人口中初等教育完成率99.05 %、17周岁人口中初级中等教育完成率96.28%、残疾儿童少年入学率95 %。

（石玉宏）

【教育资源整合】 2009年，和静县进一步加强了教育资源整合工作，县委印发了《和静县2009年教育资源整合工作实施方案》，并全面实施。以县二中为中心，将巴润哈尔莫敦镇中学、哈尔莫敦镇中学的汉族、维吾尔族班，乃门莫敦乡中心校、协比乃尔布呼乡中心校、乌拉斯台农场中心校初中部维吾尔族班全部整合至县二中。县二中整合前在校学生1 137人，整合后达到2 561人（其中汉族学生1 247人、维吾尔族学生1 314人）。县第四中学（巴音布鲁克区寄宿制学校分校）整合前学生1 338人（其中汉族学生459人、蒙古族学生879人），整合后达到1 427人（其中汉族学生413人、蒙古族学生1 014人）。

经教育资源整合后现有的15所学校是县城一中、二中、三中（高级中学）、四中（巴音布鲁克区寄宿制学校分校）和一小、二小、三小、四小（和静镇中心小学）、第五小学（巴润哈尔莫敦镇小学）、第六小学（哈尔莫敦镇小学）、第七小学（乃门莫敦乡小学）、第八小学（协比乃尔布呼乡小学）、第九小学（乌拉斯台农场小学）、第十小学（巴伦台镇小学）、第十一小学（巩乃斯乡小学）。提前3年完成了教育资源整合目标。

（石玉宏）

【教育督导】 1992年2月成立和静县人民政府教育督导室。设主任1名，副主任1名，督学4名。督导工作坚持督政、督学相结合。重点督导乡（镇）人民政府全面贯彻落实党的教育方针，履行职责的情况以及对教育的投入，积极改善办学条件等。督导各学校端正办学指导思想，坚持依法办学、依法治教；加强对学校教育教学工作的监督、检查、评估、指导；全面推进素质教育，全面提高教育质量。（石玉宏）

【教师队伍建设】 2009年，和静县教育局本着按需设岗、公平、公正、公开的原则，实行教师竞聘上岗。从符合中学任职条件、参加竞聘上岗考试的263名教师中，通过笔试、说课、考察等方式选拔一线教师142名。5月和7月，先后招聘134名教师（“双语”教师77名、特岗教师57名）充实到乡（镇）学校一线，进一步优化了教师队伍的结构。2009年和静县在编教师2 606人，总量超编575人。结合教育资源整合，全县自愿分流转岗教师252人，有效解决了教师队伍总量超编问题。

（石玉宏）

【教师培训】 2009年，和静县教育局采取多种措施和方式，积极鼓励和支持在职教师通过自学、函授等方式，提高教师学历合格率，推进继续教育工程。2008～2009学年，全县小学专任教师1 448人，学历合格专任教师1 431人，学历合格率98.80%；小学专任教师工作一年以上的有1 448人；有三级以上职称的教师1 445人，任职条件达标率98.80%；初中专任教师513人，学历合格专任教师506人，学历合格率98.64%；初中专任教师工作一年以上的有513人；有三级以上职称的教师508人，任职条件达标率99.03%；小学新任教师133人，学历合格教师133人，学历合格率100%；初中新任教师59人，学历合格教师59人，学历合格率100%。小学校长18人，岗位培训18人，岗位培训合格率100%；初中校长10人，岗位培训10人，岗位培训合格率100%。中小学教师的教师资格证获证率100%。

（石玉宏）

【“双语”教学】 2009年，和静县有39名少数民族教师参加国家级、自治区、自治州级“双语”教学培训。全县有972名民族教师取得了HSK汉语水平测试等级证书，57人取得了普通话测试等级证书。将县一小、三小作为“双语”教学的示范学校，组织“双语”骨干教师送教下乡，在全县范围内上“双语”示范课、研讨课，促进了“双语”教学的深入发展。同时，不断改进教学方法，将“双语”教学与学生的学习生活紧密结合起来，取得了较好的教学效果。至此，和静县起始年级已全部进入“双语”教学，初步形成学前、小学、初中，较为全面的“双语”教学实验体系。（石玉宏）

【未成年人思想教育】 2009年，和静县教育局不断加大校园文化建设投入，加强环境育人功能。在2008年投入127.3万元的基础上，2009年又投入80.2万元用于校园文化建设，为23所学校修建了文化长廊，装扮了50余面文化墙，粉刷维修了各中小学办公场所、教室和各功能室。在校园文化长廊建设中，以德育渗透为主题，设立班级特色展板，同时利用教室、楼道走廊创建班级文化建设，开辟班级论坛，为学生和班级提供一个定期展示书画、文学等作品的平台，既培养了动脑和动手能力，又充分体现班级和学生的个性风采。全县各学校通过广播、黑板报、电教片等多种形式，对广大师生进行安全常识宣传教育，有针对性地开展交通、消防、用电、实验、劳动、食品卫生、体育运动等专题安全教育活动。认真组织师生开展民族团结教育学习。乌鲁木齐“7·5”事件发生后，及时对教育系统维护稳定工作作出部署。各学校充分利用暑假期间走家入户，做好学生及家长的民族团结教育工作。（石玉宏）

【基础教育】 2009年，和静县有幼儿园18所（公办1所、私办17所），小学11所、中学4所。各中小学以教务处、教研组为中心，把教师的教学教研工作纳入量化管理轨道，加大了教育、教学、教研、教改的管理力度。在重视教学常规管理的基础上，由县教研室制定教研课题，举办公开课、课题论文研讨活动，鼓励教师创造性地探索新的教学途径，改进教学方式和教学手段。各中学进一步完善工作制度，教学校舍建设、教学仪器购置和校园硬化、美化、绿化、亮化。各中小学在普及程度、师资队伍、办学条件和教学管理等方面均符合国家“普九”验收标准。（石玉宏）

【招生考试】 2009年，和静县疆内初中班录取32人、内高班录取15人，疆内高中班录取8人；普通高考本科上线1 103人，上线率68.0%，汉语言理科最高分627分，文科最高分577分，一名汉考民考生以总分570分位居全州第一；各学校参加自治区、国家级各类竞赛获奖人数达300多人次。（石玉宏）

【成人教育】 2009年，和静县教育局不断加大扫盲力度。截至2009年5月，全县共有农牧民文化技术学校16所，做到了校校有机构、有教室、有桌凳、有图书、有电教设施、有实验基地、有活动场所、有活动安排。乡、村两级农牧民文化技术学校办学面均达到100%。1997～2009年，和静县电大在改革发展中不断壮大，学校专业的合理设置和办学效益不断提高，为和静县培养了一批留得住、用得上的应用型人才。电大开办至今已毕业学员800余人。截至2009年，学校共开设小学教育及汉语言专业，财金、行政管理、土木工程、水利水电等8个本专科专业。在校学生191人，教学管理人员4人，教师18人。（石玉宏）

【职业教育】 2009年，和静县有职高班4个，在校学生163人、专业教师17人，专业为计算机应用、民族工艺品制作及民族特色装潢。学生就读每学期享受国家助学金750元，同时学校设有校内奖学金和绿叶基金资助学生。毕业生颁发职业技术高级中学毕业证、专项技能职业资格证书。

（石玉宏）

【教育投入】 2009年，和静县成立农村义务教育经费保障机制领导小组和教育经费核算中心，配备专职人员，实行“集中管理、分校核算”的财务管理制度，做到“校财局管校用”，保证了经费的有效使用。2009年，县财政教育支出共计23 556.56万元。（石玉宏）

【教育基础设施建设】 2009年，和静县教育基础设施投入不断加大。5月，新建和静县第一小学教学综合楼，建设面积4 008.27平方米，投资506万元；新建第四中学教学综合楼，建设面积4 269平方米，投资456.8万元。6月，新建县二小图书实验楼，建设面积2 348.55平方米，投资220.4万元；新建县二中运动场，投资381万元；新建县四中运动场，投资396.98万元。7月，对县一小、二小、一中、二中、四中校舍进行抗震加固，加固校舍面积30 989.77平方米，投资1 066.8万元。以上工程已全部完工并交付使用。8月，新建县三小宿舍楼和四小综合楼，建设面积分别是2 147平方米和1 224平方米，投资335万元，其中县三小工程已投入使用。（石玉宏）

【表彰奖励】 2009年，和静县获自治区“两基”工作先进单位；获中国移动“校讯通杯”自治区第二届“双语”口语大赛自治州决赛二等奖2名、三等奖1名。

（石玉宏）

县直中学

和静县第一中学

【和静县第一中学领导人】

党支部书记：马　莉（女，回族，2009年10月任职）

校　　长：刘衍杰

副 校 长：吉日根塔拉（蒙古族）、李　霞（女，2009年10月任职）

【概况】 和静县第一中学成立于1957年，是一所蒙汉合校寄宿制初级中学。校园占地面积6.7公顷，绿化面积40.9%，建筑面积7 765平方米。学校拥有标准的形体室、图书室、实验室、多功能厅、微机室、劳技室、音乐室、美术室及完善的体育设施、400米标准跑道和运动场地；全面开通校园宽带网、闭路电视、校园广播网。学校实行党支部领导、工会监督的校长负责制，内设党政办公室、教务处、德育处、总务处。2009年，有教学班24个，学生1 133人（蒙古族184人，汉族949人），在职教职工135人（蒙古族53人，汉族82人，），其中高级职称教师41人，中级职称教师70人。2009年，学生参加各科竞赛获奖252人次。其中获一等奖的有53人，二等奖的有91人，三等奖的有108人。（邓　玉）

【课程改革】 2009年，和静县一中严格执行国家的课程计划，开足开齐课程，继续严格执行“减负”的有关规定，公示学生作息时间表，严格控制学生在校时间、作业量等，确保学生健康成长。初中阶段综合与分科并行，蒙语班开设了“双语“课。学校还开设了校本课程“江格尔说唱”和“东归”。物理、化学、生物学生实验开课率达95%以上。学校还开展了丰富多彩的课外兴趣小组活动，如小天鹅艺术团、鼓号队、播音、文学社团、心理社团、体育、器乐、科技、手工制作等。开展了阳光体育大课间活动，保证学生每天有一小时的锻炼时间。语文组主办的《扬帆校报》为爱好写作的同学提供了一个展示自己的平台，年内共编辑8期。 （邓 玉）

【教师队伍建设】 2009年，和静县一中积极开展教研活动，热情鼓励教师参加各种培训、自学、函授等继续教育和学历提升教育，加快教师队伍建设。学校共设9个教研组，开展教研组活动30多次，教师撰写论文175篇，教师集体备课370多次，教案作业检查30多次，安排校内公开课47节次，组内公开课130多节次，教师听课不少于30节。6月有3个教研课题入选自治区教科所“以校为本小课题研究立项课题”。狠抓教师微机和多媒体教学等现代技术教育的培训，多功能教室使用频率达到平均每天2～3节课，全年累计340节。 （邓 玉）

【传统文化继承与发展】 从2008年起，和静县一中开展了校本教材《江格尔》说唱艺术的搜集和记录工作。特聘国家级《江格尔》说唱民间艺人尼玛老师指导授课。学校制定了《江格尔》课程教学实施方案，并纳入正常课程中，每周一课时，并设有专门的江格尔活动室。2008～2009年学校组织教师记录了四章《江格尔》，编写了校本课程“东归篇”。2009年5月，县一中参加县团委主办的“红歌”演唱比赛，其中演唱的“江格尔”荣获三等奖。6月，在县文体局主办的专场晚会上“江格尔”说唱获社会各界一致好评。6月中旬“江格尔”说唱队在县非物质文化遗产保护专场晚会上表演获得好成绩。9月，自治区“两基”验收团来校观摩“江格尔”说唱，给予高度评价。 （邓 玉）

【“双语”教学】 2009年，和静县一中继续推广和巩固“双语”教学工作，继续强化“双语”教师的培训和学习，在正常的教学工作中强调使用汉语教辅材料，采取民汉教师结对子，听汉族老师的课，使用汉语备课等途径来提高“双语”教学质量，同时分别派出7名骨干教师参加自治区“双语”教师培训。县一中先后开设了3批“双语”班，有120名“双语”学生毕业，其中4名学生考入上海大学附属中学、杭州师范学院附中、江苏丹阳六中等学校学习。

（邓 玉）

【民族团结教育】 2009年，和静县一中编写了《东归英雄渥巴锡》读本，作为校本教材，由班主任上课，每周一课时。在党员中间积极开展了“一助一”活动，全校39名党员共资助贫困学生46人，累计资助金额2.4万多元。开展了蒙古、汉教师“结对子”和全校蒙古、汉学生“结对子”活动，民族团结活动有声有色。 （邓 玉）

和静县第二中学

【和静县第二中学领导人】

党支部书记、副校长：葛 锐（2009年11月离任）、阿不力克木·卡德（维

吾尔族，2009年10月任职）
校　　长：吐逊·卡德尔（维吾尔族，2009年9月离任）、肖　刚（2009年11月任职）
副 校 长：依拉木江·牙生（维吾尔族，2009年6月离任）、安春辉（2009年10月任职）

【概况】　和静县第二中学是全县唯一维、汉合校的全日制初级中学，学校始建于1978年，位于和静县城文化西路。校园占地面积12.29公顷，其中校舍建筑面积14 079.94平方米。学校绿化覆盖率达58.8%。学校2009年8月完成教师竞聘上岗，9月全面启动教育资源整合工作。哈尔莫敦镇、巴润哈尔莫敦镇、乃门莫敦镇、和静镇、乌拉斯台农场、协比乃尔布乎乡、巴伦台、铁尔曼区、巴音布鲁克区等中学合并到和静县第二中学。资源整合后学校内设行政办、教务处、总务处、安保科、教研室、工会、团委、学生管理中心等9个内设机构。2009年，学校有在校生2 274余人，寄宿生1 473余人，教学班48个，其中维吾尔语班27人，汉语班21人。教职工279人，其中汉族教职工 84人，回族3人，维吾尔族教职工175人，蒙古教职工17人，专任教师167人，学历达标率为100%；其中高级教师28人，中级教师100人，初级教师37人，本科学历100人，占教师总数的35.8%。　（胡　光）

【教育教学】　在2009年中考中，全县排列前10名中，县第二中学占7名，其中赵红艳以5A（100分）的优异成绩夺得全县第一；全县94分以上（等级制）共计37人，其中县第二中学21人；全县90分以上共65人，和静县第二中学占32人，均居全县第一。　（胡　光）

【民族团结教育】　2009年，和静县二中始终把民族团结工作放在首位，实行三统一，即统一编班、统一教学计划、统一开展各项活动。各民族教职工按学科教研组合并办公，增进各族师生之间的沟通和交流。学校通过手拉手、心连心，一带一、结对子，民族团结联谊会，理论研讨会，专题报告会，科研部竞赛，有奖征文，歌咏比赛，民族团结演讲比赛，图片展览，制作公益牌，表彰民族团结先进个人等活动，大力开展民族团结教育活动。　（胡　光）

【表彰奖励】　学校先后荣获“自治州精神文明单位”、“自治区卫生红旗单位”、“自治州花园式学校”等荣誉。　（胡　光）

和静县第三中学

【和静县第三中学领导人】
校　长：孟繁露
副校长：杜秀蓉（女）、潘　杰、艾　尼（维吾尔族）、余江文（女，2009年11月离任）、安春辉（2009年11月任职）、陈开辉、魏嫄彩（女，2009年6月任职）、刘　丽（女）

【概况】　和静县第三中学，又称和静县高级中学，地处县城文化路与巩乃斯路交汇处，校园占地9.05公顷，是一所民汉合校的县级高级中学。2002年7月，在原和静铁路中学校址上经过改造扩建，将原和静县一中、二中的高中部分进行分离，成立了第三中学。2009年学校有各族教职工320人，其中高级职称71人，中级职称101人，初级职称126人。2009年有教学班58个（其中汉语42个，维吾尔语15个，蒙古语双语班1个），学生3 056人（其中汉语班学生2 342人，维吾尔语班学生714人），住校生2 038人。学校内设六个科室：党政办公室、德育处、教务处、教研处、法制安全处、总务处；四个中心：心育中心、宿管中心、体卫艺中心、资源中心；四个年级委员会：高一年级、高二年级、高三年级、初中部。

学校有现代化的教学综合楼和图书实验楼各一栋，并配备先进的实验和电子设备，每间教室配备有大屏幕液晶电视和多功能投影仪，接入校园宽带网，实行集体备课和电化教学。另有实验室12间，微机室2间，多媒体教室3间，教师备课室2间，可同时容纳3 000人就餐的餐厅1幢；每间教室均配备彩电、实物投影仪等，已为大部分教师配备了笔记本电脑。2005～2009年高考本科上线率分别为73.5%、75.8%、75%、68.8%、68%，连续多年刷新和静高考史上的最高记录。（姚　君、杨万红）

【基础设施建设】 2009年，和静县第三中学先后投资2 000余万元新建教学楼3幢；投资1 200万元新建学生公寓楼3幢。

（姚　君、杨万红）

【招生情况】 2009年，和静县第三中学招收普通高中教学班61个，学生3 200人；招收职业技术高中教学班15个，学生750人。

（姚　君、杨万红）

【教学工作】 2009年，和静县第三中学严格按要求开齐开足规定的各项课程；定期做好学年学期教学工作计划，在教学学习中抓落实、抓检查，认真统计、评价，做好教学工作的总结；抓好教研组、年级委员会、各集体备课组的建设，开展各项教学活动，做好各项教学常规工作的检查等；认真开展丰富多彩的第二课堂活动，设置特色课堂12种，活跃了学生的生活；认真开展青年教师的拜师活动，发挥优秀教师的传帮带作用；利用维、汉合校优势，促进广大教师间的业务交流，共同打造团结和谐的教研氛围。（姚　君、杨万红）

【师资队伍建设】 2009年，县第三中学狠抓教师职业道德建设，把师德建设纳入重要议事日程，作为教师考核的重要条件。全年举办8期师德建设培训班，由校领导和各科室负责人授课。学校还制定了新老教职工互帮互学的青蓝工程，先后安排15名教师赴丹麦、北京大学、北京师范大学、西安交通大学、天津师范大学等国内外著名高等学府深造。制定严格的规章制度，加强教师管理；制定《创新教育发展环境公开承诺书》，实行竞争上岗，多劳多得。

（姚　君、杨万红）

【表彰奖励】 和静县第三中学先后获得“自治区文明单位”、“自治区德育示范校”、“自治区依法治校示范校”、“自治区民族团结进步模范单位”、“自治区卫生红旗单位”、“自治区民族团结进步模范单位”、“自治州先进基层党组织”、“自治州示范性普通高级中学”、“自治州教育工作先进集体”、“自治州民汉合校先进集体”、“自治州花园式单位”等70余项荣誉。（姚　君、杨万红）

和静县第四中学

【和静县第四中学领导人】

党总支书记：李葆华（女，2009年10月任职）

校　　长：毛·巴都玛拉（蒙古族）

副 校 长：蒋特齐、张 鹏、巴音才次克(女，蒙古族)、乌仁才次克（女，蒙古族）

【概况】 和静县第四中学位于和静县开再东路，组建于2008年7月。校址原为巴州蒙古族高级中学，巴州蒙中始建于1981年，2008年7月巴州蒙中的高中部迁至库尔勒市，县人民政府对原校址进行维修扩建，将原巴州蒙中初中部、巴伦台镇蒙古族寄宿制中学、巴伦台镇初级中学、克尔古提乡小学、阿拉沟乡小学等16所乡镇学校进行整合，成立和静县第四中学。学校内设机构9个，即行政办公室、德育处、教务处、工会、妇委会、团支部、少先队、学生会、总务处、安保科、治保会等组织。2009年底学校有在校生1 608人，住宿生1 170人，其中初中536人、小学537人、学前97人；共有44个教学班、其中初中教学班 17个（汉族教学班 6 个，蒙古教学班11个)，小学教学班19个，学前部“双语“教学班8个。全校教职员工253人（其中蒙古族教师212人，汉族教师39人，回族教师1人，维吾尔族教师1人)；专任教师249人，本科学历64人，大专学历172人，中专学历13人；中学高级教师22人，中级教师181人，初级教师44人。校园占地面积5.52公顷，校舍建筑面积17 934平方米。

（贾俊华）

【基础设施建设】 2009年，和静县四中投资10万元植树种草、铺设灌溉系统，改造绿化带11.1万多平方米。投资12万元新建校园文化长廊，设置托布秀尔、马头琴、少儿萨吾尔等专业排练室。投资456.8万元，新建一栋面积4 560平方米的教学楼和容纳500名学生住宿的女生宿舍楼。投资74.83万元新建学校大门和铁围栏。投资500万元，新建300米标准塑胶田径场1个、篮球场4处、网球场1处、射箭场1处，排球场3处，极大改善了学校的硬件设施条件。

（贾俊华）

【教学工作】 2009年，和静县四中全面执行九年义务教育课程标准，开齐开足各门功课，1～4年级开设“双语”教学班、5年级以上为普通班。“双语”班语文课用母语授课，其余所有课程用汉语授课，要求所有任课教师（除蒙古语文教师之外）全部用汉语备课。在普通民语言班中，设立了蒙古长调等地方课程。从2009年下半年开始，将英语课列入小学课程，实行“三语教学”。发展特色教学，开设了美术、音乐、舞蹈等兴趣小组，聘请专业教师，举办舞蹈、绘画、马头琴和拖布秀儿培训班，2009年共培养110名特长生。 （贾俊华）

县 直 小 学

和静县第一小学

【和静县第一小学领导人】

校 长：赵明强

副校长：明 岱（女，蒙古族)、冉存娥(女)

【概况】 和静县第一小学位于和静县阿尔夏特路，创办于民国25年（1936年）5月，是满汗王满楚克扎布在和静县创办的第一所小学，时称汗王旗小学，是蒙古族土尔扈特部落有史以来的第一所学校。和静县成立后改称县立国民中心学校，1950年改称和静县第一小学，仅有5个教学班，学生

150人。2009年，县第一小学有教职员工150名，其中蒙古族71人，汉族、回族79人。有专任教师136人，其中小学高级教师102人；本科学历20人，大专学历80人，中专学历36人；党员28人，团员13人。

（杨鹤松、刘明瑛）

【办学规模】 和静县第一小学占地面积2.28公顷，校舍建筑面积8 174.17平方米，绿化面积5 758平方米。建有3 120平方米的四层主教学楼1幢，845平方米的综合教学楼1幢。2009年新建4 008.37平方米综合教学楼1幢，新建205.8平方米学生餐厅1座。图书室、阅览室、团队活动室、微机室、多媒体室、实验室配备齐全，并根据学校特色，配备舞蹈室、音乐室、美术室各2间。2009年有教学班37个，其中汉族班24个，蒙古族班7个，“双语”班6个。在校生1 600名，其中汉族学生1 051名，蒙古族学生504名。（杨鹤松、刘明瑛）

【教学改革】 2009年，和静县第一小学开齐11门课程。体育课由原来的每周2节增加到每周3节。各科都不定期地组织学生参加比赛，并评优表彰。教学模式以三维目标为基准，以师生互动为主体。作业量同年级同量同标准。学校制作了《家校联系本》，保证了老师和家长每天的联系。

（杨鹤松、刘明瑛）

【教师队伍建设】 2009年，和静县第一小学安排教师外出学习25人，继续教育22人。学校每周一、三下午第三节课后进行教职工的校本培训，分别安排蒙古族、汉族教师学习专业知识和计算机应用知识。还通过蒙汉教师结对子，师徒结对子等方式，互帮互学提高教师业务水平。

（杨鹤松、刘明瑛）

【素质教育】 从2009年开始，和静县第一小学将每周一升国旗改为每天升国旗。开展大课间活动，以广播体操、蒙古族舞蹈、维吾尔族舞蹈为主要内容，保证学生每天活动1小时。课外活动以培养学生兴趣、特长为主，开设有雏鹰舞蹈队、雏鹰合唱队、田径队、鼓号队、腰鼓队、乒乓球队、绘画、英语特长、播音主持、科学实验、马头琴、编织、篮球、信息技术等兴趣班。县第一小学于1996年成立少儿军警校，2009年第十二期少儿军警校共培训学员279人，其中军校生257名、小交警40名。

（杨鹤松、刘明瑛）

【德育教育】 2009年，和静县第一小学根据德育主题安排每月活动，如诗歌朗诵、清明节扫墓、法制讲座等。在重大节日开展各项活动，如元旦慰问解放军、慰问敬老院老人、“清明”踏青、“六一”环城游行庆典活动、“环卫节”打扫红领巾一条街、“七一”诗歌朗诵比赛、“八一”军民共建、“十一”国庆文艺汇演、冬季运动会及安全教育活动。2009年11月为雪莲基金捐款9 056.42元。12月为博州温泉县哈镇农牧区捐款2 000元。年内慰问解放军送去慰问品折合人民币10 400元。

（杨鹤松、刘明瑛）

【文明单位创建】 2009年，学校统一订制“校风”、“校训”、“教师职业道德”、“党的教育方针”、“八荣八耻”、“四个认同”等宣传标语牌。为各班悬挂中华人民共和国国旗、班风、班训。统一制作了《小学生手则》、《小学行为规范》等。在校园里配置了9处宣传栏。县第一小学于1999年3月被评为自治区级文明单位，至今已4次通过复验。（杨鹤松、刘明瑛）

【表彰奖励】 2009年1月获自治州“五四”红旗团（总）支部，3月获自治区“手拉手”示范集体，10月获“两基”迎国检先进集体。2005年被授予“国家级少儿军警校”称号。（杨鹤松、刘明瑛）

和静县第二小学

【和静县第二小学领导人】

党支部书记、副校长：朱传师（2009年11月离任）、凌佳萍（女，2009年11月任职）

校　　长：姜发军

【概况】 和静县第二小学始建于1966年9月，位于和静县团结西路二号院，地处县城中心，占地面积22 400平方米，建筑面积6 667.22平方米，绿化面积6 535.7平方米，是一所全日制小学。全校有教职工94人，其中党员18人，团员13人；汉族78人，少数民族16人；研究生1人，国家三级心理咨询师1人，专任教师80人，其中大专以上62人，大专以下18人；新任教师9人，其中大专以上8人，大专以下1人，专任教师学历合格率为100%。专任教师中，中学高级1人，小学高级58人，小学一级21人，专任教师任职条件达标率100%。学校内设职能部门9个，教研组4个，年级组15个。（黎　娜）

【办学规模】 2009年，和静县二小有教学班24个，年初学生数1 216人，年末在校生1 222人（转入122人，转出116人），年巩固率为100%。校内外7～12周岁儿童总数为315人，入学率100%。学年初毕业班人数184人，实际毕业182人（转入14人，转出16人），毕业率100%。13～15周岁儿童少年总数200人，已升学毕业生199人，普及率99.5%。学校设学前班4个，学生数151人。（黎　娜）

【基础设施建设】 截至2009年，和静县二小有教学楼两座，标准教室32间，功能室21间，文化长廊1处，班级橱窗4个，花坛、运动场、足球场、操场各1处，雕塑2座，幼儿园1所。学校大屏幕彩电、电脑、VCD、功放等现代化教学设备一应俱全，吊梯、联合器架、肋木等体育设施齐全。校园内还安装有远程教育网和技防设施。（黎　娜）

【教师队伍建设】 2009年，和静县二小通过每周政治学习，采取集中培训和自学相结合的方式，深入学习《巴州教师职业道德十不准》、《教师法》等相关法律法规，特别是乌鲁木齐“7·5”事件发生后，全体教师假期参加高级中学集中学习，开学前还提前到校集中学习10天。开展民族结对子活动，举行“青蓝工程”拜师会，全面提升教师整体素质。举办了“践行科学发展观、课堂教学素质‘大比拼’观摩课”活动，共有7个科目40名教师参加。派出教师参加广州、乌鲁木齐集中培训5批次。（黎　娜）

【教学管理】 2009年，和静县二小严格执行上级课程计划，开齐开足各学科。学校增设了法制教育等地方课程和古筝、舞蹈、手工制作、乒乓球等校本课程，开展了英语和心理健康课程。狠抓教学质量，加大对教案的检查力度，每星期由教研组组长统一收缴本组教案到教务处签阅。对各年级各科作业进行定期和不定期的检查。在

"培优转差"中采取"导师制"，每位教师带5～7名学困生。以课堂教学为中心抓好校内各教研组的同研一节课活动，每学期各年级组完成同研一节课2节，有力地保证了教育教学质量全面稳步提升。（黎　娜）

【民族团结教育】　2009年，和静县二小积极开展"民族团结构和谐"结对子活动。全校共结对子305对，其中学生结对子288对，教师结对子17对。为乌鲁木齐"7·5"事件中受害群众捐款4 450元。此外，还通过政治学习、宣传讲座、办手抄报、黑板报、班级橱窗等多种形式对广大师生进行民族团结宣传教育。2009年各项爱心捐款20 371.2元。组织学生参加各类活动50余次。（黎　娜）

【表彰奖励】　2009年县二小分别荣获自治州德育达标学校称号、党报党刊发行先进单位称号。（黎　娜）

【重要信息】　2009年县二小通过自治区文明单位复验，完成了自治州级科学发展观试点工作，举行了"构建学习型学校"的启动仪式，半月刊校报《晨韵》定期出版。（黎　娜）

和静县第三小学

【和静县第三小学领导人】

党支部书记、副校长：朱传师（2009年10月任职）

校　　长：阿不力克木·卡德（维吾尔族，2009年9月离任）、塔依尔·哈斯木（维吾尔族，2009年10月任职）

副 校 长：塔依尔·哈斯木（维吾尔族，2009年9月离任）

【概况】　和静县第三小学位于和静镇开再东路六号院，成立于1979年9月，是一所民汉合校的完全小学。负责和静镇开再村二小、查汗通古村学校、拉布润林场学校、巩哈拉村学校等四个教学点的管理工作。学校占地面积16 828.84平方米，校舍建筑面积4 181平方米，绿化面积4 012平方米。2009年学校有教学班24个、学前班6个，其中维吾尔语教学班10个，汉语教学班6个，双语教学班8个。在校学生791人，其中汉族学生166人，少数民族学生625人。4个教学点共有教学班级23个，其中维吾尔语教学班级21个，汉语教学班2个，双语教学班3个；在校学生262人，其中汉族学生14人，维吾尔族学生248人。在编教职员工191名，其中维吾尔族教师163人，汉、回族教师25人，俄罗斯族1人，哈萨克族1人，蒙古族1人。专任教师162人，其中大学本科28人，大专87人，中专47人。（吴　静）

【基础设施建设】　截至2009年，和静县三小建有115平方米图书室，藏书9 970册，生均15.5册。有可容纳48名学生上课的124平方米综合实验室。2009年3月为微机室更新了30台学生电脑。建有劳技室、音乐室、体育器材室、美术室、卫生室等，室内各种设施齐备，满足了各项活动的正常开展。（吴　静）

【教育教学水平】　2009年，和静县三小把"双语"教育和美术教育作为学校的办学特色，成为和静县"双语"教学示范学校。学校深挖美术教师资源优势，开办美术特长学习小组，在美术特色上取得了优异成绩。坚持“德育为首，教学为主，育人为本”的办学思想，确立“科研兴校、质量强校、特色立校”战略，全面实施素质教育。以审美化的课堂教学、多元化的课外活动、个性化的课余生活、情感化的学校管理，赢得了上级教育部门和学生家长、社会的普遍赞誉。2006～2009年，各族教师刻苦钻研业务，多名教师在自治区、自治州学科调讲课上获奖。广大教师在县级以上报刊发表论文30余篇。全校有34名学生在自治区小学数学应用问题竞赛中获奖，21名学生在自治区知识能力竞赛中获奖，17名学生在自治区自然知识竞赛中获奖，10名教师荣获优秀辅导教师荣誉称号。18名学生在国家少儿书画大赛中获奖，1名教师获优秀辅导奖。（吴　静）

【所获荣誉】　2006～2009年，和静县三小先后获“自治区级卫生红旗单位”、“自治州级文明单位”、“自治州花园式学校”、“百日广场文化体育活动先进单位”、自治州红领巾示范学校、自治州优秀少先活动队室、雏鹰争章活动优秀大队、县直机关“五好”党支部、县级绿色学校、县级平安校园、县党报党刊征订优秀单位、县级优秀少先大队、县级优秀团组织、自治州五四红旗团组织等荣誉称号。（吴　静）

幼　儿　园

和静县幼儿园

【和静县幼儿园领导人】

园　长：饶新燕（女）

【概况】　和静县幼儿园成立于1979年2月，占地面积4 301平方米。2009年有教职工51人，其中汉族28人，蒙古族16人，维吾尔族5人，回族3人，满族1人；党员10人，团员4人；本科学历7人，大专学历26人；专业教师35人，其中高级教师28人，一级教师6人。2009年有学生445人，共开设11个班，其中大班4个、中班3个、小班1个、学前班3个。县幼儿园配有14台电脑、20架电子琴，有大、中型玩具若干，有一个300平方米的大型活动场所。（饶新燕）

【师资培训】　2009年，和静县幼儿园狠抓教师的基本功建设，多方面、多层次提升教师队伍的整体素质，不断用新的教学理念，教学方法武装头脑。先后引进“幼儿听读游戏识字”、“幼儿珠心算”、“幼儿智能数学”、“洪恩英语”等特色教学，高质量、高效率地将先进的保教方法及管理经验运用于幼儿教育工作中。（饶新燕）

【日常管理】　2009年，和静县幼儿园与教师签订目标责任书，每个班级除了班主任以外，还配备两名教师负责孩子的学习和生活；家长接送孩子持有接送卡，做到万无一失；孩子入学之前必须到学校指定的医院体检；按时给幼儿接种疫苗，防止传染病、流行病的入侵；对孩子的餐具一天三消毒，对教室定期消毒；对食堂严格管理，杜绝过期、变质食品。（饶新燕）

【表彰奖励】　2009年，和静县幼儿园获自治州绿色学校和花园式单位称号。

（饶新燕）

科学技术

【和静县科学技术局领导人】

局　长：田渊云

副局长：聂毕赛（蒙古族）、赵　峰（女）、热孜古丽·亚合甫（女，维吾尔族）

【概况】　和静县科学技术局位于县东归大道的东归科技文化中心。1962年1月成立和静县委科学技术协会，1993年5月成立科学技术委员会，2002年5月科学技术委员会更名为科学技术局。县科学技术局下设科技开发服务站、地震监测站。核定行政编制7人，事业编制5人，其中：地震监测站2人、科技开发服务站3人。领导职数3人。2008年，成立和静县知识产权局，与科技局实行一个机构、两块牌子，核定副科领导职数1人。2009年底有干部职工12人（其中教育整合教师1人），党员13人。　（王全年）

【科技项目管理】　2009年，和静县科技局为进一步彰显科技项目在技术创新中的引领作用，通过突出支柱产业、特色产业、优势产业、节能减排、科技惠民以及关键技术突破和原始创新，技术集成及产学研用相结合等方式，以“龙头企业+合作社+农户+良种+科技人员”的经营模式和“科技特派员+企业+农民专业合作社+协会+农民”的发展模式，打造优势、特色资源和人才、技术聚集等平台，注重专利技术应用和知识产权保护。促进以企业为主体、市场为导向、产学研用相结合的技术创新体系的建立，引导和支持创新要素向企业集聚。充分利用科技资源，做好产前、产中、产后服务，不断提高农民组织化程度，推进产业链的延伸，促进科技成果向现实生产力转化，充分体现科技惠民富民，发挥科技项目在技术创新中的引领作用，取得显著成效。

自治区级项目：组织完成2009年科技兴新项目的筛选、推荐、立项工作，推荐由新疆隆平高科红安辣椒和静有限责任公司承担的“加工辣椒优质高产栽培技术推广”项目顺利通过了自治区科技兴新办公室组织的专家论证；征集、筛选并向科技厅申报“巴音布鲁克羊选育提高技术应用推广”科技特派员创业项目。

自治州级项目：征集完成2009年科技兴州项目2项。下发了和静县2009年科技兴农计划项目7项，其中农业2项，农机1项，林业1，畜牧2项，水利1项。推荐自治州重点科研计划项目2项。推荐自治州2009年科技特派员创业启动项目计划2项。（王全年）

【科技宣传与科技培训】　2009年，和静县科技局组织20多个单位开展“科技、文化、卫生、法律、计划生育、反邪教警示教育”六下乡活动，参加的县、乡两级工作人员达373人次，发放反邪教、科学养殖、农林业、畜牧、水利、司法、计划生育等三种文字科普宣传资料1.9万份，发放科普小册5 000多份，展出图文并茂的科普宣传牌12块。同时县医院开展了健康咨询及义诊活动，咨询群众达2 030人，发放健康保健资料1 200多份。活动受益群众达12 600余人。2009年，全县共举办各类实用技术培训班268期，用汉、蒙古、维吾尔3种语言授课，共培训33 000人次（其中培训基层干部和党员 3 800 人次），发放汉、维吾尔、蒙古3种文字资料5.9万份，印发简报9期。

（王全年）

【科技特派员】　2009年，和静县科技局组织推荐参加“自治州2007～2008年度优秀科技特派员和科技特派员管理工作先进集体”评选工作。在2009年2月召开的自治州2009年社会工作会议上，和静县21名优秀科技特派员和科技特派员制度试点工作领导小组办公室7个先进集体受到表彰和奖励。县林果业办公室主任唐浩银被评为优秀科技特派员。在《中国科技特派员国际合作网》上对和静县19名科技特派员信息进行了录入。（王全年）

【科技进步考核】　2009年，和静县科技局根据国家科技部《科技兴县（市）专项工作办法》和《关于开展2009年全国县（市）科技进步考核的通知》，按照26项基本情况，39项定量指标，3项一票否决指标，31项定性指标认真进行准备，上报巴州科技局审核并报自治区科技兴新领导小组办公室。同时对自治区兴新办初查出来的问题及时进行整改。（王全年）

【知识产权保护】　2009年4月26日是第九个“世界知识产权日”，和静县知识产权局联合工商、文化、司法等单位在县步行街举行大型法制宣传活动。共发放各类法律法规宣传册2 000余册、知识产权宣传资料1 000余份，通过宣传，提高了各族群众对知识产权保护的认识。（王全年）

【地震工作】　2009年，和静县科技局在5月12日的全国“防灾减灾日”，联合县政府应急办、疾病控制中心、交通局、药品监督等部门在步行街开展防震减灾科普宣传活动，发放各种宣传资料2 000余份，提高了全社会的防震减灾意识。在纪念“5·12”汶川大地震1周年之际，与政府应急办联合在县高级中学举办了“一分钟紧急避险”和地震逃生演练活动，收到良好效果。针对县老地震监测站因监测环境遭到破坏，已不能适应新形势下地震监测要求的现状，县科技局积极协调有关部门，拟在环城北路新建和静县地震监测站，并完成了施工图纸的初步设计工作。（王全年）

天鹅湖

举世闻名的天鹅湖，地处和静县巴音布鲁克草原，1986年被国务院定为国家级天鹅自然保护区，保护区面积达1000平方千米，四周群山环抱，芳草萋萋，湖水与雪山相映成趣，环境十分幽静。这里是中国天鹅数量最多的地方，主要有大天鹅、小天鹅、疣鼻天鹅3种。除天鹅外，这里还有灰鹤、白鹭、金雕、班头雁等100多种水鸟，它们共同生活在这碧水蓝天、流水湾湾的泽国水域之中。天鹅湖自然条件优越，沼泽面积宽阔，人类活动影响较少，是天鹅和各种水鸟繁衍栖息的理想乐园。

天鹅湖像一面碧绿晶莹的宝镜，以其独特的神韵和风姿驰名国内外，每年夏秋甚至冷季，有成千上万的国内游客，以及国际友人到此观光旅游，一饱眼福。（洪永祥）

文体·广电

文化体育

【和静县文体局领导人】

党支部书记：陈春燕（女）

局　　长：王昌胜

副 局 长：巴力江·牙生（维吾尔族）、孟克巴依尔（蒙古族，2009年3月任职）

【概况】　和静县文体局成立于1984年9月，属县人民政府行政职能部门，主管全县文化、体育活动，组织协调文化市场的管理稽查工作。内设业务办公室、文化市场办、文化市场稽查队、业余体校。2009年实有职工12人，其中科级干部6人，一般干部4人，工勤人员2人；本科4人，大专6人；党员8人。

全县有文化事业单位3个，分别为文化图书馆、博物馆、乌兰牧骑队，文化系统有在职职工50人（包括局机关的12人）。全县有13个乡（镇）文化站，有村文化室38个，文化站专兼职工作人员19人（其中专职工作人员12人、兼职工作人员7人）。

（张　宏）

【文化馆工作】　和静县文化馆建于1983年，位于县城团结东路。2009年有干部职工10人，其中中级职称7人、初级职称2人；党员3人；男2人、女8人。1993年县文化馆被国家文化部命名为“标准文化馆”，2009年被命名为州级“巾帼文明示范岗”。和静县文化馆注重发挥专业文化、业余文化、社区文化、校园文化、村镇文化相互促进，共同繁荣，举办不同层次、不同规模、不同形式、不同内容的文化活动。配合县委宣传部、县文体局，抓好各大系统专场和全县性的专题演出，共主办、承办、协办各类群众文化活动及服务性社会活动63场。同时配合县委、县人民政府的中心工作完成好各项文艺宣传工作，创新性的开展群众喜闻乐见的群众文化活动。2009年先后组织了百日广场演出、文化下乡、送春联、迎新春文艺晚会、元宵节灯会、庆三八“平安和谐家庭”才艺展示及模特大赛、庆六一少儿书画大赛、少儿歌手大赛、县第三届民间艺术节、“梦中草原、骏马天堂、天鹅故乡”篝火晚会、建党88周年歌咏比赛、国庆系列活动等。

（刘菊花）

【图书馆工作】　2009年，和静县图书馆共有藏书5万册，年内订各种报纸21种、杂志155种，借阅图书6 561册次，年流通4 737人次。为了更好的为广大读者服务，自2009年3月开始，图书馆以“倡导全民阅读、促进科学发展”为主题，配合新疆第四届“天山读书节”及4月23日第十五届“世界读书日”活动，开展了“全民阅读”宣传活动，通过悬挂横幅、图片展板、设立咨询台、新书目展示、免费阅览等形式大力宣传改革开放30年、新中国成立60年来的辉煌成就和发展变化。本次活动共展

出图片展板2块，展出新书目100多册，接待各族读者300余人。（刘菊花）

【东风工程】 2009年，和静县文体局继续实施“东风工程”（自治区免费送书下乡活动），开展送书下乡活动，项目覆盖农牧区。2009年免费赠送3种语言文字的报纸5种；期刊7种、价值5万元；图书、音像制品11 062册（张），价值12.92万元；建成农家书屋6家，其中图书音像制品10 553册（张）价值13.35万元。（张 宏）

【博物馆工作】 和静县民族博物馆成立于1990年7月，建筑面积903.69平方米，占地2 476平方米。2006年成立文物保护管理所，与博物馆一套人马，两块牌子。2009年有工作人员5人。上级对民族博物馆进行了多次维修，博物馆馆藏文物1 153件（民俗文物434件，出土文物719件），设民俗文物、出土文物、宗教文物、历史沿革四个展厅，主要展示土尔扈特蒙古族人民东归的历史、察吾乎沟古文化和江格尔书法，是自治州级爱国主义教育基地。开展全国第三次文物普查工作，全县共有重点文物保护点186处，其中国家重点文物保护点1处（察吾乎沟古墓群），自治区级重点文物保护点2处（满汗王府、黄庙），县级重点文物保护点30处，待定重点文物保护点59处。聘请自治区专家鉴定组9名专家对馆内916件文物进行鉴定，确定馆藏国家珍贵文物155件，完成了文物建档工作。（王 忻）

【文化市场管理】 截至2009年底，和静县有各类文化市场经营单位（户）300家。和静县文体局会同公安消防、工商、民宗、教育等部门开展了春季消防安全专项治理、出版物市场专项治理、网吧（游戏厅）专项治理、歌舞娱乐场所专项理等，开展文化市场“扫黄打非”工作。开展联合执法行动6次、出动车辆18辆次、出动工作人员90人次。单独稽查文化市场12次、出动执法人员144人次。查缴盗版音像制品1 356张、没收盗版书刊72本。严厉处罚违规接纳未成年人的网吧3家，责令停业整顿网吧1家。（张 宏）

【非物质文化遗产保护和申报】 2009年，和静县文体局新建州级非物质文化遗产保护名录68种，县级非物质文化遗产名录29种。年初申报了民间谚语、民间故事、祖鲁节、麦德尔节、蒙药5个项目，6月份，自治区公布了第三批自治区级非物质文化遗产项目名录，和静县成功申报了三项，分别为编号为VIII—41新疆蒙古族奶酒制作技艺、IX—24新疆蒙古族婚俗、X—2新疆蒙古族医药，并在新疆社会文化网上予以公示。（刘菊花）

【乡镇文化站建设】 截至2009年底，和静县共有13个乡（镇）文化站。2009年5月20日，自治区农家书屋下乡进驻和静县，共建立9家农家书屋，其中巴润哈尔莫敦镇3家、乃门莫敦乡2家、和静镇2家、哈尔莫敦镇1家、巴伦台镇1家，每家农家书屋投资2万元，图书种类齐全。7月14日，和静县9个文化站分别被自治区文化厅命名为自治区级一、二、三级文化站。8月5日举行了乡镇综合文化站设备发放仪式，为6个乡（镇）新建综合文化站发放设备价值共计60万元（其中自治区项目资金49万元），设备包括音响、电脑、电子琴、数码相机、投影仪、阅览桌椅、书柜等。举办1期乡（镇）文化站（室）工作人员培训班，全县43名文化骨干人员参加了培训。各乡（镇）

文化站还积极开展了百日文化竞赛活动。（张　宏）

【群众文化活动】　2009年，和静县文体局坚持通过举办歌舞演出活动、军民共建、警民共建及其他联欢、联谊等活动，用先进的、健康向上的、人民群众喜闻乐见的各种文化活动形式，丰富城乡群众的业余文化生活。1～12月，先后深入乡（镇）开展了“三下乡”活动，免费书写春联近300幅，重大节日期间，举办以歌舞、小品、相声、好来宝、组合、元宵灯会，民间传统的社火表演舞龙、舞狮、威风锣鼓、小车会、秧歌、旱船、腰鼓等多种体裁为展现形式，融民族、时尚为一体，体现了和静县发展变化。

全年共主办、承办、协办各类群众文化活动及服务性社会活动63场。同时配合县委、县人民政府的中心工作完成好各项文艺宣传工作。县文体局组织县一小的两个舞蹈《东归的故事》、《小猎手》代表和静县参加第十八届巴州少儿文艺汇演，荣获特等奖、组织奖。（刘菊花）

【学校体育】　截至2009年底，和静县有青少年体育俱乐部2个（和静县第一中学青少年体育俱乐部、阳光青少年体育俱乐部），巴州体育项目重点布局单位2所（县第三中学的排球、县一中的田径），县体育项目重点布局单位4所（县高级中学的篮球、县四中的田径、县二小的乒乓球、县一小的田径）。常年进行业余训练的学校5所，在训教练员7人，在训人数63人，为上级业余体校、运动学校、大专院校输送运动员27人。2009年和静高级中学阿里木江、依里扎提2名学生考入北京体育学院。（张　宏）

【群众体育】　截至2009年，和静县成立专业体育协会10个，有信鸽协会、桥牌协会、太极拳协会、象棋协会、老年体协、“天鹅湖”乒乓球俱乐部，全县建立基层体育健身站（点）42个。积极开展了各类体育指导员和体育裁判员的培训工作，培训人员达到55人次。2009年和静县社会体育指导员一级3人，二级15人，三级64人。为使全民健身月活动更具特色，及时调整了全民健身月活动的领导小组，大力开展以健身操、太极拳、轮滑为主的健身活动，吸引了众多的健身爱好者参加。

2009年，巴伦台镇、阿拉沟乡、哈尔莫敦镇、克尔古提乡、额勒再特乌鲁乡5个乡镇举办了民族传统体育比赛；在自治州第六届“东归那达慕节”少数民族传统体育活动会，和静县获得团体第三名。观摩并参加了“和布克赛尔蒙古自治县第十一届那达慕大会暨第三届江格尔文化旅游节”。协助巴音布鲁克镇成功举办了和静县第十五届东归那达慕大会。（张　宏）

【竞技体育】　2009年，和静县文体局组织各项体育赛事10场，参与人数1 300余人次，观众达5.5万余人次。（张　宏）

广　播　电　视

【和静县广播电影电视局领导人】

局　长：木合塔尔·阿不里米提（维吾尔族）

副局长：李家平（2009年4月离任）、特尔巴特（蒙古族，2009年4月离任）、杨秀华（女，2009年7月任职）、舒　拉（女，蒙古族，2009年12月任职）

【概况】 和静县广播电视局位于和静县文化西路，成立于1984年。1994年，建立和静县有线电视台，传送8套电视节目。1996年有线电视台从县广播电视局分离，为自收自支核算单位。1996年12月建立巴州蒙语频道发射站。1998年实行资源整合，局台合一。2009年有工作人员57人。局机关设2个职能部门：行政办公室和社会技术管理股。下设机构为广播电视台，设有8个业务部门：总编室、新闻专题部、广告部、节目部、播出部、工程技术部和巴音郭楞乡广播电视转播站。

广播电视局拥有中央七套大功率覆盖工程，功率为1 000瓦，频道为25频道，转播中央七套电视节目，覆盖半径40千米。一套1 000瓦无线电视发射设备，转播中央一套电视节目，频率为19频道。4套调频广播发射设备（其中2套为1 000瓦，分别转播中央一套汉语和新疆一套维吾尔语节目；1套功率为300瓦，转播新疆广播汉语；1套功率为100瓦，转播新疆蒙古语广播节目）。巴音郭楞乡广播电视转播站转播中央1套电视节目、内蒙古电视节目和新疆蒙古语广播节目。（张文涛）

【广播节目】 2009年，和静县广播电影电视局通过调频发射方式传送转播四套广播节目，其中一套为中央汉语87.4MHZ，二套为新疆汉语94.3MHZ，三套为新疆维吾尔语102MHZ，四套为新疆蒙古语93.3MHZ，还有一套107.5MHZ的备用频率。自办节目《和静新闻》及专题栏目分别在四套节目中每天早、中、晚各插播1次，全天累计开播3小时。（张文涛）

【自办电视节目】 2009年，和静县广电局用汉、蒙古、维吾尔语录制并播放《和静新闻》，实现两日一播，2009年共制作播出汉语《和静新闻》1 300余条，蒙古语《和静新闻》620余条，维吾尔语《和静新闻》540余条；播出广播新闻1 300余条；编排播出公益性宣传口号标语4 000千条，不定期播放科普知识专题片及相关教育视频资料，为广大观众营造了一个健康向上的舆论宣传氛围。（张文涛）

【专题栏目】 2009年，和静县广电局在原有的《一周视点》、《行风热线》栏目的基础上，新开办了《记者关注》栏目，重点反映和静县重大工作进展情况及群众关心的热点、难点问题。一年来共制作播出《行风热线》栏目15期，《记者关注》栏目21期，《一周视点》栏目16期。配合创建工作，制作了《和静60年》、《美丽的草原我的家》、《共铸“东归名城”、构建和谐社会》、《山灵水秀话和静》等专题片。（张文涛）

【新闻宣传】 2009年，和静县广电局不断强化外宣工作，先后在新疆电视台播出电视新闻12条，在巴州电视台播出电视新闻230条；在巴州人民广播电台播出广播新闻287条，在新疆人民广播电台播出广播新闻268条，在其他媒体刊发新闻447条，提升了和静县的对外知名度。（张文涛）

【安全播出】 2009年，和静县广电局按照国家广电总局《广播电视安全播出事件、事故管理规定》，严格安全播出运行管理和考核机制，做到安全播出职责明确，落实到人，不断完善防非法插播应急预案，定期开展应急演练。做到全天24小时值班，确保重大节日、重要活动、重点时段的安全播出。还安排工程技术人员，定期不定期对有线电视网络前端进行巡查。乌鲁木齐“7·5”事件发生后，成立安保工作领导小组及安全保卫应急护卫队。购置安装防盗门、路灯、监控设备、防爆服等设施设备，累计投入3万余元。一年来，未发生任何安全播出事故。（张文涛）

【广电基础设施建设】 2009年，和静县广电局积极争取广电办公大楼建设项目，抓紧开工建设，年内建成设施完备、环境优美的广电办公大楼并投入使用，同时自筹资金做好附属工程建设，累计投入资金450万元。2009年，对受损和故障线路进行及时维修，全面提高广播电视的播出与传输质量，共抢修用户数2 300余户，更换老化线路2 000米，更换分支分配器500余个，检修安装放大器、集线器500余个，完成5千米光缆与10千米用户分支分配网络电缆的架设任务，以及城北新建小区16栋楼房有线电视布线任务。全年完成有线和无线电视入户3 700户的安装任务，其中安装有线电视用户1 200户，“村村通”地面无线接收设备2 500套。到2009年底全县有线和无线电视用户已达到13 700户。（张文涛）

【“村村通”工程】 2009年，和静县广电局深入牧区调查摸底，大力实施广播电视“村村通”工程，采取一边安装、一边调试、一边验收、一边对用户进行技术指导、一边对安装户数造册登记的做法，保质保量完成了工作任务。已为克尔古提乡、阿拉沟乡、巴音郭楞乡等十几个牧民集中定居点安装“村村通”设备2 500套。偏远牧区和山区的群众终于能清楚地收听到43套广播节目，收看到45套电视节目。

（张文涛）

【电影放映】 2009年，和静县广电局认真贯彻落实国家“2131”工程，开展送电影下乡工作，电影队工作人员克服困难、不辞辛苦，先后为偏远农牧区放映电影650余场，极大地丰富了偏远农牧区广大群众的精神文化生活。（张文涛）

【扶贫帮困】 2009年，和静县广电局发挥部门优势，开展多种形式的扶贫帮困活动。全体员工为乌鲁木齐“7·5”事件中受害群众捐款2 050元，为值班公安干警、武警战士送去2 000余元的慰问品，为他们放映爱国主义题材影片3部，并与和静武警支队签订了军民共建协议；为驻县的矿山企业捐赠了32套“村村通”设备；认真实施“2131”工程，开展电影下乡活动；为对口帮扶的克尔古提乡浩尔哈特村赠送了总价值8 000余元的电视机、广播设备及有关畜禽养殖、蔬菜栽培技术指导图书等物品。

（张文涛）

【精神文明建设】 2009年，和静县广电局以创建文明单位为动力，丰富内容与载体，不断提高服务水平，优化工作环境。先后投资30多万元对办公环境进行美化，建设了高标准的乒乓球室、篮球场、羽毛球等活动场地。2001~2009年，县广播电视局自办节目共荣获全国、自治区、自治州各类奖项16项。2009年撰写的新闻作品《来自地震灾区的七名学生在新疆安心读书》获全国八省区蒙古语广播优秀新闻社教文艺播音作品三等奖（2009年表彰）；《爱心温暖童心》获巴州优秀广播节目二等奖；《和静县马背上的法制分队》获全国八省蒙古语节目中三等奖、全疆优秀广播节目二等奖、全州优秀广播电视节目二等奖；2008年荣获巴州广播影视系统先进单位三

等奖（2009年表彰）。两人荣获自治区有线电视技术竞赛三等奖，一人荣获自治区广播电视维护先进个人。（张文涛）

新华书店

【和静县新华书店领导人】

支部书记、副经理：王振刚

经　　理：卢　婷（女）

【概况】　1955年，成立和静县新华书店。2002年，改为巴州新华书店和静县连锁分店。位于和静县阿尔夏特西路，2009年搬迁至县步行街临时办公。2009年有干部职工8人，其中汉族7人、维吾尔族1人；男职工6人，女职工2人；本科2人、大专4人、中专2人。新华书店现有藏书354 263册，图书品种1 452种，码洋42万元。（韩　莉）

【图书发行工作】　2009年，和静县新华书店牢固树立为教育服务的思想，认真做好中、小学教材发行工作。2009年累计发行图书704 191册，为和静县及3个农牧团场20个学校18 388名学生提供了教材和教辅。（韩　莉）

【管理工作】　2009年，和静县新华书店设有教材部和门市部，教材部在春秋两季学生开学及时发放课本；门市部环境达标，图书摆放合理，按需归类，图书保持常换常新，图书品种合理，按读者需要及时添加畅销书，同时为读者开展订书服务。2009年，新华书店门市部销售图书81 205册，完成销售任务802万元。（韩　莉）

巩乃斯国家森林公园

巩乃斯国家森林公园位于和静县巴音布鲁克草原境内，巩乃斯河上游。公园总面积7.8万公顷，东西长55千米，南北宽32千米，海拔在1600米~4200米之间。放眼望去，蓝天白云，雪岭银峰，松涛林海，河流交错，山花烂漫，森林、草原、牛羊、蒙古包，构成一种迷人的蒙古风情，让人赏心悦目，别有一番美的诱惑。

巩乃斯国家森林公园，交通便利，旅馆众多，吃、住、行一应俱全，服务周到，是良好的避暑疗养胜地。公园具有“高、凉、野、奇、特、秀”六大特色，拥有黄金河景区、银河景区、石头滩景区、振兴桥景区、天险景区、揽月景区、刀背山景区、温泉疗养景区等八大景区，共涉及景点景物达68处之多。巩乃斯国家森林公园又被称为天山动植物博物馆，常见的动物有哺乳动物类、鸟类、峡谷栖类、爬行类等30余种，其中主要有盘羊、马鹿、北山羊、金雕、天鹅、雄鹰、百灵鸟等，这里还有几百种植物和珍贵药材。是观光旅游、消夏避暑、休闲探险的理想乐园。

（洪永祥）

医药·卫生

和静县卫生局

【和静县卫生局领导人】

党委书记：苏友勒（蒙古族）

局　　长：岳淑琴（女）

副 局 长：傲鲁木（女，蒙古族）、黄冠晟

新型农牧区合作医疗办公室副主任：

马松源（回族）

【概况】　和静县卫生局位于和静县建设路，前身是1953年设立的卫生科，1957年12月，文化、卫生、教育三科合并成立文教卫生科。1984年9月成立卫生局。截至2009年，和静县共有18所公立医疗卫生机构，其中县医院1个、县疾病预防控制中心1个、县妇幼保健院1个、巴音布鲁克防疫妇幼分站1个，乡（镇）卫生院14个。行政村卫生室38个。

全县国有医疗机构共有病床位430张，其中县医院200张，县保健院20张，约占总床位数的51%，区、乡、镇卫生院共有床位210张，占总床位数的49%，平均每千人拥有床位2.5张。全县县乡两级国有医疗卫生机构共有编制684名，实有人员548人，其中卫生技术人员468人（医疗技术人员256人、护理人员212人）。卫生技术在职人员中有高级职称 3 人，副高职称27人，中级职称80人，初级职称282人。　（王　淼）

【农村卫生服务体系建设】　2009年，和静县进一步巩固和完善农牧区三级医疗、预防、保健网络，乡镇卫生院和村卫生室的基础设施得以加强，乡村医生的待遇得到改善。2009年国家和地方财政投入573万元，新建17个乡（镇）场卫生院业务用房6 250平方米；投资534万元对乡镇卫生院进行加固；投资126万元新建42个村卫生室2 520平方米。对乡村医生每人每月补助标准提高到200～500元，保证农牧区医疗、预防、保健工作的顺利开展。　（王　淼）

【新型农牧区合作医疗】　2009年，和静县应参加新型农牧区合作医疗的农牧民有54 293人，已参合52 563人（其中五保户241人，特困户6 827人，优抚对象30人），参合率为96.81%。年内共有参合农牧民12 906人次享受合作医疗补偿，补偿金额470.13万元，其中9 080人次享受门诊补偿，补偿金额34.07万元；3 826人次享受住院补偿，补偿金额为436.06万元。　（王　淼）

【社区卫生体系建设】　2009年，和静县人民医院在人员密集地段设置了4个社区服务站。县疾病控制中心、县妇幼保健院从预防、保健方面积极给予业务指导和帮助，开展了预防、保健、医疗、健康教育和计划生育技术指导等各项业务工作。2009年，和静县4个社区医疗服务站共有人员16人，其中主治医师2人，医师6人，护士8人，配置了基本的医疗设备，有10名医务人员参加了全科医师培训，社区医疗服务站门诊服务人次达19 490人次。　（王　淼）

【农村医疗队伍建设】 2009年，和静县卫生局组织乡镇卫生院13名医护人员在县医院进修培训；组织村卫生室54名村医在乡镇卫生院进行培训；组织乡镇、村26名中医进行了中医药专项技能培训，并发放了培训手册。完成了县级医疗卫生机构在职卫生技术人员300余人的培训工作。组织医务人员深入各乡镇卫生院开展培训辅导以及技能考核，考核合格率达95%。（王 淼）

【医疗机构管理】 2009年，和静县卫生局紧密结合自治州“文化卫生发展年”活动、加强对医疗机构和医疗服务的监督管理。开展行风评议及商业贿赂专项治理，继续推进“医院管理年”工作，全县各医疗单位都公开了医疗服务价格、药品价格、有关诊疗程序以及重大事项，严格收费管理，杜绝不合理收费，控制医疗成本，降低医药费用，推行和完善了住院费用一日清单制、医疗服务费用查询制等；严格执行药品统一招标采购制，同时向社会公开领导分工、监督投诉电话，设立举报箱，在加强执法监督、行政监督的同时加强社会监督和舆论监督。（王 淼）

【公共卫生和食品卫生监督】 2009年，和静县卫生局全年共检查101家医疗机构（包括个体诊所、村卫生室、门诊部），重点对医疗卫生机构消毒及登记情况、门诊处方的书写、疫情上报及一次性医疗废弃物处理、个人防护等情况进行监督检查，对发现的问题做了现场业务指导。全年共立案26起，当场处罚88起，共罚款28 800元。全年共办理“卫生许可证”2 083户，其中食品卫生许可证1 807户（新办745户，审验1 064户），公共场所卫生许可证272户。共办理健康证4 625人，实办理健康证4 569人（阳性56人），调离率100%。（王 淼）

【卫生行风建设】 2009年，和静县卫生局以纠正医药购销和医疗服务中的不正之风、治理商业贿赂为重点，紧紧围绕解决损害群众切身利益的突出问题切实加强卫生行风建设。集中开展治理商业贿赂专项工作，积极开展打击收受药品、器械回扣、开单提成等商业贿赂行为为重点的专项行动，完善和规范医疗设备和耗材集中招标采购工作，建立了透明的大型医疗设备、高值医用耗材的采购使用、管理制度；规范乱收费行为，严格执行“收支两条线”管理规定，强化资金监督；打击非法行医，规范医疗市场。全年办理上级部门、领导批示转办信访案件9起。对全县27家药店、40家门诊部进行拉网式的监督检查。检查食品经营场所546家、公共场所24家、医疗机构37家。立案3起，处罚17起，处罚金额19 500元。（王 淼）

【项目建设】 2009年，和静县卫生局完成了13个乡（镇）卫生院和4个国营农牧场卫生院建设项目，总建设面积6 250平方米，总投资573万元（其中地方配套103万元）。完成了卫生系统抗震加固项目共17个。完成了42个村卫生室建设，其中农区21个村、3个农牧场（拉布润林场、古尔温苏门肉牛场、良种场）；牧区16个村，2个牧场（哈尔努尔牧场、德尔比勒金牧场）。（王 淼）

和静县疾病预防控制中心

【和静县疾病预防控制中心领导人】

党支部书记：武桂花 （女）

主任、党支部副书记：张东灵

【概况】 1975年7月成立和静县卫生防疫站，2007年5月改称县疾病预防控制中心，是隶属县卫生局管理的事业单位。位于和静县建设一路2号院，占地面积17 298.15平方米。2009年有职工34人，其中干部30人、工人4人，党员10人，业务人员29人。专业技术职称33人，其中高级职称6人、中级职称5人、助理医师14人。疾控中心设有行政科、防疫科、免疫规划科、结防科、检验科、性艾科、体检科共7个科室。主要职责是承担全县疾病预防与控制、突发公共卫生事件应急处置、疫情报告及健康相关因素信息管理、健康危害因素监测与控制、实验室检测与评价等。 （杨 健）

【地方病防治】 2009年，和静县疾控中心扎实做好地方病防治工作，召开和静县包虫病防治项目启动会议，成立包虫病防治项目工作协调领导小组、制定中长期防治规划、成立技术专家组、督导组、宣传组、防治办公室。开展防治项目乡镇包虫病基线调查，发放包虫病知晓率问卷调查500份，采狗粪样1 346份，采学生血样1 115份。对包虫病防治项目3个镇21个行政村进行B超检查4 570人，药物治疗病人21人。对屠宰场518只羊进行脏器监测，其中142只有包虫病病症，感染率为27.4%。全县采集食盐样品300份，全部合格。碘缺乏病基线调查学生450人次，家庭主妇270人次。 （杨 健）

【计划免疫】 2009年，和静县疾控中心重视儿童计划免疫工作，全县设有固定接种点35个，巡回组12个，临时固定接种点6个。托幼机构在园儿童2 328人，有接种证1 982人，规范接种脊髓灰质炎疫苗1 949人，百白破三联1 976人，麻疹1 905人，乙肝疫苗1 928人。小学一年级在校生1 521人，有接种证1 292人。规范接种脊髓灰质炎疫苗1 189人，百白破三联1 184人，麻疹1 212人，乙肝疫苗1 113人。从上级领取乙肝疫苗1 640人份，一次性毁型注射器4 920具。使用AD注射器接种点41个，乙肝第一针接种1 284人，第二针接种1 161人，第三针接种1 545人。开展全县儿童计划免疫11项常规接种，应种15 232人，实种14 531人，接种率为95.40%。 （杨 健）

【传染病疫情管理与防治】 2009年，和静县报告传染病15种。法定报告传染病中，无甲类传染病报告，乙类传染病报告11种（乙型肝炎、麻疹、痢疾、肺结核、布病、淋病、梅毒、丙肝、肝炎未分型、甲肝、猩红热、），丙类传染病 4种（其它感染性腹泻病、流行性腮腺炎、风疹、包虫病）；总发病数824例，发病率453.02人/10万人。报告乙类传染病766例，丙类传染病58例。传染病报告数与上年同期相比下降36.61%。报告数在前五位的是：肺结核、乙肝、痢疾、梅毒、丙肝，报告数共715例，占报告总数的 86.77%。

肠道传染病防治 2009年和静县为霍乱二类监测县。全县各医疗单位设立肠道门诊21个，每个肠道门诊按要求做好门诊日志，病人登记，采集粪便标本，按照肠道传染病监测报告时限，城镇当天，农村3天之内，重症腹泻病人随时送检，

结核病防治 2009年免费管理的初治涂阳病人104例，复治涂阳病人25例，新发涂阴病人96例，免费管理病人总数为225例，胸透225人次。每天在网上录入门诊病人信息，按时上报疫情、月报表、季报表，对

本地医院转来的可疑肺结核病人，发现后及时与医生、病人联系，实行全动态管理。（杨　健）

【艾滋病和性病防治监测】　2009年，和静县疾控中心设立艾滋病自愿咨询室，自愿咨询监测人员528人，要求做HIV初筛监测528人次；干预一般人群367人，发放艾滋病宣传手册1 356册，安全套1 564盒。对和静县公安局看守所开展被监管人员 HIV抗体检测，完成筛查人数180人，发现HIV初筛阳性1例。对和静县暗娼人群进行HIV血清学监测，共监测146人份，未发现HIV阳性，问卷调查146份，合格问卷146份，年龄平均数27.2岁。成立5个外展工作小组，对全县42家娱乐场所、532名从业人员进行了干预工作并发放安全套6 000只，提高了群众对艾滋病知晓率。（杨　健）

【疫情监测】　2009年，和静县疾控中心设立腹泻病监测门诊21个，门诊就诊人数68 185病例，报告腹泻病人数1 566例，其中菌痢病人数77例，胃肠炎病人数1 508例；通过6个月的肠道传染病监测，未发生霍乱及肠道传染病。2009年秋、冬季进行了甲型流感防控及首批甲型流感疫苗接种工作。共接种13 621人，无AEFI病例发生。截至12月底累计报告甲型H1N1流感确诊病例9例。无甲类传染病、不明原因肺炎、禽流感等重点疫情。对预警信号分析处理39件，未发生一起突发公共卫生事件。（杨　健）

和静县红十字会

【和静县红十字会领导人】

会　　长：其·巴太（蒙古族）

常务副会长：廖　亮

【概况】　和静县红十字会于1991年成立，位于和静县团结西路，挂靠县卫生局。2007年成立县红十字会办公室，是隶属县卫生局管理的事业单位，编制2名。2008年12月县红十字会从县卫生局分离出来，为参照公务员法管理的事业单位，隶属县委管理，副科级建制。2009年4月，县红十字会机构正式单独设置，编制2人（副会长1人、秘书长1人）。主要职责是开展救灾救济、普及卫生救护和防病知识、开展人道主义服务活动等。（陶　艳）

【人道领域服务】　2009年，和静县红十字会争取博爱物资70箱、价值1.4万元，对全县12个乡（镇）的70户贫困户进行了慰问。年底，红十字会积极争取彩票公益金项目物资，在古尔邦节、元旦、春节向困难群众发放大米4.5吨，价值 2 万余元。

（陶　艳）

【项目申报】　2009年，在巴州红十字会的指导和支持下，和静县红十字会申报乡镇卫生院建设项目1个、村级卫生室建设项目5个，申请项目资金40万元。（陶　艳）

【募捐工作】　2009年，和静县红十字会依法开展募捐活动，募集发展红十字事业资金3.9万元。（陶　艳）

和静县爱国卫生运动委员会

【和静县爱卫办领导人】

主　任：黄冠升（2009年10月离任）、陈春燕（女，2009年10月任职）

【概况】 和静县爱国卫生运动委员会1997年成立，下设办公室挂靠和静县卫生局，主要负责和静县爱国卫生工作。2009年，县爱卫办编制4人，实有工作人员5人。

（奥　云）

【公共卫生管理】 2009年，县爱卫办共取缔乱摆摊设点40个、流动摊点50个，拆除违章建筑2处，清理建筑垃圾30余处，小广告260余处。并与各单位签订了责任书2 000余份。保洁每天保证15小时以上，垃圾做到日产日清，对城市“牛皮癣”卫生死角及时全面清理，散装货运实行封闭运输。对382家餐饮单位、59家美容美发店、38家宾馆旅社、12家洗浴场所和1家饮用水单位进行卫生监督检查，从业人员健康体检率达98%以上，“五病”调离率达100%，个人卫生、环境卫生、三防设施达标率85%以上。还投资3万余元组织全县开展灭蚊蝇、灭鼠、灭蟑等除“四害”活动。

（奥　云）

【“国家卫生县城”创建】 2009年，是和静县创建“国家卫生县城”的准备年，和静县爱卫办狠抓卫生红旗单位创建工作，实行动态管理，严格把握创建标准和质量。全县有自治区级卫生红旗单位27个，自治州级卫生示范乡镇2个，州级卫生红旗单位12个，卫生示范小区1个，无吸烟单位13个。新申报国家卫生先进单位1个、自治区级卫生红旗单位2个、自治州卫生红旗单位4个。（奥　云）

【县城基础设施建设】 2009年，和静县加大城市基础设施建设。将城区面积扩大到13平方千米。先后投资1.04亿元实施了一批重点市政人居环境建设工程，完成东归概念文化广场改造工程，全面启动县城东归大道等9条道路硬化、亮化、美化工程，硬化道路2万平方米，铺设人行道1.2万平方米，维修路灯490杆，更换路灯401杆，安装树景水景灯92盏，夜间亮化的单位达22家。先后实施开再路、团结路、广场绿化树木更新改造和查汗通古路绿化带换土与滴灌改造工程，全年种植园林树木67.4万株，新增城市绿化面积1.5万平方米。全县有“花园式单位”51个，“绿化合格单位”50个，建成区绿地面积达275.1万平方米，绿地率达39.8%，绿化覆盖率达40%，人均公共绿地达到8.52平方米。（奥　云）

【卫生宣传及健康教育】 2009年，和静县爱卫办充分利用广播电视、版报、发放宣传册、宣传单等形式开展形式多样的宣传活动。同时结合“爱牙日”、“世界无烟日”、“环境保护日”、“艾滋病日”等宣传日，积极安排有关单位设置宣传点，发放宣传资料1万余份，加大对创建国家卫生县城的宣传力度。县电视台播放“九亿农民健康教育”宣传常识50期，县医院、乡镇卫生院、村卫生室制作健康教育版报180块。各社区聘请医务人员为社区居民讲授健康知识，受教育群众5 000余人。学校开设了健康教育课，通过设立健康教育宣传栏、教室板报、健康知识竞赛等形式开展健康教育活动，通过小手拉大手走进家庭、社区，普及健康知识。同时在广场、居民小区设立永久性创建卫生县城宣传栏，定期更换内容；在超市、客运站等公共场所设有爱国卫生宣传标语和禁烟标志。群众健康知识知晓率、健康行为形成率均达到80%以上。

（奥　云）

【农村环境卫生整治】 2009年，和静县共建立双瓮漏斗式卫生厕所1 410座，沼气式卫生厕所150座，完成下水道水冲式厕所35座，粪尿分集式厕所1座。县改厕领导小组对已建好的卫生厕所进行全面验收，合格率达97%。先后完成巴润哈尔莫敦镇等4个乡镇11个村人畜饮水安全工程，解决了3万人安全饮水问题。（奥　云）

和静县人民医院

【和静县人民医院领导人】

党总支书记、副院长：王　新

党总支副书记：吐逊江·吾守（维吾尔族）

副　院　长：高　权

【概况】　和静县人民医院位于和静县开再东路，始建于1951年，是一所集医疗、教学、科研、预防保健、康复、理疗、社区服务和急救为一体的综合性二级甲等医院。2009年有职工250人，其中专业技术人员184人，副高以上职称28人、中级职称60人。开设床位200张。共设有临床科室15个（其中新增皮肤科、脑科中心、口腔诊疗中心）、医技科室5个、后勤保障科室3个、社区服务站3个、职能部门6个。（杨佳欣）

【医疗设施】　截至2009年，和静县人民医院拥有POS螺旋CT、美国ICR100CR数字化成像系统、C型臂、美国GE高档彩超、深圳迈瑞BS—400全自动生化分析仪、分类血液细胞分析仪、北京万东500mA床边拍片机、内窥镜数字图象显示仪、SB—3000尿液沉渣分析仪、美国三分类CD—1800全自动血球分析仪等高端设备，为诊断、治疗的准确率提供了有力的保证。（杨佳欣）

【业务指标完成情况】　2009年，和静县人民医院门诊91 465人次，同比增长9.2%；平均每天门诊251人次，同比增长9.6%；住院9 204人次，出院9 158人次，同比增长51.1%；病床周转次数为45.8，同比增长51.2%；病床使用率为107.7%，同比增长44.7%；全年手术1 230例，术前平均占床2.9日；全年总收入3 508万元，同期增长78%，其中：医疗收入1 805万元、药品收入1 387万元、其他收入311万元。年总支出4 357万元，其中医疗支出2 845万元、药品支出1 419万元、其他支出92万元。

（杨佳欣）

【医疗服务】　2009年，和静县人民医院在开展常见病、多发病的诊断治疗的基础上，积极与上级医院联系、协作、开展了特色医疗服务项目，开设先进微创手术，启动了远程会诊。急诊室实行24小时值班，开通120急诊电话、举报热线电话，各科配置开水器、为服务对象提供一次性口杯和开水、免费为住院病人复印病历、开设扶贫病房、农牧区合作医疗患者床位费每天减免9元。（杨佳欣）

【医疗合作】　和静县人民医院于2000年与河北省建立对口支援关系以来，分别与秦皇岛市海港区医院、丰润县人民医院、抚宁县人民医院建立了友好协作关系。2009年与自治区人民医院建立协作关系，在医疗技术、经营管理、人才培训等方面得到大力支持和帮助。除疼痛科外，又新成立了皮肤科、脑科中心、口腔中心、泌尿外科、中医科。（杨佳欣）

【人才引进和培养】　2009年，和静县人民医院对引进的专业技术人员，按《医院引进人才暂行规定》一律签定合同，为不同职称专业技术人员提供良好的发展平台，并陆续送出去进修学习。2009年，到上级医院进修学习98人次，其中护理专业40人次，医疗专业58人次。（杨佳欣）

【药品采购】 2009年，和静县人民医院实行药品网上招标采购，制定药品价格公示制度和查询制度，加强监督检查，加大收费各环节的监督查处力度，确保了药品价格公开透明、有效降低了药品价格。（杨佳欣）

【行风建设】 2009年，和静县人民医院大力开展行风评议活动，并与商业贿赂相结合，做到有教育、有反思。大力实施医疗惠民工程，合理用药、合理检查、合理收费，减轻患者医药费用负担；严禁在国家规定之外擅自设立新的收费项目和分解项目收费；开展医疗服务价格专项检查，防止乱收费，并试行了单病种限价；建立和完善住院费用“一日清单”和住院费用明细单制度，做到一日一清；完善住院费用清单制、医疗收费及药品价格公示制和查询制度；加大收费各环节的监督查处力度。（杨佳欣）

和静县妇幼保健院

【和静县妇幼保健院领导人】

党支部书记：山加甫（蒙古族）

院　　长：郭应强（2009年3月任职）

副 院 长：巩奕兵（女）

【概况】 和静县妇幼保健院成立于1997年，位于和静县团结东路，2009年有职工64人，其中在职人员50人；卫生专业技术人员58人，其中高级职称2人；女职工54人，少数民族职工27人，党员14人；大学本科2人，专科12人，中专40人。设置妇产科住院部1个；门诊设有妇科、产科、内科、儿科、保健科；医技辅助科室设有检验科、功能科、药房、收费室；职能科室设有院办、医务科、护理部、财务科。业务用房约1 400平方米，住院床位24张。主要承担全县妇女、儿童的医疗保健工作。（贾钰姿）

【基础保健工作】 2009年，和静县0～7岁儿童数9 524人，全县孕、产妇总数1 772人。儿童体检人数1 944人次，全年教师、成人体检人数770人次。全县孕、产妇总数1 772人，活产数1 788 人，建卡人数1 456人，建卡率 82.17 %；产检1 544 人，产检率86.35 %，早检 930 人，早检率 52.01 %，产后访视1 128人，产后访视率63.09 %；系统管理 741人，系管率41.44%，住院分娩 1 582人，住院分娩率88.48 %，高危产妇95人，高危产妇管理率94.74 %。全县7岁以下儿童9 524人。新生儿死亡人数6人，死亡率 3.36 ‰；5岁以下儿童死亡7人，5岁儿童死亡率3.91 ‰；7岁以下儿童保健管理人7 629人，管理率 80.10 %；孕产妇死亡2人，死亡率111.857人 / 10万人。全年业务收入240万元。门诊接诊60 017人次，住院治疗955人，其中住院分娩661人，剖宫产手术169例，做人工流产及清宫术及其他小手术共492例。（贾钰姿）

【“出生医学证明”管理】 2009年，和静县妇幼保健院共办理出生医学证明887人次。（贾钰姿）

【妇女病普查】　2009年，和静县妇幼保健院配合自治区妇联、自治区妇委办、自治区卫生厅共同举办“关爱女性健康新疆行活动”，预防子宫癌、乳腺癌筛查公益活动，对200名妇女进行了筛查。　（贾钰姿）

【妇幼卫生业务培训】　2009年，和静县妇幼保健院坚持每月一次的县例会制和每月一次的乡例会制，采取以会代训的方法培训乡村医生。每月举办妇幼年报培训班，做好妇幼卫生报表填报。组织各乡妇幼专干及卫生院妇产科医师，举办了一期高危孕产妇检查、处理和筛查培训班。

（贾钰姿）

【健康教育】　2009年，和静县妇幼保健院与城镇九个居委会密切协作，各居委会按时参加县妇幼保健院妇幼例会。指导各乡（镇）开展社区儿童早期发展健康教育活动，并在县城和农区全面铺开。强化30条核心信息的宣传力度，开办孕妇学校，与广播电视、宣传等部门协作，利用各种宣传媒体开展健康教育活动。　（贾钰姿）

【内部管理】　2009年，和静县妇幼保健院对科室实行服务质量目标化管理。加大对先进医疗仪器的投入和旧医疗设备的更新换代，2009年新购置四通道血凝仪、液基细胞涂片分析仪、多参数心电监护仪、胎心监护仪、三导心电图机等医疗设备，总计25万元。加强财务管理，严格财务制度，配合审计部门对多年来的账务进行了审计。

（贾钰姿）

土尔扈特蒙古族服饰

蒙古民族尽管在祖国的不同历史时期，以不同的称谓出现，但他们的服饰总是以自己的发展规律，从不间断地发展着、演变着。

关于蒙古民族服饰起源的资料，在有关历史文献和出土文物中，均有明确记载和如实反映。历代蒙古民族服饰，其服饰种类、款式风格、面料色彩，与北方诸游牧民族之服饰都有密切联系，与中原汉族的服饰也有相互影响、相互吸取的文化关系。资料显示，在伏尔加河流域生活近一个半世纪的土尔扈特人在服饰文化上，曾或多或少受到沙皇俄国服饰影响。特别是军队服装，除了土尔扈特的战袍、铠甲外，士兵们也常穿马裤、战靴，挎俄式长枪，而穿马裤战靴的习惯在土尔扈特人中沿袭至上世纪70年代末，至今，个别牧民家中还珍藏着战靴；女人的袍子下摆也有一些布拉吉元素。

东归至今200多年间，土尔扈特蒙古人服饰虽然受时间、地域和时代发展的影响，或多或少发生了一些变化，但是，他们整体上依然保存着这个民族所独有的服饰风格。

（潘美玲）

人事劳动·社会保障

机构编制

【和静县编办领导人】

主　任：姚新强

副主任：张宝明

【概况】　和静县机构编制委员会办公室（以下简称县编办）位于和静县团结东路17号院。前身为1987年成立的人事编制局，1998年4月与县人事局分设单列，机构设置为副科级。1999年11月县编办挂事业单位登记管理局牌子，与编办一套人马，两块牌子。2000年3月升格为正科级单位，隶属县机构编制委员会领导。2003年3月成立和静县事业单位登记管理中心。2005年1月县事业单位登记管理中心更名为县事业单位登记管理局。2009年县编办（挂事业单位登记管理局）行政编制6人，实有人数4人，退休1人。

县编办的主要职责是负责全县党政机关、人大、政协机关、法院、检察院、人民团体及事业单位的机构设立登记、编制调配和职能确认，同时对全县行政事业单位人员进行实名制管理。　（安志宏）

【机构编制管理】　2009年，和静县实行机构编制总量控制和动态管理。在涉及机构的设立、撤销、合并及规格、名称等事项时，均按照正常规范的程序，由县编办提出方案，经县委、县人民政府研究，报请州编办审核批准后实施。完善机构编制协调约束机制，做到随时掌握人员变动情况，及时办理出入编与工资增减手续。严格执行机构编制管理审核、审批制度。凡涉及职能配置和调整、机构设立与变动、编制与领导职数核定、单位性质的确定与变更等机构编制事宜，由主管机构编制工作的领导“一支笔”审批，凡重大机构编制事项，均上报县委、政府审核后提交编委会议定，确保机构、人员变动按规定程序办理。强化机构编制实名制管理，完善《机构编制管理证》和《编制使用通知单》制度。对各单位的工作职责、机构设置、人员编制、领导职数、实有人员情况进行全面清理和核查。加大对软硬件等基础设施的投入，安排专人负责实名制信息库的管理维护，做到月月维护、及时更新，确保数据的准确、有效、统一。　（安志宏）

【机构编制现状】　2009年，和静县共有党政群、政法机关62个，其中党委部门10个，政府工作部门27个，部门管理机构2个，政府派出机构1个，法院、检察院、人大、政协各1个，群团机构6个，乡镇党政机关12个。全县行政编制1 089名，其中，县直党政群行政编制382名，乡镇行政编制296名，政法专项编制411名。全县工勤事业编制76名。　（安志宏）

【事业单位法人登记】　2009年，和静县事业单位 252个，编制数3 911名（包括6名机关其他编制），其中参照公务员法管理事业单位33个，编制数193名，全额事业单位193个，编制数3 047名，差额拨款事业单位8个，编制数468名，自收自支事业单位17个，编制数203名，企业化管理事业单位1个。已登记事业单位111个。（安志宏）

【事业单位年检】 2009年，和静县编办对全县134个符合年检条件的事业单位进行了年检，年检率为100%；25个单位进行了变更登记，更换了10个单位的法人证书，补办了3个单位的法人证书。（安志宏）

【2009年新成立的机构及规格调整】

1月22日，设立和静县国土资源局巩乃斯分局，机构规格相当副科级，事业编制3名（和机编办〔2009〕3号文件）。

23日，设立和静县公安局特警大队，人员编制由公安局内部调剂解决（和机编办〔2009〕4号文件）。

4月14日，成立和静县人才办公室，隶属县委组织部管理，核定副科级领导职数1名（和机编办〔2009〕19号文件）。

6月25日，在和静县安监局设置综合股和矿山安全监督管理股（和机编办〔2009〕26号文件）。成立和静县关心下一代工作委员会（参照公务员法管理），核定全额事业编制1名，隶属于老干部局管理；成立老干部活动中心，核定全额事业编制2名，隶属于老干部局管理；同时在老干部局挂老干部大学、老干部体协、老干部科协的牌子（和机编办〔2009〕29号文件）。成立和静县林业局林木种苗管理站，在县林业工作站挂牌，人员编制从县林业工作站内部调剂解决（和机编办〔2009〕30号文件）。成立和静县行政服务中心，隶属于和静县人民政府办公室管理，机构规格相当副科级，核定事业编制5名，副科级领导职数1名，全额预算管理事业单位（和机编办〔2009〕31号文件）。

8月31日，设立和静县计划生育协会，列入群众团体序列，核定事业编制3名（和机编办〔2009〕50号文件）。

10月13日，成立和静县流动人口管理办公室，隶属于县人口和计划生育委员会管理，机构规格相当股级，全额拨款的事业单位，核定编制2名（和机编办〔2009〕58号文件）。（安志宏）

人事劳动和社会保障

【和静县人事劳动和社会保障局领导人】

党支部书记：艾尔登吾曲尔（蒙古族）
局　　长：曾　魁
副 局 长：娄培秀（女，2009年3月离任）、
　　　　　赵德庆（2009年10月任职）

【概况】 1939年4月，和静县国民政府成立民政科。1950年4月，民政科改为民政人事科。1967年3月，民政人事科机构瘫痪。1973年8月，恢复民政人事科。1980年12月，民政人事科分设人事科、民政科和劳动工资科。1984年9月，人事科改称人事局，劳动工资科改称劳动局。1993年5月，人事局与编制委员会合署，组建人事编制局。1998年2月，人事局与劳动局合并成立劳动人事局。2002年6月，劳动人事局更名为人事劳动和社会保障局。2009年下设劳动监察大队（参照公务员管理事业单位）和人力资源市场2个事业单位，内设4个股室，即办公室、人事股、社会保险股、就业培训股。干部总数21名，工勤人员1名，聘用人员10名，社区工作人员30人。主要职责是负责机关公务员、事业单位专业技

术职务评审的综合管理、就业再就业、职业介绍、就业培训、下岗失业人员小额贷款担保、劳务输转、社会保险（包括养老、失业、医疗、工伤和生育保险）、劳动争议处理、劳动仲裁、劳动合同管理、劳动监察等业务。（王新柱）

【公务员管理与培训】 2009年，和静县人事劳动和社会保障局制定出台了《和静县干部奖励制度》、《和静县股级干部管理办法》、《和静县干部交流意见》等干部管理制度。对和静县1 415名公务员进行了一次轮训。年底政府口径统计公务员837人，较上年度相对增加124人，其中大中专毕业生录入15人，国有企事业提拔任用调入4人，机关调入76人，机关整建制转入29人；较上年度相对减少165人，其中退休32人，调至企事业单位6人，调至机关113人，整建制转出14人。辞退1人，取消公务员录用1人，申报参照公务员管理17个单位。

（王新柱）

【事业单位人事制度改革】 2009年，和静县全面启动事业单位人事制度改革，全县共上报岗位设置方案161个单位，已批复141，岗位设置方案完成率91%；岗位设置实施方案共上报15个单位，已批复6个单位，岗位设置实施方案完成率40%。事业单位工作人员总人数4 489人，其中专业技术人员4 293人，管理人员399人，工勤人员518人。专业技术人员中高级职称291人，中级职称2 059人，初级职称1 601人。较上年度相对增加671人，其中招聘73人，调入598人；较上年度相对减少647人，其中退休83人、辞退2人、辞职2人、调出557人、死亡5人、判刑1人。（王新柱）

【军转干部安置及服务】 2009年，和静县人事劳动和社会保障局共接受自主择业军转干部2名；解决了24名军转干部生活困难补助费共计13.49万元。节假日慰问企业退休军转干部4人，发放慰问金1 200元。

（王新柱）

【公共就业服务机构建设】 2009年，和静县人事劳动和社会保障局进一步加快城乡公共就业服务机构建设步伐，在城北住宅区建设一座集人才交流、社保征缴、培训、办公为一体的人力资源就业综合楼，建筑面积4 500平方米，工程已基本完工；哈尔莫敦镇、协比乃尔布呼乡人力资源市场建设已竣工；巴音布鲁克镇人力资源市场已开工建设；巴润哈尔莫敦镇、乃门莫敦乡、巴伦台镇、额勒再特乌鲁乡、巩乃斯乡人力资源市场已完成了选址。（王新柱）

【就业再就业工作】 2009年，和静县实现城镇就业再就业5 174人，完成自治州目标任务2 750人的188.15%，城镇登记失业率2.75%。全年开发就业岗位2 715个，社区开发就业岗位1 620个（其中公益性岗位安置145人），转移农业富余劳动力7 513人，完成目标任务4 000人的187.8%。完成就业再就业基地安置任务360人，劳务派遣组织安置任务735人。实现困难人员就业403人，消除了“零就业”家庭。

和静县共筹集就业再就业资金1 287万元，其中上级拨付资金1 007万元（在巴州劳动系统位居第二），县级财政安排就业资金280万元。支出1 871.89万元，其中用于小额贷款担保基金100万元，小额担保贷款贴息123万元；就业困难人群社保补贴527.39万元；公益性岗位社保补贴及岗位补贴476.73万元；就业再就业宣传、咨询、服务经费39.6万元；职业介绍补贴133.47万元，职业技能培训补贴276.3万元，职业技能鉴定补贴35.4万元，乡镇人力资源市场建设费160万元。 （王新柱）

【职业技能培训与农村劳动力转移】 2009年，和静县通过各种途径完成职业培训8 936人，完成自治州下达8 900人职业培训目标的100.4%，其中在岗职工培训1 821人，创业培训175人，农村富余劳动力培训5 754人，完成汉语言培训26人；劳动预备制培训187人。完成“一户一人一技工”培训3 000人。通过培训实现农村劳动力就业再就业2 338人，培训后就业率达到77%。

全年通过培训取得初级资格证书1 021人，完成任务750人的136%，培训技师30人、高级技师11人。全县美容美发、餐饮、电焊、汽车修理等十大行业持证上岗率达到85%。为配合和静县创建自治区“旅游强县”工作，与县旅游局、工商局在全县范围开展旅游行业职业技能免费培训，共培训383人。成立了和静县就业培训中心职业技能鉴定所，完成了民办非企业法人资格登记，配备了兼职工作人员3名，可以鉴定11个工种，已鉴定学员1 066人。

（王新柱）

【小额担保贷款】 2009年，和静县人事劳动和社会保障局按照自治区小额贷款政策，将担保放贷比例提高到1：4，扩大了担保人范围，对有创业意愿的人群免交有关管理类、登记类、证照类费用，进一步简化贷款程序，全面推广“创业培训+小额贷款+信用社区”的联动模式，以此推动就业工作。2009年共筹集担保基金550万元，发放小额贷款247人999.5万元，完成目标任务180人的137.2%，带动就业481人。把创建信用社区作为推进小额担保贷款政策落实的一项重要措施，通过建立个人信用档案，将小额贷款与社区就业管理服务有机结合，形成联动机制，降低了贷款风险，简化了贷款手续，帮助创业者牢固树立诚信意识。2009年将拉布润社区创建为充分就业社区，将开泽西路社区创建为信用社区。 （王新柱）

【行政许可】 2009年，和静县人事劳动和社会保障局按照国家的工资政策，按时完成了全县事业单位3 980人的正常考核升级调资工作，月增资为130 076元；兑现456人职务晋升工资，月增资额73 416元；审批1 389人的浮动、固定、知书、知补调整，月增资83 340元；为26人确定了高定工资，月增资1 436元；完成岗位（警衔）津贴、服刑人员生活费、滚动升级工资等审批，共涉及369人，月增资26 264元。

审批企业职工（含自由职业者）正常退休179人，退职26人，病退29人，提前退休50人，超龄补费32人，审批视同缴费和补缴社会保险134人。有4 772名企业退休人员调整提高了基本养老金，月人均增加196元。 （王新柱）

【人才管理与服务】 2009年，和静县人事劳动和社会保障局将各类未就业大中专毕业生、就业转失业人员、自谋职业的复员转业军人、农村进城务工人员，以及其他失业人员全部纳入失业与就业登记范围，按就业需求为ABCD四类，做到一人一账，实行跟踪动态管理，每月通过入户、回访、电话联系等方式，开展“门对门”、“人对人”的服务。对城镇登记失业人员、下岗职工、免费提供职业介绍服务、免费再就业培训，对农村进城务工人员提供免费指导性培训，保证其享受免费公共就业服务。

利用巴州农村经济信息网发布用工信息，为外出务工人员和用工单位提供便捷的服务。2009年共发布3 100条农村富余劳动力信息，发放农村富余劳动力统计登记卡1.5万份，印发《免费培训登记表》、《优惠证登记表》等2万余份，建立起统计台账200份、统计调查表100余份。全年完成职业介绍5 971人，组织召开专场招聘会8次，实现就业1 104人。组织了2次事业单位招录考试，其中卫生系统58人，广电系统6人，以政府购买公益性岗位安置大中专毕业生26人。通过储备编制招考43名卫生系统专业技术人员，全年共实现大中专毕业生就业480人，完成目标任务400人的120%，完成了和静县人民医院、金特钢铁有限公司2个大中专毕业生见习基地的创建工作。（王新柱）

【劳动监察】 2009年，和静县完成劳动用工年检184户，完成目标任务150户的122.7%。全年共检查用人单位861户次，涉及劳动者5 000余人，通过加强执法监督，全年新签订劳动合同7 281人次，续签劳动合同2 580人次，全县大型企业劳动合同签订率达到100%，矿山、建筑、餐饮、服务、制造等劳动密集型行业劳动合同签订率达到86%以上。全县共签订集体合同18户，达到应签订集体合同用人单位户数的47.3%。开展专项监督监察4次，完成工伤认定案件调查及意见初审104件。严格落实农民工工资保证金制度，共计对建筑、水电建设、交通、矿产勘探开发等行业34户企业收取工资保证金138万元。利用人才招聘会，职业技能培训、劳务输出岗前培训、劳动监察执法等机会，向广大群众宣传《劳动合同法》、《劳动争议调解仲裁法》、《就业促进法》等相关法律、法规的宣传和咨询，共发放宣传资料6 000余册，印制张贴劳动法规宣传标语700余份。

全年共下达限期整改指令书52份，进行行政处罚5件，处罚金额4万元。受理劳动监察案件14件，结案14件，规定时限内结案率100%，案外调解处理劳动监察案件52件，处理金额51.5万元，及时为涉及案件的1 200名外来农民工追回了拖欠工资142万元，接待各类咨询2 680人次。（王新柱）

【劳动争议仲裁】 2009年，和静县人事劳动和社会保障局共受理劳动仲裁案件36件，结案36件，涉及劳动者40人，处理金额148万元，均在规定的45日内结案，结案率100%。（王新柱）

【社会保障审批】 2009年，和静县人事劳动和社会保障局审批正常退休184人，其中企业单位114人，行政事业单位70人；申报审批病退85人，其中行政事业单位9人，企业76人；办理慢性病鉴定494人；职工劳动能力鉴定62人；审批发放失业金169人；意外伤害保险54人；审批丧葬费89人。（王新柱）

【信访工作】 2009年，和静县人事劳动和社会保障局全年累计接访250余件，涉及上访群众550余人次。处理转办、交办信访案件15件，处理县长、州长信箱17件。针对原和钢“五七”工的问题，局领导亲自带队，多次深入到铁尔曼区去做群众的思想工作。全年共处理信访案11件，已全部结案。（王新柱）

【教育系统干部入编及交流】 2009年，为保证和静县"两基"验收顺利通过，县人事劳动和社会保障局积极配合教育部门组织开展了"双语"教师转正考试、未入编教师公开招考工作，及时为教育部门补充新鲜血液。成立人力资源储备办公室，对一些不适合教育工作的干部进行转岗，交流到一些人员紧缺的机关、事业单位。全年共组织教育系统干部分流2次，交流教师306人，其中3月交流178人，10月交流128人。（王新柱）

【人事档案管理】 2009年，和静县人事劳动和社会保障局完成全县行政事业单位人事档案收集4 000件，干部人事档案全部规范化整理，达到国家人事档案管理要求。

（王新柱）

【表彰奖励】 2009年10月，和静县人事劳动和社会保障局荣获自治区就业"新三化"先进集体，局长曾魁荣获自治区就业"新三化"先进个人。（王新柱）

社会保险

【和静县社会保险管理局领导人】

局　长：赵德庆

副局长：钱红宇（女）

【概况】 和静县社会保险管理局的前身是1986年成立的和静县劳动服务公司。1991年更名为和静县劳动就业保险管理局，编制27人。2009年实有人员31人，其中在编职工23人、分流教师5人、政府购岗3人；少数民族14人；女性15人；在职党员15人。内设机构9个。（李　英）

【社会保险基金征缴】 2009年，和静县累计养老保险应缴3 856万元，实缴3 812万元，完成自治州下达任务的99%；失业保险应缴402万元，实缴215万元，完成自治州下达任务的53.48%；工伤保险应缴175万元，实缴115万元，完成自治州下达任务的65.71%；城镇职工基本医疗保险应缴2 822万元，实缴2 810万元，完成自治州下达任务的99.6%；生育保险应缴207万元，实缴138万元，完成自治州下达任务的66.67%；征缴居民医疗保险94.06万元，其中个人58.4万元，财政12.13补助万元，大病基金23.53万元。（李　英）

【社会保险参保情况】 2009年，和静县养老保险参保人数9 197人，本期末净增789人，完成自治州年度计划的395%；失业保险参保人数8 419人，净增1 789人；工伤保险参保人数10 721人，净增6 842人，完成自治州年度计划的650%；城镇职工基本医疗保险参保人数18 535人，净增4 819人；城镇居民基本医疗保险参保人数26 641人，应参保人数25 500人，完成自治州任务的105%；生育保险参保9 948人，净增6 095人，完成自治州年度计划的381%。

（李　英）

【社会保险支付情况】 2009年，和静县各项社会保险参保人数81 349人，征缴各项社会保险基金7 459万元，各项社会保险待遇支出8 516万元。其中全县领取养老金人数4 884人，发放离退休费5 753万元；发放失业救济金78万元，医疗补助金支出39万元，失业保险待遇支出138万元；工伤保险待遇支出128万元；城镇职工基本医疗保险个人账户基金支出826万元，统筹基金支出671万元，大病支出197万元，共支出

1 614万元；城镇居民基本医疗保险统筹基金支出195万元，大病支出98万元，共支出293万元；生育保险待遇支出22万元，生育津贴支出24万元，共支出46万元。

（李　英）

【社会保险清欠工作】　2009年，和静县社保局清欠养老金250.7万元（机关事业143万元），完成清欠任务的100%；清欠失业金532.15万元，完成清欠任务的109%。其中县财政一次性拨付行政、事业单位历年合同制工人养老保险、失业保险395.85万元，自治州财政直接拨付失业保险86万元。

（李　英）

【社会保险稽核工作】　2009年，和静县社保局养老保险书面稽核8 225人，实地稽核4 296人，少缴金额178.44万元，已补缴到账178.44元。失业保险书面稽核6 529人，实地稽核4 296人，少缴金额10.02万元，已补缴到账10.02元；工伤保险书面稽核7 457人，实地稽核4 296人，少缴金额5万元，已补缴到账5万元；医疗保险书面稽核12 328人，实地稽核5 136人，少缴金额37.2万元，已补缴到账37.2万元；生育保险书面稽核7 258人，实地稽核4 296人，少缴金额5万元，已补缴到账5万元。

办理社会保险登记证单位298个，已审核年检290个单位，新参保单位28个，发放“社会保险登记证”28册，年检率97%。对离退休人员印制生存认证表，发放到4 884名离退休人员手中，对420名未认证人员已于2009年12月暂停享受待遇。

（李　英）

【企业退休人员养老金调整】　2009年，和静县社保局对全县符合调整范围的4 223名企业退休人员信息核对、调整情况进行审核、汇总，此次调整基本养老金也是继前四年连续大幅度调整增加基本养老金后，再次对基本养老金进行大幅度的调整。2009年，和静县企业退休人员人均增发基本养老金124元/月，年增加支出600多万元。

（李　英）

【社会保险基金管理】　2009年，和静县成立社会保险基金专项治理领导小组，召开专项基金治理工作专题会议8次，制定社会保险基金专项治理实施方案，建立了19项制度、6项工作岗位职责，各项社会保险基金都按规定存入和静工商银行，共开设账户11个，其中基金收入户3个，基金支出户8个。基金按不同的险种分别建账，分账核算，都纳入单独社会保障基金财政专户，实行收支两条线管理，专款专用，未发生相互挤占和调剂。

（李　英）

巴音布鲁克羊

巴音布鲁克羊，又称巴音布鲁克大尾羊，是蒙古系肉脂兼用的地方良种绵羊品种。主要产地巴音布鲁克草原，以其具有无公害绿色食品而著称区内外。

巴音布鲁克羊，3～4月产羔，至当年9～10月活重达30～40公斤以上，成年公羊平均体重80公斤，成年母羊平均体重65公斤。

（洪永祥）

民 政 · 信 访

民 政 工 作

【和静县民政局领导人】

支部书记：凌海成

局　　长：陈建新

副 局 长：解殿林、阿孜古丽·艾山（女，维吾尔族）

【概况】 1950年和静县人民政府设民政科，1984年9月成立和静县民政局。2009年7月办公地点迁至和静镇查汗通古北路（县人民政府对面）和静县行政服务中心大楼办公，建筑面积4 093平方米、总投资500万元。内设行政办公室、社救股（社会福利、救灾救济、城市流浪乞讨救助、区划地名）、城乡最低生活保障股、社会事务股（基层政权、婚姻登记、收养登记、社团民非、殡葬等）。下设机构：殡仪馆、中心敬老院。主要职能是负责和静县救灾减灾、社会救济、社会福利、城乡基层群众自治建设、基层民主制度建设、拥军优属、抚恤安置、烈士褒扬、烈士纪念建筑管理、军供、区划、地名、婚姻登记、殡葬改革、孤儿收养、收容遣送、社团登记等工作的统一管理。有编制16人，2009年有干部职工29人，其中领导干部4人。

（亢昱人、郑　文）

【城乡居民最低生活保障】 2009年，和静县城市低保累计保障户数18 830户次37 286人次，发放低保金 501.89万元；农村低保实行按季度发放，全年累计保障户数10 380户次28 047人次，发放低保金531.94万元。城镇无收入困难老年居民年享受生活补贴5 419人次，发放资金27.09万元；原国有企业60岁以上“五七”工年保障户数2 090人次，落实生活补贴31.35万元。

（亢昱人、郑　文）

【救灾救济】 2009年，和静县遭受了不同程度的大风、干旱、雪灾等自然灾害。对此，和静县民政局及时开展了查灾、报灾和救灾工作。全年下拨救灾款145万元，为1 500户灾民贫困户解决冬季燃煤896吨。春节期间为3 977名贫困居民发放一次性生活困难补助（上级拨付）127.6万元；在元旦、春节、古尔邦节期间开展了县领导带队走访慰问五保户、低保户等活动，为困难群众送去面粉、大米、清油及慰问金共计3.36万元；对流浪乞讨人员救助66次66人，解决救助金6 180元。

（亢昱人、郑　文）

【五保户供养】 2009年，和静县有农村五保供养对象243人，其中分散供养的138人，在中心敬老院供养的97人，在巴伦台敬老院供养的8人，供养标准每人每年3 800元。同时加强了硬件设施建设投入，使老人们的入住条件得到较大改善，突出了安全、卫生和人性化的管理。还对全院管理人员实行岗前培训和考核机制，使敬老院的建设和管理逐步进入正规化轨道。为此，县

中心敬老院荣获“自治区纠风示范窗口单位”称号。（亢昱人、郑　文）

【医疗、就学救助】　2009年，和静县民政局落实城乡医疗救助资金26.2万元，资助农村低保7 554人参加农牧区新型合作医疗，资助城市低保1 401人参加城镇居民基本医疗保险，民政救助对象参合率达90%以上。对284人实施了城乡大病医疗救助（其中城市94人，农村190人），解决救助金74.3万元；为45名困难家庭大学生就学提供救助金4.74万元。（亢昱人、郑　文）

【福利机构】　2009年，新建的和静县中心敬老院投入使用，总建筑面积3 407平方米、总投资411.6万元，其中上级拨付363.6万元，县自筹48万元。中心敬老院内设有厨房、餐厅、储藏室、医务室、活动室、卫生间、浴室、室外健身苑。有普通间58间，标准间（内设卫生间）20间，太阳能、过水热、电话线、闭路电视齐全，设有床位160床。（亢昱人、郑　文）

【项目建设】　2009年，和静县民政局争取到县儿童福利院项目，于2009年5月开工建设，建设面积2 900平方米、总投资390万元，其主体工程已完工；额勒再特乌鲁乡福利服务中心项目主体工程已完工，建筑面积400平方米，总投资为50万元，其中申请上级资金40万元；哈尔莫敦镇敬老院项目也已批准立项，总投资80万元。

（亢昱人、郑　文）

【基层民主政治建设】　2009年，和静县制定下发了《2009年村务公开民主管理工作计划》，与各乡（镇）签订《村务公开民主管理责任书》。并对全县村务公开民主管理工作进行监督和检查，重点抓制度建设，指导基层完善决策制度、公开制度和自治章程，落实村民民主决策、民主管理、民主治理权利。申请专项资金3万元，为30个村委会统一制作了村务公开栏。制定了《关于在全县加强社区建设的意见》及《和静县社区居委会年度考核实施细则》，实行了县级领导承包社区建设工作责任制，开展了和谐社区示范单位创建活动。申请财政资金10万元，为全县19个社区居委会和乡镇民政办购置电脑、办公桌椅等。

（亢昱人、郑　文）

【双拥优抚安置】　2009年，县委、县人民政府在春节、“八一”建军节等节日期间，组织慰问驻县部队广大官兵，送去慰问品、慰问金4.45万元，走访慰问优抚对象164人、慰问金2.63万元。在新中国成立60周年期间，走访慰问重点优抚对象31户、发放慰问金3.1万元。认真落实优抚安置政策，为“三属”（烈属、因公牺牲军人家属、病故军人家属）、革命伤残人员、复退军人等优抚对象发放定期抚恤金134．05万元。接受退役士兵40人，鼓励退役士兵自谋职业、自主创业，采取政府购买岗位，安置退役士兵14人，其中对6名退役士兵自谋职业发放一次性补偿金10．05万元。

（亢昱人、郑　文）

【殡葬工作】　2009年，和静县民政局新建的县殡仪馆投入使用，建筑面积720平方米、总投资122万元。加大殡葬改革法规、政策的宣传力度，彻底整治了乱埋乱葬行为。清明节期间，与公安等部门联合做好祭祀活动期间的安全工作，确保了群众祭扫活动平安、和谐、文明、有序进行。专门成立机构和组织人员开展了清理公墓工作，制定下发了《关于清理整顿公墓工作实施方案》，尤其是对和静县现有一处经营性公墓加大管理力度，切实做到了服务热情周到和无乱收费现象的发生。

（亢昱人、郑 文）

【婚姻登记及收养管理】 2009年，和静县民政局除在巴音布鲁克镇设立一个婚姻登记点外，其他乡（镇）婚姻登记业务在2009年10月底前全部集中到县婚姻登记处进行集中登记，并对收费项目、标准予以公开，自觉地接受群众的监督，年内和静县民政局共办理结婚登记1 965对、离婚登记507对，接待收养咨询40件。

（亢昱人、郑 文）

【地名标志管理】 2009年，和静县民政局完成了对县城街、路、巷、小区、楼门户调查摸底和登记工作。投入资金20.65万元，对县城20条街路统一设立66块地名标志牌（其中双杆54块、单杆12块），塑造了城市形象，提升了城市品位，方便了广大居民出行。（亢昱人、郑 文）

【慈善工作】 2009年，在乌鲁木齐“7·5”事件发生后，和静县社会各界积极为受害群众捐款，县民政局共计收到捐款260 979元，接受到的捐款全部按规定时间汇往自治区慈善总会。（亢昱人、郑 文）

【民间组织管理】 2009年，和静县民政局对全县36个社团组织和19个民办非企业单位进行年检，重点检查社会团体和民办非企业开展业务活动情况，根据实际对民间组织收费项目等内容也进行清理整顿。同时，积极保护民间组织的合法权益，培育和发展农村经济协会，对违法的民间组织坚决予以查处。全县共有民间组织55个（其中社团组织36个、民办非企业单位19个），2009年新成立登记民办非企业单位8个。（亢昱人、郑 文）

【自身建设】 2009年，和静县民政局共主办学习专栏8期、学习心得45篇，办黑板报10期，观看电教片15部，悬挂横幅30余条，印发宣传单2万余份。举办知识竞赛4次，开展联谊活动3次，进行普法教育10次，普法宣传及培训5次。各服务窗口严格地按物价部门审定的标准收费，收费项目、收费标准、服务内容、服务程序和服务承诺等全部制框上墙，各乡（镇）民政办进一步完善了各项工作制度，自觉接受社会的监督。（亢昱人、郑 文）

【信访工作】 2009年，和静县民政局共受理群众来信来访52件73人，办理48件。

（亢昱人、郑 文）

信 访 工 作

【和静县信访局领导人】

党支部书记、副局长：买买提江·霍加（维吾尔族，2009年10月任职）

局　　长：李文忠（2009年10月离任）、赵新武（2009年10月任职）

【概况】 1954年，和静县成立信访办事机构，由县委秘书室兼管。1984年5月，县人民政府办公室下设政府信访接待室，县委信访办公室划归县人民政府领导。2002年12月，更名为县人民政府信访办公室。2006年7月，成立信访局，设行政编制4名。2007年10月，信访局下设信访督查

室，设事业编制3名。现有工作人员7名，中共党员5名，均大专以上学历。办公地点设在县党政办公大楼一楼。（巴达玛扎布）

【信访会议】 2009年2月4日，和静县召开政法、信访工作会议，会议总结了2008年信访工作，对2009年信访工作做了安排部署，对2008年信访工作先进个人及先进集体进行了表彰奖励。10月12日，召开了维护稳定暨国庆安保工作、信访工作会议，会议回顾和总结了2009年维护稳定暨国庆安保工作、信访工作，安排和部署了当前和今后一段时期的工作。会上兑现了县领导包案处理重大疑难复杂问题责任制，兑现奖励资金10万元。（巴达玛扎布）

【群众来访】 2009年，和静县群众信访总量78批410人次，其中集体访24批319人次，信访总量较上年97批416人次分别下降20%和1%，确保了全国"两会"，特别是新中国成立60周年等重大活动期间，和静县未发生越级赴乌鲁木齐进北京非正常上访或群体性事件。全县共有33名县级领导参与接待上访群众75批440人次，协调处理信访问题35件次，阅批群众来信85件。

（巴达玛扎布）

【信访目标管理责任制】 2009年，和静县人民政府与全县88个单位签订了2009年度《信访目标管理责任书》。对全县88个乡（镇）、部门落实《和静县2009年度信访工作目标管理责任书》情况进行了年终检查考核，评选出巴音布鲁克镇等16个先进集体、吐尔洪·铁木尔等19名先进个人。

（巴达玛扎布）

【信访积案化解年活动】 2009年是中央、国务院确定的信访积案化解年，按照"合理诉求解决到位、过高要求教育到位、无理纠缠稳定到位、触犯法律处理到位"的总体要求，和静县信访局对排查出的38件重大疑难信访案件，采取"一件积案、一名领导、一套班子、一个方案、一抓到底"的措施，通过积极协调，使35件疑难信访问题得到妥善化解，办结率高达92.1%。全年完成信访积案22件，其中自治区交办的1件、自治州党委书记约谈的3件、自治州领导信访接待日批示的2件、自治州联席会议交办的16件。（巴达玛扎布）

【"三调"联席会议】 2009年11月，和静县实行人民调解、行政调解、司法调解三大调解联席会议制度，联席会议由县委政法委、人民法院、人大法工委、司法局、信访局、法制办组成，坚持每星期五召开联席会议，在县人民法院设立了人民调解窗口，一般民事案件经调解无效，才移交法院立案庭。加强人民调解与行政调解、司法调解的有效衔接，一定程度上快速有效地解决了实际问题。县领导在接待群众来访的同时，落实第一责任，听取有关方面汇报，研究解决方案，及时下访到事发现场，主动与信访人面对面座谈，解决首访问题。全县有13名县级领导深入基层32次，做信访人政策解释和思想疏导工作，避免了信访问题激化或重访。

（巴达玛扎布）

【信访渠道】 2009年和静县信访局积极引导信访群众通过"绿色邮政"、"县长信箱"等方便、快捷、经济、高效的途径反映和解决问题，最大限度地减少群众走访维权成本，受到群众的认同。"县长信箱"共受理群众来信387件次，内容涉及建设、教育、卫生、纪检监察、行政执法、人事劳动和社会保障等诸多领域。经县领导批示，信访局及时交办督办，当年已处理360件次，答复满意率达93%。（巴达玛扎布）

【舆论宣传】 2009年，和静县信访局协调县电视台深入乡（镇）对一些重大疑难信访案件跟踪采访报道，编辑制作了四期专题片，利用有线电视广泛宣传，进一步提高了信访人的依法有序维权意识。同时，将专题片积极向巴州电视台报送，将有价值信息向《巴音郭楞日报》、自治区信访局投稿，其中3篇报道在《巴音郭楞日报》刊登，1篇被自治区信访联席会议采编，作为优秀经验在全疆推广。（巴达玛扎布）

【财政投入】 2009年，和静县财政拿出580余万元资金，解决了35件历史遗留的复杂疑难信访问题，进而密切了党群、干群关系。又投入8万余元安装了电子显示屏幕、监控设备、室外护栏、防盗门等设施，进一步改善了信访工作环境。加大对信访局和乡（镇）信访工作经费投入，把县信访局工作专项经费纳入年度财政预算，共拨付资金17万元，给乡（镇）先后两次拨付专项经费50万元，落实了35名信访专干岗位津贴6.5万元。（巴达玛扎布）

【信访听证会】 2009年，和静县积极推行听证制度，确保信访案件处理的透明度，促进案件的结服率。全年共召开听证会3次，其中针对和静镇克泽村林业组村民反映的24万元私人贷款等5个方面的问题，县委、政府抽调37名干部组成5个工作组进行深入调查，在做了大量前期工作的基础上，为充分听取村民意见，保证公平、公正处理，3月，组织召开了县、乡、村三级干部、村“三老”人员、调查组成员、信访群众共计120余人参与的听证会，有效地化解了干群矛盾。（巴达玛扎布）

【信访信息】 2009年，和静县信访局加强信访信息报送工作，定期向上级反映社情民意，为科学决策提供服务。县信访联席会议办公室全年报送专报28期、交办函47件、转送函22件、摘报7期，编发信访信息18期、动态12期，发送告知书12件、信访要情8期，提出处置工作建议10条。

（巴达玛扎布）

【信访案件督查督办】 2009年，和静县委、政府主要领导根据每月初信访联席会议呈送的领导包案、部门承办重大疑难信访问题的进展情况，亲自督办，并在县委中心组学习中先后督办5次。此外，成立了以公、检、法、司等部门组成的信访工作联合督导检查组，联合督办12次，下发催办通知4份、督办通知4份。（巴达玛扎布）

老 龄 工 作

【和静县老龄工作委员会领导人】

主　任：姚新强

副主任：达·才仁加甫（蒙古族）、臧念成、王　峰、刘英（女）

办公室专职副主任：马金忠（回族）

【概况】 和静县老龄工作委员会成立于2003年，下设和静县老龄工作委员会办公室（挂靠县民政局）。现有编制3人，其中专职副主任1人。县委、人大、政府、政协的领导分别担任老龄委主任、副主任，成员由22个分管老龄工作的单位组成，配备

22名老龄工作联络员。全县各乡（镇）也相应建立健全了老龄工作机构，由乡（镇）党政领导分别担任老龄工作领导小组组长，并配备专（兼）职工作人员，设立老龄工作联络信箱，及时沟通老龄工作信息，初步形成了县、乡（镇）、村（社区）三级老龄机构网络体系。（李春梅）

【老年人年龄结构】 截至2009年底，和静县有60岁以上老年人17 346人，占全县总人口的9.4%。其中60～64岁的老年人有5 690人，65～79岁的老年人有10 166人，80～89岁的老年人有1 315人，90～99岁的老年人有174人，百岁以上的老年人有1人。（李春梅）

【维护老年人权益】 2009年，和静县老龄委认真贯彻落实《老年人权益保障法》和自治区《优待老年人规定》。将《老年法》纳入普法宣传，司法审判机关对涉老案件特别是与老年人切身利益相关的案件，实行“优先立案、优先审理、优先执行”，老年人合法权益得到有效维护。2009年，法律援助中心为老年人免费提供法律咨询62人次，代写法律文书63份，办理法律援助案件4件。（李春梅）

【老有所为】 2009年，和静县退休教师雷国秀编创的舞蹈和组建的秧歌队多次参加了和静县的重大活动，并获得了一致好评，为活跃和静县老年人的文化生活作出了重大的贡献。回族干部洪永祥退休后笔耕不辍，退而不休，再次被县史志办返聘，承担着《和静县志》第二轮编修工作业务指导、审稿和编辑工作。2009年，为了全面建立和完善社会治安“人防”工程，和静县组织了“红袖标”队伍，其中有近80%是农牧区“三老”人员和退休干部。（李春梅）

【老有所养】 2009年，和静县行政、企事业离退休人员的养老金按时足额发放，各项老龄政策均得到落实。年内共有4 789人领取养老金4 694万元；享受农村计划生育家庭奖励扶助老年人35人，人均发放计划生育家庭奖励扶助金720元，共2.52万元；全县有百岁老人1人，每人每年1 200元百岁老人特殊生活补贴按时足额发放；为全县305位农村“三老”人员发放生活补助金83.24万元。县财政划拨150万元为1 453位离退休干部进行体检；全县60岁以上享受低保的老年人有2 583人，累计发放低保金462万元，其中城镇享受低保的老年人有2 133人，累计发放低保金435万元，农村享受低保的老年人有451人，累计发放低保金27万元；对全县符合要求的176名60岁以上“五七”工每人每月发放150元生活补贴，共28.22万元。（李春梅）

【敬老宣传】 2009年，和静县老龄委以9月“敬老宣传月”、“12·4”宪法宣传日和国庆节等重大庆典纪念活动为契机，组织开展“敬老爱老助老”主题教育活动；在主要街面设立老龄服务咨询台，组织文艺宣传汇演，开展走访慰问活动；组织老年人参加各类文艺、运动会、普法培训班等活动。8月县老龄办协调县交通局在全县出租车上张贴了500条宣传标语；9月在全县地名标牌上张贴了112幅图文并茂宣传画；9月5～9日县老龄办会同老干局在街心花园举办老龄工作图片展。9月29日在和静县庆祝中华人民共和国成立60周年专场晚会上县老年活动中心的老人们表演了丰富多彩的节目；10月13日县老干局和县老龄委在县老年活动中心共同举办了老年美术、书画及摄影作品展活动。（李春梅）

系，明确老龄工作职责，形成一级抓一级、层层抓落实的工作格局。加强创建工作宣传，形成浓厚的老龄工作氛围。通过努力，成功创建自治区老龄工作先进县。

（李春梅）

【走访慰问】 2009年，和静县各部门在春节、古尔邦节、七一建党节、八一建军节、教师节等节前组织慰问部分“三老”人员、离退休老干部、老教师、老知识分子、老复员军人（包括老伤残军人）、贫困老人、残疾老人等共计127人次，其中慰问百岁老人4次，慰问金及慰问品折合金额共计15 700元。（李春梅）

【老龄工作先进县创建】 2009年，和静县委、政府开展了自治区老龄工作先进县创建工作，县财政下拨6万元创建经费，将创建老龄工作先进县活动列入和静县2009年创建工作目标之一，纳入政府目标考核体

【表彰奖励】 2009年，和静县老龄工作通过自治区的检查验收，并由自治区申报推荐创建全国老龄工作先进县。在创建活动中，县委常委、组织部部长、巩乃斯林场党委书记、县老龄委主任姚新强和巴伦台镇老龄干事巴依斯哈林被评为自治区老龄工作先进个人；县老龄办被评为自治州老龄工作先进集体，县老龄办李春梅被评为自治州老龄工作先进个人。（李春梅）

巴伦台黄庙

巴伦台黄庙坐落在和静县城北部巴伦台镇老巴伦台沟，是一座气势恢弘的喇嘛教寺院，是蒙古族土尔扈特、和硕特部落信教群众朝拜的“圣地”。

黄庙建成于1888年，清光绪皇帝赐名永安寺。是新疆喇嘛教四大庙宇之一，素有“小布达拉宫”之称。

雄伟壮观的巴伦台黄庙，是由众多殿宇、经堂、佛塔、僧舍等组成，而以黄庙、居都外、却热、曼巴等寺庙最为有名。黄庙是主体建筑，坐落在寺庙群的中心，砖木结构，重檐歇山式的两层大殿，呈四方形，气势高大，雄伟壮观。正殿前方，两座佛塔高耸入云，金碧辉煌，灿烂夺目。大殿四周古榆苍苍，丹杏青青，配殿僧舍掩映其间。在整个黄庙建筑群中，黄庙自成格局，所以称之为“庙中之庙”。庙堂内，金幡高悬，宝瓶耀眼，一尊7米见高镀金铜质的麦德尔佛像矗立中央，体显出律宗持戒、超度众生的精神。13幅宗教壁画栩栩如生，有天神、天母、和气四友、千手观音、布袋和尚、十六罗汉、部落保护神等，精妙生动，各肖其神。除此之外，殿堂内还供奉有释迦牟尼、宗喀巴、班禅、生钦、宫明等诸佛铜像和画像。1984年7月，全国人大副委员长班禅额尔德尼·却吉坚赞曾到此观光，赞美这里山好庙好风光好。于是，黄庙在人们的心中又增添了一层神奇的灵光。（洪永祥）

人口和计划生育

【和静县人口和计划生育委员会领导人】

党支部书记：张长明

主　　任：王玉霞（女）

副 主 任：吐　汗（女，维吾尔族）、卫东（女，蒙古族）

协会秘书长：居　里

计生指导站站长：朱玉梅（女）

【概况】 和静县人口和计划生育委员会位于和静县巴音路和友好路的交汇处。1976年1月，成立和静县计划生育工作小组。1979年4月，成立计划生育办公室，与文卫科合署办公。1986年9月，计划生育办公室更名为计划生育委员会，同时成立计划生育宣传指导站。2002年，县计划生育委员会更名为县计划生育办公室，内设综合股，宣传法规股（增挂流动人口办公室）。2006年12月，和静县计划生育办公室更名为和静县人口和计划生育委员会，正科级建制。下设人口和计划生育宣传技术服务指导站，为副科级建制的事业单位，是进行专业计划生育技术服务的业务机构。2009年，县人口和计划生育委员会及其所属单位有干部职工34人，行政人员12人，工人2名，专业技术人员20人。（胥立军）

【人口计划完成情况】 2009年，和静县总人口18.71万人，其中汉族总人口9.84万人，少数民族总人口8.87万人，已婚育龄妇女29 674人，综合节育率88.13%，长效节育率78.14%，人口自然增长率8.93‰，人口出生率14.35‰，出生人口政策符合率为99.4%，出生人口上报准确率100%。（胥立军）

【计划生育优质服务】 2009年，和静县人口和计划生育委员会夯实计划生育技术服务机构集团化管理模式。从房屋布局、设备配置、手术常规、操作流程、医疗文书、管理制度等十个方面加快县乡计划生育服务机构标准化、规范化建设步伐。2009年，4个乡（镇）站建筑面积在200～400平方米，县站已达到功能完备、布局合理。2个乡（镇）建成了规范化标准化服务站。投入62万元新购了一批精良的妇科诊治、辅助检诊和消毒设备。为乡（镇）服务站更换了妇科诊疗设备，有效提升了服务的技术含量。技术服务集团在开展生殖健康服务方面进行了有益的尝试和探索，拓展了免费婚检、出生缺陷一级干预、液基细胞学检查、无痛终止妊娠术、输卵管结扎术、性病诊治、子宫颈黏膜下肌瘤摘除术、阴道前后壁修补术等新的服务领域。群众对技术服务的满意率始终在95%以上，全县计生服务机构收入75万元。（胥立军）

【计划生育宣传教育】 2009年，和静县人口和计划生育委员会扎实开展“婚育新风进万家”、“关爱女孩”和新型婚育、生育文化宣传活动，评选表彰婚育新风示范单位27个、文明户800户。联合教育、妇联等部门在县乡幼儿园、中小学分别开展人口早期教育，中学生青春期健康教育工作，推进了人口知识进校园活动。全县统一订购600册新家庭文化屋图书和300组灯笼，配发到16个人口文化大院、23个新家庭文化屋。各村（社区）更新了规范化的室内外宣传栏、公示栏、科普知识栏。农区乡镇建立了以户外宣传画、板报为主的婚育新风长廊，发放“创区优”工作手册1 000份和育龄群众应知应会1万份，努力提高干部群众创建知识知晓率。利用广播电视、政府网站等传播媒体开设人口专栏，定期播放国情国策、计划生育法律法规、奖励扶助、生殖健康等内容。县广电部门深入乡村放映人口计生宣传片8场。各部门联合开展5月29日协会会员宣传服务周、7月11日世界人口日、10月28日男性生殖健康日、12月1日预防艾滋病宣传日等大型群众性宣传活动。特别是“5·29”期间，举办了人口计生文艺节目调演和“新农村新家庭”书画展等系列宣传活动，协会会员自觉缴纳1元特殊会费共1.5万元，支持“关爱贫困母亲”行动，营造了“创区优”工作的浓厚社会氛围。（胥立军）

【计划生育行政执法】 2009年，和静县人口和计划生育委员会规范了计划生育办证服务程序。把生育服务证、再生育服务证、流动人口婚育证明、伤残鉴定等多项审批事项形成制度，按期办理，减少了办事环节，简化了审批程序，方便了群众，提高了服务效率。规范计划生育行政执法，以“法治进机关、进乡村”为载体，建立永久性固定公开栏36块，加大人口计生政务、村务公开力度。强化计划生育执法监督，建立健全了计划生育过错责任追究制、计划生育责任制和村务公开监督制等制度，妥善解决群众信访问题，化解了干群矛盾。（胥立军）

【计划生育信息化建设】 2009年，和静县县乡村同步加强育龄妇女信息化管理系统的建设，利用农村党员干部现代远程教育站点建立育龄妇女信息管理系统。2009年，全县农区信息网络覆盖面60%以上，建立育龄妇女信息管理、OA协同办公、人口计生工作管理三大系统，完善了教育培训和规范管理两个机制，实现了网络畅通、信息准确、管理规范、便捷高效的工作目标。以pis系统信息化建设为契机，加大硬件投入，为乡（镇）配备8万元设备。全县完成了14.3万人口信息采集，采集率达到96.88%，采集准确率在99.2%以上，顺利通过自治区人口计生的质量核查，已进入信息录入阶段。县乡人口计生部门统计报表、日常公文基本实现电脑录入，网上办公。90%的公文利用OA系统进行传送，“数字化服务站”系统运转正常，人口计生统计报表全面实现了区、州、县、乡“四级联网”和数据网络直报。改版了县人口和计划生育公众网站，将计划生育相关知识通过计算机网络进行广泛宣传。（胥立军）

【流动人口计划生育管理与服务】 2009年，和静县人口和计划生育委员会设立县流动人口计划生育管理办公室。将流动人口的专项经费列入财政预算，每年拨付经费5万元。县财政、妇联、共青团、总工会将计划生育工作纳入部门整体工作之中，同部署、同落实。特别是在抓流动人口计划生育工作中，公安、建设、工商、民政、综治等部门大力协助计生部门，建立了情况通报制度，定期研究新情况，解决新问题。尤其是城镇流动人口“一盘棋”管理方式富有成效，向流入人口发放免费服务爱心卡，对流动人口已婚育龄查孕查环实

行免费服务。并设立政策外孕育有奖举报制度，形成了以房管人综合治理流动人口的工作格局。（胥立军）

【创建自治区计划生育优质服务县】 2009年，和静县按照“标准化、规范化”的建设要求，投入300多万元改善了技术服务阵地的基础设施、技术装备。县计生综合楼和2个乡站国债项目相继竣工投入使用，县计生综合楼新建面积2 349平方米。为夯实优质服务网底建设，全县重点规范了60个村计生服务室的设施和环境，完善了基层计划生育“室、校、家、院”等服务阵地，形成了以县站为龙头、乡站为纽带、村室为基础的三级服务网络。选派县站技术骨干驻乡镇开展传帮带指导，增强乡镇站服务能力。遵照“四优一满意”服务站要求，投入8万元对巴伦台镇、哈尔莫敦镇服务站进行了改建和装修，配备了一批新的医疗设备，使全县5个县乡服务站呈现了结构合理、环境温馨、安静优美、设备精良的新面貌。通过努力，成功创建自治区计划生育优质服务县。（胥立军）

【队伍建设与技术培训】 2009年，和静县人口和计划生育委员会加强计生队伍建设，从卫生部门选拔了15名有执业助理医师以上资格的人员充实到县指导站和乡（镇）服务站，县乡计生医务人员达到32名，专业技术人员比例为93.75%。调配了一批能力强、素质高的妇女担任村计生宣传员，将每年岗位津贴从600元提高到2 400元；共举办业务培训班21期，先后选派35名乡镇计生干部参加上级培训，提高了基层干部和技术人员的业务技能。在全县人口计生系统成功举办了乡村“档案资料展评”活动。同时，每周组织县乡技术人员开展一次练兵活动，并代表自治州参加了自治区第二届技术服务练兵比武竞赛活动，1人获自治区技术能手称号，1人取得第3名。制定县乡计生例会等12项制度，将创建工作任务落实到个人，采取日常不定期考核评定奖勤罚懒，有效地激励了计生干部干事创业的积极性。支出13.2万元对基层先进单位和个人进行表彰奖励。（胥立军）

【计划生育村民自治】 2009年，和静县人口和计划生育委员会按照自治州提出计划生育村（居）民自治工作新机制建设“八好”标准，进一步完善了村民自治“章程”、“民约”和各项制度。现已命名计划生育村（居）民自治合格村（居）51个、先进村（居）45个。按照乡镇“择优选聘、县管村用”的原则，配备了一批能力强、素质高的妇女担任村计生宣传员。将所有行政村（社区）分为先进、合格、重点管理三个类别，制定不同的管理和评估办法，实行分类指导。至2009年和静县所有行政村、社区都实行了档案资料“一本式”管理，基本实现了计划生育工作由县、乡管理为主向村管理为主的转变。（胥立军）

【计划生育药具管理】 2009年，和静县人口计生技术服务指导站新建50平方米的标准化药具仓库，为县药具办公室配备了信息化设备、货架、空调。为乡（镇）配备了药具专柜，村（居）药管员配备了药具包，改善了办公条件和仓储条件，推动了乡、村药具硬件设施建设。全县建立健全了县、乡（镇）、村（居）三级避孕药具管理服务网络。县、乡、村三级现有药管员107人。全县各级认真遵守药具出入库管理制度，杜绝了发放、使用过期药具。

（胥立军）

【计划生育知情选择】 2009年，和静县计生部门充分利用社会各方面的力量和资源，通过在药店、社区、服务站、医院、单位、企业等多个地方设立免费药具发放点30个。在免费发放点设立了醒目的标志牌、自取箱和服务承诺，采取了全天候、灵活多样的发放方式，开展全方位优质服务，确保发放到位，方便群众领取。全县还利用人口日、法规日、男性健康日、三下乡、科技周等活动日，现场发放药具、答疑解惑、发放药具宣传册、宣传药具知识，做到“送药具到人、送知识到人、送服务到人”。同时，村级宣传员在发放药具时进行现场随访、宣传，扩大了群众对药具的知晓率，不断提高广大育龄群众对药具的“易得性”和满意度，群众的知情选择率和满意率达到95%以上。 （胥立军）

【计划生育利益导向机制建设】 2006～2009年，和静县人口计生部门累计为2 398户“少生快富”项目户发放奖励金近700万元；补助独生子女伤残死亡家庭28户；确认农村计划生育家庭奖励扶助对象158名；为农村146名考学加分对象给予了加分照顾。县政府给予53名农村计划生育家庭施行绝育手术对象每人一次性奖励1 000元；对61名农村独女户和双女户考取区内本科院校的女孩一次性补助500～2 000元；同时投入资金6.81万元，帮扶计划生育贫困户382户；县、乡、村三级落实各项地方优惠政策资金249.83万元。2009年开始分年度、分批次兑现县属破产改制企业领证退休职工2 000元计划生育奖励金；全县5 000多户城镇居民计划生育“领证”家庭摸底调查工作顺利结束。 （胥立军）

【计划生育协会工作】 2009年，和静县各级计划生育协会组织健全，全县有县级计划生育协会1个，基层协会109个，其中企业计生协会组建率达到66%；共有会员1.5万名。启动实施了“生育五关怀”活动，2009年已募集关爱贫困母亲基金1.5万元。截至2009年全县共有科技示范户27家，其中有2个乡镇荣获自治区级先进协会、4个村荣获州级先进协会称号。有86.7%村（居委会）达到合格协会的标准，会员之家72个。 （胥立军）

【计划生育综合治理】 2009年，和静县委、政府分管领导与24个计划生育兼职委员单位签订《人口和计划生育综合治理目标管理责任制》，并对工作突出单位进行表彰奖励。各兼职委员单位从政策、资金、项目上向计生家庭倾斜，建立起“政府主导、部门配合、群众参与、齐抓共管”的综合治理人口计生工作的新格局。 （胥立军）

【表彰奖励】 2009年和静县被评为自治区计划生育优质服务县，县计生委在自治州人口和计划生育目标管理责任考核中被评为一等奖。 （胥立军）

民族·宗教

【和静县民族宗教事务局领导人】

党支部书记：马继舜（回族，2009年6月离任）、马继元（回族，2009年6月任职）

局　　长：艾合买提·吾守（维吾尔族，2009年6月离任）、艾尔肯·艾山（维吾尔族，2009年6月任职）

副 局 长：乌兰巴图（蒙古族，2009年2月离任）、阿士尔（蒙古族，2009年2月任职）

【概况】　和静县民族宗教事务局位于和静县团结西路，成立于1986年，编制4人，主要职责是管理和静县宗教事务。1990年，原隶属于政府办公室的民族工作与宗教局合并成立了和静县民族宗教事务局，正科级建制，编制6人，现有工作人员8人。内设伊斯兰教协会和佛教协会。　（阿士尔）

【民族宗教政策宣传】　2009年，和静县民宗局大力宣传和贯彻《中华人民共和国民族区域自治法》、《宗教事务条例》、《新疆维吾尔自治区清真食品管理条例》，认真开展民族成分的确定、更改工作，努力保障公民正确表达民族成分的权利和招生工作中党的民族政策的贯彻落实；加强对清真饮食行业的管理，落实清真标准，维护穆斯林群众的合法权益；发展民贸事业，做好民族用品定点生产工作，争取少数民族发展专项资金，加快少数民族文化、教育、卫生、体育等事业快速发展，促进社会全面进步。　（阿士尔）

【组织宗教人士学习】　2009年，和静县民宗局坚持和完善宗教人士学习、考核制度，督促指导乡（镇）场民宗办抓好宗教人士每月定期学习工作，分期分批选派15名宗教人士到区、州政治学校学习，举办全县性宗教人士学习班1期120人次。（阿士尔）

【法律宣传】　2009年，和静县民宗局联合县委宣传部等部门组成宣讲团，在各乡（镇）场巡回宣讲15场次，广泛宣传党和国家民族宗教政策、相关法律法规、改革开放30年巨大变化，大力宣传民族团结典型事迹，使各族群众认清“三股势力”的丑恶嘴脸和险恶用心，坚决维护祖国统一，拥护共产党的领导，反对民族分裂，做到不信谣、不传谣。乌鲁木齐“7·5”事件发生后，县民宗局通过各种渠道搜集民族团结典型事迹12例，在县电视台采编播放5例，大力弘扬了“民族团结高于天”的思想。（阿士尔）

【少数民族发展资金项目】　2009年，和静县民宗局争取到少数民族发展资金项目5个，到位国家项目资金60万元。

（阿士尔）

【民族团结教育】　2009年，和静县民宗局在民族团结教育月内召开专题会议，明确活动主题，发放“三爱”教育读本3 000余册，并组织召开了由党外人士、宗教人士及和静县民族团结模范集体代表、民族团结模范个人参加的座谈会；慰问民族团结进步模范个人8人，推荐国家级民族团结进步模范单位1个、民族团结进步模范个人1人。2009年10月26日，县委、县人民政府召开全县民族团结进步表彰大会，拨付10万元表彰奖励了35个民族团结先进集体和75名先进个人。（阿士尔）

【清真食品管理】 2009年，和静县民宗局根据自治区《清真食品管理条例》，联合县工商局开展了4次清真餐饮点检查工作，查出违规经营点12个。发出限期整改通知书12份，并完成整改工作。（阿士尔）

【宗教事务管理】 2009年，和静县民宗局规范教职人员资格审核和聘用程序，实行资格证和聘用证制度，提高宗教人士法制观念和政策水平，增强其遵纪守法意识；认真做好宗教活动场所年检工作，加强对宗教活动的监管，用《卧尔兹选编》和《新编卧尔兹演讲集》规范宗教人士讲经，使宗教活动在法律、法规和政策允许的范围内开展，杜绝非法宗教活动的发生。加强对基督教、天主教的管理，采取有力措施，加大对“两教”的管理力度，遏制“两教”发展势头，确保社会稳定。2009年5月，与公安部门协同从快查处了哈尔莫敦镇的一起非法宗教活动，及时消除了隐患。上报属于危房和需维修的宗教活动场所，完成6座宗教活动场所翻新维修的审批工作。建立健全信访工作机制，共接待来信来访3次，协调解决矛盾3起。联合文体、公安等部门开展“扫黄打击非法音像制品”活动，对县印刷企业、图书销售点、音像制品店和打字复印店进行全面清查。每逢肉孜节、古尔邦节以及佛教节日等传统大型宗教活动期间，实行24小时值班制，消除宗教活动场所以及宗教活动安全隐患，着力防止异常事件的发生。（阿士尔）

【教职人员培训】 2009年，和静县民宗局先后选派15名年轻爱国宗教人士、民宗干部参加自治区、自治州社会主义学院举办的培训班。（阿士尔）

【宗教协会】 2009年4月3日，和静县召开佛教协会和伊斯兰教协会换届选举工作会议，选举产生了新一届的“两协”领导班子，对宗教协会的工作注入了活力，增加了新鲜血液。（阿士尔）

【宗教活动场所管理】 2009年，乌鲁木齐“7·5”事件发生后，和静县民宗局充分发挥职能作用，扎实做好宗教活动场所维护社会稳定的各项工作。对全县各宗教活动场所进行明察暗访，督促各宗教活动场所实行24小时值班，并备好防护器材。特别是做好“主麻日”清真寺维护稳定工作，要求清真寺做到来访来客登记，不留陌生人住宿，有情况及时向有关部门汇报。（阿士尔）

【朝觐事务管理】 2009年，和静县民宗局按照制止零散朝觐领导小组的安排，认真开展制止零散朝觐专项治理工作。组建县、乡制止零散朝觐宣讲团，共宣讲7场次，全县听取宣讲的乡、村干部、宗教人士和群众达1万余人次，实现了和静县2009年度零散朝觐人员“零”的目标任务。（阿士尔）

【奖惩】 2009年，和静县民宗局对“五好”宗教人士和“五好”宗教场所给予表彰，对违法、违规行为的宗教人士，严格按照规定，给予取消宗教人士资格、停发生活补助费、留寺查看等处罚。（阿士尔）

乡、镇、场

和 静 镇

【和静镇领导人】

党委书记：巫建忠

党委副书记：才　岱（蒙古族）、乌　兰（蒙古族）、刘晓军、徐　琼（女）

人大主席：阿里木江·阿不都热西提（维吾尔族）

镇　　长：吐尔洪·铁木尔（维吾尔族）

纪检书记：库尔班·克尤木（维吾尔族）

武装部长：钟天辅

党委委员、拉布润林场场长：艾尼瓦尔·阿不都热依木（维吾尔族）

副 镇 长：孟　健、郝叶红（女）、山加甫（蒙古族）、吉力力·阿日甫（维吾尔族）、邓子龙

【概况】 1960年7月，成立和静镇人民公社。1963年11月，改称和静镇。和静镇是和静县政府所在地，南与良种场相接，东与农二师二二三团毗邻，西与哈尔莫敦镇交界，北与巴伦台接壤，218国道和南疆铁路横穿境内，是和静县政治、经济、文化中心。全镇总面积346平方千米，耕地面积0.25万公顷，草场面积0.19万公顷，林地面积0.17万公顷。辖区实有人口56 813人，其中常住人口49 659人，城镇人口41 386人，农村人口10 265人，少数民族人口占总人口的67.63%。和静镇辖4个行政村、1个建筑公司、1个林场、10个社区居委会、20个站所（办），辖区内有13所学校、129家驻镇单位、1 223间商业网点，特种行业、文化娱乐场所148个，宗教活动场所20个，租赁房屋3 764间。（宁　巩）

【经济发展】 2009年，和静镇实现总收入11 726万元，同比增长20.7%。农牧民人均纯收入6 772元，人均增收1 496元。全镇播种粮食作物1 493.33公顷、种植经济作物971.18公顷，建设设施农业16.08公顷，成为农民增收点。全镇牲畜年末存栏19 743头（只），育肥30 424头（只）。年内出栏各类牲畜31 329头（只）。累计黄牛改良3 684头，其中冷配1 272头。肉羊杂交改良1 215头。肉产量5 269吨，牛奶产量4 500吨。植树造林394.92公顷，更新面积29.68公顷，共发放退耕还林补助资金90万元，林果业占农民增收的份额上升到66元。

（宁　巩）

【党建工作】 2009年，和静镇党委下设党总支1个，党支部21个，有党员360人。全年共开展党纪条规学习教育10次，组织观看反腐倡廉电教片7次，座谈讨论3次。落实了农村党员服务承诺制，全镇农村党员151人，其中90名党员参加了党员承诺活动，占党员总数的65%，做出解决看病难、上学难、增收难等惠民承诺40余项。在社区、机关也开展了“一帮一”承诺活动，着力解决城镇贫困居民的各种困难。

（宁　巩）

【新农村建设】 2009年，和静镇新修防渗渠16.3千米，维修清淤渠道196千米，维修闸门30座，新建闸门72套、涵56座，完成沟畦灌溉268公顷。新建高标准节水灌溉381.9公顷，平整土地871公顷，新建灌区配套建筑物133座，新打机井6眼。维修防洪坝1.5千米，完成土石方49 500立方米。修建挑流坝5座，完成铁丝笼卵石450立方米。相继成立了茂盛蔬菜专业合作社、茂盛瓜果专业合作社、顺华养殖专业合作社、连心农牧民专业合作社，使全镇专业合作社达到6家，共有会员400多名，带动农户8 000多家。拨付3万元作为科技进步专项资金，投入40万元用于设施农业补贴。农业先进技术推广率和良种覆盖率分别达到98%、100%。举办各类培训班22期，培训农民2 022人次。投资3 437万元在开再村建成污水处理厂，新建及改建排水管网30.1千米。（宁 巩）

【农业产业结构调整】 2009年，和静镇继续实施“退白扩红”战略，大力推进良种工程，重点发展优质工业番茄、加工辣椒等特色农产品，确保粮食种植面积稳定在737公顷。大力推进设施农业建设，完成新建春秋生产型日光温室20.1公顷、深冬生产型日光温室1.01公顷的建设任务。建立良种繁育、钵盘育苗、育苗移栽、间作套种、复播、测土配方、高标准节水灌溉等新品种新技术为一体的高效栽培模式，完成育苗移栽加工辣椒33.5公顷、育苗移栽工业番茄301.5公顷的任务。完成多熟高效种植670公顷，测土配方面积1 340公顷以上，新增高标准节水灌溉335公顷。新增设施林果业20.1公顷。调整畜牧种群结构，提高良种比例，出栏率和商品率达65%、96%。（宁 巩）

【项目建设】 2009年，和静镇争取到经济发展重大项目30多个。共建设施农业（温室大棚）55.61公顷，低产田改造670公顷，高标准节水灌溉1 139公顷，抗震安居房900套2.7万平方米，改扩建农村公路37.2千米，修建防渗渠56千米，修建机耕道100千米，架设高低压电力线路10千米。92千米的村组道路建设项目惠及4个村的村民；与新疆红彤彤食品有限公司合作日处理番茄1 500吨的生产线落户城北工业园区，该项目投资总额1亿元以上，占地面积20.1公顷，将为全镇农民种植业发展提供增收机遇，为失业人员实现再就业提供机会。（宁 巩）

【农村富余劳动力转移】 2009年，和静镇组织800人参加农村劳动力转移技能培训活动，培训后稳定就业率达到100%。完成“4050（男50岁，女40岁）”人员就业251人，为“4050”人员申请灵活就业补贴1 226人，补贴金额350万元。开发就业岗位370个，其中公益性岗位80个，为下岗失业人员和大中专毕业生办理求职登记证1 400人。为230人申请小额贷款完成初审，贷款金额680万元。实现城镇就业2 476人，劳动合同签订率达到100%。办理城镇居民医疗保险700人，社会保险参保率达80%，登记失业率控制在3.9%以内。年内共转移农村富余劳动力1 638人，年创收1 474.2万元，人均劳务收入同比增加637元。（宁 巩）

【减负、扶贫帮困】 2009年，和静镇平均每月享受城镇最低生活保障861户1 931人次，人均保障达140元，春节一次性补助共发放33.3万元，累计发放城市低保金260.9

万元。重大节日期间为57户困难户发放慰问金6 914元。临时救助80起，发放面粉2 000千克、大米2 000千克、清油700千克。给9位在乡老复员军人共发放生活补助金1.7万元，31名义务兵家属兑现优待金1.92万元，12户五保户发放供养金1.31万元，58名城乡医疗救助对象发放救助款13.1万元，18名困难家庭大学生发放救助资金1.99万元，7名特殊退役人员发放1.31万元。民政老龄工作得到加强。登记结婚692对、离婚218对，补领结婚证284对。全镇有残疾人246人，办理残疾证229人。有18名白内障患者经巴州人民医院康复手术后得到矫治和康复，将125户残疾人纳入城市低保，给191人发放低保金13万元、12户残疾贫困户建设抗震安居房补助12万元。

（宁　巩）

【农村教育卫生事业】　2008～2009学年度，和静镇小学入学率100%，在校学生巩固率100%，初中学生巩固率98.5%，全镇青壮年非文盲率达到99.6%。在和静县“两基”复验中以296高分名列全县第一。

全面推进农村药品“两网”建设，成立了食品药品工作组织机构，配备镇协管员1人，社区、村信息员14人，形成食品药品安全监管合力。充实医疗技术人员并配备一定医疗设备，确保每个村至少有1名具有医师资格的医务人员开展服务。与村、社区签订了《食品药品安全管理工作目标责任书》，实行专项考核，对镇属学校周边商店、食堂开展专项整治行动。2009年，全镇参加合作医疗人员6 639人，参合率达到97.4%，参合资金19.92万元；补偿报销就诊住院病人114人，补偿资金16万元。在4个村、10个社区设立了21个固定的疫苗接种点，对0～4岁儿童进行脊髓灰质炎的接种免疫，接种率达到100%。对8个月～6岁儿童全面进行了麻疹预防。完成农村改厕400座。继续开展“环境优美乡镇”、“生态文明村”、“绿色学校”和“绿色社区”创建工作。全镇新出生婴儿总数617人，自然增长504人，政策符合率99.5%。全镇综合避孕率87.66%，长效节育率77.89%，人口自然增长率10.2‰。（宁　巩）

【民族团结】　2009年，和静镇严格落实镇村领导包联宗教活动场所、定期与宗教人士谈话制度，依法开展制止零散朝觐专项治理活动；加强对爱国宗教人士的教育，引导信教群众讲团结、求稳定、谋发展，共同推动全镇经济社会又好又快发展。深入开展以“法治六进”为主要内容的“五五”普法教育，进一步加强法制建设，推进依法治镇进程。特别是乌鲁木齐“7·5”事件发生后，镇党委、政府教育党员干部不断增强政治意识、大局意识、责任意识、阵地意识，牢固树立稳定压倒一切的思想，把维护稳定作为头等大事，团结和带领全镇各族干部群众，站在反分裂斗争的第一线。在面对面宣传中，讲民族团结，讲政策法律，宣传“团结稳定是福、分裂动乱是祸”的基本道理，增强汉族离不开少数民族、少数民族离不开汉族、各少数民族之间也相互离不开的思想，保证了全镇辖区的社会政治稳定。（宁　巩）

【综合治理和平安建设】　2009年，和静镇认真落实社会治安综合治理“捆绑机制”，进一步加强流动人口、出租房屋清理和管理，开展“千人大清查”活动，抽调驻镇单位152名人员组成巡逻队，配合10个社区参加维稳工作，对重点部位、重要目标实行24小时巡逻。依法加大对宗教活动场所防控，特别是在乌鲁木齐“7·5”事件发生之后，和静镇及时成立护校、护村、护厂、护寺、护院、护店等护卫队，加大对各村、学校、厂矿、寺庙、家属院、店铺的护卫工作。投资17万元购置防护装备和电子器材，强化防护人员装备和重点部位监控。发放奖励及补助资金8 658元，收缴处罚金额14 384元。全镇建成平安单位119家、平安学校12所、平安社区9个、平安村4个、平安寺庙20个，平安家庭8 465户，平安单位、平安家庭创建率分别达95%、96%，被命名为平安乡镇。（宁　巩）

【宗教事务管理】　2009年，和静镇落实党政领导包联寺庙制度，建立镇、村、组三级宗教事务管理网络。加强节日期间的安全稳定工作，宗教场所实行24小时轮流值班，严格执行谈话制度，给11个清真寺安装电子探头，及时掌握宗教活动动态，认真解决宗教活动事务中存在的问题。加强外出朝觐人员管理，全镇持有出国护照人员58人（维吾尔族30人、回族28人），全年参加零散朝觐人数为零，20个宗教活动场所全部通过了“平安寺庙”复验。

（宁　巩）

【信访工作】　2009年，和静镇召开信访专题会议2次，领导干部包办案件14个，接待各类信访案件8件42人。（宁　巩）

【普法和司法调解】　2009年，和静镇结合“五五”普法活动，重点对《五五普法学习读本》、《公务员法》等12部法律法规进行宣传教育，特别是乌鲁木齐“7·5”事件发生后，加大对《宪法》和《刑法》的宣传力度，出普法板报21期，发放传单8 500多份，悬挂横幅135条，进行法制宣传教育35场次，受教育群众1.5万余人次。在“法治六进”活动中，共排查调解处理各类矛盾纠纷359件，成功345件，调处成功率96.1%。（宁　巩）

【社区建设】　2009年，和静镇10个社区阵地建设面积累计达5 252平方米。阿尔夏特路、查汗通古北路、查汗通古南路等社区设有“六站一室”式工作服务站，涵盖社区计划生育、劳动保障、司法咨询、警务岗、矛盾纠纷调解、文化体育、环境卫生等多项工作。（宁　巩）

【精神文明建设】　2009年，和静镇认真开展思想宣传教育，结合“民族团结教育月”、“公民道德建设月”、“全民读书月”，举办各类培训班39期，受教育人数达4 000多人次，上报各种信息80余篇。积极创建自治区级文明单位，开展“十星级文明户”、“文明村组”、“文明机关”、“文明小区”、“青年文明号”等一系列群众性精神文明创建活动，全镇共评出“十星级文明户”1 195户、“五好文明家庭”485户、“新风户”406户，建立精神文明共建对子11个。大力开展“八进村”、“八进社区”活动，城镇安全文明小区达到39个，社区居民活动室10个，建立爱心超市1个，对500多名下岗失业人员进行就业培训，为1 100名妇女提供生殖保健服务，组织社区单位与特困户结“帮扶对子”196对。建立健全文化工作站，加大人力、物力投入，配备专职工作人员和文化设施，开展文化进社区、进村组活动。推进移风易俗，积极参加各级各类文艺演出和竞赛活动，获得县级以上奖励集体4个、个人5人。（宁　巩）

表 5　**2009 年和静镇各村基本情况一览表**

村名	党支部书记	村委会主任	人口（人）	耕地面积（公顷）	人均纯收入（元）
夏尔布拉克村	阿布都拉	木沙·阿吾提	3 291	492.45	6 536
查汗通古村	买买提·依明	买买提·依明	3 024	277.60	5 332
开再村	艾合买提·吾拉音	马德俊	5 528	765.72	5 384.86
巩哈尔村	买买提·吐逊	托呼提·卡斯木	2 200	551.60	6 785

巴润哈尔莫敦镇

【和静县巴润哈尔莫敦镇领导人】

党委书记：王建亭（2009年1月任职）

人大主席：乌图那生（蒙古族）

镇　　长：阿不都克日木·毛拉买提（维吾尔族）

党委副书记：杨生祥（2009年1月任职）、巴依尔（女，蒙古族）、陈彦增（2009年10月任职）、阿孜古丽·麻木提（女，维吾尔族）

副 镇 长：阿力克（蒙古族）、徐生文

【概况】　巴润哈尔莫敦，蒙古语意为“靠右侧有榆树的地方”。位于天山南麓，和静县的西南部。北距乌鲁木齐290千米，南距库尔勒76千米，东距和静县城29千米。全镇行政面积1 051平方千米，耕地4 355公顷，草场3 015公顷，森林1 675公顷，常住人口2.37万人，其中农业人口19 940人，非农业人口3 760人，共有10个民族，其中汉族人口11 139人，蒙古族1 524人，维吾尔族9 053人，其他民族1 984人，少数民族占50%，是和静县的人口大镇。镇辖8个行政村、4个社区、41个村民小组，州县驻镇单位28个。

（乌仁其米克）

【历史沿革】　1951年9月，巴润哈尔莫敦镇所属区域称为三区。1953年12月，在三区开都河以南成立第六区。1956年3月，三、六区合并恢复原建制三区。1958年，在原六区的基础上成立上游人民公社。1984年11月，改称巴润哈尔莫敦乡，辖8个村。1998年11月，撤销巴润哈尔莫敦乡成立巴润哈尔莫敦镇。（乌仁其米克）

【地缘交通】　巴润哈尔莫敦镇域交通条件优越，是连接南北疆的交通要地，218国道穿境而过，镇村公路配套成网。覆盖城乡的客货运输网络已形成。现代化通信覆盖全镇。在现有农村公路养护的基础上，投入资金1 780万元，铺设柏油路89千米，进一步保障了农村道路的通行质量。

（乌仁其米克）

【农村经济发展】　2009年，巴润哈尔莫敦镇实现农村经济总收入34 670.46万元，较上年增长29%，其中第一产业 24 201.59万元，较上年增长34%；第二产业6 387万元，较上年增长19%；第三产业 4 082.89万元，较上年增长19%。农牧民人均纯收入8 015.46元，较上年增长20%。完成农村集体收入85.54万元。全镇种植良种小麦1 277.09公顷，上缴小麦4 800吨，完成任务的124%。发放粮食收购直补资金96万元，小麦综合补贴131.7万元。种植玉米

658.01公顷。种植各类经济作物2 639.13公顷，其中加工辣椒1 220.61公顷，工业番茄585.11公顷，棉花 250.65公顷，大棚蔬菜205.49公顷，露天蔬菜46.9公顷，打瓜100.77公顷，马铃薯126.63公顷，孜然50.25公顷。完成多熟高效农业播种面积1 000.5公顷。年末牲畜存栏50 205头（只），育肥31 056头（只）。完成造林416.55公顷，其中农田防护林18.35公顷，防风固沙林46.61公顷，定植生态型经济林328.38公顷；更新造林191.88公顷；育苗16.54公顷。

（乌仁其米克）

【党建工作】 2009年，巴润哈尔莫敦镇党委下设党支部22个，其中村党支部8个，街道社区党支部4个，机关站所党支部8个，学校党支部2个，共有党员456人，其中：农牧民党员274人，占60%；在岗职工党员154人；女党员84人，占18%；少数民族党员209人，占46%；高中以上文化程度党员227人，占总数的50%；35岁以下党员65人，占总数的14%。全镇党员交纳党费7 907.35元。2009年，镇党委结合实际建立健全《党委决策议事制度》、《党委中心组学习制度》等各项制度，在5个村推行了“一肩挑（村党支部书记和村委会主任由一人兼任）”，使“两委（村党支部、村民委员会）”班子结构更加合理，全镇村“两委”班子成员大专文化程度6人，中专文化程度8人，高中文化程度10人，班子平均年龄为38岁。镇党员干部现代远程教育9个接受站点设备齐全，设备运行正常。

（乌仁其米克）

【社区建设】 2009年，巴润哈尔莫敦镇为4个社区充实了工作人员，全镇社区工作人员达到23人。投资95万元新建、改扩建了巴音街、商业街、文化街、工业街社区办公室。投资3万元为社区购置了电脑、文件柜。组织全体社区干部到库尔勒电力社区、天山社区等单位进行学习考察。为每个行政村拨付1万元党建经费。开展了“岗位大练兵”活动，为获奖的11名社区干部颁发了荣誉证书和1 500元奖金。对各村的“四知四清四掌握”工作台账进行了评比，对获得第一、二名的分别给予2 000元、1 000元的奖励。同时，在4个社区建立了志愿服务队，深入社区居民当中，开展政策宣传、扶贫济困、组织动员等活动。

（乌仁其米克）

【新农村建设】 2009年，巴润哈尔莫敦镇修建防渗渠道6.2千米，完成计划任务的123%，新建灌区配套建筑物62座，维修建筑物12座。新增高标准节水灌溉面积288.1公顷，其中基本农田87.1公顷，生态经济林201公顷。汛期投资12.9万元，完成险工险段加固5处，修复重点防洪堤2千米，完成土石方8 300立方米。新打机井13眼，其中打南疆抗旱井3眼（塔里木河治理项目井），农牧民自筹资金打井10眼。在阿日勒村、哈尔乌苏村、阿尔孜尕尔村、查干赛尔村新建日光温室大棚40.74公顷，落实补贴面积31.06公顷。落实抗震安居补贴资金44万元，对5个村做了整体规划，开工新建抗震安居房235户，已完工210户，完成计划任务的391%。新型农牧区合作医疗参合人数达13 436人，收取合作医疗基金和基本医疗保险费34万余元，参合率达97%。年内共有376人住院治疗，住院费用报销71万余元。争取资金1万元，对两户风情园进行了补贴。重组了养鹿合作社，成立了田金源农业科技种植专业合作社。合理利用农作物秸秆、番茄渣和甜菜渣，大力普及“三贮一化”技术，共完成青贮饲料6. 8万吨。开展畜牧兽医草原实用技术培训 24

次。（乌仁其米克）

【小城镇建设】 2009年，巴润哈尔莫敦镇完成了村村通公路建设、商业街农贸市场改造、西部完善工程、市场改造、民族发展、人畜安全饮水工程、城镇排水工程、中心卫生院建设、文化站建设、人才资源市场建设等。将大十字至阿日勒村的近800米路拓宽为16米。对镇区218国道、商业街主干道两侧和安康新村进行绿化，绿化面积达4 950平方米。铺设镇区218国道两侧人行道路 1.2千米。强化环境治理，扩大集中供热面积3 200平方米。引进中国西北辣椒交易城、巴润哈尔莫敦蔬菜批发市场、犇鑫彩砖厂、天德辣椒加工厂、红星空心砖厂5家企业在巴润哈尔莫敦镇落户，该镇已入驻企业19家。田野面粉厂投资300万余元，建成西北最大的全自动挂面厂；和静县纸板厂投资300万元进行了技术改造。

（乌仁其米克）

【落实惠农政策】 2009年，巴润哈尔莫敦镇利用宣传栏、广播进行宣传，发放宣传资料2 500本。农牧民购买汽摩下乡产品161辆，享受补贴资金24万余元；家电下乡产品308台（件），享受补贴资金3.6万元；农牧机械279台，享受补贴资金17万余元；落实退耕还林资金24.1万元，退牧还草补贴5万元；能繁母猪补贴35万余元；落实抗震安居补贴资金44万余元；林果（包括设施果树）补助71万余元。落实动物疫病防治免费强制免疫政策。减免生态林水费39万元；免收农村残疾人水费 3.2万元。

（乌仁其米克）

【农村富余劳动力转移】 2009年，巴润哈尔莫敦镇组织技能培训班6期，培训451人，培训人群中转移农村富余劳动力428人。积极与金特钢铁、隆平高科等企业及周边县市密切联系，年内共发布各类用工招聘信息21期，提供各类用工岗位714个。全年转移劳动力1 986人，外出劳务创收1 600万元，人均增收136元。落实小额担保贷款60万元，大力支持大中专毕业生及下岗失业人员创业。对全镇下岗、失业、未就业大中专毕业生、“4050”人员及新增失业人员、就业转失业人员进行分类登记造册，做到“四清四到位”。（乌仁其米克）

【农村文化建设】 截至2009年，巴润哈尔莫敦镇各村都建有文化活动室，组织农牧民参加各类文体类比赛与演出，并荣获自治区百日文化广场先进乡镇称号。积极组建流动图书室、农家书屋，方便农民阅读各类图书和报刊。拥有一支组织庞大的社火队，定期为群众表演节目。电视节目频道增至40套，有线电视用户达3 260户；购买了一台100瓦的调频广播发射机，在镇区主街道及各村组安装了调频广播接收机46套，为广大群众提供更加丰富的广播电视节目。（乌仁其米克）

【农村教育卫生事业】 2009年，巴润哈尔莫敦镇落实“两免一补”资金 67.9万元。加大教育资源整合力度，将各村小学整合到原中心小学，组建和静县第五小学。开展农牧民文化技术培训，巩固扫盲成果，以优异成绩顺利通过自治区、国家“两基”复验，和静县第五小学被评为县“两基”工作先进集体。新建卫生厕所260座，争取资金30万元在7个村建设了卫生室。积极预防甲型HINI流感疫情，强化免疫率达100%。完善镇、村食品药品监督网络，规范农村食品药品市场秩序，组织群众积极参加科技培训。对65岁以上老人、计划生育两证人员及使用民族药的参保农民实行比正常报销比例高5%的优惠政策，让群众切实得到实惠。完成白内障复明普查、上报6例，同时有效开展“爱眼日”、“爱耳日”等宣传活动。（乌仁其米克）

【社会事业】 2009年，巴润哈尔莫敦镇发放农村低保金23.6万元，发放城镇低保金12.7万元。发送救灾救济物资价值3.5万元，发放临时救灾救济面粉、大米、清油5.45吨。全镇五保户32人，其中12人在县敬老院集中供养，发放五保供养资金3.9万元。在乡老复员军人11人，发放定补资金4万元。解决47名贫困残疾人的低保金问题，解决比例达13%。引导12名残疾人参加职业培训，其中有1名顺利就业；鼓励158名残疾人参加农村新型合作医疗。为残疾人发放轮椅5辆。（乌仁其米克）

【民族团结】 2009年，巴润哈尔莫敦镇充分利用民族团结月活动开展宣传，下派机关干部分布到各村，制作黑板报1期，发放宣传资料2 900余份。认真开展汉族与少数民族之间结对子、“一帮一”互助活动。充分发挥爱国宗教人士在维护团结稳定、构建和谐社会中的作用。（乌仁其米克）

【综合治理及安全保卫】 2009年，巴润哈尔莫敦镇开展各类普法宣传活动34次，分发宣传资料2万份，现场咨询180人次。建立人民调解委员会13个，人民调解员达143人。加强了重点时期和节日期间的矛盾纠纷排查，年内共调处民间纠纷390件，成功调解385件。制定了《巴润哈尔莫敦镇人民调解员调解纠纷奖励办法》，兑现“一案一补”资金约1 994元。加强制止零散朝觐宣传工作，确保零散朝觐“零”控制目标。（乌仁其米克）

【精神文明建设】 2009年，巴润哈尔莫敦镇继续深入开展“文明村”、“五好文明家庭”、“平安家庭”等各类创建工作，全镇共有“五好文明家庭”2 560户、“平安家庭”4 100户。大力宣传《公民道德实施纲要》，利用节假日开展文体活动，丰富农牧民文化生活，开展大型文艺活动7场，各类宣传活动12场次，发放宣传资料1万余份，现场咨询人数达5 500人次。（乌仁其米克）

表6　**2009年巴润哈尔莫敦镇各村基本情况一览表**

村名	党支部书记	村委会主任	总人口（人）	耕地面积（公顷）	人均收入（元）
呼青衙门村	杨德福	杨德福	2 309	626.60	7 957.16
查汗赛尔村	陈如涛	吐尔江·沙吾提	2 515	533.07	7 936.54
哈尔乌苏村	艾合买提	艾合买提	3 253	637.98	8 035.16
阿日勒村	艾拜不拉	艾拜不拉	3 103	424.35	8 189.42
阿尔孜尕尔村	木沙江·玉山	木沙江·玉山	2 614	517.59	7 970.23
开来村	杨西林	马木提	2 401	564.82	7 989.83
查汗通古村	春俊生	春俊生	754	370.92	8 092.83
拜勒其尔村	张登峰	牙生	2 646	660.20	7 948.48

哈尔莫敦镇

【和静县哈尔莫敦镇领导人】

党委书记：吴建东

党委副书记、镇长：艾合买提·赛买提（维吾尔族，2009年10月离任）、艾尼瓦尔·艾依提（维吾尔族，2009年10月任职）

党委委员、人大主席：马继舜（回族）

党委副书记：渠福田、魏　正（2009年7月离任）、李台荣（2009年7月任职）

党委委员、纪检书记：帕提曼·阿布都克热木（女，维吾尔族）

党委委员、武装部部长：崔吉林

副　镇　长：胡春华（女）、孜克拉·阿依丁（维吾尔族）、巴图孟克（蒙古族）、阿迪力·阿布力米提（维吾尔族）、刘　军

党委委员兼莫呼查汗扶贫农场场长：兰军（蒙古族，2009年11月离任）、本拜（蒙古族，2009年11月任职）

【概况】　哈尔莫敦，蒙古语为“有榆树的地方”。哈尔莫敦镇位于天山中段南麓，焉耆盆地西北部边缘，周边与巴润哈尔莫敦镇、和静镇等乡镇毗邻，距乌鲁木齐直线距离325千米，距库尔勒直线距离85千米，平均海拔1143米，是个农牧业大镇。区域走向沿开都河北岸由西向东延伸，是不规则的菱形，呈西北高，东西低，全镇东西最长112千米，南北最宽47千米，总面积3 733平方千米，其中耕地面积6 363.2公顷，林地面积2 519.2公顷，天然草场面积21.44万公顷。全镇总户数5 782户，总人口21 860人，其中农业人口19 992人，主要由汉、维吾尔、蒙古、哈萨克等13个民族组成。镇区有州县驻镇单位19家，镇辖7个行政村2个社区，分别为觉伦图尔根村、乌拉斯台村、夏尔莫敦村、查茨村、哈尔莫敦村、乌兰尕扎尔村、萨拉村、文化路社区、团结路社区。（马　晶）

【历史沿革】　1951年9月，哈尔莫敦镇所属区域称为三区。1958年改区建人民公社，称先行人民公社。1979年10月，更名为北哈尔莫敦公社。1984年11月，改称哈尔莫敦乡。2001年撤乡建镇，更名为哈尔莫敦镇。（马　晶）

【农村经济发展】　2009年，哈尔莫敦镇农牧民总收入达到29 251.31万元，比上年增长39.9%。其中第一产业26 322.58万元，比上年增长45.9%；第二产业489万元，比上年增长2.94%；第三产业2 439.73万元，比上年增长1.8%。农牧民人均纯收入增加1 780元，达到7 547.6元。全镇总播面积7 844.49公顷（正播6 388.45公顷、复播1 456.04公顷、套播219.09公顷），粮食作物2 599.6公顷，其中小麦2 278公顷，玉米321.6公顷，经济作物3 788.85公顷，辣椒、早熟马铃薯、工业番茄等优势作物种植面积占60%以上，成为巴州乃至焉耆盆地重要的辣椒和早熟马铃薯产销基地。同时出台新建温室大棚的优惠政策，2009年全镇新建温室大棚8.36公顷。2009年牲畜存栏10.29万头（只），牲畜最高饲养量17.5万头（只），牲畜疫病防治率100%。2009年，完成造林面积518.08公顷。其中防护林435.17公顷，经济林 82.91公顷。大力发展二、三产业，注册登记的大小公司及公司

下设的销售处（点）20余家、农资销售点10余家、粮油加工点26家、木材加工厂12家、小型超市及日用品商店128家，劳务派遣中心1家，修理铺12家，产值达到2 000万元以上。2009年全镇二、三产业产值2 928.73万元，比上年增长2%。（马　晶）

【党建工作】　2009年，哈尔莫敦镇中心组集中学习16次，党政干部集中学习24次；向乌鲁木齐“7·5”事件受害群众捐款15 100元。调整补充支部书记2人，站所负责人1人。年内共发展党员12名，35岁党员占80%。落实农村“三老”人员政策，并按要求上报符合条件的“三老”人员6名。举办了庆祝建党88周年暨“七一”表彰大会，会上对2008年工作突出的6名党务工作者、29名优秀党员、10名党员服务承诺先进个人及9名党政机关先进工作者进行了表彰。2009年底，全镇407名党员分别以书面承诺的方式公开承诺，其中岗位承诺事项273件，实事承诺事项345件，已践诺334件，践诺率达97%以上。承诺的事项和践诺结果，得到了广大群众的认可。

（马　晶）

【农村富裕劳动力转移】　2009年，哈尔莫敦镇紧紧围绕市场需求、农民需要的原则，从富余劳动力技能培训、农民外出务工信息收集、政策咨询、就业指导、职业介绍等方面入手，进一步加大对富余劳动力的转移力度，全镇富余劳动力整体素质不断提高，劳务创收本领明显增强。积极发挥巴州农村信息网平台，发布各类用工信息54条。2009年举办技能培训班5期，培训人数727人，外省就业1 402人，从事土地承包生产610人。转移农村富余劳动力2 012人，其中组织转移人数326人。2009年外出劳务创收1 440万元，比上年增加219.73万元，增长18%。（马　晶）

【农田水利设施建设】　2009年，哈尔莫敦镇从加强渠道设施管理、灌溉管理、发挥农牧民用水者协会作用、积极推广膜下滴灌技术等方面入手，大力开展滴灌技术的推广应用。增强了农牧民节水意识，提高了水的利用率。春季实施膜下滴灌工程335公顷，已全部投入使用。完成新建防渗渠建设19.5千米。防洪工作有序开展，2009年新建防洪坝5.2千米，完成土石方52 770立方米，防洪险段投入铁丝笼600个、石头600立方米。查茨村新成立1个农牧民用水协会，协会工作井然有序。（马　晶）

【小城镇建设】　2009年，哈尔莫敦镇投资50余万元改善了办公楼环境，新建了职工食堂，使干部的工作、生活条件得到极大地改善。以实现小城镇的绿化、美化和净化为重点，继续抓好街道卫生，投资40余万元，补种街道风景树2 000余棵，铺设了3千米的人行道和路沿石。进一步加大改善城镇卫生环境力度，投资7余万元购置了10个大垃圾箱、36个果皮箱，镇容村貌得到极大改善。完成农村村组道路柏油化51.4千米。组织干部群众投资投劳223.5万余元，对农村公路46千米进行养护，保证了农村公路的干净整洁，畅通无阻，为群众提供了良好的出行条件。2009年，全镇完成建设抗震安居住房127户，完成任务的112%，所有新建房屋全部通过县建设部门的验收，验收合格率达100%。镇党委、政府加强与上级主管部门的联系，积极争取50万元，新建镇卫生院568平方米的门诊楼，协调18万元，自筹14万元对6个行政村的卫生室进行了新建，改善了镇、村卫生

院（室）的医疗环境。（马　晶）

【项目建设】　2009年，哈尔莫敦镇先后争取并实施了良种补贴项目、退耕还林口粮田改造项目、抗旱打机井项目、高标准节水灌溉项目、道路建设项目、觉伦图尔根村536公顷低产田改造项目、乌兰尕扎尔村农田水利基本建设项目，争取项目资金共计2 000万元。（马　晶）

【科技兴镇】　2009年，哈尔莫敦镇开展了“科技之冬”、“科技大集”活动。邀请州、县农业科技人员举办各类培训班7场次，培训人数达4 000余人次，发放宣传单6 000余份，加大了科技信息服务力度，利用镇网站、广播电视发布供求信息35条。加大新品种的引进和新技术的推广，使农业先进技术覆盖面达到92%，优良品种覆盖率达到95%以上。2009年全镇完成了多熟高效作物种植面积达1 431.32公顷。（马　晶）

【社区工作】　2009年，哈尔莫敦镇为两个社区文化室配备了乒乓球案、麻将桌等娱乐器材，对职工宿舍前约1 000平方米的空地进行了硬化，购买了一批活动器材，进一步丰富了社区居民的文化生活。积极建立村级农家书屋与青年活动中心等基础设施，2009年萨拉村“农家书屋”被评为自治区级农家书屋，在册图书达5 000余册，农家书屋辐射带动作用不断增强。

（马　晶）

【人口与计划生育】　2009年，哈尔莫敦镇以创建自治区优质服务县为契机，进一步加大计生工作力度，先后投入资金13万元为镇计生办、各村配备了办公设备，改善了计生工作条件。全年开展大型宣传活动6次，举办各类培训班12次，制作了大小宣传版面35块，发放宣传品4 000多份，为42户“少生快富”工程项目户家庭发放奖励金32.8万元。同时加大了对流动人口的服务与管理，与流动人口签订了《流动人口计划生育管理责任书》，严把流动人口计划生育管理关。（马　晶）

【社会保障】　2009年，哈尔莫敦镇全面落实农村最低生活保障制度和五保户供养条例，全镇享受农村低保人员119户225人，2009年发放低保金15 350元；城镇低保金实现了动态管理下的“应保尽保”，全镇享受城镇最低生活保障金总户数20户55人，共发放保障金53 652元。五保供养人员22人，特困户154户，全部实行集中供养。积极筹措和落实优抚、优待、五保救灾救济资金，争取救济救灾资金2万元，妥善安排了192户困难群众的生产、生活；解决了9户大病特困户的医疗资金23 900元，特困大学生救助1人次，共补助款1 420元。“春节”、“古尔邦节”期间为慰问困难户送去清油50千克、面粉2吨、大米1 070千克、煤炭20吨等日常生活用品，为119名困难户255人参加了新型农村合作医疗，医疗补助6 120元。慰问老复退军人、革命伤残军人、烈属、现役军人家属等7户，共送慰问金1 400元；给12名老退伍军人按期发放了优抚金33 468 元。开展了“爱耳日”、“全国助残日”、“爱眼日”、“国际残疾人日”助残法律咨询服务活动，完成白内障复明普查上报23例，做康复手术15人，疝气患者12人，做手术5人，耳聋患者15人，戴助听器人3人，帮助5名残疾人解决就业问题。2009年参保新型合作医疗人数12 486人，参保金额374 580元，参合率达到100%。（马　晶）

【民族团结和维稳工作】 2009年，乌鲁木齐“7·5”事件发生后，哈尔莫敦镇及时组织27名工作人员和县下派的9名工作人员深入村组（社区）扎实有效开展维稳工作，宣传教育群众19 862人次。认真落实防范措施，投入技防资金7万余元用于安装摄像头，投入国庆安保经费6万余元用于综治工作宣传、巡逻、硬件设施建设，国庆前夕全镇举行应急处置突发事件演练。依法加强民族宗教事务管理，充分发挥爱国宗教人士在维护团结稳定、构建和谐社会中的积极作用。相继出台了“干部陪访”、“重大信访领导包案”等制度，确保一般矛盾纠纷不出组，较大矛盾纠纷不出村，重大矛盾纠纷不出镇，将矛盾化解在基层，处理在萌芽状态，2009年妥善化解了“八配套”工程款、土地、草场、林木纠纷等21件历史遗留的复杂疑难信访问题。深入开展以消防安全、道路交通、木材加工厂为重点的安全生产专项整治活动，扎实推进“安全生产示范乡镇”、“安全生产示范村（社区）”、“平安农机镇”、“平安畅通乡镇”创建工作。 （马　晶）

表7　**2009年哈尔莫敦镇各村基本情况一览表**

村　　名	党支部书记	村委会主任	总人口（人）	耕地面积（公顷）	人均收入（元）
乌兰尕扎尔村	牙生江·阿不都热西提	牙生艾力·依得力斯	3 253	1 290.78	6 820.88
哈尔莫敦村	刘　军	吉力力·买明	3 783	969.95	7 450.92
查茨村	王道刚	傲其尔加甫	4 026	1 082.74	7 804.71
觉伦图尔根村		李斌华	3 854	1 670.17	9 337.70
萨拉村	王天海	王天海	2 580	805.87	6 907.22
夏尔莫敦村	库尔班·托乎提	库尔班·托乎提	2 271	480.30	6 162.11
乌拉斯台村	巴都玛	巴都玛	598	60.00	7 262.17

巴伦台镇

【和静县巴伦台镇领导人】

党委书记：何　东

党委副书记：丁志民、刘新亭、宝力岱（蒙古族）

纪检书记：乌力杰巴义尔（女，蒙古族）

镇　　长：桑加拉（蒙古族）

副 镇 长：董恋书、库尔班·牙生（维吾尔族）、乌　兰（女，蒙古族）、阿尔斯林（蒙古族，2009年11月离任）、斯繁荣

人大主席：才仁道尔吉（蒙古族）

武装部部长：吴建全

【概况】 巴伦台，蒙古语意为“有沙红柳的地方”。巴伦台镇地处天山腾格尔峰南侧，地形由西北向东南倾斜，山高谷深，沟壑纵横，峡谷相间，植被稀疏，山地裸露。属温带大陆性气候，海拔1 500～3 000米，昼夜温差大，年平均气温5.7℃，无霜期131天。巴伦台镇自然资源丰富，野生

动植物种类繁多，目前发现的有雪莲、天山贝母等野生药用植物和雪鸡、黄羊、马鹿、熊等国家二、三类保护动物。矿产资源有铁、铅、锌、铜、白云石、大理石等矿藏。主要以畜牧业为支柱产业，发展牦牛、绒山羊等特色畜牧业。

全镇常住人口4 307人，镇内有单位20多个，5个驻镇部队，辖6个行政村、3个社区居民委员会。境内居住着蒙古、汉、维吾尔、回、哈萨克等5个民族的农牧民，其中蒙古族占总人口的75%以上。（张建华）

【历史沿革】 1950年4月，建立巴伦台区，下辖阿拉沟、巴伦台沟2个乡，1个前进牧场。1951年9月，改为第四区，辖4个乡。1959年8月，撤销各乡，成立五一、八一两个牧业公社。1964年11月，下辖五一、八一两个人民公社更名为巴伦台、阿拉沟牧业人民公社。1984年11月，机构改革，两个公社名称改为巴伦台乡和阿拉沟乡，隶属于巴伦台区管辖。1987年11月，撤销巴伦台区建制，成立巴伦台镇，阿拉沟乡同时改为县辖乡。2002年实行乡镇机构改革，巴伦台镇下设党政、社会宗教事务、经济发展、计划生育等办公室，行政编制39人，工勤人员3人。（张建华）

【地缘交通】 巴伦台镇位于和静县城以北，距离县城62千米，北面与玛纳斯县、呼图壁县、昌吉市、乌鲁木齐市接壤，西邻巴音布鲁克区，南通哈尔莫敦镇、和静镇，东抵阿拉沟乡和克尔古提乡，南北最长100千米，东西最宽70千米，总面积3 020平方千米，其中森林面积871公顷，耕地面积134公顷，草场面积3 015公顷。国道216线、218线交汇于此，南疆铁路贯穿全镇，为南北疆交通枢纽。（张建华）

【农村经济发展】 2009年，巴伦台镇实现产值1 457.16万元，农牧民人均收入4 315元，比上年增加495.1元。全镇牲畜存栏82 247头（只），其中绵羊39 120只，山羊33 692只，牦牛5 671头，黄牛1 871头，马1 772匹，其它牲畜121头(只)。有生产母畜52 585头（只），母畜比例63.9%；全年繁殖成活各类仔畜44 437头（只），繁活率89.5%，出栏各类牲畜30 300头（只），出栏率87.2%，商品率78.1%，产山羊绒8吨。新增蔬菜种植面积20.1公顷，蔬菜产量3 200吨。种植业产值190万元，农牧民种植业一项人均增收39.86元。全年植树造林19.34公顷，其中争取项目资金20万元，在乌拉斯台村实施了百亩晚熟杏项目，种植晚熟杏树6.7公顷6 000余棵，成活率85%以上。（张建华）

【党建工作】 2009年，巴伦台镇党委下属党支部17个，其中村党支部6个，社区党支部3个，学校党支部1个，其他党支部7个。全镇共有党员461人，其中少数民族党员189人，35岁以下党员72人，占26.4%；36～45岁党员120人，占31.7%；46～54岁党员80人，占21.5%；55～59岁党员28人，占6.9%；60岁以上党员161人，占13.4%。党员文化结构方面，大学本科党员26人，占8.9%；大学专科党员94人，占29.3%；中专党员40人，占9.3%；高中党员60人，占8.9%；初中及初中以下党员241人，占42.3%。镇党政领导班子13人，平均年龄37.8岁。（张建华）

【小城镇建设】 2009年，巴伦台镇先后组织实施了四期镇区小城镇基础设施建设，水、电、路、通讯、广播电视等基础设施

完善，镇区内商业网点众多，小城镇建设已初具规模。（张建华）

【社区建设】 2009年，巴伦台镇设有3个社区，即巴伦台镇第一社区、南桥社区、北桥社区。巴伦台镇第一社区位于巴伦台镇区中心，成立于2002年4月，社区总户数920户2 780人，其中常住人口612户1 328人，流动人口87户。有在职干部7人（包括下派干部1人），行政编制5人，事业编制2人，责任区民警1人。社区下设党支部一个，党员7人，辖区单位15个。北桥社区成立于2004年8月16日，社区辖内总户数383户，总人口726人，现有党员21人，在职党员2人，离退休党员19人，社区共有6名工作人员。巴伦台镇铁尔曼南桥社区成立于2004年8月，辖区有8个行政事业单位和企业，常住户1 256户2 447人，暂住户1 387户4 061人（区外流入2 997人，区内流入1 064人）。其中少数民族约占5%，约200人。社区党支部成立于2008年4月1日，有党员237人，党小组20个。有干部8人，大专文化程度以上7人。（张建华）

【新农村建设】 2009年，巴伦台镇投资98万元解决镇区居民饮用水问题；投资33万元，解决巴伦台村70户牧民人畜饮水问题，同时解决附近33.5公顷土地的用水问题；新建抗震安居住房30套；新建守边牧民住房8户；新建牲畜饲草料库房120平方米；完成街道两侧路灯99盏；修建了呼斯台村韭菜沟口简易桥梁及附近牧道；新建或改建了6个村级卫生室；蒙医院新建了办公室、病房，巴伦台医院也易地重建；投资13万元加固了巴伦台村黄庙附近及其他防洪险段的防洪设施；铺设巴伦台村柏油路900多米；投资7 200多元设立农村公路标识牌6个，对公路养护3次；争取廉租房建设项目760套，已建成108套；完成城镇就业人员69人，短期务工人员496人，实现劳务创收85万元，人均增收80.77元。先后在6个村共举办培训班12期，共培训牧民、农村党员、村干部1 267人次。（张建华）

【旅游产业发展】 巴伦台镇旅游资源丰富。巴伦台黄庙素有小布达拉宫之称，已有百年历史，是著名的观光避暑胜地。宫明活佛圣泉水旅游区是集旅游、医疗、保健于一体的风景旅游地。每年夏季夏草场多家牧民开办农家乐，为游人提供骑马、酸奶、风干肉等多种特色服务。2009年，吸引客商投资700余万元在查岗诺尔达坂兴建了阳光之路国际滑雪场，填补巴州冬季旅游的空白。（张建华）

【农村文化阵地建设】 2009年，巴伦台镇争取资金10余万元，自筹资金3万元，完善了卫星接收机、投影仪、调音台、音响、电视等器材；新引进图书1 000册，新增图书4 700册，投入3万元购书2 100册，新建了乌拉斯台村农家书屋。先后举办了“三八”妇女节文体活动、迎“五四”篮球赛、第二届长调歌曲比赛；举办了巴伦台镇第六届那达慕大会；参加了县纪念建党88年歌咏比赛，组织、排演节目27个；收集蒙古族长调歌词100多首，杂技与竞技等6个项目列入《县级非物质文化遗产名录》，语言、蒙古族长调等29个项目列入《州级非物质文化遗产名录》。投入近万元资金，购买了电脑、调制器等设备，增添了五套电视节目。同时，大力实施广播电视村村通工程，为边远牧民免费发放安装电视卫星接收机450多套，解决了这些牧民无法看电视、收听广播的问题，使广播、电视真正

做到了全覆盖。 （张建华）

【农村教育卫生事业】 2009年，巴伦台镇坚持教育优先发展，“两基”巩固提高工作顺利通过上级验收，小学入学率、毕业率100%，残疾儿童少年入学率100%，15周岁人口初等教育完成率100%，17周岁人口初级中等教育完成率为99.04%，全镇15～50周岁青壮年2 370人，实有文盲8人，失能5人，青壮年非文盲率99.6%；农牧民青壮年劳动力实用技术培训面为93.05%。全镇有卫生院1所，蒙医院1所，6个村均设有卫生室。是年，参加农村新型合作医疗保险的人数2 082人，参保金额62 460元，参合率达99%；城镇医疗保险共参保192人。全镇组织开展了4次大型卫生整治活动，争取环卫垃圾车1辆，垃圾箱10个，果皮箱48个。认真实施食品药品“放心工程”。聘请农村药品“两网”协管员1人，信息员9人，覆盖率达到100%。全年开展食品监督检查3次，清理和销毁了部分“三无”食品。 （张建华）

【社会治安综合治理和平安建设】 2009年，巴伦台镇利用“科技、卫生、文化”三下乡活动、“麦德尔”节、反邪教宣传月、个体协会活动、“三八”节、“6·26”禁毒日、村级民主日活动、第六届那达慕大会等大型联欢会之际开展集中宣传。全年共组织各类入户宣传11次，共印发平安建设、反邪教、信访、禁毒、消防、节制饮酒、治安管理处罚等宣传单及有关法律法规宣传单1.5万余份，悬挂横幅20条，永久性宣传标语9块，组织机关、社区、站所、村干部共完成综治暨平安答卷150份，播放教育光碟130小时，发放民族团结、维护新疆稳定宣传教育材料35本，法制宣传手册15本，受教育人数达1万余人。登记各类流动人口6 154人，登记出租屋1 156间。村级强化了联户长、村级治安员队伍，各社区健全了楼栋长、片区长、巷道长、店户长、红袖标、义务信息员队伍共计324人。安装视频监控设备30套；在全镇6个村、3个社区、16个单位、1所学校、3个护店队、12个厂矿共建立“六支队伍”41支，组织开展稳定应急分队处突演练，共有50人参加。武装卡点共抓捕网上逃犯3名，登记各类人员6 200人，车辆1.1万辆。受理治安案件42起，查处33起，查处率为78.5%。是年，全镇平安家庭户数达到835户，平安家庭示范村 2 个。 （张建华）

【精神文明建设】 2009年，巴伦台镇通过开办文明学校，举办演讲比赛、知识竞赛、文艺演出以及加强文化阵地建设等多种形式，广泛深入地开展了基层组织建设“三级联创”活动、文明村镇、文明站所、文明窗口、平安乡镇、卫生乡镇、双拥模范单位等一系列文明创建活动以及社会主义荣辱观教育、民族团结宣传教育、法制宣传教育、党风廉政建设等活动，提高了农牧民群众的整体素质和文明程度。全镇共有“十星级”文明户256户，占总户数的55.6%，“五好文明家庭”230户，占总户数的 50%。2009年全镇有3个自治区级文明单位和1个自治区文明村，是自治区体育工作先进乡镇、自治州卫生示范乡镇、自治区爱国拥军模范单位。 （张建华）

【安全生产】 2009年，巴伦台镇针对驻镇单位和矿山企业多的特点，与6个行政村、3个社区和驻镇20个单位，50多个企业分别签订了安全生产责任书。建立健全隐患排查台账和隐患整治台账，对道路交通、危险化学品、建筑工地、矿山开发、人畜饮水安全、防洪安全等领域进行安全生产隐患排查工作，对辖区所有农用拖拉机进行检查审验，审验率达100%，驾驶人员持证率达100%。为3个行政村和3个社区配备了消防设备。在6个行政村和3个社区开展了安全生产示范村（社区）活动。全年投入安全生产各类资金达17.25万元。

（张建华）

【“五五”普法】 2009年，巴伦台镇调整了“五五”普法依法治镇领导小组，镇党委与全镇6个村、20个驻镇单位签订了“五五”普法依法治理责任书。举办了第五期普法骨干培训班。征订各类法规选编2 170册。有6个村达到民主法治村的标准。先后请镇法庭的法官进学校作法制报告2次，受教育学生达200人。全年共调解各类民事纠纷119起，调处率100%。共受理人大议案和建议11件，办复率达100%。共接到群众来访23起，成功化解20起，在规定时间内办结率达100%。

（张建华）

表8 **2009年和静县巴伦台镇各村基本情况一览表**

村名	党支部书记	村委会主任	总人口（人）	草场面积（公顷）	人均收入（元）
古仁郭勒村	党巴	党巴	181	3 047	6 086.51
呼斯台村	于新忠	才仁加甫	708	7 685	4 062.28
包格旦郭勒村	党巴	巴图巴依尔	512	6 176	6 089.25
巴伦台村	铁木热	铁木热	528	7 642	1 760.00
夏尔才开村	才仁道尔吉	苏友力	200	5 294	4 564.00
乌拉斯台村	本拜	本拜	380	7 300	4 999.47

乃门莫敦乡

【和静县乃门莫敦乡领导人】

党委书记：陈　雷（2009年2月任职）
乡　　长：伊力图（蒙古族）
人大主席：才　仁（蒙古族）
党委副书记：艾斯卡·买买提（维吾尔族）、刘　念（2009年10任职）
党委副书记、古尔温苏门肉牛场场长：杨　军（2009年8月任职）
纪检书记：洪　涛（回族）
副乡长：阿尤甫江·阿不都克木（维吾尔族）、陈彦斌、姚　婷（女，回族）
武装部部长：任明学（2009年10月任职）
科技副乡长：开萨尔·艾木都拉（维吾尔族）

【概况】 乃门莫敦是蒙古语音译，意为“八棵榆树”。乃门莫敦乡位于和静县南约10千米处，东与农二师二二三团毗邻，南隔黄水沟东支与二十二团相望，西跨南疆铁路与二十三团相邻，北与和静镇相连。

全乡地处山前平原区，海拔高度（1 088～1 056米）自西北向东南倾斜，东西最长21千米，南北最宽10千米，总面积160平方千米，耕地面积2640公顷。该乡为典型的大陆性气候，年平均气温8.5℃，年平均降水量51.9毫米，无霜期180天。2009年，全乡总户数1 724户7 566人（非农业人口855人），其中汉族1 955人，维吾尔族2 085人，蒙古族1 228人，回族1 285人，东乡族158人。辖5个行政村、2个国有农牧场、22个村民小组，13个站所，1所中心学校。

（奥才才）

【历史沿革】 1950年建立八棵树区。1951年9月，八棵树区与斜米尔区合并成立第二区。1958年9月，一、二区的部分地区合并成立巴音人民公社。1967年更名为东方红人民公社，1979年10月，改称八棵树人民公社。1984年11月，改称乃门莫敦乡。

（奥才才）

【农村经济发展】 2009年，乃门莫敦乡农村经济总收入达到6 400.11万元，增长21.23%，农牧民人均纯收入6 260元，较上年增长1 265元。2009年生产总值9 411.25万元，比上年增长78.26%。农业收入5 440.57万元，增长65.89%；林业收入380.42万元，增长61.16%；牧业收入1 483.46万元，增长114.51%；工业收入175.62万元，增长58.76%；建筑业收入460.08万元，增长94.68%；运输业收入860.98万元，增长133.37%；餐饮业收入459.12万元，增长56.48%；服务业收入94.41万元，增长122.14%；其他收入56.61万元，增长178.05%。全乡农作物总播种面积2 613公顷，其中小麦1 042.52公顷，玉米53.6公顷；经济作物种植面积1 471.66公顷，其中番茄201公顷，甜菜686.75公顷，辣椒110.55公顷，棉花179.02公顷，打瓜92.66公顷，葵花40.2公顷，小茴香161.47公顷。年末牲畜存栏12 688头（只），出栏牲畜12 938头（只）。人工造林112.54公顷，其中农田防护林89.31公顷、经济林21.91公顷，完成任务的132.8%。

（奥才才）

【党建工作】 2009年，乃门莫敦乡有10个党支部，党员279人。其中女党员66人，少数民族党员157人；有后备干部60人；2009年，全乡新发展党员12人。全年举办乡村干部培训班6次1 131人次，组织党员观看电教片15场次，受教育党员、干部人数达1 000人次，受教育面积达到90%。积极组织开展“三下乡”活动，给农牧民送有关图书，科技材料2 600余份，组织机关干部捐赠各类图书200册。（奥才才）

【设施农业发展】 2009年，乃门莫敦乡设施农业建设迈出实质性步伐，年内投建温室大棚42座5.36公顷，其中乃门莫敦村4.02公顷19座温室大棚建成运营，完成任务的100%。

（奥才才）

【农村文化建设】 2009年，乃门莫敦乡在原有基础上，投资6万元新建青少年图书室、体育活动室、老年活动室等。体育活动室有乒乓球、跳棋、篮球、羽毛球等；老年活动室有扑克牌、麻将、象棋等；图书室有三种文字的各类科学、文学、故事等图书共735册；阅览室有种植、养殖等图书6 000余册。为全乡5个村、1所学校配备了远程教育设备，覆盖率达到100%。2009

年，全乡有科技示范村5个，农民技术员6人，科技示范15户，占全乡总数的0.9%；科技示范基地6.67公顷，科技活动中心1个，农牧民文化技术学校1个，村级农牧民技术学校3所，科普培训750人。（奥才才）

【教育卫生事业】 2009年，乃门莫敦乡教育卫生事业健康发展，国家“两免一补”政策得到落实，全乡学龄儿童入学率大幅度提高。在校生达到469人，其中小学适龄儿童入学率99.68 %，初中适龄学生入学率96.47 %，“两基”工作顺利通过国家复验。2009年，新建村卫生室3个，改建村卫生室2个；新建垃圾池12个，购置垃圾箱12个、手推车3辆、果皮箱46个，投入卫生经费5万元。农村药品“两网”监督机制逐步完善，食品安全综合监管力度加大。农村合作医疗保险人数达3 156人，参合率85%；城镇居民基本医保覆盖面得到拓展，参加保险居民达180人，比上年增加150人。（奥才才）

【新农村建设】 2009年，乃门莫敦乡筹资45万元启动了乡政府主街道集中供热工程；投资15万元建成篮球场、羽毛球场及和谐文化夜市；投资40万元完成1.9千米的人行道和绿化带建设；完成11千米乡村道路柏油路面铺设；动工建设抗震安居住房151户；维修防渗渠道9.3千米、新建配套建筑物4座，清淤支、斗、毛渠135千米，恢复旧机井3眼，建成高标准膜下滴灌301.5公顷；新建沼气池45座；拟投资2 400万元的1 340公顷土地整理项目通过了自治区专家评审，已列入国家项目库。（奥才才）

【民族团结和精神文明建设】 2009年，乃门莫敦乡在“元旦”、“三八”等重大节日期间组织开展各类文艺演出、歌咏比赛、拔河比赛、自行车环乡比赛、球类运动会等群众喜闻乐见的文体活动，促进了全民健身运动的深入开展。开展“十星级文明户”、“三学三比”女能手、“青年文明示范岗”、“五好”文明家庭等评选活动，营造浓厚的文明氛围，弘扬家庭美德、社会公德、职业道德新风尚。2009年共举办群众性文体活动15场次，州、县两级下乡演出节目4次。“平安家庭”总户数达到1 048户，星级文明户和五好文明家庭达到602户。2009年全乡有平安村3个，平安学校1所，平安单位14个，平安宗教活动场所12个，平安家庭1 093户。（奥才才）

【扶贫帮困】 2009年，乃门莫敦乡累计给903户1 688人农村低保户发放保障金21.05万元，给518户724人城镇低保户发放保障金12.54万元。农村救灾、医疗救助、水费减免等优惠政策得到很好落实，为4户残疾人家庭新建房屋240平方米，为284户480人低收入群体发放面粉、大米、清油等生活必需品。（奥才才）

【表彰奖励】 2007年，乃门莫敦乡被自治州命名为“平安乡镇”；2008年被评为“自治区第二次全国农业普查先进集体”；获自治区2006年度“婚育新风进万家活动先进集体”称号；获自治州2004～2006年度“四五”普法先进集体称号；2006年，乃门莫敦乡被评为“第二次全国残疾人抽样调查先进集体”。（奥才才）

表 9　　2009 年乃门莫敦乡各村基本情况一览表

村　名	党支部书记	村委会主任	总人口（人）	耕地面积（公顷）	人均收入（元）
乃门莫敦村	蒋成新	阿布拉江·阿布都热依木	2 266	1 106.68	6 337
包尔尕扎村	王　亮	王　亮	2 248	740.24	6 267
包尔布呼村	王　军	王　军	1 571	754.38	6 140
古尔温苏门村	杨　军	杨　军	2 515	1 206	3 930.5
夏尔乌苏村	才　仁	才　仁	436	140.7	5 096

协比乃尔布呼乡

【协比乃尔布呼乡领导人】

党委书记：胡晓东

党委副书记：彭　剑（2009年4月离任）、薛建保（2009年10月离任）

人大主席：艾尼瓦尔·阿不都热依木（维吾尔族，2009年4月离任）、艾合买提·吾守尔（维吾尔族，2009年6月任职）

纪检书记：赵　钦（女，2009年4月离任）、曾　铭（女，2009年6月任职）

武装部部长：翟玉盘

乡　　长：马洪云（回族）

副 乡 长：张向军、薛以山、郑春磊（2009年6月任职）

【概况】　协比乃尔布呼为蒙古语，协比乃尔为蒙古族人名，布呼为“渠”。1984年11月建乡。地处焉耆盆地边缘，位于和静县城南部23千米，距焉耆县城9千米，地处开都河下游，紧靠开都河北岸，地势由西北向东南倾斜，海拔1 065～1 058米，地下水资源十分丰富，地表灌溉主要引用乌拉斯台河水，是一个以农牧业为主导产业的乡。206省道、南疆铁路、农二师二十二团至二十一团道路从乡境内通过，周边与焉耆县、农二师二十一团、二十二团、二十三团、巴州乌拉斯台农场相毗邻。全乡总面积141平方千米，耕地面积2 246.67公顷，总人口5 768人，主要由汉族、维吾尔族、回族等民族组成。下辖2个行政村，13个村民小组，15个站所（学校），1个运输专业合作社，3个涉农协会。全乡有7个党支部，党员152名，其中农民党员93名，“三老”人员15名。（张　晓）

【农村经济发展】　2009年，协比乃尔布呼乡农业生产总值8 477.93万元，较上年增加1 043.05万元，人均纯收入6 615元，较上年人均增收1 285元。种植业、畜牧业、林业、二、三产业、富余劳动力创收较上年分别增加了123.93元、358.3元、3元、501.62元、298.81元。2009年，全乡种植粮食作物616.4公顷，其中小麦549.4公顷、玉米67公顷；经济作物1 393.6公顷，其中工业番茄515.9公顷，甜菜435.5公顷，辣椒204.35公顷，棉花67公顷，孜然134公顷，打瓜33.5公顷，其他3.35公顷。新播冬麦67.20公顷。全年植树造林31.72公顷。（张　晓）

【乡村文化阵地建设】 2009年，协比乃尔布呼乡加强农场文化阵地建设，实施“东风工程”（免费送书下乡活动）、党风廉政建设、计划生育、农业畜牧业种养殖等技术专柜。“东风工程”图书音像制品发放到村，为各族农牧民搭建了一个提高科学文化素质、增强脱贫致富本领的文化平台。2009年争取到10万元文体设施设备。

（张 晓）

【教育卫生事业】 2009年，协比乃尔布呼乡“两基”巩固提高工作扎实推进。将爱国教育、民族团结和计算机、手工品制作纳入教学活动，全面提高学生综合素质。争取资金55万元，新建乡中心学校锅炉房和食堂。落实“两免一补”政策（对义务教育阶段家庭经济困难学生免费提供教科书、免杂费和补助寄宿生生活费）。享受“两免一补”的学生690人次，免费和补助金额达25.4万元。顺利通过国家“两基”验收，并被县人民政府评为“两基”工作先进集体。开工建设乡卫生院300平方米扩建工程和查汗才开村卫生室维修工程。协调上级部门配备医务人员2名，聘用医务人员2名。乡合作医疗实现应保尽保，全乡参加合作医疗854户3 076人，参合率97%，享受合作医疗报销的人数94人，共报销医疗费13.8万元。

（张 晓）

【特色农业】 2009年，协比乃尔布呼乡全面实施“退白扩红”（减少棉花种植面积，发展工业番茄、色素辣椒等红色产业）发展战略，确立了甜菜、工业番茄、色素辣椒等为主导品种的种植结构。以工业番茄、色素辣椒为主的育苗移栽，以间作套种、复播为主的立体种植模式（孜然套种玉米、油葵、辣椒、番茄，小麦套种胡萝卜）。膜下滴灌高新节水和钵盘育苗移栽等现代农业技术得到全面推广，农产品产量和质量明显提高，节本增效成果初显。农业产业化步伐全面加快，将原有的甜菜协会、工业番茄协会转型成农业合作社。积极加强与绿源糖业、天达番茄酱厂等周边企业联系，切实做好农产品销售环节服务工作，2009年签订工业番茄订单4万吨，甜菜订单3.5万吨。新建日光温室大棚5.36公顷。

（张 晓）

【农村安居工作】 2009年，协比乃尔布呼乡加大抗震安居工程优惠政策宣传力度，工作人员走村入户开展技术指导和质量监督，严格按照责任书要求和“谁管理、谁负责、谁承担责任”的原则，将责任落实到人，严把建房质量关。全乡完成抗震安居住房46户，完成任务的230%，所有新建房屋均按抗震设防要求施工，全部通过县建设部门验收。

（张 晓）

【宗教人士及活动场所管理】 2009年，协比乃尔布呼乡依法加强宗教事务和宗教场所的管理，及时传达上级维稳会议精神，继续坚持领导包联清真寺制度，在每个“主麻日”活动期间，组织派出所、机关干部、村组干部及民兵对外来信教群众进行登记，做好各清真寺的安全保卫工作。定期召开宗教人士例会，学习相关法律法规，及时了解和掌握教民思想动态。根据教民的意愿，考察并上报伊斯兰协会批准改选了查汗才开村回族清真寺主持。

（张 晓）

【社会治安综合治理】 2009年，协比乃尔布呼乡以“发案少、秩序好、群众满意”为总体目标，每两个月召开一次综治例会，分析治安形势，通报工作开展情况。成立综治工作中心，抽调派出所、综治办、信访办、司法所等单位和部门人员实行办公，着力做好矛盾纠纷排查化解工作。全年受理矛盾纠纷172起，其中协调处理170起，2起移交县法院处理，化解成功率99%，全乡有1 151户达到了“平安家庭”的标准。2009年，全乡发生治安案件受理19起，查处14起，治安案件发案率较上年下降6起。

（张　晓）

【民族团结和精神文明建设】　2009年，协比乃尔布呼乡积极开展公民道德建设月和民族团结教育月活动。全乡有921户参加了“十星级文明户”评选，参评率92%，评选十星级文明户510户，占全乡总户数的42.5%。评选县级“五好文明家庭”75户，乡级“五好文明家庭”720户。查汗才开村开展了自治区精神文明村创建活动，并顺利通过自治区验收。（张　晓）

【项目建设】　2009年，协比乃尔布呼乡大力实施农村基础设施建设项目。投资1 900万元，完成了41眼机井项目建设；投资55万元，完成了学校食堂和供暖项目建设；投资30万元的人力资源市场项目、30万元的乡卫生院项目、9万元的村卫生室维修项目、30万元的水毁工程项目、30万元的办公室维修项目、30万元的客运站建设项目、10万元小型农田水利基本建设项目、8万元壮大集体经济和5万元农村信息化建设等9个项目资金已到位；投资80万元的民政救助福利中心已通过自治区民政厅审核；投资1 000万元的人畜安全饮水、160万元基层政权建设项目和100万元的环境优美乡镇项目已列入自治区项目库；13千米的道路建设已通过评审立项。依托独特的地理位置和优势资源，成功引进了榕丰番茄制品有限责任公司落户，已投入1 000万元，完成了厂房、库房等基础设施建设，8月正式投产，吸收乡富余劳动力80余人。同时，扶持本地农牧民创办农产品深加工企业1家，成功申报以“晒径岛”命名的农副产品品牌1个。（张　晓）

【表彰奖励】　2009年，协比乃尔布呼乡分别获自治州抗震安居工程先进乡镇、安全生产示范乡镇。（张　晓）

表10　　2009年协比乃尔布呼乡各村基本情况一览表

村　名	党支部书记	村委会主任	总人口（人）	耕地面积（公顷）	人均收入（元）
协比乃尔布呼村	杨宏金	杨宏金	2 879	1 092	6 350.88
查汗才开村	吐逊·吐拉洪	吐逊·吐拉洪	2 780	908	6 880.12

巴音布鲁克镇

【和静县巴音布鲁克镇领导人】

党委书记：刘雯雯（女，2009年4月任职）

镇　　长：苏岳乐（蒙古族，2009年4月任职）

党委副书记：孙小江（2009年4月任职）

纪委书记：乌图那生（蒙古族，2009年4月任职）

副　镇　长：胡春来（2009年4月任职）、阿力腾巴图（蒙古族，2009年4月任职）、乔龙巴图（蒙古族、2009年4月任职）、苏中华（2009年4月任职）

【概况】 巴音布鲁克，蒙古语意为“富饶的泉水”。巴音布鲁克镇位于天山南麓腹地，地处和静县西北部。镇政府距县城288千米，平均海拔2 500米。巴音布鲁克草原属高位山间盆地，四面雪山环绕，气候独特，冬季漫长。7月最高气温28℃，1月极端最低气温-48℃。巴音布鲁克镇是重要的畜牧业生产基地、矿产资源富集地、旅游风景区，217国道、218国道、321省道从境内通过，交通十分便利。巴音布鲁克镇2009年4月建立，辖8个行政村（含2个地方国营牧场），驻镇单位30个，有国家级天鹅自然保护区管理局、医院、妇幼保健站、寄宿制学校、电站、信用社、环卫队、派出所、工商所、国税所、地税所及各矿山企业所等。全镇总人口3 954人，由汉族、蒙古族、维吾尔族、哈萨克族、藏族、回族等民族组成，其中蒙古族占总人口的95%。（武发怀）

【历史沿革】 巴音布鲁克镇的前身是尤鲁都斯县，1950年8月，自治区将尤鲁都斯县归并到和靖县，成立巴音布鲁克区，下辖3个乡（斜米、茶腾、巴仑）。1951年9月，自治区调整区划，成立和静县第五区，下辖3个乡（一乡、二乡、三乡）。1958年9月，第五区改称巴音布鲁克区。1984年，实行机构改革，巴音布鲁克区辖4个乡、11个牧场。2009年4月，巴音布鲁克区改称巴音布鲁克镇，撤销巴音乌鲁乡。（武发怀）

【小城镇建设】 2009年，巴音布鲁克镇继续加强城镇基础设施建设，2009年基础设施累计投入 0.6 亿元，新开工规模以上项目10个，项目总投资1亿元。总投资2 000万元的火烧桥至巴音布鲁克35千伏输变电线路和变电站建设工程启动实施并于年内投入使用。国道217线巴音布鲁克段改扩建工程建设顺利进行，2010年竣工；217国道巴音布鲁克镇区过境公路831～834千米加宽项目和镇区区间道路硬化工程已通过自治区交通厅立项批复。环天鹅湖公路改造工程进展顺利。年内新购置垃圾清运车1辆。小城镇功能更加完善，品位不断提升，城镇形象明显改观。（武发怀）

【党建工作】 2009年，巴音布鲁克党工委党组织共有党委2个，党总支3个，党支部33个。党员525名，其中牧民党员333名。截至2009年12月，巴音布鲁克镇下辖党支部8个，党员146名，其中牧民党员90名。2009年，巴音布鲁克镇党委开展了作风建设征求意见活动，群众对镇领导班子工作满意率达97%。全镇新发展党员11名，培养入党积极分子32名。（武发怀）

【穿衣戴帽工程】 2009年，巴音布鲁克镇全面实施临街建筑穿衣戴帽工程，充分展现了蒙古族建筑图案华丽风韵，已完成建设投资250万元；天鹅湖景区大门年内完成主体工程，巴西里克木栈道工程开工建设。2.5千米给排水管道铺设工程完工。巴音布鲁克镇党政办公大楼主体工程、西部情宾馆及银镫宾馆改扩建主体工程已完工；4栋52套总面积3 120平方米抗震廉租房完成主体工程。（武发怀）

【旅游接待】 2009年，巴音布鲁克镇有30多家旅游宾馆、牧家乐接待站，其中三星级宾馆1家，三星级牧家乐1个，二星级宾馆4家，日接待能力达1 500人。2009年共接待游客18.19万人次，宾馆入住15.52万人次，比上年分别增长20%、18%，旅游收入达2 219万元。（武发怀）

【畜牧业发展】 2009年，巴音布鲁克镇经济总收入1 159.86万元，同比增长10%；牧民人均纯收入3 639.1元，比上年增加600元。牲畜最高饲养量193 464头（只），全年共产仔畜77 675头（只），成活数75 675头（只），其中大畜3 482头（只），成活率98%。年末牲畜存栏117 957头（只），牲畜出栏74 031头（只），出栏率、商品率分别达到64%、94.6%，实现畜牧业总收入882.89万元。组建完成2个牧民合作社。（武发怀）

【草场生态建设】 2009年，巴音布鲁克镇通过签订退牧还草网围栏管护责任书、落实专人管护等措施，确保了国家退牧还草项目充分发挥效益。2009年，组织草原监理、公安、林业、武装部等部门开展了以打击草原滥采滥挖为主要内容的清山行动和法制宣传活动，牧民生态环境保护意识得到明显增强。全年完成人工种草200公顷。（武发怀）

【招商引资】 2009年，巴音布鲁克镇新增个体工商户18户，总数达102户，从业人员达到365人，新增私营企业2家，总数达7家。新增私营企业注册资本1 250万元，年内完成招商引资2 000万元。（武发怀）

【教育卫生事业】 2009年，巴音布鲁克镇完成原巴音布鲁克镇寄宿制学校资源整合，“两基”工作已顺利通过复验并被评为先进单位。医疗保障水平进一步提高，筹资23万余元配备了一辆医用救护车。全镇新型农牧区合作医疗投资90 870万元，参合人数达到1 259人，城镇居民医疗保险工作启动实施，初步解决了牧民群众看不起病的困难。（武发怀）

【帮扶救助】 2009年，巴音布鲁克镇加强了对弱势群体的帮扶救助，社会救助体系逐步健全。镇驻地及3个牧场城镇低保户101户260人，每月发放低保金32 250元；农村低保241户631人，每季度发放农村低保金75 710元。组织走访慰问特困户、低保户、军烈属、退伍军人，发放慰问金13 252元，发放救灾物资42吨，清油180千克、煤20吨，保障了贫困群众的基本生活。（武发怀）

【人口与计划生育】 2009年，巴音布鲁克镇计划生育政策符合率、上报准确率均达到100%，人口出生率-2.23%，死亡率3.86%，各项指标均控制在县下达的指标任务内。（武发怀）

【平安建设】 2009年，巴音布鲁克镇依法加强了对宗教事务的管理，对宗教人士进行了4次系统培训，组建了镇护卫队，先后清查流动人口和出租房屋8次，清查流动人口520人次，出租房屋34间。制定并完善了应急处突方案，全力以赴做好迎接新中国成立60周年安保工作。全年共发生治安案件43起，与上年同比下降6.5%，刑事案件20起。共调解各类矛盾纠纷64件，其中简易纠纷52件，疑难纠纷12件（大调解3件）。受理来访12次26人，处理重要信访案件2

件。取缔和关闭了4家酒吧和歌舞厅。严格按规定程序审批建设用地，未发生违法批地占地现象。健全安全生产、农村道路交通、护林防火等各项责任制和责任追究制，为加快发展营造了稳定祥和的社会环境。

（武发怀）

【精神文明建设】 2009年，巴音布鲁克镇认真落实《公民道德建设实施纲要》，在全镇深入开展了创建“平安家庭”、“巾帼建功”、“三学三比”等活动，妇女参加实用技术培训554人次，“三学三比”参赛妇女357人，评出女能手21名。通过平安家庭创建验收769户，“六星”级平安家庭示范户730户，创建率95.5%。利用“三八”、“五一”、“七一”以及那达慕等节庆开展多种群众性文体活动。成功举办新疆首届“东归”汽车拉力赛、巴州首届环天鹅湖赛马大会、自治区桥牌比赛等赛事。2009年完成640户小型卫星电视直播接收器安装工作，10月《巴州新闻》、《和静新闻》在镇电视网络中播出，丰富了各族群众精神文化生活。职业教育培训广泛开展，2009年，镇牧民参加实用技术培训754人，参加引导性培训2 650人，富余劳动力外出转移务工319人，实现就业148人。（武发怀）

表 11　**2009 年巴音布鲁克镇各村基本情况一览表**

村　　名	党支部书记	村委会主任	总人口（人）	草场面积（公顷）	人均收入（元）
藏德图哈德村	早日盖	早日盖	349	36 018	3 500
赛里木村	甫尔外	甫尔外	442	45 689.5	1 580
赛罕陶海村	苏　开	苏　开	593	78 039	1 850
巴西里克村	阿力腾桑	阿力腾桑	423	71 369	4 270
查汗赛尔村	乔龙巴图	乔龙巴图	296	28 014	3 612
傲伦布鲁克村	敖　盖	敖　盖	378	64 699	2 732

额勒再特乌鲁乡

【和静县额勒再特乌鲁乡领导人】

党委书记：张宝颖（回族）

人大主席：于治泉（2009年1月任职）

乡　　长：苏依勒（蒙古族，2009年5月离任）、山加甫（蒙古族，2009年5月任职）

党委副书记：刘礼智、旦　白（蒙古族）

纪委书记：乌兰图亚（女，蒙古族）

人大副主席：尼木格才仁（蒙古族）

副 乡 长：许春雷（2009年3月离任）、方俊文（2009年5月任职）、铁木尔巴图(蒙古族)、阿拉西（蒙古族）、巴音花(女，蒙古族，2009年10月离任)

乡长助理：才仁加甫（蒙古族）

【概况】 1969年4月成立阿尔先人民公社。1981年2月，阿尔先人民公社革委会更名为阿尔先公社管委会。1984年11月阿尔先人民公社改为额勒再特乌鲁乡。额勒再特乌鲁，蒙古语意为“吉祥的山”，位于天山中段腹地，小尤鲁都斯盆地，距和静县城212千米，与巴音布鲁克镇相距70千米，周边与巴音布鲁克镇、巴伦台镇、巩乃斯乡毗邻。全乡行政面积8 159.2平方千米，其中农区2 551.2平方千米，耕地737.95公顷；牧区有天然草场26.29万公顷，其中可利用草场18.21万公顷，有网围栏草场3.15万公顷。

全乡总人口1 190户3 553人，其中牧业人口572户1 977人，由汉、蒙古、维吾尔、哈萨克、柯尔克孜等民族组成。全乡有5个行政村（古尔温图勒格村、盖干塔克勒根村、额勒再特乌鲁村、察汗乌苏村、哈尔诺尔村）、8个站所（卫生院、牧经站、兽医站、文化站、派出所、电视台、财政所、水管站）、3个驻乡单位（养路段、新盛铜矿、继德加油站）。（格吉甫）

【农牧业发展】 2009年，额勒再特乌鲁乡年末牲畜存栏72 567头（只），其中生产母畜45 796头（只），种公畜1 504头（只），年内牲畜繁活率96%，商品率92%。农牧民人均纯收入3199元，较上年增加470元。9月经工商部门注册成立阿尔先布鲁克有机畜专业合作社，为全乡加快现代畜牧业发展，共同抵御市场风险提供了保障。年末有耕地587公顷，共生产棉花59吨、工业番茄11 079吨、色素辣椒3 240吨、打瓜150吨。全年植树造林323.25公顷。（格吉甫）

【生态移民安置】 2008年1月，经县人民政府批准，成立额勒再特乌鲁乡莫乎查汗村，后改名为察汗乌苏村，用于集中安置和静县牧区搬迁牧民，发展种植业生产，县上给予优惠政策和资金支持，实现由牧民到农民的转变。乡里成立察汗乌苏村土地发包领导小组，按照人均0.47公顷地的标准发包给搬迁牧民，采取乡机关干部联户担保的方式，从县农村信用社贷款336万元，种植工业番茄139.76公顷、色素椒84.96公顷、打瓜79.40公顷。农业种植收入达350万元。由乡政府出资10万余元，购买有机肥1 000余立方米，为新搬迁户每户解决3立方米羊粪。搬迁户的庭院绿化、蔬菜种植已基本成形，组织搬迁牧民就近或到企业打工，劳务创收245.7万元，劳务收入人均增收达到197.9元。完成人工造林339.02公顷；退耕还林工程退耕地补植2.01公顷。（格吉甫）

【党建工作】 2009年，额勒再特乌鲁乡有6个党支部，党员158人，其中农牧民党员104人，少数民族党员150人，新发展党员11名。全乡有2个村实行党支部书记、村委会主任“一肩挑”，乡党委选派3名领导干部到村任党建特派员。在全乡党员中继续开展党员服务承诺活动，组织全体党员干部深入开展了学习实践科学发展观活动。（格吉甫）

【社会治安综合治理和平安建设】 2009年，额勒再特乌鲁乡加大投入，充实综治队伍和装备，从超编教师中为乡综治办增加工作人员1名，为乡综治办购置一辆微型面包车，专门用于治安巡逻。扎实开展流动人口、出租房屋摸排工作及应急演练等各项工作的落实，有力促进了全乡社会政治稳定。2009年，全乡4个村通过和静县平安村复验。（格吉甫）

【精神文明建设】 2009年，额勒再特乌鲁乡狠抓控辍保学、顺利通过上级“两基”验收。在察汗乌苏村开办一所“双语”幼儿园，有效解决了生态移民子女入托难的问题。建成360户搬迁户改厕工程。通过竞聘增加乡卫生院医务人员5名，初级卫生保健和防保体系基本健全。乡卫生院和村卫生室建设项目已经基本完工。全乡建立调解组织5个，调解队伍27人。及时做好“两劳”人员的安置帮教，以水管员、防疫员为主要载体，深入推进“法治六进”工作，乡司法所通过自治区司法厅验收。全年共培训农村劳动力1 722人，培训合格率达到95%以上。其中：参加劳动预备制度培训20人，劳务输出培训1 309人，技能培训393人，取得相应职业资格证书的291人。成功举办乡第十三届那达慕运动会、牧民劳动技能大赛。协调广电部门为山区牧民全部安装了卫星电视地面接受装置。在全乡开展评选“十星级文明户”、“五好家庭”、“巾帼建功”、“三学三比”、“青年突击手”等活动，完成898户“平安家庭”复验工作。（格吉甫）

【项目建设】 2009年，额勒再特乌鲁乡争取到国家庭院经济、牧道改建、退牧还草节水、牧区村级卫生室改建、林果业补贴、设施农业、良种补贴、口粮田补贴、高标准节水灌溉等9个项目，总投资994万元。完成察汗乌苏村灌区防渗渠道8千米，完成高标准节水灌溉737公顷，新建机井4眼。改善灌溉面积938公顷，平整土地274.7公顷，维修干支斗农渠道3.3千米，清淤渠道8千米。投资11万元完成盖干塔克楞村渠道维修加固12千米。投资12万元完成古尔温吐鲁尕村大西沟段河道疏通、桥墩护坡、裁弯取直和堤防加固工程。设施农业有了新的突破，新建高标准砖混钢架结构日光温室大棚12座。通过招商引资，重庆卓鸿羽绒有限公司在乡成立了和静县青草禽业有限责任公司，投资近600万元新建年产600万只鸭鹅孵化厂。同时新建的乡政府办公楼、社会福利中心、卫生院、兽医站已基本完工。（格吉甫）

表12　**2009年额勒再特乌鲁乡各村基本情况一览表**

村　名	党支部书记	村委会主任	总人口（人）	草场面积（公顷）	人均收入（元）
古尔温吐鲁尕村	孟克巴依尔	孟克巴依尔	596	89 378	6 406.53
盖干塔克勒根村	阿·铁木尔巴图	帕·铁木尔巴图	412	77 372	6 627.04
额勒再特乌鲁村	才加甫	才加甫	332	65 366	6 541.44
察汗乌苏村	尼木格才仁	才层巴图	2014	1256（耕地）	1 033.73

巴音郭楞乡

【和静县巴音郭楞乡领导人】

党委书记：巴·巴音孟开（蒙古族）

人大主席：阿力腾桑（蒙古族）

乡　　长：巴依尔（蒙古族）

党委副书记：刘　海

纪检书记：坎　再（女，蒙古族）

副 乡 长：列·迪来（蒙古族）、杜·哈西巴特尔（蒙古族）、何少军、艾·早日格提（蒙古族）

【概况】　巴音郭楞乡位于巴音布鲁克镇西南，距巴音布鲁克镇政府45千米，距和静县城180千米。向东与巴音布鲁克镇相连，西与特克斯县、巩留县相连，北与新源县接壤，南邻库车县、轮台县，平均海拔2 240米。乡境东西长约130千米，南北宽约250千米，218国道穿境而过，是和静乃至巴州的西大门。全乡行政总面积3 571.79平方千米，其中草场20.33万公顷、森林7 504公顷。全乡共有466户1 551人，辖5个行政村，即阿尔夏特村、巴音郭楞村、苏里间村、哈尔萨拉村、奎克乌苏村。2009年全乡农牧民人均纯收入3 340元，比上年增加460元。（巴　特）

【历史沿革】　1959年3月，成立巴音郭楞牧业人民公社，隶属巴音布鲁克区，下辖4个大队。1984年11月，巴音郭楞公社更名为巴音郭楞乡，下辖巴音郭楞村、阿尔夏特村、苏里间村、哈尔萨拉村4个村。1991年6月，在奎克乌松成立了巴音郭楞乡奎克乌松村公所，下辖查罕沙拉自然村、胡苏木特自然村2个村。1998年3月，撤销奎克乌松村公所更名为奎克乌松村。1999年12月，撤销巴音塔拉牧场，改为巴音塔拉村，归属巴音郭楞乡管理。2004年6月，撤销巴音塔拉村，并入巴音布鲁克总牧场。（巴　特）

【畜牧业生产】　2009年，巴音郭楞乡牲畜年末存栏110 051头（只），繁殖仔畜3 674头（只），繁殖成活率达94%，出栏率和商品率分别为54.6%和95%。全年共完成牲畜防疫452 204头（只）/次。其中，亚洲O型双价苗2次，达165 530头（只）/次，内驱虫1次共66 951只，注射羊三联四苗1次共66 936只，外驱虫（药浴）1次共78 548头（只）/次，马传贫采血2 246匹，耳标2 120头（只）。投资8万元，完成人工种草195.17公顷；新建一座0.087公顷的温室大棚，开创了巴音郭楞乡首次种植蔬菜的历史。（巴　特）

【党建工作】　2009年，巴音郭楞乡党委下设6个党支部，其中村党支部5个，机关党支部1个，共有党员98人，“三老”人员3人。制定学习培训长效机制，着力建设学习型基层党组织，党员承诺制工作全面落实。加强农村基层党风廉政建设，将有关材料翻译成蒙古文发放到各村、站所，参加学习人数达200余人次。推进村党支部书记兼任村委会主任工作，5个村已全部实行“一肩挑”。远程教育工作扎实开展，乡扩展型站点教育设备齐全，设备运行正常，各基本型站点开展了2次集中教育培训。（巴　特）

【基础设施建设】　2009年，巴音郭楞乡投资40万元在巴音郭楞河新建调水坝一座，修建改造渠首引水闸1座，对10千米渠道进行清淤，维修水闸3座。投资6万余元，组织120名牧民维修奎克乌苏沟、苏力间沟牧道10千米，为牧民人畜安全转场提供了保障。将计划在奎克乌苏村修建的25套抗震安居房调整为新建10套集旅游接待、牧民定居和景区服务为一体的景点房，工程已经全部完工；完成10户浩腾萨拉、苏里间村等边界地区修建木质定居房；完成各村村庄规划编制任务。投资27万元，在乡政府新建219平方米的卫生院。新建100平方米奎克乌苏村办公室和150平方米的巴音郭楞村办公室，同时加固维修了哈尔萨拉村和苏里间村办公室。（巴　特）

【牲畜品种改良】 2009年，巴音郭楞乡加大对“巴音布鲁克黑头羊”的品种选育、提纯复壮和良种核心群建设。2009年，鉴定后备公羊1 605只，建立规模为2 125只的“巴音布鲁克黑头羊”核心群9群。（巴 特）

【草原“三化”治理】 2009年，巴音郭楞乡为禁止过度放牧，将4 500头大畜安排在奎克乌松沟、查汗萨拉、乌兰乌苏等冬季无法利用的高寒草场，减轻了平原草场的压力。组织人员开展两次清山活动，缓解了外县牧民侵入乡境内放牧，破坏草场及野生动植物资源的现象。加强退牧还草宣传，制定围栏管理制度，在各村安排专人看护、维修。清理草原白色污染，有效保护了草原环境，草场退化情况得到逐步改善。（巴 特）

【精神文明建设】 2009年，巴音郭楞乡大力开展民族团结教育和宣传活动，张贴标语100余张，发放宣传资料300余份。积极开展“十星级文明户”、“五好文明家庭”创建活动。全乡有州级“五好文明家庭”3户、县级“五好文明家庭”283户、县级“三八”红旗手5人，“三学三比”参赛妇女371人，县级女能手6人，平安家庭450户。（巴 特）

表 13 **2009 年巴音郭楞乡各村基本情况一览表**

村名	党支部书记	村委会主任	总人口（人）	草场面积（公顷）	人均收入（元）
阿尔夏特村	其米道尔吉	其米道尔吉	197	34 684	2 062
巴音郭楞村	铁木尔巴图	铁木尔巴图	242	13 006.5	2 074
苏里间村	早日格提	早日格提	311	100 050	2 433
哈尔萨拉村	尼木格尔	尼木格尔	383	60 030	2 471
奎克乌苏村	才仁		341	62 698	2 538

巩乃斯乡

【和静县巩乃斯乡领导人】

党委书记：周 锋

乡 长：巴特尔（蒙古族）

人大主席：甫尔外（蒙古族，2009年10月离任）、才 热（蒙古族，2009年10月任职）

党委副书记、武装部部长：谢 斌（2009年10月任职）；

纪检书记：刘晓军（2009年10月离任）、山巴雅尔（女，蒙古族，2009年10月任职）

党委委员、派出所所长：韩晓明（2009年6月离任）

副 乡 长：巴特哈西（蒙古族）、孟 开（蒙古族）、白 锋、山巴雅尔（女，蒙古族，2009年10月离任）

【概况】 巩乃斯，蒙古语意为“绿色的谷地”。巩乃斯乡建于1984年5月，位于和静县西北天山腹地林区，距和静县城255千米，距库尔勒市380千米，东南与额勒再特乌鲁乡相连，西与新源县接壤，北与尼勒克县、乌苏县、沙湾县毗邻。全乡行政总面积2 277平方千米，其中草原面积8.29万公顷，森林面积7.9万公顷，国道218县穿越乡境79千米，交通便利。乡境内旅游资源丰富，野生动植物种类繁多，是全县重要的畜牧业生产基地和饲草料生产基地。巩乃斯乡地处高寒山区，平均海拔1 997米，年平均气温6.2℃，最低气温-37℃，夏季多雨，冬季积雪厚，年平均降水量800毫米，最高年达956毫米，春秋相连无夏季，年平均日照时数2 800小时，土地肥沃，水源充足，为牧民大力发展畜牧业奠定了良好的基础。全乡辖3个行政村（阿尔先村、浩伊特开勒德村、巩乃斯郭楞村）。现有牧业人口372户1 164人，由7个民族组成，其中蒙古族人口占全乡总人口的99%。有小学1所（和静县第十一小学），教职工20人，在校学生67人；乡卫生院1所、从业医务人员6人，兽医站1个，在编人员3人、村级防疫员3人。（山巴雅尔、苏布松）

【畜牧业发展】 2009年，巩乃斯乡实现生产总值602万元，较上年增长8 %；劳务输出增收64万元，比上年增长16%；牧民人均纯收入达到2 350元，比上年增加469.4元。全乡牲畜年末存栏35 941头（只），母畜26 121头（只）；出栏牲畜达到18 527头（只），死亡牲畜798头（只），产仔21 556头（只），成活率达到93%。已防疫牲畜200 182头（只），佩带耳标13 030头（只），产地检疫2 600头（只），治疗牲畜1 620头（只），巴音布鲁克黑头羊鉴定250头（只），备草2 200吨，备料41吨。全年转移富余劳动力317人次，实现劳务创收64万元，人均创收629元。

（山巴雅尔、苏布松）

【基础设施建设】 2009年，巩乃斯乡投资451万元建成55栋牧民定居房屋的主体建设；投资800万元建设完成12.42千米温泉牧道；投资53万元建成200平方米的乡卫生院；投资7万元完成60平方米巩乃斯郭楞村卫生室建设；争取广播电视“村村通”工程设备280套；投入8 000余元解决12户拆迁户的临时水电问题；新建引水渠2千米，对乡政府水房的相关设备进行了维修。

（山巴雅尔、苏布松）

【社会保障】 2009年，巩乃斯乡积极改善医疗机构救治条件，扩大农牧民基本医疗保险覆盖面，城镇居民参保率和牧民参合率分别达到100%和97.88%。

（山巴雅尔、苏布松）

【计划生育奖励扶助】 2009年，巩乃斯乡兑现2008年的城镇居民领取“两证”家庭保健费 600元；兑现农村领取“两证”家庭保健费3 540元；为双女户、三女户（9户）交纳合作医疗保险金1 050元；对符合农村部分家庭奖励政策目标人群进行调查摸底、身份确认、张榜公示，落实奖励对象24户，兑现资金70 200元。为牧民免费提供计划生育服务150人。

（山巴雅尔、苏布松）

【减负工作】 2009年，巩乃斯乡严格执行国家相关政策，对在校生中的贫困生实行“两免一补”，共减收16 800元，户均减负240元；兽医站免收一切牲畜防疫费，共减收6万元，户均减负177.5元；发放草场围栏补助款14.3万元，牧民户均790元；为牧民争取草场补偿费，共计95万元，户均1万元。通过与巴州巩乃斯林场协调，电价由原来的1.2元/度降到现在的0.8元/度，共减收5 197.32元，户均减负91元。

（山巴雅尔、苏布松）

【民政救济】　2009年，巩乃斯乡低保户有102户295人。发放救灾面粉2 475千克、大米990千克、清油505千克；拨付各村贫困户冬季救济燃煤2.4万元；发放城镇低保金70 460元，发放农村低保金189 331元；在节日期间慰问贫困党员2名，共发放资金400元，慰问29户困难户，发放救济补助4 800元；办理结婚登记7对，离婚登记1对；全乡有各类残疾人23人。

（山巴雅尔、苏布松）

【项目建设】　2009年，巩乃斯乡争取到野菜基地建设项目30万元，已建设510平方米标准化大棚1座，平整土地5.36公顷；争取牧民异地搬迁项目25万元，与乡政府牧民定居工程资金捆绑使用；争取棚圈建设资金20万元，在小山地区浩伊特开勒德村新建80平方米草料库1座，维修洗浴池3座。

（山巴雅尔、苏布松）

【牧民定居守边工程】　2009年，巩乃斯乡新建牧民定居住房55套，每套概算6.5万元，共计357.5万元。旧房翻新改造33户，每户概算1.5万元，共计45万元。

（山巴雅尔、苏布松）

【党建工作】　2009年，巩乃斯乡党委下设党支部5个，共有党员96人，其中牧民党员57人，占59.4%；少数民族党员93人，占96.9%；女性党员40人，占41.7%；高中以上文化程度党员51人，占总数的53.1%；35岁以下党员36人，占总数的37.5%；“三老”人员8人。2009年全乡新发展党员6人。乡党委选派3名副科级干部到3个村任党建特派员，选派2名年轻后备干部到村兼任党支部副书记和村委会主任助理。

（山巴雅尔、苏布松）

表14　　2009年巩乃斯乡各村基本情况一览表

村　名	党支部书记	村委会主任	总人口（人）	草场面积（公顷）	人均收入（元）
阿尔先村	巴太	巴太	250	26 680	2 106
浩伊特开勒德村	巴音克西克	巴音克西克	407	32 016	2 273.8
巩乃斯郭楞村	才外	才外	350	24 012	2 247.5

克尔古提乡

【和静县克尔古提乡领导人】

党委书记：李文忠（2009年10月任职）

乡　　长：加·苏布赛（女，蒙古族）

人大主席：陶　赛（蒙古族）

党委副书记、纪检书记：宋建军

武装部部长：王林峰

人大副主席：杜格来（蒙古族）

副 乡 长：艾尔登毕力克（蒙古族）、崔东利（2009年10月离任）、郭峰（2009年10月任职）

【概况】 克尔古提，蒙古族语意为“半岛”、“沙洲”。克尔古提乡位于和静县城东北的山地峡谷地带，乡政府距和静县城直线距离52千米，平均海拔1 902米。东南与托克逊县、和硕县接壤，西邻巴伦台镇，北与阿拉沟乡相通，南北最宽40千米，总面积960平方千米，其中可利用草场2.01万公顷、天然林1.07万公顷。克尔古提乡地处山间谷地，气候温和，年平均气温5℃，年降水量111～289毫米，无霜期113天，年平均风速2.2米/秒。境内水草丰美，是良好的天然牧场。森林资源丰富，面积达6 432公顷，活立木蓄积量17万立方米，其中云杉12万立方米，主要分布在阴坡、半阴坡，呈带状或块状分布，属封闭状天山水源涵养林区。2009年，全乡辖3个行政村、5个站所，总人口239户941人。乡党委下设5个党支部，党员71人，“三老”人员5人，机关干部职工26人。 （王林峰）

【历史沿革】 新中国建立初期，属和靖县开泽区，即二区。1958年，改称巴音人民公社红山牧业大队。1967年，改称东方红人民公社红山大队。1979年10月，改称八棵树人民公社红山大队。1983年，红山大队改称克尔古提乡生产大队。1984年11月，成立克尔古提乡。 （王林峰）

【经济发展】 2009年，克尔古提乡生产总值达795万元，同比增长3%；牧民人均纯收入2 311元，比上年增加450元。引进种牦牛30头，完成公羔选留鉴定300只，组建绒山羊核心群4群314只，发放补助6 280元。投入1.4万元开展牲畜转场机械化运输试点，拉运牲畜7车（次）1 190头（只）。积极开展人工种草和备草备料工作，妥善解决各类草场纠纷，明确与清水河农场、和硕县的草场交界线，为29户52人牧民办理了岔子沟草场出入通行证。积极开展牲畜防检驱治工作，做到“乡不漏村、村不漏户、户不漏群、群不漏畜”。年末牲畜存栏29 976头（只），其中大畜5 150头，母畜17 930头（只），出栏率、商品率分别为62%和90%。发展特色产业，种植杨树、杏树3万棵，无偿向牧民发放500只种鹅和1 000只肉鸡，加快推进特色养殖业的发展。成立全州首家吉祥刺绣专业合作社，组织40多名妇女参加“东归图”刺绣，人均创收2 000多元。开荒40.2公顷，推广无公害马铃薯种植，无偿给牧民发放种子25吨。 （王林峰）

【党建工作】 2009年，克尔古提乡党委建立和完善了党建“特派员”制度，加强基层政权建设，筹资20万元新建了浩尔哈提村村委会办公室，维修了克尔古提村村委会办公室，同时把浩尔哈提村村委会办公室搬迁至原中心小学。全年共举办党建培训班4期，培训党员干部210人次。认真开展党员服务承诺制和基层党建活动月活动。有5个党支部，党员71人，新发展党员3人，入党积极分子6人。全乡2个村、4个站所分别被县委命名为“五好”村党组织、“群众满意基层站所”。成立了乡全程代办制服务中心和3个村代办点。 （王林峰）

【教育卫生事业】 2009年，克尔古提乡重点开展“控辍保学”和扫除青壮年文盲工作，全乡小学入学率99.5%，扫除青壮年文盲100%，为和静第四中学捐款5 000元、购买学生生活日用品价值5 000元，“两基”工作顺利通过上级验收。积极开展“科技之冬”活动，共培训牧民4期500多人次。维修扩建了乡卫生院，新建了克尔古提村卫生室。全年参加农村新型合作医疗278户957人，参保率92%。城镇医疗保险参保46人。人口出生率、符合政策生育率等各项指标均达到规定标准，并对领取“两证”的13户家庭兑现奖金3.9万元。

（王林峰）

【社会救济】 2009年，克尔古提乡通过各种途径实现大中专毕业生再就业26人。解决30名受灾户及残疾人的生产、生活问题，全年发放燃煤20吨、面粉5吨，为16户受灾户维修房屋。对79户1 182人发放最低生活保障金159 490元，对1名贫困大学生和1名重病贫困牧民实施了救助，救助资金分别为820元、5 000元。（王林峰）

【农村富裕劳动力转移】 2009年，克尔古提乡发挥富民劳务派遣队作用，采取几户牧民的牲畜交由1户牧民放养的方式，让更多牧民外出务工，有力地推动了全乡富余劳动力转移。全年开展富余劳动力转移技能培训81人，转移富余劳动力243人，创收67万元，牧民人均增收742元。（王林峰）

【基础设施建设】 2009年，克尔古提乡争取国家基础设施建设、扶贫资金计1 050万元。完成乡政府至克尔古提村22千米道路铺油工程和通往浩尔哈提村、那依提村14.8千米的通达工程；组织牧民修缮牧道35千米，修缮洪毁引水渠5千米，投资4.58万元铺设山口至边界牧民定居点人畜引水管道4千米；新建草场围栏10千米，新建和维修牲畜棚圈10座，无偿为边界4户定居牧民修建抗震安居房200平方米；协调移动公司完成了移动通讯网络建设。（王林峰）

【精神文明建设】 2009年，克尔古提乡在重要节日和民族传统日举办群众喜闻乐见的文体活动。积极参加县上举办的民间艺术节活动，开展传统的民间刺绣品展览活动；落实党务公开、政务公开、村务公开，坚持村民“一事一议”制度，使民主选举、民主决策、民主管理、民主监督落到实处。

（王林峰）

【维稳工作】 2009年，克尔古提乡牢固树立“稳定压倒一切”的思想，采取多种方式，认真落实社会治安综合治理各项措施，积极构筑社会治安防控体系，严密防范和严厉打击“三股势力”和各类刑事犯罪活动。2009年，全乡共发生刑事案件1起，治安案件2起，比上年同期下降33.3%；调解矛盾纠纷43起，调解41起，调解成功率95%。（王林峰）

【旅游业发展】 2009年，克尔古提乡依托优势旅游资源，投资60万元筹建避暑山庄，重点建设了大型蒙古包1座和仿木制屋2座。在314国道入口树立大型旅游宣传牌，在州县广播电视电台滚动播放旅游风光片，提高旅游知名度。扶持引导9户牧民开办了牧家乐（其中2户被评为一星级），支持牧民从事运输、商饮、建筑等其他产业。维修部队遗留的食堂，建成土尔扈特部民俗馆，主要展示土尔扈特蒙古族的生活用品、刺绣等。发挥境内石头多且奇特的特性，精心打造11个旅游景点，在进入乡政府的沿途摆放一些景观石。乡域内旅游接待人数近1万人次。（王林峰）

【生态搬迁工程】 2009年，克尔古提乡扎实推进牧民异地生态搬迁工作。加强与对口扶贫单位——巴州财政局、库尔勒经济技术开发区的联系，争取帮扶资金95万元用于牧民搬迁，顺利搬迁贫困户39户、富裕户7户，就地转产安置10户。进一步加大夏孜嘎提养殖小区建设，新增养殖户3户（其中抗震安居房1户），安置6户牧民入住，开展牲畜育肥业，共育肥牲畜2 160只。

（王林峰）

表 15　**2009 年克尔古提乡各村基本情况一览表**

村　　名	党支部书记	村委会主任	总人口（人）	草场面积（公顷）	人均收入（元）
浩尔哈特村	巴都玛拉	巴都玛拉	368	13 340	2 505
那英特村	那·李杰	那·李杰	355	12 006	2 746
克尔古提村	确·李杰	确·李杰	186	14 674	1 097

阿　拉　沟　乡

【和静县阿拉沟乡领导人】

党委书记：何蜀疆
乡　　长：乌仁其米克（女，蒙古族，2009年1月任职）
人大主席：才　热（蒙古族，2009年10月离任），甫尔外（蒙古族，2009年10月任职）
党委副书记：李　波（2009年10月离任），张先国（2009年10月任职）
纪检书记：玉孜曼（女，蒙古族）
党委委员、武装部部长：巴音达来（蒙古族）
党委委员、派出所所长：孟克巴图（蒙古族，2009年7月任职）
副乡长：张海涛、孟克巴图（蒙古族）、巴都木才次克（女，蒙古族）

【概况】　阿拉沟，蒙古语音译，意为“一种可治骆驼疾病的草药”，此地因多种该草药而得名。阿拉沟地处天山深处的山地峡谷地带，为高山峡谷和高山草原、距和静县城174千米，216国道、301省道和南疆铁路贯穿乡境。周边与乌鲁木齐市、托克逊县、和硕县相毗邻。平均海拔2 420米，行政总面积2 544平方千米，其中草原面积191.7万公顷，森林面积181.7公顷。气候特点是冬季寒冷漫长，春季解冻慢，夏季气温适中，风大、雪少、年降水量少，季节分布不均匀。辖3个行政村，即阿拉沟村、夏尔尕村、乌拉斯台查汗村。2009年末总人口600户1 621人，由汉族、蒙古族、维吾尔族组成，属自治区级贫困乡。乡政府所在地设有兽医站、牧经站、卫生院、派出所、司法所、林管站、计生办等机构，机关干部职工40人。乡境内野生动植物和矿产资源极为丰富，有雪莲、麻黄、紫草、蘑菇和呱呱鸡、雪鸡、旱獭、狼、盘羊、北山羊等国家二、三级保护动植物及铁、金、铜、锰、石英石、白云石等矿产资源。

阿拉沟乡境内分布着多处岩画、唐朝古城堡遗址、三千多年前的古墓群。境内还有神奇的奎先敖包和奎先湖吸引着各地游客。中科院、国家天文台投资建设的宇宙第一缕曙光探测宇宙学的天文阵列坐落在乌拉斯台查汗村，成为和静县青少年科普教育基地。（张先国）

【畜牧业发展】 2009年，阿拉沟乡经济总收入710万元，牧民人均纯收入2 330元，较上年增长484.2元。牲畜年末存栏75 210头（只），生产母畜48 887头（只），母畜比例为65%，年内成活仔畜32 683头（只），繁殖成活率91%，出栏31 465头（只），出栏率和商品率分别为37%和80%。大力发展绒山羊养殖业，全乡绒山羊数量达到13 560只，并成立了绒山羊协会。定植生态树1万株，栽植杨树8 000株。合理开垦或复耕撂荒地13.4公顷，种植无公害马铃薯、绿色蔬菜。（张先国）

【项目建设】 2009年，阿拉沟乡完成重点建设项目9个。协调新疆超辉机械免爆岩石工程有限公司，投资57万元完成了301省道K145至K125段水毁修复工程。投资84万元完成了14户边境牧民定居安置房建设。投资46万元新建牧民定居房15套。争取资金25万元对乡村卫生院（室）进行了改扩建。与新疆超辉机械免爆岩石工程有限公司达成协议，综合开发夏尔尕村矿产、旅游、土地等资源、发展特色种植养殖业。投资15万元修建了夏尔尕村10.8千米牧道，新建3千米夏格孜牧道和1.8千米艾维尔沟牧道。投资15万元开垦撂荒地10.05公顷。投资3万元维修改造了乡派出所办公室。投资8.6万元维修改建了乡兽医站。（张先国）

【党建工作】 2009年，阿拉沟乡党委下设党支部5个，共有党员127名，其中牧民党员84名，“三老”人员6名。新发展党员5名。设有农村党员干部现代远程教育扩展性站点1个，基本型站点3个。县委组织部选派1名年轻干部到村挂职，乡党委下派3名领导干部担任3个村的党建特派员，通过“传、帮、带”的形式推动基层党建工作。全乡共举办乡村干部培训班16期，培训人数达520人次，组织党员观看远程教育及电教片56场次。（张先国）

【平安建设】 2009年，阿拉沟乡党委认真落实平安建设及社会治安综合治理责任制，尤其是乌鲁木齐“7·5”事件发生后，深入开展集中整治和多种形式的专项治理，开展“四知四清四掌握”工作，形成了群防群治的工作格局。（张先国）

【精神文明建设】 2009年，阿拉沟乡有科技示范村1个，占总数的33%；牧民技术员86名，科技示范户87户，占全乡总数的14.5%。积极组织开展“三下乡”活动，发放科技资料1 500余份，参加州县各类活动4场，组织机关干部捐款2.3万元。筹资对乡文化站和村文化室进行了改扩建。8月1日成功举办阿拉沟第一届东归那达慕艺术节。全乡创建自治州精神文明单位1个，县级生态文明村1个，巾帼科技示范村1个，巾帼新农村建设示范村1个。（张先国）

【表彰奖励】 2009年，阿拉沟乡文化站被授予自治区一级文化站，被巴州文明办授予自治州级文明单位。（张先国）

表 16　　**2009 年阿拉沟乡各村基本情况一览表**

村　　名	党支部书记	村委会主任	总人口（人）	草场面积（公顷）	人均收入（元）
乌拉斯台查汗村	尼·巴太	尼·巴太	449	52 492.9	2 420
阿拉沟村	巴力杰	巴力杰	436	86 710	2 157
夏尔尕村	巴图包力岱	巴图包力岱	578	78 706	2 413

哈尔诺尔牧场

【和静县哈尔诺尔牧场领导人】

党支部书记：刘礼智
场　　长：桑加拉（蒙古族　）
副 书 记：金　花（女，蒙古族）
副 场 长：托力洪（哈萨克族）、特尔巴图（蒙古族）

【概况】　哈尔诺尔牧场是1954年成立的商办国有牧场，原属县食品公司管辖，1985年移交县畜牧局管理，改称地方国有牧场。现有总人口460人，劳动力240人，正式职工47人，退休人员23人。

哈尔诺尔牧场有天然草场9.38万公顷，分冬夏两季草场，冬草场位于和静县哈尔莫敦镇以西的察汗乌苏、克奎乌苏、巴完一带，距县城120千米，察汗乌苏电站就在冬草场内。夏草场位于额勒再特乌鲁乡的哈尔诺尔一带，距县城110千米。那里水草丰美，气候凉爽，是避暑旅游的好去处。

（王玉勇）

【畜牧业发展】　2009年，哈尔诺尔牧场牲畜年末存栏15 119头（只），其中大畜6 890头（只），集体畜7 300头（只），生产母畜10 630头（只）。牲畜繁殖成活10 030头（只），繁活率82%，出栏15 114头（只）。2009年集体收入144万元，实现利润2.2万元。2009年牧民人均纯收入5 366元，比上年增加380元，增长率7.6%。2009年，牧场投入20万元在夏草场新建棚圈2座、维修棚圈9座，维修牧道20千米；新建大畜防疫注射架2座、药浴池1座、蓄水池1座，在冬草场巴完铺设供水管道10千米；积极为牧民办理贷款发展生产，为70户牧民办理了79万元的小额信用卡，为24户牧民办理了170万元的联保贷款，解决了牧民资金不足的问题；开展劳动力转移工作，有42人在外打工创收，完成20户牧民的生态搬迁工程。

（王玉勇）

【白牦牛基地建设】　哈尔诺尔牧场是自治州确定的白牦牛良种繁育基地。2009年，哈尔诺尔牧场加强与巴州畜牧工作站的技术合作，加大牧民科技培训力度，举办科技实用技术培训班4次，培训牧民156人次，指导牧民提高生产效益。先后从甘肃天祝县购进优良白牦牛种160余头，组建了白牦牛核心群和扩繁群，现已发展白牦牛1 000头。年内又购进伴野血牦牛556头，做大做强牦牛产业。

（王玉勇）

【精神文明建设】　2009年，哈尔诺尔牧场开展扶贫帮困和救助工作，慰问帮助28户贫困户，发放物资和资金1.8万元，救助2

名大学生5 000元。7月成功举办了第22届那达慕运动会。开展文明户等评选工作；在牧场定居点新建了老年活动室；为牧民发放图书100多套及电视录像设备；举办各类文娱活动、座谈会3次，丰富了牧民群众的精神文化生活。（王玉勇）

莫呼查汗扶贫开发农场

【和静县莫呼查汗扶贫开发农场领导人】

党支部书记：刘振年

场　　长：兰　军（蒙古族，2009年10月离任）、巴·本拜（蒙古族，2009年10月任职）

副 场 长：金　山（蒙古族）、文　开（蒙古族）

场长助理：梅春鹏

【概况】 莫呼查汗扶贫开发农场成立于1999年6月，是一个农牧结合的新建农场，用于集中安置牧区部分搬迁牧民。农场占地906.7平方千米，现有耕地268公顷，可利用草场5.7万公顷，其中优质草场3.02万公顷。2009年人口58户200人，劳动力96人。总产值168万元，比上年增加17万元，农牧民人均纯收入2 587.8元，比上年增加355.5元。农场设党支部1个，党员12人。（刘振年）

【农业生产】 2009年，莫呼查汗扶贫开发农场种植各类作物53.6公顷，产值达60万元，其中玉米35.51公顷，产值42万元；打瓜1.34公顷，产值2万元；西甜瓜3.35公顷，产值12万元；苜蓿13.4公顷，产值4万元。（刘振年）

【牧业生产】 2009年，莫呼查汗扶贫开发农场牲畜年末存栏11 830头（只），其中母畜6 663头（只），母畜比例56.3%；牲畜出栏4 779头（只），出栏率79.7%，商品率95.8%。完成口蹄疫双联疫苗接种18 750只，羊痘疫苗接种5 994只，三联四苗7 438只，药浴9 952只，体内驱虫7 438只，注射狂犬疫苗54只。9户山外定居牧民，培育早春羔1 273只，成活率95%以上，增收12.73万元。人工种草20公顷。备草610吨，畜均105.5千克；备料460吨，畜均79.5千克。（刘振年）

【牧民定居】 2009年，莫呼查汗扶贫开发农场安排特困户6户21人搬迁到额勒再特乌鲁乡察汗乌苏村定居。（刘振年）

【新农村建设】 2009年，莫呼查汗扶贫开发农场新建移民定居房40套、2 092平方米；完成土地开发268公顷，配套机井4眼；投资90万元架设机井用高压线路6千米，同时对农场主干高压线路8千米进行扩容改造；投资640万元，完成了莫呼查汗干渠23.5千米改扩建工程；投资4万元，完成10.05公顷新开发土地喷灌设施的安装调试。组织农场富余劳动力22人到就近乡、村、企业打短工，创收22万元。参加农村新型合作医疗194人，上交医保金5 820元，参保率97%。农场有城市低保户3户7人，民政补助12 768元；农村低保户21户83人，民政补助42 468元，全部及时发放到牧民手中。（刘振年）

【计划生育】 2009年，莫呼查汗扶贫开发农场有育龄妇女63人，其中已婚育龄妇女46人，采取各种节育措施31人，领取“两证”家庭16户，争取“少生快富”工程4

户。场计生办、妇联深入牧区举办3期学习班，参加人数73人次，印发宣传资料200余份，计划生育均达标。（刘振年）

巴音布鲁克牧场

【和静县巴音布鲁克牧场领导人】

党总支书记：苏岳乐（蒙古族）

场　　长：龙吉提（蒙古族）

副 场 长：丹米仁加甫（蒙古族）

工会主席：早日格提（蒙古族）

场长助理：代里根（蒙古族）、早日格特（蒙古族）

【概况】　1957年成立公私合营巴音布鲁克牧场，1980年转为国营牧场。位于和静县西北部巴音布鲁克草原、天山腹地的山间盆地、四面雪山环绕、冬季漫长，平均海拔2 500米。与县城直线距离207千米，面积668平方千米。现辖5个分场（那拉提分场、巴音布鲁克分场、科克乌松分场、阿木尔郭楞分场、巴音塔拉分场），是一个纯牧业生产牧场。牧场现有人口518户2 156人，劳动力1 184人，由蒙古、维吾尔、哈萨克、汉等4个民族组成。全场有干部职工34人，牧场设党总支1个、党支部6个，党员60名，场管理委员会成员5人。下设工会、妇联、团总支、计划生育办公室等机构。（巴图江东）

【畜牧业生产】　2009年，巴音布鲁克牧场牧民人均纯收入4 052.26元，比上年增加380.96元。牲畜年末存栏125 019头（只），其中小畜11 4447只，大畜10 572头，母畜比例65%。全场土地总面积26.93万公顷、可利用草场20.80万公顷、围栏草场6.13万公顷，其中退牧还草项目围栏3.89万公顷。牧场备草备料1 735吨。（巴图江东）

【牲畜品种改良】　2009年，巴音布鲁克牧场完成鉴定1 800只选留后备种公羔，与自治州畜牧工作站合作，组建了39户核心群，对8 200只合格母羊分户组群完成了小群配种工作。自治区级良种补贴种公羊鉴定766只，其中一级种羊431只，特级种羊335只。采取5个分场的公羊相互交换或与其它单位交换的措施，做好巴音布鲁克黑头羊品种改良工作。同时，完成了巴音布鲁克黑头羊和伴野血牦牛的有机食品认证工作。（巴图江东）

【科技兴牧】　2009年，巴音布鲁克牧场加快特色牧业发展，依托资源优势，改良走马品种，建立巴音布鲁克走马（焉耆马）基地，已与乌鲁木齐马术协会达成协议，计划从吉尔吉斯斯坦引进优良种马10匹，与牧场本地母马进行交配，改良走马品种。牧场党总支、场管委会为了解决人畜饮水问题，2009年自筹资金9万元修建了宝莲布胡渠原、乌兰乌松渠原、桥格金渠原等水利工程。（巴图江东）

【牧业合作社】　2009年3月，巴音布鲁克牧场成立巴音塔拉有机畜专业合作社，首次入股资金4.2万元。入社成员由养殖大户为主体，按照自愿互利的原则入股。办社宗旨是为成员开展生产经营提供资金、物资、技术、销售、信息等服务，最大限度地增加牧民收入，依法维护牧民的合法权益。（巴图江东）

【教育卫生事业】　2009年，巴音布鲁克牧场狠抓“控辍保学”工作，对广大牧民广泛教育，与牧民签订责任书，保证适龄儿童全部入学。对0～7岁儿童接种各类疫苗170名。落实新型合作医疗政策，参加新型合作医疗510户1 702人，参保率96%以上。

（巴图江东）

【信访工作】 2009年，巴音布鲁克牧场召开信访座谈会4次、参加133人次，办结15户13个案件，结案率100%。（巴图江东）

【富余劳动力转移】 2009年，巴音布鲁克牧场开展劳动力转移宣传教育，组织牧民18人参加人事部门技能培训，富余劳动力转移长期就业280人，人均增收500～700元。（巴图江东）

【牲畜防疫】 2009年，巴音布鲁克牧场羊痘疫苗接种12.6万只、口蹄疫双介苗接种24万头（只），驱虫114 200头（只）、马传贫采血4 300匹、三联四苗114 500头（只），牛出败疫苗7 640头、药浴（外驱虫）114 600只、狂犬疫苗、吡喹酮1 520条、其他常见疾病治疗1 200头（只）等。

（巴图江东）

【精神文明建设】 2009年，巴音布鲁克牧场利用传统节日，召开群众大会，组织青年牧民广泛开展普法宣传和文体活动。在2009年7月举办的巴州环天鹅湖赛马大会上，组织牧民和200余匹马参加150千米赛马比赛，取得良好的成绩。县广电局发放30套村村通广播电视设备，给有条件的牧民安装了电视接收器和太阳能供电设备。

（巴图江东）

德尔比勒金牧场

【和静县德尔比勒金牧场领导人】

党总支书记：都格加甫（蒙古族，2009年4月离任）、胡春来（2009年4月任职）

场　　长：唐格提（蒙古族，2009年4月离任）、都格加甫（蒙古族，2009年4月任职）

场长助理：根　谢（蒙古族）、陶克太（蒙古族）

【概况】 德尔比勒金牧场，蒙古语音译，意为“方形的草场”。位于天山深处的巴音布鲁克大草原、217国道西南，距巴音布鲁克镇西南120千米处。牧场距县城395千米，草场面积15.81万公顷，森林2.68万公顷，可利用草场10.79万公顷。那里冬季寒冷漫长，年降水量多，境内野生动植物资源极为丰富。牧场辖2个分场，即德尔比勒金分场、陶斯图分场。总人口213户622人，由汉族、蒙古族、维吾尔族、藏族等民族组成，是自治区级贫困牧场之一。牧场所在地设有兽医室、卫生室、林管室、计生办等机构，牧场有干部13人，兽医2人、医生1人。（根　谢、孟　代）

【畜牧业生产】 2009年，德尔比勒金牧场总收入146.11万元，其中转移支付资金26.32万元。年末牲畜存栏43 845头（只），其中大畜7 399头，母畜30 807头（只），小畜36 446只。铁畜16 367头（只），私畜27 478头（只）。牧场投资8万元从外地购进恩格斯种牛4头，投资20万元购进野种牦牛20头，并成立了大自然畜牧专业合作社，入股资金24.5万元，为牧民提供服务。牧场投资25万元，维修牧道4千米，解决了67户牧民1.9万头（只）牲畜春夏转场难的问题。（根 谢、孟 代）

【草原治理】2009年，德尔比勒金牧场认真落实草场“三化”（沙化、退化、盐渍化）治理责任制，实施退牧还草项目，保护草场和森林。共禁牧围栏草场8 710公顷，保护围栏休牧草场6 700公顷。

（根 谢、孟 代）

伊克扎尕斯台牧场

【伊克扎尕斯台牧场领导人】

党支部书记：才 代（蒙古族，2009年4月离任）、孙小江（2009年4月任职）

场　　长：阿尔斯林（蒙古族，2009年11月任职）

场长助理：巴生才仁（蒙古族）

【概况】 1957年，成立公私合营巴音牧场和公私合营团结牧场，1959年两场合并为公私合营东方红牧场，牧场驻地扎尕斯台塔塔勒牧业点，属巴音布鲁克区管辖。1979年，改称伊克扎格斯台牧场。1983年，改称伊克扎尕斯台牧场，蒙古语意为“有鱼的大沟”。牧场位于和静县西北部的巴音布鲁克草原，距和静县城300千米，距巴音布鲁克镇40千米，平均海拔2 400米。草场总面积5.74万公顷，其中可利用草场面积5.38万公顷。现有牧民205户775人，其中劳动力397人。全场参加农村低保82户323人，参加农村新型合作医疗187户685人，参合资金20 550元，参合率88%。

（阿尔斯林）

【畜牧业发展】 2009年，伊克扎尕斯台牧场牲畜年末存栏46 999头（只），其中铁畜6 560头（只），年产值55万元，牧民人均纯收入3 100元。牧场建有牲畜防疫设施1座。

（阿尔斯林）

【牲畜品种改良】 2009年，伊克扎尕斯台牧场狠抓牲畜品种改良工作，牧场的巴音布鲁克黑头羊、伴野血牦牛和焉耆马是公认的知名品牌和优良品种，且黑头羊和伴野血牦牛已经取得国家有机食品认证。为了做到优质优价，牧场加快了巴音布鲁克黑头羊核心群建设步伐，开展牲畜提纯复壮，提高了牧业生产效益。依托自治区级巴音布鲁克黑头羊种羊基地，不断提高畜牧业生产的科技含量。2009年鉴定后备种羊250只，其中达标的后备种羊180只，组建黑头羊两群共700只，有效遏制了巴音布鲁克黑头羊品种退化的状况。

（阿尔斯林）

【旅游业发展】 2009年是县委、县人民政府确定的“旅游发展年”，伊克扎尕斯台牧场借助旅游发展年的优惠政策，加快“牧家乐”发展进程，不断提高牧民收入。随着巴音布鲁克草原天鹅湖等旅游景点的开发，来草原旅游的中外游客越来越多。牧场依托天鹅湖的独特景观，在天鹅湖北岸建成了瞭望塔、妩韵阁、八道湾、河滨等4个观赏天鹅湖的最佳景点。（阿尔斯林）

驻县单位

农二师二十一团

【农二师二十一团领导人】
政　委：张新生
团　长：丁新民

【概况】 农二师二十一团场位于天山南麓、焉耆盆地西北部，垦区中跨越和静、焉耆两县，地形由南向东北倾斜，东西长28千米，南北宽3～4千米。二十一团下辖基层单位27个，其中：农林牧业单位13个，工业单位3个，行政事业单位5个，建筑业单位1个，文教、卫生单位2个，其他单位（幼儿园、敬老院、水管连）3个。全团土地规划面积31 646.47公顷，其中耕地5 260公顷，林地870公顷，经济林680公顷，山区草场1 666.67公顷。全团总人口11 043人，在岗职工3 221人。（张建国）

【历史沿革】 农二师二十一团场前身是1947年2月成立的山东渤海军区教导旅二团，1949年2月改编为中国人民解放军西北野战军二军步兵六师十七团。1950年进驻新疆焉耆开荒造田，创建农场。1953年5月，改编为中国人民解放军新疆军区农业建设第二师五团，全团就地集体转业。1954年10月，更名为中国人民解放军新疆军区生产建设兵团农二师五团。1969年，更名为农二师二十一团场。1975年5月兵团建制撤销，二十一团场归属巴州农垦局领导。1982年2月，兵团建制恢复，又改称新疆生产建设兵团农二师二十一团场。

（张建国）

【经济建设】 2009年，二十一团完成国内生产总值2.25亿元，同比增长12%，其中：第一产业完成1.43亿元，比上年增长12%；第二产业完成0.51亿元，比上年增长26.3%；第三产业完成0.31亿元，比上年增长7%。实现利润425万元。农作物播种面积6 467.6公顷，其中小麦969公顷，甜菜803.3公顷，制酱番茄1 361.4公顷，种植辣椒2 133.3公顷。牲畜年末存栏64 600头（只），其中牛1 400头（只）、羊38 500头（只）、猪24 600头（只）、驴100头（只），肉类总产量2 766吨，鹿茸2 955千克，完成师部计划的100.2%。完成造林3.4公顷，成活率达85%以上，育苗4公顷，采伐木材860立方米，为师计划的43%。完成了人工林资源“二类”调查工作，摸清了家底。农业生产上坚持调优结构，确保科学合理的四区轮作，加大高新节水、大棚育苗、机械移栽、杂交良种、全方位土地深松、机械收获、平衡施肥等农业科技推广应用力度，番茄、辣椒完成育苗移栽3 028公顷，占种植面积的86.6%，97.1%的番茄和92.8%的辣椒实现了加压滴灌，并基本实现了杂交良种的种植。科技应用工作经全面考核，被国家科技部授予“科技进步考核先进团场”荣誉称号。

团场工业完成总产值1.34亿元，生产辣椒颗粒3 600吨，番茄干487吨，125PE管

80吨，育苗盘114万张，双腔紊流式雨鸟式滴灌带400万米。完成自营经济纯收入1 606万元，同比增长11.8%，在岗职工人均纯收入1.78万元（其中工资性收入13 623元，庭院经济收入4 177元），同比增长22%。（张建国）

【社会事业】 2009年，二十一团投资1 400余万元新建廉租房236户；落实义务教育保障经费和“两免一补”政策，免费发放教科书折资23.7万元，发放寄宿生生活补贴11.9万元；投入10多万元改善寄宿楼、多功能活动中心条件，适龄儿童入学率100%；投资40余万元购置X光机1台，配备计生专用车1辆，彩超机1台；为3 800名育龄妇女进行了妇科病普查，建立居民健康档案4 320户。（张建国）

【平安建设】 2009年，乌鲁木齐“7·5”事件发生后，二十一团坚持干部24小时值班和零报告制度，强化重点部位的昼夜巡逻值班，组织205名民兵战备值班1.1万人次；投资82.9万元建成了视频监控系统；扎实推进“平安团场”建设，实现了无群体性越级上访，无非法宗教活动，无重大安全事故，被中央文明委评为“精神文明创建工作先进单位”，被兵团、农二师授予“平安团场”称号。（张建国）

【兵地共建】 2009年，二十一团先后两次组织民兵赴库尔勒市执行维稳任务，荣获维稳工作一等奖。广泛开展民族团结教育活动，组织6名医护人员赴和静为地方少数民族义诊2次，组织少数民族群众65人参加团场阶段性农业生产劳动。（张建国）

农二师二十二团

【农二师二十二团领导人】

团　　　长：郭　良

政　　　委：程　伟

副 团 长：王作山、潘朝印、索　伟

副 政 委：成新春、鞠爱华（女）、

工会主席：石剑华

纪委书记：羊伟龙

人武部部长：赵洪明

【概况】 农二师二十二团位于焉耆盆地西北部。地处和静县境内，东临314国道，206省道穿境而过。团场东临博斯腾湖，西接开都河畔，属冲积扇平原，地势较平坦，水草丰美。是一个集农、林、牧、副，工、交、建、商为一体的国有企业。2009年，农二师二十二团下辖46个基层单位，其中农业连队16个，行政事业单位30个，驻团单位6个。年末总人口19 002人，其中少数民族432人，占总人口的2.3%。团场在岗职工5 306人，离退休职工5 600人。（范金萍）

【历史沿革】 农二师二十二团前身系国民党新疆警备部队整编七十八师一二八旅三八三团。1949年9月，国民党新疆警备司令陶峙岳和新疆省政府主席包尔汉通电起义。1950年1月，新疆起义部队整编结束，三八三团除本部人员外，又补充原一二八旅部分人员，改编为中国人民解放军二十二兵团第九军二十七师八十一团。1953年6月，八十一团改编为中国人民解放军新疆农业建设第九师二十七团，全团指战员集体就地转业执行农垦任务。1954年9月，农九师北移，二十七团仍屯驻此地，改编为农二师二十七团（亦称博北农场），同年10月，新疆军区生产建设兵团成立。1956年2月，原农二师二十七团改番号为农二师农四团。1969年9月，兵团统一农牧团场番号，农四团更名为二十二团。1975年5月，中央撤销兵团建制，二十二团归属巴音郭楞蒙古自治州农垦局。1982年4月，兵团体制恢复，二十二团又隶属兵团农二师。（范金萍）

【经济建设】 2009年，二十二团实现工业增加值7 218万元，全团完成工业总产值2.8亿元。团场种植小麦2 341.8公顷，种植甜菜1 737.2公顷，总产10.2万吨；种植番茄2 610.3公顷，总产31.6万吨；种植辣椒2 079.1公顷，总产1.66万吨；果品产量1 400吨；牲畜年末存栏13.6万头（只），增长6.3%。2009年，完成国内生产总值3.8亿元，增长13%。其中第一产业1.8亿元，增长10.6%；第二产业1.03亿元，增加20%；第三产业0.97亿元，增长10.6%。完成全社会固定资产投资5 042万元。实现综合利润436万元，团场人均纯收入11 228元，增长9.1%；承包职工年职均收入21 197元，比上年增长10.4%。（范金萍）

【精神文明建设】 2009年，二十二团39个基层党支部1 505名党员分别参加了兵团第二批、第三批学习实践科学发展观活动；共设立党员先锋岗121个，"双培双带"结对帮扶432对；全团39个基层党支部，一类支部36个，二类支部3个；申报复验师"五个好"党支部11个，兵团级"五好"党支部2个，发展党员17名，党员干部远程电化教育实现全覆盖，党员联系户脱贫率达90%。

大力加强领导班子作风建设，注重实效，开展了"组织人事下基层"、"践行发展在身边"、"学习十七届四中全会精神"等主题实践活动，各级班子成员开展大走访、大排查走访调研活动，了解连情、民情，广泛征求意见。完成16个连队的第三轮民主选举工作，基层领导班子中大专以上学历的干部占到60%以上。党风廉政建设工作适时推出开源节流"三增一阳"（地增产、人增收、团增效和阳光行政）管理措施，效果明显。"阳光行政"共节支40余万元，完成团内清欠600万元，查处腐败案件一起，为团场挽回经济损失31万元，完成学校基建和设备招标，节约费用30余万元。是年8月团成功举办了农二师第三届廉政文化艺术节，被农二师纪委、监察局授予"廉政文化示范团场"。（范金萍）

【社会事业】 2009年，二十二团小城镇建设总投资2 667万元。开工建设了锅炉房及供热工、排污、给水和城镇道路建设工程，新建300套廉租房、第二中学食堂、宿舍、第一中学综合实验楼；维修改造了西片区卫生所、规划绿化了医院、学校环境；改造了团内公路，新建客运站，城镇化建设步伐加快。投资175万元，更新了部分连队饮水管道，维修改造了老旧有线电视线路；改造了九连、十连至湖光糖厂公路。

全面落实"两免一补"政策，巩固提高"两基"水平；城镇居民基本医疗保险启动实施，基本实现人人就医有保障；新建两个偏远连队综合文化活动室，安装健身器材；加强职工技能培训，职业技能培训1 722人。落实医疗救助、救灾救济、扶贫帮困等民政事业活动经费230万元，解决了受灾职工、低保户、临时救济人员、"三无"老人、残疾人员、精神病患者、贫困大学生、复转士兵和军烈属等人员的生产、生活问题。引进安置各类人才28名，同时加强团内人才的培养，先后选派100人外出参加院校和专业部门培训，组织职工走出团场学习观摩交流21次，举办各类培训班158次，培训职工9 600人次，取得初级农艺工1 253人，中级632人，高级484人，技师80人，职工综合素质教育面达98%以上，35户家庭被农二师评为“和谐小康家庭”。（范金萍）

【兵地共建】 2009年，二十二团是和静县农村青年富余劳动力秋季转移增收生产基地，为充分发挥优势，有效地促进兵地间经济和社会和谐共同融合发展，在春播、春耕的田管大忙季节，地方各族群众支援团场劳动日33 858人次，完成移栽苗、定苗、除草1 756.54公顷；团场为地方支援育苗移栽苗4 159盘，修剪果树10.05公顷，开荒40.2公顷。3连为地方支援机车45个班次。秋收季节，地方各族群众为团场支援劳动日75 561人次，完成番茄收获804公顷，辣椒收获1 005公顷，甜菜收获402公顷，累计劳务总收入达302万元。

（范金萍）

农二师二二三团

【农二师二二三团领导人】

党委书记、团长：游　明

党委副书记、政委：艾力·卡德（维吾尔族）

党委委员、人武部部长：张吉成

党委委员、副政委：山加甫（蒙古族）

党委委员、副团长：常宏伟、沈东元

【概况】 农二师二二三团位于天山南麓的焉耆盆地，北靠塔什干山前冲积扇戈壁滩，南至军民总干排与二十二团场相望，东邻二十四团场，西接和静镇、乃门莫敦乡，距和静县城12千米，东西长14千米，南北宽9～11千米。团场属大陆性荒漠气候，夏季炎热，气候干燥，昼夜温差大，年降水量47.9毫米，无霜期175～204天，年均日照3 060小时。2009年，二二三团拥有土地规划面积77 300公顷。其中山区可利用草场面积43 300公顷，农区可开垦面积8 000公顷。现有耕作面积3 800公顷，生态经济林1 000公顷，退耕还林及防护林1 267公顷。种植业以小麦、甜菜、酱用番茄、药用万寿菊、辣椒为主；园艺业主要以优质红富士苹果、葡萄、香梨、杏为主；绒山羊繁育基地和山羊绒供应基地建设正在做大做强。

团场现辖单位42个，其中种植业单位5个，园艺单位8个，畜牧业单位1个，企业单位9个，事业单位10个，驻团单位9个。年末总人口8 218人，由11个民族组成，其中少数民族人口3 739人，占总人口的45.6%。（史伟江）

【历史沿革】 二二三团场前身为新疆农垦厅哈木呼提农场。1960年2月，由自治区农垦厅正式批准成立国营和静哈木呼提农场。1963年1月，将农场转为地方国营哈木呼提农场，直属自治区农垦厅领导。1971年1月，将哈木呼提农场移交给新疆生产建设兵团工一师。1972年6月，改称二二三团场。1975年4月，归自治区建筑安装总公司管辖。1976年6月，归巴音郭楞蒙古自治州农垦局领导。1982年，兵团体制恢复后，二二三团归新疆生产建设兵团农二师管辖至今。

（史伟江）

【经济建设】 2009年，二二三团完成生产总值10 356万元，同比增长17.93%，完成师计划的106%。其中第一产业完成5 247万元，同比增长18%；第二产业完成3 443万元，同比增长21%；第三产业完成1 667万元，同比增长10%。完成总播种面积2 189.6公顷，小麦、番茄、辣椒、甜菜播种面积分别为1 252.4公顷、500.8公顷、134.4公顷、160公顷，总产分别为5 300吨、5.05万吨、908.1吨、1.1万吨。果品总产1.01万吨。种植苗圃2.67公顷，大棚培育酸枣苗50多万株，完成7 333.33公顷4万株植树和补栽树苗任务，完成封育围栏2 000公顷32千米，完成兵团森林资源二类调查任务。继续强化标准园建设，打造有机品牌，有360公顷果园在国家质量检疫局注册，其中234公顷果园得到国家有机认证。年末牲畜存栏5.12万头（只），其中绒山羊存栏8 332只，牦牛存栏2 100头。立足特色农产品资源优势，农产品深加工基地建设进一步拓展。全年实现工业增加值3 095万元，同比增长22%。（史伟江）

【项目建设】 2009年，二二三团争取国家投资基本建设项目13个，申请国家投资及配套资金4 002.71万元。园一连、园二连、园三连、园四连、园五连、园六连、林业工作站等7个单位退耕还林巩固成果项目，实施加压滴灌6 871.13公顷，新建首部泵房9座，铺设管道44.5千米，新打机井1眼，完成投资540万元，其中国家250万元。兵团扶贫项目——园五连201.33公顷果树滴灌工程，投资245.15万元，其中国家投资200万元。建设廉租房160户，建筑面积8 482.18平方米，完成投资420万元，其中国家投资256万元。“双语”幼儿园抗震加固工程，建筑面积1 363.86平方米，完成投资100万元。牧民定居工程，完成投资82万元。供水工程，完成投资156万元，基本解决团部镇区、边远连队吃上放心水问题。部队农场300公顷基本农田改造项目，国家投资528万元。2 000公顷戈壁植被封育建设项目，完成投资120万元。333.33公顷重点公益林项目，完成投资33万元。333.33公顷补植补种建设项目，完成投资25万元。城镇排水建设工程，争取投资535.29万元。兵团中小尺度灾害性天气自动监测系统建设项目，完成投资5.5万元。山区草场围栏项目，争取国家投资100万元。（史伟江）

【新科技新技术应用】 2009年，二二三团加强农业科学试验、温室育苗、良种扩繁、农业生产技术服务、示范、推广等工作。番茄、辣椒种植全部采用节水灌溉，推广节水灌溉面积800公顷。首次在焉耆垦区推广加压滴灌小麦56.47公顷，提高土地利用率，节约用水。经济作物全部推行育苗移栽技术，现有温室育苗大棚81座，占地面积21.33公顷，完成育苗移栽面积800公顷，各项作物保苗率在95%以上。新品种引进种植力度加大。全面实施良种工程，大力推广优良种苗，酱用番茄、制干番茄引进石红14、石红9号，辣椒引用大将、韩友5312，甜菜引进kws2409等新品种。全面提高农机管理和作业水平，利用国家购机补贴政策，更新大中型拖拉机2台、各类农机具31台，投入更新资金300多万元，其中国家补贴100万元，使农机化总动力达到5 288.4千瓦。（史伟江）

【精神文明建设】 2009年，二二三团党委及7个基层党支部参加第二批科学发展观学习实践活动。把学习教育活动同“两级党建联创”、进一步巩固党组织的先进性教育成果、民主评议党员、整顿后进支部结合起来，开展争创“五个好支部”活动，文明生态小康连队建设、党员“双带”、党员责任区、党员奉献日、党员每月之星评比等活动。结合建党88周年开展“庆七一”系列活动，在对照标准、严格考评的基础上，对6个“五个好党支部”、40名优秀共产党员进行表彰，丰富教育活动的内涵。党的基层组织建设不断加强。先后选送27名干部参加兵、师党校举办的各类学习培训班，发展党员12人，转正14人，优化党员队伍质量和结构。认真落实“三重一大”政策，进一步完善干部选拔任用制度和任前公示制度。基层单位民主建设不断推进。以职工代表大会为基本形式的基层民主管理制度进一步完善。职工群众的知情权、参与权、表达权、监督权进一步落实，形成良好的民主氛围。各民族职工群众和睦相处，团结友爱，对宗教人士长年开展帮扶活动，为他们每人划分自用地，在肉孜节、祖鲁节、古尔邦节对宗教人士开展慰问活动，加强信教群众的思想引导。

（史伟江）

【党风廉政建设】 2009年，二二三团以抓好和落实《建立健全惩治和预防腐败体系2008～2012年工作规划》为主线，完善各项制度，健全工作机制，强化责任制，形成横向到边、纵向到底、上下联动的责任机制。组织党员干部举办反腐倡廉形势报告会2次，团领导上党课10次，举办反腐倡廉专题板报比赛1次。组织党员干部家属297人参加警示教育大会。“促廉月”召开座谈会、发廉政倡议书320分。下载、转录、播放反腐倡廉类影视、广播作品22件次，张贴廉政警示宣传栏5期。以“做党的忠诚卫士、当群众的贴心人”为主题，出专栏2期，对涌现出的优秀党员干部集中进行宣传报道。在领导干部及其家属子女中，继续开展“五书”签订活动，“四书一谈”进一步规范，使廉政教育活动经常化、普及化、制度化。

（史伟江）

【文化建设】 2009年，二二三团开展以“知荣辱、讲正气、促和谐”为主题的道德实践活动，重点抓好“三德”教育月和未成年人教育工作。进行创建“文明窗口”行风评议。对团场“诚信小康文明户”“十星级文明户”按季度进行评选，公开上墙。

职工群众文化活动健康开展。以迎新春为主题，春节期间开展歌舞系列活动，表演两场次各类节目50余个，参加演员428名，观众达到近4 000人次。在中华人民共和国60华诞、兵团成立55周年之际，举办由300人参加的老年人健步走展示活动。投资41万元为园一连修建综合文化活动室580平方米。团机关除涉密科室外均接入互联网。基层单位全部配备计算机，资料报送基本上具备无纸化办公条件。投资80万元，为学校配置一套远程教育系统。电视电话会议开通并正常使用，电话用户2 115户，宽带拨号上网的用户有405户，基本实现广播电视连连通。对文化市场进行4次拉网式检查，确保辖区内无“黄、赌、毒现象，无无证非法娱乐场所，无未成年人出入网吧”，形成良好的文化市场秩序。以文明生态小康连队为重点，开展绿化、美化、净化家园活动。整修林床3 000米，栽植绿化风景树1.7万株，清理垃圾37立方，各单位公共卫生设施不断完善，生活垃圾及时处理，整体环境整洁，居民区绿化面积不断提高。

（史伟江）

【人民生活及社会事业】 2009年，二二三团职工平均工资性收入1.5万元，同比增长13%；人均纯收入7 245元，同比增长11%，完成师计划的103%，实现经营利润177.68万元。争取困难职工失业补贴200.56万元，争取社保补贴100万元。完成103名“4555”、“4858”病检上报工作。安排55名残疾人就业，完成师指标的134%。居民新增基本保险553人。大力开展扶贫帮困和社会救助工作，建立团、连两级困难职工帮扶站，建立困难户档案，签订扶贫帮困协议书，形成扶贫帮困长效机制。落实医疗救助资金2.9万元。对85户特困户进行走访慰问。为78名“五七”人员发放生活补助金76 854元。救济灾民1 925户，发放救灾粮89吨、清油2 000桶，为209户326人次发放临时救济金34 800元，发放灾民救助卡550张。（史伟江）

【兵地共建】 积极开展兵地共建、警民共建活动。团组织技术人员为和静县莫呼查汗搬迁牧民义务栽植10公顷样板果园并长年进行技术指导。团医院抽调业务骨干7人组成医疗队到和静镇开再村免费开展医疗服务，并免费赠送1 000多元药品。节日期间，对驻团武警官兵和部队开展慰问活动4次。（史伟江）

巴州乌拉斯台农场

【巴州乌拉斯台农场领导人】

党委书记、副场长：霍传功(2009年1月任职)
场长、副书记：张炳辉
党委副书记：邹科立
纪检书记：田兴华（2009年3月离任）、马林南（2009年3月任职）
副场长、党委委员：王新胜、朱发林、马福林（回族，2009年3月离任）
副场长：杨乃超（2009年3月任职）
党委委员：吉力力·库尔班（维吾尔族，2009年3月离任）、马建国（回族，2009年3月任职）、艾尔肯·那斯（维吾尔族，2009年7月任职）
党委委员、派出所所长：王国政（2009年6月任职）

【概况】 乌拉斯台，蒙古语，意为“生长毛白杨的地方”。乌拉斯台农场地处天山山脉南麓，位于焉耆盆地北缘，场部北距和静县城14千米，南距巴州首府库尔勒89千米，全场南北长14.15千米，东西宽13.3千米，东南西北分别与农二师二十一团、和静县巴润哈尔莫敦镇、拉布润林场毗邻。全场辖区96平方千米，总面积9 916公顷，耕地面积3 711.8公顷，可垦荒地面积549.4公顷；总人口约1万人，分别由汉、维吾尔、回、蒙古等13个民族组成。农场在2007年进行内部改革时成立了综合事业管理委员会和国有控股资产管理经营公司（即巴州中和资产管理经营有限责任公司），综合事业管理委员会下设社会保障管理中心、社会事务管理中心以及机关事务管理中心。农场现有股份制农业公司3个，全民营公司1个，居民委员会4个，社区13个。驻场单位有学校、派出所、医院、供电所、信用社、水管站、客运站、邮政、电信等。场内有1座年产1.5万吨加工能力的股份制番茄酱厂和1个独资绒发棉业有限责任公司。2009年农场职工医院整体移交和静县，医护人员 共有41人，其中退休人员17人，在职人员 24人。（廖南新）

【历史沿革】 1958年筹建巴州地方国营共青团农场，是巴州乌拉斯台农场的前身。1959年改为地方国营和静县乌拉斯台农场，为自治区农垦厅直属农场，1980年改由巴州农业局管理，更名为巴州乌拉斯台农场，1984年农场升格为县团级单位。（廖南新）

【经济发展】 2009年，乌拉斯台农场实现社会总产值1.76亿元，较上年增加3 000万元，增长20.7%，人均收入实现5 736元，较上年增加1 130元，劳均收入1.5万元，较上年增长24.5%，实现历史性突破。2009年种植棉花1 933.69公顷，工业番茄1005公顷，色素辣椒291.45公顷。种植小麦407.03公顷。粮食总产5 540.5吨，工业番茄11万吨，棉花80 810吨，色素辣椒1 305吨。农场实验的滴灌小麦产量达到了670千克/亩，亨氏加工番茄产量达到了每亩11吨左右。自筹资金新建大棚120座，改造大棚 86座，为农场提供667公顷耕地的移栽幼苗，为作物增产、职工增收奠定基础。2009年全场共实现节水灌溉254.6公顷，推广多熟制种植117.25公顷。2009年共完成春季植树造林193.3公顷，完成计划造林的173%。积极配合县林业局对670公顷的退耕还林项目及春季植树进行检查验收，并顺利完成了“红枣1号病”普查工作和林业森防工作。采取山区草场退耕禁牧和牧民职工的定居转型，农区畜牧业逐渐缩小养殖规模和数量，2009年牲畜年末存栏9 800头（只）。继续扶持沃德公司做大做优，支持绒发棉业二次改组，加强与乡都酒业、色素辣椒等企业的战略合作，加快葡萄、色素辣椒等园艺基地建设。（廖南新）

【项目建设】 2009年，乌拉斯台农场实施土地整理项目938公顷，国家投资1 300万元，对金绿丰公司、誉鑫公司项目区内的条田、渠系、机耕道路以及防风林带建设进行了全面整治。塔里木河项目完成29眼农业灌溉机井建设，同时高压供电线路及井房设备也已完工。通过公司化运作投资480万元，完成原生产二连、七连、八连、九连、十连及种子站777.2公顷的节水灌溉管道的铺设。配合和静县县乡公路项目的实施，完成六连至肉牛场公路建设改扩建项目。兽医站建设项目已争取到位，项目投资20万元。完成农贸市场建设项目，总投资280万元，其中国家投资100万元。上报林业系统重点储备项目3个，农业系统重点储备项目14个，完成项目建议书编制，上报需中央支持重大建设项目和政策支持项目14个，并完成项目建议书编制。委托东西部经济研究院完成了农场《发展战略与实施策略报告》的编制工作和旅游规划编制工作，为农场的中长期发展奠定了理论指导基础。（廖南新）

【党建工作】 2009年，乌拉斯台农场有党委1个、党总支1个、基层党支部6个。全场共有党员292人，其中女党员39人，少数民族党员72人，离退休老党员106人；发展新党员5人，转正5人，全年收缴党费14 331元。（廖南新）

【精神文明建设】 2009年是乌拉斯台农场建场50周年，从7月开始，农场组织开展了系列庆祝活动，组织开展职工文艺汇演4场，职工社火表演2次，邀请自治州群艺馆演出2场，开放音乐喷泉舞会3场，燃放烟花1场，并于9月22日圆满举办了建场50年庆典活动。（廖南新）

【社会治安综合治理暨平安建设】 2009年，

乌鲁木齐“7·5”事件发生后，乌拉斯台农场组织召开维护社会稳定紧急会议6次，组织爱国宗教人士座谈会2次，制定了24小时领导带班、干部值班制度并严格按照实施，切实保障了农场的社会稳定和“国庆”、“场庆”期间的社会秩序正常。加强对宗教场所的管理（寺庙8个、清真寺7个、喇嘛庙1个），建立干部包联宗教场所制度。积极开展平安家庭的创建、评选和申报工作，已申报命名户数2 322户，占总户数的95.7%。广泛开展反毒禁毒等“无毒单位”创建活动。加强对流动人口、出租房屋的管理工作。2009年刑事案件和治安案件较上年均有较大幅度下降。（廖南新）

【社会保障】 2009年，乌拉斯台农场参加养老统筹2 467人，其中在职职工1 282人，退休职工1 185人，农场每年缴纳养老统筹费290万元，个人缴纳110万元；全场2 417名职工参加了城镇职工基本医疗保险，共缴纳保险费280万元，其中，农场缴纳医疗保险费239万元，个人缴纳保险费41万元，有1 377人非统筹职工参加了城镇医疗保险，共缴纳保险费27.5万元，有60人参加了农村合作医疗保险，共缴纳保险费3 000元。（廖南新）

【表彰奖励】 2009年，乌拉斯台农场被自治州农工委、自治州农业局考核命名授予精神文明建设工作“先进单位”、社会治安综合治理工作“先进单位”，被自治州农业局授予农情信息工作“先进集体”。成功创建州级文明单位，教育“两基”工作通过国家复检验收。（廖南新）

巴州水管处解放二渠水管站

【巴州水管处解放二渠水管站领导人】

站　　长：葛建伟

支部书记、副站长：李群芳（女）

副 站 长：张玉春

【概况】 巴州水管处解放二渠水管站始建于1953年，灌溉面积约3.55万公顷，是全国大型灌区之一，隶属巴州水管处。全站现有职工112人（其中干部11人，工人44人，退休人员57人）。党员18人（其中退休党员6人），团员1人，大专以上学历29人，专业技术人员6人，高级工35人，中级工7人，初级工2人。解放二渠水管站主要通过开都河第一分水枢纽北岸干渠引水，渠首年引水量约3亿立方米，配水量约2.3亿立方米，年水费收入约610万。下设总干、和静、和硕三个基层段，共25个看水点、81余个闸口、145余座建筑物，管理干渠总长110千米。主要肩负和静、和硕县农牧乡场、农二师团场、州直农场及其他农场21个单位的农业供水任务，同时还承担着和静、和硕两县的防洪抗旱任务。

（葛建伟　董　斌）

【用水管理】 2009年，全灌区灌溉面积34 473.51公顷，比上年增加1 296.45公顷，其中，粮食作物：9 379.33公顷，比上年增加3 955.68公顷；经济作物：20 443.71公顷，比上年减少2 249.86公顷；园林饲草：4 650.47公顷，比上年减少409.37公顷。全灌区累灌面积203 412公顷次，比上年多灌11 256公顷次；全灌区毛灌溉定额37.11立方米/公顷，比上年减少0.12立方米/公顷。

（葛建伟　董　斌）

【用水指标】　2009年，解放二渠水管站实引水量28 502.1万立方米，比上年少引70.7万立方米；实配23 609.8万立方米，比上年多配1 050.4万立方米，比限额指标超291.39万立方米，超1.25%，其中：和静县实配3 035.1万立方米，比其限额用水指标超1 225.39万立方米。（葛建伟　董　斌）

【渠系利用率】　2009年，解放二渠水管站全灌区渠道有效利用率82.8%，比上年提高3.8个百分点。总干渠92.4%，比上年下降 1.5个百分点；南干渠102.1%，比上年提高0.8个百分点；八一干渠96.8%，比上年提高0.4个百分点；北干渠71.7%，比上年下降1.8个百分点。（葛建伟　董　斌）

【工程管理】　2009年，解放二渠水管站完成工程建设项目19项，完成投资1 619.52万元。共浇筑砼8 立方米、砌浆砌石7.5 立方米、下铅丝笼138 立方米、聚氨酯灌缝2 030米、钢结构制安2.2吨、机械开挖土方5 726立方米，共计整修渠道40千米。

（葛建伟　董　斌）

【防汛抗旱】　2009年，解放二渠水管站在防汛期间，实行领导带班及24小时值班制度。站与各段、股室及重点防洪建筑物管理责任人签订了防汛安保责任状，将防汛安保责任落实到人，确保在第一时间发现并处置隐患或险情，安全度汛。完成了老龙口堵坝引水工程，投资30 840元，开挖土方4 622 立方米。抗旱备用的铅丝笼2千多平方米、编织袋1 700条、木桩100根。完成黄水沟分洪闸铅丝笼挑坝90立方米。

（葛建伟　董　斌）

【综合经营】　2009年，解放二渠水管站充分发挥自身优势，因地制宜地发展综合经营项目。分别对8份土地种植合同、2份鱼塘养殖合同、2份房屋租赁合同进行分类指导。开展农产品种植、养殖、工程维修、绿化带管理、编织铅丝笼等综合经营项目，年实现经济效益5万元。（葛建伟　李群芳）

【水费征收情况】　2009年，解放二渠水管站完成水费征收100%。预收水费443.4万元（其中和硕县水费22.4万元；农二师水费360万元，州直农场水费48.3万元；部队农场水费8.8万元，零星水费3.9万元）。

（葛建伟　董斌）

英雄史诗《江格尔》

举世闻名的英雄史诗《江格尔》，是卫拉特蒙古的一部艺术珍品，它不仅被中外学者誉为蒙古族古典文学的"三座高峰"之一，而且也是我国三大史诗（《格萨尔》、《玛纳斯》、《江格尔》）之一，是中华民族文化宝库中的一颗光彩夺目的璀璨明珠。

和静县的土尔扈特人是卫拉特蒙古四部之一，他们的先民不仅是这部史诗的创始人，而且对其传播亦做出过重要贡献。和静的《江格尔》民间艺人经过长期的演唱活动，已形成有别于其他地区的一种独特风格，深受各族人民的欢迎。

（洪永祥）

附　　录

新疆维吾尔自治区实施《地方志工作条例》办法

（2009年3月23日新疆维吾尔自治区人民政府第7次常务会议审议通过，2009年4月7日新疆维吾尔自治区人民政府令第162号公布，自2009年6月1日起施行）

第一条　为了加强自治区地方志编纂工作，科学、合理地开发利用地方志，发挥地方志在促进自治区经济社会发展中的作用，根据国务院《地方志工作条例》和有关法律、法规，结合自治区实际，制定本办法。

第二条　本办法所称地方志，包括以县级以上行政区域名称冠名的地方志书、地方综合年鉴。

第三条　在自治区行政区域内，地方志编纂、管理和开发利用工作，适用本办法。

第四条　县级以上人民政府应当加强对本行政区域地方志工作的领导，将地方志工作纳入国民经济和社会发展规划，加强地方志工作基础设施建设和信息化建设，逐步建立地方志馆、地方志资料库和地方志网站，发挥地方志资治、存史、育人的作用。

地方志工作所需经费列入本级财政预算。

第五条　县级以上人民政府地方志工作机构主管本行政区域的地方志工作，在本级地方志编纂委员会指导下，履行下列职责：

（一）组织、指导、督促和检查地方志工作；

（二）拟定地方志工作规划和地方志书编纂方案；

（三）组织编纂、出版本行政区域的地方志书、地方综合年鉴；

（四）搜集、整理、保存地方志资料，组织整理旧志；

（五）推动地方志理论研究与宣传工作，培训地方志工作人员；

（六）组织开发利用地方志资源，为社会提供服务；

（七）本级人民政府和上级地方志工作机构交办的其他事项。

第六条　自治区地方志工作机构负责制定自治区地方志编纂总体工作规划，经自治区人民政府批准后组织实施，并报国家地方志工作指导机构备案。

州、市（地）、县（市）地方志工作机构应当根据自治区地方志编纂总体工作规划，制定本行政区域地方志工作规划，经本级人民政府批准后组织实施，并报上一级地方志工作机构备案。

第七条　县级以上人民政府地方志工作机构组织编纂以本行政区域名称冠名的

地方志书，应当制定编纂方案；编纂方案经本级人民政府批准后，报上一级地方志工作机构备案。

第八条 按照编纂方案承担地方志编纂任务的有关机关、社会团体、企事业单位和其他社会组织（以下简称承编单位），应当确定编纂人员，给予经费和物质保障，按照规定的时间和质量要求完成编纂任务。

第九条 地方志编纂人员实行专兼职相结合的制度。专职工作人员应当经过专业岗位培训，具备相应的专业知识。

编纂地方志应当吸收有关方面的专家、学者和相关的少数民族人士参加。

地方志编纂人员应当恪尽职守，客观公正，据事直书，忠于史实。任何单位和个人不得明示或者暗示编纂人员在地方志中作虚假记述。

第十条 县级以上人民政府地方志工作机构可以向机关、社会团体、企事业单位和其他组织及个人征集文字、图表、照片、音像、电子文本、实物等地方志资料，有关单位和个人应当提供支持。

地方志工作机构可以对有关资料查阅、摘抄、复制，但涉及国家秘密、商业秘密和个人隐私以及不符合档案开放条件的除外。

第十一条 机关、社会团体、企事业单位和其他组织撤销、合并的，应当将所存地方志资料移送有关部门保存。档案法另有规定的，从其规定。

资料移送前，任何单位或者个人不得损毁、出让或者据为己有。

第十二条 编纂地方志应当符合下列要求：

（一）符合宪法、保密、档案等法律、法规的规定；

（二）全面、客观地反映本行政区域自然、政治、经济、文化和社会的历史与现状；

（三）符合地方志书的体例格式；

（四）文字表述准确、精炼；

（五）标点符号、计量单位和数字的使用规范、标准；

（六）装帧印刷符合出版要求。

第十三条 地方志书审查验收按照下列规定进行：

（一）自治区地方志书各分志，由承编单位编纂委员会初审，自治区地方志工作机构审查验收；

（二）州、市（地）地方志书，由本级地方志编纂委员会初审，报自治区地方志工作机构审查验收；

（三）县（市、区）地方志书，由本级地方志编纂委员会初审，上一级地方志工作机构复审，报自治区地方志工作机构审查验收。

第十四条 地方综合年鉴审定按照下列规定进行：

（一）自治区地方综合年鉴，由自治区地方志编纂委员会审定；

（二）州、市（地）地方综合年鉴，由本级地方志编纂委员会初审，自治区地方志工作机构审定；

（三）县（市、区）地方综合年鉴，由本级地方志编纂委员会初审，州、市（地）地方志工作机构审定。

第十五条 以县级以上行政区域名称冠名的地方志书经审查验收，方可公开出版；以县级以上行政区域名称冠名的地方综合年鉴经审定，报本级人民政府或者其确定的部门批准，方可公开出版。

地方志书出版后，应当向国家图书馆、中国版本图书馆和新闻出版部门无偿提供藏书。

汉文地方志书出版后应当翻译、出版相应的少数民族文字版本。

第十六条　以县级以上行政区域名称冠名的地方志书一般每20年编修一次；以县级以上行政区域名称冠名的地方综合年鉴逐年编辑。

第十七条　地方志书、地方综合年鉴为职务作品，参与编纂的人员享有署名权，并可以根据国家有关规定获得适当报酬。

第十八条　县级以上人民政府地方志工作机构应当加强地方志资源的开发利用，开拓用志范围，向社会公开地方志文献资料，为需要查询地方志有关内容的公民、法人和其他组织提供便利。

第十九条　县级以上人民政府对在地方志工作中成绩显著的单位、个人给予表彰和奖励。

第二十条　地方志编纂人员在地方志中作虚假记述的，由其所在单位给予处分；有关单位或者个人明示或者暗示地方志编纂人员在地方志中作虚假记述的，由县级以上人民政府地方志工作机构提请本级人民政府给予通报批评，对直接责任人员给予处分。

第二十一条　承编单位拒绝承担编纂任务，或者不按照规定的时间和质量要求完成编纂任务的，由县级以上人民政府地方志工作机构责令限期改正，并可给予通报批评。

第二十二条　地方志工作机构的工作人员在编纂过程中，滥用职权、徇私舞弊、玩忽职守的，由其所在单位或者有关主管部门给予处分；构成犯罪的，依法追究刑事责任。

第二十三条　违反本办法规定，应当给予处罚的其他行为，依照有关法律、法规的规定执行。

第二十四条　需要且有条件编纂部门志、乡（镇）志以及其他志书的，参照本办法执行。

第二十五条　本办法自2009年6月1日起施行。

开都河源头暨巴音布鲁克草原生态保护条例

（2006 年 2 月 17 日巴音郭楞蒙古自治州第十一届人民代表大会第四次会议通过，2006 年 9 月 29 日新疆维吾尔自治区第十届人民代表大会常务委员会第二十六次会议批准）

第一条　为了依法保护、建设和合理利用巴音布鲁克草原，防止草原生态退化，改善开都河源头的生态环境，促进经济和社会可持续发展，根据有关法律、法规，结合巴音郭楞蒙古自治州（以下简称自治州）实际，制定本条例。

第二条　本条例所称巴音布鲁克草原是指自治州和静县巴音布鲁克区所辖行政区域内的天然草原和人工草地（包括开都河源头）。凡在开都河源头及巴音布鲁克草原从事草原生态保护、开发、利用的单位和个人都必须遵守相关法律、法规和本条例。

第三条　自治州人民政府应当将草原的保护、建设、利用纳入国民经济和社会发展计划，对开都河源头及巴音布鲁克草原实行科学规划、全面保护、重点建设、合理利用的方针。

第四条 自治州人民政府应当对开都河源头及巴音布鲁克草原进行综合治理，采取草畜平衡、生态移民、水土保持等措施，逐步提高和恢复草原涵养水源、保持水土、防风固沙、调节气候的生态功能。

第五条 开都河源头及巴音布鲁克草原进行经济建设和资源开发应当评估评价，实行谁开发谁保护、谁受益谁补偿、谁污染谁治理、谁破坏谁恢复的制度，使生态效益、经济效益和社会效益相互协调。

第六条 开都河源头及巴音布鲁克草原的水资源开发、利用、保护和管理，应当坚持经济发展与草原生态保护相结合的原则，协调好生产、生活和生态环境用水。

第七条 自治州人民政府草原行政主管部门负责开都河源头及巴音布鲁克草原的草原行政管理工作。具体工作由自治州、和静县草原监理机构负责。

第八条 草原监理机构履行以下职责：

（一）宣传贯彻执行《草原法》、《草原防火条例》等法律、法规，依法查处草原违法案件；

（二）参与草场有偿承包、草原权属争议的调解，办理调剂使用草原的相关事宜；

（三）协同有关部门按规定办理征（占）用草原的具体事项和在草原上开矿、采石、采金、挖药材、挖砂、取土、勘探、筑路、工程建设等审批事项；

（四）负责核定草原载畜量，监督检查草畜平衡、禁牧、休牧、轮牧工作；

（五）负责草原野生药用（经济）植物的管理；

（六）负责草原防火工作；

（七）负责征收草原使用费、补偿费、资源费、牧民安置补助费和各种破坏草原的罚没款；

（八）办理其他应由草原监理机构负责的事项。

第九条 水利、国土资源、环保、林业、交通、气象、旅游、公安、民政、工商、税务、建设等部门应当按照各自职责，配合草原行政主管部门做好草原保护和综合治理工作。

第十条 自治州县级以上人民政府应当通过气象卫星遥感、测雨雷达监测技术对巴音布鲁克草原降雨、降雪和积雪情况进行长期、连续的实时监测，对草原旱情严重的地区要适时、适地实施人工影响天气增雨、增雪作业。

第十一条 和静县人民政府可依法将巴音布鲁克草原中属于国家所有的草原确定给全民所有制单位、集体经济组织使用。确定给全民所有制单位或者集体经济组织使用的草原，按国家有关规定办理。

承包草原必须签订承包合同书，明确发包方、承包方的权利、义务，草原承包期限为30至50年。

第十二条 登记确认的草原使用权和承包经营权受法律保护，任何单位和个人不得侵犯。严禁买卖或者以其他形式非法转让草原。已确权发证的草原不得再发放其他确权证书。

第十三条 个人之间、个人与单位之间、单位之间的草原使用权发生争议时，由当事人本着互谅互让、有利于团结和发展生产的原则协商解决；协商不成的，依照有关规定，由自治州各级人民政府处理。当事人对处理决定不服的，可以依法向人民法院起诉。

在草原权属争议解决之前，任何一方不得改变草原现状。任何一方不得以任何借口占用草原，不得破坏草原及其附属配套设施，不得拆除、移动草原上固有的边界标记。

第十四条 国家、集体和个人需征（占）用草原时，按以下规定办理：

（一）需征（占）用草原或者进行开发建设的国家、集体、个人，须按规定编制环境影响报告书和开发建设项目水土保持方案，并按照规定程序报有关部门审查；

（二）征（占）用草原，应按照征（占）用有关规定补偿。同时，必须在草原征（占）用前一次性支付草原补偿费、牧民安置补助费。征用人工草地、围栏草场，应补偿建设人工草地、围栏草场的全部投资；

（三）对被征（占）用草原上与群众生活、生产有关的水源、渠道、道路、桥梁和草原建设设施，征（占）用草原的单位或者个人应予以保护，不得毁坏。如有毁坏或者阻断，应限期修复或者新建相应的设施；

（四）征（占）用草原，应在批准的范围内进行，临时占用草原的，作业完毕后，由用地单位或者个人做好表层土壤回填，恢复植被。

第十五条 自治州人民政府对巴音布鲁克草原实行草畜平衡、禁牧、休牧、轮牧制度，同时负责巴音布鲁克草原牲畜放牧时间、放牧数量、畜群、畜种结构的限定。

对巴音布鲁克国家级自然保护区天鹅湖湖心区域草场实行禁牧。小尤鲁都斯草原每年草场利用期限，定为6月1日至8月31日。

第十六条 自治州、和静县人民政府鼓励、支持建设新良种高产牧草基地，实行人工牧草产业化，积极推行舍饲圈养、围栏封育、牧民定居，减轻草场压力，逐步实现草畜的动态平衡，并按国家规定对禁牧和退牧还草的单位或者个人予以支持和补助。

自治州、和静县草原行政主管部门应当建立草地资源及生态监测体系，适时掌控草原植被生长、利用、退化等情况，为制定合理利用和草原生态保护措施提供科学依据。

第十七条 使用草原的单位和个人超过核定载畜量标准的，应当限期纠正。

第十八条 加强牧道建设和边境草场基础设施建设，积极引导、鼓励、支持牧民充分利用高山边远草场。

第十九条 自治州各级人民政府要将沙化、碱化、盐渍化、退化、水土流失和虫鼠害严重的草原纳入国土治理建设规划；巩固现有人工草地面积，鼓励承包使用草原的集体和个人，采取清除毒害草、治虫灭鼠、围栏封育、引水灌溉等草原改良综合措施培育草原。

第二十条 加大水源涵养林、护岸林以及与水源有关的植被草原保护力度，禁止开垦草原，禁止在草原上非法建设或者擅自采石、采沙、取土或者进行其他破坏活动。

第二十一条 自治州县级以上人民政府应当加强草原虫、鼠、毒害草等生物灾害的预测预报及防治工作，研究和推广生物防治技术，严禁使用国家禁止的化学农药。

禁止猎取草原上捕食鼠虫的隼、鹰、雕、椋鸟、狐狸等益鸟益兽。

禁止捕捞高山鱼等水生野生鱼类资源，禁止投放外来水生物种，保护和增殖水生野生动物资源。

第二十二条 采集、收购、出售草原野生植物的单位和个人，必须依法向有关部门提出申请，按规定进行。

采集者必须根据采集证规定的时间、地点、种类、数量、采集工具和方式进行。采集紫草、贝母、党参等野生植物必须回填土壤，以利植被恢复。

第二十三条 在草原上实行垃圾固定

堆放和回填埋制度。开展旅游活动、举办那达慕大会、物资交流会及固定或者流动的商业活动等，应当保护草原植被，集中收集处理废弃物，不得污染草原环境。

从事牲畜屠宰、畜产品加工的单位和个人，应当对牲畜粪便、废水和其他废物进行处理。对因病死亡和染疫畜禽及其产品由动物防疫部门进行无害化处理，避免造成对生态环境的污染。

第二十四条 机动车辆在草原上行驶不得离开固定路线，不得破坏草原植被。

第二十五条 加强草原防火工作，严格执行《中华人民共和国草原防火条例》，坚持“预防为主，防消结合”的方针，建立健全草原防火责任制，制定防火制度和公约，严防火灾发生。

规定每年2月至4月、8月至11月为防火期，9月至10月为火险管制期。

第二十六条 草原的围栏、棚圈、人畜饮水管道、水井、水池、药浴池、配种站、试验基地、饲草饲料基地、牧道等牧业生产基础设施由所使用的单位或者个人负责保护，不得毁坏。

第二十七条 任何单位或者个人使用草原，必须按照和静县人民政府统一规划进行，并接受草原监理机构的管理。

运输牲畜经过草原，应按指定路线行进。中途需停留放牧的，应征得草原使用者的同意，并按规定向草原所有者或者使用者缴纳草原补偿费。

第二十八条 有下列行为之一的，依照有关法律、法规予以处罚：

（一）未经审批占用或者开垦草原，或者国家、集体建设临时占用的草原，作业完毕，没有做好表层土壤回填，恢复草原植被的；

（二）未经批准在草原上采挖国家或者自治区保护的草原野生植物或者非法猎捕国家保护野生动物的；

（三）擅自在禁牧、休牧期的草原上放牧或者买卖、变相买卖草原的；

（四）单位或者个人超标排放或者排放污染物造成草原污染的；

（五）破坏草原围栏、棚圈、水利工程、试验基地、水井、水池、药浴池、配种站等生产和生活设施的；

（六）未经批准采集、生产、经营、引进牧草种子或者拒不防治草原病、虫、鼠害的；

（七）机动车辆在草原上违反规定行驶的；

（八）违反草原防火规定，引发草原火灾的；

（九）依照有关法律、法规应予处罚的其他行为。

第二十九条 各种收费和罚没款一律上缴财政，由财政统一管理，有计划地用于草原保护和建设。

第三十条 对阻碍草原行政执法人员依法执行公务的，按照《中华人民共和国治安管理处罚法》的有关规定处理；情节严重构成犯罪的，由司法机关依法追究刑事责任。

第三十一条 草原管理、监理人员违反有关法律、法规和本条例的规定，或者有玩忽职守和其他违法行为的，给予行政处分；情节严重构成犯罪的，由司法机关依法追究刑事责任。

第三十二条 当事人对行政处罚决定不服的，可以依法申请行政复议或者提起行政诉讼。

第三十三条 自治州辖区内与巴音布鲁克草原相类似的其他草原生态保护工作，可参照本条例执行。

第三十四条 本条例自2006年12月1日起施行。

关于在全县开展深入学习实践科学发展观活动的安排意见

（和党发〔2009〕12号）

按照《中共巴音郭楞蒙古自治州委员会关于在全州开展深入学习实践科学发展观活动的安排意见》（巴党发〔2009〕7号）和自治州党委开展深入学习实践科学发展观活动动员大会精神，结合和静县实际，现对全县开展深入学习实践科学发展观活动（简称学习实践活动）提出如下安排意见：

一、开展学习实践活动的指导思想、目标要求和主要原则

（一）指导思想

高举中国特色社会主义伟大旗帜，以邓小平理论和“三个代表”重要思想为指导，全面落实党的十七大、十七届三中全会、自治区党委七届七次全委（扩大）会议、自治州党委八届六次全委（扩大）会议和县委十一届四次全委（扩大）会议精神，按照“党员干部受教育，科学发展上水平，长治久安固根基，人民群众得实惠”的总体要求，深刻理解贯彻落实科学发展观的重大意义，切实增强贯彻落实科学发展观的自觉性和坚定性，进一步抓好发展这个党执政兴国的第一要务，不断解放思想，锐意改革创新，转变发展方式，发挥资源优势，动员全县广大党员、各族干部群众投身科学发展的伟大实践，着力转变不适应、不符合科学发展要求的思想观念，着力破解影响和制约科学发展的实际问题，着力解决党员干部党性、党风、党纪方面群众反映强烈的突出问题，着力构建有利于科学发展的体制机制，提高领导科学发展、促进社会和谐的能力，使党的工作和党的建设更加符合科学发展观的要求，把科学发展观贯彻落实到经济、政治、文化、社会、生态文明建设和党的建设各个领域，为奋力打造经济迅速发展、社会协调进步、文化彰显魅力、生态环境良好、最适合人居创业发展的“东归名城”奠定坚实的基础。

（二）目标任务

各乡（镇）、各部门、各单位要把科级以上领导班子和党员领导干部作为学习实践活动的重点，全体党员参加。要努力达到以下目标：

1.提高思想认识。进一步加深广大党员、干部特别是领导干部对科学发展观的科学内涵、精神实质、根本要求的理解和把握，增强高举中国特色社会主义伟大旗帜的自觉性和坚定性，特别是在当前应对国际金融危机的特殊形势下，进一步增强贯彻落实科学发展观的自觉性和坚定性。围绕本乡（镇）、本部门、本单位要不要科学发展、能不能科学发展、怎样科学发展等重大问题，进一步解放思想，转变不适应、不符合科学发展要求的思想观念，把思想认识统一到促进和静县科学发展的要求上来；深刻认识和正确把握发展与稳定的关系，进一步统一对新疆反分裂斗争长期性、复杂性和尖锐性的认识，增强政治意识、责任意识、忧患意识。检验这次学

习实践活动的成效，首先要看用科学发展观武装头脑是否下了真功夫，看对推动科学发展的重要性、紧迫性的理解和把握是否有了新提高，看反对民族分裂、维护社会稳定的政治敏锐性、坚定性、自觉性是否有了新增强。

2.解决突出问题。以科学发展观为指导，着力解决在拓宽和深化优势资源转换战略、推进新型工业化进程中的突出问题，着力解决“三农”工作中的突出问题，着力解决经济社会之间、城乡之间、农牧区之间、乡镇之间发展不平衡的突出问题，着力解决保障和改善民生不到位的突出问题，着力解决构建“平安和谐”和静、保障大局长治久安中的突出问题，着力解决党员干部作风中存在的突出问题，把解决突出问题作为评价学习实践活动能否取得实效的关键。

3.创新体制机制。要结合和静实际，废除已经过时、制约和阻碍科学发展的制度，改进制度中不适应、不符合科学发展观的规定，制定和完善区域统筹发展、经济社会发展综合评价、科技创新、产业发展、城乡规划、土地供给、利益分配、民生保障、舆论引导、干部实绩综合考核等方面的新制度、新政策、新措施。领导机构着重建立健全科学民主决策、推动科学发展的各项政策规定和体制机制；各部门、各单位要转变职能，强化优质服务，着重建立健全体现科学发展观要求的规章制度，努力为科学发展观的贯彻落实营造良好的政策制度环境。要把完善体制机制作为衡量学习实践活动取得实效的重要标志。

4.促进科学发展。坚持把务求实效作为开展学习实践活动的出发点和落脚点，切实把科学发展观的要求转化为推进科学发展的坚强意志、谋划科学发展的正确思路、领导科学发展的实际能力、促进科学发展的政策措施、落实科学发展的自觉行动。坚定不移地走生产发展、生活富裕、生态良好的文明发展道路，全面推进社会主义经济建设、政治建设、文化建设、社会建设以及生态文明建设。坚持速度和结构质量效益相统一、经济发展与人口资源环境相协调，统筹兼顾，好中求快，努力实现以人为本、全面协调可持续的科学发展。

（三）主要原则

学习实践活动要着重把握以下主要原则：

1.坚持解放思想。以解放思想为先导，以改革创新为动力，以新的思想高度，树立更高的目标追求，形成深化改革、扩大开放、创新工作的思想共识。运用科学发展理念，找准解决问题的突破口，推进发展观念、发展思路、发展方式、发展体制深刻变革，使思想和行动更加符合实事求是的思想路线，更加符合和静地域特点，更加符合和静经济社会发展规律和自然规律，更加符合党的执政规律，使党的工作和党的建设更加符合科学发展观的要求。

2.突出实践特色。解决突出问题是突出实践特色的关键。查找差距要对照实践来进行、制定措施要以实践为依据、解决问题要用实践来推动、检验成效要以实践作标准。全县各级党组织要以“科学发展促跨越，富民强县构和谐”为实践载体，在解决突出问题上下工夫、求突破、见实效。各部门、各单位要紧密结合实际，确定具体实践载体，根据发展实际、工作实际和党员干部的思想实际，明确实践载体的具体内容和落实办法，针对影响和制约科学发展的突出问题、党员干部党性党风党纪方面群众反映强烈的突出问题，理直气壮地肯定对的、坚持好的，不折不扣地纠正错的、调整偏的，将学习活动取得的思想成果及时转化为实践成果和制度成果，真正让群众感受到新变化、新气象。

3.贯彻群众路线。坚持人民群众是推动科学发展的主体，坚持领导机关学习实践与基层群众宣传教育相结合，谋划发展向人民群众问计，查找问题听人民群众意见，改革发展措施向人民群众请教，落实发展任务靠人民群众努力，衡量发展成效由人民群众评判，把人民群众满意作为评价学习实践活动的重要依据。学习实践活动一开始，就做好基层群众的宣传组织教育工作，各个环节的工作都要紧紧依靠人民群众，充分发扬民主，吸收群众参加，接受群众监督。

4.正面教育为主。坚持高标准严要求，组织广大党员干部全面、准确、系统地学习掌握科学发展观的科学内涵、精神实质和根本要求，深刻认识改革发展稳定的新形势、新任务、新机遇，不为过去成绩而自满，不为传统模式所局限，实事求是地查找存在的问题和不足，深刻分析产生问题的原因，全面总结经验得失，力求认识得到新提高、思想得到新武装、观念得到新转变、思路得到新开阔，在更高层次、更高领域推进科学发展。大力总结、培养、宣传促进科学发展的先进典型，充分发挥榜样的示范引导作用。查找和剖析问题，既要坚持原则、严格要求，又要把握政策、不搞人人过关、不纠缠历史旧帐、不纠缠个人责任，注意保护党员干部群众的发展积极性。

二、学习实践活动着力推进的重点工作

要通过此次学习实践活动，在以下重点工作上实现新的突破和推进。

（一）在着力推进经济社会各项事业又好又快发展上破难题。认真贯彻《中共中央关于推进农村改革发展若干重大问题的决定》，坚持把解决“三农”问题作为全党工作的重中之重，年内县财政拿出2 000万元进一步加大对“三农”工作的投入，用于专项补贴、以奖代补、基础设施建设配套和科技推广。围绕农业结构“稳粮、扩经、建林、育肥、节本、增效”等措施，大力实施和静县“1771”农村经济发展战略，积极发展现代高效农业，扎实推进社会主义新农村建设。深入实施优势资源转换战略，全力推进新型工业化进程，进一步做大做强钢铁、矿产、水电、建材、酿造、农副产品加工六大优势产业。坚持以发展循环经济和节约型经济为重点，以园区建设和产业集群建设为载体，努力建设新疆最大的绿色能源基地、新疆最大的有机畜产品生产基地、新疆优质甜椒生产基地、南疆最大的钢铁生产基地。通过招商引资、项目拉动，搞活中小企业，进一步优化产业结构。在旅游业、房产业、餐饮娱乐业、对外经济贸易等第三产业发展上求突破，培育新的经济增长点。着力打造天鹅湖、阿尔先温泉、奎克乌苏石林、班禅沟等旅游品牌，积极开辟 巴音布鲁克1～7日游、巴伦台黄庙1日游、克尔古提1日游等旅游线路，打响巴音布鲁克生态文化旅游品牌。抢抓中央出台扩大内需措施的难得机遇，力争在重点产业、重大基础设施建设、民生工程、生态环境治理、保障性住房等方面争取国家的更多支持，加强水利、公路、电力、环保工程等基础设施和生态环境建设，增强可持续发展能力。加快发展社会事业，重点在科技、教育、卫生、计划生育、文化体育等各项社会事业中取得突破性进展，使社会发展与经济发展相协调、相适应。

（二）在着力推进民生改善，使各族群众得到更多实惠上做文章。坚持以当前人民群众生产生活迫切需要解决的现实问题为重点，千方百计集中各方财力，兴办实事好事，让人民群众共享科学发展成果。集中办好10件实事：一是从县财政拿出2 000万元资金投入“三农”，用于专项补贴、以奖代补、基础设施建设配套和科技推广；二是县财政配套1 050万元，新建廉租房300套，进一步解决城镇及乡（镇）工矿区低收入家庭住房难的问题；三是建成42个标准化村级卫生室，方便农牧民群众看病就医；四是全面开展城乡有线电视网络改造升级，实现有线电视入户1.2万户，广播电视覆盖率达到98%；五是对边境牧民旧房“穿衣戴帽”改造、富裕户边境建房实行户均1万元财政补贴政策，贫困户享受生态移民政策，并统筹山上山下给予解决饲草料基地，完成巩乃斯乡、巴音郭楞乡、阿拉沟乡、克尔古提乡、巴伦台镇100户守边牧民定居工程；六是全面落实干部职工生育保险政策资金，提高优生优育保障水平；七是完成计划生育服务和妇幼保健综合楼建设，进一步改善妇女儿童医疗保健条件；八是建成儿童福利院和残疾人综合服务中心，为全县孤残人员提供良好的生活成长环境；九是在确保完成年度工作计划的前提下，对财政供养人员增加1 000元以上的津贴补贴；十是安排100万元专项资金用于农村公路养护，保障农村道路通行质量。此外，重点抓好科技兴新素质工程建设，完成3万人次科技培训。加快教育资源整合进度，将28所学校整合成17所。进一步改善办学条件，投资1 300万元完成县二中等5个基础设施项目建设。围绕塑造“东归文化”品牌，完成东归科技文化体育活动中心和6个乡（镇）文化站建设。加强就业和社会保障工作，增加小额信用贷款财政担保基金200万元，加大创业就业支持力度，力争实现城镇就业再就业5 000人。

（三）在着力推进反分裂斗争教育和做好维护稳定各项工作，确保社会政治大局持续稳定上下工夫。牢固树立“稳定压倒一切”的思想不动摇，坚持不懈地把反分裂斗争教育长期坚持下去。坚定不移地贯彻落实中央、自治区、自治州关于维护新疆稳定的决策部署，扎实推进标本兼治、重在治本的各项措施，下大力气探索健全和实施打基础、管长远的长效工作机制。坚决打击“三股势力”的分裂破坏活动，牢牢掌握对敌斗争的主动权。严格落实意识形态领域反分裂斗争工作责任制，积极探索做好新形势下意识形态工作的有效途径和办法，改进思想政治教育的方式方法，用科学理论、正确舆论、先进文化牢牢占领思想文化阵地。认真组织开展反分裂斗争再教育活动，把这项工作作为学习实践活动的重要内容，务求取得实效。用科学发展观指导统战宗教工作，提高依法管理宗教事务的水平，引导宗教与社会主义社会相适应。坚持落实社会治安综合治理工作责任制，不断巩固和发展平安建设成果。认真落实信访责任制，畅通信访渠道，完善工作机制，解决群众反映的合理诉求，努力把问题解决在基层，真正做到为民办事，为民解忧，为民服务。

（四）在着力推进领导班子、干部队伍和基层组织建设，提高领导科学发展的能力上取得新突破。坚持不懈抓基层打基础，充分发挥基层党组织推动发展、服务群众、凝聚民心、促进和谐的作用，着力在四个方面取得突破：一是在用中国特色社会主义理论体系武装党员干部头脑上实现新突破。把十七大、十七届三中全会以及自治区、自治州党委、县委全委（扩大）会议精神作为干部教育培训的主要内容，突出领导干部政策法规、市场经济、科学技术等岗位必备知识和能力培训，组织举办各类培训班24期，培训党员、干部1 800人次以上，将所有副科级以上干部轮训一遍。二是在加强党的基层组织建设和党员队伍建设上实现新突破。实施每个村选派一名党建特派员、一名国家干部、一名大学生村官的“三个一”试点工程。在党员队伍中开展以“学理论、学党章，实践科学发展观”为主要内容的“双学一实践”活动。在“两新”组织中广泛开展党员亮身份、党组织亮标识、党建亮成效“三亮”活动和党员经营户挂牌活动，把党的建设渗透到“三农”工作的各个环节。建立健全城乡互帮互助体系，把部门包乡住村定点帮扶作为建立城乡党的基层组织互帮互助机制的重要内容，力争在新一轮包乡住村工作中，使各村及其农牧民得到更大的实惠。三是在深化干部人事制度改革、建设高素质领导班子和干部队伍上取得新突破。健全完善全县科级干部集中考核考察工作机制，探索差额提名、差额推荐、差额考察、差额酝酿的具体方式，完善干部考察“两次预告”、“两次征求意见”等制度，抓好干部选拔任用全程记实制度的试点和推广工作。加大选派优秀后备干部队伍到纪检、政法、信访、社区、企业等单位挂职锻炼，从乡镇和县直部门中选派科级干部到秦皇岛挂职锻炼的力度。切实抓好党政人才、企业经营管理人才、专业技术人才、农村实用人才和社会人才“五支队伍”建设。四是在推进党内民主建设上实现新突破。探索扩大全委会决策职权，完善全委会决策机制的有效方法。以完善党的代表大会代表任期制试点为重点，探索党代表大会常任制的实现形式，建立和畅通党代表经常性向县委提出意见建议的制度，制定县党代表建议的处理、回复办法。以实行民主集中制为重点，研究制定《县直部门党政主要领导工作规程》，凡属政策性、全局性的重大问题，重大项目安排和大额度资金使用，都要在党（工）委充分酝酿讨论的基础上作出决定，形成分工明确、权责对等、密切配合、运行高效的党政主要领导分工负责机制。

三、开展学习实践活动的批次安排和步骤

学习实践活动自上而下分两批展开，每批时间半年左右。

第一批：2009年3月开始，2009年8月基本完成。参加单位主要包括：县委、人大、政府、政协机关，人民法院、人民检察院机关和人民团体机关；党组织关系在和静县的驻县单位；县直有关企事业单位等。

第二批：2009年9月开始，2010年 2 月基本完成。包括乡（镇）、村、社区，中小学校；未参加第一批活动的企业、社会团体、社会中介组织等。

第一批活动开展的同时，进行第二批学习实践活动试点。将乃门莫敦乡党委、乃门莫敦乡包尔布呼村、和静县二小作为试点，与县第一批学习实践活动同步动员、同步开展、同步推进。通过试点，探索创新第二批学习实践活动的做法和经验。

开展学习实践活动，首先要做好充分的准备工作。各乡（镇）、各部门（单位）要认真学习贯彻自治区党委、州委、县委有关精神，进行广泛的宣传教育和思想发动，提高广大党员、干部参加学习实践活动的积极性、主动性；要深入调查研究，听取意见建议，结合本乡（镇）、本部门（单位）实际，制定切实可行的实施方案，征求县委指导检查组的意见，报县委学习实践活动办公室备案。参加第一批学习实践活动的单位和试点单位要在3月15日前召开动员会，进行思想发动和部署，党委（党组）主要负责同志要作动员讲话，指导检查组要到会指导。

学习实践活动分三个阶段进行：

第一阶段：学习调研（时间两个月左右）。主要是统筹抓好学习调研、围绕科学发展进行解放思想讨论等工作。

1. 精心组织学习调研。要采取有力措施，组织党员、干部认真进行学习培训。主要学习党的十七大、十七届三中全会精神；《毛泽东邓小平江泽民论科学发展》、《科学发展观重要论述摘编》；胡锦涛总书记在全党深入学习实践科学发展观活动动员大会暨省部级主要领导干部专题研讨班、纪念党的十一届三中全会召开30周年大会、十七届中纪委三次全会等重要会议上的讲话；中央印发的《向中央政治局通报中央政治局常委参加深入学习实践科学发展观活动专题民主生活会情况的报告》；王乐泉同志在自治区学习实践活动动员大会、自治区党委七届七次全委（扩大）会议、自治区党委工作会议、自治区贯彻落实十七届中纪委三次全会精神暨第二批学习实践活动动员大会等一系列重要会议上的讲话；努尔·白克力同志在自治区干部大会上的讲话；张博同志在自治州党委八届六次全委（扩大）会议、自治州学习实践科学发展观活动动员大会上的讲话；史建勇同志在自治州十二届人大二次会议上所作的政府工作报告；自治州党委《关于在全州开展学习实践科学发展观活动的安排意见》；汪江华同志在县委十一届四次全委（扩大）会议、和静县学习实践科学发展观活动动员大会上的讲话；才仁拉吉甫同志在和静县十五届人大二次会议上所作的政府工作报告；和静县委《关于在全县开展学习实践科学发展观活动的安排意见》等。县处级以上党员领导干部还要认真学习《深入学习实践科学发展观活动领导干部学习文件选编》。要采取中心组学习、专题培训班、轮训班、研讨班、辅导报告、案例分析引导、党课教育、演讲比赛和个人自学等多种形式，深入进行学习。要合理安排时间，处理好工学关系，确保学习培训取得实效。各单位要积极创新学习载体和学习方式，增强学习效果。县上将组建宣讲团，围绕学习实践科学发展观和反分裂斗争再教育深入基层巡回宣讲。

要把深入调研与深化认识、解决突出问题、完善体制机制结合起来。紧紧围绕“科学发展促跨越，富民强县构和谐”这一主题，以保增长、保民生、保稳定为目标，确定调研重点，安排足够时间，采取多种形式，带着问题，深入基层，深入群众调研。要按照上下结合、统分结合、不增加基层负担的原则，统筹安排调研工作。党员领导干部按照分工，深入基层，发现问题，研究对策，带头撰写高质量的调研报告，进一步梳理出在科学发展上存在的突出问题。

2. 围绕科学发展进行解放思想大讨论。要组织全体党员、干部围绕“科学发展促跨越，富民强县构和谐”这一主题开展解放思想大讨论，紧密联系实际，确定具体的内容，采取多种形式，有针对性地进行讨论。要结合理论学习收获和征求到的意见建议，带头深入开展讨论，努力在转变观念、解决问题、找准差距、提出对策上形成共识。

第二阶段：分析检查（时间两个月左右）。主要是统筹抓好召开领导干部专题民主生活会和党员专题组织生活会，形成领导班子贯彻落实科学发展观情况的分析报告等工作。

1．召开专题民主生活会。领导班子要以“科学发展促跨越，富民强县构和谐”为主题，召开检查科学发展观贯彻落实情况的专题民主生活会，适当扩大列席范围。会前要认真征求各方面意见，对征求到的意见进行归纳整理；领导班子成员要认真撰写发言材料，进行自我检查；民主生活会要认真开展批评与自我批评，积极分析问题，深刻查找原因，提出改进建议。所有党员都要参加组织生活会。县纪委、组织部和学习实践活动指导检查组要派人参加所属领导班子的民主生活会，提前介入，加强指导，保证质量。

2．形成领导班子分析检查报告。充分运用调查研究、解放思想讨论和民主生活会成果，以检查分析突出问题、理清科学发展思路为重点，撰写领导班子贯彻落实科学发展观情况分析检查报告。分析检查报告要以适当方式征求各方面意见进行修改完善，使分析检查报告成为今后落实科学发展的指导性文件。

组织群众注重从对科学发展观的认识深不深、问题查找准不准、原因分析透不透、发展思路清不清、工作措施可不可行方面，对领导班子分析检查报告进行集中评议。注意吸收各方面的代表人士参加。根据群众评议情况，进一步修改完善分析检查报告。要做好分析检查报告和群众评议结果公布工作，合理确定公开范围和方式。

第三阶段：整改落实（时间两个月左右）。主要是统筹抓好制定整改落实方案，集中解决突出问题和完善体制机制等工作。

1．制定整改落实方案。各级领导班子要以分析检查报告为依据，制定整改落实方案，把分析检查报告中提出的整改措施具体化，明确整改目标、责任、措施、时限。整改落实方案要采取适当方式向党员、干部和群众公布，做出公开承诺，接受群众监督。

2．集中解决突出问题。进一步明确科学发展的工作思路和工作方法，分清活动期间立即解决的问题和近一两年内解决的问题。对具备解决条件的问题，要马上整改；对群众反映强烈、通过努力能够解决的问题，要限期整改；对应该解决但受客观条件限制一时解决不了的问题，要向群众说明情况，采取措施逐步解决。对涉及多个部门单位的问题要采取上下互动、左右联动的办法解决。解决问题要突出重点，坚持什么问题突出就解决什么问题，集中精力解决几个事关全局的问题，切实取得一批实践成果。

从学习实践活动一开始，就要做好创新体制机制工作。在统一认识，深入调研，分析检查的基础上，把解决突出问题与完善体制机制紧密结合起来进行，努力构建充满活力，富有效率，更加开放，有利于科学发展的体制机制，以体制机制创新促进解决问题，把解决问题中形成的好办法好经验用制度的形式固定下来。要从促进科学发展的需要出发，继续清理现有的规章制度，切实做好“废除、修改、建立”工作，形成一批保障和促进科学发展的制度成果。广大党员、干部要积极提出合理化建议。

学习实践活动基本结束时，要及时做

好总结工作，对学习实践活动情况进行群众满意度测评；要把贯彻和静县委部署要求、群众是否满意作为评价学习实践活动成效的重要依据。根据测评情况，完善整改措施，进一步抓好整改，确保在学习实践活动中尚未解决的突出问题继续得到有效解决。

四、学习实践活动的组织领导和指导检查

开展学习实践活动是和静县政治生活中的一件大事。各级党组织要把学习实践活动摆上重要议事日程，高度重视，精心组织，加强指导，严格检查，以认真负责的态度、改革创新的精神、求真务实的作风，确保活动取得实效。

（一）落实领导责任。学习实践活动的领导关系，原则上按照党组织的隶属关系确定。各党（工）委、党组要全面负责本乡（镇）、本部门（单位）的学习实践活动，主要负责同志要认真履行第一责任人的职责，在各个方面发挥表率作用。党政领导干部要结合各自分工建立联系点。成立深入学习实践科学发展观活动领导小组，在县委领导下开展工作。领导小组下设办公室，负责日常工作。各乡（镇）、各部门（单位）也要成立学习实践活动领导小组和办事机构，党组织书记任组长，在党（工）委、党组的领导和县委学习实践活动领导小组的指导下开展工作。县委学习实践活动领导小组派出若干指导检查组，负责指导和督促检查相关单位的学习实践活动，防止活动走过场、出偏差。

（二）加强分类指导。在坚持学习实践活动总体要求的同时，针对机关、事业、企业、乡（镇）、村、街道、社区等不同行业，党员领导干部、普通党员等不同层面，分别提出学习实践活动的具体要求，分层分类指导，增强活动的针对性和实效性。要从实际出发，组织好离退休干部（职工）中的党员参加学习实践活动。对新的经济和社会组织中的党员、流动党员等，在坚持基本要求前提下，采取灵活多样的方式组织开展活动。流动党员的学习实践活动由流入地党组织负责，流出地党组织协助，力争做到全覆盖。

（三）鼓励探索创新。在坚持学习实践活动基本要求前提下，鼓励各乡（镇）、各部门、各单位根据各自实际情况，因地制宜，积极创新。要尊重群众首创精神，注意发挥专家作用。要讲成本、重实效，反对形式主义。

（四）搞好舆论引导。和静政府网、和静东归网、县广播电视台等媒体要统一开办专栏和专题节目，采取多种宣传形式，大力宣传科学发展观的科学内涵、精神实质和根本要求，及时宣传报道开展学习实践活动的重大意义、学习实践科学发展观的先进典型、学习实践活动的部署、要求、做法、经验和成效，营造良好氛围。

（五）坚持统筹兼顾。各乡（镇）、各部门、各单位要统筹安排学习实践活动各批次、各阶段的工作，做到有机衔接、上下互动、左右联动，促进影响制约科学发展突出问题的解决。要把开展学习实践活动同进一步理清工作思路、完善工作措施、发展各项事业紧密结合起来，做到两手抓、两不误、两促进，用各项工作的实际成果检验学习实践活动成效。

各乡（镇）、各部门、各单位学习实践活动有关情况要及时向和静县学习实践活动领导小组办公室报告。

和静县2009年国民经济和社会发展统计公报

（和静县统计局）

2009年全县各族人民在县委、县人民政府的正确领导下，深入学习实践科学发展观，认真贯彻落实中央、自治区、自治州“保稳定、保增长、保民生”的一系列决策部署，努力克服国际金融危机和乌鲁木齐“7·5”事件对经济社会发展带来的不利影响，使县域经济保持了良好的发展势头，全县呈现出国民经济保持较快发展，经济总量扩张，结构改善，效益提高，活力增强，社会各项事业全面发展，人民生活水平显著提高的良好态势，总体上实现了和静县经济社会又好又快发展。

一、综合

国民经济持续较快增长，综合实力进一步增强。初步核算，2009年全县生产总值预计完成37.2亿元，同比增长18.1%，其中，第一产业增加值12.03亿元，增长15.56%；第二产业增加值14.67亿元，增长20%；第三产业增加值10.5亿元，增长17%。在第二产业中工业增加值12.97亿元，建筑业增加值1.7亿元，同比分别增长20.1%和19%。人均GDP为19 682元。

产业结构继续调整优化。2009年和静县三次产业的比重由2008年的29∶38∶33调整为32∶39∶29。

国民经济和社会发展中存在的主要问题是：经济总量仍然偏小，经济结构不够合理，强势工业格局还没有形成；农业产业化综合效益还不明显，农民增收的基础依然薄弱；节能降耗、污染减排压力大；区域内物价偏高，民间投资不活跃，带动力不强；社会保障能力弱，尚需进一步完善。

二、农业

2009年，和静县紧紧围绕社会主义新农村建设的各项任务，加大农牧业投入，狠抓农牧业生产，千方百计增加农牧民收入，全面深化农村改革，积极推进农村牧区经济结构调整，使全县农村经济保持了健康、稳定的运行态势。

2009年，和静县农业总产值132 744万元，较上年增长18.93%，其中，农业产值66 667万元，增长30.96%；林业产值2 463万元，增长63.01%；牧业产值60 305万元，增长5.65%；渔业产值188万元，下降12.04%；农林牧渔服务业产值3 121万元，增长13.91%。

2009年，和静县农业增加值75 959万元，其中，农业增加值39 211万元、林业增加值1 185万元、牧业增加值33 591万元、渔业增加产值96万元、农林牧渔服务业增加值1 876万元。

（一）农作物生产情况

2009年，农作物正复播种面积2.986万公顷，增长21.58%。

1. 粮食播种面积1万公顷，增长61.28%；产量76 401.4吨，增长78.17%。其中：小麦播种面积7 230.3公顷，增长37.91%，产量48 441.8吨，增长44.13%；玉米播种面积1 860.93公顷，增长95.10%；

产量27 889.6吨，增长201.47%。

2.棉花播种面积3 781.89公顷，减少5.34%，产量6046.66吨，较上年增长5.09%。

3.油料播种面积2 301.15公顷，较上年增长17.35%；产量3 417.86吨，较上年增长45.32%。

4.甜菜播种面积1 327.33公顷，较上年减少7.87%；产量111 042吨，较上年减少4.45%。

5.工业用番茄播种面积3 021.51公顷，较上年增长20.91%；产量346 777吨，较上年增长38.24%。

6.工业辣椒播种面积4 895.78公顷，较上年减少26.29%；产量110 103吨，较上年减少22.28%。

7.和静县年末果树面积3 235.62公顷，水果产量12 480吨，其中：苹果160.81公顷，产量1 516吨；梨160.08公顷，产量120吨；葡萄894.65公顷，产量9 924吨；桃60.83公顷，产量420吨；杏615.5公顷，产量50吨；红枣1 260.9公顷，产量282吨；其他82.84公顷，产量168吨。

（二）畜牧业生产情况

2009年，和静县牲畜存栏99.91万头（只），较上年减少2.53万头（只），减少2.47%，其中：大牲畜10.62万头，羊85.37万只，猪3.92万头。牲畜繁殖成活数68.77万头（只），较上年增加3.24万头（只），增长4.94%，牲畜出栏73.32万头（只），较上年减少2.21万头（只），减少2.93%。

2009年，和静县全部肉产量21 180吨，较上年增长6.31%，其中：牛肉4 732吨，减少2.87%；羊肉8 150吨，增长10.02%；猪肉6 189吨，增长50.22%。

（三）林业生产情况

2009年，和静县当年造林面积2 012.24公顷，较上年增长481.28%；迹地更新面积149.55公顷，较上年减少119.82%；零星植树15.8万株，较上年减少45.52%；各类木材采伐量17 201.37立方米，较上年增长72.01%。

（四）渔业生产情况

2009年，和静县水产品总产量160吨，其中：草鱼65吨，鲫鱼85吨，鲢鱼10吨。

三、工业

工业生产保持较快增长，经济效益持续向好。全县完成工业总产值34.73亿元、完成工业增加值10.78 亿元，比上年增长51.1%。其中：规模以上工业企业完成工业增加值8.86亿元，同比增长50.5%；完成工业总产值29.46亿元；完成工业销售产值27.83亿元，同比增长25.8%；产销率达94.5%。

表17　　**2009年和静县主要工业产品产量一览表**

产品名称	计量单位	2009年	2008年	增长（%）
水　泥	万吨	45.8	53.17	−13.86
钢　铁	万吨	70.19	37.43	87.52
生　铁	万吨	68.1	8.91	664.3
番茄酱	吨	24 361	12 439	95.84
啤　酒	千升	560	3 125	−82.1

2009年，和静县以特色资源为依托，加快工业化发展进程，在第二产业中形成了以工业化带动农业产业化和第三产业的发展，集中力量突出钢铁铸造、矿业、建材、农产品加工、电力、酿造六大产业开发，新兴工业企业和龙头企业的蓬勃发展，带动了和静县经济快速增长。

和静县规模以上工业企业资产总额47.62亿元，利润总额2.16亿元，其中：盈利企业盈利额2.35亿元，亏损企业亏损额0.19亿元；销售收入27.52亿元，上缴税金2.32亿元，实现了良好的经济效益和社会效益。

四、固定资产投资

2009年，全县累计完成固定资产投资177 240万元，同比增长30.95%。其中县属142 754万元，同比增长22.25%。施工项目共76个（新开工项目55个、续建项目21个）。在完成投资额中，城镇固定资产投资完成171 131万元，农村固定资产投资完成投资191万元，房地产开发投资5 918万元。在完成投资额中，国有投资57 480万元，股份合作、有限责任公司完成投资23 362万元，私营经济投资85 486万元，集体投资1 400万元，个体投资8 570万元，港澳台投资942万元。

从投资结构来看，第一产业完成13 487万元，第二产业完成119 589万元，第三产业完成投资44 164万元，分别占全县总投资的7.61 %、67.47%、24.92%。

2009年，和静县亿元以上项目共有9个：国电新疆开都河流域水电开发有限公司察汗乌苏水电站工程；新疆巴州新华水电开发有限公司哈尔莫敦水电站；巴州凯宏智博矿业有限责任公司；新疆和合矿业有限责任公司；和静县备战矿业有限责任公司。累积完成投资109 762万元，占全县固定投资额的61.93%。从以上数据中可以看出和静县的重点项目投资是拉动全县投资的主要力量。重点项目投资为和静县经济插上了腾飞的翅膀，也成为全县招商引资的一张有利名片。

五、贸易

消费品市场活跃。2009年全年实现社会消费品零售总额19 161.7万元，比上年增长17.9%。主要特点：一是城乡差距较大，城镇市场消费品零售额明显大于农村。城镇消费品零售额15 413.1万元，增长19%；农村消费品零售额3 748.6万元，增长13.6%。二是住宿餐饮业增长快于批发零售贸易业。批发零售贸易业零售额13 552.9万元，增长20.4%；住宿和餐饮业零售额3 716.5万元，增长18.8%；其他行业零售额1 892.3万元，增长1.5%。

截至2009年底，全县共有个体工商户5 386户，从业人员8 342人，注册资金11 812万元，与上年同期相比分别增长4.8%、7.7%和1.5%。

六、交通、邮电业和旅游

公路交通基础设施建设进一步完善，综合运输能力不断提高，综合运输业务量大幅增长。全年完成货物周转量6 218万吨千米，比上年增长34.6%；旅客运输量93.34万人，增长10.1%；旅客周转量21 102万人千米，增长11.24%；共发车12万次，全县境内现有国道3条216、217、218线和省道4条206、301、305、321线，全县境内公路通车总里程1 842千米，公路网密度为4.64千米/百平方千米。2009年全年铺筑通达公路25.3千米，通村油路199.6千米，全县柏油路里程达810千米。

邮电通信业快速发展。2009年邮政业

务总收入1 015万元，同比增长12.53%，邮路总长度510千米，农村投递线路总长度380千米。年末固定电话用户32 816户，全县固定电话普及率17.53部/百人、年末互联网用户3 380户、年末移动电话用户5.7万户，增加4 800户。移动电话普及率30.15部/百人、年末联通电话用户14 200，增加2 100户。联通电话普及率7.59部/百人。

和静县旅游业的发展得到了县委、县人民政府高度重视，旅游业取得了长足的发展。2009年已初步开发旅游景区（点）8处。各类旅游企业、宾馆、饭店99家（包括县城内各家庭旅馆）。国内旅行社1家、旅游公司5家；其中：2星级酒店2家，客房总数147间、3星级酒店5家，客房总数409间，2A级景区1家，3星级农家乐3家。2009年，全县共接待旅游人数19万人次(其中外宾2 964人次)，旅游直接收入2 600万元，旅游总收入5 100万元。

七、财政和金融

在经济快速发展的有力保障下，全年财政收入较快增长。2009年地方财政收入完成22 301万元，比上年增长38%，其中：地税完成11 298万元、国税完成6 163万元、非税完成2 228万元、基金完成2 612万元。地方财政支出74 275万元，比上年增长32%，其中：农业支出7 702.81万元、教育支出23 556.56万元、工资性支出33 923.2万元。

金融市场平稳运行。和静县金融机构各项存款余额为223 385万元，比年初增加22 718万元。全县企业存款14 448 万元，比年初增加5 121万元；全县储蓄存款153 590万元，占全部存款余额的68.76%，储蓄存款比年初增加23 374万元。和静县金融机构各项贷款余额92 418万元，比年初增加15 301万元，其中：短期贷款月末余额45 040万元，比年初增加7 240万元；中长期贷款月末余额21 500万元，比年初增加8 648万元。

八、科学技术、教育

科学技术事业进一步发展，为提高广大农牧民科技素质，在全县广泛开展了以实用技术培训为主“科技之冬”活动。2009年全县掀起了“学科学，用科学、重培训、求实效”的高潮，推动了和静县的科技进步和经济社会的全面发展。

2009全县共举办各类实用技术培训班268期，培训3.3万人次，印发培训材料5.9万份。通过“素质工程”培训，提高了全社会劳动者科学文化素质，推动了经济社会的发展。

教育事业健康发展。全县现有学校15所，其中：高级中学1所、初级中学3所，小学11所，小学适龄儿童入学率100%，其中：农村适龄儿童入学率100%。全县教职工人数共计2 317人，高中教师280人，其中：女教师143人，少数民族教师56人；

中学教师392人，其中：女教师280人，少数民族教师214人；小学教师1 463人，其中：女教师1 014人，少数民族教师1 010人；在校学生18 259人，其中：在校高中生3 502人，初中生4 717人，小学生10 040人。幼儿园18所，其中公办幼儿园1所，民办幼儿园17所，在园儿童2 755名；初中升学率98.8%，高中升学率92.3%；全县校舍总面积达16.4万平方米，全县学校总占地面积达119.46万平方米。

九、文化、卫生和体育

文化事业健康发展。县文化行政管理部门本着“开放搞活、扶持疏导、面向群众、供求两益”的方针，以“支持健康有益的、允许无害的、抵制低级庸俗的、取缔淫秽反动的”管理准则，积极培育和发展文化市场。经过二十多年的努力，文化市场布局逐步从县城向乡（镇）延伸，经营项目日臻多样化、现代化，已基本形成演出、娱乐、音像、电影、文物、艺术品、网络以及出版物在内的八大门类的综合性市场体系。现有文化馆1个，公共图书馆1个，文物保护管理所1个，文化站12个，村级文化室62个。截至2009年底全县共有各类文化市场个体经营户326家，其中：歌舞娱乐场所156家（包括歌舞厅、酒吧、电子游戏厅、棋牌室等）、电脑网络24家、音像制品37家、书店19家、打字复印36家、印刷厂5家、其他30家，文化市场从业人员600余人，形成了门类齐全、品种多样的文化市场经营格局。

共有有线电视转播台8座，无线电视发射台2座，广播综合人口覆盖率达98%，电视综合人口覆盖率达到97%。有线电视用户11 208户，有线电视主干线长170千米。2009年全县共播出广播新闻1 440条（汉、维吾尔、蒙古三种语言），外发广播新闻1 200条；电视新闻1 300条，外发电视新闻309条。

卫生事业得到加强。年末全县共有各类卫生机构18个，其中：县医院1个，乡镇卫生院13个，县疾病控制中心1个，卫生局卫生监督所1个，县妇幼保健机构1个，巴音布鲁克区防疫妇幼分站1个；共有专业卫生技术人员401人，其中：医生245人、执业医师130人、执业助理医师44人、注册护士148人。

体育事业蓬勃发展，全面推行国家学生体质健康标准。全县城镇学校《学生体质测量标准》普及面为100%，普及率为100%，各区、乡、镇、场学校普及面为100%，普及率为100%，全部达标率为96%以上。

十、人口、人民生活和社会保障

人口总量继续保持低速增长。全县年末户籍总人口达18.71万人，比上年增长0.97%；在总人口中，少数民族为8.87万人，占总人口的47.4%；地方人口14.31万人，兵团人口4.4万人。全县人口出生率为14.35‰，死亡率为5.42‰，人口自然增长率为8.93‰，符合政策生育率为99.4%。

城乡居民生活水平进一步提高。农村居民人均纯收入为6 616元，比上年增加1 322元，增长24.97%。

全县从业人员年末人数为10 897人，比上年减少5 416人，同比下降29.4%。工资总额为27 927.8万元，比上年减少363.9万元，下降1.29%；在岗职工平均工资为25 513元，比上年增加8 173元，增长47.13%。

劳动就业领域不断拓宽，加强了对下岗职工的就业培训和安置，养老保险、失业保险统筹工作进展顺利，社会保障水平提高。能够按时足额发放企业离退休人员基本养老金和下岗职工基本生活费。2009年全县通过各种渠道实现就业和再就业人数5 174人，其中：帮助924名下岗职工实现再就业，妥善安置531名大中专毕业生就业，技校生97人，复转军人67人，其他城镇失业人员3 461人，城镇新增劳动力94人。

年末全县基本养老保险参保人数9 197人，发放基本养老金4 884人，金额为5 753万元。参加失业保险8 419人，征收失业保险金额215万元，支付失业金和医疗补助人数253人，支付失业金118万元，其中：

失业保险救济金78万元，医疗补助金39万元。参加工伤保险人数10 721人，征收保险金额115万元，支付人数89人，支付金额128万元。参加生育保险人数9 948人，征收生育保险金额138万元，支付人数43人，支付金额26.45万元。

十一、安全生产

2009年全县共发生各类事故63起，死亡24人，受伤48人，直接经济损失246.45万元，与上年同期相比事故起数持平，死亡人数下降11%，受伤人数下降4%，经济损失下降13.1%，事故死亡人数占全年控制指标24人的100%。其中：1.道路交通事故35起，死亡17人，受伤38人，经济损失9.81万元，事故起数下降16.3%，死亡人数下降10%，受伤人数下降20.8%，经济损失下降41.7%，事故死亡人数占全年控制指标24人的70.8%。2.共发生火灾事故13起，无死亡、无受伤，直接经济损失18.62万元，与上年同期相比事故起数上升8%，死亡人数持平，受伤人数持平，直接经济损失下降31%。3.共发生工矿企业事故4起，死亡6人，无受伤，直接经济损失180万元，与上年同期相比事故起数下降50%，死亡人数下降25%，受伤人数持平，直接经济损失下降25%。4.共发生10起农机事故，无死亡，受伤10人，经济损失2.02万元，与上年同期相比事故起数上升、死亡人数持平，受伤人数上升，经济损失上升。5.共发生1起煤炭事故，死亡1人，无受伤，经济损失36万元，与上年同期相比事故起数上升100%，受伤人数持平，经济损失上升。

注：1.本公报为初步统计数。

2.和静县生产总值、各产业增加值及农林牧渔业总产值指标绝对数按现价计算，增长速度按可比价计算。

3.规模以上工业企业是指即年产品销售收入500万元以上工业法人企业。

和静县招商引资优惠政策（试行）

为进一步加大招商引资力度，鼓励区内外广大投资商到和静县投资创业，促进县域经济又好又快发展，对在和静县注册投资的新办企业，在享受国家、自治区、自治州招商引资优惠政策的同时，依据国家、自治区、自治州相关政策，再给予享受以下优惠政策。

一、土地方面

（一）使用国有土地，以出让方式供给的，出让合同期为商业用地40年，工业及工业综合用地50年，居住用地70年。在规定合同出让期内，项目建成后其土地可依法进行转让、出租、抵押或由合法继承人继承，出让期满可优先享有申请续期。

（二）对符合国家、自治区、自治州确认的高新技术，属现代农业、水利、能源、交通等基础设施以及文化、教育、社会公益事业的用地，可列入国家划拨用地名录的，以划拨方式提供。

（三）为了促进企业发展，对一次性缴纳土地出让金有困难的，首期缴纳土地出让金的50%，其余部分可延缓在两个月内缴清。

（四）鼓励县内外有实力的企业按工业

园区规划进行投资，用地面积按投资额划定，每亩投资额不低于30万元。对高科技、低消耗、循环经济、废旧利用和农副产品加工、仓储保鲜、专业市场建设及高新技术产业、文化产业等企业，可适当下调投资强度。

（五）入驻工业园区的企业在享受以上政策的同时，还可享受以下优惠政策：

1．对以租赁方式取得土地使用权的新办企业，前两年土地租赁费上交财政后全额补助给企业，第三年至第五年上交土地租赁费的50%补助给企业，从第六年起按国土资源部门制定的标准收取土地租赁费。经县人民政府审批，所补助土地租赁费用于企业基础设施建设。

2．对入驻园区的钢铁、矿业、建材、酿造、特色农副产品、仓储保鲜、市场建设和高新技术产业、文化产业、低消耗、循环经济、废旧利用等生产企业，愿与本县以土地资产合资入股新办企业的，由国资委下设的土地储备投资公司（国有独资）以出让方式获得土地使用权，经县人民政府确权入股，形成股本与投资方合资新办企业。企业投产后，土地储备投资公司在前两年不享受分红、第三年至第五年按股份比例享受分红的50%、从第六年开始按股份比例分红（不享受分红部分用作企业发展资金）。

3．企业在园区建设标准化厂房进行出租的，还可享受以下优惠政策：

（1）以出让方式获得土地使用权，在三年内完成厂房建设的，上缴县财政土地出让金的50%奖励给该企业，用于基础设施建设。

（2）以租赁方式获得土地使用权的，土地租赁期不低于30年。在两年内全部完成所租土地厂房建设的，前两年的土地租金上交财政后全额补助给企业，第三年至第五年上交土地租金的50%补助给企业，从第六年起按国土资源部门制定的标准收取土地租赁费。

二、基础设施配套方面

对入驻工业园区的钢铁、矿业、建材、酿造、特色农副产品、仓储保鲜、专业市场建设和文化产业、高新技术产业、低消耗、发展循环经济、废旧利用等生产企业，由工业园区管委会负责基础设施配套，达到“三通一平”标准（到规划红线）。

三、金融信贷方面

（一）县人民政府推动国内各商业银行及库尔勒商业银行在和静设立分支机构，为投资企业提供更多的信贷支持。

（二）县人民政府已与中国农业发展银行商定在和静设立分支机构，为投资企业提供贷款支持。

（三）对和静县鼓励类的投资行业（农副产品深加工、仓储保鲜、专业市场建设和高新技术产业、文化产业）给予政策贴息，县小额贷款公司、担保公司为农副产品深加工、仓储保鲜、专业市场建设和高新技术产业、文化产业等中小企业提供贷款支持，对拟上市公司给予更多方面的支持。

（四）对于大型投资项目，根据项目类型协调金融机构，给予争取贷款。

四、财税方面

（一）对投资新办的工业项目，依据投资额度、科技含量、环境影响程度和对当地财政贡献率大小给予优惠。县财政每年列支200万元，作为工业发展基金和企业科技创新奖励基金。

（二）对投资新办的生产性企业，在享

受完西部大开发和自治区、自治州优惠政策以后两年内，企业上缴所得税地方部分，每年由财政按30%份额奖励给企业用于发展生产。

（三）对投资新办的出口企业和先进技术企业，在享受完西部大开发和自治区、自治州相关优惠政策及上述和静县再给予两年的优惠政策期后仍为省级以上先进技术产品的，每年末由财政奖励企业上缴所得税地方部分的25%用于发展生产。

（四）对投资额度较大的商贸流通、旅游开发等产业项目，从生产经营之日起，五年内每年奖励其上交地方财政收入的20%。

（五）凡属投资高新技术产业、资源再生、综合利用、治理环境污染以及社会公益事业的企业，城市建设配套费由财政奖励给企业用于基础设施建设。

（六）对入驻园区的企业，前三年再给予享受以下优惠政策：

1. 企业年度缴纳增值税和企业所得税两项合计100万元~500万元（含500万元）的，奖励资金按企业年度缴纳增值税和企业所得税县级地方留成部分的30％给予奖励，用于企业扩大再生产（矿业开发、水电项目不包括在内）；两项合计500万元以上的，超出部分按县级地方留成的40％给予奖励，用于企业扩大再生产（矿业开发、水电项目不包括在内）。

2. 农副产品深加工、仓储保鲜、专业市场建设和高新技术产业、文化产业类企业年度缴纳增值税和企业所得税两项合计20万元~50万元（含50万元）的，奖励资金按企业年度缴纳增值税和企业所得税县级地方留成部分的30％给予奖励，用于企业扩大再生产；企业年度缴纳增值税和企业所得税两项合计50万元以上的，超出部分按县级地方留成的40％给予奖励，用于企业扩大再生产。

五、服务方面

（一）对和静县经济、社会发展有重大影响且投资规模较大的项目（包括矿产开发、水土开发、房地产、旅游、能源、环境治理等），实行“政策随项目”和“一事一议”的办法，由县招商办和企业磋商，在互惠互利的前提下给予更加优惠的政策。

（二）符合条件的外来投资者（员工及其子女）在落户、入托、入学、住房、医疗、医保等方面，享受与本地人员同等待遇。

（三）为鼓励企业做大做强，根据企业对县域经济贡献率大小，每年对投资企业评比，对贡献突出的企业进行表彰，给予特殊荣誉和物质奖励，并在各方面给予优先支持。

（四）依法保护投资者的利益，严禁以任何名义向企业乱收费、乱摊派、乱罚款。收费单位向企业收费必须出具有效文件，不得以检查为名扰乱企业的正常生产经营秩序。确需进入园区检查的，应征得园区管委会和分管领导批准。

（五）在和静县注册投资的工业企业，对县人民政府确定的基础设施建设、园林绿地、市政工程、房地产开发、公用工程等，视其投资规模和资质条件，在同等条件下拥有优先权。

（六）对入驻工业园区的企业，还可以享受以下服务：

为方便企业办事，园区管委会为入住园区的企业协调办理一切相关事宜，和静县行政服务中心实行“一站式”服务。

1. 由建设、环保、安全生产、国土资

源、工商、国税、地税、技术监督等部门实行“一对一”全程导办服务。报批手续齐全的项目，在7个工作日办结；手续暂时不能办全的，在用地、环评、安全生产和消防预审通过的前提下，允许其先开工建设，后补办相关手续。

2.登记注册资金一次性到位有困难的，可自登记之日起两年内分期到位。经营范围除国家法律法规明令禁止外，一律许可经营。

3. 开展网上咨询，支持重点产业发展。对来和静县投资矿业、农副产品深加工的企业，通过网上名称预核准服务和申请材料网上初审服务，确保两个工作日发照。

4. 在工业园区利用荒地进行防风绿化、改善生态环境，除享受国家规定的优惠政策外，由县林业局提供树苗，前三年在汛期水源过剩的情况下，可向水利部门申请享受每年每亩450方灌溉用水。

六、其他方面

（一）招商引资项目在享受土地、信贷、财税、基础设施配套、服务等优惠政策中，如有同类优惠政策，不予叠加享受。

（二）本优惠政策如与国家、自治区、自治州相关政策、法律法规相抵触的，则以国家、自治区、自治州的相关政策、法律法规为准。

（三）本优惠政策自发布之日起施行，原招商引资优惠政策自行废止。

（四）本优惠政策措施由和静县招商局负责解释。

和静县招商引资奖励办法（试行）

为鼓励招商引资，充分调动一切积极因素，扩大利用县内外资金规模，促进县域经济又好又快发展，特制订本办法。

一、奖励对象

在兑现招商引资优惠政策后，对县内外在和静新投资的生产性工业企业、商贸流通企业、国有或私营企业和驻县部队等招商引资工作成绩突出的单位及人员进行奖励。

二、奖励方式

物质奖励和精神奖励相结合，以物质奖励为主。

（一）对招商引资的乡镇、场和单位的奖励。

1. 土地方面

对在和静县乡（镇）、场投资新办企业征用土地（县属地方土地），优先安排用地计划。对采取招牌挂出让方式的，土地出让金上缴县财政地方留用部分的50%拨付给乡（镇）、场，用于乡（镇）、场发展经济。

2. 财税方面

前3年对乡（镇）、场和单位给予以下奖励：

(1) 凡各乡（镇）、场自主招商引进的新办经营性企业实际缴纳税收留归和静县地方财政部分，除矿产深加工企业按县与乡（镇）、场7：3分成，其他经营性企业按县与乡（镇）、场3：7分成。以县为主体招商落户乡（镇）、场的按县与乡（镇）、场8：2分成，用于乡（镇）培植财源、弥补经费不足。

(2) 各村自主招商引进的新办经营性企业，在县与乡（镇）分成的基础上，对乡（镇）实得税收返还部分按乡（镇）与村5：5分成，用于弥补村级经费不足。

(3) 各乡（镇）、场、村招商落户县工业园区的新办经营性企业，企业上交税收入地方财政部分按30%返还给乡（镇）、场、村。

(4) 作为企业原料基地的乡（镇）、场，按照《中华人民共和国农民专业合作社法》和国家关于工业反哺农业的政策，积极探索并建立企业与农民专业合作社利益共享、风险共担的长效机制，使农民得到更多实惠。

(5) 乡（镇）、场自主招商引进的新办经营性企业税收返还种类包括：增值税（地方25%部分）、企业所得税（地方40%部分）、营业税、城建税、房产税、城镇土地使用税。

3．固定资产投资方面

根据各乡（镇）、场和单位自主招商引进新办企业所在本地的固定资产投资，以实际投资额1%一次性奖励乡（镇）、场和单位，奖励最高限额为50万元，其中70%用于支持乡（镇）、场和单位，30%奖励个人。

（二）对招商引资引荐人员的奖励

1．引进投资额200万元以上的农业产业化项目，对非财政供养人员按实际形成固定资产投资的5‰奖励引荐人或团队，对财政供养人员按实际形成固定资产投资的3‰奖励引荐人或团队。

2．投资额1 000万元以上的商贸类专业市场建设项目（出售房屋产权的除外），对非财政供养人员按实际形成固定资产投资的2‰奖励引荐人或团队，对财政供养人员按实际形成固定资产投资的1.5‰奖励引荐人或团队。

3．投资额1 000万元以上的旅游项目，对非财政供养人员按实际形成固定资产投资的1‰奖励引荐人或团队，对财政供养人员按实际形成固定资产投资的0.5‰奖励引荐人或团队。

4．引进投资额2 000万元以上的工业项目（不含农业产业化项目），对非财政供养人员按实际形成固定资产投资的1.5‰奖励引荐人或团队，对财政供养人员按实际形成固定资产投资的0.5‰奖励引荐人或团队。

5．引进文化创意产业项目，按实际形成固定资产投资的1%奖励引荐人或团队。

6．引进社会公共事业、信息技术项目，可根据实际情况一事一议。

7．奖金分配办法：奖励资金的40%用于对单位招商引资有功人员的奖励，40%用于参与单位和人员的奖励，20%用于单位工作经费。

8．对非财政供养人员的奖励最高不超过10万元，财政供养人员最高不超过5万元。（对财政供养人员及承担招商引资任务单位的奖励资金用于招商项目前期考查经费、可研报告编制费、工作人员的差旅补助费以及单位的工作经费）

9．对在招商引资工作中做出特殊贡献的县行政事业单位工作人员予以优先提拔。

三、引资额的界定及奖励对象的认定

（一）以项目投产之日实际形成固定资产投资金额为准，项目后续投资不再对原引荐者奖励。

（二）热电管网、污水处理、自来水、天然气管网等民营资本进入的，按100%计入项目投入。

（三）县内新建投资生产性企业：

1．在和静县注册。

2．年度上缴增值税、所得税两项合计100万元以上的生产性工业企业（不包括农副产品深加工、仓储保鲜、专业市场建设和高新技术产业、文化产业）。

3．年度内上缴增值税、所得税两项合计达20万元以上的农副产品深加工、仓储保鲜、专业市场建设和高新技术产业、文化产业类企业。

（四）招商引资引荐人或有功人员的认定：

1．引进县域外投资企业进入和静县并建成投产的引荐者。

2．具有投资者签署委托其开展投资引荐事务的委托书，企业投资在和静县招商办备案。

3．引荐者可以是个人，也可以是多人或集体（但奖金的总额度不变）。

4．引荐人之间有争议，待争议平息后再给予奖励。

（五）招商引资相互引荐奖励及投资任务额度的认定：

1．各乡（镇）、场和单位等之间相互引荐，落户到对方及工业园区的投资，引荐者不论是单位还是个人都按照对引荐者的奖励办法兑现奖励。

2．所形成固定资产投资额的一半计为引荐者单位的引资任务，另一半计为落户乡（镇）、场、工业园区的引资任务。

四、申请奖励的程序

申请奖励人提出申请（提交以下资料）——招商办初审——招商引资投资领导促进小组、财政局会同国税局、地税局、工商局、国土资源局、建设局、劳动监察大队、纪委监察局联合会审，确定奖励金额——县人民政府审批。

（一）新建企业申请奖励需提供的材料：招商引资意向书、验资证明、营业执照、税务登记证、完税证明、劳动用工合同、劳动用工合同保证金缴纳票据等材料。

（二）引荐人员申请奖励需提供的材料：投资者的认可证明、固定资产投资有效证明、验证报告、营业执照、中介机构出具的资产评估报告、投资者身份证明、税务登记证明。

（三）县承担招商引资任务的单位申请奖励需提供的材料：招商引资季度报表、招商引资项目资产评估报告（或验资报告、固定资产投资发票、银行进账单）。

五、招商经费的申请程序

各目标单位或个人提出申请，提交按照对接项目及招商引资投资领导促进小组所提供项目相关资料做出的招商计划，提供对方信息（包括营业执照，企业负责人有效证件），与对方洽谈情况（加盖单位公章）——招商引资投资促进领导小组初审—县人民政府审批。

六、其他方面

（一）各乡（镇）、场自主招商引资的企业，须报经县招商引资投资促进工作领导小组认定。

（二）本办法在实施过程中，有关税费等政策因国家、自治区、自治州宏观调控有所变动，则按国家、自治区、自治州相关政策执行。

（三）本办法自发布之日起施行，原招商引资奖励办法自行废止。

（四）本办法由和静县招商局负责解释。

数 字 和 静 60 年

（和静县统计局）

新中国成立60年来，和静县国民经济和社会发展发生了翻天覆地的变化，社会稳定，人民群众安居乐业，呈现出一派欣欣向荣的大好局面。

一、国民经济持续快速增长，经济实力显著提高

1949年，全县生产总值239万元，到2009年实现372 125万元，平均增长13%，是1949年的1 557倍，列全州第二位。1985年生产总值达到1亿元以上，用了36年；2002年达到10亿元以上用了17年；2006年达到20亿元以上用了4年；到2008年达到30亿元以上仅用了2年。到2009年基本实现了经济结构战略性调整（三产比重是32：39：29），第二产业比重首次超过了第一产业比重的7个百分点。1949年人均生产总值156元，到2009年达到19 783元，平均增长8.4%，是1949年的127倍。

1965年，全县工业总产值93万元，到2009年实现347 300万元，平均增长20%，是1965年的3 734倍，列全州第二位。

1982年，全县农业总产值1 369万元，到2009年实现132 746万元，平均增长18%，是1982年的97倍，列全州第五位。

1949年，全县粮食产量1572吨，到2009年达到70 557.4吨，平均增长6.5%，是1949年的45倍，列全州第三位。

1949年，全县牲畜存栏27万头（只），到2009年达到98.57万头（只），平均增长2%，是1949年的3.65倍，列全州第一位。

二、固定资产投资大规模增长，基础建设突飞猛进，人民生产、生活条件日新月异

1965年，全县固定资产投资64万元，到2009年达到177 240万元，平均增长19%，是1965年的2 769倍，列全州第四位。

三、人民群众经济实力大为增强，生活显著改善

1965年，和静县职工平均工资558元，到2009年达到25 513元，平均增长9%，是1965年的46倍。1965年，农牧民人均纯收入120元，到2009年达到6 616元，平均增长9.5%，是1965年的55倍。1980年，和静县城乡居民年末储蓄存款余额891万元，到2009年达到223 385万元，平均增长21%，是1980年的250倍。1965年，和静县社会商品零售总额684万元，到2009年实现19 161.7万元，平均增长7.8%，是1965年的28倍，列全州第四位。

四、地方财政收支大幅增长，为县级经济和社会发展提供强有力支持

1955年，和静县财政收入106万元，到2009年达到22 301万元，平均增长10%，是1955年的210倍，列全州第三位。1955年，和静县财政支出42万元，到2009年达到74 275万元，平均增长15%，是1955年的1 768倍。

五、人口稳步增长，为县级经济和社会发展奠定基础

1949年和静县年末总人口1.53万人，到2009年已达到18.71万人，年平均增长4.3%，是1949年的12倍，其中：少数民族人口由1949年的1.47万人，增加到2009年的8.87万人，年均增长3%，是1949年的6倍，列全州第二位。

表 18　**和静县 1991~2009 年荣获自治区级以上荣誉一览表**

序号	颁授单位	先进单位称号	授予时间
1	自治区精神文明建设委员会	“三优一学”优秀档次县	1991 年
2	自治区教委、自治区计委、自治区财政厅	更新改造中小学校合作先进县	1991 年
3	国家绿化委员会、林业部、人事部	全国造林绿化先进单位	1991 年
4	自治区人民政府	基本普及初等教育合格县	1992 年
5	自治区人民政府	全国第四次人口普查工作自治区先进县	1992 年
6	自治区文化厅	自治区民间文学集成工作先进集体	1994 年
7	自治区水利厅	自治区水利工作 1991 ~ 1995 年先进集体	1996 年
8	国家民委	全国民族团结进步表彰活动纪念奖	1996 年
9	自治区人民政府	文化建设先进县	1996 年
10	自治区人民政府	1996 年粮食丰收县	1997 年
11	自治区人民政府	计划生育“三为主”县	2000 年
12	国家环保局、国家林业局、国家农业部	巴音布鲁克国家级自然保护区荣获“全国自然保护区管理先进集体”	2000 年
13	自治区司法厅	自治区“四五”普法先进单位	2007 年
14	自治区党委、人民政府、新疆军区	自治区双拥模范县	2007 年
15	自治区文明办	精神文明建设先进县	2008 年
16	国家科技部	全国科技进步先进县	2009 年
17	自治区平安建设办公室	自治区平安县	2009 年
18	自治区人民政府	自治区计划生育优质服务先进单位	2009 年
19	自治区人民政府	自治区招商引资先进集体	2009 年
20	自治区人民政府	自治区“两基”工作先进县	2009 年
21	自治区人民政府	自治区旅游强县	2009 年
22	自治区老龄委	自治区老龄工作先进县	2009 年

表 19　　和静县 1991~2009 年受全国表彰的先进个人一览表

序号	姓名	性别	族别	获奖时间及称号	颁授机关	当时工作单位及职务
1	全布力	男	蒙古	1991 年陈香梅教育基金首届优秀教师	中国中小学幼儿教师奖励基金会	和静县额勒再特乌鲁乡学校教师
2	麦斯木江	男	维吾尔	1992 年“振兴农业”先进个人	农业部	和静县农经站干部
3	金世荣	女	汉	1993 年国家级先进教育工作者	国家教育委员会、国家人事部	和静县第一中学教师
4	武忠民	男	汉	1993 年全国绿化奖章	国家绿化委员会	和静县育肥场场长
5	胡春兰	女	汉	1993 年优秀教学工作者	中央农广校	和静县农广校副校长
6	吾甫·巴拉提	男	维吾尔	1996 年全国乡站建设先进工作者	国家林业部	和静县哈尔莫敦乡林业站站长
7	房宽杰	男	回	1997 年全国优秀教师	国家教育委员会	和静县哈尔莫敦镇查茨村小学教师
8	金世荣	女	汉	1997 年国家体育锻炼标准先进个人	国家教育委员会	和静县第一中学校长
9	蒙奎军	男	汉	1997 年获全国农牧渔业丰收二等奖	农业部	和静县园艺站高级农艺师
10	金来	女	蒙古	1998 年全国优秀教师	国家教育部	和静县巴音布鲁克区蒙校教师
11	马瑞升	男	回	1998 年获全国农牧渔业丰收二等奖	农业部	和静县农技站站长
12	张玉忠	男	汉	1998 年获甜菜高产高糖栽培农牧渔业丰收奖三等奖	农业部	和静县协比乃尔布呼乡副乡长
13	茶汗	女	蒙古	1999 年全国妇联系统先进工作者	国家人事部、全国妇联	和静县委常委、妇联主席

序号	姓名	性别	族别	获奖时间及称号	颁授机关	当时工作单位及职务
14	马富贵	男	回	1999年国家级优秀体育教师	国家体育运动委员会	和静县第一中学教师
15	其米格	女	蒙古	1999年国家级优秀体育教师	国家教育部、国家体育总局	和静县第一中学教师
16	茶汗	女	蒙古	1999年全国“三八”红旗手	全国妇联	和静县委常委、妇联主席
17	买苏木汗	女	维吾尔	1999年授予第二届中国妇女环保“百佳”称号	全国妇联	和静镇巩哈拉村村民
18	张玉忠	男	汉	2000年获小麦良种及配套增产技术农牧渔业丰收二等奖	国家农业部	和静县协比乃尔布呼乡副乡长
19	李和民	男	汉	2000年获全国农牧渔业丰收奖二等奖	国家农业部	和静县农业局副局长
20	孙德芳	女	汉	2000年获全国农牧渔业丰收奖二等奖	国家农业部	和静县种子站站长
21	徐海林	男	汉	2001年第五次全国人口普查国家级先进个人	全国人口普查办公室	和静县统计局局长
22	康舒华	女	汉	2001年第五次全国人口普查国家级先进个人	全国人口普查办公室	和静县统计局干部
23	胡玉生	男	汉	2001年第五次全国人口普查国家级先进个人	全国人口普查办公室	巴州乌拉斯台农场干部
24	丁升贵	男	回	2001年全国优秀党务工作者	中共中央组织部	和静县哈尔莫敦乡觉伦图尔根村党总支书记
25	努尔曼·库尔班	女	维吾尔	2001年全国农业广播电视教育先进工作者	中央农广校	和静县农广校教师

序号	姓名	性别	族别	获奖时间及称号	颁授机关	当时工作单位及职务
26	王闻	男	回	2001年摄影作品《长沙落日》获全国首届审计职工摄影比赛二等奖	国家审计署	和静县审计局干部
27	洪永祥	男	回	2002年作品《吾瓦之美》获《人民文学》报告文学征文三等奖	中国作家协会	和静县史志办主任
28	洪永祥	男	回	2003年散文集《悠悠开都河》获“中国乡土文学奖”	中国乡土作家协会、中国民俗文学学会	和静县史志办退休干部
29	阿米娜·买买提	女	维吾尔	2004年全国优秀教师	国家教育部	和静县哈尔莫敦镇中心小学教师
30	艾买提	男	维吾尔	2005年第九届全国青年五四奖章	共青团中央	和静镇巩哈尔村村委会主任
31	巴图尔	男	蒙古	2005年全国民族团结进步模范个人	国务院	和静县巴音布鲁克区寄宿制学校总务处主任
32	巴图尔	男	蒙古	2005年全国民族团结模范个人	国家教育部	和静县巴音郭楞乡学校校长
33	尤宏梅	女	回	2007年全国优秀教师	国家教育部	和静县乃门莫敦乡中心学校幼儿园教师
34	袁鸣	男	汉	2007年全国农机科普先进工作者	中国农机学会普及工作委员会	和静县农机推广站干部
35	楼爱玲	女	汉	2008年“新疆棉蚜生态治理技术”获国家科技进步二等奖	中国科学院动物研究所	和静县农技站站长、高级农艺师
36	艾比白·塔依尔	女	维吾尔	2008年全国“十佳”志愿少先队辅导员	共青团中央、教育部、全国少工委	和静县司法局干部

序号	姓名	性别	族别	获奖时间及称号	颁授机关	当时工作单位及职务
37	哈斯木·牙生	男	维吾尔	2008年全国食品药品监督管理工作先进个人	国家药监局	和静县药监局副局长
38	谭天	男	汉	2009年第二次全国经济普查国家级先进个人	全国经济普查办公室	和静县委常委、常务副县长
39	邢益华	女	汉	2009年第二次全国经济普查国家级先进个人	全国经济普查办公室	和静县统计局副局长
40	解殿军	男	汉	2009年第二次全国经济普查国家级先进个人	全国经济普查办公室	和静县统计局干部
41	王丽丽	女	汉	2009年第二次全国经济普查国家级先进个人	全国经济普查办公室	和静县统计局干部

表 20 **和静县 1991~2009 年受自治区表彰的先进个人一览表**

序号	姓名	性别	族别	获奖时间及称号	颁授机关	当时工作单位及职务
1	鲍文滇	男	汉	1991 年自治区优秀教育工作者	自治区教育委员会	和静县第二小学党支部书记
2	庞秀蕊	女	汉	1991 年自治区优秀教师	自治区教育委员会	和静县幼儿园教务主任
3	尕来	女	蒙古	1991 年自治区优秀教师	自治区人民政府	和静县巴音布鲁克区蒙校教师
4	马瑞升	男	回	1991 年自治区农技推广先进工作者	自治区农业厅	和静县农技站党支部书记
5	巴　艳	女	蒙古	1991 年获春小麦丰产栽培技术推广科技进步三等奖	自治区农业厅	和静县农技站农艺师
6	马德忠	男	回	1993 年自治区先进个人	自治区教育委员会	和静县第一中学教师
7	贺峰	男	汉	1994 年自治区优秀党务工作者	自治区党委	和静县一中党支部书记
8	桑加拉	男	蒙古	1995 年自治区先进工作者	自治区人民政府	和静县巴音布鲁克区中学教师
9	闹尔再	女	蒙古	1995 年自治区优秀教师	自治区教育委员会	和静县第一中学教师
10	张宏	女	汉	1996 年自治区优秀教师	自治区教育委员会	和静县第一中学教师
11	张桂兰	女	汉	1996 年自治区优秀教师	自治区教育委员会	和静县巴音布鲁克区学校教师
12	巴力杰	男	蒙古	1996 年自治区优秀教师	自治区教育委员会	和静县巴音郭楞乡学校教师
13	李和民	男	汉	1996 年获自治区农业丰收奖二等奖	自治区农业厅	和静县农业局副局长

序号	姓名	性别	族别	获奖时间及称号	颁授机关	当时工作单位及职务
14	努尔尼莎	女	维吾尔	1997年自治区先进工作者	自治区妇联	和静县妇联干部
15	塔依尔	男	维吾尔	1997年自治区先进工作者	自治区教育委员会	和静县第三小学教师
16	胡春兰	女	汉	1997年自治区先进工作者	自治区农业厅	和静县农广校副校长
17	洪永祥	男	回	1998年自治区先进个人	自治区地方志编委会	和静县史志办主任
18	周西萍	女	汉	1998年自治区党史系统先进个人	自治区党史研究室	和静县史志办干部
19	巴　艳	女	蒙古	1998年甜菜增产技术先进个人	自治区农业厅	和静县农技站农艺师
20	马富贵	男	回	1999年自治区体育先进个人	自治区教委、自治区体委、自治区卫生厅	和静县第一中学教师
21	庄燕玲	女	汉	1999年自治区“三育人”先进个人	自治区教育委员会	和静县第二中学教师
22	杨建江	男	汉	1999年自治区先进个人	自治区农业厅	和静县农技站农艺师
23	盖·道尔吉	男	蒙古	1999年优秀法官	自治区高院	和静县法院庭长
24	葛荣	女	汉	2000年自治区“211”工程筹资工作先进个人	自治区财政厅	和静县财政局科员
25	玉孜曼	女	蒙古	2000年自治区教学能手	自治区教委	和静县一中教师
26	买合吐木	女	维吾尔	2000年自治区优秀农技推广员	自治区农业厅	和静县农技站高级农艺师

序号	姓名	性别	族别	获奖时间及称号	颁授机关	当时工作单位及职务
27	李和民	男	汉	2000年获自治区科技进步集体三等奖	自治区人民政府	和静县农业局副局长
28	栾煜	男	汉	2000年获嘉奖	自治区高院	和静县法院秘书
29	尔图那生	男	蒙古	2001年自治区级“五好文明家庭”	自治区妇联	和静县巴伦台镇牧民
30	刘淑萍	女	汉	2001年自治区审计系统先进个人	自治区审计厅	和静县审计局局长
31	秦洪伟	男	汉	2001年第五次全国人口普查自治区先进个人	自治区人口普查办公室	和静县阿拉沟乡副乡长
32	何传奎	男	汉	2001年第五次全国人口普查自治区先进个人	自治区人口普查办公室	和静县巴音郭楞乡党委副书记
33	解殿军	男	汉	2001年第五次全国人口普查自治区先进个人	自治区人口普查办公室	和静县统计局干部
34	杨惠兰	女	汉	2001年获开都河孔雀河流域棉花高产开发科技成果二等奖	新疆农科院	和静县农技站农艺师
35	黄景志	男	汉	2001年自治区县（市）农机校优秀教育工作者	自治区农机局	和静县农机局党支部书记
36	焦改	男	蒙古	2001年自治区农机监理先进个人	自治区农机局	和静县农机监理站站长
37	马金忠	男	回	2002年自治区勘界工作先进个人	自治区人民政府	和静县民政局科员
38	杨建江	男	汉	2002年自治区测土配方施肥先进个人	自治区农业厅	和静县农技站农艺师

序号	姓名	性别	族别	获奖时间及称号	颁授机关	当时工作单位及职务
39	比里克孜·吐逊	女	维吾尔	2003年自治区县(市)农机化技术学校优秀教师	自治区农机局	和静县农机技术学校
40	栾熤	男	汉	2003年获嘉奖	自治区高院	和静县法院秘书
41	桑加拉	男	蒙古	2004年自治区"人民满意公务员"	自治区人民政府	和静县巴伦台镇镇长
42	刘新明	男	汉	2004年自治区先进个人	自治区编办	和静县编办干部
43	杨惠兰	女	汉	2005年土肥工作先进个人	自治区农业厅	和静县农技站高级农艺师
44	焦改	男	蒙古	2005年自治区农机监理先进个人	自治区农机局	和静县农机监理站站长
45	王丽丽	女	汉	2005年第一次全国经济普查自治区先进个人	自治区经济普查办公室	和静县统计局干部
46	赵晓花	女	汉	2005年第一次全国经济普查自治区先进个人	自治区经济普查办公室	和静县工商局干部
47	苏布生才次克	女	蒙古	2005年第一次全国经济普查自治区先进个人	自治区经济普查办公室	和静县经贸局干部
48	张俊杰	男	汉	2005年第一次全国经济普查自治区先进个人	自治区经济普查办公室	和静县哈尔莫敦镇干部
49	何建华	男	汉	2006年获"自治区科技兴新贡献奖"	自治区科技厅	和静县巴润哈尔莫敦镇党委书记
50	阿不都克西木·毛拉买提	男	维吾尔	2006年获"自治区科技兴新贡献奖"	自治区科技厅	和静县巴润哈尔莫敦镇镇长
51	赵正俊	男	汉	2006年获"自治区科技兴新贡献奖"	自治区科技厅	和静县巴润哈尔莫敦镇科技副镇长

序号	姓名	性别	族别	获奖时间及称号	颁授机关	当时工作单位及职务
52	赵继平	男	汉	2006年自治区“双拥”模范个人	自治区党委、自治区人民政府、新疆军区	和静县民政局局长
53	木合塔尔·阿不力米提	男	维吾尔	2006年自治区1993-2000年特别消费附加征收工作先进个人	自治区财政厅	和静县财政局党支部书记
54	蒙奎军	男	汉	2006年开都河孔雀河流域粮食高产开发科技成果二等奖	新疆农科院	和静县园艺站高级农艺师
55	买买提江	男	维吾尔	2006年自治区农机推广先进个人	自治区农机局	和静县农机推广站站长
56	傲力杰图	女	蒙古	2006年优秀法官	自治区高院	和静县法院庭长
57	周德海	男	汉	2006年清理积案先进个人	自治区高院	和静县法院庭长
58	杨晓清	女	汉	2007年自治区农药管理先进个人	自治区农业厅	和静县农技站干部
59	黄景志	男	汉	2007年度自治区种子管理先进个人	自治区农业厅	和静县种子管理站站长
60	马元	男	回	2008年获2007年度塔河治理综合管理工作先进个人	自治区水利厅	和静县水利局局长
61	杨晓清	女	汉	2008年农作物病虫测报先进工作者	自治区农业厅	和静县农技站农艺师
62	杨晓清	女	汉	2008年自治区植保工作先进个人	自治区农业厅	和静县农技站农艺师
63	胡春兰	女	汉	2008年农民培训项目争取先进个人	自治区农广校	和静县农广校副校长
64	努尔古丽·艾拜	女	维吾尔	2008年职业技能鉴定先进个人	自治区农广校	和静县农广校干部
65	郑梅玲	女	汉	2008年宣传工作先进个人	自治区农广校	和静县农广校干部

序号	姓名	性别	族别	获奖时间及称号	颁授机关	当时工作单位及职务
66	楼爱玲	女	汉	2008年新疆小麦高产技术大面积推广先进个人	自治区科技厅	和静县农技站站长、高级农艺师
67	楼爱玲	女	汉	2008年自治区优秀农技推广员	自治区农业厅	和静县农技站站长、高级农艺师
68	冉亚萍	女	汉	2008年自治区县（市）农机化技术学校优秀教育工作者	自治区农机局	和静县农机校校长
69	图雅	女	蒙古	2008年获“十佳”女法官	自治区高院	和静县法院庭长
70	尼曼	男	蒙古	2008年自治区信访举报工作先进个人	自治区纪委	和静县纪委信访办主任
71	尼木格尔	男	蒙古	2008年自治区优秀党务工作者	自治区党委	和静县巴音郭楞乡哈尔萨拉村党支部书记
72	曾魁	男	汉	2009年自治区就业“新三化”先进个人	自治区劳动厅	和静县人事劳动和社会保障局局长
73	姚新强	男	汉	2009年自治区老龄工作先进个人	自治区老龄委	和静县委常委、组织部部长、巩乃斯林场党委书记
74	巴音斯合林	男	蒙古	2009年自治区老龄工作先进个人	自治区老龄委	和静县巴伦台镇民政干事
75	朱英	女	汉	2009年第二次全国经济普查自治区先进个人	自治区经济普查办公室	和静县统计局干部
76	努斯热提	女	维吾尔	2009年第二次全国经济普查自治区先进个人	自治区经济普查办公室	和静县统计局干部
77	杨军	男	汉	2009年第二次全国经济普查自治区先进个人	自治区经济普查办公室	和静县统计局干部

表21 **和静县高级专业技术人员一览表**

序号	姓名	性别	族别	出生年月	专业技术岗位	资格名称	工作单位
1	吐尔洪·哈斯木	男	维吾尔	1968.03	医疗	副主任医师	和静县卫生监督所
2	艾买尔	男	维吾尔	1968.05	林业	高级工程师	和静县林业局
3	唐浩银	男	汉	1960.02	林果	高级农艺师	和静县林业局
4	托来	男	蒙古	1963.01	畜牧	高级畜牧师	和静县畜牧兽医站
5	艾山江·木沙	男	维吾尔	1966.04	兽医	高级兽医师	和静县畜牧兽医站
6	杨桂英	女	汉	1974.12	兽医	高级兽医师	和静县畜牧兽医站
7	刘进	男	汉	1964.06	兽医	高级兽医师	和静县畜牧兽医站
8	图艳	女	蒙古	1961.10	兽医	高级兽医师	和静镇畜牧兽医站
9	李春荣	女	汉	1968.02	兽医	高级兽医师	和静县协比乃尔布呼乡畜牧兽医站
10	苏布赛	女	蒙古	1967.01	兽医	高级兽医师	和静县畜牧兽医站
11	梅晓红	女	汉	1975.12	畜牧	高级畜牧师	和静县草原工作站
12	买买提江·阿吉	男	维吾尔	1959.12	畜牧	高级畜牧师	和静县草原工作站
13	郭应强	男	汉	1963.05	医疗	副主任医师	和静县妇幼保健院
14	山加甫	男	蒙古	1963.10	医疗	副主任医师	和静县妇幼保健院
15	胡春兰	女	汉	1969.03	农经	高级农艺师	和静县农广校
16	郑梅玲	女	汉	1967.12	农经	高级农艺师	和静县农广校
17	努尔曼·库尔班	女	维吾尔	1965.08	农经	高级农艺师	和静县农广校
18	敖其尔加甫	男	蒙古	1958.06	党干校	高级讲师	和静县委党校
19	高少南	男	汉	1958.10	党干校	高级讲师	和静县委党校
20	甫尔贝	男	蒙古	1963.12	党干校	高级讲师	和静县委党校
21	续新燕	女	汉	1961.04	党干校	高级讲师	和静县委党校
22	唐劲谷	男	汉	1935.10	党干校	高级讲师	和静县委党校
23	王建辉	男	汉	1952.03	教育	中教高级	和静县教育局
24	阿布来·努尔	男	维吾尔	1954.06	教育	中教高级	和静县教育局

序号	姓名	性别	族别	出生年月	专业技术岗位	资格名称	工作单位
25	马镔	男	汉	1967.01	教育	中教高级	和静县教育局
26	加帕尔·克然木	男	维吾尔	1953.05	教育	中教高级	和静县教育局
27	巴音才次克	女	蒙古	1966.03	教育	中教高级	和静县教育局
28	宝力德	男	蒙古	1970.11	教育	中教高级	和静县教育局
29	肉孜古丽·白克力	女	维吾尔	1968.06	教育	中教高级	和静县教育局
30	宋正均	男	汉	1966.07	教育	中教高级	和静县教育局
31	赵奕	男	汉	1970.04	教育	中教高级	和静县教育局
32	其·图雅	女	蒙古	1966.07	新闻	副主任编辑	和静县广播电视局
33	其布盖	女	蒙古	1959.03	临床	主任医师	和静县巴音布鲁克镇医院
34	巴音杰	女	蒙古	1961.09	临床	副主任医师	和静县巴音布鲁克镇医院
35	宝力代	男	蒙古	1965.07	临床	副主任医师	和静县巴音布鲁克镇医院
36	陈童	男	汉	1971.07	医疗	副主任医师	和静县巴伦台医院
37	王淼	女	汉	1968.04	医疗	副主任医师	和静县巴伦台医院
38	张雪莲	女	汉	1970.04	医疗	副主任医师	和静县巴伦台医院
39	李志录	男	汉	1956.06	临床	副主任医师	和静县巴润哈尔莫敦镇卫生院
40	刘秀梅	女	汉	1965.01	护理	副主任护师	和静县巴润哈尔莫敦镇卫生院
41	张永强	男	汉	1961.03	临床	副主任医师	和静县乃门莫敦乡卫生院
42	阿力腾	女	蒙古	1963.10	教育	中学高级	和静县第一中学
43	巴金花	女	蒙古	1969.03	教育	中学高级	和静县第一中学
44	巴音才次克	女	蒙古	1965.10	教育	中学高级	和静县第一中学

序号	姓名	性别	族别	出生年月	专业技术岗位	资格名称	工作单位
45	巴音查汗	女	蒙古	1969.08	教育	中学高级	和静县第一中学
46	巴音达来	男	蒙古	1961.06	教育	中学高级	和静县第一中学
47	陈爱萍	女	汉	1969.09	教育	中学高级	和静县第一中学
48	代苏布赛	女	蒙古	1963.01	教育	中学高级	和静县第一中学
49	道查汗	女	蒙古	1955.12	教育	中学高级	和静县第一中学
50	董彩萍	女	汉	1957.02	教育	中学高级	和静县第一中学
51	尕乌云其米克	女	蒙古	1971.12	教育	中学高级	和静县第一中学
52	哈力格	女	蒙古	1957.11	教育	中学高级	和静县第一中学
53	郝梅	女	汉	1972.04	教育	中学高级	和静县第一中学
54	吉日根塔拉	男	蒙古	1957.12	教育	中学高级	和静县第一中学
55	季树梅	女	汉	1967.10	教育	中学高级	和静县第一中学
56	李芳	女	汉	1971.02	教育	中学高级	和静县第一中学
57	李辉	女	汉	1956.08	教育	中学高级	和静县第一中学
58	刘蓉	女	汉	1974.10	教育	中学高级	和静县第一中学
59	刘淑珍	女	汉	1968.01	教育	中学高级	和静县第一中学
60	刘衍杰	男	汉	1960.04	教育	中学高级	和静县第一中学
61	龙宁	男	汉	1965.01	教育	中学高级	和静县第一中学
62	马金贵	女	回	1961.10	教育	中学高级	和静县第一中学
63	陈露	女	汉	1969.08	教育	中学高级	和静县第一中学
64	马胜梅	女	汉	1961.07	教育	中学高级	和静县第一中学
65	尼曼才仁	男	蒙古	1959.08	教育	中学高级	和静县第一中学
66	浦小玲	女	汉	1972.03	教育	中学高级	和静县第一中学
67	赛尔杰	女	蒙古	1961.08	教育	中学高级	和静县第一中学
68	赛音毕力克	女	蒙古	1972.08	教育	中学高级	和静县第一中学
69	山巴依尔	女	蒙古	1967.07	教育	中学高级	和静县第一中学

序号	姓名	性别	族别	出生年月	专业技术岗位	资格名称	工作单位
70	山岱	女	蒙古	1962.02	教育	中学高级	和静县第一中学
71	山图亚	女	蒙古	1966.06	教育	中学高级	和静县第一中学
72	史庆兰	女	汉	1968.07	教育	中学高级	和静县第一中学
73	苏布松	女	蒙古	1965.07	教育	中学高级	和静县第一中学
74	苏雅丽其其格	女	蒙古	1968.12	教育	中学高级	和静县第一中学
75	田娅梅	女	汉	1966.10	教育	中学高级	和静县第一中学
76	铁木尔	女	蒙古	1963.09	教育	中学高级	和静县第一中学
77	王瑞芬	女	汉	1957.12	教育	中学高级	和静县第一中学
78	王天林	男	汉	1967.10	教育	中学高级	和静县第一中学
79	王芸	女	汉	1961.04	教育	中学高级	和静县第一中学
80	张宏	女	汉	1967.05	教育	中学高级	和静县第一中学
81	赵·巴图尔	男	蒙古	1967.06	教育	中学高级	和静县第一中学
82	赵申敏	女	汉	1965.10	教育	中学高级	和静县第一中学
83	朱俊霞	女	汉	1962.01	教育	中学高级	和静县第一中学
84	葛锐	男	汉	1954.03	教育	中学高级	和静县第二中学
85	阿提开木·玉山	女	维吾尔	1957.08	教育	中学高级	和静县第二中学
86	阿提克木·芒力克	女	维吾尔	1957.12	教育	中学高级	和静县第二中学
87	那买提·艾买提	男	维吾尔	1950.02	教育	中学高级	和静县第二中学
88	阿布都克热木·毛拉	男	维吾尔	1953.02	教育	中学高级	和静县第二中学
89	沙代提·买买提	女	维吾尔	1958.06	教育	中学高级	和静县第二中学
90	尼亚山木·吾甫尔	女	维吾尔	1962.10	教育	中学高级	和静县第二中学
91	吴丽艳	女	汉	1960.01	教育	中学高级	和静县第二中学
92	尤惠玲	女	汉	1960.11	教育	中学高级	和静县第二中学

序号	姓名	性别	族别	出生年月	专业技术岗位	资格名称	工作单位
93	左锡团	男	汉	1958.10	教育	中学高级	和静县第二中学
94	宋大江	男	汉	1962.08	教育	中学高级	和静县第二中学
95	曹金玲	女	汉	1958.07	教育	中学高级	和静县第二中学
96	张萍	女	汉	1958.09	教育	中学高级	和静县第二中学
97	艾日肯·提力瓦力地	男	维吾尔	1961.08	教育	中学高级	和静县第二中学
98	李龙文	男	汉	1957.04	教育	中学高级	和静县第二中学
99	巴哈古丽·库尔班	女	维吾尔	1967.03	教育	中学高级	和静县第二中学
100	切娜汗·肉孜	女	维吾尔	1969.09	教育	中学高级	和静县第二中学
101	付华萍	女	汉	1958.10	教育	中学高级	和静县第二中学
102	塔吉古丽·吐尔逊	女	维吾尔	1966.07	教育	中学高级	和静县第二中学
103	黄基滨	女	汉	1968.03	教育	中学高级	和静县第二中学
104	包玉梅	女	汉	1969.07	教育	中学高级	和静县第二中学
105	杜烈燕	女	汉	1969.01	教育	中学高级	和静县第二中学
106	胡广	男	汉	1971.09	教育	中学高级	和静县第二中学
107	方敏英	女	汉	1968.10	教育	中学高级	和静县第二中学
108	唐迎春	女	汉	1970.01	教育	中学高级	和静县第二中学
109	排丽旦木·克然木	女	维吾尔	1962.08	教育	中学高级	和静县第二中学
110	阿瓦古丽·吐尔逊	女	维吾尔	1970.02	教育	中学高级	和静县第二中学
111	吐尔逊买买提·热依木	男	维吾尔	1965.09	教育	中学高级	和静县第二中学
112	凯合日曼·热合麦提	男	维吾尔	1966.06	教育	中学高级	和静县第二中学
113	艾拜都拉·居马洪	男	维吾尔	1967.12	教育	中学高级	和静县第二中学
114	买尼沙汗·艾力	女	维吾尔	1967.11	教育	中学高级	和静县第二中学

序号	姓名	性别	族别	出生年月	专业技术岗位	资格名称	工作单位
115	阿依古丽·热西提	女	维吾尔	1969.07	教育	中学高级	和静县第二中学
116	努尔尼沙·司拉木	女	维吾尔	1967.11	教育	中学高级	和静县第二中学
117	赵景林	男	汉	1954.07	教育	中学高级	和静县第二中学
118	热艳古丽·买合木提	女	维吾尔	1967.10	教育	中学高级	和静县第二中学
119	早热古力·吾拉音	女	维吾尔	1966.09	教育	中学高级	和静县第二中学
120	艾尔肯·艾拜都拉	男	维吾尔	1968.01	教育	中学高级	和静县第二中学
121	李成波	男	汉	1972.11	教育	中学高级	和静县第二中学
122	吐尔逊·牙生	男	维吾尔	1967.02	教育	中学高级	和静县第二中学
123	艾在孜·司拉木	男	维吾尔	1969.03	教育	中学高级	和静县第二中学
124	阿丽玛	女	蒙古	1968.12	教育	中学高级	和静县第二中学
125	依仁且拉	男	蒙古	1963.05	教育	中学高级	和静县第二中学
126	阿里甫江·琼阿吉	男	维吾尔	1962.07	教育	中学高级	和静县第二中学
127	吐尔洪·库那斯	男	维吾尔	1962.08	教育	中学高级	和静县第二中学
128	李津	男	汉	1967.12	教育	中学高级	和静县第二中学
129	米日古丽·吐逊	女	维吾尔	1967.12	教育	中学高级	和静县第二中学
130	托乎提·吾买尔	男	维吾尔	1964.12	教育	中学高级	和静县第二中学
131	塔依尔·买买提	男	维吾尔	1975.06	教育	中学高级	和静县第二中学
132	赵丽娜	女	汉	1958.01	教育	中学高级	和静县第二中学
133	刘会珍	女	汉	1973.01	教育	中学高级	和静县第二中学
134	阿依木古丽·牙生	女	维吾尔	1964.02	教育	中学高级	和静县第二中学
135	孟繁露	男	汉	1958	教育	中学高级	和静县第三中学

序号	姓名	性别	族别	出生年月	专业技术岗位	资格名称	工作单位
136	阿不力克木	男	维吾尔	1970	教育	中学高级	和静县第三中学
137	张玫	女	汉	1976	教育	中学高级	和静县第三中学
138	郭怀生	男	汉	1970	教育	中学高级	和静县第三中学
139	冯志	男	汉	1970	教育	中学高级	和静县第三中学
140	庄燕玲	女	汉	1960	教育	中学高级	和静县第三中学
141	杜秀荣	女	汉	1956	教育	中学高级	和静县第三中学
142	潘杰	女	汉	1962	教育	中学高级	和静县第三中学
143	李玲丽	女	汉	1967	教育	中学高级	和静县第三中学
144	余江文	女	汉	1964	教育	中学高级	和静县第三中学
145	姜涛	男	汉	1967	教育	中学高级	和静县第三中学
146	李锦华	女	汉	1960	教育	中学高级	和静县第三中学
147	贾晓芹	女	汉	1966	教育	中学高级	和静县第三中学
148	杜格尔加甫	男	蒙古	1967	教育	中学高级	和静县第三中学
149	乌斯曼江	男	维吾尔	1965	教育	中学高级	和静县第三中学
150	彭淑梅	女	汉	1970	教育	中学高级	和静县第三中学
151	陈开辉	男	汉	1970	教育	中学高级	和静县第三中学
152	常淑琪	女	汉	1963	教育	中学高级	和静县第三中学
153	王普欢	女	汉	1963	教育	中学高级	和静县第三中学
154	丁雷动	男	汉	1965	教育	中学高级	和静县第三中学
155	吐洪江	男	维吾尔	1957	教育	中学高级	和静县第三中学
156	张翠英	女	汉	1969	教育	中学高级	和静县第三中学
157	雷恒栓	男	汉	1955	教育	中学高级	和静县第三中学
158	排孜来提	男	维吾尔	1968	教育	中学高级	和静县第三中学
159	克热木·吾	男	维吾尔	1959	教育	中学高级	和静县第三中学
160	李秀玲	女	汉	1969	教育	中学高级	和静县第三中学
161	热比古丽	女	维吾尔	1962	教育	中学高级	和静县第三中学
162	李光杰	男	汉	1964	教育	中学高级	和静县第三中学
163	唐红莲	女	汉	1968	教育	中学高级	和静县第三中学

序号	姓名	性别	族别	出生年月	专业技术岗位	资格名称	工作单位
164	哈力旦	女	维吾尔	1965	教育	中学高级	和静县第三中学
165	艾山	男	维吾尔	1964	教育	中学高级	和静县第三中学
166	尹槐建	男	汉	1969	教育	中学高级	和静县第三中学
167	石红梅	女	汉	1969	教育	中学高级	和静县第三中学
168	汪秀英	女	汉	1956	教育	中学高级	和静县第三中学
169	邓晓娟	女	汉	1971	教育	中学高级	和静县第三中学
170	黄太中	男	汉	1950	教育	中学高级	和静县第三中学
171	张杰	女	汉	1969	教育	中学高级	和静县第三中学
172	张玲	女	汉	1959	教育	中学高级	和静县第三中学
173	杨向东	男	汉	1959	教育	中学高级	和静县第三中学
174	姜新英	女	汉	1963	教育	中学高级	和静县第三中学
175	陈华	女	汉	1967	教育	中学高级	和静县第三中学
176	田建华	女	汉	1966	教育	中学高级	和静县第三中学
177	阿地力·库尔班	男	维吾尔	1971	教育	中学高级	和静县第三中学
178	阿依努尔·努尔	男	维吾尔	1968	教育	中学高级	和静县第三中学
179	裴红卫	男	汉	1962	教育	中学高级	和静县第三中学
180	夏云国	男	汉	1964	教育	中学高级	和静县第三中学
181	艾拜都拉	男	维吾尔	1960	教育	中学高级	和静县第三中学
182	托里木杰	男	蒙古	1965	教育	中学高级	和静县第三中学
183	马文荣	女	回	1962	教育	中学高级	和静县第三中学
184	布海丽且木	女	维吾尔	1974	教育	中学高级	和静县第三中学
185	薛清龙	男	汉	1967	教育	中学高级	和静县第三中学
186	陈玉香	女	汉	1965	教育	中学高级	和静县第三中学
187	魏嫄彩	女	汉	1966	教育	中学高级	和静县第三中学
188	巴都玛拉	男	蒙古	1961.01	教育	中学高级	和静县第四中学
189	蒋特齐	男	汉	1962.01	教育	中学高级	和静县第四中学
190	那木巴衣尔	女	蒙古	1967.07	教育	中学高级	和静县第四中学

序号	姓名	性别	族别	出生年月	专业技术岗位	资格名称	工作单位
191	满都来	男	蒙古	1969.08	教育	中学高级	和静县第四中学
192	草勒曼	女	蒙古	1969.03	教育	中学高级	和静县第四中学
193	西巴都玛拉	男	蒙古	1970.08	教育	中学高级	和静县第四中学
194	阿勒太	女	蒙古	1973.01	教育	中学高级	和静县第四中学
195	巴·布鲁盖	女	蒙古	1966.12	教育	中学高级	和静县第四中学
196	查汗	女	蒙古	1968.06	教育	中学高级	和静县第四中学
197	孟克巴依尔	男	蒙古	1969.02	教育	中学高级	和静县第四中学
198	陶·阿里太	女	蒙古	1970.04	教育	中学高级	和静县第四中学
199	查汗	女	蒙古	1966.05	教育	中学高级	和静县第四中学
200	阿日布代	男	蒙古	1960.12	教育	中学高级	和静县第四中学
201	王小平	男	汉	1967.01	教育	中学高级	和静县第四中学
202	王耀琴	女	汉	1970.05	教育	中学高级	和静县第四中学
203	巴玉孜曼	女	蒙古	1972.11	教育	中学高级	和静县第四中学
204	吴晓涛	女	汉	1973.09	教育	中学高级	和静县第四中学
205	盖日来	女	蒙古	1968.11	教育	中学高级	和静县第四中学
206	图巴太	男	蒙古	1964.05	教育	中学高级	和静县第四中学
207	山巴依尔	男	蒙古	1967.01	教育	中学高级	和静县第四中学
208	巴都玛	女	蒙古	1962.08	教育	中学高级	和静县第四中学
209	贾俊华	女	汉	1972.09	教育	中学高级	和静县第四中学
210	加巴音查汗	女	蒙古	1967.01	教育	中学高级	和静县第四中学
211	王世芬	女	汉	1972.01	教育	中学高级	和静县第四中学
212	姜发军	男	汉	1969.12	教育	中学高级	和静县第二小学
213	努尔尼沙·麻木提	女	维吾尔	1959.10	教育	中学高级	和静县第四小学
214	玛衣努尔·孜亚吾东	女	维吾尔	1965.03	教育	中学高级	和静县第四小学
215	阿不都热合曼·阿西木	男	维吾尔	1973.12	教育	中学高级	和静县第四小学

序号	姓名	性别	族别	出生年月	专业技术岗位	资格名称	工作单位
216	阿不拉卡马力	男	维吾尔	1965.05	教育	中学高级	和静县第五小学
217	吾古兰·吾拉音木	女	维吾尔	1963.01	教育	中学高级	和静县第五小学
218	付琼香	女	汉	1964.12	教育	中学高级	和静县第五小学
219	谭玉忠	男	汉	1949.12	教育	中学高级	和静县第六小学
220	阿布都热合曼·乌吉	男	维吾尔	1957.07	教育	中学高级	和静县第六小学
221	任云俊	男	汉	1959.12	教育	中学高级	和静县第六小学
222	买热木尼沙·阿木提	女	维吾尔	1968.02	教育	中学高级	和静县第六小学
223	何荣康	男	汉	1967.08	教育	中学高级	和静县第七小学
224	田国君	男	汉	1959.02	教育	中学高级	和静县第七小学
225	托呼提·加马里	男	维吾尔	1957.05	教育	中学高级	和静县第七小学
226	克热木·阿不都	男	维吾尔	1949.11	教育	中学高级	和静县第八小学
227	张志勇	男	汉	1949.12	教育	中学高级	和静县第八小学
228	艾尼·吾斯满	男	维吾尔	1962.12	教育	中学高级	和静县第八小学
229	约日古丽·赛买提	女	维吾尔	1969.01	教育	中学高级	和静县第八小学
230	阿木提江·乌拉因	男	维吾尔	1964.03	教育	中学高级	和静县第九小学
231	刘建洲	男	汉	1964.06	教育	中学高级	和静县第九小学
232	张瑞芳	女	汉	1964.11	教育	中学高级	和静县第九小学
233	江菊英	女	汉	1964.01	教育	中学高级	和静县第九小学
234	王新	男	汉	1967	医疗	副主任医师	和静县人民医院院长
235	王天恩	男	汉	1960	医疗	副主任医师	和静县人民医院
236	孟海宾	男	汉	1954	医疗	副主任医师	和静县人民医院
237	努尔再	女	蒙古	1958	护理	副主任护师	和静县人民医院
238	侯亚莉	女	汉	1962	护理	副主任护师	和静县人民医院

序号	姓名	性别	族别	出生年月	专业技术岗位	资格名称	工作单位
239	安大英	女	汉	1959	护理	副主任护师	和静县人民医院
240	甫尔加夫	男	蒙古	1963	医疗	副主任医师	和静县人民医院
241	摆巍刚	男	回	1970	医疗	副主任医师	和静县人民医院
242	外力·库尔班	男	维吾尔	1970	医疗	副主任医师	和静县人民医院
243	阿衣古力·黑力力	女	维吾尔	1969	医疗	副主任医师	和静县人民医院
244	才加甫	男	蒙古	1953	医疗	副主任医师	和静县人民医院
245	巴都玛拉	男	蒙古	1960	医疗	副主任医师	和静县人民医院
246	冯章巧	女	汉	1954	医疗	主任医师	和静县人民医院
247	娜巴依尔	女	蒙古	1959	医疗	副主任医师	和静县人民医院
248	郝坤	男	汉	1960	医疗	副主任医师	和静县人民医院
249	沙达提汗·巴拉提	女	维吾尔	1960	护理	副主任护师	和静县人民医院
250	阿娜尔汗·哈斯木	女	维吾尔	1961	医疗	副主任医师	和静县人民医院
251	李冠福	男	汉	1953	医疗	副主任医师	和静县人民医院
252	张丽华	女	汉	1969	医疗	副主任医师	和静县人民医院
253	阿拉西	男	蒙古	1954	医疗	副主任医师	和静县人民医院
254	贾德明	男	汉	1957	医疗	副主任医师	和静县疾控中心
255	何正派	男	汉	1956	医疗	副主任医师	和静县疾控中心
256	武桂花	女	汉	1957.02	医疗	主任医师	和静县疾控中心
257	张东灵	男	汉	1965	医疗	副主任医师	和静县疾控中心
258	王翠红	女	汉	1966	医疗	副主任医师	和静县疾控中心
259	段晓兰	女	汉	1967.12	农业	高级农艺师	和静县农技站
260	楼爱玲	女	汉	1967.05	农业	高级农艺师	和静县农技站站长
261	吐尔洪·伊地勒斯	男	维吾尔	1962.05	农业	高级农艺师	和静县农技站副站长
262	顾键	女	汉	1962.08	农业	高级农艺师	和静县农技站
263	胡红伟	女	汉	1968.08	农业	高级农艺师	和静县农技站
264	买合土木·巴拉提	女	维吾尔	1967.05	农业	高级农艺师	和静县农技站

序号	姓名	性别	族别	出生年月	专业技术岗位	资格名称	工作单位
265	杨慧兰	女	汉	1962.08	农业	高级农艺师	和静县农技站
266	马瑞升	男	回	1953.02	农业	高级农艺师	和静县农技站
267	王敏文	女	汉	1937.04	农业	高级农艺师	和静县农技站
268	李明芳	女	汉	1938.11	农业	高级农艺师	和静县农技站
269	喻支梅	女	汉	1961.01	农业	高级农艺师	和静县巴润哈尔莫敦镇农技站
270	熊高武	男	汉	1970.05	农业	高级农艺师	和静县乃门莫敦乡农技站
271	朱崇军	男	汉	1967.01	农业	高级农艺师	和静县巴润哈尔莫敦镇农技站
272	张卫东	男	汉	1964.11	园艺	高级农艺师	和静县园艺站
273	蒙奎军	男	汉	1969.04	园艺	高级农艺师	和静县园艺站
274	雷芙蓉	女	汉	1969.12	园艺	高级农艺师	和静县园艺站
275	邓玉兰	女	汉	1972.07	园艺	高级农艺师	和静县园艺站
276	李玉玲	女	汉	1971.02	农技	高级农艺师	和静县农技站
277	屈涛	女	汉	1968.05	农技	高级农艺师	和静县农技站
278	排孜拉	男	维吾尔	1963.03	农技	高级农艺师	和静县农技站
279	李永富	男	汉	1940.	园艺	高级农艺师	和静县园艺站
280	阿斯古丽	女	维吾尔	1964.03	农技	高级农艺师	和静县哈尔莫墩镇农技站
281	赵惠	女	汉	1971.10	农技	高级农艺师	和静县农技站
282	彭小平	男	汉	1958.12	园艺	高级工程师	和静县建设局园林处
283	王桂华	女	汉	1965.10	档案	高级馆员	和静县档案史志局

索引

1.本索引以主题分析方法为主，按主题词首字汉语拼音字母顺序排列。

2.主题词后的数字标示内容所在的页码，数字后面的 a、b 表示该页自左至右的栏别。

A

B

C

D

E

F

G

H

J

K

L

M

N

T

W

X

Y

Z

新疆和静天山水泥有限责任公司

XINJIANGHEJINGTIANSHANSHUINIYOUXIANZERENGONGSI

总经理　张来晓

州、县领导到公司调研

新疆和静天山水泥有限责任公司地处天山山脉南侧，焉耆盆地北缘，位于和静县城西北13千米处，是南疆第一家以高标号特种水泥为主导产品的自治区中型企业。是由新疆天山水泥股份有限公司、和静县希望投资有限责任公司、自治区建材研究所三家共同发起组建的有限责任公司，总资产2.86亿元，年生产能力60万吨。公司装备先进，工艺精良。

2009年公司员工344人，其中本科6人，大专99人，中专40人，其他学历167人；高级职称2人，中级职称9人，初级职称42人。

多年来，公司的产品知名度明显提高，水泥熟料标号高、性能稳定，平均熟料标号居全疆之首。主要销往南疆及北疆部分地区；现可批量稳定生产的水泥品种有复合32.5，普硅 42.5R、42.5、52.5R、52.5普通硅酸盐水泥等。已经研制成功的水泥品种有：G级高抗硫酸盐油井水泥、425#、525#道路硅酸盐水泥、525#中低热硅酸盐水泥。

本公司水泥产品质量自建厂以来已连续11年保持“双百”合格，2000年开始经天山水泥股份公司授权使用“天山”水泥商标。2003年6月公司生产的“天山”牌水泥系列产品，经检测，符合国家质量、有害物质限量新标准要求，被中国建材市场协会授予“绿色建材产品”证书。2003年8月通过ISO9001—2000质量管理体系和产品质量双认证。2004年8月通过国家职业健康安全管理体系和环境管理体系认证。2004年10月被巴州人民政府命名为“AAA”级信用企业。2005年～2009年被巴州人民政府命名为“守合同重信用”企业。

①②
③④

①公司大门
②公司办公楼
③水泥生产线
④生产厂区

新疆九洲建设集团和静分公司

总经理 王安全

新疆九洲建设集团和静分公司，是由原和静县第二建筑安装公司于2001年加盟到新疆九洲建设集团有限公司而成立的。

和静县第二建筑安装公司1985年11月经县人民政府批准成立。公司已发展成为以工民建、水利、路桥工程为主，集建材、房地产开发、市政装饰、装潢工程、施工商贸为一体的新型企业，具有房屋建筑工程总承包一级资质，水利水电、道路、桥梁施工二级资质，市政装饰、装潢工程施工三级资质，是和静县重合同、守信誉企业。公司下属20个项目部，现有固定资产800万元，各类技术人员和管理人员120人，其中建造师及项目经理25人，中级职称6人，初级职称30人。

近年来，承建的工程项目有：和静县党政联合办公楼、第三中学综合楼及学生公寓、检察院办公楼、建设局办公楼、地税局办公楼及住宅楼、公路段住宅楼、公安局住宅楼、全鑫房产住宅楼、人寿保险办公楼、第二中学综合实验楼及教学楼、第二小学教学楼、人行保险公司办公楼、食品药品监督管理局办公楼、巴音布鲁克教学楼及综合楼、教育系统抗震加固工程、县东归科技文化活动中心等和静县、自治州、自治区重点工程施工，其中，和静县党政联合办公楼、和静县东归科技文化活动中心成为和静标志性建筑。

该公司生产经营连续五年突破产值300万大关，2009年施工产值达到800万元，连续3年向地税部门上税超过200万元，评为集团公司纳税先进分公司，成为和静县建筑施工龙头企业之一。

长期以来，公司以一流的管理、一流的效益、一流的质量，深化改革，以管理立企、质量兴企、科技强企、依法制企的理念，发扬追求卓越，创造一流的企业精神，抢抓机遇，使新疆九洲建设集团和静分公司逐步走向规模化、专业化、集团化道路。

公司承建的东归科技文化中心

公司承建的县法院办公大楼

XINJIANG
JIUZHOU
JIANSHE
JITUAN
HEJING
FENGONGSI

①公司承建的人民检察院办公楼
②公司承建的第三中学教学楼
③公司承建的地税局办公楼
④公司承建的天富家园小区
⑤公司承建的天富家园底商住宅楼

公司承建的县二中教学楼

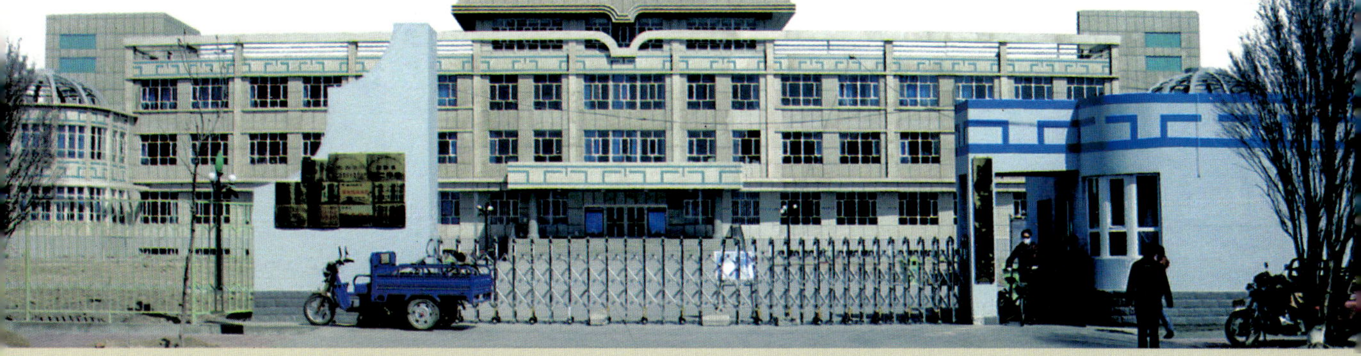

巴州全鑫房地产开发有限责任公司

BAZHOUQUANXINFANGDICHANKAIFAYOUXIANZERENGONGSI

总经理　肖新华

巴州全鑫房地产开发有限责任公司成立于2004年6月，具有房地产开发四级资质证书。2009年有职工13人，项目经理5人，其中高级职称3人，初级职称13人。执行董事兼总经理为肖新华，公司下设安全科、工程管理科及财务科等职能科室，经营负责人肖新华，工程负责人陈海军，财务负责人卢惠林，统计负责人杨艳黎，公司在和静镇阿尔夏特路和开再路另设售房部一个，处理日常的房产介绍及销售。

公司劳动管理制度健全，各部门职责明确，相互协作，共同对公司各项业务进行管理。

2004年开发项目有张明底商住宅楼，建筑面积2 095.96平方米。2005年开发并建成了幸福花园1#住宅楼2 700平方米，2006年12月完成全鑫底商住宅楼的建设，建筑面积6 300平方米。

2007年至2009年相继开发的项目有幸福花园小区5#、6#住宅楼，建筑面积约8 600平方米、建设鑫特小区1#、2#住宅楼总建筑面积6 300平方米，幸福小区底商住宅楼建筑面积3 500平方米等。

王府花苑小区效果图

鑫特小区住宅楼

县农牧大厦效果图

全鑫底商住宅楼

①
② ③

①幸福底商住宅楼
②张明底商住宅楼
③幸福小区住宅楼

新疆大融房地产开发投资有限公司

XINJIANGDARONGFANGDICHANKAIFATOUZIYOUXIANGONGSI

公司董事长孙永林（中）与法国经贸部长（左）、法国总统府秘书长（右）合影

新疆大融房地产开发投资有限公司成立于2006年9月，注册资金人民币800万元，2009年在册职工70人，公司秉持“以人为本，以诚待人，安得其所”的原则，将客户的利益放在前面，用心发展，用心服务，保证信誉，维护利益。以诚信、发展为目标稳步向前，大步发展。

巴音花园是由新疆大融房地产开发投资有限公司投资，于2008年3月6日开工建设的和静县招商引资项目。项目位于和静县开发区友好路南侧3号，是和静县“东改北扩”的新区住宅建设重点项目，是大融房地产公司为和静县人民倾力打造的品质化住宅社区项目。

①②

①孙永林董事长携公司高管在黄山国际大酒店召开年会
②孙永林董事长与公司全体高管在黄山迎客松前合影

③④⑤
⑥⑦

③公司领导检查工地
④公司售房部
⑤正大门两侧沿街经典跃层
⑥高品质住宅楼
⑦公司打造的巴音花园小区鸟瞰图

用心发展，用心服务，
保证信誉，维护利益

darongfangdichan
大融房地产

和静县第二中学

HEJINGXIANDIERZHONGXUE

校长 肖 刚

自治区党委常委艾肯江·吐拉洪（前排右二）到学校检查“两基”工作

学校荣誉室

和静县第二中学是全县唯一一所维吾尔族、汉族合校的全日制初级中学，学校始建于1978年，位于和静县城和静镇文化西路。2009年进行教育资源整合和教育竞聘上岗工作。将县开再学校、哈尔莫敦镇、巴润哈尔莫敦镇、乃门莫敦乡、和静镇、乌拉斯台农场、协比乃尔布呼乡、巴伦台镇、铁尔曼区、巴音布鲁克区等中学合并到和静县第二中学。学校内设机构8个，即：行政办、教务处、总务处、安保科、教研室、工会、团委、学生管理中心。2009年12月，有教学班48个，其中汉语班21个，维吾尔语班27个；在校生2 274人，寄宿生1 473人；教职工279人，专任教师167人，其中中学高级教师28人，一级教师100人，初级教师37人；本科学历100人，占教师总数的35.8%。

2009年兴建了一栋面积为7 130.72平方米的教学综合楼，可容纳33个教学班，建成5 020平方米的学生公寓楼，可容纳950人学生住宿，614.88平方米的学生餐厅，可容纳650人就餐。安装地源热泵，解决了新教学楼、青少年活动中心、学生公寓、食堂的供暖问题。校园内修建了水冲式厕所，建起540平方米的文化长廊和陈列室。

学校按自治区标准配置了物理实验室2间、化学实验室1间、生物实验室各2间、计算机室 1间、多媒体室1间、学校图书室3间（藏书32 186册）、乒乓球台10个；学校运动场内设有400米标准塑胶跑道，塑胶网球场及篮球、排球场；音、体、美、劳等器材基本能满足教学及第二课堂的需要。

校训：厚德 励志 博学
校风：团结 文明 勤奋 创新
教风：奉献 敬业 博学 爱生
学风：乐学 勤奋 博览 尊师

①和静县第二中学标志性建筑
②标准400米塑胶田径场
③生物实验室

和静县第一小学

教育部副部长陈小娅（右三）视察学校工作

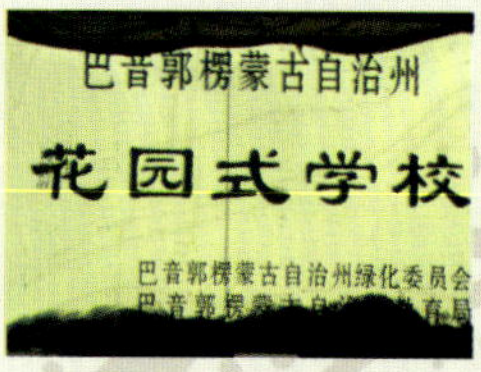

和静县第一小学坐落在和静县城东阿尔夏特路北侧，满汗王府旁，创办于民国25年（1936）5月，由满汗王满楚克扎布在和静县创办的第一所小学，当时叫汗王旗小学，是土尔扈特部落有史以来的第一所学校。民国27年（1938）改为焉耆区和通苏木小学，和静县建立县治后改称为县立国民中心学校，由原先的蒙古族学校演变成蒙古、汉、维吾尔多民族学校。1950年和静县立国民中心学校改建为和静县第一小学，当时仅有5个教学班，其中汉、回族3个班，学生63人；蒙古族1个班，35人；维吾尔族1个班，52人。

2009年，和静县第一小学有教职员工150人。专任教师136人，其中小学高级教师102人，本科学历20人，大专学历80人，中专学历36人，党员28人，团员13人。

学校占地面积2.28公顷，校舍建筑面积8 174.17平方米，绿化面积5 758平方米。有3 120平方米的四层主教学楼一座，845平方米的综合教学楼一座。2009年新建4 008.37平方米综合教学楼一幢，新建205.8平方米学生餐厅一座。图书室、阅览室、团队活动室、微机室、多媒体室、实验室配备齐全，并根据学校特色，配备了舞蹈室1间，音乐室、美术室各2间。有教学班37个，其中汉族班24个，蒙古族班7个，双语班6个。在校生1 600名，其中汉族学生1 051名，蒙古族学生504名。

州、县领导来学校检查工作

和静县第一小学在1996年成立了少儿军警校，2009年4月21～30日第十二期少儿军警校培训学员279人，其中军校生257人，小交警40人。2005年和静县第一小学被授予“国家级少儿军警校”称号。

和静县第一小学在1999年3月被评为自治区级文明单位，至2009年已通过四次复验。

2009年1月获自治州“五四”红旗团（总）支部；3月获自治区“手拉手”示范集体；10月获“两基”迎国检先进集体。

HEJINGXIANDIYIXIAOXUE

少儿军警校训练

雏鹰艺术团舞蹈表演

学校排练室

和静县第二小学

HEJINGXIANDIERXIAOXUE

校长 姜发军

州县级领导“两基”工作检查组一行来校检查指导工作

和静县第二小学位于和静县团结西路二号院，地处县城中心，占地面积22 400平方米，建筑面积6 667.22平方米，绿化面积6 535.7平方米，是一所全日制小学。全校有教职工94人。中学高级教师1人，小学高级教师58人，小学一级教师21人，专任教师任职条件达标率100%。学校各职能部门9个，教研组4个，年级组15个，有教学班24个，学生数1 216人。

县二小有教学楼2座，标准教室32间，功能室21间，文化长廊1处，班级橱窗4个，花坛、运动场、足球场、操场各1处，雕塑2座，幼儿园1所，彩电、电脑、VCD、功放等现代化教学设备俱全，吊梯、联合器架、肋木等体育设施齐全。

2009年通过了国家“两基”验收、文明单位复验，完成了自治州级科学发展观试点工作，举行了“构建学习型学校”的启动仪式，半月刊校报《晨韵》定期出版。

2009年度先后获自治州级德育达标学校、党报党刊发行先进单位，县级庆“三八”模特大赛优秀奖、“旅游杯”五一职工篮球赛优秀组织奖及庆祝少先队建队六十周年暨歌唱祖国红歌会二等奖等多项荣誉。

州委副书记、州长史建勇（右二），县委书记汪江华（右一）到县二小视察工作

副州长乌音山（右三）、州教育局局长郭金翠（左三）等领导在县委书记汪江华（左四）的陪同下到县二小检查指导工作

庆祖国六十华诞歌咏比赛

二小五年级学生进行军训

学校举行公开观摩课

学校女教师参加全县模特大赛

和静县第三小学

HEJINGXIANDISANXIAOXUE

上级领导来校检查指导工作

和静县第三小学位于和静镇开再东路六号院，其前身是乃门莫敦乡的维吾尔语学校。1979年9月，更名为和静县第三小学，属维吾尔语学校。2005年8月和静县实施教育资源整合，建成民汉合校的完全小学。2009年10月，将原和静镇巩哈拉学校、和静镇拉布润林场学校、和静镇查汗通古一校、查汗通古二校合并到和静县第三小学，分别成为第三小学的教学点。学校占地面积16 828.84平方米，校舍建筑面积4 181平方米，绿化面积4 012平方米。

2009年在编教职员工191人，其中维吾尔族教师163人，汉族、回族教师25人，俄罗斯族1人，哈萨克族1人，蒙古族1人。专任教师162人，其中大学本科28人，大专87人，中专47人。教学班24个，其中维语教学班10个，汉语教学班6个，“双语”教学班8个。全校在校学生791人，汉族学生166人，少数民族学生625人。4个教学点共有教学班级26个，其中维吾尔语教学班级21个，汉语教学班2个，“双语”教学班3个，在校学生262人，汉族学生14人，维族学生248人。

学校办学规模不断扩大，先后修建了教学楼、综合实验楼、办公楼，建成了标准的图书室、实验室、微机室、劳技室、音乐室、体育器材室、美术室、卫生室及完善的体育设施。

拔河比赛

音乐室

劳技室

实验室

美术室

和静县幼儿园

HE JING XIAN YOU ER YUAN

园长 饶新燕

和静县幼儿园大门

和静县幼儿园成立于1979年2月，占地面积4 301平方米。2009年有教职工51人，党员10人，团员4人。本科学历7人，大专学历26人，专业技术人员35人，其中高级教师28人，一级教师7人。有学生445人，共开设11个班，其中大班4个、中班3个、小班1个、学前班3个。有300平方米的大型活动场所1个，有大、中型玩具7台，小型玩具若干，20架电子琴及一套完整的监控设备。设有党支部、工会、团支部、妇委会、教研组等组织。

2009年3月申报了国家“十一五”课题“全程博雅”智能数学子课题，北京的专家还专程来到和静县幼儿园听课指导。通过全体努力，县幼儿园先后获得自治州级绿色学校和花园式单位称号、优秀妇委会称号、和静县庆“三八”模特比赛优秀奖及彩车方阵巡游表演比赛二等奖。

欢庆六一

幼儿亲子活动

全园师生开展消防演练

园领导慰问孤寡老人

和静县人民医院

HEJINGXIANRENMINYIYUAN

自治区人民医院专家在县医院坐诊

年度总结表彰大会

和静县人民医院始建于1951年，是一所集医疗、教学、科研、预防保健、康复、理疗、社区服务和急救为一体的综合性二级甲等医院，曾先后获得自治区文明医院、自治区先进单位、自治区五佳医院等荣誉称号，并分别与自治区人民医院、新疆医科大第一附属医院、巴州人民医院建立协作医院。

医院共有职工250余人，其中专业技术人员184人，副高以上职称28人、中级职称60人，开放床位200张。设有普外科、骨神经外科、心血管内科、呼吸内科、妇产科、儿科、脑科中心、皮肤科、泌尿外科、手麻科、五官科、口腔科、急救中心、放射科、检验科、药剂科、功能科、疼痛科、中医科等19个临床、医技科室，服务于全县各族患者。

和静县人民医院拥有POS螺旋CT、美国ICR100CR数字化成像系统、C型臂、美国GE高档彩超、深圳迈瑞BS—400全自动生化分析仪、500五分类血液细胞分析仪、北京万东500mA床边拍片机、内窥镜数字图象显示仪、SB—3000尿液沉渣分析仪、美国三分类CD—1800全自动血球分析仪等高端设备，为诊断、治疗的准确率提供了有力的保证。

2000年，和静县人民医院自与河北省建立对口支援关系以来，分别与海港区医院、丰润县人民医院、抚宁县人民医院分别建立了友好协作关系。特别是2009年与自治区人民医院建立协作关系以来，自治区人民医院在医疗技术、经营管理、人才培训等方面给予了大力支持和帮助。

①② ③④

①与自治区人民医院建立协作医院
②专家医疗组深入农牧区进行义诊
③专家手术
④众志成城，冒雪救护受伤人员

和静县妇幼保健院

HEJINGXIANFUYOUBAOJIANYUAN

院长 郭应强

妇幼保健院领导班子

1997年和静县妇幼保健院成立，是一所集医疗、保健、临床、预防为一体的县级一级医疗机构，肩负着全县的妇女、儿童的保健系统管理工作。门诊设有：妇科、产科、内科、儿科、保健科；医技辅助科室设有：检验科、功能科、药房、收费室。职能科室设有：院办、医务科、护理部、财务科。另有妇产科住院部一个。2009年有职工64人，其中在职人员50人，卫生专业技术人员58人。业务用房约1 400平方米，住院床位24张。妇幼保健院已建立健全县、乡、村三级妇幼保健网，全面推行了县、乡、村妇幼卫生信息报告制度、孕产妇、婴儿死亡报告制度，使妇幼保健信息管理走上了规范化、科学化、制度化管理轨道。

临床业务主要开展平产接生、剖宫产、计划生育四项手术、妇科、内儿科常见病住院治疗、宫颈及子宫内膜癌细胞学筛查、先天性甲减、苯丙酮尿症初筛、儿童健康体检等。近年来，增添了先进的医疗设备。主要有母亲胎儿监护仪、婴儿保温箱、蓝光仪、新生儿红外线辐射抢救台、多功能生命体征监护仪、妇科臭氧治疗仪、妇科微波、激光治疗仪、乳腺治疗仪、光热治疗仪、彩色B超检查仪、液基细胞学检查仪、大生化分析仪、血凝仪等，为临床诊断治疗工作提供了保障。

新生儿洗浴

门诊诊疗工作

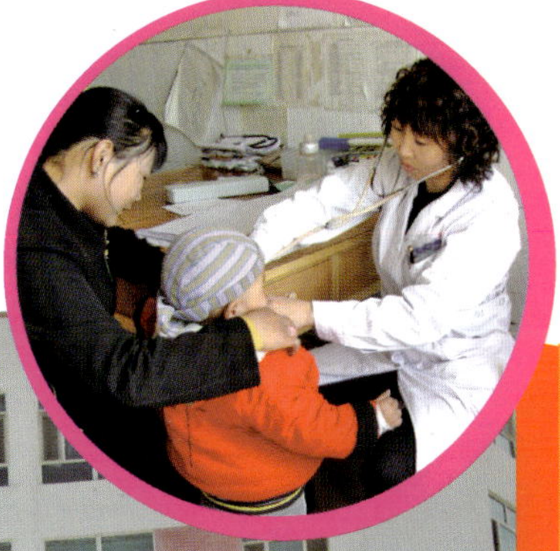

液基细胞学检查

和静县客运站

HEJINGXIANKEYUNZHAN

站长 任晓明

和静县客运站位于和静镇开再西路，是和静县的南大门，注册资金398万元，法人代表任晓明。占地面积12 091.4平方米，建筑面积2 210平方米。客运站成立于1998年12月，是集道路旅客运输服务、房屋租赁、行包托运等为一体的综合性国有企业，为三级客运站。主要线路有10条，运营乡级站点7个，日均客流量2 000人。2009年有正式职工32人，其中党员7人。企业内设团支部和工会组织。

和静县客运站绿化面积达4 056平方米，绿化率达33.8%，绿地覆盖率达到40.56%，地面硬化率100%。为不断丰富充实创建活动，提升创建质量和水平，在实际工作中客运站深入开展了交通系统文明行业“三学四建一创”、“两个延伸”、“文明客运班线”、“文明职工”、“文明家庭”、“平安单位”、“青年文明号”、“巾帼文明示范岗”等诸多创建活动，不仅通过各种寓教于乐的创建方式丰富了全站职工群众的业余文化生活，同时最大限度地提升了全县客运文明程度，塑造了优质服务的整体形象，充分地发挥了客运窗口单位在交通系统创建文明行业中的示范带头作用。

2001年获得自治区级卫生红旗单位称号。近年来，客运站连续超额完成总站下达的任务指标，精神文明建设也取得丰硕的成果，先后荣获自治区交通系统“行风示范窗口”单位、“自治区级模范职工小家单位”、“自治区青年文明号”、“自治州级工人先锋号”称号，“自治州级先进客运站”、“县级先进职工之家”、“县级综合治理先进单位”、“县交通系统精神文明先进单位”等30余项荣誉称号。

召开交通工作表彰大会

县交通局领导慰问客运站职工

消防演练

客运站发车场

安全生产宣传

客运站外貌

中国电信股份有限公司和静县分公司

ZHONGGUODIANXINGUFENYOUXIANGONGSIHEJINGXIANFENGONGSI

经理 周光辉

1998年，邮电分营成立和静县电信局。2003年7月，更名为新疆电信有限公司和静县分公司。2008年2月，更名为中国电信股份有限公司和静分公司，位于和静县和静镇阿尔夏特北路8号区16号院。2009年，有在职员工30人，其中少数民族员工15人，大专以上学历23人，在职党员10人。设经营服务部、维护工作站和行政财务办公室。

2008年10月，中国电信股份有限公司和静分公司正式承接运营CDMA移动业务，由此迈入电信全业务经营时代。主要经营固定电话、移动通信、互联网接入及应用等综合信息服务，拥有覆盖全县乡镇团场、通达各地的电信网络和“商务领航”、“我的e家”、“天翼”、“号码百事通”、“互联星空”等知名品牌，具有电信全业务、多产品融合的服务能力和渠道体系。2009年初发放第三代移动通信（3G）牌照，中国电信股份有限公司和静分公司秉承让客户尽情享受信息新生活的企业使命，追求企业价值和客户价值共同成长的经营理念，坚持用户至上，用心服务的服务理念，制订电信10000号客户服务监督体系，严格推行电信标准化服务，不断加强内部服务管理机制，建立有效的服务考核细则，逐级落实考核指标。并以安全畅通的网络、健康环保的产品、方便快捷的服务，努力为和静县经济社会发展和各族人民群众提供强有力的通信支撑和综合信息服务。

2009年7月获得自治州级花园式单位称号。

2009年工作会议

中国电信

和静县电信营业大厅

业务促销活动

“5·17”世界电信日宣传活动

日常维护工作

中国农业银行股份有限公司——和静县支行

行长 曾 强

和静分行中层领导班子

中国农业银行股份有限公司和静县支行成立于1979年12月，位于和静县查汗通古路中段。2009年，全行内设机构3个：支行客户部、会计结算部、综合办公室；营业机构3个：和静县农行营业部、和静县农行阿尔夏特分理处、和静县农行巴润哈尔莫敦支行。共有员工57人，其中少数民族36人，由4个民族组成。

中国农业银行股份公司和静县支行是一家网点、网络多，客户基础广泛，城乡市场综合经营的大型国有商业银行，在城乡各个网点中都安装有自助设备，24小时为广大客户提供便捷的服务，致力为“三农”事业贡献力量，为广大城乡客户提供优质金融产品与服务，着力实现与国家、社会、客户以及员工等各利益相关方的和谐相处、繁荣共进。

和静县农行不断健全和完善现代商业银行经营管理运行机制，坚持以人为本，不断强化全面风险管理，全行员工牢固树立“风险为本、内控优先、规则至上、稳健经营”的理念，始终保持案件防范的高压态势，重心下移基层，以人为本抓素质，履行职责抓管理，着力提高队伍素质，加强党建和企业文化建设，加强民族团结和维护社会稳定，努力提升向心力和凝聚力。

2009年，和静县支行通过了自治区级文明单位复验；被自治州人民政府授予“重合同守信用”单位。

八届三次职代会

礼仪培训

宽敞明亮的营业大厅

新疆地质矿产勘查开发局第三地质大队

XINJIANGDIZHIKUANGCHANKANCHAKAIFAJUDISANDIZHIDADUI

大队领导在和静智博铁矿指导工作

新疆维吾尔自治区地质矿产勘查开发局第三地质大队始建于1956年。建队50多年来，第三地质大队履行着为国家“多找矿、找大矿、找急需矿”的崇高使命和职责，在巴音郭楞蒙古自治州48万平方千米的大地上，远征昆仑、转战天山，畅游“死亡之海”，笑傲“生命禁区”。共发现和评价了74种矿产，承担和完成不同种类地质找矿项目250项。探明了包括罗布泊罗北凹地钾盐、尉犁县且干布拉克蛭石、库尔勒红柱石等世界级特大型矿床在内的大小规模矿床70余个，先后提交的主要矿产资源量为：煤15亿吨、铁10亿吨、铜50万吨、石棉2 000万吨、钾盐2.9亿吨、红柱石6 000万吨等等，一座座矿山、一个个矿床、一种种矿产，像一颗颗璀璨的明珠镶嵌在巴州大地。

建立在地质找矿基础上的矿业开发，成为巴州经济发展的优势产业和重要支柱。据不完全统计，巴州境内已开发和正在开发的矿产种类有32种，并且矿产企业星罗棋布：有煤矿企业20家，铁矿企业5家、红柱石企业2家，金矿企业11家，钾盐生产企业1家，石棉矿企业5家，蛭石矿企业1家，其他矿业企业150家。

鉴于第三地质大队为巴州经济发展和人民生活水平提高做出的贡献，巴州党委、政府授予第三地质大队“巴州经济建设的先锋”称号。

地质技术工作者在观察矿石

地质人员在矿山勘查途中

查岗诺尔铁矿盘山路

PICC

中国人民财产保险股份有限公司和静支公司

ZHONGGUORENMINCAICHANBAOXIAN GUFENYOUXIANGONGSI HEJINGZHIGONGSI

经理 朱明义

中国人民财产保险股份有限公司和静支公司成立于1985年11月，原名中国人民保险公司和静支公司，属于人保财险巴州分公司。1996年3月8日，财产、人寿分业经营。2003年7月总公司改制后，更名为中国人民财产保险股份有限公司和静支公司，简称人保财险和静支公司，位于和静县团结西路21号院。公司经理朱明义 。 开办业务：企业财产、机动车辆、公路货运、家庭财产、人身意外、机动车强制保险、雇主责任保险、公众责任保险以及政策性农业保险、养殖业保险等50余种保险业务。公司成立以来在巴州分公司的正确领导下，在县委、政府的支持下始终以“以人为本、效益优先、笃守信誉、稳健经营”的服务理念，打造“五彩”巴州人保，服务于社会。从分业经营年保费200万元到2009年的1 187万元，保险业务规模也在不断发展，员工由原来分业时7人增加到30余人，由汉族、蒙古族、维吾尔族等民族组成。公司自成立至今先后多次荣获“先进经营单位”、“综合治理先进单位”。1999年度获“自治区级文明单位”，全国性2006年度个人代理营销“示范标杆团队”、州级“守合同、重信用”企业“AAA级信用单位”，被人保自治区分公司评为县（区）支公司标准化服务达标考核突破奖”、考核达标“三等奖”等荣誉。

公司全体员工

开展业务宣传活动

理赔户给公司送锦旗

公司领导慰问干警

开展献爱心活动

巴州电力有限责任公司和静供电分公司

BAZHOUDIANLI YOUXIANZERENGONGSI HEJING GONGDIANFENGONGSI

①2009年春节，县委书记汪江华（右一）、人大常委会主任茶汗（右二）、巴州电力公司总经理段国昌（中）等领导慰问一线电力员工
②公司开展价值观教育活动
③安全用电知识宣传
④技术人员现场传授电缆技术
⑤电力员工为企业架设专用变压器

和静供电分公司是巴州电力有限责任公司的二级企业，分公司下设安生办、营销办、财务办、综合办4个职能部室，2个班组：营业班、急修班，4个供电所：巴润哈尔莫敦供电所、哈尔莫敦供电所、乃门莫敦供电所、巴伦台供电所。分公司2009年在职职工59人，中专以上学历占总人数的57%。主要工作为电力配网的运行、维护及电力销售，承担着和静县城区和3镇1乡、2个农垦团场以及金特钢铁公司的供电任务，2009年售电量5.189亿千瓦时，是巴音郭楞蒙古自治州电网中的重要枢纽之一。县域内有220千伏变电站2座，110千伏变电站4座，35千伏变电站5座，110千伏输电线路总长305.65千米，35千伏线路总长93.28千米，10千伏配电线路总长860.9千米，配电变压器731台，供电面积达3.9万平方千米，为县域经济发展和各族人民生活提供了强有力的电力保障。

2009年，随着和静经济跨越式发展，和静供电分公司售电量也快速增长，创纪录地完成售电量51 895万千瓦时，同比增加13 000万千瓦时，完成年计划的118.48%。没有发生人身伤亡事故、设备损坏事故、交通事故、大面积停电事故，连续安全生产365天。

2009年先后获新疆电力公司先进集体、巴州电力公司先进集体、和静县招商引资先进单位、新疆电力公司先进分工会等荣誉称号。

国电新疆开都河流域水电开发有限公司

GUODIANXINJIANGKAIDUHELIUYUSHUIDIANKAIFAYOUXIANGONGSI

2005年，自治区党委副书记、自治区主席司马义·铁力瓦尔地（右三）参加察汗乌苏水电站截流暨开工仪式

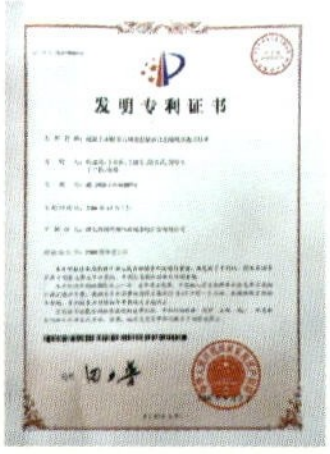

2009年中国电力优质工程奖

面板堆石坝垫层区移动边墙填筑施工技术获国家专利证书

国电新疆开都河流域水电开发有限公司（以下简称开都河公司）于2004年6月11日在新疆库尔勒市注册成立，按照现代企业制度组建的国有有限责任公司。开都河公司由董事会、监事会和经营班子构成；公司董事长为法定代表人，经营班子由总经理、副总经理组成。开都河公司采用国际通用的“小公司、大监理加咨询”的组织模式对工程实施建设管理，以自主经营、精细管理方式管理发电生产。

根据中国国电集团公司与新疆维吾尔自治区人民政府签订的《电源项目投资意向书》、《投资建设新疆电力能源项目合作框架协议》以及巴音郭楞蒙古自治州人民政府授权，开都河公司负责建设、经营有新疆“小三峡”之称的开都河流域中游河段8个水电站梯级滚动开发工作和其它电力项目的建设，先期开发建设开都河察汗乌苏水电站和柳树沟水电站。

察汗乌苏水电站是开都河中游河段九级规划中的第7个电站，电站总装机容量309MW（3×103MW），多年平均发电量10.80亿kW·h，工程规模为大（Ⅱ）型工程，总投资为19.55亿元。大坝为混凝土面板砂砾石坝，坝高110米，水库总库容1.25亿立方米，调节库容0.724亿立方米。察汗乌苏水电站2005年3月21日通过国家发展和改革委员会核准，同时被列入国家和新疆维吾尔自治区重点建设项目，至2008年7月11日提前投产发电。电站的成功建设，为整个开都河流域的开发打下了坚实的基础，积累了宝贵的经验，把国电人“截断开都河，高峡出平湖，送电过天山，大州耀明珠”的崇高使命和巴州人民美好愿望变成了现实。

2009年开都河公司设立了察汗乌苏水电站分公司，由开都河公司副总经理李光立兼任分公司经理。察汗乌苏水电站是目前新疆境内已投产发电的自动化程度最高的水电站之一。截至2009年12月底，察汗乌苏水电站实现年内安全生产365天，全年发电量突破11.0亿kW·h，极大地稳定了巴州电网电力供应，在新疆电网树立了开都河公司的良好信誉，为当地的社会稳定和经济发展做出了应有的贡献。

开都河公司在工程建设中积极创新，察汗乌苏水电站大坝垫层料移动边墙施工技术取得了国家专利，工程建设质量优良，2009年，先后获得中国电力建设协会颁发的“电力工程质量优质工程奖”，巴州人民政府授予的消防设施“标准化、标识化、规范化先进单位”和国家电力监管委员会西北监管局授予的“2009年度西北区域电力监管统计工作先进单位”的荣誉称号。

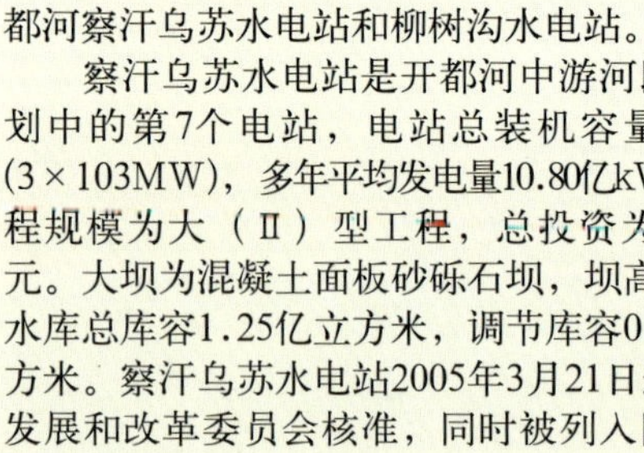

察汗乌苏水电站营地

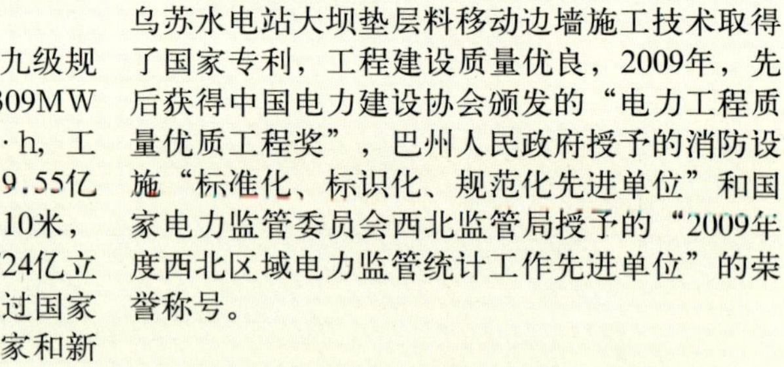

开都河流域规划图

新疆巴州新华水电开发有限公司

XINJIANGBAZHOUXINHUASHUIDIANKAIFAYOUXIANGONGSI

2006年7月11日，水利部综合事业局、巴音郭楞蒙古自治州人民政府在库尔勒市签订《开都河流域阿仁萨很托亥水利枢纽、小山口水电站、哈尔莫墩水电站开发建设协议书》。 8月25日，水利部综合事业局在库尔勒组建水电开发公司。 11月22日，新疆巴州新华水电开发有限公司在新疆库尔勒市注册成立，注册资本3 000万元，法人独资。公司经营范围：水电投资、水电开发、水电运营，其它项目投资。

2009年公司员工24人。中级及以上职称18人；工程技术人员9人，管理人员11人，辅助人员4人；公司领导班子成员3人。内设4部1室，即工程技术部、财务部、计划合同部、机电物资部、综合办公室。

2009年公司投产、在建及规划水电站项目4个，协议流域梯级开发项目1个，即哈尔莫敦水电站、小山口水电站、小山口二级、三级水电站，车尔臣河流域梯级开发项目。

哈尔莫敦水电站，装机2×7.5MW，工程总投资1.58亿元。电站已于2009年4月、5月两台机组相继投产发电。

小山口水电站正在施工中，电站装机3×16.5MW，工程总投资6.54亿元。

小山口二级、三级水电站，设计装机规模均为51.9MW,投资分别为4.55亿元、4.08亿元。

车尔臣河流域梯级开发项目，已签订开发协议，现正在进行开发前的准备工作。

总经理 呼怀方

新疆巴州新华水电开发有限公司自2006年成立以来，在巴州党委、政府，和静县委、政府的正确领导和亲切关怀下，在公司全体职工的不懈努力下，公司水电开发事业得到较快发展，开发项目不断增多，较好地促进了当地经济发展。我们相信，未来在各级领导一如既往的关心支持下，我们一定能把工程建设好、管理好，为巴州经济发展和社会稳定作出更大贡献。

哈尔莫敦水电站开工仪式

小山口水电站开工仪式

公司办公场所

哈尔莫敦水电厂

哈尔莫敦水电厂中控室

小山口水电站厂房施工场地

新能大山口水电厂

XINNENGDASHANKOUSHUIDIANCHANG

开拓进取、务实创新的厂领导班子

水电厂办公楼

风景优美的生活区

开都河明珠——大山口水电厂

新能大山口水电厂位于新疆和静县境内、开都河中游峡谷出口处，是开都河梯级开发规划中的第八级电站，距和静县、库尔勒市分别为60千米和120千米，占地127公顷，是新疆20世纪安装、调试、检修、维护、技改、发电一体化的最大水力发电厂。新能大山口水电厂1985年5月开工建设，1991年12月第一台机组发电，国务院总理李鹏欣然题词："热烈祝贺大山口水电站建成发电" 。1992年12月四台机组投产，总装机容量4×2万千瓦，年设计发电量3.1亿千瓦时，下设运行分场、检修分场、水工分场和安监科、生技科、保卫科等7科1室和5个党支部、5个分工会，职工223人。有汉族、维吾尔族、回族、蒙古族等民族组成，高、中、初级专业技术人员80人。

新能大山口水电厂1992年3月建厂后，党委班子以领导班子、生产经营、精神文明、职工生活四项总任务统揽全局，紧紧扭住水情测报、大坝观测、机组监控三个自动化建设， 与时俱进，励精图治，开拓进取。2003年自治区党委书记王乐泉称赞山电：这里工作环境不错、生活环境不错、厂风厂貌都很好。 2006年被新能集团收购后，新能大山口水电厂党委班子 坚持科学发展观，坚持"安全第一、预防为主、综合治理"方针，努力建设"四好"班子，扎实开展各项活动，大力实施集团化运作、集约化发展、精细化管理、标准化建设，科学管理、从严治企、务实创新，抓发展、抓管理、抓队伍，努力创建一流班子、一流队伍、一流管理、一流厂风、一流业绩，服务于党和国家工作大局、服务于和谐电网、服务于社会发展。2009年，新能大山口水电厂主业发电量3.86亿千瓦时，上缴税收1 500万元；多次承接察汗乌苏电站、哈尔莫敦电站、乌鲁瓦提电厂等单位的机组运行、检修、维护和塔里木石油变电站、上游变电站、塔哈其变电站、巴伦台变电站、轮台变电站、尉犁县变电站的改造、调试工程。

截至2009年12月，山电累计发电63亿千瓦时，16年超设计能力发电。曾先后获国电公司防汛先进单位 、中国水电协会通讯报道先进单位 ，自治区级文明单位和卫生红旗单位，新电公司安全管理先进企业、安全文明生产达标企业、一流水电厂、思想政治工作优秀企业，巴州拥军优属、甲级花园、全民健身先进单位，库尔勒市综合治理、平安建设、安排残疾人就业先进单位和首届十佳文明单位等多项荣誉称号。

国务院总理李鹏祝词

和静县山泉供水有限责任公司

HEJINGXIANSHANQUANGONGSHUIYOUXIANZERENGONGSI

1992年，和静县自来水公司成立，1998年更名为和静县给排水公司，位于和静县建设二路4号院。2003年1月重新注册，改制为股份制企业，成立和静山泉供水有限责任公司，属县建设局管辖的全民所有制性质事业单位。

公司职能科室有：行政办、财务室、业务室、化验技术室。2009年有员工30人，其中大学本科1人、大专学历7人、中专学历12人。中级职称1人，初级职称11人。供水专业技术人员6人，高级工1人。专业技术人员占职工总数的50%，各类业务培训达98%。

公司总占地面积3 225平方米，建筑总面积604平方米。供水投资280万元，排水投资350万元，固定资产310万元。

自来水厂自1992年8月投入生产，主要生产设备深井泵、蓄水池、水塔、机电设备和二氧化氯消毒发生器等。公司生产班组有水泵运行班（现自来水厂）、管道维修安装班（现维修安装队）、水费收取组（现用户管理室）。实收资本135万元。经营范围：城市供水、给排水工程修建、市政工程维修、污水管道安装维修、建筑五金的零售。

为了扩大供水规模，在县城以北9千米处新建水厂，属重力供水，已达到1.5万立方米，保证了全县居民的生活用水。

经理 马雪祎

公司生产厂房

新疆华泽矿业有限责任公司

XINJIANGHUAZEKUANGYEYOUXIANZERENGONGSI

新疆华泽矿业有限责任公司位于新疆和静县天鹅湖路三号区，注册资金2 180万元，是一家以矿产资源探、采、选为主的区外投资企业，具有AAA级资信等级，是和静县重点纳税企业。

公司坚持“先做人后做事，踏实诚信”的经营观念，致力于持续经营，长期发展。2009年在新疆拥有焦煤、铁矿、铜矿及多金属矿产等多个矿权区，通过几年对地质勘查的巨额投资，已取得丰硕成果，铁矿、焦煤已投产，将资源优势转化为经济优势，力争将公司发展成为矿产开发为主的公众公司。

公司办公场所

公司组织机构图

开采工地

新疆金特祥和矿业开发有限公司

XINJIANGJINTEXIANGHEKUANGYEKAIFAYOUXIANGONGSI

①②③
④⑤⑥

①公司办公大楼
②采矿现场
③破碎干选预抛废石系统
④矿石运输车队
⑤生产基地办公室
⑥金特祥和矿业公司古伦沟基地

新疆金特祥和矿业开发有限公司是金特钢铁股份有限公司控股投资成立的下属子公司，成立于2006年4月，注册资金3 000万元，主要经营矿业开发、地质勘探、矿山开采、矿石深加工及销售。公司拥有一支高素质的员工队伍，良好的团队精神和灵活的市场运行机制，具有丰富的矿产资源储备。

公司自2006年成立以来，投资3 500万元对古伦沟区域进行了全方面的勘探开发，修通了67千米矿区主干道（按四级路面设计施工），对道路周边区域进行了物探普查工作，办理了铜、铁、铅、煤等矿探权证，2007年对古伦沟铁矿进行重点勘查，在地表进行了探槽揭露，依据所获得的地表地质资料，进行了详勘设计，2008年8月完成钻探详查工作，依据物探成果，古伦沟区域具有很好的找矿前景，2008年进入了全面物探普查阶段。2009年两个矿点进行了开采，年产量35万吨。

2010年，为加快矿业开发步伐，确保钢铁公司资源保障，加强勘探成果转化工作，尽快将生产资料转变为生产力，主要以资源开发为重点，加强资源勘探工作，开发铁矿和有色金属，使企业在同行业中占据较大的资源优势。

企业内部树立“创业实干、快速发展”的信念，以“团结、严谨、勤俭、诚信”要求各级员工，建立健全快捷高效的沟通及联运机制，依靠人才优势，推进企业快速稳步发展。

在重点开发有色金属矿产资源的同时，注重非金属矿业发展，科技兴企，规模远作，精细管理，不断提高市场竞争能力和企业经济效益，努力将新疆金特祥和矿业开发有限公司建成具有一定扩张能力的资源型、效益型企业。公司坚持诚信经营、实事求是的经营理念，努力把公司建成为技术先进、环境优美、人员精干、效益良好、员工富裕的大型有色金属企业，为地方经济发展作出新的贡献。

巴州华凯矿业有限责任公司

BAZHOUHUAKAIKUANGYEYOUXIANZERENGONGSI

和静县是新疆重要的矿产资源县，出产的资源占自治区已发现固体矿产种类的21.8%，有开采价值的矿产地117处，其中铁矿石、大理岩、石灰砂岩等为和静县的优势矿产，蕴藏丰富，品位较高。随着“西部大开发”的加快，给新疆建筑及建材化工业发展带来了较大机遇，对水泥原料、化工原料的需求量迅速增长。

公司依托和静县的矿山资源优势，便利的交通地理位置及雄厚的资金优势，先后成立巴州华凯矿业有限责任公司，接管了和静宫刘热乎大理岩矿、新疆鑫矿联矿业开发有限公司、和静县金鑫大理岩矿。

公司成立以来，已累计投资约1 200万元，矿山已建有宿舍、办公室、食堂、库房等建筑约620平方米。设备有空压机、手持式凿岩机、大型装载机等。公司共有采矿面积0.5平方千米，其中有铁矿石、大理岩、石灰岩、铅锌矿等矿石，年累计销售收入可达800万元，可年销售矿石50万吨。

公司管理制度完善健全，职工安全意识强，树立了良好的职业道德、精心操作，使用维护设备，防止工伤事故发生，责任到人。

长期以来公司本着“客户至上、安全第一、保证质量”的宗旨，始终贯彻“团结务实、科学发展、以市场为导向、以效益为中心，坚持走规模效益型发展之路，精细管理，努力将矿产资源优势转化为经济效益，实现快速健康稳定发展”。以雄厚的矿山机械设备为后盾，以科学施工，提高公司的经济效率。

总经理 王国志

公司员工文艺演出

金鑫大理岩矿藏

①② ①高钙粉磨粉机
③④ ②工人生活区
③金鑫大理岩高钙粉厂
④金鑫大理岩开采现场

新疆福星建设集团华正分公司
和静安瑞运输有限公司

总经理 任庆昶

新疆福星建设集团华正分公司，于2008年5月筹建并加盟于新疆福星建设集团有限责任公司。

公司业务范围：房屋建设工程，施工总承包（二级），水利水电工程（三级），建筑装修装饰工程（三级），混凝土预制构建（三级），钢结构专业（三级），园林市政（含市政道路）（三级）。自公司承建以来，公司已设立项目部9个，现有固定资产1 200多万元，各项技术和管理人员40人，其中工程师及项目经理10人，中级职称4人，初级职称18人。

公司组建两年来，在和静县施工的园林市政项目中的汗王府广场大门、铜鼎和街心公园假山及县城园林绿化，已成为和静县和本公司的标志性工程。自筹自建的华正分公司办公楼和职工住宅楼已建成使用。2009年5月成立了和静安瑞运输有限公司，投资超千万元，添补了和静县运输业的空白。

公司成立以来，强化内部改革，完善企业的各项业务制度，走规模化、专业化、集团化道路，诚实守信，开拓进取，使公司成为地方品牌。公司曾获和静县政府颁发的“文明示范岗位”称号，公司经理任庆昶获巴州“十佳青年公益之星”称号。

在和静发展腾飞的道路上，我们将以一流的业绩，一流的管理水准，为和静雄伟蓝图发展作出更大的贡献。

公司承建的汗王府大门和铜鼎

公司承建的街心公园假山

职工宿舍楼

公司办公大楼

公司承建东归休闲广场

“自治州十佳青年公益之星”荣誉证书

新疆卓越工程项目管理有限公司和静分公司

公路监理部

经理 韦会成

房建监理部

水利监理部

工程技术部

新疆卓越工程项目管理有限公司是由建设部批准的具有房屋建筑工程监理甲级资质、市政公用工程监理乙级资质、水利水电、公路工作监理丙级资质的法人企业。主要从事相应类别的建设工程项目管理、工程监理、技术咨询等业务。和静分公司成立于2006年6月，位于和静县和静镇建设二路园林综合楼，经理韦会成。分公司现有各类专业技术人员53人，其中国家注册监理工程师6人，培训上岗率100%。

分公司成立以来，先后承担了和静县廉租住房工程、和静县供销联社综合大楼、和静县消防中队大楼等房屋建筑工程的施工监理；同时承担了和静县古尔温苏门肉牛场、拉布润林场累计366千米的巴州重点农村公路工程、和静县古仁沟、奎克乌苏累计150余千米的通达公路工程、和静县巴润哈尔莫敦镇、哈尔莫敦镇 、乃门莫敦乡等地累计200余千米的通村油路工程项目的监理工作，均以其扎实的作风和优良的执业品质受到业主的好评。

公司始终遵循“守法、诚信、公正、科学”行业准则，以“现代化的理念、科学化的管理、高品质的服务、持续改进的意识”为经营宗旨，把培养一支懂技术、懂法律、懂经济、懂管理的高素质的复合型人才队伍作为公司的发展目标之一。把顾客满意作为职业服务的焦点，在任何时候均为委托人的合法利益行使其职责，并且保持其知识和技能与技术、法规、管理的发展相一致的水平，对于委托人要求的服务采取相应的技能，正直而忠诚地进行职业服务。热忱欢迎建设行业同仁携手合作，为新疆的建设和发展贡献绵薄之力。

巴州新兴房地产开发有限责任公司

BAZHOUXINXINGFANGDICHANKAIFAYOUXIANZERENGONGSI

新兴公司
XINXING COMPANY

和静东归旅游步行街中心广场

巴州新兴房地产开发有限责任公司成立于2003年，由县工商局批准注册，自治区建设厅颁发资质，开发资质为三级。公司位于和静县团结西路新兴综合楼，注册资金1 000万元，固定办公场所2 100平方米，在职职工13人，主要经营房地产开发、转让、基础设施建设、房屋建设、商品房销售、出租等。

近几年来，公司在和静、库尔勒市共开发面积近40万平方米，其中2009年开发面积为7万平方米，开发产值达9 300万元，实现各种税费600余万元。已开发建筑面积达5万平方米以上的小区有库尔勒市梨城小区、和静县世纪花园小区、团结小区、东归名苑小区，达1万平方米以上的商业区有库尔勒市梨城小区商业门面、和静县世纪商城、东归旅游步行街等。2009年新开发完成的商住综合小区有和静东归名苑小区、东归名苑B区 。

公司在经营中始终坚持“重合同、守信用、求真务实、诚实守信”的经营理念，以科学的模式进行管理，并积极开展“放心房承诺书”活动，让广大消费者明明白白地消费，提高了企业的信誉度，房屋销售率达98%以上。并先后获得州级“房地产企业先进单位”、“建筑节能工作先进单位”，“新疆房产协会房地产开发企业先进单位”及自治区、自治州、县“重合同、守信用”企业等荣誉称号。

公司的发展不但拉动了当地的经济发展，同时还回报社会，支持扶贫事业，积极参加“扶贫帮困”、“捐资助校”、“抗震救灾”及其他各种公益事业等活动，捐资捐物、提供人力、物力，价值达80余万元。

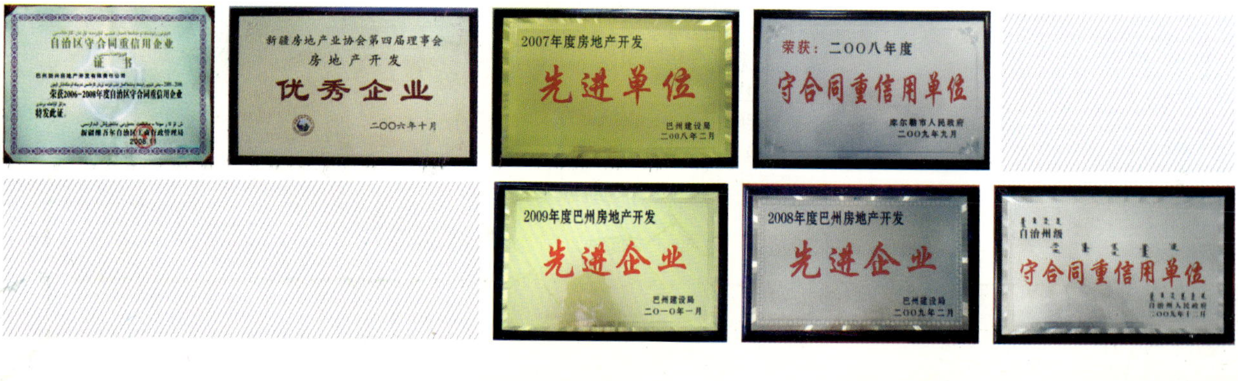